Le corps et la preuve pénale

Logiques Juridiques

Fondée par Gérard Marcou

Dirigée par Jean-Claude Némery et Thomas Perroud

Le droit n'est pas seulement un savoir, il est d'abord un ensemble de rapports et pratiques que l'on rencontre dans presque toutes les formes de sociétés. C'est pourquoi il a toujours donné lieu à la fois à une littérature de juristes professionnels, produisant le savoir juridique, et à une littérature sur le droit, produite par des philosophes, des sociologues ou des économistes notamment.

Parce que le domaine du droit s'étend sans cesse et rend de plus en plus souvent nécessaire le recours au savoir juridique spécialisé, même dans des matières où il n'avait jadis qu'une importance secondaire, les ouvrages juridiques à caractère professionnel ou pédagogique dominent l'édition, et ils tendent à réduire la recherche en droit à sa seule dimension positive. À l'inverse de cette tendance, la collection « Logiques juridiques » des éditions L'Harmattan est ouverte à toutes les approches du droit. Tout en publiant aussi des ouvrages à vocation professionnelle ou pédagogique, elle se fixe avant tout pour but de contribuer à la publication et à la diffusion des recherches en droit, ainsi qu'au dialogue scientifique sur le droit. Comme son nom l'indique, elle se veut plurielle.

Dernières parutions

Meïssa Tend Madior FALL, *L'efficience des sûretés en droit de l'OHADA,* 2021.

Evan LAGUNE, *Le concept de service public maison. Étude sur la transformation de l'État*, 2021.

Victor AUDUBERT, *Plurinationalité et vivre bien en Bolivie. Le droit au temps d'Evo Morales*, 2021.

Abobaker BENYAHMED, *La protection de la partie faible dans les relations contractuelles, comparaison entre le droit français et les droits des pays du Maghreb*, 2021.

Daniel BORRILLO et Thomas PERROUD (dir.), *Penser la GPA,* 2021.

Daniel BORRILLO, *Droit d'asile et homosexualité. Comment prouver l'intime ?,* 2021.

Thérèse DE VILLETTE, *La justice réparatrice. Une justice nouvelle enracinée dans la tradition africaine*, 2021.

Romain FEYDEL, *Le refinancement d'entreprises en difficulté, L'optimisation juridique du concept de capital-retournement*, 2021

Nicolas DEMONTROND, *Le préfet stratège. La déconcentration en Basse-Normandie de 1981 à 2017*, 2021.

Geoffrey VIBRAC

LE CORPS ET LA PREUVE PENALE

Préface de Jean-François SEUVIC

Avant-propos de
Mireille DUPONT et Brigitte ROUX

L'Harmattan

DU MEME AUTEUR

ARTICLES JURIDIQUES

- « Recours à personne qualifiée, expert et placement sous scellés », AJ Pénal 2019, p. 203. Publié également *in* L. DARGENT et E. ROYER (dir.), *Réforme de la justice*, Dalloz, 2019, p. 275.
- « Le commerce des coraux : dualité entre liberté commerciale et préservation des espèces », RSDA 2018, n° 2, p. 365.
- « Les fichiers à l'épreuve de nouveaux droits effectifs pour les personnes ? », AJ Pénal 2018, p. 564.
- « Les nouvelles technologies d'analyses ADN au service des enquêtes judiciaires », avec F.-X. LAURENT, A. RUBIO, M.-T. THEVENOT et L. PENE, Médecine/Sciences 2017, vol. 33, p. 971.
- « Le corps médico-légal : une nécessaire modification des pratiques de mise sous scellés », avec L. MARTRILLE, AJ Pénal 2017, p. 275.

CONTRIBUTIONS A DES OUVRAGES/PROJETS COLLECTIFS

- « La conservation des scellés », *in* B. PY, J. LEONHARD, M. MARTINELLE et C. MENABE (dir.), *ADN et Justice : L'utilisation de l'empreinte génétique dans les procédures judiciaires,* PUN–Éditions universitaires de Lorraine, 2020, p. 57.
- « Le droit à l'oubli dans les fichiers de police », *in* E. DEBAETS, A. DURANTHON et M. SZTULMAN (dir.), *Les fichiers de police*, Institut Universitaire Varennes, tome 83, 2019, p. 249.
- Membre de la recherche collective « L'utilisation des caractéristiques génétiques dans les procédures judiciaires : étude de dix années de pratiques en Meurthe-et-Moselle (2003 – 2013) », menée par l'IFG (dir. Pr. B. PY), financée par la Mission de recherche Droit et Justice, de 2015 à 2017. Participation active à l'enquête de terrain, à l'étude de 2439 décisions de justice des juridictions meurthe-et-mosellanes et co-écriture du rapport de synthèse en 2017, disponible sur le site internet de la mission de recherche.

5-7, rue de l'École-Polytechnique ; 75005 Paris

http://www.editions-harmattan.fr

ISBN : 978-2-343-23584-4

EAN : 9782343235844

REMERCIEMENTS

Cet ouvrage est le fruit d'une thèse de doctorat en droit privé et sciences criminelles, quelque peu remaniée quant à sa structure. La recherche a été menée à son terme en octobre 2019, à l'Université de Lorraine, sous la direction du Professeur Bruno PY. La soutenance s'est déroulée publiquement à la faculté de droit, sciences économiques et gestion de Nancy le 11 décembre 2019 devant un jury présidé par Patrick MISTRETTA et également composé de Caroline LACROIX, Béatrice LAPÉROU-SCHENEIDER, Laurent MARTRILLE, Bruno PY et Marie-France STEINLE-FEUERBACH. Je remercie Monsieur le Professeur Bruno PY pour m'avoir contacté un vendredi après-midi de juillet 2015 et m'avoir proposé cette belle aventure. Durant ces quatre années, il a été présent à mes côtés et ses remarques ont su éclairer mes réflexions.

J'adresse ma reconnaissance au Professeur Jean-François SEUVIC ainsi qu'aux deux premières vice-présidentes du tribunal judiciaire de Nancy, Mireille DUPONT et Brigitte ROUX, pour avoir accepté d'introduire cet ouvrage. J'ai eu la chance de découvrir le droit pénal par les enseignements toujours passionnants du Professeur SEUVIC. C'est grâce à lui que j'ai eu l'opportunité d'obtenir un master de droit pénal ainsi qu'un diplôme universitaire de criminologie. J'ai eu la chance de redécouvrir le droit pénal, dans la pratique quotidienne d'une juridiction, par Mireille DUPONT et Brigitte ROUX. Je remercie leur bienveillance à mon égard, leur bonne humeur et leur présence à mes côtés. C'est bien évidemment un grand honneur qu'ils aient, tous trois, accepté d'écrire ces mots.
J'exprime également ma gratitude envers ceux qui m'ont accompagné ces dernières années. Merci particulièrement à Aurélien RUBIO et Laurent MARTRILLE. Ce dernier, chef de service de médecine légale du CHRU de Nancy, m'a conseillé sur les pratiques judiciaires concernant le corps. C'est avec son accompagnement que j'ai pu obtenir un master de criminalistique.

Je remercie infiniment Marie-Josée EINAUDI et Cécilia LAFORGE pour le temps qu'elles ont accordé à la relecture de cette thèse. Merci à ma famille pour leur soutien sans faille. A ma mère qui, petit, me faisait réviser mes leçons et qui m'a toujours poussé à aller plus loin dans les études. A mon père, qui m'a transmis sa force et sa détermination.
Enfin, un grand merci à Romain HELBICQ pour m'avoir appuyé dans tous les moments difficiles ces dernières années et avoir toujours été présent à mes côtés. Ce travail ne serait jamais parvenu à son terme sans son indéfectible soutien.

PRINCIPALES ABRÉVIATIONS

AJDA	Actualité juridique Droit administratif
AJ famille	Actualité juridique famille
AJ pénal	Actualité juridique pénal
Al.	Alinéa
Art.	Article
Ass. nat.	Assemblée nationale
Ass. plén.	Assemblée plénière
Bull.	Bulletin
Bull. crim.	Bulletin des arrêts de la chambre criminelle de la Cour de cassation
c.	Contre
CA	Cour d'appel
CAA	Cour administrative d'appel
Cass.	Cour de cassation
C. ass.	Code des assurances
C. civ.	Code civil
C. trav.	Code du travail
C. pén.	Code pénal
C. proc. civ.	Code de procédure civile
C. proc. pén.	Code de procédure pénale
C. route	Code de la route
C. rur.	Code rural
CCNE	Comité Consultatif National d'Éthique
CE	Conseil d'État
CEDH	Cour européenne des droits de l'homme
CESEDA	Code de l'entrée et du séjour des étrangers et du droit d'asile
Cf.	Confer
CGCT	Code général des collectivités territoriales
Ch.	Chambre
Civ.	Chambre civile de la Cour de cassation
CJUE	Cour de justice de l'Union européenne
COJ	Code de l'organisation judiciaire
Com. EDH	Commission européenne des droits de l'homme
Comm.	Commentaire
Comm. réex.	Commission de réexamen des décisions pénales

Comm. révis.	Commission de révision
Cons. const.	Conseil constitutionnel
Conv. EDH	Convention européenne des droits de l'homme
Crim.	Chambre criminelle de la Cour de cassation
CSP	Code de la santé publique
Dir.	Sous la direction de
Dr. pénal	Droit pénal
Et *al*.	Et autres
ex.	Exemple
ibid.	Au même endroit
in.	Dans
infra	Plus bas
JLD	Juge des libertés et de la détention
JORF	Journal officiel de la République française
n°	Numéro
not.	Notamment
obs.	Observations
OPJ	Officier de police judiciaire
p.	Page
précit.	Précité
RDLF	Revue des droits et libertés fondamentaux
RDSS	Revue de droit sanitaire et social
Rép. civ.	Répertoire de droit civil
Rép. pén.	Répertoire de droit pénal et de procédure pénale
RFDA	Revue française de droit administratif
RSC	Revue de science criminelle et de droit pénal comparé
RTD civ.	Revue trimestrielle de droit civil
RTD eur.	Revue trimestrielle de droit européen
s.	Et suivants
supra	Plus haut
TGI	Tribunal de grande instance
V.	Voir
vol.	Volume

PREFACE

Si, dès la première phrase de sa thèse, Monsieur Geoffrey VIBRAC rappelle que « le procès est avant tout un problème de preuve », il apparaît à la lecture de son travail sur « Le corps et la preuve pénale » que la preuve pénale relative au corps humain, tant dans sa recherche que dans son utilisation, va constamment reposer sur un équilibre proportionné entre des impératifs et principes antagonistes.
D'un côté, le souci de la protection du corps humain, tant dans sa globalité que dans ses éléments détachés, passe par les principes d'inviolabilité ou d'intangibilité du corps (« *Noli me tangere* »), de respect de l'intégrité physique, de respect de la dignité humaine et de la prise en compte de la volonté individuelle, pour la libre disposition du corps, soit pour consentir des atteintes, soit pour les refuser.
De l'autre côté, dans la procédure pénale, la recherche de la vérité judiciaire est un impératif d'ordre public qui va conduire à imposer de multiples contraintes sur le corps. Certes – comme établit dès l'introduction – sont désormais absolument interdits toutes les tortures, les ordalies, les traitements inhumains ou dégradants. Mais, tout au long de sa thèse, M. VIBRAC recense et détaille toutes les atteintes au corps, réalisées à fin probatoire, des plus légères (comme les prises de photographies du visage, les prises d'empreintes digitales, les radiographies pour détermination de l'âge d'un jeune sans papier, les palpations…) aux plus graves (« fouilles des orifices », prélèvements forcés, autopsies…) en passant par les plus banales, quotidiennes et massives (analyses de l'air expiré ou de la salive pour détection de l'alcoolémie ou de l'usage de stupéfiants, fouilles corporelles, saisie d'éléments corporels « détachés » sur une scène de crime ou lors de perquisitions ; exploitations des empreintes génétiques, tant pour la solution d'une affaire particulière que pour le « fichage de masse » à des fins probatoires futures…). D'ailleurs, sans impact pénal pour le moment, la pandémie du Covid 19 contribue à banaliser encore certaines de ces atteintes : prélèvement corporel nasal, test PCR, fichage pour un « Pass sanitaire »…
Monsieur VIBRAC, tout en ayant bien conscience des nécessites d'obtention de la preuve pénale, développe une analyse critique prudente et mesurée de toutes ces atteintes au corps humain, tant en référence aux divers principes précités de protection du corps, qu'au regard des principes pénaux régissant la preuve : principe de liberté de la preuve pénale, dans un cadre procédural légaliste ; principe de loyauté s'imposant pleinement aux autorités publiques ; principe du contradictoire dans l'analyse des preuves. L'auteur met aussi en garde contre l'illusion de la « preuve parfaite » (notamment par l'ADN) et par le jeu combiné de la trilogie du principe d'intime conviction,

du respect de la présomption d'innocence et de la prise en compte du doute en faveur de la personne poursuivie (« *in dubio pro reo* »), il redonne au juge sa liberté d'appréciation face à l'expert et à sa vérité scientifique.

Très vaste programme d'analyse, mené à bien sous des angles diversifiés.

Le « menu affiché » est simple, pertinent. Le Sommaire montre bien que le plan retenu est chronologique. D'abord il y a « La recherche des preuves corporelles » en Première Partie, avec au cœur de la problématique la prise en compte de la volonté et surtout de tous les moyens de contourner indirectement les refus par des déductions pratiques attachées aux refus ou par la menace de sanctions pénales (Titre 1) ou de vaincre directement ces refus par la contrainte dans les prélèvements forcés, les fouilles corporelles, ou par des provocations et déloyautés et par des saisies d'éléments corporels détachés (Titre 2).
En Seconde Partie, après cette recollection acceptée ou imposée des indices corporels, est analysée « L'utilisation des preuves corporelles », selon une nouvelle chronologie. Illico (Titre 1), c'est « l'utilisation immédiate » des éléments corporels pour servir à la preuve dans une procédure actuelle, avec de riches réflexions préalables sur le statut juridique du corps et de ses éléments (Chapitre 1 « Le corps réifié »), puis un exposé complet des règles régissant le recours aux personnes qualifiées et aux experts (Chapitre 2 « Le corps analysé »). *In futurum* (Titre 2), à cette finalité probatoire immédiate, s'ajoutent les perspectives de « l'utilisation pour l'avenir » des éléments de preuve corporels. Sous des intitulés là aussi un peu sommaires, « Le corps conservé » (Chapitre 1) et « Le corps fiché » (Chapitre 2), M. VIBRAC présente d'abord toutes les règles concernant la conservation, la destruction, voire la restitution des divers éléments corporels probatoires ayant été placés sous « main de justice », et il expose ensuite, avec souvent une juste inquiétude devant la montée de « fichages de masse », les dispositions relatives à la création et au fonctionnement des fichiers corporels (notamment actuels TAJ – Traitement des Antécédents Judiciaires, avec photos d'identification –, FAED – Fichier Automatisé des Empreintes Digitales – et FNAEG – Fichier National Automatisé des Empreintes Génétiques –).

On a compris qu'au delà de ce « Menu », la « Carte » est particulièrement riche et raffinée. Il suffit de se reporter à la Table des matières et surtout à l'Index alphabétique. Le lecteur va pouvoir satisfaire sa curiosité en se référant spécifiquement aux thématiques qui l'intéressent.
Tout au long de sa thèse, Geoffrey VIBRAC développe des présentations très complètes des dispositions procédurales, législatives et réglementaires relatives aux opérations de recollections d'éléments et indices corporels susceptibles de service à la preuve (par exemple, sur les prélèvements forcés,

n° 93 et s. ; sur les fouilles, n° 110 et s. ; sur les perquisitions et saisies, n° 140 et s. ; sur les recours aux experts et personnes qualifiées, n° 209 et s. ; sur les conditions de conservation ou de destruction des éléments probatoires corporels, n° 264 et s. ; sur les scellés, n° 290 et s. ; sur les fichiers : création, contenus, accès, rectifications, contrôles, n° 319 à 375).

Parfois, sont même présentées, plus sommairement, des opérations de recherche de preuves corporelles à répercussion pénale possible, comme celles réalisées sur la victime d'infractions violentes (taux d'ITT, mutilation…) ou d'infractions sexuelles en vue d'établir les exactes qualifications – n° 49 et s. – ou des opérations de nature civile, ce qui permet de comparer les règles pénales d'intérêt public et les règles civiles d'intérêt privé (par exemple pour l'établissement des filiations, n° 35 et s. ou pour les actions différentes aux déloyautés commises par les autorités publiques et par les simples particuliers – n° 123 à 138 –). Ou sur une même opération, comme par exemple sur les prélèvements sanguins, sont comparées les dispositions de nature très diverses (prélèvements en contrôles routiers pour détecter alcool et drogue au volant ; hors contrôles routiers sur l'ivresse publique, sur l'alcool dans l'entreprise, sur l'usage de stupéfiants, sur le dopage…) ce qui permet de préconiser des harmonisations.

M. VIBRAC intègre systématiquement tous les apports de la jurisprudence pénale, parfois civile ou administrative. Il s'appuie évidemment, dans son souci de la protection des droits fondamentaux, sur les décisions du Conseil constitutionnel et sur la jurisprudence de la Cour européenne des Droits de l'Homme. Il se montre toujours très exigeant, parfois très tatillon dans la protection des droits individuels, et le vieux pénaliste, soucieux de sécurité publique que je suis, s'interroge.

De façon utile et assurément personnelle, il fait référence, à trois ou quatre reprises, à des données concrètes obtenues sur « la réalité de terrain », notamment en Meurthe-et-Moselle, dans le cadre d'une Mission de recherche « Droit et Justice » réalisée à l'ISCRIMED de Nancy (Institut de Sciences criminelles et Droit médical) sur « L'utilisation des caractéristiques génétiques dans les procédures judiciaires » (notamment sur l'application effective de sanctions pénales en cas de refus de prélèvements obligatoires, n° 86 et s. ; sur la désignation des experts et les coûts d'expertise, n° 216 et s.) ou sur les autopsies et placement d'éléments corporels sous scellés au sein de l'Institut médico-légal de Nancy (spécialement n° 296).

Le bilan analytique est donc fort riche, mais pas seulement descriptif de l'état du droit. Geoffrey VIBRAC porte constamment un regard critique sur ce qu'il étudie, avec le souci d'un équilibre entre les impératifs en présence (« mise en balance » ou recherche du « juste milieu ») et une préoccupation constructive d'amélioration.

Aussi propose-t-il des solutions d'harmonisation, par exemple, sur les sanctions de refus de prélèvements (n° 79), sur les évolutions des utilisations probatoires du corps (Tableau 2 *in* n° 186), sur les durées de conservations des données dans les différents fichiers (Tableau 3 *in* n° 364) ou encore sur les modifications des autorités compétentes pour opérer contrôles et suppressions des données dans ces fichiers (Tableau 5 *in* n° 371).

Enfin et surtout, au bilan synthétique de la thèse de Geoffrey VIBRAC, on trouve d'une part des constructions fondamentales fort complètes, et d'autre part un « fil rouge » opérationnel.

Au titre des constructions doctrinales, il y a bien sûr, dans le Titre 1 de la Seconde Partie, l'étude menée sur le statut juridique du corps humain, « le corps personnifié et réifié ». Discussions sur la « summa divisio » entre « personnes » et « biens » ; évolutions sur les animaux et les robots ; hésitations sur le statut du corps humain au seuil de la vie (embryon et fœtus) ou après la mort (respect du cadavre). Je ne peux qu'adhérer à tous ces développements pour avoir déjà relevé ces « Paradoxes sur la situation pénale de l'humain avant la naissance et après la mort » (*in Bioéthique. Les enjeux du progrès scientifique. France, Allemagne*, éd. Bruylant 2000, sous la direction de Fr. Furkel, Fr. Jacquot et H. Jung, spéc. pp. 163 à 251) et pour avoir souligné toutes les « Variations sur l'humain comme valeur spécialement protégée » (*in Ethique, droit et dignité de la personne*, Mélanges en l'honneur de Christian Bolze, éd. Economica 1999, pp. 339 à 385). Ces réflexions sur les statuts juridiques du corps sont déterminantes des niveaux de protection à mettre en œuvre dans la recherche des preuves corporelles.
Pour la protection du corps durant la vie, M. VIBRAC propose une distinction fort intéressante entre le « corps global » – le corps substrat de la personne – et le « corps morcelé » – les « éléments détachés du corps » –. Sur le premier, la protection doit être maximale et l'intervention à des fins probatoires doit en principe requérir le consentement de la personne. Sur les seconds, assimilables à des choses – certes particulières : indisponibles dans le commerce, hors patrimoine, gratuites – on peut concevoir une propriété, voire une simple détention, parfois le statut de « *res nullius* », donc la réalisation d'opérations d'appropriation lors d'opérations de prélèvements, de perquisitions, de fouilles, de saisies.
A propos de ces opérations, M. VIBRAC propose d'autres synthèses utiles sur la gradation de contraintes indirectes ou directes s'exerçant sur la volonté, sur les réactions aux déloyautés rencontrées dans la recherche probatoire. On aurait parfois apprécié un peu plus d'ouverture au droit comparé ; un peu plus de développements sur des procédés techniques discutés (hypnose, sérum de vérité, détecteur de mensonge, recours aux neurosciences) ; un peu plus d'explications sur le « droit au silence corporel » (n° 146) ou sur le corps qui devient « l'ennemi de la personne » (n° 147).

A propos de l'utilisation des preuves corporelles, en Seconde partie, les développements sont plus complets, que ce soit sur les expertises, sur le devenir des éléments corporels probatoires (conservation, destruction ou restitution) ou les fichiers de données corporelles. Monsieur VIBRAC y construit de belles synthèses critiques, dans un constant souci de prudence, tendant d'ailleurs parfois à de la méfiance, à l'encontre de l'illusion de la preuve scientifique « parfaite » – notamment par l'ADN – et de la trop forte confiance faite aux experts qui l'emporteraient sur les juges, ou encore à l'encontre de pratiques trop disparates de conservation ou de destruction d'éléments corporels – variables selon les Parquets – ou à l'encontre du « fichage de masse » sans garantie suffisante des droits et libertés individuels.

Le « fil rouge » opérationnel tout au long de la thèse est le recours au principe de proportionnalité. Dans la recherche et la recollection des preuves corporelles, comme dans leur utilisation, Geoffrey VIBRAC met constamment en balance les principes et impératifs de respect du corps humain et les intérêts de la société, de la justice, de l'ordre public, des tiers. L'interdiction de la torture et des traitements inhumains ou dégradants est un impératif fondamental et absolu que la recherche de la preuve pénale ne doit jamais méconnaître. Mais malgré toute la valeur attachée au respect du corps humain, diverses atteintes à ce corps sont admises dans notre société et tout va dépendre des finalités poursuivies et de la gravité et des conditions de l'atteinte. Les exemples sont multiples. Les uns traditionnels comme les pratiques de soins médicaux, les pratiques de sports violents, les tatouages, la circoncision… D'autres sont bien plus récents comme les localisations des corps (géolocalisation par les portables), les captations d'images du corps (vidéosurveillance, reconnaissance faciale) ou les captations d'informations corporelles (prise automatique de température corporelle, chiens renifleurs) ou comme les mesures imposées dans le cadre de la lutte actuelle contre le Covid 19 pour redonner la liberté de circulation (vaccinations, tests corporels, fichiers des « immunisés » auxquels chacun se soumet pour pouvoir voyager à l'étranger, retrouver restaurant et commerces… *Quid* du respect de la volonté individuelle ?).
Pour la preuve pénale, les atteintes sont multiples, comme le montre M. VIBRAC, mais il les passe toutes au crible de ce principe de proportionnalité. Selon les finalités poursuivies (preuve d'un crime, d'un délit ou d'une contravention ou obtention d'informations pour un fichier), selon la gravité de l'atteinte (sur corps mort, sur corps vivant, sur corps global, sur éléments détachés, détachés par prélèvements ou détachés naturellement, éléments anodins – cheveux, ongles, salives – ou éléments à connotation très personnelle – sang, ADN –), selon les personnes concernées (condamnés, suspects simples ou suspects « lourds » selon le faisceau d'indices recueillis, victimes, témoins) et selon les conditions prévues,

notamment pour la prise en compte de la volonté, les atteintes seront tantôt jugées acceptables, tantôt rejetées et condamnées, de façon catégorique ou dans l'attente de possibles améliorations juridiques. La thèse expose toutes ces nuances et c'est « justes équilibres ».
Ainsi l'apport essentiel de la thèse de Geoffrey VIBRAC tient à cet examen de proportionnalité. A cette approche nuancée et intelligente des diverses pratiques de recherche et d'utilisation des preuves corporelles.
C'est une thèse qui défend les valeurs fortes, mais menacées, de notre société occidentale européenne.

Nancy, le 23 mai 2021.

Jean-François SEUVIC
Agrégé de Droit privé et Sciences criminelles
Professeur émérite à la Faculté de Droit de Nancy
Université de Lorraine

AVANT-PROPOS

La recherche de la vérité est-elle la pierre angulaire de l'office du juge ? La question pourrait passer pour incongrue tant l'impératif de justice est lié au dévoilement de ce qui est dissimulé, à la mise en lumière de ce qui est maintenu dans l'ombre par ignorance ou à dessein, à la révélation de ce que cachent les paroles où les actes fallacieux ou malveillants.

Il faut néanmoins distinguer entre les fonctions civiles dans lesquelles sont principalement tranchés les litiges entre deux parties privées et les fonctions pénales qui s'attachent à caractériser les atteintes faites à la société et aux règles qu'elle a posées, aux personnes qui en ont été lésées, puis à en sanctionner les auteurs en réparant autant que faire se peut les préjudices qui découlent de leurs agissements.

En effet, la mission qui est confiée aux magistrats, du siège comme du parquet, dans l'application du corpus de règles fixées par le code pénal, et le code de procédure pénale, et la cohorte de tous les autres recueils de règles sanctionnées par des peines, va bien au delà d'une quête coûte que coûte de véracité des actes et de l'identité de ceux qui les ont posés. Elle inclut, et c'est cela même qui lui confère sa légitimité, le respect absolu des normes, nationales et supra nationales, qui garantissent à toute personne un procès équitable dans la plus large acception du terme.

De la loi de l'Habeas Corpus voté par le parlement anglais en 1679 au pacte international relatif aux droits civils et politiques adopté par l'assemblée nationale des Nations unies en 1966 et entré en vigueur près de 300 ans après la précédente, la reconnaissance de dignité inhérente à la personne humaine n'a cessé d'être énoncée pour être reconnue et renforcée, et tout particulièrement dans le cadre si particulier du procès pénal où sont en jeu des intérêts antagonistes et par essence inégaux, ceux de l'Etat et ceux de l'individu, dont la liberté, sinon l'honneur, sont souvent l'enjeu.

L'une des évolutions les plus récentes en droit français est le droit au silence consacré notamment par l'article 63-1 du code de procédure pénale, et dont le Conseil constitutionnel vient de dire le 4 mars dernier qu'il trouvait également pleine application devant le juge des libertés et de la détention (Cons. const. 4 mars 2021, n° 2020-886 QPC). Ce droit n'est pas simplement celui de se taire, et, partant, de ne pas s'auto-incriminer, mais vient rappeler que l'accusation doit fonder son argumentation « sans recourir à des éléments de preuve obtenus par la contrainte ou les pressions, au mépris de la volonté de l'accusé » (CEDH, guide sur l'article 6 de la Convention européenne des droits de l'homme, volet pénal, §§ 195 et 196).

Au delà de l'existence de ce droit et du respect qu'il appelle, voire plutôt en deçà de son exercice, il appartient aux officiers de police judiciaire, sous le contrôle du procureur, ainsi qu'à l'ensemble des juges qui successivement auront à connaître d'une procédure, jusqu'à la juridiction de jugement en dernier ressort, d'en aviser la personne mise en cause, puis avant sa mise en examen, puis avant sa mise en détention, puis avant son jugement.

Autant dire l'importance de ne considérer l'aveu de toute personne impliquée dans une procédure pénale non seulement comme une preuve parmi d'autres de sa culpabilité, mais également à l'aune de la régularité des moyens utilisés pour qu'il soit formulé.
Autant dire l'importance que revêt, au-delà de la phase de l'enquête, et des auditions successives qui auront été nécessaires à la constitution d'un dossier à présenter devant une juridiction de jugement, la tenue des débats eux-mêmes, dont l'oralité va permettre le cas échéant à la personne mise en cause de revenir sur de précédents aveux, mais sera également le moyen pour la juridiction de vérifier non seulement le contenu des déclarations mais le contexte dans lequel elles ont été recueillies.

C'est à cette condition fondamentale, jointe au principe du contradictoire, que pourra se dégager une décision argumentée, fondée et en droit et en fait.

Il va sans dire que la présence physique du ou des mis en cause, avec interprète s'il le faut pour que leur pensée ne soit pas trahie par l'obstacle de la langue, mais également des victimes, est indispensable à la qualité du débat. On ne dira jamais assez les difficultés nées du confinement lié à la pandémie et de l'obligation d'avoir recours aux modes de communication à distance, en particulier pour les personnes détenues, cette dématérialisation affectant la substance même des échanges tant le langage corporel et la communication non-verbale participent de cette oralité.

La parole de l'avocat, qui a également toute sa place dans le débat, est d'ailleurs tout autre lorsqu'il plaide « corps présent », en matière civile comme en matière pénale.

Toutefois, l'aveu n'était plus depuis longtemps considéré comme la « reine des preuves », et le recours accru à la preuve scientifique venant au soutien de la fragilité ou de l'absence de la parole, il s'agira pour le juge, garant du respect de la dignité de la personne également en tant qu'elle est un corps que l'on peut faire parler, de s'assurer que les preuves issues des prélèvements, analyses, expertises et autres comparaisons ont également été obtenues sans qu'aucune des atteintes au corps n'ait été précédée d'un consentement éclairé de la personne, ou de ses représentants légaux.

La lecture du travail approfondi de recherche et de réflexion de Monsieur Geoffrey VIBRAC constituera pour tout acteur du procès pénal et de ce qui le précède un guide précieux dans la compréhension comme dans la pratique du recours aux éléments de preuve corporels, par l'analyse pertinente et justement documentée. Les problématiques abordées allant bien au delà du seul procès, et conduisant à s'interroger sur la nature même du corps, sujet ou objet d'études, cette lecture sera sans aucun doute susceptible de nous amener à reconsidérer la perception du corps, cette entité dont l'évidence nous paraissait acquise, mais que le magistrat doit à la fois utiliser, mais avant tout protéger.

Nancy, le 25 mai 2021.

Mireille DUPONT – Brigitte ROUX
Premières vice-présidentes
Pôle pénal
Chambre correctionnelle de la juridiction interrégionale spécialisée
Tribunal judiciaire de Nancy

SOMMAIRE

It always seems impossible until it's done[1]

[1] Citation de Nelson Mandela pouvant se traduire en français par « cela semble toujours impossible, jusqu'à ce qu'on le fasse ».

INTRODUCTION GÉNÉRALE

Nous ne sommes pas seulement corps, ou seulement esprit ; nous sommes corps et esprit tout ensemble[2]

Les acteurs, le procès et la preuve

1. Le juge, les parties et la charge de la preuve. La pierre angulaire de tout procès est la démonstration de l'existence d'un acte ou d'un fait : le procès est avant tout un problème de preuve[3]. La charge de celle-ci pèse sur des acteurs différents de la procédure, selon qu'il s'agisse d'un procès civil ou d'un procès pénal.

Dans la première hypothèse, la procédure est plutôt accusatoire, privilégiant le rôle du demandeur et du défendeur en matière de recherche de preuves. Dès lors, *« il incombe à chaque partie de prouver conformément à la loi les faits nécessaires au succès de sa prétention »*[4]. La charge de la preuve revient alors au demandeur, à celui qui porte une allégation. Ce principe, inscrit dans l'article 1353 du Code civil[5], signifie que celui qui exprime une demande doit en apporter la preuve. Il se résume par l'adage suivant : *actori incumbit probatio.* Le juge, dans ce système, ne joue traditionnellement qu'un rôle d'arbitre du litige[6]. Il est alors tenu de *« trancher en*

---

[2] G. Sand, *L'histoire de ma vie*, le livre de poche, collection « Les Classiques de Poche », 2004.

[3] Différents auteurs donnent plusieurs définitions de la notion de preuve. Ainsi, elle est *« tout moyen permettant d'affirmer l'existence ou la non-existence d'un fait donné, ou encore l'exactitude ou la fausseté d'une proposition »* selon R. Merle et A. Vitu, *Traité de droit criminel. Procédure pénale*, Cujas, 5ème édition, tome 2, 2001. Plus largement, *« les preuves sont les divers moyens par lesquels l'intelligence arrive à la découverte de la vérité »* selon E. Bonnier, *Traité des preuves en droit civil et en droit criminel*, Plon, 4ème édition, 1873. Pour d'autres, la preuve est *« difficile à saisir, notamment au regard de la diversité des définitions qu'elle peut recevoir »,* tout en considérant finalement qu'elle *« apparaît alors comme le résultat d'une suite rigoureuse de tâtonnements et de déductions ». Cf.* J.-R. Demarchi, *Les preuves scientifiques et le procès pénal*, LGDJ, collection « Bibliothèque de sciences criminelles », tome 55, 2012. Sur le sujet, voir aussi M. Sanchez, *Contribution à l'étude de la preuve pénale*, thèse de doctorat, Université de Toulouse 1, 2010.

[4] C. pr. civ., art. 9.

[5] C. civ., art. 1353 : *« celui qui réclame l'exécution d'une obligation doit la prouver. Réciproquement, celui qui se prétend libéré doit justifier le paiement ou le fait qui a produit l'extinction de son obligation ».*

[6] Il s'agit du rôle classique du juge dans une procédure accusatoire. Pour autant, la procédure civile a évolué et l'article 10 du Code de procédure civile prévoit aujourd'hui que : *« le juge a*

considération des preuves qui auront été apportées par chaque partie à l'appui de sa prétention »[7].

A contrario, la procédure est plutôt inquisitoire dans le procès pénal[8]. Néanmoins si ce système pouvait recevoir des justifications à certaines époques, il existe aujourd'hui une conception différente de la procédure répressive qui met en avant le rôle de plus en plus important des parties en opposition ou en soutien du procureur de la République. Si celui-ci dirige l'enquête et les services de police judiciaire[9] aux fins de *« constater les infractions à la loi pénale, d'en rassembler les preuves et d'en rechercher les auteurs »*[10], le rôle des parties dans la recherche d'une preuve pénale s'est effectivement accru ces dernières années. Il en va de même lorsqu'une information est ouverte. Le juge d'instruction est alors chargé, comme le procureur de la République, de recueillir les preuves à charge et à décharge[11]. Dans ce cas, les parties ont également un rôle à jouer[12]. À titre

---

le pouvoir d'ordonner d'office toutes les mesures d'instruction légalement admissibles ». Cet article permet de redonner un certain pouvoir d'investigation au juge civil, rapprochant la procédure civile de la procédure pénale. *Cf.* sur cette question : G. Tarzia, « Les pouvoirs d'office du juge civil en matière de preuve », *in Mélanges en l'honneur de Roger Perrot. Nouveaux juges, nouveaux pouvoirs ?*, Dalloz, collection « Etudes, mélanges, travaux », 1996.

7 S. Druffin-Bricca et L.-C. Henry, *Introduction générale au droit*, Gualino, collection « Mémentos », 13ème édition, 2019.

8 Sur les distinctions entre les procédures, *cf.* notamment : J.-M. Coulon, « La justice à l'épreuve », Recueil Dalloz 2002, p. 2683 ; M. Langer, « La portée des catégories accusatoire et inquisitoire », RSC 2014, p. 707 ou bien encore M.-S. Baud, « Juger ailleurs, juger autrement - La manifestation de la vérité dans le procès pénal : une étude comparée entre la France et les États-Unis », Les cahiers de la justice 2017, p. 707.

9 C. proc. pén., art. 12. Voir également Cons. const., 10 mars 2011, DC n° 2011-625 : *« il résulte de l'article 66 de la Constitution que la police judiciaire doit être placée sous la direction et le contrôle de l'autorité judiciaire ; qu'à cette fin, le code de procédure pénale, notamment en ses articles 16 à 19-1, assure le contrôle direct et effectif de l'autorité judiciaire sur les officiers de police judiciaire chargés d'exercer les pouvoirs d'enquête judiciaire et de mettre en œuvre les mesures de contrainte nécessaires à leur réalisation »*. *Cf.* sur le sujet : M.-A. Granger, « La distinction police administrative / police judiciaire au sein de la jurisprudence constitutionnelle », RSC 2011, p. 789.

10 C. proc. pén., art. 14. Sur ce sujet, *cf.* T. Nzashi-Luhusu, *L'obtention des preuves par la police judiciaire*, thèse de doctorat, Université de Paris 10, 2013.

11 C. proc. pén., art. 81, al. 1 : *« le juge d'instruction procède, conformément à la loi, à tous les actes d'information qu'il juge utiles à la manifestation de la vérité. Il instruit à charge et à décharge »*.

12 F. Saint-Pierre, « Investigations privées en défense : questions de méthode et difficultés de pratique », AJ Pénal 2009, p. 433 : *« c'est aujourd'hui une obligation pour les avocats d'envisager avec leurs clients toutes les demandes d'investigations et d'expertises qui seraient utiles à la défense, faute de quoi leur responsabilité professionnelle pourrait être engagée. [...] Aussi la méthodologie des défenseurs s'est-elle adaptée : il n'est plus question pour un avocat de se limiter au seul dossier de la procédure, mais bien de concevoir une contre-enquête, pour à l'audience pouvoir présenter aux juges une antithèse de l'accusation qui soit argumentée et prouvée »*.

d'exemple, la loi du 15 juin 2000[13], modifiant l'article 82-1 du Code de procédure pénale, a renforcé la possibilité pour les parties de demander des actes à ce magistrat leur permettant ainsi d'apporter un appui plus fort à la justice. Néanmoins, la charge de la preuve en droit répressif incombe toujours par principe au ministère public, ce qui permet de respecter théoriquement les droits des individus et notamment la présomption d'innocence du suspect[14].

2. La recherche de vérité. L'objectif d'un procès, tant civil que pénal, est la recherche de *« la manifestation de la vérité »*[15]. Ainsi, *a priori*, *« chacun est tenu d'apporter son concours à la justice en vue de la manifestation de la vérité »*[16].

Le progrès scientifique apporte de nouveaux outils d'exploitation, notamment des éléments biologiques : le champ du techniquement possible est en constant élargissement[17]. Ces procédés de preuve vont permettre de mettre en exergue une vérité, mais quelle vérité : la vérité matérielle (du sang a été retrouvé sur la scène du crime), la vérité scientifique (ce sang appartient probablement à M. X) et/ou la vérité judiciaire (M. X est l'auteur de l'infraction) ? Cette dernière est celle qui doit être recherchée par le juge et les parties. Dans une enquête idéale, la vérité scientifique se confondrait avec la vérité judiciaire. La science détermine ainsi avec une apparence plus ou moins forte la probabilité qu'une personne soit mise en cause dans une situation. Pour le reste, il appartient aux différents acteurs de la procédure pénale ou civile de démontrer que la vérité scientifique coïncide, ou non, avec la vérité judiciaire. Pour autant, la science dispose d'une confiance forte dans l'esprit collectif amenant à orienter la recherche des preuves dans une direction plutôt qu'une autre.

---

[13] Loi n° 2000-516 du 15 juin 2000 renforçant la protection de la présomption d'innocence et les droits des victimes. Pour plus de précisions sur cette loi importante, *cf.* B. Bouloc, « PROCEDURE PENALE : la loi n° 2000-516 du 15 juin 2000 renforçant la protection de la présomption d'innocence et les droits des victimes », RSC 2001, p. 193 ou bien encore S.-A. Dubernat, « Pour une application de la présomption d'innocence renforcée par la loi du 15 juin 2000 », Recueil Dalloz 2000, p. 737.

[14] Sur l'articulation de ces droits et les garanties accordées à l'accusé, *cf.* J. Metenier, *La protection pénale de l'accusé*, thèse de doctorat, Université d'Aix-Marseille, 2014. Concernant le suspect lui-même et notamment l'ambivalence de cette notion, *cf.* N. Laurent, *La notion de suspect en matière pénale*, thèse de doctorat, Université de Lyon 3, 2001.

[15] Voir notamment C. proc. pén., art. 53 et 81. Sur ce sujet, *cf.* A. Fabbri et C. Guéry, « La vérité dans le procès pénal ou l'air du catalogue », RSC 2009, p. 343.

[16] C. civ., art. 10.

[17] *Cf.* par exemple : F.-X. Laurent, G. Vibrac, A. Rubio et *al.*, « Les nouvelles technologies d'analyses ADN au service des enquêtes judiciaires », Médecine/Sciences 2017, vol. 33, p. 971. Voir aussi M. Bénéjat, « Les relations du droit pénal et de la bioéthique », AJ Pénal 2012, p. 392 : *« l'évolution de la science permet d'accomplir finalement tout ce qui n'est pas interdit, ce qui étend le champ des possibles ».*

Dès lors, un premier constat conducteur de l'ensemble de cette étude doit être d'ores et déjà mentionné : une preuve scientifique est une preuve comme une autre ! Cette dernière est issue d'un contexte particulier (scène de crime, prélèvements[18], etc.) comme toute preuve. Sa recherche, si elle est utile, doit se faire en ayant toujours en vue l'objectif d'obtention d'une vérité judiciaire, plus qu'une vérité scientifique. Dans tous les cas, elle ne constitue en rien une fin en soi et doit être corroborée par d'autres indices. Et ce n'est que si l'ensemble converge vers un seul et unique chemin que se formera une solide vérité judiciaire.

3. Les modes de preuves. Étape essentielle de toute procédure judiciaire, la recherche probatoire conditionne ainsi l'issue de tout procès. Toutefois, dans un État de droit, cette étape suppose des limites parmi lesquelles l'admission exclusive des éléments de preuve obtenus conformément à la loi. Alors que certains se demandent si tout ce qui est possible est souhaitable[19], sur le plan juridique, la question se pose de savoir si tout ce qui est possible est légal[20]. L'objet d'un procès civil est *« la réglementation des rapports de droit privé, c'est-à-dire des droits que les particuliers peuvent exercer dans leurs rapports entre eux et des obligations réciproques pesant sur eux »*[21]. À ce titre, deux catégories de preuves coexistent. D'une part des preuves légales, autrefois énumérées à l'article 1315-1 du Code civil[22], consistant en cinq modes de preuve, aujourd'hui classées dans un chapitre du Code traitant des différents modes de preuve. Parmi ces différentes preuves, la plus utilisée reste la preuve littérale – l'écrit – qui est un élément de preuve préconstitué issu de relations contractuelles entre les différentes parties. Cette situation se retrouve notamment dès lors que l'objet à prouver est l'existence d'un acte juridique. Dans ce cas, la preuve de l'acte juridique requiert le plus souvent la démonstration d'une preuve « parfaite » ou à défaut un commencement de preuve par écrit. D'autre part, certaines preuves doivent être cherchées pour

---

[18] Au sein de cette étude, nous serons amenés à utiliser à de multiples reprises les termes « prélèvements » et « recueils ». Pour nous, le premier renvoie à ce qui est saisit ou extrait sur ou dans le corps de l'individu. Cette notion renvoie forcement au fait de toucher, même faiblement, au corps de la personne. Concernant le recueil, il s'agit d'une saisie sans aucun lien avec le corps lui-même. Le recueil renvoie aux hypothèses de mises sous scellés des éléments issus du corps mais qui n'y sont plus rattachés, comme c'est notamment le cas sur les lieux de l'infraction.

[19] A. Flückiger, « La preuve juridique à l'épreuve du principe de précaution », Revue européenne des sciences sociales 2003, XLI-128, p. 107.

[20] J. Borricand, « Progrès scientifique et droit de la preuve pénale », in *Problèmes actuels de science criminelle*, PUAM, volume XVII, 2004.

[21] F. Terré, *Introduction générale au droit*, Dalloz, collection « Précis », 10ème édition, 2015.

[22] C. civ., art. 1315-1 : *« les règles qui concernent la preuve littérale, la preuve testimoniale, les présomptions, l'aveu de la partie et le serment, sont expliquées dans les sections suivantes »*, abrogé par l'ordonnance n° 2016-131 du 10 février 2016.

prouver des relations factuelles. Ce peut être par exemple lors de la mise en œuvre d'une responsabilité délictuelle fondée sur l'article 1240 du Code civil[23]. Dans ces circonstances, la preuve d'un fait juridique est libre : *« hors les cas où la loi en dispose autrement, la preuve peut être apportée par tout moyen »*[24].

A l'inverse, l'objectif d'un procès pénal est de permettre la répression d'une infraction (crime – délit – contravention)[25] commise par une personne et portant atteinte à l'ordre public.

Ainsi, *« le but ultime du procès pénal est en effet de dire qui est coupable et qui ne l'est pas. À mesure que la procédure avance, la preuve de la commission d'une infraction à charge d'une personne doit donc s'affiner pour atteindre, si possible, une certitude infaillible »*[26]. Cette certitude s'acquiert par tout moyen, la preuve étant libre par principe : *« hors les cas où la loi en dispose autrement, les infractions peuvent être établies par tout mode de preuve et le juge décide d'après son intime conviction »*[27].

4. L'admissibilité d'une preuve. Le principe de liberté de la preuve pour les faits juridiques en droit civil et pour les infractions en droit pénal ne signifie pas que tout ce qui est possible puisse et doive être accepté par les juridictions. Afin qu'un mode de preuve soit recevable lors d'un procès, il est nécessaire que celui-ci ait été acquis loyalement. Le principe de loyauté dans la recherche des preuves est important pour chaque procédure, il permet d'éviter les débordements que pourraient être tentées de commettre les parties pour obtenir des soutiens à leurs prétentions. Par ailleurs, une preuve

---

[23] C. civ., art. 1240 qui dispose que : *« tout fait quelconque de l'homme, qui cause à autrui un dommage, oblige celui par la faute duquel il est arrivé à le réparer »*.

[24] C. civ., art. 1358.

[25] *« L'article 111-1 du code pénal dispose que « les infractions pénales sont classées, suivant leur gravité, en crimes, délits et contraventions ». Par « suivant leur gravité », il faut alors entendre « suivant la peine principale encourue » ». Cf.* G. Beaussonie, « Infraction », Rép. pén., mai 2018.

Sur cette classification tripartite des infractions, voir également E. Dreyer, « Pour une contraventionalisation des échanges illégaux de pair à pair », RSC 2007, p. 57 : *« la protection de l'intégrité physique de la personne est considérée dans notre société comme un impératif absolu. Cela ne signifie pas, pour autant, que toutes les atteintes qui lui sont portées doivent être déclarées criminelles : il en existe de nature criminelle ; d'autres sont de nature correctionnelle et d'autres encore de nature contraventionnelle. Les violences les moins graves, qu'elles soient volontaires (art. R. 625-1, C. pén.) ou involontaires (art. R. 622-1, art. R. 625-2), constituent en effet des infractions de police sans que l'on dénonce l'insuffisance de la protection des personnes ». Cf.* également J.-H. Robert, « la classification tripartite des infractions selon le Nouveau Code Pénal », Droit pénal 1995, n° 01, chron. 01 et D. Roets, « Classifications des infractions », JurisClasseur Pénal, Art. 111-1, fascicule 20, 2010.

[26] F. Fourment, *Procédure pénale*, Larcier, collection « Paradigme – manuel », 14ème édition, 2013.

[27] C. proc. pén., art. 427, al. 1er.

ne pourra être recevable que si celle-ci a été obtenue licitement, conformément à la loi. Ainsi par principe, il n'est pas possible de commettre une infraction à des fins probatoires.
Dès lors, le vol de documents ou de photocopies appartenant à un employeur par son salarié dans le but de justifier son licenciement sans cause réelle et sérieuse, n'en est pas moins un vol dès lors que les éléments constitutifs de l'infraction sont réunis[28]. Il s'agit alors du respect du principe de légalité criminelle et de l'interprétation stricte des textes en droit pénal : les mobiles de l'auteur de l'infraction étant indifférents. Pour autant, la Cour de cassation a eu tendance ces dernières années à accepter la recevabilité de ces modes de preuves acquises de manière déloyale, allant même parfois jusqu'à créer un véritable fait justificatif de l'infraction[29]. Tel fut le cas concernant le vol commis par les salariés[30]. Ce dernier se justifie pour certains par le fait

---

[28] Cass. crim., 8 décembre 1998, n° 97-83318 par lequel la Cour considère que *« toute appropriation de la chose d'autrui, contre le gré de son propriétaire ou légitime détenteur, caractérise la soustraction frauduleuse constitutive de vol, quels que soient le mobile qui a inspiré son auteur et l'utilisation du bien appréhendé »*, faisant ainsi échec à la jurisprudence de la chambre sociale de la Cour de cassation qui avait accepté ces documents quelques jours avant. *Cf* : Cass. soc., 2 décembre 1998, n° 96-44258 , considérant que : *« le salarié peut produire en justice, pour assurer sa défense dans le procès qui l'oppose à son employeur, les documents de l'entreprise dont il a la connaissance à l'occasion de l'exercice de ses fonctions »*.
Sur l'arrêt de la chambre Criminelle, *cf.* par exemple R. Ottenhof, « Vol. Soustraction frauduleuse. Photocopie de documents destinés à être produits en justice. Distinction de l'intention et du mobile. Notion de préjudice », RSC 1999, p. 822 ; M. Segonds, « L'appropriation de documents par un salarié contre le gré de son employeur constitue un vol, quelle qu'en soit la destination », Recueil Dalloz 2000, p. 120 ou bien encore B. Bouloc, « Vol. Eléments constitutifs. Elément matériel. Soustraction. Détention par le prévenu de documents. Reproduction par photocopie à l'insu et contre le gré du propriétaire », RTD Com. 1999, p. 772.
Sur l'arrêt de la chambre sociale, *cf.* notamment H. Kobina Gaba, « La licéité des moyens de preuve dans le contentieux prud'homal : le cas des documents de l'entreprise », Recueil Dalloz 1999, p. 431 ainsi que S. Frossard, « Utilisation des documents de l'entreprise », Recueil Dalloz 2000, p. 87

[29] *« S'inspirant de la chambre sociale (Soc., 2 déc. 1998, n° 96-44.258), la chambre criminelle a consacré en 2004 un fait justificatif nouveau, posé au profit de salariés auteurs de vol de documents appartenant à leur employeur, et fondé sur la nécessité d'assurer leur défense dans le cadre d'une instance prud'homale »* : A. Cerf-Hollender, « Fait justificatif fondé sur les droits de la défense du salarié et concurrence déloyale », RSC 2011, p. 853. Sur cette question *cf.* également F. Desprez, « Vol de documents de l'entreprise par le salarié : sur le fait justificatif tiré de l'exercice des droits de la défense », Droit social 2009, p. 1182 ou bien encore J. Gallois, « La justification par l'exercice des droits de la défense d'une infraction pénale », Revue de droit du travail 2011, p. 507.

[30] Cass. crim., 11 mai 2004, n° 03-80254, par lequel la Cour considère que ces documents peuvent être accepté en justice dès lors qu'ils sont strictement nécessaires à l'exercice des droits de la défense. La jurisprudence ultérieure confirmera et affinera la recevabilité de ces éléments. *Cf.* : Cass. soc., 30 juin 2004, n° 02-41720 et 02-41771, *« un salarié, lorsque cela est strictement nécessaire à l'exercice des droits de sa défense dans le litige l'opposant à son*

que le salarié est la partie faible du contrat face à l'employeur et qu'il ne lui serait pas possible d'apporter des preuves de ses allégations sans commettre ces infractions. Dans le même sens, la jurisprudence a également admis la recevabilité de certains éléments obtenus de manière déloyale dès lors qu'ils seront justifiés par le principe du contradictoire. Néanmoins, hormis ces cas spécifiques, le principe de licéité de la preuve reste important et doit être respecté. Pour autant, nous verrons que ces questions s'appliquent également à la preuve et le corps[31].

Concernant la recherche et l'admission des indices et preuves, les règles dégagées dans la Convention de sauvegarde des droits de l'Homme et des libertés fondamentales doivent également être prises en compte. Bien que celle-ci ne réglemente pas quel mode de preuve peut être admissible et laisse une liberté aux États membres[32], il est toutefois nécessaire que les grands principes procéduraux issus de cette Convention soient respectés[33].

5. L'influence de la Cour européenne des droits de l'homme. La CEDH joue alors un rôle important en la matière en permettant aux justiciables des États membres de la Convention d'exercer un recours devant elle. Pour éviter cela, les États signataires doivent respecter un certain nombre de droits prévus dans le texte international qui protègent les citoyens contre les abus possibles venant des États eux-mêmes. Concernant la preuve et le corps, les plus importants sont l'interdiction des traitements inhumains ou dégradants (article 3), le droit à un procès équitable (article 6) ou bien encore le droit au respect de la vie privée et familiale (article 8). Ainsi, si l'utilisation d'instruments de torture sur le corps d'une personne suspecte a pu être justifiée dans d'anciens régimes juridiques pour obtenir des preuves, notamment des aveux[34], l'emploi d'un tel procédé serait aujourd'hui

---

employeur, peut produire en justice des documents dont il a eu connaissance à l'occasion de ses fonctions » ou bien encore Cass. crim., 9 juin 2009, n° 08-86843 ; Cass. crim., 16 juin 2011, n° 10-85079 ou bien encore Cass. soc., 31 mars 2015, n° 13-24410. Ces différents arrêts ont fait l'objet de nombreux commentaires. Sur le premier arrêt, *cf.* notamment E. Fortis, « Causes d'irresponsabilité pénale. Erreur sur le droit », RSC 2004, p. 635 ; G. Vermelle, « Appréhension de documents par un salarié (erreur de droit et droits de la défense) », RSC 2004, p. 866 ; G. Roujou de Boubée, « Conséquences d'une divergence d'appréciation entre deux chambres de la Cour de cassation », Recueil Dalloz 2004, p. 2759 ou bien encore H. Kobina Gaba, « La production en justice d'un document de l'entreprise par le salarié pour assurer sa défense », Recueil Dalloz 2004, p. 2326.

[31] Voir *infra*, n° 122 et s.

[32] CEDH, 12 juillet 1988, Schenk c. Suisse, requête n° 10862/84 : *« si la Convention garantit en son article 6 (art. 6) le droit à un procès équitable, elle ne réglemente pas pour autant l'admissibilité des preuves en tant que telle, matière qui dès lors relève au premier chef du droit interne ».*

[33] Sur le sujet, *cf.* notamment P. Hennion-Jacquet, *Preuve pénale et droits de l'homme,* thèse de doctorat, Université de Nice, 1999.

[34] Voir *infra*, n° 6 et s.

automatiquement sanctionné par la CEDH sur le fondement de l'article 3 de la Convention[35]. De la même manière, l'article 6 de ladite convention permet de souligner l'existence d'un principe fondamental à notre procédure répressive : la présomption d'innocence, mais également le principe du contradictoire ou bien encore l'égalité des armes entre les parties. Enfin, le droit au respect de la vie privée et familiale permet de protéger la sphère intime de l'individu. Avec un champ d'application large, l'article 8 protège non seulement la vie familiale, les correspondances mais également l'intégrité physique d'une personne. La Cour considère ainsi que « *la notion de « vie privée » est large et ne se prête pas à une définition exhaustive »*[36] et que *« la sphère de la vie privée [...] couvre l'intégrité physique et morale d'une personne »*[37]. Concernant ce dernier cas, des questions se posent quant à l'utilisation du corps humain à des fins probatoires. Avant de les résoudre, il convient de revenir sur les rapports qu'on put entretenir la recherche de preuves et le corps dans l'histoire[38] (Section I) pour finalement s'intéresser aux problématiques qui nous concernent actuellement (Section II).

Section I - Le corps et la preuve autrefois

6. La recherche de l'aveu et la torture. De tout temps, les hommes ont pratiqué la torture sur d'autres individus pour diverses raisons. Ce pouvait être pour le plaisir[39], pour infliger une peine[40] ou tout simplement pour

---

[35] Voir *infra*, n° 13.

[36] CEDH, 25 mars 1993, Costello-Roberts c. Royaume-Uni, requête n° 13134/87. Arrêt qui confirme celui de CEDH, 16 décembre 1992, Niemietz c. Allemagne, requête n° 13710/88 dans lequel la Cour a considéré qu'il n'est « *ni possible ni nécessaire de chercher à définir de manière exhaustive la notion de "vie privée". Il serait toutefois trop restrictif de la limiter à un "cercle intime" où chacun peut mener sa vie personnelle à sa guise et d'en écarter entièrement le monde extérieur à ce cercle. Le respect de la vie privée doit aussi englober, dans une certaine mesure, le droit pour l'individu de nouer et développer des relations avec ses semblables* ».

[37] CEDH, 26 mars 1986, X. et Y. c. Pays-Bas, requête n° 8978/80 et CEDH, 3 octobre 2013, I.B. c. Grèce, requête n° 552/10. *Cf.* notamment L. Burgorgue-Larsen, « Actualité de la Convention européenne des droits de l'homme », AJDA 2014, p. 147.

[38] Voir R. Charles, *Histoire du droit pénal*, PUF, collection « Que sais-je ? », 4ème édition, tome 690, 1976 ; B. Lemesle (dir.), *La Preuve en justice de l'Antiquité à nos jours*, Presses universitaires de Rennes, collection « Histoire », 2003 ; Y. Jeanclos, *La justice pénale en France. Dimension historique et européenne*, Dalloz, collection « Méthodes du droit », 2011 et J.-M. Carbasse, *Histoire du droit*, PUF, collection « Que sais-je ? », 4ème édition, tome 3828, 2017.

[39] D. Baril, « Jean PROULX, Maurice CUSSON, Eric BEAURAGARD et Alexandre NICOLE (sous la dir.), *Les meurtriers sexuels* », RSC 2005, p. 708 : *« alors que le colérique va s'attaquer soit à celle qui est la cause de sa colère ou à la première femme qui se présente, le sadique va minutieusement planifier son crime. Il ne se contente pas d'assassiner sa*

obtenir des réponses à leurs questions[41]. Cette dernière hypothèse peut renvoyer à la notion de preuve, c'est-à-dire à la recherche de la vérité juridique. Alors que dans notre société, les dires d'une personne tendent de plus en plus à être minorés[42] – à tout le moins la justice cherche à les vérifier/confirmer/infirmer –, sous l'Ancien régime et plus largement dans nos anciennes sociétés, les paroles prononcées par les individus avaient une certaine importance. Dès lors, on considérait l'aveu comme la reine des preuves, celle à obtenir pour déterminer la vérité judiciaire. C'est justement dans cette optique qu'existaient des moyens d'obtenir ces aveux, notamment par l'utilisation de la torture[43]. Alors qu'aujourd'hui ce procédé d'obtention de preuve est strictement prohibé, en partie par les textes internationaux, il s'agissait d'un moyen jugé comme efficace, à l'époque, d'obtenir une preuve par le corps. Pour autant, puisqu'il s'agissait de martyriser le corps de l'individu pour qu'il délivre des informations, cela ne constituait pas totalement une preuve par le corps – une preuve corporelle – mais un mode de preuve issue de la pensée et de la parole dont l'atteinte au corps permettait une rapidité d'obtention. Ainsi, l'aveu était la finalité (la preuve à atteindre), la violation du corps un moyen d'y parvenir.

Dans tous les cas, ce procédé d'obtention de preuve a une grande importance pour nos propos puisqu'il démontre que les hommes utilisaient le corps des autres individus, plus ou moins fortement, pour obtenir une preuve mais il illustre également l'importance du corps pour la personne elle-même et du lien qui existe entre les deux. Dans cette hypothèse et au-delà du statut juridique du corps humain sur lequel nous nous attarderons plus

---

victime, il prend plaisir à la faire souffrir, à la torturer et à faire durer le supplice ».

[40] D. Grodzynski, « Tortures mortelles et catégories sociales. Les *Summa Supplicia* dans le droit romain aux IIIe et IVe siècles », *in Du châtiment dans la cité. Supplices corporels et peine de mort dans le monde antique*, publications de l'École française de Rome, tome 79, 1984, p. 361 : *« les suppliciés ne sont pas «exécutés» au sens courant du mot, ils agonisent lentement. Et cette agonie est spectacle : spectacle du corps souffrant. Il s'agit pour le pouvoir répressif de montrer, dans l'horreur et par l'horreur, son éclat, je dirais presque sa radiance et son efficacité : terreur dissuasive à l'égard des sujets, tous considérés comme des coupables éventuels ».*

[41] *Cf.* sur ce point : A. Astaing, « Durus carcer aut tortura ? La mise au secret et la recherche de l'aveu dans la procédure pénale française (XVe-XIXe siècle) », *in* B. Durand et L. Otis-Cour (dir.), *La torture judiciaire. Approches historiques et juridiques*, Centre d'Histoire Judiciaire, 2002, p. 891 ou bien encore E. Wenzel, *La torture judiciaire dans la France de l'Ancien Régime : Lumières sur la Question*, Editions Universitaires de Dijon - E.U.D., collection « Sociétés », 2011.

[42] H. Toutée, « Diverses contestations relatives aux élections des représentants français au Parlement européen », AJDA 1995, p. 223 : *« on sait qu'en droit pénal le prétendu principe « l'aveu est la reine des preuves » n'existe pas et qu'on ne condamne pas un innocent au prétexte qu'il s'est déclaré ou même se déclare toujours coupable ».* Ou bien encore E. Allain, « La reine des preuves », AJ pénal 2015, p. 57.

[43] Sur ce point, voir notamment G. Pandelon, *La question de l'aveu en matière pénale*, thèse de doctorat, Université d'Aix-Marseille, 2012.

longuement[44], il ressort d'ores-et-déjà que le corps peut être, selon que l'individu recherche la preuve ou la subit, un grand allié ou un véritable ennemi.

7. Le corps en droit romain : une torture à la carte ? Sans s'attarder outre mesure sur ces anciennes civilisations, il faut tout de même énoncer que dans la Rome antique, l'atteinte que nous avons mentionnée sur le corps de l'individu pour l'obtention d'une preuve ne s'appliquait pas, selon les époques, uniformément. J.-M. Carbasse expose alors qu' « à *l'époque républicaine, si la torture était en principe prohibée à l'encontre des citoyens, elle était en revanche régulièrement infligée aux esclaves – comme si ces derniers étaient incapables de dire la vérité autrement que dans les tourments (tormenta). Il ne s'agit pas en général d'obtenir un aveu, mais un témoignage contre un prévenu* ». L'auteur ajoute ensuite que « *cette prohibition de la quæstio in caput domini sera rappelée jusqu'au Bas-Empire* »[45]. Ainsi, il paraissait déjà y avoir un recours récurrent à cette violente atteinte au corps de l'individu. La pratique semblait ensuite s'être généralisée. Dans ce sens, le Professeur Carbasse poursuit son raisonnement et mentionne les cas pour lesquels des hommes, non plus esclaves mais libres, pouvaient être soumis à la torture : « *dans les accusations de faux, de magie, d'empoisonnement, de fausse monnaie, puis pour de simples délits d'opinion comme le refus de sacrifier aux statues de l'empereur (ce qui vise au premier chef les chrétiens), enfin dans des crimes plus communs comme l'homicide ou l'adultère* ». Il termine sur cette généralisation de la pratique en disant qu'« a*u Bas-Empire, la seule restriction qui subsiste concerne les honestiores, c'est-à-dire les citoyens les plus éminents : eux seuls sont exemptés de la torture, sauf toutefois dans les affaires de majesté où il n'est plus de privilège qui tienne. Au Bas-Empire la torture est ainsi devenue un procédé général et habituel d'investigation pénale* »[46]. L'obtention de l'aveu par la violation du corps était alors monnaie courante à ces époques et n'a cessé de s'appliquer à toujours plus d'individus et d'infractions. C'est ainsi que le corps est devenu un excellent moyen d'obtention de preuves. Alors qu'au début de l'utilisation de ce procédé, les hommes semblaient prendre en

---

[44] Voir *infra* n° 153 et s. Par ailleurs, pour une approche historique de cette question, *cf.* M. Iacub, *Le Corps de la personne : enquête juridique*, thèse de doctorat, Université de Paris EHESS, 1993.

[45] Par ailleurs, il mentionnait également l'existence d'une exception à ce principe pour les procès politiques. *Cf* : J.-M. Carbasse, *Histoire du droit pénal et de la justice criminelle*, PUF, collection « Droit fondamental », 3ème édition, 2014. « *En 186 av. J.-C., dans la célèbre affaire des Bacchanales. Le Principat n'a fait que développer cette logique en admettant que dans les affaires d'État les citoyens eux-mêmes pourraient être soumis à la question. C'est là une des particularités procédurales du crime de majesté (crimen laesae majestatis), dont la définition a été de plus en plus extensive* ».

[46] *Ibid.*

compte la protection de certains individus (les citoyens romains), il ressort que la volonté d'obtention d'une preuve effaçait la protection que l'on accordait aux personnes. Ce même système existait également dans notre société, sous l'Ancien régime.

8. Corps, preuves et ordalies sous l'Ancien régime. Biologiquement, le corps humain semble assez aisé à définir. Il s'agit d'un *« assemblage de cellules, de tissus et d'organes dont la permanence et l'harmonie des fonctions caractérisent la vie »*[47]. Le corps est ainsi une *« réalité matérielle »*[48] : c'est l'*« élément physique d'un être humain »*[49]. S'agissant de la pensée chrétienne qui était très présente dans notre pays au Moyen-âge, le corps a une importance capitale[50]. La simple mention d'une comparaison de Saint Paul permet de comprendre ce que pouvait représenter le corps pour cette religion[51] : le corps est le temple de l'esprit[52]. Or, il s'avère justement que l'esprit est central dans la relation qu'entretient l'homme avec Dieu. Dès lors, puisque l'esprit est important, son support l'est aussi. C'est dans ce sens que le corps fut considéré comme un élément sacré. Pour autant, cela n'empêcha pas le développement de la torture de cette réalité biologique sacrée. Les premières formes de torture avaient pour nom ordalies. Il s'agissait de pratiques qui existaient particulièrement entre le X et XIIème siècle.
Le principe était assez simple et permettait de mettre à l'épreuve le corps de l'individu, à des fins probatoires. Bien qu'il fût mis en œuvre par des êtres humains, il ne s'agissait pas réellement d'un procès humain mais plutôt d'un jugement de Dieu[53]. L'individu qui subissait l'ordalie et qui en sortait

---

47 J. Penneau, « Corps humain - Bioéthique », Rép. civ., 2012.
48 T. Revet, « Le corps humain est-il une chose appropriée ? », RTD civ. 2017, p. 587.
49 C. Puigelier, *Dictionnaire juridique,* Bruylant, collection « Paradigme – vocabulaire », 2ème édition, 2017.
50 J.-B. Golfier, *Tactiques du diable et délivrances : Dieu fait-il concourir les démons au salut des hommes ?,* Arthège Lethielleux, collection « Sed contra », 2018 : *« l'unité de l'âme et du corps est si profonde que l'on doit considérer l'âme comme la « forme » du corps (cf. Cc. Vienne en 1312 : DS 902) ; c'est-à-dire, c'est grâce à l'âme spirituelle que le corps constitué de matière est un corps humain et vivant ; l'esprit et la matière, dans l'homme, ne sont pas deux natures unies, mais leur union forme une unique nature ».* Sur la question de l'importance du corps, *cf.* également J.-P. Albert, « Incarnations, désincarnations ce que les religions disent et font du corps », Revue corps 2016, n° 1, p. 31.
51 Sur cette question, voir également : X. Dijon, *La raison du corps*, Bruylant, collection « Droit et religion », 2012.
52 *Cf.* E. Cuvillier, « Le « corps » (σῶμα) entre « chair » (σάρξ) et « esprit » (πνεῦμα) », Cahiers d'études du religieux - Recherches interdisciplinaires 2013, n° 12, consulté le 11 juillet 2019. Voir aussi sur cette question : C. Jaquet, *Le Corps,* PUF, collection « Philosopher », 2001.
53 Sur cette question, *cf.* not. G. Guyon, « Utopie religieuse et procès pénal. L'héritage historique : V-XVe siècles », Archives de Philosophie du Droit 1994, p. 105 ; G. Guyon (dir.),

vainqueur était pur, c'est-à-dire que devait être porté du crédit à ses dires. Au contraire, s'il perdait l'épreuve, il était impur et ce qu'il mettait en avant était considéré comme faux. Le corps était ainsi central dans cette démonstration, dans ce combat pour la vérité divine. Bien qu'il existait de nombreuses formes d'ordalies, puisqu'il s'agissait du Jugement de dieu ou *a minima* d'une puissance supérieure, les ordalies les plus courantes pratiquées sur les accusés avaient pour siège deux des cinq éléments fondamentaux : l'eau et le feu[54], *« éléments « révélateurs » par l'intermédiaire desquels les puissances surnaturelles sont censées montrer d'une manière visible et irréfutable de quel côté se trouve le bon droit »*[55].

Ces méthodes avaient une finalité assez proche de la torture romaine qui visait à obtenir un témoignage ou un aveu (la reine des preuves) de l'individu. Concernant les ordalies, l'objectif n'était pas totalement d'obtenir un aveu mais que la puissance supérieure confirme les dires de l'individu, qu'il donne du poids à sa parole. Dans les deux cas, on accorde énormément d'importance aux paroles prononcées par l'individu en question et on utilise le corps pour qu'il les énonce ou bien pour qu'elles soient confirmées. Ainsi, dans ces situations, l'atteinte au corps était un chemin qu'il semblait nécessaire de parcourir pour découvrir ce que l'on considérait comme une vérité : un simple moyen d'obtenir une réelle preuve de la culpabilité.

Bien que l'Église ait également utilisé ces procédés, elle fut réticente à un tel emploi[56] : *« depuis le IXe siècle, l'Église condamne de plus en plus fermement le jugement de Dieu – même si en pratique les clercs y recouraient eux aussi à l'occasion. En 1215, le IVe concile de Latran*

La justice en questions. Recueil d'articles, Presses universitaires de Limoges, collection « Cahiers de l'Institut d'anthropologie juridique », 2015.

[54] M. Marx, *La preuve par le corps humain*, thèse de doctorat, Université de Poitiers, 1997. Cet auteur mentionne alors les multiples formes de l'ordalie. *« L'ordalie par le feu consiste à faire saisir par l'accusé un fer rouge et à panser sa plaie ; par la suite selon qu'il cicatrise ou non, il est déclaré coupable ou innocent. Il y a également l'ordalie par l'eau bouillante ou par l'eau froide. Dans la première, le suspect est tenu de retirer un objet immergé dans de l'eau bouillante et, selon le succès ou l'échec de sa tentative, il gagne ou perd son procès. Dans la seconde, l'accusé pieds et poings liés est jeté à l'eau : s'il surnage, on le considère comme coupable, s'il coule il est innocent »*. M. Marx ajoute à ces formes, celle de l'ordalie des bras en croix : *« les deux parties se font face les bras en croix, la première qui les baisse, étant censée avoir perdu l'appui de Dieu, perd son procès. Enfin, dans l'épreuve judiciaire du pain ou du fromage, on présume que si l'accusé est coupable, il ne pourra pas avaler ces aliments préalablement bénis »*. L'auteur expose alors que : *« pendant plusieurs siècles, on a établi la véracité d'une prétention, la culpabilité d'un suspect, en fonction des stigmates que son corps portait, de son endurance physique face à la douleur... autant de messages, de jugements de Dieu, transmis au travers du corps même des parties, parce que l'on pensait que de l'intervention divine dépendait la solution du procès »*.

[55] J.-M. Carbasse, *Histoire du droit pénal et de la justice criminelle*, précit.

[56] Sur cette question, *cf.* également G. Guyon, *Justice de Dieu, justice des hommes – Christianisme et histoire du droit pénal*, Dominique Martin Morin, 2009.

interdit formellement aux clercs de participer à des ordalies [...] et les Décrétales de Grégoire IX prohibent de la façon la plus générale tout recours à la purgatio vulgaris et au duel, « car ils font bien souvent condamner l'innocent, et c'est tenter Dieu » – c'est-à-dire un sacrilège »[57]. Pour autant, après ces interdictions, le corps ne fut pas abandonné pour l'obtention d'une preuve. Au contraire, d'autres formes de tortures sont instaurées dès le siècle suivant.

9. Une torture limitée ? Ainsi, dès le XIIIème siècle, bien que dans notre pays apparaisse une nouvelle logique probatoire, donnant de plus en plus de pouvoirs au juge tout en préservant les droits de l'accusé, la torture est tout de même de retour pour *« obtenir des preuves suffisantes »*[58]. Tout d'abord majoritairement pratiquée au sud, elle s'est progressivement étendue au nord du territoire. Cette dernière était également exercée par l'Église.

Pour autant, il semble qu'une évolution dans la protection du corps ait eu lieu entre ces différents siècles puisque ce nouvel emploi de la torture fut quelque peu limité. Ainsi, cette pratique ne pouvait pas être la principale source de preuve. C'est-à-dire que la torture pouvait être mise en place seulement pour certaines infractions exceptionnelles et graves : celles qui permettaient encore des châtiments corporels. La logique semblait être de considérer que l'accusé encourait une atteinte à son corps en cas de condamnation pour cette infraction et que, par conséquent, il était envisageable de le torturer préalablement à la déclaration de culpabilité, pour obtenir la preuve de celle-ci.

Néanmoins, il était nécessaire qu'une seconde condition soit remplie. À cette époque, *« la torture doit reposer sur l'existence de présomptions fortes à l'encontre du suspect. De simples doutes sont insuffisants pour y recourir. On entend par présomptions l'existence d'un témoin oculaire, dont le témoignage est complété par un indice matériel »*[59]. Par ailleurs, un autre garde-fou était mis en avant, permettant une préservation du corps de l'individu : il apparaît que l'atteinte au corps ne devait pas être trop forte. Selon M. Evrard, la torture ne devait pas *« causer de lésion définitive ou de « déformation des membres » »*[60].

L'étude du procédé est intéressante puisqu'elle démontre la tolérance de la société de l'époque à l'atteinte au corps et ce qui était considéré comme socialement acceptable sur l'emploi de la torture. Il semblait alors que l'existence de forts soupçons autorisé une atteinte forte à l'intégrité

---

[57] J.-M. Carbasse, *Histoire du droit pénal et de la justice criminelle*, précit.

[58] S. Evrard, *Histoire du droit pénal – De l'antiquité au XIXè siècle*, auto édition, 2018.

[59] *Ibid.*

[60] *Ibid.*

physique. Cette adéquation entre les indices qui pèsent contre l'individu et l'atteinte plus ou moins forte à son corps existe toujours aujourd'hui[61].
Ce procédé d'obtention de preuve finira par tomber en désuétude, notamment au XVIIIème siècle, considéré comme barbare pour l'époque.

10. La Révolution des droits et du corps. Il n'est pas question de retracer tout l'historique de l'Ancien régime et notamment de la Révolution française mais simplement de mentionner une évolution des mentalités qui a eu lieu durant cette période[62]. Ainsi, avec l'avènement de la Déclaration des droits de 1789, l'innocence de chacun est présumée, ce qui suppose dorénavant une *« démonstration complète et rationnelle »*[63] de la culpabilité de l'individu. Dès lors, on protège de plus en plus le mis en cause mais également son corps, notamment dans la mise en place des peines[64]. L'objectif devient moins l'atteinte au corps pour sanctionner que la prononciation d'une sanction *« de façon systématique, égalitaire et prompte, poussant à l'introspection »*[65]. Le but est alors que la peine infligée au condamné lui serve de leçon, qu'il puisse, en étant privé de liberté, réfléchir aux actes qu'il a commis et se repentir. Par cette nouvelle façon de penser la peine, le Droit pénal a indirectement protégé le corps de l'individu contre les atteintes de la société elle-même.

11. Un corps utile. Pour conclure sur cette longue période de l'histoire, on insistera sur deux éléments. Tout d'abord, sur le fait que le corps ne bénéficiait d'aucune ou de très peu de protection de ces sociétés. Bien que, cette dernière ait tout de même évolué à la fin de l'Ancien régime. Dès lors, la conséquence de cette faible protection permet la mention du second élément important : celui-ci pouvait être aisément utilisé pour rechercher des

---

[61] Bien que la torture n'existe plus dans notre société, nous le verrons, des atteintes au corps peuvent être plus ou moins fortes selon la place qu'occupe l'individu dans la procédure pénale: témoin, victime, suspect, soupçonné ou encore condamné.

[62] Sur ce sujet, *cf.* C. Beccaria, *Des délits et des peines*, 1764, réimpression Flammarion, collection « GF », 2006. Cet auteur s'est notamment opposé à la cruauté de certaines peines et prônait une justice plus humaniste. Voir en ce sens : E. Clément, « Le droit selon Beccaria », Revue juridique de l'Ouest 2014, n° 4, p. 41 : *« l'exécution par le supplice de la roue, précédée d'une application de la question préalable, le 10 mars 1762, a profondément choqué l'opinion. Voltaire publie à cette occasion son Traité sur la tolérance à l'occasion de la mort de Jean Calas et les appels à la réforme du système judiciaire se multiplient. Le plaidoyer de Beccaria en faveur d'une justice pénale emprunte d'humanisme et de raison est donc particulièrement apprécié des philosophes, juristes et hommes politiques tels que Voltaire et Diderot, Turgot, Malesherbes ou Condorcet ».*

[63] E. Dreyer, *Droit pénal général*, LexisNexis, collection « Manuels », 5ème édition, 2019.

[64] Ainsi, le Code pénal de 1791 prévoyait, dans son article 1er, que la peine de mort pouvait être infligée à un condamné mais *« sans qu'il puisse jamais être exercé aucune torture envers les condamnés ».*

[65] *Ibid.*

preuves de la commission des infractions mais il servait également de support pour l'application de la peine[66]. En résumé, le corps de la personne a eu une véritable utilité pour ces systèmes judiciaires et s'agissant de la preuve, on remarque qu'il existait un indéniable lien entre l'atteinte au corps et l'obtention de celle-ci : le corps était utile. Qu'en est-il aujourd'hui (Section II) ?

Section II - Le corps et la preuve aujourd'hui

12. La preuve corporelle. Ainsi, le corps était à de multiples reprises et sous différentes formes utilisé sous l'Ancien régime pour obtenir une preuve : ce dernier était au cœur du processus probatoire.
Concernant notre époque moderne, plusieurs constats doivent être formulés. Tout d'abord, il existe dorénavant une réelle protection du corps de l'individu[67], par le biais du principe d'inviolabilité et des droits fondamentaux. Ensuite, il subsiste toujours, légitimement, une volonté des forces de l'ordre de rechercher la vérité et pour cela d'obtenir la preuve la plus parfaite possible, c'est-à-dire une preuve fiable. Dans ce sens, il semble que le corps joue toujours un rôle important. Celui-ci est forcément différent puisqu'il n'est plus question de torture ou d'atteinte physique importante sur les individus. Néanmoins, il apparaît qu'il existe une réelle volonté d'obtenir une preuve corporelle. Cette dernière se matérialisera le plus souvent par l'obtention d'un élément issu du corps ou du corps lui-même et par une analyse d'un spécialiste scientifique. Il examinera cet objet d'étude et fournira à la justice une information utile pour la manifestation de la vérité et utilisable dans une procédure judiciaire. C'est ainsi que dans la vie quotidienne des officiers de police judiciaire ou des juges d'instruction, l'homme de science a fait son apparition et est devenu un allié de taille permettant un réel développement de la preuve corporelle.

---

[66] Le corps étant ainsi doublement utile : pour faire souffrir le condamné physiquement et pour dissuader les autres membres de la société de commettre à leur tour des infractions. Il était alors le siège de la sanction et l'exécution de la peine permettait également de renforcer le pouvoir en place : *« le supplice ne rétablissait pas la justice, il réactivait le pouvoir »*, M. Foucault, *Surveiller et punir: Naissance de la prison*, Gallimard, collection « Tel », 1993. Sur ces questions, *cf.* également M. Rateau, « Les peines capitales et corporelles en France sous l'Ancien Régime (1670-1789) », Annales internationales de criminologie 1963, p. 276 ou bien encore J. Imbert et G. Levasseur, *Le pouvoir, les juges et les bourreaux, 25 siècles de répression*, Hachette, 1972.

[67] Sur ce sujet, *cf.* D. Tissier, *La protection du corps humain*, L'Harmattan, collection « Le droit aujourd'hui », 2013.

13. L'inviolabilité du corps humain et le rejet de la torture. Il est aujourd'hui inconcevable, dans notre pays, qu'un individu fasse l'objet de torture physique pour obtenir une preuve[68]. Le principe d'inviolabilité du corps humain[69] est un excellent exemple de protection de celui-ci. Créé notamment à l'article 16-1 du Code civil, par une loi de 1994 concernant justement le corps[70], ce principe important a vocation à préserver l'intégrité de l'individu[71]. Plus précisément, il permet à la personne de refuser les atteintes à son propre corps sans son consentement : l'inviolabilité va de pair avec la volonté[72]. Dès lors, il n'est pas possible de toucher le corps d'une personne sans obtenir l'accord préalable de celle-ci.

Si ces éléments semblent se vérifier s'agissant du droit privé, ce principe s'avère parfois mis entre parenthèses lorsqu'il s'agit du droit pénal. En effet, lorsqu'il s'agit du droit répressif, la société intervient pour faire réparer le dommage qu'elle a elle-même subi, parfois par l'intermédiaire d'une victime. Chaque infraction porte atteinte à l'ordre public et par conséquent à l'ordre social. Dans ce cas, il existe des intérêts collectifs à prendre en compte pour cette branche spécifique du Droit et non plus seulement les intérêts antagonistes privés. C'est pour ces hypothèses que la recherche de la preuve corporelle doit être mise en balance face aux intérêts de l'individu et le droit de préserver son corps. Ainsi, un juste milieu semble devoir être trouvé pour comprendre jusqu'où on peut aller dans l'atteinte au corps, pour obtenir des preuves. Bien que la majeure partie de l'étude portera sur le droit

---

[68] Néanmoins, ce ne fut pas toujours le cas. *cf.* CEDH, 7 juillet 1989, Soering c. Royaume-Uni, requête n° 14038/88 ; CEDH, 27 août 1992, Tomasi c. France, requête n° 12850/87 et CEDH, 28 juillet 1999, Selmouni c. France, requête n° 25803/94. Ces arrêts ont fait l'objet de nombreux commentaires. *Cf.* par exemple F. Massias, « Condamnation de la France pour torture », RSC 1999, p. 891, qui traite du *« sombre record pour la France : après avoir eu le « triste privilège » d'être le deuxième pays, après l'Irlande, à être sanctionné pour traitements inhumains et dégradants, la voici second pays, après la Turquie, on pourrait dire premier pays démocratique, à être désigné comme responsable de tortures dans l'affaire Selmouni ».*Cet auteur effectue une comparaison avec l'affaire Tomasi : *« les faits ont eu lieu au cours d'une garde à vue. Il semble donc que les autorités françaises, loin d'avoir tiré les leçons du constat de l'arrêt Tomasi, aient encore aggravé leur situation au regard de l'article 3 de la Convention. Les traitements infligés à M. Selmouni auraient alors dépassé en gravité ceux subis par M. Tomasi ».* Voir également sur le sujet J. Coste, « Le policier ne doit pas frapper le délinquant... même multirécidiviste », AJ Pénal 2004, p. 206.

[69] *Cf.* G. Sarvonat, *Le Principe d'inviolabilité du corps humain en droit civil*, thèse de doctorat, Université de Poitiers, 1951.

[70] Loi n° 94-653 du 29 juillet 1994 relative au respect du corps humain. Voir sur ce sujet : J. Massip, « L'insertion dans le code civil de dispositions relatives au corps humain, à l'identification génétique et à la procréation médicalement assistée », Defrénois 1995, n° 2, p. 65.

[71] P.-A. Miquel, « Respect et inviolabilité du corps humain », Noesis, Corps et sacré 2007/12, p. 239.

[72] H. Hurpy, « La protection juridique du corps dans l'hypermodernité : les excès de la volonté individuelle en question », Connexions 2018/2, n° 110, p. 37.

répressif et la dualité qui tend à exister entre la préservation du corps et celle de l'ordre public, il sera également important de mettre en évidence la notion de volonté et du consentement pour la protection de son corps en effectuant ponctuellement des comparaisons avec d'autres branches du droit privé qui peuvent faire l'objet d'une preuve corporelle tel que le droit médical, le droit de la filiation ou bien parfois même le droit du travail. Dans ces différentes situations, celui qui a la charge d'apporter la preuve désire une preuve « parfaite ».

14. La recherche d'une preuve « parfaite ». Obtenir une preuve « parfaite » est un idéal à atteindre mais dans la majorité des cas, le magistrat est amené à statuer avec en sa possession un faisceau d'indices concordants mais non parfaits. L'importance d'une telle preuve relève surtout du droit pénal. Il s'agit d'un droit spécial puisque la commission d'une infraction et la déclaration de culpabilité à la fin du procès permettent de supprimer certains droits fondamentaux dont le plus courant est la liberté d'aller et de venir[73]. L'individu condamné à de l'emprisonnement ou à de la réclusion/détention criminelle est privé de sa libre circulation. Dans ce sens, il faut être certain que celui qui fait l'objet des poursuites et qui serait condamné par une juridiction de jugement est réellement l'auteur des faits. Pour ces enjeux, une preuve « parfaite » est souhaitable. Encore faut-il arriver à définir ce que l'on entend par preuve « parfaite ».
Il ne peut malheureusement pas exister de définition standard en droit pénal, s'appliquant à tous les cas d'espèces puisqu'il existe un principe phare de la procédure pénale empêchant cela : l'intime conviction du juge[74]. Ce principe signifie que le juge est libre d'apprécier les indices et éléments qui lui sont fournis et de trancher le litige pour ancrer une vérité judiciaire. Ainsi, un magistrat peut très bien apprécier un indice comme étant une preuve déterminante alors qu'un autre, à sa place, y verrait un indice de moyenne importance, devant être confirmé par d'autres éléments. Cette libre appréciation et l'absence d'un système de preuve prédéfinie empêchent la définition d'une preuve « parfaite » en droit pénal.
Pour autant, quelques critères peuvent être mis en avant pour tenter de se rapprocher d'une telle définition. Une preuve « parfaite » serait par exemple celle qui démontre une vérité flagrante, sans équivoque, non contestable. C'est dans ce sens que le corps est utile et que l'on peut être de plus en plus tenté de le considérer comme une preuve « parfaite ». Rien ne semble plus accablant que de retrouver du matériel biologique appartenant à un individu

---

[73] Sur cette question, *cf.* P. Gervier, *La Limitation des droits fondamentaux constitutionnel par l'ordre public*, LGDJ, collection « Bibliothèque constitutionnelle et de science politique », tome 143, 2014.
[74] C. proc. pén., art. 427.

sur une victime, dans son corps ? Sur un objet ayant servi à la commission de l'infraction ? etc. Le corps semble acquérir la première place pour la démonstration des faits juridiques.
Pour autant, il est toujours nécessaire de peser tous les éléments en possession des magistrats et nous pouvons d'ores et déjà énoncer le constat suivant : l'information corporelle doit être appréciée comme n'importe quel autre indice, ce n'est qu'un élément de preuve comme les autres. Dès lors, l'indice corporel doit être corroboré, comme tout faisceau d'indices, par d'autres éléments pour conduire à la manifestation de la vérité.
Dans tous les cas, il n'en demeure pas moins que le corps est utile, notamment lorsque l'on considère le développement de plus en plus important de la science.

15. L'apport de la science. Avec l'apport constant de la science et sa place de plus en plus importante dans le procès pénal[75], la preuve corporelle, en tant que preuve scientifique occupe une place de choix dans les modes de preuves. Ainsi, alors que le corps était déjà utilisé auparavant pour l'obtention d'aveux notamment, il est de plus en plus une preuve à part entière. C'est en effet par le biais d'éléments corporels, que l'on saisit soit sur une scène d'infraction, soit directement sur ou dans le corps de l'individu, que les scientifiques pourront procéder à des analyses et fournir des indices destinés à devenir des preuves. La donnée corporelle devient ainsi une preuve à acquérir. Auparavant on considérait l'aveu comme la preuve déterminante puisque le criminel avouait être l'auteur de l'infraction[76]. À notre époque, c'est dorénavant le corps lui-même qui parle au nom de la personne. C'est dans cette optique que l'analyse scientifique sera au cœur de nos propos notamment par le biais des nombreuses hypothèses possibles de preuve par le corps : ADN, empreintes biométriques, odorologie, etc. Le champ d'action de cette preuve particulière est large et la science augmente constamment les champs du possible. Dès lors, le moindre morceau de corps peut être pris en compte par les enquêteurs pour aider à la résolution des enquêtes. Dans ce sens, le corps amené à servir de support probatoire recoupe de multiples hypothèses qu'il est nécessaire de limiter[77].

---

[75] Sur ce sujet, *cf.* J. Barberis, *Le droit de la preuve pénale face à l'évolution technique et scientifique*, thèse de doctorat, Université d'Aix-Marseille 3, 2000 et G. Coto, *L'influence des progrès scientifiques sur le droit de la preuve pénale*, thèse de doctorat, Université de Rennes 1, 2006.
Voir également J. Vernet, *La modernisation des enquêtes policières et judiciaires*, thèse de doctorat, Université de Toulouse 1, 2007.
[76] M.-J. Arcaute-Descazeaux, *L'aveu : essai d'une contribution à l'étude pénale de la justice négociée*, thèse de doctorat, Université de Toulouse 1, 1998.
[77] Sur la démonstration de l'importance du sujet et surtout du caractère large de celui-ci,

Une des principales distinctions de notre étude concerne le rattachement ou non du corps à la personne juridique. Nous le verrons, le corps ne bénéficie pas de la même protection selon qu'il est considéré dans sa globalité ou selon qu'il s'agisse d'éléments séparés de cette réalité biologique. Par ailleurs, nous verrons également qu'il existe de nombreux procédés qui utilisent un élément du corps humain pour obtenir une preuve. Pour autant, il n'est pas possible d'étudier l'ensemble de ces différents éléments. C'est pour cette raison que nous avons fait le choix de nous intéresser notamment aux méthodes qui existent actuellement et qui ont un impact direct sur le droit et sur le corps de l'individu.
Dès lors, il s'agira d'étudier, lorsque le corps est entier, les atteintes qui peuvent être portées à ce dernier, qu'il soit vivant ou mort. S'agissant des éléments séparés, nous nous intéresserons particulièrement à la preuve génétique[78] et à la preuve biométrique, ces dernières ayant particulièrement évolué ces dernières années, notamment par l'essor de la criminalistique. Pour autant, bien que la génétique occupera une place de choix dans nos propos, cette étude n'a pas pour objet de s'intéresser exclusivement à celle-ci. Notre sujet concerne bien le corps et la preuve pénale et non exclusivement la preuve génétique ou bien encore les seules traces biologiques en procédure pénale. Simplement, celles-ci sont importantes puisqu'elles ont pris une place considérable dans nos procédures judiciaires et les informations utilisables que fournit la génétique ne sont possibles que par l'examen d'un élément corporel, ce qui en fait des preuves corporelles. Il en va de même pour les empreintes digitales. Par ailleurs, notre sujet ne peut pas se restreindre non plus à la simple étude du corps du suspect dans l'enquête pénale, ce qui nous conduirait à exclure le corps de la victime qui a une importance particulière en procédure pénale[79].
Dès lors, nos propos concernent la prise en compte d'un corps global ou d'un élément détaché d'un ou plusieurs corps, analysés et destinés à servir à la manifestation de la vérité.

---

cf. par exemple H. De Valicourt de Séranvillers, *La preuve par l'ADN et l'erreur judiciaire*, l'Harmattan, collection « Questions contemporaines », 2009 : *« la recherche de la vérité fut dès lors comme soufflée par le souffle (alcool-test), révélée par le sang (analyses), sondée dans les gènes (analyse du liquide séminal), prélevée sur le corps (traces et autres micro-traces), extraite du corps (prélèvements, autopsie), dévoilée (par le laser, autre luminol, pollilight, boostar, procédés physiques, chimiques, expertises), fixée (prélèvements sur la scène du crime de traces, micro-traces), conditionnée (indices scientifiques mis sous scellés), expertisée (balistique)... ».*

[78] Voir sur ce sujet : F. Satta, *La génétique et le droit pénal*, thèse de doctorat, Université de Poitiers, 2000.

[79] Voir notamment *infra* n° 49 et s.

16. L'évolution de la criminalistique. La prohibition de la torture ou encore des ordalies a amené à une évolution de l'administration de la preuve[80]. C'est en ce sens que s'est développée, au fur et à mesure du temps, la criminalistique[81]. Il s'agit d'un terme très en vogue actuellement et très médiatisé. On le retrouve constamment, associé notamment à celui « d'expert », mais que représente réellement la criminalistique ? Si l'on s'intéresse à la médiatisation constante de celle-ci, il apparait qu'elle est une science sensationnelle et qu'elle touche à ce qu'il y a de plus évolué tout en gardant une part de mystère. Nous pensons notamment à ces séries américaines représentant un ensemble d'experts qui réussit à élucider des enquêtes, avec des techniques très avancées, en un temps record.

Bien évidemment, la criminalistique n'est pas totalement cela. Si l'on veut en donner une définition[82], il faut tout d'abord mentionner le lien très étroit de celle-ci avec la science et son évolution. La criminalistique regroupe alors un ensemble de techniques, notamment scientifiques, au service des forces de l'ordre, de la justice, pour aider à l'obtention de la vérité[83]. La criminalistique aide à la résolution des enquêtes[84]. L'objectif étant la découverte de la vérité, elle est un soutien de taille pour identifier les

---

[80] Voir sur ce sujet : C. Michta, *L'administration de la preuve en droit pénal français : exemple et pratique judiciaire de la gendarmerie nationale*, thèse de doctorat, Université de Strasbourg, 2017.

[81] Sur cette question, *cf.* J. Fombonne, *La criminalistique*, PUF, collection « Que sais-je ? », tome 370, 1996 ; J. A. Siegel et P. J. Saukko, *Encyclopedia of Forensic Sciences*, Elsevier, 2ème édition, 2013 ou bien encore F. Daoust, *La criminalistique et le procès pénal*, thèse de doctorat, Université de Paris 2, 2018.

[82] P.-F. Ceccaldi, *La criminalistique*, PUF, collection « Que sais-je ? », 3ème édition, tome 370, 1976. Ce dernier donne au terme criminalistique deux sens. Tout d'abord un sens large comprenant des procédés *« applicables à la recherche et à l'étude matérielles du crime pour aboutir à sa preuve »* et un sens strict pour lequel la criminalistique est une *« science seule, séparée même de la médecine, de la toxicologie et de la psychiatrie légales »*.

[83] Pour cela, la criminalistique obéit à différents principes mis en avant par différents auteurs célèbres. Le premier d'entre eux étant le professeur Edmond Locard au XXème siècle qui a mis en avant le principe de l'échange. Selon lui, l'individu auteur d'une infraction laisse forcément des traces de son passage sur les lieux de l'infraction et c'est aux forces de l'ordre que revient la charge de les trouver. *Cf.* en ce sens : B. Durupt, *La Police judiciaire. La scène de crime*, découvertes Gallimard, tome 403, 2000 : *« tout individu, à l'occasion de ses actions criminelles en un lieu donné, dépose et emporte à son insu des traces et des indices : sueurs, sang, poussière (...). Une fois passés au crible d'examens de plus en plus sophistiqués, ces indices parlent et livrent le récit du crime avant de permettre au lecteur-enquêteur de déchiffrer la signature de l'auteur-coupable »*. Sur ce sujet, voir aussi : F. Crispino, *Le principe de Locard est-il scientifique ? Ou analyse de la scientificité des principes fondamentaux de la criminalistique*, thèse de doctorat, Université de Lausanne, 2006.
D'autres auteurs ont ensuite mis en avant de multiples principes à la criminalistique. *Cf.* not. N. Rudin et K. Inman, *An Introduction to Forensic DNA Analysis*, CRC Press, 2001.

[84] Sur certaines méthodes et techniques, *cf.* par exemple : A. Girod, C. Champod et O. Ribaux, *Traces de souliers*, Presses polytechniques et universitaires romandes, collection « Sciences forensiques », 2008.

probables auteurs d'infractions et permettre la compréhension du déroulement des faits[85].

Dans ce sens, elle bénéficie d'un lien fort avec la scène de crime[86], notamment en cas de découverte d'un cadavre : les différentes techniques seront importantes pour obtenir une preuve corporelle. *« Au centre de la criminalistique, se trouve le crime et la ou les scènes d'investigation, car tout part de la scène d'investigation, gravite autour de celle-ci et tout finit par y revenir et notamment le procès qui est censé expliquer aux juges et aux jurés ce qui s'est passé »*[87]. Concernant spécifiquement notre preuve corporelle, la scène de crime aura une grande importance. En effet, s'agissant de notre principale division concernant le corps entier et le corps morcelé, la scène de crime est souvent centrale dans la recherche de la preuve. C'est sur les lieux de l'infraction que les officiers de police vont devoir agir rapidement pour éviter que ne soient détruits les indices permettant de rechercher la vérité, notamment les indices génétiques ou biométriques laissés par l'auteur des faits. Dans ce sens, il est important que le recueil soit de qualité puisque c'est à partir de cet élément que les analyses seront effectuées par le scientifique pour aider à la résolution des enquêtes. Dès lors, il est nécessaire d'être constamment vigilant sur la réalisation des recueils et prélèvements des éléments corporels.

Pour cela, les services de police judiciaire ont formé du personnel compétent pour gérer ces éléments : les agents de polices techniques et scientifiques[88]. Les premiers d'entre eux forment la police technique et sont justement chargés de s'occuper du recueil des indices sur la scène de crime. Les seconds représentent la police scientifique[89] et sont notamment chargés des

---

[85] J.-C. Fombonne, « Police technique et scientifique. La formation au sein de la gendarmerie nationale », Cahiers de la sécurité et de la justice 2016, n° 37, p. 42 : *« la criminalistique [...] est, en revanche, la démarche qui s'organise autour de la question du « Comment ». Elle se moque des ressorts personnels de l'auteur. Les seules questions qu'elle se pose sont exclusivement techniques : comment l'auteur a-t-il pu pénétrer dans l'habitation ? Comment se fait-il que telle trace digitale ou tel dépôt d'ADN soit présent sur tel objet ou telle scène d'infraction ? Comment les coups portés ont-ils pu donner la mort ? »*.

[86] Voir J.-C. Martin, O. Delémont, P. Esseiva et *al.*, *Investigation de scène de crime. Fixation de l'état des lieux et traitement des traces d'objets*, Presses polytechniques et universitaires romandes, collection « Sciences forensiques », 2010.

[87] Y. Schuliar, *La coordination scientifique dans les investigations criminelles. proposition d'organisation, aspects éthiques ou de la nécessite d'un nouveau métier*, thèse de doctorat, Université de Lausanne, 2009.

[88] Voir J. Fombonne, *L'exercice de la police technique et scientifique par la gendarmerie nationale : une solution rationnelle apportée pour le traitement de l'indice matériel, à la question de la preuve en matière pénale*, thèse de doctorat, Université Paris 2, 1994.

[89] Sur cette question, *cf.* not. O. Ribaux, *Police scientifique – Le renseignement par la trace*, Presses polytechniques et universitaires romandes, collection « Sciences forensiques », 2014. Voir également J. Susini, « Un siècle de police scientifique », RSC 1996, p. 489.

analyses pour tenter d'obtenir une vérité scientifique[90]. Les deux travaillent de concert pour la recherche de la vérité et l'obtention de preuves objectives et fiables.
L'ensemble de ces éléments concernant la criminalistique intéresse la preuve corporelle et, au vu de l'importance que peuvent avoir les recueils d'indices sur la suite des procédures judiciaires, la mise en place de ces polices particulières est saluable.

17. Le corps et la preuve pénale : enjeux du sujet. Ainsi, la preuve corporelle reste une preuve que les officiers cherchent à obtenir lors de leurs enquêtes. Bien que de nombreuses questions existent et se poseront tout au long de cette étude, le fil conducteur de celle-ci repose sur les interactions entre la nécessaire obtention de preuves et le corps. Puisque la preuve corporelle est de plus en plus considérée comme fiable et désirée dans une procédure judiciaire, il est opportun de s'intéresser à l'articulation de celle-ci et notamment aux possibilités, limites et conséquences de cette preuve particulière : l'enjeu étant d'analyser le conflit de valeurs résultant des hypothèses impliquant un ou plusieurs corps humains, en tout ou partie, en tant qu'objets probatoires.
Ainsi, il s'agit de s'interroger sur la preuve corporelle, en lien avec la préservation du corps, des droits des individus et de se demander jusqu'où on peut aller dans la recherche et l'utilisation d'une telle preuve. La dernière hypothèse concerne les impacts qu'une telle preuve peut avoir : que ce soit dans l'esprit collectif, sur le corps lui-même et son statut juridique ou bien encore sur les droits des individus. Pour répondre à ces différents enjeux, deux phases semblent se découper rapidement.
Tout d'abord la phase de recherche de la preuve corporelle (Première partie). Il s'agit de toute la période d'enquête, c'est-à-dire le moment, plus ou moins long, durant lequel les autorités vont rechercher la vérité de la commission des faits. Comment s'est déroulée l'infraction ? Pourquoi ? Quel peut en être le mobile ? Et bien évidemment, ils vont chercher sur les lieux tout ce qui peut se rattacher à l'infraction, ce qui est le cas des éléments corporels. Cela renvoie à l'hypothèse des recueils de la preuve corporelle. À côté de celle-ci se trouvent les prélèvements directement effectués sur le corps de l'individu et les nombreux questionnements qui y sont attachés : peut-on prélever sans entrave l'individu sous prétexte de la nécessité de recherche des preuves ? Si un prélèvement a lieu, sous quelles modalités ? *Quid* des refus ? etc. L'ensemble de ces questions, qu'il s'agisse de l'hypothèse de recueil ou des prélèvements renvoie plus largement à la distinction entre le corps global et l'élément corporel séparé de celui-ci mais également à la notion de consentement et à l'inviolabilité du corps humain. Le corps est protégé mais

---

[90] Sur la vérité judiciaire et la vérité scientifique, voir *infra* n° 257.

jusqu'à quel point s'agissant de la recherche de la vérité et par conséquent, de la protection de l'ordre public ? Comment les deux intérêts antagonistes parviennent-ils à se concilier ?

Finalement, nous verrons que le corps est, dans de nombreuses hypothèses, utilisé pour l'obtention d'une preuve. Cette utilisation, qui formera le second temps de cette étude (Seconde partie), pose-t-elle encore différentes interrogations dans un schéma logique et temporel de la recherche et l'utilisation des preuves. Ainsi, si dans un premier temps les autorités cherchent les preuves, c'est bien pour dans un second temps les utiliser et cette dernière hypothèse renvoie tant à une utilisation directe par la science, qu'aux hypothèses d'utilisation futures de la preuve : conservation de cette dernière et fichage de l'individu.

PREMIÈRE PARTIE

LA RECHERCHE DE PREUVES CORPORELLES

18. Consentement et volonté. L'expression de la volonté est une notion particulièrement utilisée en droit, que ce soit dans le droit des contrats, dans le droit commercial ou bien encore dans le droit des personnes. La loi elle-même *« est l'expression de la volonté générale »*[91], c'est-à-dire la somme des volontés individuelles. En ce sens, la volonté est une force de l'homme qui lui permet de faire ou de ne pas faire quelque chose. Dans le langage courant, elle est définie comme la *« faculté de déterminer librement ses actes en fonction de motifs rationnels »*[92].
La notion de consentement est différente[93]. Bien que souvent indifférencié de la volonté, celui-ci est une approbation, un accord que la personne donne pour la réalisation d'une chose. À ce titre, M.-A. Frison-Roche expose que *« la volonté est au cœur de l'humanisme et marque l'intériorité incommensurable de l'homme tandis que le consentement est un objet, conséquence de la volonté, symbole et extériorisation de la volonté, mais distinct de la volonté. Ainsi, par la volonté, la personne manifeste sa puissance, sa capacité à poser à elle-même sa propre loi, sa liberté. Tandis que le consentement est signe d'une sorte de capitulation. Il y a toujours de l'aliénation dans un consentement »*[94]. Concernant plus spécifiquement le

---

[91] Art. 6 de la Déclaration des Droits de l'Homme et du Citoyen de 1789. Sur cette déclaration, *cf.* J. Morange, *La Déclaration des droits de l'homme et du citoyen,* PUF, collection « Que sais-je ? », 4ème édition, tome 2408, 2002. Voir aussi du même auteur : *Droits de l'homme et libertés publiques*, PUF, collection « Droit fondamental », 5ème édition, 2000.

[92] Définition donnée par le dictionnaire Larousse.

[93] Sur cette question *cf.* notamment X. Pin, *Le consentement en matière pénale*, LGDJ, collection « Bibliothèque de sciences criminelles », tome 36, 2002 ou bien encore F. Archer, *Le consentement en droit pénal de la vie humaine*, L'Harmattan, collection « Sciences criminelles », 2003.

[94] M.-A. Frison-Roche, « Remarques sur la distinction de la volonté et du consentement en droit des contrats », RTD civ. 1995, p. 573.

corps humain, la volonté de la personne ainsi que son possible consentement sont pris en compte dans la capacité qui lui est donnée de protéger son intégrité physique contre des violences exercées par autrui mais également des investigations faites à des fins probatoires[95].

19. Protection du corps, volonté individuelle et préservation de l'ordre public. La recherche des preuves est une étape indispensable à la manifestation de la vérité[96]. Lorsqu'une infraction est commise, l'ordre public est atteint par le trouble que cause l'infraction et c'est au nom de ce dernier et donc de la société que l'on va rechercher à obtenir des preuves de la commission des faits. Nous avons mentionné à ce titre que le corps pouvait, de manière large, être au centre de l'intérêt de l'enquêteur. Ainsi, dans la ligne de conduite qu'est la nôtre et notamment quant à notre division entre le corps entier et les éléments détachés de celui-ci, se pose la question de la prise en compte de la volonté individuelle. Cette dernière est liée au principe d'inviolabilité du corps humain mais également, plus largement, au respect du corps et aux droits fondamentaux.

Cette puissance dont dispose l'homme de par sa volonté permet de le protéger contre les ingérences qu'autrui pourrait être tenté d'engendrer dans sa vie courante. Dans cette optique de protection de son intégrité physique, de son corps, l'autonomie de la personne est placée au cœur des relations entre personnes privées[97]. La Déclaration des Droits de l'Homme et du Citoyen de 1789 prévoyant que *« les hommes naissent et demeurent libres et égaux en droits »* conduit à ce placement de la volonté individuelle au centre des rapports entre les personnes. Ainsi, la préserver, c'est protéger l'homme lui-même.

Brigitte Feuillet mentionne à ce titre que *« le droit à l'intégrité physique permet d'éviter toute atteinte à l'enveloppe charnelle de la personne (article 16- 3 du Code civil). En cela, il se rapproche du principe d'inviolabilité du corps humain prévu à l'article 16- 1, alinéa 2 du Code civil. Le législateur n'a pas défini ces deux termes ».* Par ailleurs, Madame Feuillet expose aussi qu'*« un certain nombre d'auteurs semblent les assimiler (D. Fenouillet, V. Terneyre). Le Vocabulaire juridique (G. Cornu) ne mentionne d'ailleurs pas le terme d'intégrité physique mais se réfère seulement à l'inviolabilité*

---

[95] Bien que cette distinction soit intéressante, et que la notion de consentement démontre déjà, en soi, une soumission de la personne, nous avons fait le choix, tout au long de cette étude, de ne pas différencier les deux éléments. Consentement et volonté seront entendus indistinctement comme protecteur du corps et de la personne.

[96] Sur la question de la recherche de la preuve en droit pénal *cf.* notamment : M. Ali Koman, *La recherche de la preuve en matière pénale. Etude comparée du droit français et des droits des pays arabe du Golfe*, thèse de doctorat, Université de Poitiers, 1993.

[97] Sur la question des rapports entre le corps et le droit civil, *cf.* : F. Cabrillac, *Le droit civil et le corps humain*, thèse de doctorat, Université de Montpellier, 1962.

qui est le droit fondamental à l'intégrité corporelle. En vertu du principe d'inviolabilité du corps humain, sont illicites les atteintes à l'intégrité physique de la personne sans le consentement de celle-ci »[98]. Ainsi, la dénomination de ce droit, qu'il s'agisse de l'intégrité physique ou de l'inviolabilité ne semble pas avoir une fondamentalement d'importance. *A contrario*, ce qui compte, c'est la primordialité de la volonté de l'individu : le consentement est fondamental pour la protection de la personne et de son corps.

William Shakespeare écrivait : *« mon corps est un jardin, ma volonté est son jardinier »*[99]. Cette citation met en évidence la notion centrale de la volonté dans l'épanouissement et la protection individuelle du corps. Plus précisément, la volonté de l'individu permet de protéger le corps de la personne vivante contre les atteintes que seraient tentées de lui porter certaines personnes. Pour autant, la recherche des preuves en cas de commission d'infraction est également vitale à la préservation de la collectivité. Dans ce sens, il semble nécessaire qu'un juste milieu soit trouvé entre la protection du corps et la recherche de la preuve. C'est ainsi que dans notre droit, le consentement est pris en compte par principe dès lors qu'il existe une potentielle atteinte au corps, sans qu'il ne s'agisse forcément de la notion de preuve. C'est notamment le cas en droit médical[100] où le consentement doit être libre et éclairé[101]. Néanmoins, lorsque l'on s'intéresse au droit pénal, le corps ou tout du moins un élément de celui-ci sera facilement saisissable par les enquêteurs pour la recherche de la vérité privilégiant la protection de l'intérêt général sur la volonté privée. Il existe alors des hypothèses où la volonté est limitée (Titre I) et d'autres, où elle est inexistante (Titre II).

---

[98] B. Feuillet, « Intégrité physique (Droit au respect de l') », *in* D. Chagnollaud et G. Drago (dir.), *Dictionnaire des droits fondamentaux,* Dalloz, collection « Dictionnaires Dalloz », 2006, p. 497.

[99] W. Shakespeare, *Othello*, Flammarion, 2016.

[100] *Cf.* J. Penneau, « Imposer des soins à un malade est une atteinte à une liberté fondamentale, sauf si sa vie est en danger », Recueil Dalloz 2004, p. 60 ; J.-M. Debarre, « Consentement à l'acte médical en droit. Un état des lieux », Médecine et Droit 2017, n° 144, p. 57 ou encore R. Porcher, « Le consentement en droit médical », Médecine et Droit 2019, n° 154, p. 8. Sur ce sujet, voir également C. Colomb, *La responsabilité pénale des professionnels de santé,* thèse de doctorat, Université de Nice, 2004 ; S. Hocquet-Berg et B. Py, *La responsabilité du Médecin*, Heures de France, collection « Droit professionnel », 2006 ou bien encore A. Gascon, *La responsabilité pénale des personnes morales dans le domaine médical,* thèse de doctorat, Université de Poitiers, 2014. S'agissant de la protection de la vie, *cf.* G. Pellissier, « La vie privée entre volonté individuelle et ordre public : le paradigme des refus de soins », Recueil Dalloz 1999, p. 277 et M. Bouaziz, *Protection de la vie et droit pénal médical*, thèse de doctorat, Université de Nice, 2005.

[101] *Cf.* F. Vialla, « Explication de texte : qu'est-ce que le consentement éclairé ? », RDS 2011, n° 39, p. 33 ou encore F. Vialla, « Bref retour sur le consentement éclairé », Recueil Dalloz 2011, p. 292.

TITRE I - LA PRISE EN COMPTE LIMITÉE DE LA VOLONTÉ

20. La volonté judiciairement limitée. Félicité Robert de Lamennais disait au XIXème siècle que *« ce qui s'use le plus vite chez l'homme, c'est la volonté »*. Si cela peut être vrai dans la vie quotidienne de l'être humain, dans les actions issues de son emploi, de ses passions, etc., il peut en être différemment dès lors que celui-ci est confronté à la recherche probatoire. Dans ce cas de figure, l'homme peut avoir la volonté, plus ou moins forte, de protéger son corps contre des intrusions extérieures. Ces possibilités se justifient aisément en droit privé, un individu ne devant, par principe, pas subir davantage d'atteintes sur/ dans son corps que son adversaire pour la recherche probatoire. Néanmoins, si l'on s'intéresse plus particulièrement au droit répressif, les considérations à mettre en avant sont différentes. Il ne s'agit plus des relations d'un individu avec une autre personne mais des intérêts de celui-ci et de la protection de son corps en lien avec la protection de l'ordre public. Dès lors, les enjeux sont plus importants et la personne désireuse de protéger son intégrité physique et de montrer la suprématie de sa volonté dans les possibles atteintes à son corps se trouve confrontée à la prise en compte de l'intérêt collectif, de l'intérêt global. Or, dans une collectivité, il est aisé de comprendre que l'intérêt général doit primer sur l'intérêt individuel. Par conséquent, il existe différentes situations pour lesquelles les forces de l'ordre vont être désireuses d'obtenir des preuves corporelles.

Les limites au consentement prises en considération dans cette partie vont entrainer des répercussions judiciaires, repoussant la volonté en arrière-plan. Dès lors, certaines situations légales existent et permettent de limiter la prise en compte de la volonté de la personne dans la recherche de preuves. Ces dernières peuvent être regroupées en deux ordres.

D'une part, différents cas de figures s'illustrent par la prise en compte du consentement, mais en cas de refus de consentir à l'acte, des conséquences judiciaires peuvent exister : le refus pouvant se retourner contre la personne, occasionnant la survenue d'un doute (Chapitre I). D'autre part, les conséquences du refus de soumission à l'acte, pourtant théoriquement possible, entraînent parfois des réactions plus fortes et l'individu en question pourra encourir des poursuites pénales (Chapitre II).

CHAPITRE I - LES CONSEQUENCES PRATIQUES D'UN REFUS DE CONSENTIR

Noli me tangere[102]

21. Les revers de la volonté. Jean-Jacques Rousseau écrivait que : *« la liberté suit toujours le sort des lois, elle règne ou périt avec elles »*[103]. Dans notre droit, l'utilisation du terme liberté est multiple. On le retrouve aussi bien dans les libertés les plus simples, comme la liberté de contracter de l'article 1102 du Code civil, que dans les libertés et droits fondamentaux mis en avant, à la fois au niveau national et international. Pour autant, dans une société démocratique, une telle liberté doit nécessairement être limitée pour que les individus puissent vivre ensemble. Ainsi, *« la liberté consiste à pouvoir faire tout ce qui ne nuit pas à autrui »*[104]. Concernant le corps et sa protection, le problème reste de savoir si un individu peut disposer librement du corps d'une autre personne. Dès lors, c'est par la notion de consentement que la personne va pouvoir empêcher autrui de se sentir trop libre de porter atteinte à son intégrité et ainsi protéger son intégrité corporelle. Il s'agit encore d'une illustration du principe d'inviolabilité du corps humain.

La faculté quelquefois autorisée à un individu de refuser une atteinte à son corps, notamment dans la recherche probatoire, est certes protectrice de l'intégrité physique, pour autant, elle peut parfois être écartée, et même être contre-productive, dès lors que son absence va faire peser un doute[105] sur les motivations ou arguments de la personne (Section I). De même, en droit pénal, cette fois du point de vue de la victime d'une infraction, le refus de subir des examens corporels peut freiner la qualification de certaines infractions, pouvant priver celle-ci de réponse judiciaire adaptée aux actes subits (Section II).

---

[102] Expression issue de l'évangile de Jean signifiant « ne me touche pas ». Sur cette question, *cf.* J.-L. Nancy, *Noli me tangere. Essai sur la levée du corps*, Bayard, collection « Le rayon des curiosités », 2003.

[103] J.-J. Rousseau, « Lettres écrites de la montagne », Huitième lettre, 1764.

[104] Art. 4 de la Déclaration des Droits de l'Homme et du Citoyen de 1789.

[105] Sur la question du doute, *cf.* M.-C. Nagouas-Guérin, *Le doute en matière pénale*, Dalloz, collection « Nouvelle Bibliothèque de Thèses », 2002.

Section I - La création du doute

22. À qui profite le doute ? *« En principe, le doute n'est pas compatible avec la décision de justice. En effet le juge ne peut, pour motiver sa décision, se fonder sur des motifs dubitatifs ou hypothétiques. Il ne lui est pas davantage possible de refuser de trancher le litige au prétexte que la vérité lui paraît inaccessible et incertaine. Cependant, en certaines hypothèses, les règles de droit permettent au juge de faire profiter l'une des parties du doute »*[106]. Ainsi, le doute profite à l'accusé, par principe en droit pénal, notamment pour respecter le principe de la présomption d'innocence[107]. De même, ce doute existe également en droit civil[108] ou bien en droit social[109] pour lesquels, la partie généralement la plus faible du contrat, sera avantagée par la situation. *A contrario*, concernant la preuve corporelle, cette situation ne va pas forcément profiter à la personne qui refuse de donner son consentement, même si l'expression de la volonté est de principe. Cela peut s'illustrer dans deux cas probatoires : pour le mineur qui refuse des techniques d'investigation sur son corps pour estimer son âge (§I) mais également pour les expertises biologiques, notamment en recherche de paternité (§II).

§I - L'estimation de l'âge

23. La protection des atteintes au corps. Toutes atteintes à l'intégrité physique, quelles qu'elles soient, constituent une infraction pénale, permettant de protéger le corps de l'individu. Cette protection passe notamment par le principe d'inviolabilité du corps humain dont l'empire est en partie construit par le Code pénal. Ainsi, l'action de porter atteinte à l'intégrité physique d'autrui est susceptible d'une sanction pénale, même la plus minime soit-elle. Dès lors, comment justifier le fait qu'un médecin puisse manipuler, couper, entailler ou bien encore violenter le corps de son patient ? Matériellement, l'acte médical de celui-ci est bien une atteinte au corps de la personne. Pour autant, le médecin est autorisé à effectuer son activité et ne sera pas poursuivi pénalement si les conditions de licéité de

---

106 Cour de cassation, *La preuve dans la jurisprudence de la Cour de cassation*, Rapport annuel 2012, disponible sur le site de la juridiction.
107 Voir *infra* n° 244 et s.
108 C. civ., art. 1190 : *« dans le doute, le contrat de gré à gré s'interprète contre le créancier et en faveur du débiteur, et le contrat d'adhésion contre celui qui l'a proposé ».*
109 C. tra., art. L. 1235-1, *in fine* : *« si un doute subsiste, il profite au salarié ».*

l'acte sont réunies, et notamment la présence du consentement[110] qui doit être libre et éclairé[111].

24. Acte médical et preuve corporelle. De nombreux actes médicaux peuvent être à l'origine de la découverte de preuve par le corps humain, tant dans le droit privé que dans le droit pénal. Sont ainsi à prendre en compte les actes sur les victimes d'infractions sexuelles ou de violences, ou bien encore les examens médicaux sur une personne placée en garde à vue, réalisés par un médecin légiste. Le professionnel de santé intervient également dans le monde judiciaire, via l'expertise psychiatrique ou de dangerosité qu'il peut faire d'un suspect ou d'un condamné[112]. Celle-ci permet au médecin de déterminer si la personne est atteinte ou a été atteinte de troubles mentaux qui permettraient de jouer sur l'accessibilité à la sanction, ou bien encore la dangerosité criminologique, en fonction de la personnalité de l'individu. Par ailleurs, il est des cas pour lesquels un professionnel de santé spécifique doit agir et rechercher des preuves sur ou dans le corps de la personne, qui pourraient *in fine*, servir à charge contre elle. Parmi les situations, l'étude de l'évaluation de l'âge du mineur mérite un approfondissement.

25. L'importance de la minorité. Outre l'incapacité juridique relative au statut de mineur, celui-ci bénéficie également de mesures de faveur et de protections inhérentes à son âge. Par conséquent, il est important de connaître l'âge de la personne qui fait l'objet d'un contentieux, aussi bien civil que pénal. En droit pénal, la prise en compte de la minorité permet de faire bénéficier de règles dérogatoires aux mineurs auteurs ou victimes

---

[110] En dehors de la volonté qui est la pierre angulaire de cette relation, le médecin doit aussi bénéficier d'un titre juridique lui permettant d'exercer la médecine (Doctorat en médecine et inscription à l'ordre des médecins) et effectué un acte qui revêt une finalité thérapeutique (sur ce sujet, *cf.* X. Bioy, « Les interventions non thérapeutiques sur le corps humain », Droit de la famille 2018, n° 6, p. 41) avec une certaine qualité.
Sur le droit médical, *cf.* notamment : C. Hennau-Hublet, *L'activité médicale et le droit pénal : les délits d'atteinte à la vie, l'intégrité physique et la santé des personnes*, LGDJ, collection « Bibliothèque de la Faculté de droit de l'Université catholique de Louvain », 1987 ; P. Mistretta, *Droit pénal médical*, Cujas, 2013 ; C Cousin, *Vers une redéfinition de l'acte médical*, thèse de doctorat, Université de Rennes 1, 2016 ou bien encore D. Duval-Arnould, *Droit de la santé. Prise en charge des patients et réparation des dommages liés aux soins*, Dalloz, collection « Référence », 2019.

[111] Sur les informations communiquées au patient, *cf.* notamment : C. Lantero, « Vers la reconnaissance du défaut d'information comme chef de préjudice autonome ? », AJDA 2010, p. 2169 ; X. Barella, « Le droit à l'information en matière médicale », AJDA 2012, p. 1991 et M. Lannoy, « Corps à corps : la personne humaine en droit de la responsabilité hospitalière », RDSS 2015, p. 117.

[112] Voir sur ces questions : A. Abdellaoui, *L'expertise "mentale" dans le procès pénal*, thèse de doctorat, Université de Montpellier 1, 2013 mais aussi S. Ragnolo-Rault, *Le traitement pénal de la dangerosité*, thèse de doctorat, Université de Nice, 2016.

d'infractions[113]. Dans le premier cas, le mineur auteur pourra, par exemple, bénéficier d'une atténuation des sanctions encourues par les majeurs. A l'inverse, quand il s'agit d'une victime mineure, l'auteur de l'infraction pourra être amené à subir un régime de répression plus sévère. En droit civil, connaître la minorité d'une personne est importante à plusieurs titres mais tout particulièrement pour *« déterminer s'il peut faire l'objet de la prise en charge de l'aide sociale à l'enfance »*[114]. Dans la majorité des cas, la démonstration de la minorité pose peu de problèmes et s'effectue grâce aux documents d'état civil qui bénéficient d'une présomption de validité, dont la contestation s'effectue par une procédure d'inscription de faux[115]. Ainsi, ne pas connaître l'âge d'une personne née en France au moyen des éléments d'état civil est une situation extraordinaire. Dès lors, les questions relatives à l'âge effectif d'une personne s'appliquent notamment pour les jeunes étrangers isolés[116] qui arrivent en France, avec ou sans document. En présence desdits documents, ceux-ci bénéficient d'une force probante simple, qui peut être renversée par tous moyens[117] et notamment *« si d'autres actes ou pièces détenus, des données extérieures ou des éléments tirés de l'acte lui-même établissent, le cas échéant après toutes vérifications utiles, que cet acte est irrégulier, falsifié ou que les faits qui y sont déclarés ne correspondent pas à la réalité »*[118]. A l'inverse, en l'absence d'acte d'état civil ou bien pour contester ces actes, l'estimation de l'âge du mineur peut-elle être faite par un examen médical du corps de la personne ?

---

[113] Sur ce sujet, *cf.* P. Quincy-Lefebvre, « Le droit pénal et les âges de la vie », Revue d'histoire de l'enfance « irrégulière » 2016, n° 18, p. 15. Voir aussi : B. Lapérou-Scheneider, « Le jeune âge du délinquant - réflexions sur la responsabilité pénale des mineurs », *in* A. Guineret-Brobbel Dorsman (dir.), *Le Temps et le Droit*, Presses universitaires de Franche-Comté, 2003, p. 85.

[114] C. Ménabé, « Le mineur dans les autres contentieux », *in* B. Py et L. Martrille (dir.), *IM-AGE, l'imagerie médicale et l'estimation de l'âge du mineur*, PUN Edulor, collection « Santé, qualité de vie et handicap », 2017.

[115] Y. Favier, « Actes de l'état civil », Rép. civ., Dalloz, janvier 2016.

[116] *« La personne est considérée comme isolée lorsque aucune personne majeure n'en est responsable légalement sur le territoire national ou ne le prend effectivement en charge et ne montre sa volonté de se voir durablement confier l'enfant, notamment en saisissant le juge compétent ».* Art.1 de l'arrêté du 17 novembre 2016 pris en application du décret n° 2016-840 du 24 juin 2016 relatif aux modalités de l'évaluation des mineurs privés temporairement ou définitivement de la protection de leur famille. Voir aussi sur ce sujet : L. Gebler, « Dossier « Mineurs isolés étrangers » : La problématique du mineur isolé étranger pour le juge des enfants », AJ Famille 2014, p. 90.

[117] Cf par exemple, J.-F. Martini et K. Parrot, « Jeunes étrangers isolés : l'impossible preuve de la minorité », Recueil Dalloz 2016, p. 1545.

[118] C. civ., art. 47, *cf.* V. Olech, « De quelques réflexions sur le processus probatoire à travers l'exemple de l'âge des mineurs étrangers isolés », *in* B. Py et L. Martrille (dir.), précit.

26. La prise en compte de la volonté. Le visuel du corps de la personne peut être important dans ce domaine, la taille, la corpulence et l'apparence physique peuvent jouer dans l'idée que peut se faire un expert ou un juge de l'âge de l'éventuel mineur. Pour autant, la minorité et surtout l'absence de celle-ci peut avoir des effets néfastes sur la personne arrivée en France. Par conséquent, il est nécessaire que l'obtention de la preuve soit la plus précise, rigoureuse et fiable possible. Dès lors, si de multiples tests médicaux sont envisageables, les examens osseux par le biais d'un test radiologique restent les plus courants (notamment de la main et du poignet gauche, selon l'atlas de Greulich et Pyle par exemple, permettant de comparer les différents clichés de radiographie à des planches de références[119] ou bien encore des examens odontologiques de l'individu). Ces différents tests font très souvent parler d'eux, et beaucoup d'autorités ont été saisies de la question, telles que le Comité consultatif national d'éthique, le Haut-commissariat des droits de l'homme des Nations Unies, le Défenseur des droits ou bien encore l'Académie de médecine, afin de rendre des avis[120]. Il ressort de ces éléments un manque de fiabilité flagrant de cette preuve de minorité ou de majorité de l'individu par examen médical[121]. Chaque personne étant différente, un critère commun de distinction permettant de déterminer, à partir du corps, l'âge précis de la personne n'existe pas encore. Ainsi par exemple, l'examen du poignet selon la méthode de Greulich et Pyle permettrait d'obtenir quelques résultats, mais manque de fiabilité sur l'ensemble de la population mondiale puisqu'elle a été élaborée à partir d'une population spécifique, en l'occurrence essentiellement caucasienne, qui s'adapte difficilement à d'autres types de personnes[122].
Pour autant, ces tests sont amenés à être encore utilisés sur les jeunes isolés, non accompagnés, arrivés en France. Dès lors, qu'en est-il de la volonté de

---

[119] W.W. Greulich et S.I. Pyle, *Radiographic Atlas of skeletal development of the hand and the wrist*, Stanford University Press, 1959.

[120] Ainsi par exemple, le défenseur des droits *« est résolument opposé à l'utilisation de ces examens médicaux, qui, tels qu'ils sont actuellement pratiqués, sont inadaptés, inefficaces et indignes »*, décision du 26 février 2016, n° MDE-2016-052.

[121] Ce manque de fiabilité se retrouve également dans la jurisprudence. Cf par exemple, CA Lyon, 26 avril 2004, n° 04/00060 ; CA Metz, 26 septembre 2005, n° 05/00115 ou bien encore Cass. civ. 1ère, 23 janvier 2008, n° 06-13344. Voir aussi CA Lyon, 6 novembre 2013, n° 13/01698 : *« il ressort de l'analyse de cette expertise qu'il n'est pas possible d'affirmer que le comparant, était majeur au temps de l'infraction. L'estimation faite par l'expert (âge entre 17 ans et 6 mois et 35 ans et 4 mois) est trop imprécise et ne permet pas d'exclure que l'intéressé soit mineur ». Cf.* sur ce dernier arrêt J.-L. Rongé, « Échec à l'expertise osseuse », Journal du droit des jeunes 2013/10, n° 330, p. 57.

[122] Voir aussi sur ce sujet : A. Meier-Bourdeau, « Dossier « Mineurs isolés étrangers » : La détermination de la minorité », AJ Famille 2014, p. 97 : *« cette méthode de l'expertise osseuse, se fondant sur des tables de référence anciennes et non adaptées et ne prenant pas en compte l'histoire ethnique et culturelle du mineur, est contestée dans la mesure où elle comporte une marge d'erreur importante ».*

la personne ? Est-elle forcée de subir les différents examens ou bien peut-elle, librement, refuser de les subir ? La réponse fut apportée par une loi de 2016[123] qui a entraîné la modification de l'article 388 du Code civil, permettant dorénavant la prise en compte du consentement de l'individu. Ainsi l'article prévoit désormais que : *« les examens radiologiques osseux aux fins de détermination de l'âge, en l'absence de documents d'identité valables et lorsque l'âge allégué n'est pas vraisemblable, ne peuvent être réalisés que sur décision de l'autorité judiciaire et après recueil de l'accord de l'intéressé ».* Les titulaires de l'autorité parentale n'étant pas présents, c'est un domaine dans lequel une autonomie de volonté est accordée au mineur. Le consentement revêt ainsi un caractère déterminant, de la même manière qu'un acte médical classique, à ceci près que le résultat d'un tel acte corporel aurait une utilité en termes de preuve. La prise en compte de sa volonté s'avère encore plus importante pour la protection de son intégrité physique du fait que les examens radiologiques peuvent s'avérer être très irradiants pour le corps. Des problèmes éthiques ont pu être soulevés sur la nécessité de faire passer ces examens à de jeunes personnes vulnérables[124] sans aucune finalité médicale et en l'absence de réelle fiabilité scientifique[125].

27. Des tests fiables ? Quelques tests permettent cependant d'affirmer la majorité d'un individu, tels que l'examen de la clavicule. Il en ressort que l'examen de cet os, dès lors qu'il est totalement fusionné, permet de déterminer que la personne a plus de 21 ans. Examen qui peut être utile dans certaines situations, permettant de démontrer que la personne qui se prétend mineure est majeure, mais ne permettant absolument pas de déterminer avec précision son âge. Aucune technique ne permet de donner d'autres éléments qu'une fourchette de probabilités[126] allant d'un âge à un autre. En droit civil, il est important de connaître la minorité de l'individu ; en droit pénal, il est fondamental de pouvoir déterminer avec précision l'âge d'une personne, ce que ces techniques ne peuvent spécifier.

Dès lors, l'article 388 du Code civil exige que le médecin mentionne les marges d'erreurs des méthodes utilisées, bien qu'il soit difficile de savoir comment l'autorité judiciaire va pouvoir apprécier ces éléments. Par ailleurs,

---

[123] Loi n° 2016-297 du 14 mars 2016 relative à la protection de l'enfant.

[124] Sur l'exemple de vulnérabilité d'un jeune mineur isolé, *cf.* CEDH, 28 février 2019, Khan c. France, requête n° 12267/16. *Cf.* sur cet arrêt A.-B. Caire, « La carence française face à l'extrême vulnérabilité d'un mineur étranger isolé dans la lande de Calais », Recueil Dalloz 2019, p. 1092 ou bien encore K. Parrot, « Un jeune Afghan dans la « jungle de Calais » : condamnation de la France », Recueil Dalloz 2019, p. 1096.

[125] *Cf.* par exemple, CCNE, avis n° 88 du 23 juin 2005 sur les méthodes de détermination de l'âge à des fins juridiques.

[126] Voir *infra* n° 243.

il est également précisé que ces tests ne peuvent servir, à eux seuls, à déterminer l'âge de la personne, même s'ils permettent de donner des indications aux magistrats[127]. L'absence de fiabilité scientifique de l'examen qui conduisait à une absence de fiabilité juridique, a alors été prise en compte par le législateur.
Ainsi, cette loi de 2016 se veut protectrice des jeunes isolés, prenant en compte leur consentement et démontrant également le fait que le législateur a bien entendu que ces différentes méthodes peuvent s'avérer peu fiables.

28. Un refus préjudiciable ? Si désormais les textes inscrivent clairement la nécessaire prise en compte de la volonté du mineur, qu'en est-il d'un éventuel refus de sa part ? Certes ces examens ne peuvent servir à eux seuls à déterminer l'âge, et la personne peut les refuser, mais un tel refus n'engendre-t-il pas une certaine méfiance et un certain doute dans l'esprit du juge ? Une telle interrogation démontre d'ores et déjà l'importance du consentement et surtout les limites de la prise en compte de celui-ci.

29. L'absence de réponse uniforme. Cette question reste alors non résolue en pratique : *quid* de son refus ? Rappelons qu'aux termes de l'article 388 du Code civil, le jeune doit donner son accord pour la réalisation de l'acte. Cela suppose, *a contrario*, qu'il est totalement en droit de refuser de subir de tels examens. Dès lors, comment les juridictions réagissent-elles face à un tel refus de cette personne ? *A priori*, on pourrait penser que le jeune ne présentant pas de document d'état civil et qui refuse l'examen corporel va provoquer un doute quant à sa minorité. De même, quand il présente un document, le refus de subir une expertise médicale peut parfois créer des interrogations pour le juge, permettant de contester la validité de l'acte. Pour autant, une absence d'uniformité des réponses des juges du fond apportées face à ce refus ressort de la jurisprudence rendue dans ce domaine, certains prenant en compte l'absence de consentement (A), d'autres au contraire, laissant cet élément hors de leur appréciation (B).

A - La prise en compte du refus

30. Le refus comme élément déterminant. Parfois le refus va être un élément à charge entrainant la conviction du juge de la majorité de l'individu. Ce fut notamment le cas dans une décision rendue par la Cour d'appel de Paris en 2013[128]. En l'espèce, le juge n'avait pas demandé

---

[127] *Cf.* sur cette question : Cass. civ. 1ère, 3 octobre 2018, n° 18-19442.

[128] CA Paris, 18 octobre 2013, n° F13/0086. *Cf.* par exemple, J.-F. Martini, « Dossier « Mineurs isolés étrangers » : Le juge des enfants, piètre protecteur des mineurs isolés étrangers », AJ famille 2014, p. 100.

d'examen radiologique *« sans doute conscient du manque de fiabilité de la mesure de la structure osseuse du poignet d'un enfant ayant déjà atteint l'âge de 17 ans »*[129], pour autant c'est l'avocate du jeune qui finalement demandait la réalisation de l'acte. Cette demande fut autorisée et l'individu ne s'était rendu ni aux examens ni à l'audience.
La Cour d'appel va alors décider que *« la procédure d'assistance éducative ne peut s'appliquer qu'aux mineurs de 18 ans et il appartient à celui qui revendique une telle mesure de démontrer sa minorité. Il sera rappelé que les documents d'état civil produits ainsi qu'un bulletin de naissance et un extrait d'acte de naissance, s'ils ont pu être considérés comme authentiques, ne font pas pour autant preuve d'une identité, pas plus que l'attestation remise par le Consulat faisant état du dépôt le 22 mars 2013 d'une demande de passeport. Pour ces raisons une expertise médicale pour déterminer l'âge osseux de X a été ordonnée par arrêt avant dire droit. X. n'a pas déféré ni à la convocation de l'expert et ne se présente pas devant la cour alors qu'il est établi qu'il a été avisé de la date de l'audience. En refusant de se soumettre à l'expertise médicale et en ne se présentant pas devant la cour pour en expliquer les raisons, X. s'est placé dans l'incapacité de prouver sa minorité. En conséquence il y a lieu d'infirmer le jugement déféré et d'ordonner la mainlevée du placement à l'aide sociale l'enfance »*.
Dès lors, la Cour a considéré que le refus de consentir et de ne pas expliquer son choix était suffisant pour créer un doute sur la minorité du jeune en question et déclarer sa majorité. Ainsi, le refus de consentir est important dans la vision du magistrat puisqu'il permet de faire peser un doute sur des documents, *a priori* authentiques, délivrés par une autorité d'un autre pays. Cette situation démontre bien que si le consentement est en principe requis pour les expertises médicales aux fins d'estimation de l'âge, il n'en demeure pas moins que le refus peut avoir des conséquences néfastes pour l'individu sur la décision du juge. Dès lors, le jeune se trouve dans une situation doublement tranchante : soit il accepte l'atteinte à son corps pour corroborer son âge ou la validité du document, soit il refuse et prend le risque d'engendrer un soupçon pesant sur sa minorité. Remarquons tout de même que c'est l'individu qui a demandé à recourir à l'expertise pour prouver son âge. Cet élément est important puisque son absence à l'examen a pu exacerber le doute sur sa crédibilité et ses dires relatifs à sa minorité.
Dans tous les cas, il semble que la volonté ne soit pas réellement libre.

31. Le refus comme élément de soutien. Parfois ce refus permet l'apport d'un élément au faisceau d'indices du juge. Ce fut par exemple le cas pour des magistrats de première instance dont la décision fut réformée par la Cour

---

[129] J.-L. Rongé, « Assistance éducative », Journal du droit des jeunes 2014/5, n° 335, p. 59.

d'appel de Dijon[130]. Dans cette affaire, le jeune était en possession de plusieurs documents permettant d'attester son identité, notamment d'un passeport camerounais. Les juges de première instance s'étaient basés, pour considérer l'individu comme majeur, sur plusieurs critères. *« « Le comportement mature », « l'apparence physique » et « le refus de se soumettre à une expertise osseuse » constituaient aux yeux du juge les motifs établissant que l'âge réel du demandeur ne correspondait pas à l'âge allégué »*[131]. Les juges prenaient alors en compte le visuel du corps, le comportement de l'intéressé et son refus d'expertise médicale. Il est notamment intéressant de constater que les magistrats se sont intéressés à l'apparence physique pour prouver la majorité. Il s'agit ainsi d'un critère qui peut être utilisé pour contester les documents d'état civil pour lequel le consentement n'a pas sa place : le corps parle, sans que le principal intéressé n'ait son mot à dire[132]. Pour le reste, la Cour d'appel n'a pas pris en compte ces éléments et notamment le refus d'expertise, comme d'autres juridictions avant elle (B).

B - La préservation du consentement

32. Le refus non pris en compte. Tel était, par exemple, le cas d'une décision de la Cour d'appel de Versailles en 2014[133]. Les juges du fond s'étaient, là encore, basés sur l'apparence physique mais également sur le refus d'expertise de la personne. La Cour d'appel ne va pas prendre en compte ces éléments mais va exposer le fait que le jeune était en possession d'une copie d'un document et que les magistrats auraient dû exiger l'apport de l'original et de vérifier s'il était ou non authentique. Ce qu'a fait la Cour d'appel en déclarant que la personne *« est donc en possession d'un document authentique et aucun élément n'établit que cet acte ne s'applique pas à lui ; aucun élément extérieur ne vient démontrer qu'il serait majeur ».* Ainsi, il est à considérer que le jeune en question est mineur. Dans ce cas, la Cour n'a pas considéré l'apparence physique ni le refus comme étant des éléments extérieurs suffisants pour démontrer la majorité. L'absence de consentement n'étant alors pas, en l'espèce, un élément à charge à l'encontre du jeune isolé.

---

[130] CA Dijon, 26 décembre 2017, n° 17/01228. Voir M. Saulier, « Mineur isolé étranger : la valeur des actes d'état civil étrangers rappelée », AJ famille 2018, p. 175.

[131] M. Saulier, « Mineur isolé étranger : la valeur des actes d'état civil étrangers rappelée », précit.

[132] Voir *infra* n° 147.

[133] CA Versailles, 21 février 2014, n° 13/00241.

33. Une nécessaire harmonisation. Dès lors, face à ce manque d'uniformisation des jurisprudences sur la question, on ne peut que souhaiter que la Cour de cassation soit saisie de ces questions. Pour autant, si cette dernière *« est en principe incompétente pour apprécier les preuves, d'autre part, elle admet aisément les motifs des juges du fond dès lors que leur formulation fait apparaître une forme de certitude. Le contentieux relatif à la détermination de l'âge, particulièrement concernant les jeunes étrangers isolés en est une illustration. C'est d'ailleurs à ce titre qu'elle refuse de se prononcer sur l'appréciation qui est faite des examens radiographiques ou du refus de s'y soumettre »*[134].

Par ailleurs, au vu du principe d'intérêt supérieur des mineurs[135], il nous paraît important que le doute profite à ceux-ci, de la même manière qu'il profite à l'accusé en droit répressif ou bien à la partie la plus faible en droit privé. Dans cette situation, le jeune isolé est sans aucun doute la partie la plus faible, devant subir des expertises médicales, non fiables, touchant son corps[136] et dont le consentement peut s'avérer parfois être un leurre.

Certaines autorités ont demandé au législateur la même solution, notamment le Défenseur des droits qui *« recommande que les tests d'âge osseux, compte-tenu de leur fiabilité déficiente eu égard à d'importantes marges d'erreur, ne puissent à eux seuls servir de fondement à la détermination de l'âge du mineur isolé étranger. Les résultats de tels examens ne doivent constituer qu'un élément d'appréciation parmi d'autres à la disposition du juge des enfants. À défaut, le Défenseur des droits recommande qu'une disposition légale soit adoptée, prévoyant que le doute doit systématiquement profiter au jeune et emporter la présomption de sa minorité »*[137]. La loi du 14 mars 2016, en modifiant l'article 388 du Code civil a justement prévu que le doute bénéficie au jeune en question. Néanmoins, ce dernier est rattaché au doute qui peut exister à la suite des examens radiologiques osseux[138] (et donc à une preuve corporelle non fiable,

---

[134] V. Olech, « De quelques réflexions sur le processus probatoire à travers l'exemple de l'âge des mineurs étrangers isolés », précit.

[135] L'intérêt supérieur de l'enfant ressort notamment de l'article 3 de la Convention Internationale relative aux Droits de l'Enfant 20 novembre 1989. Sur l'implication de la Convention dans l'accueil des mineurs étrangers isolés sur le territoire national *cf.* S. Bernigaud, « Quel(s) droit(s) pour le mineur étranger isolé ? », RDSS 2006, p. 545.

[136] P. Parinet, « La constitutionnalité des tests osseux : pas de printemps pour les mineurs non accompagnés ! », Recueil Dalloz 2019, p. 742 : *« le recours à un tel procédé a fait l'objet de sérieuses critiques, portant tant sur son inutilité que sur son caractère attentatoire, et a d'ailleurs été proscrit dans certains pays, comme le Royaume-Uni ou l'Espagne ».*

[137] Défenseur des droits, décision du 21 décembre 2012, n° MDE-2012-179, recommandation n° 3.

[138] Dans une affaire récente, un jeune ivoirien alléguait que le doute sur la minorité profite à l'individu alors qu'il n'avait pas fait l'objet d'examens osseux. La cour de cassation écarte cette possibilité et déclare *« que le principe selon lequel le doute profite à l'intéressé ne s'applique que lorsqu'un examen radiologique a été ordonné sur le fondement de l'article 388*

ce qui est une bonne chose) et non au doute qui peut survenir dans l'esprit du magistrat face au refus de subir de tels actes par l'individu.

Dès lors, il est encore possible de prendre en compte le refus d'expertise comme un élément permettant d'écarter la minorité et la protection de la personne en question. Pour autant, cette différence d'appréciation du refus par les juridictions de premier et second degré n'est pas satisfaisante, surtout concernant des mineurs potentiels. Cela l'est d'autant moins que les actes en question sont faillibles et qu'ils portent atteinte au corps global du jeune. Or, la préservation de l'individu devant primer sur la recherche, non fiable, d'une preuve corporelle, le refus de consentir à l'analyse ne devrait pas être, pour nous, analysé comme un élément à charge.

Sur ce sujet, une décision récente du Conseil constitutionnel[139] a permis de consacrer l'exigence constitutionnelle de protection de l'intérêt supérieur de l'enfant (§6). Dans cette affaire, *« un jeune migrant guinéen, arrivé en France en 2016, affirmait avoir 16 ans, affirmation que différents documents produits attestaient, que l'évaluation sociale dont il a fait l'objet confirmait, et qui lui permettait de bénéficier d'une prise en charge par les services de l'ASE »*[140]. *« Un arrêt du 14 novembre 2017 a[vait] ordonné une expertise médicale aux fins d'évaluation de son âge physiologique »*[141]. Néanmoins, le jeune avait refusé de se soumettre à ces examens. Le refus avait été pris en compte par les juges qui avaient ainsi déduit la majorité de l'absence de volonté de l'individu à consentir à l'acte sur son corps. *« En appel, le jeune homme a alors consenti à de tels examens, lesquels ont établi sa majorité, ce qui a conduit la cour d'appel de Lyon à confirmer la mainlevée de son placement »*[142]. Il s'agissait alors d'une affaire pour laquelle le refus était préjudiciable à l'individu et constituait un élément déterminant dans l'appréciation de la majorité par les juges du fond. Pour autant, le Conseil constitutionnel a déclaré que *« cet examen ne peut intervenir qu'après que le consentement éclairé de l'intéressé a été recueilli, dans une langue qu'il comprend. À cet égard, la majorité d'une personne ne saurait être déduite de son seul refus de se soumettre à un examen osseux »*. La précision du Conseil est alors importante et permet de déterminer que le refus ne doit pas entraîner systématiquement une décision judiciaire sur la majorité de

---

du code civil ». Voir Cass. civ. 1ère, 19 septembre 2019, n° 19-15976. *Cf.* notamment E. Maupin, « Quand le doute profite-t-il à un mineur isolé étranger ? », AJDA 2019, p. 1840.

139 Cons. const., 21 mars 2019, QPC n° 2018-768. Voir T. Escach-Dubourg, « Les examens osseux des jeunes étrangers isolés », AJDA 2019, p. 1448 et A.-B. Caire, « L'examen radiologique osseux de l'article 388 du code civil, un simple indice dans la détermination de l'âge », RDSS 2019, p. 453.

140 P. Parinet, « La constitutionnalité des tests osseux : pas de printemps pour les mineurs non accompagnés ! », précit.

141 Cass. civ.1ère, 21 décembre 2018, n°18-20.480.

142 P. Parinet, « La constitutionnalité des tests osseux : pas de printemps pour les mineurs non accompagnés ! », précit.

l'individu. Dans ce sens, l'apport du Conseil est saluable et rappelle que ce type de preuve ne doit être qu'un élément parmi d'autres à la disposition du magistrat et qu'en aucun cas le refus ne peut justifier, à lui seul, la déduction de la majorité de l'individu. Pour autant, le Conseil refuse également, dans la même décision, de faire droit aux griefs tenant à la protection de la dignité, de la santé et du corps de l'individu et déclare ces procédés conformes à la Constitution.
Par conséquent, le refus peut être pris en compte par les juridictions, comme élément à charge mais ne peut pas être le seul indice considéré par les magistrats. Dans tous les cas, le principe du consentement à l'acte se trouve altéré et limité.
Les mêmes questions se posent également pour les refus d'expertises biologiques (§II).

§II - Le refus d'expertise biologique

34. Personne et filiation. Bien que les questions relatives à la filiation relèvent en premier lieu du droit civil, il nous paraît intéressant d'exposer le fonctionnement de la preuve biologique dans ce droit, afin de démontrer de nouveau la spécificité du droit pénal et de la preuve corporelle pénale s'agissant de la volonté de l'individu. Concernant ainsi le droit civil, la volonté dans les analyses est à prendre en compte (A) mais devant être conciliée, notamment par une volonté européenne, avec les autres intérêts en présence (B).

A – L'expertise biologique et le droit civil : l'exemple de la filiation

35. L'établissement de la filiation. Quatre principaux modes d'établissement de la filiation existent[143]. D'une part, par l'effet de la loi : le législateur a prévu un cadre légal permettant d'établir une filiation. C'est pour la mère l'article 311-25 du Code civil qui dispose que « *la filiation est établie, à l'égard de la mère, par la désignation de celle-ci dans l'acte de naissance de l'enfant* ». Pour le père, une présomption est posée à l'article 312 du Code civil qui dispose que « *l'enfant conçu ou né pendant le mariage a pour père le mari* ». L'article 332 du même Code prévoyant que la

[143] C. civ., art. 310-3 : « *la filiation se prouve par l'acte de naissance de l'enfant, par l'acte de reconnaissance ou par l'acte de notoriété constatant la possession d'état. Si une action est engagée en application du chapitre III du présent titre, la filiation se prouve et se conteste par tous moyens, sous réserve de la recevabilité de l'action* ».

contestation de ces éléments se fait, en *« rapportant la preuve que la mère n'a pas accouché de l'enfant »* et pour la paternité, la *« preuve que le mari ou l'auteur de la reconnaissance n'est pas le père »*.
D'autre part, l'établissement de la filiation peut se faire par reconnaissance du père de sa paternité. Il s'agit d'un acte volontaire de sa part qui permet de le lier juridiquement à l'enfant. La filiation peut également être établie par possession d'état, lorsque l'enfant ne bénéficie pas de l'établissement de filiation par les deux précédents modes. Dans ce cas, l'individu qui se comporte comme son père peut obtenir un lien de filiation.
La dernière hypothèse relève de l'établissement de la filiation devant les juridictions. Cette action en recherche de paternité s'effectue notamment lorsque les trois autres hypothèses de filiation ont échoué. L'article 327 du Code civil prévoit alors que *« la paternité hors mariage peut être judiciairement déclarée. L'action en recherche de paternité est réservée à l'enfant »*.
C'est dans cette dernière hypothèse que le juge peut avoir recours à la preuve biologique, en France comme en Europe : *« il convient de remarquer que de nombreux pays en Europe considèrent qu'en matière de filiation, l'accès à la preuve scientifique est de droit : l'art. 372 c. proc. civ. allemand prévoit que le juge est tenu de rechercher et faire rechercher par voie d'expertise la véritable filiation [...]. En Suisse, la jurisprudence estime que l'art. 8 c. civ. confère à la partie à qui incombe le fardeau de la preuve, le droit de l'administrer »*[144]. Dès lors, le juge peut ordonner qu'une expertise génétique ou un examen sanguin soit réalisé aux fins d'établir la filiation.

36. Identification et filiation. *« Parfois présentée comme la nouvelle « probatio probatissima » (la reine des preuves), l'exploitation de l'acide désoxyribonucléique (ADN) apparaît comme l'un des outils les plus fiables en matière d'identification »*[145]. À ne pas confondre avec l'examen des caractéristiques génétiques, l'identification d'un individu par ses empreintes génétiques permet notamment aux personnes de comprendre leur origine biologique.
Elle est ainsi utile en droit civil pour établir ou contester un lien de filiation ou encore pour l'obtention ou la suppression de subsides[146]. Par exemple, dès

---

[144] H. Gaumont-Prat, « L'expertise biologique en droit de la filiation », Recueil Dalloz 2001, p. 1427.
[145] B. Py (dir.), « L'utilisation des caractéristiques génétiques dans les procédures judiciaires - Etude de dix années de pratiques en Meurthe-et-Moselle (2003-2013) », rapport de synthèse, réalisé avec le soutien de la Mission de recherche Droit et Justice, mars 2017.
[146] C. civ., art. 16-11 : *« en matière civile, cette identification ne peut être recherchée qu'en exécution d'une mesure d'instruction ordonnée par le juge saisi d'une action tendant soit à l'établissement ou la contestation d'un lien de filiation, soit à l'obtention ou la suppression de subsides ».*

lors qu'un père a un doute sur la filiation biologique de son enfant ou bien quand une personne veut faire établir un lien de filiation avec une autre, l'identification par les empreintes génétiques occupe une place prépondérante.

37. Empreintes génétiques et analyses sanguines[147]**.** Toutes deux forment l'expertise biologique[148]. L'analyse génétique a quelque peu remplacé les analyses de sang qui étaient effectuées dans ce cadre. Non pas qu'elles ne soient plus utilisées, elles sont tout de même tombées en désuétude du fait de l'utilisation de la génétique. La différence majeure entre les deux résidant dans l'apport de réponse au magistrat. L'analyse sanguine permet uniquement l'exclusion de la filiation entre les deux personnes, sans permettre l'identification, alors que les empreintes génétiques vont servir à apporter la certitude du lien de filiation[149]. D'autant plus que la simple exclusion du rapport de filiation apportée par l'analyse sanguine va entraîner une atteinte à l'intégrité physique plus forte que l'identification par empreinte génétique[150]. Pour autant, il n'en demeure pas moins qu'il s'agit d'une atteinte au corps, même minime, ce qui justifie le fait que cette identification doit être légalement encadrée.

38. Quatre situations légales. L'identification d'une personne par ses empreintes génétiques est régie par l'article 16-11 du Code civil. Cette disposition se situe dans une partie du Code qui traite, notamment, de la protection des personnes. Elle a été instaurée en 1994[151] par une loi dont la finalité était de préserver le corps humain. L'objectif étant alors de limiter les possibilités d'accès à ce type de preuve pour préserver l'intégrité physique des personnes mais également leur vie privée. Dès lors, l'article

---

[147] Sur ce sujet, *cf.* J. Ollier, *La preuve par le sang en biologie légale*, thèse de doctorat, Université de Montpellier 1, 1996.

[148] La Cour de cassation a par ailleurs considéré que ces deux analyses obéissent à la même finalité et présentent une fiabilité similaire, grâce aux évolutions scientifiques. Par conséquent, elle a décidé d'aligner le régime de l'analyse sanguine sur celui de l'analyse génétique en ce qui concerne les demandes faites en référé. *Cf.* Cass. civ. 1ère, 12 juin 2018, n° 17-16793. Voir sur cet arrêt : A.-M. Leroyer, « La volonté de savoir : non à l'expertise sanguine *in futurum* », RTD Civ. 2018, p. 635 et J. Houssier, « Expertises sanguines et expertises génétiques *in futurum* : l'avènement d'un régime commun », AJ Famille 2018, p. 397.

[149] Cf en ce sens, par exemple : J.-R. Demarchi, *Les preuves scientifiques et le procès pénal*, précit. ou bien encore P. Hilt, « Pour une réécriture de l'article 16-11 du code civil », RTD Civ. 2017, p. 27.

[150] L'analyse comparée des échantillons de sang ne peut se faire que par une prise de sang de la personne, qui reste un procédé invasif. Tandis que pour la seconde analyse, un simple échantillon de muqueuse buccale suffit. Voir *infra* n° 108.

[151] Loi n° 94-653 du 29 juillet 1994 précit.

prévoit quatre situations pour lesquelles les empreintes génétiques d'une personne peuvent être recherchées.

39. Les procédures judiciaires. L'article 16-11 du Code civil prévoit d'abord cette première possibilité : l'utilisation *« dans le cadre de mesures d'enquête ou d'instruction diligentées lors d'une procédure judiciaire »*. Il s'agit d'une situation régulièrement mise en œuvre dont l'objectif est principalement de régler les conflits de filiation qui apparaissent devant les tribunaux civils. Relevant de la compétence du Tribunal de grande instance[152], les magistrats dudit tribunal ont la possibilité de recourir à cette identification par le biais de l'étude des empreintes génétiques. C'est notamment ce cadre qui est pris en compte concernant la personne décédée qui ferait l'objet d'une demande de filiation d'un tiers. Ce cas permet également l'accès aux recherches probatoires concernant les enquêtes judiciaires[153].

40. Recherche médicale et établissement d'identité. Les trois autres hypothèses permettent l'utilisation des empreintes génétiques « à *des fins médicales ou de recherche scientifique »*, ce qui permet notamment des avancées scientifiques. Mais également, *« aux fins d'établir, lorsqu'elle est inconnue, l'identité de personnes décédées »* ou bien encore *« dans les conditions prévues à l'article L. 2381-1 du code de la défense »*. Cette dernière situation permettant d'établir l'identité *« lorsqu'elle est inconnue ou incertaine, ainsi que la participation antérieure aux hostilités : 1° Des personnes décédées lors d'actions de combat ; 2° Des personnes capturées par les forces armées »*. Dès lors, il s'agit de situations particulières permettant d'établir une identité, surtout lorsque la personne est décédée (I). Ces prérogatives interrogent également concernant la volonté de la personne vivante (II).

I – La volonté et la mort

41. La prise en compte de la volonté *ante mortem*. Des suites d'une modification législative datant de 2004[154], l'article 16-11 du Code civil s'est doté d'une nouvelle disposition : *« sauf accord exprès de la personne manifesté de son vivant, aucune identification par empreintes génétiques ne*

---

152 COJ, art. R. 211-4 : *« le tribunal de grande instance a compétence exclusive dans les matières déterminées par les lois et règlements, au nombre desquelles figurent les matières suivantes : 1° Etat des personnes : mariage, filiation, adoption, déclaration d'absence [...] »*.
153 Voir par exemple *infra* n° 102.
154 Loi n° 2004-800 du 6 août 2004 relative à la bioéthique, précit.

peut être réalisée après sa mort ». Cette version du texte, toujours en vigueur aujourd'hui, a particulièrement été créée pour pallier un manque de protection du cadavre qui s'était avéré dans certaines affaires judiciaires.
La plus célèbre d'entre elles est sans doute l'affaire Yves Montand qui avait fait l'objet d'une action en recherche de paternité. *« Par un jugement du 3 avr. 1990, confirmé par la cour le 22 févr. 1991, le Tribunal de grande instance de Paris a déclaré irrecevable l'action en recherche de paternité pour tardiveté ; sur la demande subsidiaire de paiement de subsides, il a ordonné une expertise sanguine, qui ne put être menée à bien »*[155], Yves Montand l'ayant refusée. C'est finalement après son décès, le 9 novembre 1991, qu'une autre action est exercée par la jeune fille désireuse de voir s'établir la filiation. Le tribunal de Paris, une nouvelle fois saisi le 6 septembre 1994 déclara, cette fois, la demande fondée et induisit du refus d'Yves Montand *« de se soumettre à l'analyse des sangs une présomption de paternité qui, compte tenu des autres circonstances de fait, valait preuve de la paternité »*[156]. *« Les ayants droit d'Yves Montand entre-temps décédé avaient alors saisi la cour d'appel pour obtenir la réformation de la décision. La cour d'appel, dans un arrêt du 4 juillet 1996, ordonna un examen des sangs comparé de la fille prétendue et des proches d'Y. Montand. Le rapport d'expertise soulignait les difficultés de l'analyse et concluait à la très faible probabilité de la paternité du défendeur (1/1000) »*[157]. Il manquait, pour que l'analyse soit plus précise et plus fiable, du matériel biologique du défunt. Dès lors, la Cour d'appel ordonna qu'une exhumation de celui-ci soit réalisée afin de prélever les éléments biologiques faisant défaut. Les nouveaux examens ont conclu que la jeune fille en question n'était pas la fille de M. Montand. Pour autant, des critiques ont émergé de toute part pour défendre la paix des morts ce qui a notamment permis l'instauration de cette disposition relative à l'interdiction des prélèvements *post mortem* sans le consentement de l'individu[158].
Ce consentement dans la protection du corps du défunt fonctionne à l'inverse de celui des prélèvements d'organes ou autopsies médicales. Dans ces derniers cas, le refus du vivant est pris en compte et son absence équivaut à

---

[155] P. Malaurie, « La preuve scientifique post mortem de la paternité et l'exhumation », Recueil Dalloz 1998, p. 122.
[156] *Ibid.*
[157] F. Bellivier, L. Brunet, C. Labrusse-Riou, « La filiation, la génétique et le juge : où est passée la loi ? », RTD Civ. 1999, p. 529.
[158] Ce que critiquent certains auteurs. *Cf.* par ex J. Hauser, « J'irai expertiser sur vos tombes : refus de se soumettre à l'examen, expertise génétique post mortem, suite », RTD Civ. 2000, p. 814 : *« si, comme d'aucuns le suggéraient, la cour de Paris avait refusé le prélèvement sur la base du respect de la volonté du défunt et de sa dépouille... ce refus aurait pu être interprété contre lui... et la demanderesse aurait bénéficié d'une filiation que, semble-t-il, elle n'avait pas. Elle avait donc finalement intérêt à ce qu'il n'y ait pas d'expertise ! On ne voit pas en quoi ce système un peu obscurantiste serait respectueux de la mémoire du défunt »*.

un consentement implicite à l'acte. Dans le cas de l'identification par empreintes génétiques, la logique est tout autre, c'est le consentement explicite à l'acte qui est pris en compte : si l'individu, de son vivant, a expressément exprimé sa volonté d'analyses *post mortem*, celles-ci pourront avoir lieu. Pour autant, ces situations semblent marginales : qui de son vivant exprime expressément sa volonté d'identification par empreintes génétiques *post mortem* ? Ainsi, l'absence d'expertise est de principe, ce qui peut conduire à une meilleure protection du mort que du vivant.

42. Deux droits en balance. C'est tout l'enjeu de ces analyses en droit privé : arriver à concilier deux droits antagonistes. D'une part, il y a la protection du cadavre, de son intégrité et le respect dû aux morts et d'autre part il y a un droit à la filiation, à connaître ses origines biologiques et plus précisément un droit à l'expertise génétique[159].

Le premier d'entre eux est protégé dans notre droit puisque sauf consentement exprès du vivant, aucune identification par empreintes génétiques n'est possible. Cette protection se retrouve dans une incrimination pénale, prévue à l'article 226-27 du Code pénal : *« le fait de procéder, sans avoir recueilli le consentement de la personne dans les conditions prévues par l'article 16-11 du code civil, à son identification par ses empreintes génétiques à des fins médicales ou de recherche scientifique ou au prélèvement de ses traces biologiques à titre d'ascendant, descendant ou collatéral aux fins de l'établissement, par ses empreintes génétiques, de l'identité d'une personne mentionnée au 3° du même article, est puni d'un an d'emprisonnement et de 15 000 € d'amende ».*

Le second est mis en avant depuis quelques années, tant au niveau national qu'international : le droit de savoir, avec certitude, d'où l'on vient. Déjà dans l'affaire Montand, la Cour d'appel de Paris avait considéré qu'il *« est de l'intérêt essentiel des parties d'aboutir dans toute la mesure du possible à une certitude biologique »*[160], permettant de mettre en évidence, le droit des personnes de connaître leur identité biologique, le droit à la filiation.

Par la suite, la Cour EDH est intervenue et a mis en place un véritable droit à l'expertise génétique basé sur le droit au respect de la vie privée et familiale de l'article 8 de la Convention, favorisant l'intérêt des personnes à faire reconnaître leur filiation sur toutes autres considérations. L'article 8 de la Convention permettant des ingérences de l'autorité publique dans le droit prévu à condition que l'ingérence soit *« prévue par la loi et qu'elle constitue une mesure qui, dans une société démocratique, est nécessaire à la sécurité*

---

[159] *Cf.* notamment sur le sujet : H. Gaumont-Prat, « Exhumation du père prétendu décédé aux fins de procéder à une analyse génétique de celui-ci », Recueil Dalloz 1998, p. 161 ou encore B. Beignier, « Test génétique post mortem ou test sérologique : la juste mesure », Recueil Dalloz 2000, p. 875.

[160] CA Paris, 6 novembre 1997, n° P061197.

nationale, à la sûreté publique, au bien-être économique du pays, à la défense de l'ordre et à la prévention des infractions pénales, à la protection de la santé ou de la morale, ou à la protection des droits et libertés d'autrui ».
Pour autant, P. Hilt avait mis en avant le fait que *« la marge d'appréciation reconnue aux États parties est biaisée dans la mesure où la Cour européenne des droits de l'homme considère que le droit à l'expertise génétique est un droit si fondamental que seul un « besoin social impérieux » peut être de nature à justifier certaines restrictions posées par le droit national. Or ni le principe de l'inviolabilité du corps humain, ni la paix des familles, ni le respect des morts n'ont à l'heure actuelle suffi à légitimer une atteinte portée au droit d'un individu de connaître l'identité de son géniteur »*[161]. Ces éléments se retrouvent dans l'arrêt Pascaud contre France[162] dans lequel la Cour considère que *« la protection des intérêts du père présumé ne saurait constituer à elle seule un argument suffisant pour priver le requérant de ses droits au regard de l'article 8 de la Convention ».* En l'espèce, l'expertise avait été annulée au motif que le père présumé était décédé et qu'il n'avait pas donné son consentement de son vivant. Considérant qu'aucun autre moyen que l'expertise génétique ne pouvait permettre à la personne d'établir la filiation avec le défunt, dès lors la législation nationale prive les personnes de leurs *« intérêt vital, protégé par la Convention, à obtenir les informations qui leur sont indispensables pour découvrir la vérité sur un aspect important de leur identité personnelle ».*
Par conséquent, le droit français protège la mémoire et la dignité de l'ancienne personne et de ses proches sur le droit de connaitre sa filiation : il s'agit d'un combat dans lequel lutte la volonté de la personne défunte contre celle de la personne encore en vie, cette dernière ne prévalant pas.

43. Le changement de cap législatif. Un retour en arrière est-il possible ? Deux droits sont certes en balance mais la protection accordée à une ancienne personne qui l'emporte sur une personne juridique n'est pas satisfaisant.
Par ailleurs, dans le régime actuel, il n'est pas compréhensible non plus que des différences existent quant à la preuve par le corps du mort concernant les autopsies médicales et l'identification par empreinte génétique. Qu'est-ce qui justifie d'une part que l'on protège le cadavre, en exigeant un consentement exprès du vivant pour des simples analyses génétiques alors que d'autre part, un consentement implicite existe pour apporter la preuve

[161] P. Hilt, « Pour une réécriture de l'article 16-11 du code civil », précit.
[162] CEDH, 16 septembre 2011, Pascaud c. France, requête n° 19535/08. Voir J. Hauser, « Le droit à l'expertise biologique et la Convention EDH : la vérité biologique à tout moment ? », RTD Civ. 2011, p. 526 et F. Chénedé, « Les conditions de l'action en recherche de paternité écartées au nom du droit au respect de la vie privée et familiale », AJ Famille 2011, p. 429.

des causes de la mort médicale – alors que l'acte en question va permettre une atteinte à l'intégrité corporelle beaucoup plus importante que l'exhumation ? Les deux situations permettent d'obtenir des preuves corporelles et aucune raison ne justifie réellement cette différence de régime, si ce n'est le deuil et l'intérêt scientifique d'une part et des intérêts pécuniaires relatifs à la filiation d'autre part. Dès lors, il apparaît opportun de calquer le régime du consentement implicite à l'identification *post mortem*. Ce nouveau régime permettrait de protéger les morts désireux de l'être, tout en permettant également des identifications par empreintes génétiques *post mortem*, jusque-là impossibles.

M. Hilt va plus loin et préconise la réécriture de l'article 16-11 du Code civil mettant en avant la notion de consentement pour le vivant mais permettant l'identification *post mortem* sans protection de la volonté du mort. Si l'on peut comprendre les arguments au regard de la nécessité de protection du droit à la filiation et de l'expertise biologique invoquées par la Cour EDH et la Cour de cassation[163], l'absence totale de consentement pourrait être mal perçue par la société, pouvant nuire à la protection de l'intégrité physique du cadavre, par une atteinte certes minime, mais entraînant surtout des conséquences juridiques importantes pour les vivants, en termes de succession par exemple. Pour l'heure, aucune modification législative allant dans ce sens n'a eu lieu[164]. Pour autant, si l'on prend en compte les deux intérêts en balance et le nécessaire équilibre qui doit être trouvé, l'appréciation de M. Hilt et la nécessité de préserver dans ce domaine le vivant avant le mort reste envisageable.

Dans tous les cas, cette situation est une bonne illustration de l'importance de la volonté de l'individu, de la protection de sa mémoire et par ricochet, de son corps, même mort. Qu'en est-il, toujours dans l'exemple du droit civil, de la preuve génétique et de la volonté du vivant (II) ?

---

[163] *Cf.* par exemple Cass. civ. 1ère, 28 mars 2000, n° 98-12806 : *« attendu que l'expertise biologique est de droit en matière de filiation, sauf s'il existe un motif légitime de ne pas y procéder ».*

[164] *A contrario*, le Conseil constitutionnel a déclaré l'article 16-11 du Code civil conforme à la constitution. *Cf.* Cons. const., 30 septembre 2011, QPC n° 2011-173. Voir X. Bioy, « Conditions de réalisation des expertises génétiques sur une personne décédée à des fins d'actions en matière de filiation », Constitutions 2012, p. 138 ; J. Hauser, « Expertise génétique *post mortem* : les morts sont tous de braves types (G. Brassens) ! », RTD Civ. 2011, p. 743 et F. Chénedé, « Les conditions d'admission de l'expertise biologique *post mortem* ne sont pas contraires aux droits et libertés garantis par la Constitution », AJ Famille 2011, p. 549.

II – La prise en compte de la volonté du vivant

44. La prise en compte du refus d'expertise. De la même manière que pour le défunt, la volonté est prise en compte par l'article 16-11 du Code civil concernant les expertises génétiques, qui dispose que *« le consentement de l'intéressé doit être préalablement et expressément recueilli ».* La question du refus d'expertise biologique ne date pas de l'entrée en vigueur de cet article en 1994, la Cour de cassation considérait déjà, auparavant, qu'il était nécessaire de recueillir le consentement : *« la jurisprudence a toujours considéré, au nom de la liberté de la personne et de l'inviolabilité du corps humain, que le consentement de la personne était requis »*[165]. Dès lors, la personne, contrairement à d'autres pays européens, peut refuser une telle analyse. Tel n'est pas forcément le cas dans tous les pays où ce droit de connaître ses origines passe au premier plan devant la protection de la volonté et du corps[166]. Ainsi par exemple, en Allemagne : *« la possibilité d'un examen biologique sous contrainte – expertises sanguines, hérédo-biologiques ou analyse sur l'ADN – dans un pays si protecteur de l'inviolabilité du corps humain s'explique sans conteste, [...], par l'obsession de la vérité de la filiation. L'accès libre à toutes les expertises scientifiques, ouvrant dangereusement la porte à l'utilisation de certaines d'entre elles à l'insu de l'intéressé, traduit dans un système juridique où la protection des données personnelles est pourtant essentielle, le rejet traditionnel du secret et l'importance conférée au droit à la connaissance de ses origines nouvellement reconnu à chacun »*[167]. De la même manière, *« l'art. 118 c. proc. civ. italien oblige l'individu concerné à se soumettre à cette mesure dès lors que l'examen est sans danger, et en cas de refus répété, il prévoit qu'il peut être fait usage de la force »*[168]. *A contrario*, notre droit ne prévoit pas de recours à la force pour ces hypothèses, permettant de garantir un réel respect de la volonté et surtout la protection du corps, même à des fins probatoires. Pour autant, de la même manière que le refus d'actes médicaux pour estimer l'âge, l'individu qui refuserait une telle expertise engendrerait-il un doute dans l'esprit du juge ?

---

[165] F. Bellivier, L. Brunet et C. Labrusse-Riou, « La filiation, la génétique et le juge : où est passée la loi ? », précit.

[166] L'atteinte peut d'ailleurs être considérée comme proportionnée pour la CEDH. Voir CEDH, 29 janvier 2019, Mifsud c. Malte, requête n° 62257/15. *Cf.* H. O'neil, « L'obligation de se soumettre à un test ADN dans le cadre d'une action en établissement de paternité ne viole pas le droit au respect de la vie privée », Gazette du Palais 2019, n° 24, p. 64.

[167] F. Furkel, « L'identification par empreintes génétiques en matière civile en République fédérale d'Allemagne », Revue internationale de droit comparé 2004, vol. 56, n° 2, p. 389.

[168] H. Gaumont-Prat, « L'expertise biologique en droit de la filiation », précit.

45. L'appréciation souveraine des juges. Légalement, le doute est totalement possible et envisagé à l'article 11 du Code de procédure civile. Celui-ci dispose que *« les parties sont tenues d'apporter leur concours aux mesures d'instruction sauf au juge à tirer toute conséquence d'une abstention ou d'un refus »*. Dès lors, l'expertise génétique étant dans ce domaine très fiable, les juges peuvent totalement analyser le refus exprimé par la personne comme une sorte d'aveu, de reconnaissance de paternité implicite. Bien que l'appréciation du refus relève du pouvoir souverain de chaque juge, créant ainsi des solutions divergentes – le refus pouvant parfois être justifié – la Cour de cassation a tout de même fait le choix, à plusieurs reprises, de considérer le refus comme un aveu de paternité.

Ainsi par exemple, dans un arrêt de 2003[169], concernant une assignation en déclaration de paternité, l'homme avait *« refusé de se soumettre aux expertises biologiques ordonnées par les premiers juges en faisant valoir une impossibilité physiologique de procréer »*. La Cour a ainsi considéré que la Cour d'appel a bien *« retenu que le refus d'accepter un examen comparatif des sangs, qu'au demeurant, il avait lui-même sollicité devant les premiers juges, devait être regardé comme la manifestation d'une crainte de M. Y... vis-à-vis de cette mesure d'instruction, malgré sa conviction réaffirmée d'une impossibilité physiologique de procréer et qu'en conséquence, il y avait lieu de faire droit à la demande de la mère de l'enfant »* et de déclarer le lien de filiation.

De la même manière, en 2006[170], la Cour a approuvé les juges du fond d'avoir considéré que l'individu qui contestait la filiation d'un autre homme était dans son droit. Celui-ci « *se comportait comme le père de l'enfant* », et la mère ainsi que l'homme ayant effectué la reconnaissance de paternité avaient refusé un examen sanguin comparatif. La cour décida que *« les juges du fond n'ont pu que déduire de ces énonciations souveraines que la reconnaissance de l'enfant était mensongère »*. Les juges tirent alors des conséquences contre la partie refusant, sans raison, de se soumettre à l'analyse.

De même, concernant la contestation d'un lien de filiation, les juges ont décidé, en 2013[171], que ce lien devait être considéré comme faux du fait du

---

[169] Cass. civ. 1ère, 1 juillet 2003, n° 01-11419.

[170] Cass. civ. 1ère, 31 janvier 2006, n° 05-12876. Voir J. Massip, « Chronique de jurisprudence civile générale », Defrénois 2006, n° 12, p. 1062 et J. Hauser, « Refus d'expertise biologique : du pouvoir des juges du fond », RTD Civ. 2006, p. 548. Voir aussi : F. Granet-Lambrechts, « Droit de la filiation », Recueil Dalloz 2006, p. 1139 : *« l'appréciation de l'ensemble des circonstances de fait peut conduire les juges du fond à tirer du refus sans motif légitime par l'une des parties de se prêter à la mesure d'instruction un aveu implicite. Tel est le cas par exemple d'une situation de conflit de paternités où le refus par l'un des deux intéressés peut constituer un élément pris en considération pour le résoudre au détriment de son auteur »*.

[171] Cass. civ. 1ère, 15 mai 2013, n° 11-12569. Voir C. Gatto, « Absence de preuve biologique : présomption de non-paternité et fragilisation de la valeur probatoire de l'acte de

refus d'expertise biologique ajouté aux autres éléments de preuves en possession de la Cour d'appel. Dès lors, le refus joue comme élément de preuve supplémentaire permettant de renforcer la conviction du juge. Concernant le contrôle qu'effectue la Cour, celle-ci *« procède néanmoins à un contrôle de droit, notamment de la motivation des décisions des juges du fond, en exigeant la réunion d'un minimum d'éléments objectifs et une motivation spéciale, sans toutefois remettre en question le pouvoir souverain d'appréciation des faits reconnu aux juges du fond »*[172].

Dans beaucoup de cas, *« ce refus est souvent considéré comme un aveu de la part de ce père qui justifie que sa filiation soit établie »*[173] et ce *« s'il est joint à d'autres éléments de preuve le confortant »*[174]. Finalement, que l'on autorise le recours à la force dans d'autres pays pour obtenir une certitude biologique ou que l'on respecte, de façade le consentement, la volonté reste régulièrement limitée, favorisant le droit à la filiation sur le respect de l'individu. Les deux situations peuvent alors aboutir au même résultat : l'établissement de la paternité.

Simplement, la prise en compte de la volonté dans les textes permet, théoriquement, de protéger l'inviolabilité du corps ; mais n'empêche pas les magistrats d'en tirer les conséquences juridiques. Dès lors, un certain équilibre doit être trouvé dans ce domaine (B).

B - Un juste équilibre

46. La conciliation des intérêts. Si l'étude du choix de la Cour EDH concernant le droit à l'expertise génétique et droit à la filiation, favorisant notamment l'intérêt supérieur de l'enfant, a déjà été mise en exergue, les réponses à apporter sont à moduler selon les intérêts en présence. En effet, la Cour, ne s'embarrasse nullement de la protection de la paix du mort et de l'intégrité du cadavre ; pour autant dans cette situation, la personne – le père présumé – est vivante. Dès lors, il ne s'agit plus d'un litige opposant une ancienne personne contre une personne, mais bien d'une personne juridique

---

reconnaissance ? », AJ Famille 2013, p. 379 et J. Hauser, « Action en réclamation d'état : motifs de refus d'expertise biologique », RTD Civ. 2013, p. 586. Voir également E. Gallant, « Détermination de la loi applicable à l'action en contestation de reconnaissance de paternité », Revue critique de droit international privé 2014, p. 92 : *« le refus de se soumettre à l'expertise biologique semble bien dès lors être l'élément déterminant dans la preuve de la non-paternité, même s'il est nécessaire de le conforter par d'autres éléments de fait ».*

172 M. H., « Contestation de paternité et expertise biologique », Dalloz actu étudiant du 29 mai 2013.

173 J. Hauser, « De l'effet du refus par l'enfant d'une expertise biologique », RTD civ. 2010, p. 772.

174 F. Granet-Lambrechts, « Droit de la filiation », Recueil Dalloz 2016, p. 857.

contre une autre personne juridique. Il est donc nécessaire de parvenir à concilier les différents intérêts de chaque partie, soit le droit pour l'une de refuser des atteintes sur son corps aux fins d'obtention d'une preuve et ainsi de respecter l'inviolabilité du corps humain, et le droit à l'expertise biologique pour l'autre. Quelle volonté privilégier ? La Cour EDH a donné plusieurs éléments de réponse à cette question.

Dans un arrêt de 2002[175], s'agissant de la Croatie, la Cour va rappeler que, concernant l'article 8 de la Convention, *« peuvent s'ajouter des obligations positives inhérentes à un respect effectif de la vie privée ou familiale. Elles peuvent impliquer l'adoption de mesures visant au respect de la vie privée jusque dans les relations des individus entre eux »*. La Cour expose ensuite le fait qu'elle n'est pas à même de se substituer aux autorités étatiques pour décider des mesures les plus adaptées pour faire établir la paternité. Par contre, elle intervient pour examiner les décisions des juridictions au regard de la Convention. Dans ce cadre, elle *« observe que le droit interne ne prévoit aucune mesure qui permettrait d'obliger H.P. à obtempérer à l'injonction de la juridiction de première instance en acceptant de subir des tests ADN. De même, il n'existe aucune disposition régissant directement les conséquences d'une telle résistance »*. Elle met ensuite en exergue le fait que les personnes ont un *« intérêt vital, défendu par la Convention, à obtenir les informations qui leur sont indispensables pour découvrir la vérité sur un aspect important de leur identité personnelle. D'un autre côté, il faut garder à l'esprit que la nécessité de protéger les tiers peut exclure la possibilité de les contraindre à se soumettre à quelque analyse médicale que ce soit, notamment à des tests ADN »*. Elle expose que s'il n'existe aucune mesure de contrainte à l'encontre du père en question, la conformité avec l'article 8 de la Convention n'est pas exclue. Pour autant, *« l'absence de toute mesure procédurale de nature à contraindre le père prétendu à se plier à l'injonction d'un tribunal n'est conforme au principe de proportionnalité que si le système en question offre d'autres moyens grâce auxquels une autorité indépendante peut statuer rapidement sur l'action en recherche de paternité »*. Dès lors, *« les tribunaux doivent tenir compte de l'intérêt supérieur de l'enfant. La Cour estime que la procédure existante ne ménage pas un juste équilibre entre le droit de la requérante de voir dissiper sans retard inutile son incertitude quant à son identité personnelle et le droit de son père présumé de ne pas subir de tests ADN ; elle considère que la protection des intérêts en jeu n'est pas proportionnée »*. Ainsi, la Cour décide que l'absence de mesure de coercition ou de présomption de filiation

---

[175] CEDH, 7 février 2002, Mikulić c. Croatie, requête n° 53176/99. *Cf.* J.-P. Marguénaud, « Action en recherche de paternité naturelle, tests ADN et droit au respect de la vie privée », RTD Civ. 2002, p. 866 et J. Hauser, « Le droit à accéder aux moyens de preuve biologique », RTD Civ. 2002 p. 795.

créée par le doute, liée à l'impossibilité d'autres moyens d'actions pour reconnaitre la paternité, ne remplit pas le rôle d'un juste équilibre. Ce qui signifie qu'elle estime que contraindre ou créer une présomption de paternité en cas de refus n'est pas contraire à la Convention dès lors qu'aucune autre possibilité de faire reconnaitre la paternité n'existe. Par conséquent, un juste équilibre est à trouver… mais toujours dans l'intérêt supérieur de l'enfant. La volonté du père présumé n'aura d'autres choix, que de se concilier avec la volonté de l'enfant de connaître ses origines biologiques[176], la protection du corps à des fins de recherches probatoires étant secondaire face au droit de savoir d'où l'on vient.

47. Le cas français. Concernant plus précisément la France, la Cour est intervenue en 2015[177] à propos un homme déclaré père par les juridictions françaises, après avoir examiné un faisceau d'indices, notamment le fait de refuser des expertises biologiques. L'homme en question invoquait devant la Cour EDH *« que le principe de l'inviolabilité du corps humain interdisait en matière civile toute exécution forcée, sous la contrainte, d'une expertise génétique »*. La Cour va effectuer un rappel de sa jurisprudence de 2002 traitant du juste équilibre à trouver entre les intérêts et observe *« que la réponse des juridictions françaises en l'espèce est en phase avec cette jurisprudence »*. La Cour va notamment mettre en avant le fait que le refus a certes été pris en compte par les juridictions françaises, mais que ce n'était qu'un élément supplémentaire permettant de renforcer la conviction des magistrats. Le refus n'était pas le seul élément sur lequel reposait toute la décision de déclaration de paternité : *« les juridictions internes ne se sont pas fondées sur le seul refus du requérant de se soumettre à l'expertise génétique qu'elles avaient ordonnée. Outre les écrits et déclarations de chacune des parties devant elles, elles ont pris en compte des documents et témoignages. Il ressort de plus de l'arrêt de la Cour d'appel de Paris du 24 février 2011, qui qualifie ce refus « d'élément supplémentaire de [l]a paternité [du requérant] » […], qu'il n'est venu que conforter une conclusion déjà partiellement établie au vu de ces autres éléments. Dans ces*

---

176 La même problématique existe aujourd'hui pour l'intérêt de l'enfant à connaître ses origines dans les dons de sperme. Des projets envisagent ainsi des possibles levés de l'anonymat des donneurs. *Cf.* A. Dionisi-Peyrusse, « Actualités de la bioéthique », AJ Famille 2019, p. 364 : *« sur la question de l'anonymat du don, le texte envisage la possibilité d'accéder, par le biais d'une nouvelle Commission, à des données non identifiantes (not. situation familiale et professionnelle et motivations du don) et même à l'identité du donneur mais avec son consentement (le moment du recueil de celui-ci étant encore en débat).*

177 CEDH, 25 juin 2015, Canonne c. France, requête n° 22037/13. *Cf.* J. Hauser, « Preuve de la filiation : refus d'expertise génétique, qui, comment et brevet de conventionnalité », RTD Civ. 2015 p. 596 ; J.-C. Galloux et H. Gaumont-Prat, « Droits et libertés corporels », Recueil Dalloz 2016, p. 752 ou bien encore M. Douchy-Oudot, « Contentieux familial », Recueil Dalloz 2016 p. 674.

circonstances, en prenant en compte le refus du requérant de se soumettre à l'expertise génétique qu'elles avaient ordonnée pour le déclarer père d'Éléonore P. et faire ainsi prévaloir le droit au respect de la vie privée de cette dernière sur le sien, les juridictions internes n'ont pas excédé l'importante marge d'appréciation dont elles disposaient ». Ainsi, la prise en compte du refus par les juridictions ne porte pas atteinte aux droits du père, dès lors que celui-ci n'est pas le seul élément permettant d'entrainer la conviction des magistrats. Ce qui signifie qu'en l'absence totale d'autres éléments probatoires, le refus peut certes créer un doute dans l'esprit du juge mais il ne peut suffire à établir la filiation.

48. L'équilibre entre le vivant et le mort. Dans ce cadre actuel, le consentement est *a priori* pris en compte mais il est limité par le fait que les juges peuvent tirer les conséquences du refus de la personne et ainsi, potentiellement établir la paternité. Pour autant, dans ce même cadre, l'action en paternité face à une personne décédée ne peut se faire que si celle-ci a exprimé son consentement de son vivant. Sauf que l'absence de consentement ne conduit pas à la reconnaissance de paternité de la personne *post mortem*, pas même la création d'un doute sur la paternité puisque l'article 16-11 du Code civil est structuré de telle sorte que le consentement doit être explicite, ce qui est rarement le cas du vivant de la personne. Donc d'un côté, l'absence de consentement entraîne la tranquillité des morts – et les condamnations européennes –, et d'un autre côté, elle provoque l'existence d'un doute et les possibles conséquences juridiques qui vont avec. Le mort est encore mieux protégé que le vivant, ce qui n'est pas compréhensible, à double titre : d'une part, par le fait qu'une personne doit être mieux prise en compte par l'État qu'un cadavre, d'autre part, au regard du principe d'inviolabilité du corps humain qui est en jeu pour le vivant, alors qu'une simple préservation du cadavre existe pour le mort. Dès lors, il paraît important de procéder à des modifications législatives permettant une meilleure cohérence légale vis-à-vis de la protection des vivants.
Ces deux exemples, que ce soit pour l'estimation de l'âge ou pour les expertises biologiques, démontrent que le consentement peut être de façade et que le refus peut être pris en compte contre l'individu qui s'oppose aux analyses, notamment lorsqu'il est accompagné d'autres indices concordants. Dans d'autres cas, selon les situations, le refus n'est pas préjudiciable et le consentement est sauf. Pour autant, ces différences mettent un frein à la toute-puissance de la volonté qui se trouve limitée, même en droit privé. Ce qui expliquera que l'atteinte à la volonté pourra être encore plus forte en droit pénal. De la même manière, l'absence de volonté à la réalisation d'acte peut parfois empêcher la qualification exacte d'infraction et porter atteinte à la victime (Section II).

Section II - La qualification de l'infraction

49. Le corps, terrain de prédilection probatoire des violences. Certains cas nécessitent des preuves corporelles pour établir ou pour déterminer la qualification d'une infraction, notamment pour les violences physiques qui ont majoritairement besoin d'une évaluation des préjudices pour être constituées[178]. De la même manière, les violences sexuelles sont aussi un excellent terrain d'investigation pour les preuves corporelles. Dans ces différents cas, le résultat de l'expertise médicale est très attendu pour la victime : il lui permettra d'obtenir une reconnaissance des préjudices subis et d'espérer percevoir une bonne indemnisation. Pour autant, il est des situations où cette personne ne va pas vouloir avoir recours à un tel acte médical : *quid* de son refus ?
Après être revenus sur les infractions qui nécessitent des prises en charge médicales probatoires (§I), nous étudierons cette question du refus et du fait qu'il peut être préjudiciable pour la personne (§II).

§I - La preuve des actes de violences

50. L'importance de la médecine. Les actes de violences constituent un domaine où la science, et notamment la médecine, a une importance dans la qualification de l'infraction. Le médecin va être d'une aide précieuse aux magistrats et enquêteurs pour déterminer la qualification de l'infraction dans les violences volontaires (A) mais peut avoir également un rôle à jouer dans les violences sexuelles (B).

A - Les violences volontaires

51. Différentes infractions selon le résultat de l'acte. Les infractions de violences volontaires sur le corps humain sont répertoriées dans la classification tripartite répressive classique : les crimes, les délits et les contraventions. La notion d'incapacité totale de travail (ITT) est, dans ce domaine, importante car c'est la durée de celle-ci qui permettra la qualification de l'infraction. Ainsi, c'est le résultat de l'acte qui est pris en

---

178 P. Conte, *Droit pénal spécial*, LexisNexis, collection « Manuels », 6ème édition, 2019 : *« le préjudice physique subi par la victime n'est pas nécessairement requis pour la constitution de ces incriminations : exclus pour les violences légères, il est nécessaire dans les autres formes de violences ».*

compte pour la caractérisation de l'infraction, et non le résultat voulu par l'auteur.
Lorsque ce résultat se caractérise par une ITT faible pour la victime, l'auteur encourt une peine contraventionnelle. Dès lors, lorsque les violences n'ont entrainé aucune ITT[179], l'auteur de celles-ci encourt une contravention de la 4ème classe[180]. Lorsque l'incapacité est inférieure à huit jours, l'article R. 625-1 du Code pénal prévoit une contravention de la 5ème classe. Par ailleurs, l'article 222-13 du Code pénal prévoit des circonstances aggravantes permettant une qualification délictuelle de l'acte.
Toutes les ITT supérieures à huit jours entrainent également des qualifications délictuelles. Aussi, *« les violences ayant entraîné une incapacité totale de travail pendant plus de huit jours sont punies de trois ans d'emprisonnement et de 45 000 euros d'amende »*[181], dont les circonstances aggravantes sont prévues à l'article 222-12 du Code pénal. Lorsque les violences délictuelles ont entraîné une mutilation ou infirmité permanente, l'article 222-9 du même Code prévoit une peine de dix ans d'emprisonnement et de 150 000 euros d'amende, aggravée à l'article 222-10.
Enfin, les violences peuvent également avoir une qualification criminelle : lorsqu'elles ont entraîné la mort *« sans intention de la donner »,* une peine de quinze ans de réclusion criminelle est prévue par l'article 222-7 du Code pénal, aggravée à l'article suivant. Ainsi une graduation existe entre les différents résultats possibles de l'acte de violences volontaires. Que celles-ci soient physiques ou psychologiques[182], la détermination précise des préjudices est ainsi capitale.

52. La nécessaire évaluation de l'ITT. L'incapacité totale de travail est une notion importante en droit pénal qui n'est ni définie par les Codes répressifs : pénal et procédure pénale, ni par le Code de la santé publique. Ainsi, les contours de cette notion ont été déterminés par la Cour de cassation. Celle-ci a par exemple considéré que *« l'incapacité temporaire totale de travail n'implique pas nécessairement l'impossibilité pour la victime de se livrer à un effort physique afin d'accomplir elle-même certaines tâches ménagères »*[183], disposant ainsi que l'incapacité n'a pas à être entièrement

---

[179] Les illustrations jurisprudentielles sur l'appréciation de l'atteinte sont nombreuses. Ainsi par exemple, il a été jugé que constituent des violences légères le fait d'asperger la victime avec un tuyau d'arrosage (Cass. crim., 16 février 1984) ou bien encore le fait de secouer une personne par les épaules (Cass. crim., 27 janvier 1987).
[180] C. pén., art. R. 624-1.
[181] C. pén., art. 222-11.
[182] C. pén., art. 222-14-3 : *« les violences prévues par les dispositions de la présente section sont réprimées quelle que soit leur nature, y compris s'il s'agit de violences psychologiques ».*
[183] Cass. crim., 22 novembre 1982, n° 81-92856, confirmée par Cass. crim., 6 février 2001,

« totale ». Par ailleurs, *« l'incapacité ne concerne pas le travail au sens habituel du mot, mais les activités usuelles de la victime »*[184] . Cette ITT, en tant que notion juridique, rentre dans le pouvoir souverain d'appréciation des juges du fond qui doivent en fixer la durée[185]. Pour autant, en pratique, sa détermination se fait par les professionnels de santé, par les médecins. Ces éléments peuvent conduire à de grosses différences d'appréciation selon le médecin saisi ou bien encore selon le lieu géographique[186]. Aussi, lorsque c'est possible, l'évaluation de l'incapacité doit se faire par un médecin d'une unité médico-judiciaire (UMJ) assez rapidement. *« La réalisation dans le temps de la flagrance d'examens précoces est habituelle dans les unités médico-judiciaires, répondant ainsi aux réquisitions des officiers de police judiciaire et aux instructions que ceux-ci reçoivent du parquet. Toutefois, de nombreux médecins proposent un examen sur rendez-vous, deux ou trois jours après les faits. L'accueil des victimes est alors plus serein, l'organisation médicale et paramédicale meilleure (le flux des patients étant mieux maîtrisé) et l'évaluation du retentissement psychologique plus facile après quarante-huit heures qu'au moment du nettoyage ou de la suture des plaies »*[187]. L'examen médical en question est réalisé sous réquisition d'un officier de police judiciaire ou du procureur de la République ou bien, volontairement par la victime en l'absence de procédure judiciaire. Dans ce dernier cas, le médecin doit informer la personne des démarches à effectuer pour porter plainte et enclencher une procédure pénale. L'examen se conclut par la délivrance d'un certificat médical qui a toute son importance puisqu'il jouera comme élément probatoire, fixant le *quantum* de l'incapacité. Il est d'ailleurs important pour la victime puisqu'il permet d'attester la réalité des préjudices subis.
Néanmoins, l'évaluation de l'ITT peut se faire sans décision médicale, dans des cas où les juges du fond, qui apprécient souverainement les faits, peuvent décider de l'ampleur de l'incapacité à retenir. Pour autant, n'étant pas spécialisés dans les lésions et traumatismes comme peuvent l'être des membres des équipes d'UMJ, il est difficile de considérer qu'un magistrat puisse parvenir à établir l'ITT avec certitude. Dans tous les cas, si les éléments du dossier lui permettent de le faire, l'absence de certificat médical ne pose pas de problème[188], pas plus que l'absence de suivi de celui-ci, le

---

n° 00-84692.

[184] P. Chariot, M. Tedlaouti et M. Debout, « L'incapacité totale de travail et la victime de violences », AJ Pénal 2006, p. 300.

[185] Cass. crim., 9 février 1950, bull. crim. n° 44.

[186] P. Chariot, M. Tedlaouti et M. Debout, « L'incapacité totale de travail et la victime de violences », précit.

[187] Direction des Affaires criminelles et des Grâces, « Guide de l'action publique : les violences au sein du couple », novembre 2011.

[188] CA Basse-Terre, 22 février 1994 : *« si un certificat médical n'est pas indispensable pour*

certificat ne liant pas le juge[189]. En tout état de cause, la détermination de l'incapacité est primordiale pour la constitution des infractions de violences volontaires. À l'inverse, cette notion d'incapacité ne se retrouve pas dans la constitution des infractions de violences sexuelles (B).

B - Les violences sexuelles

53. De multiples violences. *« Les violences sexuelles portent atteinte aux droits fondamentaux de la personne notamment à son intégrité physique et psychologique. Elles sont l'expression de la volonté de pouvoir de l'auteur qui veut assujettir la victime »*[190]. Dès lors, ces violences recoupent un champ assez large d'infractions allant de l'exhibition sexuelle[191] au viol[192] en passant par le harcèlement sexuel[193] et les agressions sexuelles[194], ayant comme point commun la contrainte exercée à l'encontre de la victime[195]. Les agressions sexuelles et le viol étant des infractions pour lesquelles l'examen de la personne peut être effectué à des fins probatoires. Pour cela, il est nécessaire que l'infraction soit dénoncée.

54. Des victimes silencieuses. L'évènement de violence, quel qu'il soit, est assez traumatisant pour que la personne ne souhaite pas en parler ou bien se faire examiner médicalement. Plus précisément, les victimes ont parfois peur

---

établir la durée de cette incapacité totale, c'est à la condition que les juges soient en mesure de vérifier eux-mêmes cette durée par les éléments de la cause ».

189 P. Chariot et N. Bourobka, « La violence dans le couple : aspects médicaux », AJ famille 2003, p. 419 : *« l'ITT est une mesure des conséquences des violences, pour laquelle le médecin se prononce en qualité de technicien et donne un avis qui ne lie pas celui qui le reçoit ».*

190 http://stop-violences-femmes.gouv.fr/Violences-sexuelles,312.html, consulté le 3 mai 2018.

191 C. pén., art. 222-32. Sur ce sujet, voir notamment : Y. Mayaud, « De la condition de publicité propre à l'exhibition sexuelle », RSC 2004, p. 879 ; G. Roujou de Boubée, « La publicité dans l'exhibition sexuelle », Recueil Dalloz 2004, p. 2750 ; Y. Mayaud, « Pas d'exhibition sexuelle sans nudité ! », RSC 2006, p. 320 ; L. François, « Liberté d'expression : l'exhibitionnisme des Femen aux prises avec la fermeté de la chambre criminelle », Recueil Dalloz 2018, p. 1061 ou bien encore Y. Mayaud, « L'exhibition sexuelle, une « arme politique » non reconnue », RSC 2019, p. 91.

192 C. pén., art. 222-23 et s.

193 C. pén., art. 222-33.

194 C. pén., art. 222-27 et s.

195 S. Grunvald, « Les violences sexuelles sous le feu des données chiffrées », AJ Pénal 2019, p. 344 : *« dans la grande majorité des statistiques, les violences sexuelles recouvriront les comportements portant atteinte à l'intégrité physique et psychique de la personne tout en soulignant le caractère imposé des actes et donc l'absence de consentement de la victime à subir ces faits ».*

de dévoiler l'infraction au grand jour, de la même manière qu'il arrive qu'un sentiment de honte les gagne, les retranchant dans le silence. La crainte et la honte sont d'ailleurs aussi présentes au sein des violences physiques ou sexuelles conjugales, la victime ayant peur de briser l'unité familiale, de la même manière qu'un mineur abusé par un proche n'osera pas parler de cette situation. Dès lors, souffrir physiquement et moralement durant un viol ou une agression sexuelle peut être suffisant pour ne pas avoir envie d'être doublement traumatisé en étant ensuite questionné par des enquêteurs et touché/analysé par une tierce personne, fût-elle professionnelle de santé. Ainsi, il ressort que, *« selon l'enquête nationale menée en 2000, environ 50 000 femmes sont victimes chaque année d'attouchements sexuels, de tentative de viol ou de viol en France. Seuls 5 % des viols de femmes majeures feraient l'objet d'une plainte »*[196]. La majorité des victimes restent ainsi silencieuses à ces infractions sexuelles et ne dénoncent pas les faits[197]. Pour celles qui le font, le corps est un domaine d'investigation qui peut être utile pour rechercher des preuves de l'acte.

55. L'utilité de la recherche corporelle de preuve. Que la victime décide de porter plainte ou non, des examens médicaux peuvent être réalisés. Dans ces situations, un double objectif existe pour les professionnels de santé : d'une part la préservation des preuves et d'autre part la préservation de la santé de la victime[198]. Des prélèvements peuvent ainsi avoir lieu sur ou dans le corps de la victime, dans le but d'obtenir des traces de violences. Ces éléments peuvent être notamment utiles lorsqu'il s'agit d'une infraction sexuelle par un suspect inconnu de la victime. Dans ce cas, des recherches génétiques peuvent être effectuées pour essayer de trouver des éléments d'ADN de l'auteur : sperme, salive, etc. qui pourront permettre de l'identifier en le comparant à la base de données nationale[199]. L'objectif étant l'identification d'un suspect qui n'a pas été clairement reconnu dès le début de l'affaire. Dans cette optique, il est nécessaire que les prélèvements soient effectués rapidement, la survie du matériel biologique de l'individu dans le corps de la victime étant limitée[200]. Par ailleurs, l'examen médical peut

---

[196] C. Rey-Salmon, « Examen et prise en charge des victimes d'agression sexuelle », La revue du praticien 2012, vol. 62. Sur le sujet, voir aussi M. Léna, « Contre les violences conjugales, éduquer... à la non-violence ! », AJ Pénal 2019, p. 409.

[197] Voir par exemple B. Py (dir.), *La pudeur et le soin*, Presses Universitaires de Nancy, collection « Santé, qualité de vie et handicap », 2011.

[198] Notamment par la recherche d'urgence d'infections sexuellement transmissibles.

[199] Voir *infra* n° 331 et s.

[200] Survie estimée en général à 24h. *Cf.* R. Coquoz, J. Comte, D. Hall et *al.*, *Preuve par l'ADN, la génétique au service de la justice*, Presses polytechniques et universitaires romandes, collection « Sciences forensiques », 3ème édition, 2013. *Cf.* également : O. Pascal et A. Schlenk, « L'empreinte génétique : le spectre de la preuve absolue », AJ Pénal 2004, p. 24.

également mettre en évidence des lésions sur le corps qui peuvent enrichir le faisceau d'indices et permettent de démontrer le caractère contraint de l'acte, même lorsque l'auteur est connu. L'acte médical a ainsi une réelle utilité pour la justice comme pour la personne[201], encore faut-il que cette dernière y consente (§II).

§II - Un refus préjudiciable ?

56. Justification du refus. Plusieurs situations permettent la mise en avant d'un refus de recherche corporelle probatoire de la victime.
Le premier élément à considérer est l'absence de plainte obligatoire pour déclencher une enquête judiciaire et d'éventuelles poursuites. Le procureur de la République dirige les services d'enquête et peut être informé des faits de violence par le biais d'une dénonciation d'un tiers, d'un témoin, sans que la victime n'ait souhaité participer à l'action. Dans cette situation, les OPJ pourront demander la réalisation d'un examen médical aux fins de détermination de l'ITT ou de recherche lésionnelle permettant d'attester des violences. La victime n'ayant pas porté plainte, il se peut qu'elle refuse de se soumettre à l'acte.
Ce peut être également une victime qui, cette fois, a porté plainte mais qui est traumatisée et refuse de subir d'autres contraintes sur son corps en ne souhaitant pas la réalisation de l'acte médical. Mais il peut également s'agir d'une victime qui a porté plainte et qui finalement se rétracte avant de passer l'examen médical. Ce cas se retrouve généralement lors des violences conjugales où les personnes veulent protéger leur conjoint ou leur enfant. Dans cette situation, le retrait de la plainte n'arrête pas automatiquement les poursuites, le procureur de la République étant le seul compétent pour décider des suites à donner à l'enquête.

57. L'absence de recours forcé à l'acte. Si l'officier de police judiciaire peut contraindre une personne à comparaitre devant lui, par la force, dès lors que celle-ci est susceptible *« de fournir des renseignements sur les faits ou sur les objets et documents saisis »*[202], il ne peut pas forcer une victime à effectuer un acte médical non consenti. Le principe d'inviolabilité du corps humain s'oppose au recours à la force pour effectuer un tel acte qui porterait

---

[201] V. Hédouin, « La médecine légale du XXIe siècle », Revue de Médecine légale 2019, vol. 10, n° 2, p. 41 : *« de nombreuses UMJ se sont organisées afin que la prise en charge des victimes associe, au cours d'un seul examen, le volet soignant et médico-légal. Les centres qui ont mis en place et qui ont évalué cette pratique mettent en avant le bénéfice apporté aux victimes et à l'enquête ».*
[202] C. proc. pén., art. 61.

nécessairement atteinte au corps. Dès lors, l'absence de volonté de la prétendue victime d'effectuer des examens médicaux ne peut pas lui être pénalement reprochée[203], ce qui est saluable.

58. L'apparition d'un doute. La victime qui n'a pas souhaité enclencher l'action publique ne va pas forcément créer un doute dans l'esprit des enquêteurs lorsqu'elle refusera l'acte en question. Si la crainte ou le sentiment de honte peuvent expliquer un tel refus, ces réactions peuvent être moins compréhensibles quand la victime a porté plainte. Pourquoi engager des poursuites pénales contre un auteur sans donner aux enquêteurs des éléments probatoires nécessaires à la bonne réalisation de l'enquête ? Bien entendu, le traumatisme subi peut expliquer le refus mais un doute peut également naître dans l'esprit de l'OPJ quant aux dires de la personne, notamment dans des situations où la prétendue victime n'est nullement traumatisée et qu'aucun autre élément ne vient corroborer les faits. Dans ce cas, l'examen corporel permettrait d'amener des éléments scientifiques concordants aux dires de la personne. Lorsque celui-ci sera le seul moyen pour la victime d'être entendue par les enquêteurs, elle n'aura d'autre choix que de subir l'acte si elle désire une réponse pénale.

59. L'absence de poursuites ? En cas de refus, la qualification de l'infraction peut s'avérer complexe pour les violences physiques si bien que le procureur de la République pourrait être tenté, notamment dans des cas où la victime a subi de faibles violences, de classer sans suite l'affaire. Dès lors, le refus de la victime de subir l'acte médical probatoire pourrait entraver la répression pénale. Ces éléments sont à prendre en compte notamment lorsque la personne a porté plainte mais ne souhaite pas d'analyse de son corps. À l'inverse, l'absence de réalisation de l'acte médical peut ne pas avoir d'incidence sur la qualification de l'infraction puisque les juges ont un pouvoir souverain d'appréciation de l'ITT qui peut se faire sans recours à la science, en présence d'autres éléments probatoires suffisamment étayés. Néanmoins, les magistrats n'ont pas toujours la compétence matérielle suffisante pour apprécier les lésions corporelles et se réfèrent majoritairement aux certificats médicaux. Ce qui signifie que la victime qui ne désire pas qu'une preuve corporelle soit réalisée court de grands risques que les poursuites n'aboutissent pas. Ainsi, la personne désireuse d'obtenir une réponse pénale verra sa volonté limitée et devra subir l'acte.
Concernant les infractions sexuelles, pour la majeure partie des cas, le consentement prime puisque la recherche probatoire corporelle n'est pas toujours pertinente. Ainsi par exemple, si la recherche génétique est utile

---

[203] A l'inverse, les réquisitions de l'OPJ aux professionnels de santé sont obligatoires pour ces derniers : C. pén., art. R. 642-1 et CSP, art. L. 4163-7.

quand l'auteur est inconnu, elle l'est moins dès lors que l'auteur des faits est un proche ou connu de la victime. Dans ces situations, l'ADN ne permet que d'identifier la personne avec qui une relation sexuelle a eu lieu, et non pas d'attester la contrainte physique. C'est notamment le cas dans les viols entre conjoints, l'ADN n'ayant aucune utilité puisque bien souvent la personne ne contestera pas l'acte sexuel mais uniquement l'absence de consentement. La même considération existe concernant l'auteur inconnu : la preuve génétique permet de trouver la personne, mais là encore, n'apporte pas la démonstration de l'élément de contrainte. À l'inverse, le reste de l'acte médical peut mettre en avant les lésions et corroborer l'acte de violence et la contrainte.

Ainsi, l'absence de l'acte médical n'empêchera pas le procureur de la République de diriger des poursuites pénales, l'évaluation d'une ITT n'étant pas obligatoire pour caractériser l'infraction. Une enquête classique devra alors être déclenchée, permettant de corroborer les dires de la victime : témoignages, enquête de voisinage, confrontations, etc. Quand l'auteur est inconnu, la preuve peut également être amenée par une enquête n'ayant pas recours au corps de la victime : recueil d'empreintes sur le lieu de commission de l'infraction, visionnage des caméras de surveillance, etc. Le même raisonnement reposant sur une enquête classique est à mettre en avant quand les différents faits sont dénoncés plusieurs mois voire années après leurs commissions. La recherche sur ou dans le corps de la victime pouvant être alors inutile.

Dès lors, le consentement à l'acte médical n'est jamais forcé pour la victime – ce qui est une bonne chose – mais son refus peut parfois lui être préjudiciable. C'est une appréciation au cas par cas qui doit être effectuée, selon le dossier et les indices dont disposent les enquêteurs.

***

60. Conclusion du Chapitre I. Par conséquent, le consentement dans la recherche probatoire est potentiellement limité, que ce soit pour des jeunes isolés étrangers, des personnes contre lesquelles sont exercées des actions en recherche de filiation ou bien une victime d'infraction violente. Il l'est encore plus largement, dans d'autres hypothèses du droit pénal, lorsqu'il va s'agir d'imposer un acte probatoire à un individu auteur ou soupçonné d'avoir commis une infraction, en limitant son consentement par la menace d'une sanction pénale (Chapitre II).

CHAPITRE II - LES CONSEQUENCES LEGALES D'UN REFUS DE CONSENTIR

La vie de l'homme dépend de sa volonté ;
sans volonté, elle serait abandonnée au hasard[204]

61. La menace d'une sanction pénale. Dans certaines circonstances, le législateur a prévu des cas pour lesquels l'atteinte à l'intégrité corporelle, minime ou non, existe. Afin de ne pas aller à l'encontre de la protection de la dignité des personnes, mais également d'empêcher la violation du corps, la législation n'a pas prévu de prélèvement forcé. De la même manière, la France n'a pas autorisé le recours à la force pour les refus d'expertise génétique en recherche de paternité, alors que d'autres pays européens l'utilisent. Pour autant, le but est bel est bien que la personne consente à l'acte.
Dès lors, au lieu de contraindre physiquement, notre pays a trouvé un autre moyen : créer des infractions particulières de refus pour les prélèvements sanguins, destinés à révéler la présence d'alcool et de drogues dans l'organisme (Section I), mais également pour les prélèvements externes et relevés signalétiques (Section II).

Section I - Les prélèvements sanguins

62. Alcool et drogues. Si la vente d'alcool est autorisée en France, la consommation en est prohibée ou réglementée dans certaines situations ou lieux. *A contrario*, la vente et la consommation de drogues sont purement interdites[205]. Dès lors, les forces de l'ordre vont parfois être amenées à contrôler des personnes qui ont potentiellement consommé ces substances. Plusieurs cadres existent, selon qu'il s'agisse de contrôles routiers (§I) ou non (§II).

---

204 Citation de Confucius, philosophe chinois.
205 Voir G. Roussel et F.-X. Roux-Demare (dir.), *Sur les routes de la drogue*, Institut Universitaire Varenne, collection « Colloques et essais », 2019.

§I - Les contrôles dans le cadre routier

63. Les fléaux routiers. *« L'alcool, l'une des premières causes de la mortalité routière. [...] en cause dans près d'un tiers des accidents mortels »*[206]. Parallèlement, en 2015, les drogues étaient responsables de plus de 20% des accidents routiers[207]. Face à ces chiffres alarmants, de multiples campagnes de prévention ont été mises en place par le gouvernement et les contrôles d'alcoolémie (A) et de stupéfiants (B) ont eu tendance à s'accroître de plus en plus dans le cadre routier, mettant le corps au centre de la recherche probatoire.

A - La conduite sous influence d'alcool

64. L'alcoolémie infractionnelle. Bien que la conduite sous l'influence de l'alcool engendre des pertes de concentration qui perturbent le conducteur, l'alcool au volant n'est pas totalement prohibé, sa consommation est réglementée en différents seuils pour lesquels est rattachée une infraction pénale. Ainsi, *« une concentration d'alcool dans le sang égale ou supérieure à 0,50 gramme par litre ou par une concentration d'alcool dans l'air expiré égale ou supérieure à 0,25 milligramme par litre »* entraîne une contravention de quatrième classe[208]. À ceci s'ajoute une possible peine complémentaire de suspension du permis de conduire pour une durée maximale de trois ans, un retrait de six points sur ledit permis et une immobilisation du véhicule. Lorsque la *« concentration d'alcool dans le sang [est] égale ou supérieure à 0,80 gramme par litre ou par une concentration d'alcool dans l'air expiré égale ou supérieure à 0,40 milligramme par litre »*, l'infraction est un délit puni de deux ans d'emprisonnement et 4500 euros d'amende[209]. Par ailleurs, l'auteur du délit encourt les mêmes peines complémentaires que celles prévues pour la contravention de quatrième classe, mais également les peines prévues à l'article L. 234-2 du Code de la route (annulation du permis, obligation de suivre un stage, etc.).

Pour certaines situations, le législateur a prévu une prohibition plus importante : c'est notamment le cas des jeunes conducteurs (*« conducteur titulaire d'un permis de conduire soumis au délai probatoire défini à l'article*

---

[206] http://www.securite-routiere.gouv.fr/medias/les-chiffres-de-la-route/les-chiffres-de-l-alcool

[207] X. M., « Les stupéfiants responsables de 23 % des accidents de la route », LCI du 4 novembre 2016.

[208] C. route, art. R. 234-1.

[209] C. route, art. L. 234-1.

L. 223-1 ou en situation d'apprentissage définie à l'article R. 211-3 »[210]), ainsi que des conducteurs de véhicule de transport en commun qui bénéficient d'une tolérance zéro dans ce domaine. Ces personnes encourent les mêmes peines que celles prévues pour la concentration d'alcool dans le sang supérieure ou égale à 0,50 gramme par litre. Dès lors, existe une volonté gouvernementale de prohiber au maximum la consommation d'alcool, ne permettant aux conducteurs de choisir qu'entre boire ou conduire.

65. Les motifs du contrôle. Pour donner de l'effectivité à ces seuils de prohibition, des contrôles routiers ont couramment lieu. Pour autant, ils ne peuvent exister, *a priori*, sans un motif valable. Prévus à l'article L. 234-3 du Code de la route, ces motifs sont volontairement larges, afin d'autoriser un maximum de situations pour lesquelles les forces de l'ordre pourront procéder aux vérifications. Dès lors, ces dernières peuvent contrôler tout auteur présumé de toute infraction, punie par le Code de la route de peine complémentaire de suspension de permis de conduire, ou tout auteur présumé d'autres infractions aux prescriptions du même Code. Il en est de même pour le conducteur ou son accompagnateur quand il s'agit d'un élève conducteur, lorsque ces derniers sont impliqués dans un accident ayant entraîné un dommage corporel ou bien un accident quelconque. Ainsi, l'auteur présumé d'une infraction routière peut être contrôlé. De la même manière, n'importe quel conducteur d'un véhicule peut l'être lorsqu'il est impliqué dans un accident routier[211].

Au-delà de ces possibilités, les OPJ ou APJ ont une obligation de contrôle *« lors de la constatation d'un crime, d'un délit ou d'un accident de la circulation [...] lorsqu'il semble que le crime, le délit ou l'accident a été commis ou causé sous l'empire d'un état alcoolique. Ces vérifications sont obligatoires dans tous les cas de crimes, délits ou accidents suivis de mort »*[212]. Si ces vérifications peuvent être utiles, elles sont aussi effectuées sur la victime de l'accident.

Hormis ces cas particuliers d'accidents ou d'infractions, le législateur est allé encore plus loin en permettant un réel contrôle routier sans limite. Il est ainsi prévu à l'article L. 234-9 du Code de la route que les OPJ, d'initiative ou sous ordre du procureur de la République, ou bien, sous leur contrôle, les APJ, peuvent *« même en l'absence d'infraction préalable ou d'accident, soumettre toute personne qui conduit un véhicule ou qui accompagne un élève conducteur à des épreuves de dépistage de l'imprégnation alcoolique*

---

210 C. route, art. R. 234-1 précit.

211 La conduite en état d'ivresse manifeste est d'ailleurs une circonstance aggravante de certaines infractions. *Cf.* C. pén., art. 221-6-1.

212 CSP, art. L. 3354-1.

par l'air expiré ». Ainsi, si le Code de la route prévoit un cadre large pour les contrôles routiers[213], les motifs résultant de l'infraction ou accident préalables sont indifférents et inutiles puisque les officiers pourront procéder, selon leur volonté, à tout contrôle.

66. Le refus préjudiciable. Dans ce domaine, les moyens de preuve de la présence d'alcool sont apportés par le corps, que ce soit au *« moyen d'un appareil permettant de déterminer la concentration d'alcool par l'analyse de l'air expiré »*[214] ou bien au moyen d'examens médicaux, au choix de l'officier[215]. Dans le cas d'un contrôle effectué par le biais d'un appareil, le conducteur peut demander un second test immédiat[216]. S'il s'agit d'examens médicaux, un échantillon est conservé[217], aux fins de contre-expertise ultérieure[218]. Le conducteur contrôlé ne pourra pas choisir de refuser l'un des moyens de contrôle au motif qu'il préférerait le second[219].
Dans ces opérations, quelles conséquences entraînent le refus de la personne de subir ces vérifications ? La situation est légalement prévue à l'article L. 234-8 du Code de la route qui prévoit exactement les mêmes

---

[213] Il est également prévu que le simple auteur présumé d'une conduite en état d'ivresse manifeste peut être soumis directement aux vérifications destinées à établir l'état alcoolique. *Cf.* C. route, art. L. 234-6.

[214] C. route, art. L. 234-4.

[215] Il s'agit de moyen de vérifications qui seront mis en place lorsque les épreuves de dépistages permettront de présumer l'existence de l'état alcoolique ou bien lorsque la personne les aura refusées, *cf.* C. route, art. L. 234-4.

[216] *Cf.* Cass. crim., 2 septembre 2009, n° 09-80567 : *« l'arrêt retient que les deux souffles exigés par le mode de fonctionnement de l'appareil ne peuvent être confondus avec les deux contrôles auxquels le prévenu avait droit en application des dispositions des articles L. 234-4, L. 234-5 et R. 234-4 du code de la route ; que selon les juges Eric X..., qui n'a été informé ni du résultat du premier souffle ni de la possibilité de solliciter un second contrôle, a été privé du droit de se prévaloir devant la juridiction de jugement d'une éventuelle distorsion des taux mise en évidence par les deux contrôles successifs »*.

[217] C. route, art. L. 234-5.

[218] Par ailleurs, *« le fait que le second expert désigné pour réaliser l'analyse de contrôle prévue par l'art. R. 3354-14 CSP exerce au sein du même laboratoire que celui ayant réalisé la première analyse n'est pas, en soi, de nature à faire douter de sa neutralité »* : Cass. crim., 20 mars 2018, n° 17-81238. *Cf.* H. Diaz, « Alcool au volant : pas de nullité pour absence d'examen de comportement », Dalloz actualité du 9 avril 2018.

[219] *Cf.* Cass. crim., 27 octobre 1993, n° 93-81570 : *« les dispositions ne sont pas à cet égard incompatibles avec la Convention européenne de sauvegarde des droits de l'homme et des libertés fondamentales [et] ne prévoit pas pour les auteurs des infractions visées par cet article et les conducteurs impliqués dans un accident de la circulation le droit de choisir entre deux modes de vérifications, auxquels la loi accorde la même valeur probante »*. Voir également sur l'absence de choix : Cass. crim., 11 juillet 1995 ou encore Cass. crim., 10 décembre 2002.
De plus, l'infraction de refus est caractérisée dès lors que l'individu ne consent pas à l'un des modes, même s'il demande la mise en œuvre du second. Voir Cass. crim., 12 février 1992, n° 91-83323.

conséquences que l'infraction délictuelle de conduite avec une concentration d'alcool dans le sang égale ou supérieure à 0,80 gramme par litre. Dès lors, la personne encourt deux ans d'emprisonnement et 4500 euros d'amende, mais également les mêmes peines complémentaires : annulation du permis, obligation de suivre un stage, etc. Il s'agit alors d'un délit pour les refus de contrôle qui reprend les mêmes peines que l'infraction la plus haute encourue dans ce domaine. Par conséquent, le conducteur[220] qui n'a rien bu et qui ne souhaiterait pas, par principe, subir les épreuves de contrôle, encourt les mêmes peines que celui qui a dépassé le seuil de l'infraction légalement la plus répréhensible. De la même manière, en cas d'homicide involontaire, la circonstance aggravante de conduite sous l'empire d'un état alcoolique est également retenue contre la personne qui refuse les contrôles[221]. Ainsi, si la volonté est sauve par principe, le législateur, par ce système, permet de contraindre la personne à accepter la vérification : pourquoi refuser si l'individu n'a rien à se reprocher ? Le consentement est ainsi de façade, libre mais sanctionné.
Il l'est encore plus quand la personne est réellement sous l'emprise de l'alcool puisque l'article L. 234-1 du Code de la route permet de sanctionner des mêmes peines la personne qui se trouve *« en état d'ivresse manifeste »*. Ce qui signifie que les officiers vont pouvoir poursuivre une personne sans avoir procédé aux vérifications dès lors qu'ils estiment que la personne se trouve manifestement sous l'influence d'un fort taux d'alcool : c'est-à-dire qu'elle titube, que son haleine sent l'alcool, etc.[222]. C'est l'observation visuelle du corps qui emportera la conviction des forces de l'ordre sans qu'aucun consentement ne soit requis. Il s'agit alors d'un domaine pour lequel la preuve corporelle est reine, que ce soit par l'examen médical, l'air expiré ou tout simplement le visuel du corps.

67. Une nécessaire harmonisation. Par ailleurs, il existe une infraction spécifique de refus de se soumette aux opérations de contrôle pour les vérifications obligatoires des OPJ de l'article L. 3354-1 du Code de la santé publique. L'article L. 3354-2 du même Code prévoit alors que le refus est

---

[220] Même situation pour la victime puisque celle-ci peut devoir subir les vérifications, si elles sont utiles dans la situation. Dès lors, si la victime refuse, elle encourt également les mêmes peines.
[221] C. pén., art. 221-6-1, 2° : *« le conducteur se trouvait en état d'ivresse manifeste ou était sous l'empire d'un état alcoolique caractérisé par une concentration d'alcool dans le sang ou dans l'air expiré égale ou supérieure aux taux fixés par les dispositions législatives ou réglementaires du code de la route, ou a refusé de se soumettre aux vérifications prévues par ce code et destinées à établir l'existence d'un état alcoolique »*.
[222] Pour des exemples *cf.* Cass. crim., 19 novembre 2002, n° 01-87686 : *« il avait des difficultés pour maintenir son véhicule [...] sur sa voie de circulation et qu'une fois intercepté, il tenait des propos incohérents, que son haleine sentait fortement l'alcool, que son allure était titubante (...), signes d'état d'ivresse »*.

puni d'un an d'emprisonnement et de 3750 euros d'amende. Un doublon existe ainsi puisque l'article L. 234-3 du Code de la route permet également de faire procéder aux opérations de contrôle dans le cadre d'un accident quelconque. De la même manière, l'article L.234-9 du Code de la route permet des contrôles sans motif apparent. Dès lors, il paraît illogique de disposer d'un cadre de contrôle très large permettant de sanctionner le refus de deux ans d'emprisonnement d'une part, et un cadre restreint de constatation de crime, délit ou accident de la circulation commis ou causé sous l'empire d'un état alcoolique, dont le refus n'est sanctionné que d'un an d'emprisonnement. Puisque l'article L. 3354-1 du Code de la santé publique procède à un renvoi à l'article L. 234-1 du Code de la route pour les vérifications, il serait souhaitable de procéder également à un renvoi concernant la peine encourue : cela permettrait d'harmoniser les infractions de refus qui dans le cas présent sont matériellement identiques et de clarifier les situations.
Dans tous les cas, le corps est au centre de la preuve et la volonté de l'individu sera indifférente pour assurer sa protection. Ces éléments se retrouvent également dans la conduite avec usage de stupéfiants (B).

B - La conduite après usage de stupéfiants

68. Des justifications et peines identiques. Le délit de conduite après avoir fait usage de stupéfiants est prévu à l'article L. 235-1 du Code de la route qui prévoit que *« toute personne qui conduit un véhicule ou qui accompagne un élève conducteur alors qu'il résulte d'une analyse sanguine ou salivaire qu'elle a fait usage de substances ou plantes classées comme stupéfiants est punie de deux ans d'emprisonnement et de 4 500 euros d'amende »*. Dès lors, les peines encourues sont les mêmes que pour la conduite sous l'emprise de l'alcool. Néanmoins, certaines drogues pouvant être retrouvées dans l'organisme plusieurs jours après leur absorption, le texte d'incrimination n'a pas prévu de réprimer le fait d'être sous l'influence de produit stupéfiant mais bien le fait que l'analyse démontre l'usage de stupéfiants : la consommation étant totalement interdite, il n'existe pas de seuil d'autorisation de conduite comme c'est le cas pour l'alcool. La personne encourt également des peines complémentaires identiques : une annulation du permis pendant trois ans maximum, l'obligation de stage, l'immobilisation du véhicule, etc. Par ailleurs, si la personne cumule la consommation de stupéfiants et la conduite sous l'emprise d'un état alcoolique supérieur aux taux énoncés précédemment, *« les peines sont portées à trois ans d'emprisonnement et 9 000 euros d'amende »*. De plus, le fait de conduire sous l'influence de l'alcool ou après usage de stupéfiant

entraîne également des conséquences civiles puisque souvent ces infractions entraînent l'exclusion des droits à la protection des contrats d'assurance.
La personne devant, seule, assurer financièrement ses propres dommages (les dommages causés aux tiers étant toujours pris en compte par l'assurance).
De la même manière que pour les précédents contrôles, les forces de l'ordre doivent justifier d'un cadre juridique précis pour effectuer les opérations de dépistage et de vérification[223], prévus à l'article L. 235-2 du Code de la route. Ainsi, les mêmes agents que ceux procédant aux contrôles d'alcoolémie, peuvent procéder aux vérifications d'usage de stupéfiant pour le conducteur ou son accompagnateur en cas d'élève conducteur, s'il est *« impliqué dans un accident mortel ou corporel de la circulation »*, mais également s'il s'agit d'un *« accident matériel de la circulation »*, ou bien s'il *« est l'auteur présumé de l'une des infractions au présent code ou à l'encontre duquel il existe une ou plusieurs raisons plausibles de soupçonner qu'il a fait usage de stupéfiants »*. Par ailleurs, *« même en l'absence d'accident de la circulation, d'infraction ou de raisons plausibles de soupçonner un usage de stupéfiants »*, les officiers peuvent procéder aux opérations de dépistage. Dès lors, ils peuvent effectuer des opérations de contrôles sans motif apparent, exerçant des vérifications aléatoires permettant d'obtenir une preuve corporelle d'une potentielle infraction. Par conséquent, ces opérations peuvent avoir lieu à n'importe quel moment, à n'importe quel endroit, au bon vouloir des OPJ, permettant de renforcer la lutte de l'État contre les infractions routières et conduites à risque.

69. *Quid* du refus ? Il n'existe pas à proprement parler d'infraction pour avoir refusé la première phase de l'analyse : le dépistage, organisé par les forces de l'ordre. Pour autant, le fait de refuser conduit l'officier, conformément à l'article L. 235-2 du Code de la route, à procéder aux épreuves de vérifications. Celles-ci sont obligatoires et le refus sera sanctionné[224]. Prévu à l'article L. 235-3 du même Code, le refus de la personne de subir les opérations de vérifications est puni de deux ans d'emprisonnement et de 4500 euros d'amende. Par ailleurs, ce délit est calqué directement sur celui du refus de subir les opérations de contrôles pour la conduite sous l'empire de l'alcool, que ce soit pour la peine principale ou pour les complémentaires. Il est également pris en compte dans les infractions de violences involontaires comme circonstance aggravante,

---

[223] De la même manière que pour le contrôle d'alcoolémie, deux phases coexistent. Tout d'abord le dépistage qui est effectué par les officiers mais qui n'est pas systématique et ensuite la phase de vérifications, si le dépistage se révèle positif ou lorsque la personne refuse ou est dans l'impossibilité de les subir.
[224] Peu importe d'ailleurs que l'individu invoque une phobie des piqûres. *Cf.* CA Montpellier, 25 janvier 2012.

tout comme le fait de faire usage de stupéfiants. Les opérations étant effectuées par les mêmes agents, dans le même cadre, il est logique que les deux infractions de refus soient identiques.

70. De fortes prérogatives aux mains des OPJ. Alors qu'ils peuvent déjà, d'initiative[225], procéder à tout dépistage et vérification de la présence d'alcool ou de drogue dans l'organisme de l'individu, hors accident ou infraction, les pouvoirs des OPJ se sont encore accrus ces dernières années dans le contrôle des stupéfiants, notamment grâce à la mise en place de nouveaux kits salivaires plus perfectionnés permettant d'améliorer la preuve corporelle. Dès lors, l'article L. 235-1 ancien du Code de la route, dans sa version issue de la loi du 5 mars 2007[226], prévoyait que la preuve de la commission de l'infraction était apportée par une analyse sanguine. Il était ainsi nécessaire, lorsque les officiers procédaient à des opérations de dépistages positifs, d'emmener la personne devant *« un médecin, un biologiste, ou un étudiant en médecine autorisé à exercer à titre de remplaçant »*[227]. Opération longue mais qui permettait une analyse médicale aux fins d'établir le plus finement possible la présence de drogues dans l'organisme, garantissant à la personne une preuve corporelle plus fiable que les kits de dépistage en vigueur. Pour autant, avec le renforcement de l'efficacité de ceux-ci, une loi de 2016[228] est venu modifier l'article L. 235-1 prévoyant maintenant l'apport de preuve, toujours par analyse sanguine, mais également par test salivaire. Ces derniers, augmentent les prérogatives des officiers puisqu'ils sont réalisés directement par eux. L'objectif mis en avant étant toujours de permettre un apport de preuve efficace, économique et rapide. Ainsi, durant la procédure de dépistage, les officiers font procéder à un test salivaire. Si celui-ci est positif ou si la personne refuse de subir le test, des opérations de vérification sont mises en place. Auparavant, ces opérations n'étaient possibles que par un examen sanguin effectué par des professionnels de santé. Aujourd'hui, un second test salivaire peut être réalisé, directement par les OPJ. Ces tests[229] sont ensuite envoyés pour

---

[225] Les contrôles routiers en l'absence d'infraction, d'accident ou de raisons plausibles de soupçonner un usage de stupéfiants ne pouvaient jusqu'en 2016 être réalisé que sur réquisition du procureur de la République. Depuis la loi du 26 janvier 2016 - Loi n° 2016-41 du 26 janvier 2016 de modernisation de notre système de santé - les OPJ peuvent d'initiative procéder à ce type de contrôle, leur pouvoir étant renforcé.

[226] Loi n° 2007-297 du 5 mars 2007 relative à la prévention de la délinquance.

[227] C. route, art. R. 235-3.

[228] Loi n° 2016-41 du 26 janvier 2016, précit.

[229] C. route, art. L. 235-2 : *« si les épreuves de dépistage se révèlent positives ou lorsque le conducteur refuse ou est dans l'impossibilité de les subir, les officiers ou agents de police judiciaire font procéder à des vérifications consistant en des analyses ou examens médicaux, cliniques et biologiques, en vue d'établir si la personne conduisait en ayant fait usage de substances ou plantes classées comme stupéfiants »*.

analyse biologique aux laboratoires d'analyses. Cette nouvelle possibilité permet des contrôles routiers multipliés et accélérés[230], moins douloureux et invasif pour le corps mais portant toujours autant atteinte à la volonté.

71. Comparaison avec le droit social. L'employeur et le corps de ses salariés : l'exemple de l'alcool. A ce sujet, il paraît utile d'effectuer une comparaison entre les prérogatives de contrôle d'alcoolémie et de stupéfiants s'agissant d'une personne privée, garant de la sécurité dans son entreprise : l'employeur[231]. En effet, s'il doit s'agir d'une occupation constante pour l'employeur dans sa tâche de protection de ses salariés[232], c'est aussi et avant tout une obligation légale[233]. L'article R. 4228-21 du Code du travail prévoit ainsi qu'*il est interdit de laisser entrer ou séjourner dans les lieux de travail des personnes en état d'ivresse »*.
Encore faut-il arriver à définir la notion d'ivresse[234]. Celle-ci est-elle synonyme de la simple consommation d'alcool ? La prohibition de la consommation se fait pour garantir la sécurité de l'entreprise. Afin de

---

Par ailleurs, l'article R. 235-5 prévoit que les vérifications peuvent reposer sur un *« examen clinique en cas de prélèvement sanguin »* ou bien sur une *« analyse biologique du prélèvement salivaire ou sanguin ».*

[230] Pour autant, la personne bénéficie tout de même d'une possibilité de seconde analyse, réalisée par un autre laboratoire, si elle s'est réservé cette possibilité. Cf : C. route, art. R. 235-11.

[231] Sur les obligations de l'employeur, *cf.* notamment C. Blanvillain, « L'obligation de sécurité de résultat est morte ! Vive l'obligation de sécurité ! », Revue de droit du travail 2019, p. 173. S'agissant de sa responsabilité, voir B. Lapérou-Scheneider, « La responsabilité pénale de l'employeur personne physique et la présomption de faute », Droit social 2012, p. 273 mais également O. Dexant de Bailliencourt et B. Lapérou-Scheneider (dir.), *Les responsabilités du dirigeant de société. Regards croisés de droit civil et de droit pénal*, Dalloz, collection « Thèmes & commentaires », 2018

[232] F. Mananga, « Alcool au travail : la prudence est de rigueur », Juris associations 2006, n° 347, p. 33 : *« l'employeur a donc le droit d'interdire l'introduction, la distribution et la consommation de toutes les boissons alcoolisées dans l'établissement. Pour justifier cette pratique, il peut invoquer d'abord son obligation générale de sécurité ; autrement dit, l'obligation qui lui incombe de veiller à la sécurité et à la protection de la santé des salariés placés sous son autorité ». Cf.* également C. Minet-Letalle, « Hommes & professions - Conditions de travail - La consommation d'alcool et de stupéfiants par les salariés », Juris tourisme 2017, n° 203, p. 38 : *« l'absorption d'alcool ou de stupéfiants peut se révéler dangereuse en milieu professionnel. L'employeur ne peut pas rester passif ».* Voir aussi sur ces questions : C. Czuba, *Consommations de substances psychoactives : à la confluence entre les droits à la santé et à la vie privée au travail*, thèse de doctorat, Université de Lille 2, 2017.

[233] C. trav., art. L. 232-2.

[234] La question de l'ivresse n'est pas nouvelle. Déjà au XIXème siècle des lois avaient été promulguées pour lutter contre ce fait. Tel était le cas, par exemple, de la loi du 23 janvier 1873 tendant à réprimer l'ivresse publique et à combattre les progrès de l'alcoolisme. *Cf.* sur cette dernière : E. Burgaud, « La loi du 23 janvier 1873. À la poursuite d'une répression directe efficace de l'ivresse publique manifeste », Revue générale de droit médical 2014, n° 52, p. 17.

respecter la liberté des individus, le comportement que le législateur a interdit est celui qui est le plus dangereux pour le salarié et ses collègues : l'ivresse. Il semble que cette dernière soit la conséquence d'une trop grande consommation d'alcool et entraîne une perte de coordination, de perception dans l'espace, une incohérence dans les propos, etc. Ainsi, la consommation étant autorisée dans notre État, ce dernier ayant fait le choix de ne pas complètement la prohiber mais simplement de la limiter : l'acte est possible mais modérément, sans excès. Pour autant, il est tout de même nécessaire de déterminer où doit être placée la limite : quand entre-t-on en état d'ivresse ? Il en ressort que chaque organisme est différent à ce point de vue. Dès lors, l'appréciation de l'ivresse ne peut se faire que subjectivement, au cas par cas.

Quoi qu'il en soit, la consommation n'est pas totalement interdite, elle est même parfois possible dans l'entreprise à condition que celle-ci porte sur des boissons précises. Ainsi, *« aucune boisson alcoolisée autre que le vin, la bière, le cidre et le poiré n'est autorisée sur le lieu de travail »*[235]. Par ailleurs, si cette consommation est susceptible de causer un trouble dans l'entreprise ou à la santé de ses salariés, l'employeur peut la limiter ou l'interdire[236]. À défaut, le salarié commet une faute et pour apporter la preuve d'une telle consommation, l'employeur sera limité quant aux investigations corporelles. Si le principe d'individualisation est un des principes cardinaux de la procédure pénale, il est aussi important en la matière. L'employeur ne peut effectuer de tests de grande ampleur et décider de contrôler, ponctuellement ou continuellement, l'ensemble de ses salariés. Ces tests doivent être ciblés à certains d'entre eux, notamment ceux qui exercent des postes à risques[237]. Par ailleurs, avant toute possibilité de

---

[235] C. trav., art. R. 4228-20. Sur cette question, *cf.* également F. Mananga, « Social - Santé au travail - Alcool et emploi : un subtil dosage », Juris associations 2013, n° 478, p. 43.

[236] L'art. R. 4228-20, al. 2, prévoyant que : *« ces mesures, qui peuvent notamment prendre la forme d'une limitation voire d'une interdiction de cette consommation, doivent être proportionnées au but recherché ».* Sur cette question, *cf.* également P. Fadeuilhe, « Social - Exécution du travail - La force obligatoire du règlement intérieur », Juris associations 2013, n° 474, p. 40 : *« pour le Conseil d'État, l'employeur n'a pas le pouvoir d'interdire totalement la consommation d'alcool dans l'entreprise. Il en résulte que la clause, que l'on retrouve dans bon nombre de règlements intérieurs sous cette forme ou sous une rédaction semblable, selon laquelle « la consommation de boissons alcoolisées est interdite dans l'entreprise, y compris dans les cafétérias, au moment des repas et pendant toute autre manifestation organisée en dehors des repas » va au-delà des exigences légales ».*

[237] *« L'employeur ne dispose pas de moyens coercitifs dévolus à la police judiciaire, ne pouvant ainsi arrêter, perquisitionner ou encore imposer un contrôle d'alcoolémie. Néanmoins, certaines de ces prérogatives lui sont reconnues, de manière limitée. Ainsi, s'il peut procéder à des tests de dépistage de l'état d'ébriété du salarié, un tel dispositif de contrôle ne peut s'imposer à tous les salariés de l'entreprise, sans distinction de la nature de leurs tâches » :* T. Morgenroth, *La vie privée en droit du travail*, thèse de doctorat, Université de Lille II, 2016.

réalisation, l'employeur doit prévoir ceux-ci dans le règlement intérieur de l'entreprise[238]. Ainsi, la Cour de cassation a pu décider que *« les dispositions d'un règlement intérieur permettant d'établir sur le lieu de travail l'état d'ébriété d'un salarié en recourant à un contrôle de son alcoolémie sont licites dès lors, d'une part, que les modalités de ce contrôle en permettent la contestation, d'autre part, qu'eu égard à la nature du travail confié à ce salarié, un tel état d'ébriété est de nature à exposer les personnes ou les biens à un danger, de sorte qu'il peut constituer une faute grave »*[239]. Dès lors, ne seront licites que les tests réalisés sur une personne qui encourt une faute grave pour son état d'ébriété à cause du risque que son poste peut causer aux individus[240]. Dans ce sens, lorsque ces conditions sont réunies, peu importe que le test soit réalisé au sein même de l'entreprise[241]. De plus, si l'intégralité des salariés ne peut être testée, il est également nécessaire qu'un salarié contrôlé, en raison du risque que représente son poste, puisse bénéficier d'une contre-expertise éventuelle. L'impossibilité de réaliser des

---

[238] C'est au sein de ce document que l'employeur peut annoncer les différents tests d'alcoolémie ainsi que les conditions de réalisation de ceux-ci. *Cf.* C. trav., art. L. 1321-1 : *« Le règlement intérieur est un document écrit par lequel l'employeur fixe exclusivement :*
1° Les mesures d'application de la réglementation en matière de santé et de sécurité dans l'entreprise ou l'établissement, notamment les instructions prévues à l'article L. 4122-1 ;
2° Les conditions dans lesquelles les salariés peuvent être appelés à participer, à la demande de l'employeur, au rétablissement de conditions de travail protectrices de la santé et de la sécurité des salariés, dès lors qu'elles apparaîtraient compromises ;
3° Les règles générales et permanentes relatives à la discipline, notamment la nature et l'échelle des sanctions que peut prendre l'employeur ».
Par ailleurs, l'alcootest doit être réalisé conformément à ce règlement. Cass. soc., 2 juillet 2014, n° 13-13757. *Cf.* J. Colonna et V. Renaux-Personnic, « Contrôle d'alcoolémie en entreprise : l'employeur doit respecter les modalités prévues par le règlement intérieur », Gazette du palais 2014, n° 308, p. 25.

[239] Cass. soc., 22 mai 2002, n° 99-45878. *Cf.* F. Duquesne, « Règlement intérieur. Éthylomètre. Contrôle d'alcoolémie. Modalités permettant la contestation (oui). État d'ébriété. Exposition des personnes et des biens à un danger (oui). Faute grave (oui) », Droit social 2002, p.781. Ou bien encore Cass. soc., 24 février 2004, n° 01-47000.

[240] Par ailleurs, le règlement doit être précis sur les différents postes concernés. Dans ce sens, voir CAA Nancy, 6 mars 2018, n° 16NC01005. Sur cet arrêt : M. Caron, « Interdiction de consommation d'alcool inscrite dans le règlement intérieur », Bulletin Joly Travail 2018, n° 04, p. 242.

[241] Cass. soc., 31 mars 2015, n° 13-25436 : *« ne constitue pas une atteinte à une liberté fondamentale, le recours à un contrôle d'alcoolémie permettant de constater l'état d'ébriété d'un salarié au travail, dès lors qu'eu égard à la nature du travail confié à ce salarié, un tel état d'ébriété est de nature à exposer les personnes ou les biens à un danger, et que les modalités de ce contrôle, prévues au règlement intérieur, en permettent la contestation, peu important qu'il s'effectue, pour des raisons techniques, hors de l'entreprise ».* Sur cet arrêt, voir notamment J. Mouly, « À propos du contrôle d'alcoolémie : articulation d'un règlement intérieur et d'une charte d'entreprise », Droit social 2015, p. 469 ou bien encore J. Icard, « Validité du contrôle d'alcoolémie en dehors de l'entreprise », Les Cahiers Sociaux 2015, n° 275, p. 322.

tests de masse permet de protéger une grande partie des salariés puisque ceux qui ne seront pas concernés par ces conditions pourront refuser de s'y soumettre et préserver leur intégrité physique.

L'éventuel refus du salarié de se soumettre au test est-il pris en compte ? L'employeur dispose d'un pouvoir disciplinaire dans la relation contractuelle qui le lie au salarié[242]. Pour autant, celui-ci ne peut pas outrepasser ses prérogatives et comme toute personne travaillant pour lui, il *« ne peut apporter aux droits des personnes et aux libertés individuelles et collectives de restrictions qui ne seraient pas justifiées par la nature de la tâche à accomplir ni proportionnées au but recherché »*[243]. Ainsi, si le salarié refuse un tel test, l'employeur ne pourra le contraindre physiquement, ce qui constituerait une infraction pénale[244]. Le salarié peut préserver son intégrité corporelle[245] mais si les conditions requises sont réunies, alors celui-ci ne respecte pas le règlement intérieur de l'entreprise, il commet une faute et est passible de sanctions disciplinaires[246].

Par ailleurs, l'alcootest n'est pas le seul moyen de preuve de la démonstration de la présence d'alcool dans l'organisme du salarié. L'employeur peut prendre en compte un faisceau d'indices issus de la vision du corps de l'individu : démarche douteuse, gestuelle inhabituelle, agressivité, haleine, odeur… mais également des témoignages[247] d'autres

---

[242] Ce pouvoir disciplinaire recoupe de multiples hypothèses. Ainsi par exemple, voir : V. Orif, « Le pouvoir disciplinaire de l'employeur face aux exigences du procès équitable », Revue de droit du travail 2014, p. 58 ou bien encore trois articles de N. Bourzat ayant pour titre « P... comme - Pouvoir disciplinaire de l'employeur », parus dans la revue Jurisport - Jurisport 2015, n° 158, p. 48 ; Jurisport 2015, n° 159, p. 48 et Jurisport 2016, n° 160, p. 48.

[243] C. trav., art. L. 1121-1.

[244] Voir *supra* n° 51.

[245] Sur l'aspect historique de la protection du corps, *cf.* T. Lahalle, « Le corps humain en droit du travail », Petites affiches 2018, n° 188, p. 7.

[246] En la matière, le principe de proportionnalité doit également être pris en compte. Pour des exemples jurisprudentielles, *cf.* par exemple, Cass. soc., 16 décembre 2009, n° 08-44984 ; Cass. soc., 8 juin 2011, n° 10-30162 à 10-30171. *Cf.* C. Berlaud, « Jurisprudence – Travail », Gazette du Palais 2011, n° 181, p. 27 ou encore Cass. soc., 15 décembre 2011, n° 10-22712. Voir également CEDH, 7 novembre 2002, Madsen c. Danemark, requête n° 58341/00 et CEDH, 9 mars 2004, Wretlund c. Suède, requête n° 46210/99 ; *Cf.* J. Mouly et J.-P. Marguénaud, « L'alcool et la drogue dans les éprouvettes de la CEDH : vie privée du salarié et principe de proportionnalité », Recueil Dalloz 2005, p. 36.

[247] Plus largement, sur la question des témoignages et du droit pénal, *cf.* plusieurs thèses sur le sujet : M. Dibert-Dollet, *Témoignage et renseignements en matière pénale*, thèse de doctorat, Université de Bordeaux 1, 1992 ; C. Macone, *Nouveaux regards sur le témoignage en procédures civile et pénale*, thèse de doctorat, Université d'Aix-Marseille 3, 2007 ou bien encore L. Boussinot, *Le témoin et la justice répressive*, thèse de doctorat, Université de Nice, 2012. Voir aussi C. Trassard, *Le corps absent du procès pénal : l'éclatement spatio-temporel de la parole et de l'image dans le procès pénal du XXIème siècle*, thèse de doctorat, Université de Paris 10, 2011.

Pour une analyse comparée, *cf.* B. F. Aubé, *Les déclarations de la personne en procédure pénale : étude comparée des droits français et canadien*, thèse de doctorat, Université de

salariés. Le refus de se soumettre à un tel test additionné à ces différents éléments peut suffire à démontrer l'inaptitude du salarié à exercer son poste.

72. S'agissant des produits stupéfiants ? Le Code du travail ne prévoit aucun article relatif à l'interdiction de l'usage de drogues au travail comme il peut le faire pour la consommation d'alcool. Pour autant, cette absence se comprend aisément puisque le Code pénal[248] et le Code de la santé publique prohibent tout usage ou trafic de stupéfiants, quel qu'il soit. Ainsi, l'alinéa 1er de l'article L. 3421-1 du Code de la santé publique met en évidence le délit d'usage de stupéfiant, à quelque endroit que ce soit, aussi bien dans un contexte de consommation privée que publique : *« l'usage illicite de l'une des substances ou plantes classées comme stupéfiants est puni d'un an d'emprisonnement et de 3750 euros d'amende »*. Dès lors, l'usage de drogues au travail est réprimé tout autant que dans un autre endroit[249], l'employeur peut ainsi être en mesure de rechercher si son salarié est sous l'influence de telles substances.
De la même manière que pour les tests de contrôle d'alcoolémie, les tests de détection de drogues sont soumis à conditions.
La première d'entre elles est la nécessaire prévision de ces éléments, comme pour l'alcool, dans le règlement intérieur. Cet outil indispensable pour les entreprises de plus de 20 salariés[250] doit définir les modalités de contrôle et les conditions de réalisation du test. Ainsi, le salarié est informé qu'il peut faire l'objet d'une telle mesure. Là encore, tous les salariés ne sont pas concernés, seulement ceux qui exercent une activité à risques pour eux-mêmes ou pour les tiers, des *« postes ou fonction de sûreté et de sécurité »*[251], afin de préserver un équilibre entre sécurité et liberté[252]. En cas

---

Poitiers, 1993.
248 C. pén., art. 222-34 et s.
249 Par ailleurs, le 3ème alinéa de l'article L. 3421-1 du CSP prévoit des circonstances aggravantes pour des usages de stupéfiants touchant certaines professions : *« si l'infraction est commise dans l'exercice ou à l'occasion de l'exercice de ses fonctions par une personne dépositaire de l'autorité publique ou chargée d'une mission de service public, ou par le personnel d'une entreprise de transport terrestre, maritime ou aérien, de marchandises ou de voyageurs exerçant des fonctions mettant en cause la sécurité du transport dont la liste est fixée par décret en Conseil d'Etat, les peines sont portées à cinq ans d'emprisonnement et à 75 000 euros d'amende. Pour l'application du présent alinéa, sont assimilés au personnel d'une entreprise de transport les travailleurs mis à la disposition de l'entreprise de transport par une entreprise extérieure »*.
250 A défaut, il doit s'agir d'une note de service.
251 Comité consultatif national d'éthique pour les sciences de la vie et de la santé, « Usage de l'alcool, des drogues et toxicomanie en milieu de travail. Enjeux éthiques liés à leurs risques et à leur détection », avis n° 114, 2011.
252 G. Nicolas, « Les tests de dépistage : questions médicale, éthique et juridique », Gazette du palais 2015, n° 13, p. 10.

de résultat positif, le salarié doit pouvoir bénéficier d'une contre-expertise prise en charge par l'employeur.
Autant que pour l'alcootest, le test salivaire n'est pas pratiqué par un médecin mais par l'employeur ou toute personne qu'il aura désigné, de préférence en présence d'un témoin, celui-ci ne revêtant pas *« le caractère d'un examen de biologie médicale au sens des dispositions de l'article L. 6211-1 du code de la santé publique et n'est donc pas au nombre des actes qui, en vertu des dispositions de son article L. 6211-7, doivent être réalisés par un biologiste médical ou sous sa responsabilité »*[253].
La prudence[254] qui doit exister entre la preuve de la consommation et la sanction doit être encore plus forte qu'en matière d'alcoolémie. Dans la première hypothèse, les tests permettent de démonter la présence d'alcool dans l'organisme de l'individu avec une certaine fidélité. Concernant les tests salivaires, la fiabilité est souvent remise en question[255]. Ce type de test ne permet que de relever l'existence d'une consommation récente de stupéfiant et ne permet pas de prouver que le salarié est sous l'influence actuelle de ces produits, et donc s'il est apte ou non à exercer son poste. Ainsi, ces tests *« présentent des marges d'erreur et peuvent produire des « faux positifs » (des « faux négatifs » également, mais cela n'est pas de nature à préjudicier aux salariés). Or les « faux positifs » peuvent notamment révéler la prise, légale, de médicaments, ou révéler une consommation qui peut remonter à 24 ou 48 heures avant le test, compte tenu de la rémanence de certaines substances dans l'organisme. En outre la notice du test en question indique elle-même, par précaution, que le test ne fournit qu'un résultat analytique qui doit être confirmé par une seconde méthode analytique. Est également critiquée l'absence de seuil légal au-delà duquel il est possible d'affirmer qu'une personne ne peut tenir un poste sans danger (contrairement au dépistage en matière d'alcool) »*[256].
Dans ce domaine également, l'observation visuelle du corps peut permettre à l'employeur d'utiliser un faisceau d'indices sans avoir besoin de recours constant à ces tests. Dans tous les cas, le doute doit profiter au salarié[257].

---

[253] CE, 5 décembre 2016, requête n° 394178. *Cf.* « Un employeur peut réaliser des tests salivaires », Recueil Lebon 2016 ou bien encore J. Mouly, « Le dépistage des produits stupéfiants par l'employeur : le triomphe de la tentation sécuritaire ? », Droit social 2017, p. 244 mais également J. Colonna et V. Renaux-Personnic, « Test salivaire en entreprise : le recours à un professionnel de santé n'est pas requis », Gazette du Palais 2017, n° 10, p.52.
[254] Sur cette question, voir : P. Auvergnon, « Drogues illicites et travail salarié : agir, sans surréagir », Droit social 2015, p. 449.
[255] *Cf.* L. Gamet, « Le test salivaire », Droit social 2013, p. 51 ou bien encore S. Deliancourt, « La question des tests salivaires imposés par l'employeur », RFDA 2016, p. 167 : *« d'une manière générale, les tests sont réputés et considérés comme fiables. Mais aucun ne l'est à 100 %. Ce qui compte est la marge d'erreur ».*
[256] Conclusions du rapporteur public de la décision du CE du 5 décembre 2016, précit.
[257] Principe mis en avant dans le C. trav., art. L. 1235-1 *in fine* concernant les ruptures de

Pour autant, concernant des postes hypersensibles, un éventuel licenciement peut se justifier, surtout quand le salarié reconnaît la prise de stupéfiant ou est pris sur le fait. Dès lors, la Cour de cassation décide que de telles consommations sont constitutives d'une faute grave lorsqu'il est question de fumer un « joint » dans la salle de pause de l'entreprise. Dans ces circonstances, la Cour a cassé l'arrêt d'appel qui considérait qu'un licenciement pour ce fait, isolé, paraissait disproportionné[258].

De même, dans une autre affaire concernant un steward qui avait consommé des stupéfiants lors de son escale, la Cour a considérait que *« le salarié, qui appartenait au "personnel critique pour la sécurité", avait consommé des drogues dures pendant des escales entre deux vols et retenu que se trouvant sous l'influence de produits stupéfiants pendant l'exercice de ses fonctions, il n'avait pas respecté les obligations prévues par son contrat de travail et avait ainsi fait courir un risque aux passagers, la cour d'appel a pu en déduire qu'il avait commis une faute grave justifiant la rupture immédiate du contrat de travail »*[259].

S'agissant d'un éventuel refus du salarié de se soumettre à ce test, réalisé par un particulier non professionnel de santé – l'employeur –, il sera caractéristique des mêmes fautes que le refus d'un test d'alcoolémie, dès lors que les conditions de validité sont réunies.

Par ailleurs, celui-ci bénéficie toujours de la protection de son intégrité physique, l'employeur ne pouvant pas le forcer à une prise de sang pour détecter la présence de drogues dans son organisme. La volonté du salarié, si elle est soumise au respect du règlement intérieur qu'il accepte dès lors qu'il décide de contracter avec l'entreprise, lui permet tout de même de protéger son corps d'atteintes injustifiées de son chef d'entreprise. Néanmoins, la menace d'un licenciement ou d'une sanction disciplinaire en cas de refus met déjà en exergue une limite à la prise en compte de la volonté de la personne.

Ce type de test, utilisé par des particuliers, peut permettre d'apporter une preuve dont la fiabilité pourrait être contestée lors d'un procès prud'homal.

Ainsi, par principe, la volonté de la personne est respectée dans le cadre professionnel.

CDI : *« si un doute subsiste, il profite au salarié »*.

[258] Cass. soc., 1er juillet 2008, n° 07-40053 et 07-40054. *Cf.* F.-J. Pansier, « Jurisprudence - Droit social », Les Cahiers Sociaux 2008, n° 205, p. 394.

[259] Cass. soc., 27 mars 2012, n° 10-19915. *Cf.* A. Belot, « Vie privée du salarié amateur de stupéfiant ou le steward peut être un adepte des lignes », Les Cahiers Sociaux 2012, n° 241, p. 165 ; L. Bineau, « Coke en soute », Petites affiches 2012, n° 181, p. 12 et J. Mouly, « Contrat de travail. Licenciement. Vie personnelle. Usage de drogue. Escale. Commercial naviguant appartenant au « personnel critique pour la sécurité ». Faute grave », Droit social 2012, p. 525.

73. Force de l'ordre et employeur. Il existe une double vérification et de réelles analyses biologiques du prélèvement réalisé par les forces de l'ordre, permettant une fiabilité plus importante de la preuve. *A contrario*, la possibilité qui est donnée aux employeurs, depuis l'arrêt de 2016 du Conseil d'État[260], ne considérant pas les tests salivaires comme des examens de biologie médicale, de prendre des sanctions disciplinaires sur la base de ces tests, sans analyse médicale, est illogique. D'autant que, même si la consommation de drogues est en soit une infraction, la fiabilité des tests réalisés par les employeurs peut laisser à désirer, ne démontrant pas l'influence de drogue mais la simple consommation non datée. Dès lors, qu'un simple particulier puisse procéder à d'éventuelles sanctions disciplinaires, pour certains postes hypersensibles, et que les forces de l'ordre soient contraintes de procéder à un second prélèvement envoyé pour analyses biologiques à des laboratoires est assez critiquable. Si d'un point de vue pénal, l'apport de la preuve doit être fiable et certain, le recours à une analyse biologique est totalement compréhensible, garant de la protection de la personne ; d'un point de vue de droit privé, l'absence de cette analyse biologique n'est pas justifiable. S'il est vrai que la prudence est de mise face aux résultats des tests de dépistage et que l'employeur ne prononce pas une peine pénale mais une simple sanction disciplinaire, la personne soumise à ces éléments est contrainte de subir dans les deux situations. Le respect de la vie privée et familiale devrait permettre une analyse biologique obligatoire du prélèvement de la personne privée.
Dans d'autres domaines, des contrôles peuvent également avoir lieu, dont le consentement peut aussi être altéré (§II).

§II - Les contrôles hors cadre routier

74. Diverses situations, une même finalité. Si les contrôles routiers sont les plus courants pour la pratique des dépistages d'alcool et de stupéfiants, d'autres situations variées permettent également de procéder à des investigations. Ainsi, lorsque la personne est ivre dans les lieux publics, dans le domaine du sport ou bien dans le cadre des trafics de stupéfiants, des dépistages et vérifications peuvent avoir lieu. Dans tous ces cas, l'objectif principal reste l'apport d'une preuve par le corps de la consommation d'alcool ou de drogues.

---

[260] CE, 5 décembre 2016, précit.

75. L'ivresse publique. La situation de l'individu ivre dans les lieux publics est expressément prévue par le Code de la santé publique. Ainsi, l'article L. 3341-1 dispose que la personne découverte ivre est conduite *« à ses frais dans le local de police ou de gendarmerie le plus voisin ou dans une chambre de sûreté, pour y être retenue jusqu'à ce qu'elle ait recouvré la raison »*. Cette mesure, avant d'être répressive, est protectrice pour cette dernière, dont l'alcool inhibe la raison, ainsi que pour les tiers qui pourraient subir le comportement éventuellement dangereux de celle-ci[261]. Ne constituant pas une garde à vue[262], la personne doit être placée par l'OPJ *« sous la responsabilité d'une personne qui se porte garante d'elle »*, *« immédiatement après qu'elle a recouvré la raison »*. Il est ainsi interdit de priver l'individu de liberté plus que nécessaire, si celui-ci retrouve ses esprits, la mesure de police doit cesser. *A contrario*, l'officier de police judiciaire peut vouloir placer la personne en garde à vue après la mesure : dans ce cas, le Conseil constitutionnel a décidé en 2012 que la durée de la mesure doit être prise en compte dans la durée totale de la garde à vue[263]. Dans cette situation, aucun texte légal spécifique n'existe quant à la possibilité pour un OPJ de soumettre l'individu à un contrôle du taux d'alcoolémie, celui-ci n'étant utile que pour les infractions routières. Concernant l'ivresse dans les lieux publics, l'article R. 3353-1 du Code de la santé publique réprime *« le fait de se trouver en état d'ivresse manifeste dans les lieux mentionnés à l'article L. 3341-1 »*, d'une amende prévue pour les contraventions de la 2ème classe. L'état manifeste[264], c'est-à-dire le fait que l'ivresse s'impose avec évidence, se caractérise par le visuel du corps, par un comportement anormal, un manque de réflexe, l'impossibilité ou la difficulté à tenir debout, les troubles de l'expression verbale, etc[265]. Ainsi, lorsque la

---

[261] Dans ce sens, la jurisprudence judiciaire a déjà énoncé que ce placement est *« ordonné tant pour la protection de la personne concernée que pour la préservation de l'ordre public »*. Cass. crim., 8 janvier 2013, n° 12-80465.

[262] *Cf.* Cass. crim., 9 septembre 1998, n° 98-80662.

[263] Cons. const., 8 juin 2012, QPC n° 2012-253, considérant 9 : *« considérant, toutefois, que lorsque la personne est placée en garde à vue après avoir fait l'objet d'une mesure de privation de liberté en application du premier alinéa de l'article L. 3341-1 du code de la santé publique, la protection constitutionnelle de la liberté individuelle par l'autorité judiciaire exige que la durée du placement en chambre de sûreté, qui doit être consignée dans tous les cas par les agents de la police ou de la gendarmerie nationales, soit prise en compte dans la durée de la garde à vue »*. Cf : X. Bioy, « Boire ou choisir sa conduite », Constitutions 2012, p. 479 ou encore S. Detraz, « Constitutionnalité de la mesure et du régime du placement en cellule de dégrisement », Gazette du Palais 2012, n° 187, p. 11.

[264] Cass. crim., 24 avril 1990, n° 89-81515 : *« l'ivresse manifeste est un fait matériel qui peut être constaté à l'aide du témoignage des sens sans qu'il soit nécessaire que le rapport qui l'atteste, relate à l'appui des signes particuliers »*.

[265] *Cf.* par exemple Cass. crim., 20 septembre 2006, n° 05-87613 : *« il résulte des pièces du dossier et des débats que l'auteur assermenté du procès-verbal de police relève que le contrevenant présentait tous les signes caractéristiques de l'ivresse publique et manifeste, à*

personne est manifestement ivre, l'officier n'a nullement besoin de la soumettre à un contrôle d'alcoolémie, son simple état visuel justifiera la constitution de l'infraction. Notons par ailleurs que l'article L. 3341-1 traite de la possibilité de placement en chambre de rétention pour la personne trouvée en état d'ivresse à en perdre son discernement. L'article ne précise pas qu'il est nécessaire qu'elle soit en état d'ivresse manifeste. Ce qui signifie, au regard du principe d'interprétation stricte du droit pénal, qu'une personne qui laisse supposer qu'elle est ivre notamment parce qu'elle a perdu la raison, mais dont les signes ne sont pas suffisants pour qu'elle le soit manifestement, peut être conduite en chambre de rétention sans être assujettie à une contravention. Toutefois la jurisprudence semble assimiler les deux articles, prévoyant notamment que pour l'application de l'article L.3341-1, l'individu doit se trouver *« en état d'ivresse publique et manifeste »* [266]. Tout est affaire d'interprétation subjective de l'état de la personne par les officiers de police judiciaire, permettant de mettre en avant le pouvoir important de contrainte dont ils disposent, la mesure ne prévoyant nullement la saisine d'un juge.
Par contre, dans la situation où la personne est ivre et commet un délit ou un crime avant d'être appréhendée par les officiers[267], son comportement tombe sous le coup de l'article L. 3354-1 du Code de la santé publique permettant de contrôler, par un moyen plus fiable que le simple visuel du corps, le taux d'alcoolémie. Dans cette situation, le refus sera sanctionné.
Ainsi, une graduation semble exister dans la prise en compte de la preuve par le corps pour l'alcoolémie. Le simple visuel et l'appréciation subjective peuvent suffire pour une contravention, mais lorsqu'il s'agit d'une infraction plus grave, les preuves scientifiques viennent remplacer l'appréciation des officiers et apporter plus de fiabilité.

76. L'usage de stupéfiants. Des contrôles corporels peuvent avoir lieu pour rechercher la preuve de sa commission dans des cadres bien spécifiques. Il est ainsi prévu, dans le Code de la santé publique, la situation pour laquelle les forces de l'ordre peuvent être amenées à enquêter dans des lieux publics, notamment dans les lieux de transport de voyageurs, pour rechercher *« si*

---

savoir l'haleine sentant fortement l'alcool, les propos incohérents ainsi qu'une démarche titubante ».

[266] *Cf.* Cass. crim., 11 janvier 2001, n° 00-82024.

[267] En revanche, si l'individu commet une infraction après son placement en cellule de dégrisement, rien n'empêche les OPJ de le placer en garde-à-vue. Sur la question de la garde-à-vue et de l'ivresse, les juridictions judiciaires ont été amenée à se prononcer sur le moment de la notification des droits de la personne. *Cf.* par exemple, Cass. crim., 21 juin 2017, n° 16-84158 qui décide *« que l'état d'ivresse du prévenu, [...] a justifié le report de la notification de ses droits lors de sa garde à vue, faute de lucidité suffisante pour en comprendre le sens et la portée ».*

l'infraction est commise dans l'exercice ou à l'occasion de l'exercice de ses fonctions par une personne dépositaire de l'autorité publique ou chargée d'une mission de service public, ou par le personnel d'une entreprise de transport terrestre, maritime ou aérien, de marchandises ou de voyageurs exerçant des fonctions mettant en cause la sécurité du transport »[268]. L'article L. 3421-5 du Code de la santé publique expose alors que les officiers peuvent procéder à des contrôles d'identité des personnes présentes mais également aux épreuves de dépistage et de vérification, en cas de dépistage positif ou de refus. Les opérations de contrôle se déroulent ainsi de la même manière que celles prévues pour les opérations routières. Le refus de subir les vérifications est prévu par l'article L. 3421-6 du même code qui prévoit une peine de deux ans d'emprisonnement, comme pour les contrôles routiers de stupéfiants. *A contrario*, alors que l'amende délictuelle encourue était assez faible dans les autres hypothèses de refus, cette disposition prévoit une amende maximale de 30 000 euros. Cette amende peut être compréhensible au vu des finalités de recherche de lutte contre la toxicomanie et indirectement contre les trafics de stupéfiants, mais paraît disproportionnée vis-à-vis des autres infractions de refus matériellement identiques.

Le simple consommateur de drogues, plusieurs heures avant de se rendre sur son lieu de travail, et n'ayant sur lui aucune trace de la consommation, peut ainsi avoir un intérêt à refuser le contrôle puisque s'il rentre dans la catégorie de l'article L. 3421-1 du Code de la santé publique, il encourra cinq ans d'emprisonnement et 75 000 euros d'amende. Le refus de vérification dans le cadre des contrôles routiers entraîne les mêmes peines qu'une vérification effectuée et positive, ce qui rend les refus de contrôle inutiles – créant également un doute dans l'esprit des forces de l'ordre – et force le consentement du conducteur à la soumission. Dans cette hypothèse, le fait d'encourir une peine plus faible pour le refus que l'infraction d'origine, pour les consommateurs avisés, va permettre de choisir à quelle infraction la personne désire être soumise, en décidant de refuser les vérifications. Le consentement n'est pas libre pour celui qui n'a rien consommé et qui a tout intérêt à subir les tests[269]. Mais la volonté reste libre pour le consommateur qui aura alors un choix, bien que limité dans tous les cas par la commission d'une infraction, affaiblissant ainsi toute l'utilité des contrôles de stupéfiants[270]. Calquer la peine encourue pour l'infraction de refus sur

---

268 CSP, art. L. 3421-1, précit.

269 Pour autant, il s'agit d'un cadre bien particulier qui s'applique uniquement contre les personnes prévues à l'article L. 3421-1, *« s'il existe à leur encontre une ou plusieurs raisons plausibles de soupçonner qu'elles ont fait usage de stupéfiants »*, ce qui peut concerner des personnes n'ayant rien consommé, mais dont l'inverse est plus vraisemblable. *Cf.* art. L. 3421-5.

270 A l'inverse, des fouilles pourraient avoir lieu et mettre en évidence la détention de

l'infraction principale redonnerait de l'efficacité aux contrôles[271] mais réduirait encore la volonté à un idéal bien lointain.

77. Dopage et sport. Le sportif peut également être tenté par la prise de substances dopantes permettant d'améliorer ses capacités physiques. Ainsi, le Code du sport prévoit des opérations de contrôle permettant de lutter contre ces pratiques sportives interdites. L'article L. 232-12 dispose ainsi que *« les personnes [...] ayant la qualité de médecin peuvent procéder à des examens médicaux cliniques et à des prélèvements biologiques destinés à mettre en évidence l'utilisation de procédés prohibés ou à déceler la présence dans l'organisme de substances interdites »*. De multiples opérations de contrôles sont ainsi prévues par l'article L. 232-13 du Code du sport, que ce soit dans le cadre d'un programme annuel de contrôle ou bien à la demande de plusieurs autorités : l'agence mondiale antidopage, une organisation nationale antidopage ou bien encore un organisme sportif international. Par ailleurs, l'article L.232-14-1 précise que *« les opérations de contrôles sont effectuées dans des conditions garantissant une stricte proportionnalité entre les atteintes portées aux droits du sportif et les enjeux de la lutte contre le dopage en termes de loyauté des compétitions et de protection de sa santé. Elles se limitent au prélèvement d'échantillons »*. *A priori*, la volonté semble être au cœur des opérations de contrôle corporel, l'article L. 232-14-2 du même code prévoyant que *« les opérations [...] ne peuvent être réalisées que si le sportif a fait part de son consentement au directeur du département des contrôles de l'Agence française de lutte contre le dopage ou à l'organisme sportif international compétent »*. Ce consentement doit être exprimé par écrit dans le mois qui suit la demande.
Si jamais le sportif refuse de donner son consentement à l'atteinte au corps, l'article L. 232-14-4 du Code du sport prévoit la saisine d'un juge des libertés et de la détention (JLD), qui va examiner l'affaire et décider de la mise en place ou non des contrôles. De la même manière, il pourra autoriser les contrôles contre un sportif pour qui le consentement n'a pas été demandé lorsqu'il existe *« de soupçons graves et concordants que celui-ci va contrevenir, de manière imminente »* à ces dispositions. Par ailleurs, le magistrat autorise les contrôles pour un cadre précis qui ne peut être contourné, à peine de nullité des opérations. La saisine d'un juge aussi important que le juge des libertés et de la détention est intéressante : elle permet de démontrer que le législateur a considéré que ce domaine sportif

---

stupéfiants, qui se caractérisera cette fois par un délit puni de dix ans d'emprisonnement et de 7 500 000 euros d'amende, *cf.* C. pén., art. 222-37.

[271] *Cf.* en ce sens : G.A. Van Eikema Hommes et P. Tak, « Le test ADN et la procédure pénale en Europe », RSC 1993, p. 679 , *« pour se présenter au prévenu comme une incitation à coopérer au test, la peine imposée pour le refus de consentement devrait être identique à la peine encourue à la suite d'un test positif »*.

devait être contrôlé par l'autorité judiciaire, garante des libertés individuelles. Néanmoins, le refus n'est réprimé que par des sanctions administratives, qui peuvent avoir de grosses conséquences sur la vie du sportif, mais qui n'entraînent pas de peine pénale, conformément aux articles L. 232-14-5 et L. 232-17 de ce Code. Pour autant, les sportifs de haut niveau sont des personnalités médiatiques dont le refus de participer aux contrôles sera constitutif, dans l'esprit du public, d'un aveu de culpabilité, ne laissant d'autre choix que d'accepter la recherche de preuves si la personne n'a rien à se reprocher.

78. Le transport de substances illicites *in corpore*. Les contrôles de stupéfiants passent également par les vérifications douanières. Ces dernières décennies, les passeurs de drogues d'un pays à l'autre ont doublé leurs efforts pour trouver des méthodes de transport les plus discrètes possible. Dès lors, ont été mis en place des « mules », c'est-à-dire des personnes, souvent contraintes[272], qui vont passer la frontière avec les stupéfiants à l'intérieur de leur corps : c'est le corps qui devient passeur de drogue. Dans cette situation, pour démasquer le trafic, il va falloir rechercher les preuves *in corpore*. C'est dans cette optique que l'article 60 bis du Code des douanes a été mis en place par le législateur. Il est ainsi prévu que *« lorsque des indices sérieux laissent présumer qu'une personne transporte des produits stupéfiants dissimulés dans son organisme, les agents des douanes peuvent la soumettre à des examens médicaux de dépistage »*. Comme pour les contrôles sportifs, la volonté reste au cœur de l'acte, les agents des douanes devant obtenir le consentement exprès de la personne. Si celle-ci refuse de subir ces examens médicaux, ces agents devront saisir un magistrat, le *« président du tribunal de grande instance territorialement compétent ou le juge délégué par lui »*, afin d'obtenir une autorisation de procéder auxdits examens[273], ce que peut autoriser le magistrat, désignant lui-même le médecin chargé de la mission. C'est le refus de la personne de subir les examens médicaux prescrit par le juge, donc par l'autorité judiciaire protectrice des personnes, qui sera sanctionné, et non pas le refus de subir les actes demandés par les douaniers. La peine est d'un an d'emprisonnement et de 3750 euros d'amende.

---

[272] Le transport *in corpore* de telle substances est très dangereux, les récipients pouvant se briser et conduire à l'overdose de la personne.

[273] En attendant, les agents doivent informer la personne des raisons de sa rétention douanière. *Cf.* Cass. crim., 30 juin 1999, n° 98-86791 ou encore Cass. crim., 24 mai 2000, n° 99-87839. Sur le premier arrêt voir D. Noëlle Commaret, « Conditions de légalité de la rétention douanière », RSC 1999, p. 843.

79. Un schéma identique : des sanctions à modifier ? Ainsi, toutes les situations énoncées se déroulent selon le même schéma. Un officier ou un agent désire procéder aux opérations de contrôle : soit la personne accepte, soit elle refuse et cela entraîne des conséquences, pénales dans certains cas, administratives dans d'autres, qui peuvent forcer le consentement. Le point très important du dernier élément est la saisine d'un magistrat pour décider des possibilités de contrôle après un refus initial. Dans tous les cas, la volonté est certes limitée mais l'intégrité physique n'est pas directement contrainte, ce qui empêche les actes médicaux et les prélèvements forcés. À l'inverse, alors que tous les contrôles entraînent des atteintes, plus ou moins fortes, à l'intégrité physique, la contrainte indirecte réalisée par le biais d'une infraction est attentatoire à la liberté de consentir. Néanmoins, il semble que ce procédé assure tout de même un juste équilibre entre la préservation du corps qui ne fait pas l'objet d'atteintes sans l'accord de la personne et la nécessité de rechercher des preuves.

Pour autant, ces infractions ne sont réellement utiles pour la justice que si les peines encourues sont identiques à l'infraction pour laquelle le refus de consentir existe. C'est le cas pour les contrôles routiers d'alcoolémie et de stupéfiants, bien qu'une harmonisation soit nécessaire dans ce domaine. Concernant le transport *in corpore*, ce délit est moins dangereux qu'une infraction routière mettant directement en jeu la vie des tiers, pour autant, puisqu'il s'agit d'une volonté étatique de lutter contre les stupéfiants, il n'est pas logique que la peine d'emprisonnement soit plus faible que les autres infractions de refus. Mais il est encore plus illogique que la peine soit plus faible que celle encourue par la personne commettant l'infraction de transport et détention de stupéfiants. *A priori*, si aucun autre moyen de preuve n'existe, la personne aurait tout intérêt, lorsqu'elle est une mule, à refuser les examens. Pour autant, ces situations permettent très souvent l'apport d'autres types de preuves, telles que les effets du temps et la sortie des drogues par voie naturelle. Il apparait ainsi que le consentement donné est toujours contraint. Cette même problématique se retrouve également dans les prélèvements externes et relevés signalétiques (Section II).

Section II - Prélèvements externes et relevés signalétiques

80. Prélèvements/recueils et consentement. De multiples prélèvements ou recueils sur personnes peuvent exister, que ce soit dans le cadre génétique ou bien signalétique. Les premiers sont prévus par un titre spécifique du Code de procédure pénale traitant du Fichier national automatisé des empreintes génétiques (FNAEG), les seconds dans le droit commun des enquêtes. La problématique étant de savoir si le consentement de l'individu est pris en compte ou si, au contraire, il est indifférent. Alors qu'il ressort de l'article 16-11 du Code civil que le consentement est de principe pour les identifications ou pour des prélèvements corporels, le Code pénal apporte une réponse, *a priori*, différente pour la prise en compte de la volonté en droit répressif. En effet, aucun texte particulier ne met en avant la nécessité de considérer le consentement pour les prélèvements externes. Néanmoins, une circulaire ministérielle est venue rappeler la nécessité de prendre en compte la volonté dans ce domaine. Le ministre de la justice déclarant que *« l'accord des personnes faisant l'objet d'un prélèvement ADN est nécessaire »*[274]. La volonté est ainsi sauve, le consentement est à rechercher ! Pour autant, le législateur a tout de même prévu des conséquences pénales si la personne refuse de consentir à ces actes (§I), bien qu'en pratique, ces éléments soient peu fréquents (§II).

§I - Les infractions de refus de prélèvement

81. Un cadre législatif large. Que ce soit pour les empreintes digitales ou pour les empreintes génétiques, le système mis en place couvre un large champ de situations pour lesquelles de multiples personnes peuvent subir les prélèvements (A) dont le refus est sanctionné (B).

A - Les personnes concernées

82. Les finalités des prélèvements. Dans le cadre génétique, les prélèvements qui sont réalisés, sont effectués à des fins probatoires. Deux objectifs existent alors. Tout d'abord, prélever au vu de réalisation d'une identification : comparaison entre le profil génétique qui sera obtenu après analyse et les profils existant dans le FNAEG ou bien avec des traces ADN qui auraient été recueillies durant l'enquête. Ensuite, enregistrer les mentions dans un fichier[275]. Dans les deux situations, il s'agit bien de recueillir ou de prélever un élément corporel pour apporter une preuve, présente ou future. Concernant les relevés signalétiques, empreintes digitales et photographies de la personne, l'objectif est identique : la comparaison de traces corporelles d'une part et l'alimentation des fichiers de police d'autre part.

---

[274] « Refus de prélèvement FNAEG », circulaire CRIM-PJ du 9 juillet 2008, n° 08-28.H5.
[275] Voir *infra* n° 338 et s.

83. De multiples situations prises en compte. Pour le cas des prélèvements aux fins d'identification puis d'alimentation du FNAEG, l'article 706-55 du Code de procédure pénale expose une liste d'infractions très large pour lesquelles l'enregistrement est possible, telles que les infractions de nature sexuelles, les crimes contre l'humanité, mais également de dégradations ou détériorations de biens, etc. Cette liste n'a cessé de croître depuis sa mise en place en 1998[276]. Plus précisément, il existe plusieurs catégories de personnes qui sont soumises à plus ou moins de contraintes en matière de prélèvements dans ce cadre de recherche probatoire corporelle. Sont ainsi à considérer, à la fois les personnes suspectes, soupçonnées ou condamnées mais également les témoins. Ainsi, l'article 706-54 du Code de procédure pénale consacre des régimes juridiques différents pour trois catégories de personnes.

Ce sont tout d'abord les personnes qui sont simplement suspectées, nommées dans le Code « *personne à l'encontre de laquelle il existe une ou plusieurs raisons plausibles de soupçonner qu'elle a commis l'une des infractions mentionnées à l'article 706-55* ». Le profil analysé de ces personnes peut faire l'objet d'une comparaison avec d'autres profils génétiques contenus dans le FNAEG mais il ne peut en aucun cas faire l'objet d'un enregistrement[277]. Par ailleurs, l'implication de la personne dans l'affaire peut être assez faible puisqu'il suffit de l'existence d'une seule raison plausible permettant de la soupçonner pour permettre son prélèvement. C'est dans une optique de protection que le profil ne sera pas enregistré dans le fichier.

L'article traite également des personnes qui sont fortement soupçonnées. Nommées « *personnes à l'encontre desquelles il existe des indices graves ou concordants rendant vraisemblable qu'elles aient commis l'une des infractions mentionnées à l'article 706-55* ». Dans ce cas, le législateur n'exige pas le cumul d'indices à la fois graves et concordants. Dès lors, le prélèvement sera régulier s'il existe plusieurs indices concordants, même légers[278]. En l'absence d'indices graves ou concordants, le refus de se soumettre au prélèvement sera justifié.

---

[276] Le fichier a été créé par la loi n° 98-468 du 17 juin 1998 relative à la prévention et à la répression des infractions sexuelles ainsi qu'à la protection des mineurs, et a été régulièrement modifié. La dernière modification datant d'une loi n° 2016-731 du 3 juin 2016 renforçant la lutte contre le crime organisé, le terrorisme et leur financement, et améliorant l'efficacité et les garanties de la procédure pénale.

[277] C. proc. pén., art. 706-54 al 3 : « *les officiers de police judiciaire peuvent également, d'office ou à la demande du procureur de la République ou du juge d'instruction, faire procéder à un rapprochement de l'empreinte de toute personne à l'encontre de laquelle il existe une ou plusieurs raisons plausibles de soupçonner qu'elle a commis l'une des infractions mentionnées à l'article 706-55 avec les données incluses au fichier, sans toutefois que cette empreinte puisse y être conservée* ».

[278] *Cf.* Circulaire du 9 juillet 2008 concernant les refus de prélèvement, précit.

Enfin, les personnes déclarées coupables des infractions prévues à l'article 706-55 du Code de procédure pénale peuvent être aussi prélevées et être fichées, si leurs condamnations sont définitives.
Le législateur a prévu une quatrième catégorie de personnes, à l'article 55-1 du Code. Il s'agit des témoins, désignés par cet article comme *« toute personne susceptible de fournir des renseignements sur les faits en cause »*, qui peuvent faire l'objet de prélèvements *« nécessaires à la réalisation d'examens techniques et scientifiques de comparaison avec les traces et indices prélevés pour les nécessités de l'enquête »*. Si cette personne accepte le prélèvement, les résultats ne pourront pas être enregistrés au FNAEG, seule la comparaison est possible.
Cet article traite également de *« toute personne à l'encontre de laquelle il existe une ou plusieurs raisons plausibles de soupçonner qu'elle a commis ou tenté de commettre l'infraction »* et notamment des opérations de relevés signalétiques que met en place l'OPJ. L'article traite des situations relatives aux crimes et délits flagrants pour lesquels c'est l'OPJ qui détient le pouvoir de décider des prélèvements. En enquête préliminaire, cette maîtrise revient au procureur de la République[279] qui pourra lui-même faire procéder à ces opérations ou autoriser les officiers à les pratiquer. Enfin, concernant la phase d'instruction, le juge peut demander à un officier de police judiciaire de procéder aux prélèvements externes par commission rogatoire[280].
Ainsi, différentes catégories de personnes sont prévues dans les textes que ce soit pour le fichage ou la comparaison d'éléments issus du corps à des fins probatoires. Dans ces différents cas, ce qui est remarquable, c'est la prise en compte de la volonté et la protection des individus, selon leurs implications dans la procédure répressive, pour la conservation des informations corporelles. Néanmoins, le consentement est parfois forcé, sous la menace d'une sanction pénale (B).

B - Les refus sanctionnés

84. Génétique et peine proportionnelle. De la même manière que pour les contrôles d'alcoolémie ou de stupéfiants, le législateur a érigé les cas de refus de consentir en un délit pénal[281]. Le *quantum* de la peine encourue est fonction de deux éléments : d'une part de l'implication de la personne dans

[279] C. proc. pén., art. 76-2 : *« le procureur de la République ou, sur autorisation de celui-ci, l'officier de police judiciaire peut faire procéder aux opérations de prélèvements externes prévues par l'article 55-1 »*.
[280] C. proc. pén., art. 154-1 : *« pour les nécessités de l'exécution de la commission rogatoire, l'officier de police judiciaire peut faire procéder aux opérations de prélèvements externes prévues par l'article 55-1 »*.
[281] Sur ce sujet, voir par exemple : J.-R. Binet, « Bioéthique », JurisClasseur Civil synthèse 2017.

la procédure (suspect, soupçonné, condamné ou témoin), d'autre part de la nature de l'infraction commise.
Ainsi, pour les personnes qui occupent une place dans la procédure pénale laissant supposer, fortement ou non, qu'elles ont commis une infraction – suspect et soupçonné –, et pour les personnes condamnées à un délit, l'article 706-56, II, du Code de procédure pénale prévoit une peine d'un an d'emprisonnement et 15 000 euros d'amende. Par ailleurs, lorsque ces faits sont commis par une personne condamnée pour crime, la peine est portée à deux ans d'emprisonnement et 30 000 euros d'amende. Dès lors, les peines encourues peuvent s'avérer assez faibles au vu de l'enquête qui est menée pour certaines infractions. Ainsi par exemple, une personne suspectée d'un délit dont la peine est de cinq années d'emprisonnement pourrait avoir un intérêt à refuser d'être prélevée et encourir ce délit puni de seulement un an d'emprisonnement. Pour autant, dans la pratique, le système législatif est fait de telle manière que les personnes n'aient aucun intérêt à refuser.
Concernant les témoins, *a priori*, pour cette catégorie d'individus, le fait de refuser un prélèvement biologique ne pose aucun problème puisque les textes concernant les refus (notamment 706-56) ne les visent pas. Néanmoins le refus peut amener les OPJ à suspecter la personne, surtout dans des procédures de prélèvements de masse[282] : celle qui refuse un tel prélèvement peut attiser la suspicion des policiers et magistrats[283]. Comme tout autre refus de prélèvement, ils ont forcément un impact sur le juge : ils présumeraient une certaine culpabilité de la personne.

85. Empreintes digitales et harmonisation ? L'article 55-1 du Code de procédure pénale permet de procéder aux prélèvements des personnes témoins ou soupçonnées, pour les nécessités de l'enquête[284]. Le second alinéa du texte permet de procéder aux *« opérations de relevés signalétiques et notamment de prise d'empreintes digitales, palmaires ou de photographies nécessaires à l'alimentation et à la consultation des fichiers de police selon les règles propres à chacun de ces fichiers »*. Concernant les empreintes digitales, il s'agit d'un fichier automatisé des empreintes digitales (FAED)[285], dans lequel, les témoins ne peuvent faire l'objet d'un enregistrement, comme pour le FNAEG. Les relevés signalétiques peuvent ainsi être opérés sur les personnes mises en cause qui sont libres de consentir. Pour autant, le dernier alinéa de l'article prévoit également que le

---

[282] Sur cette question, voir *infra* n° 317.
[283] E. Supiot, « Empreintes génétiques et droit pénal – Quelques aspects éthiques et juridiques », RSC 2015, p. 827.
[284] En enquête de flagrance. Concernant l'enquête préliminaire, l'article 76-2 du Code, les mêmes modalités sont prévues. Idem concernant les commissions rogatoires : C. proc. pén., art. 154-1.
[285] Voir *infra* n° 345 et s.

refus est érigé en une infraction punie d'un an d'emprisonnement et de 15 000 euros d'amende. Une certaine cohérence dans les peines se retrouve avec les refus de prélèvements externes génétiques dont la peine encourue est identique (hors cas du condamné à un crime).

Par ailleurs, l'article 78-3 du même Code prévoit une autre hypothèse pour laquelle des personnes doivent donner leurs empreintes digitales : il s'agit du cas des contrôles d'identité. Lorsque la personne refuse de justifier son identité *« ou fournit des éléments d'identité manifestement inexacts »*, des relevés signalétiques peuvent avoir lieu. Le système est plus protecteur pour la personne que l'hypothèse précédente où l'OPJ décide des opérations. Dans le cas présent, les relevés se font sur l'autorisation du procureur de la République ou d'un juge d'instruction. De plus, ces opérations ne peuvent avoir lieu que si elles constituent *« l'unique moyen d'établir l'identité de l'intéressé »,* sur une personne contre laquelle des soupçons se forment, puisqu'elle refuse de donner son identité ou fournit de faux éléments. Dès lors, un réel contrôle peut être effectué puisque l'article prévoit que cette prise d'empreintes doit être spécialement motivée dans le procès-verbal par l'OPJ.

Dans tous les cas, si la personne refuse de subir les opérations, l'article 78-5 du Code de procédure pénale prévoit une peine de trois mois d'emprisonnement ainsi que 3 750 euros d'amende. L'infraction est moins fortement sanctionnée que la précédente, ce qui s'explique par l'absence d'infraction initiale : il s'agit d'un simple contrôle d'identité, sans que la personne ne soit obligatoirement suspectée de la commission d'une infraction.

Une dernière hypothèse de recueil d'empreintes digitales peut être mise en avant, à l'article L. 611-3 du Code de l'entrée et du séjour des étrangers et du droit d'asile. Cet article est partie intégrante d'une volonté de lutte contre l'entrée et le séjour d'étrangers en situation irrégulière. Dès lors, est prévue une possibilité de recueil d'empreintes pour ces individus, *« qui font l'objet d'une mesure d'éloignement du territoire français ou qui, ayant été contrôlés à l'occasion du franchissement de la frontière en provenance d'un pays tiers aux Etats parties à la convention signée à Schengen le 19 juin 1990, ne remplissent pas les conditions d'entrée prévues à l'article 5 du règlement (CE) n° 562/2006 du Parlement européen et du Conseil, du 15 mars 2006, établissant un code communautaire relatif au régime de franchissement des frontières par les personnes (code frontières Schengen) ou à l'article L. 211-1 »,* mais également pour les personnes ressortissantes étrangères qui sollicitent la délivrance d'un titre de séjour. Dans cette situation, le refus de consentir à la prise d'empreintes ou de photographies est sanctionné d'un an d'emprisonnement et de 3 750 euros d'amende.

Ainsi, ces trois textes différents démontrent un certain manque de cohérence dans les peines de refus de consentir. Certes, les finalités ne sont pas identiques : fichage d'une personne d'une part et contrôle d'identité de

l'autre, mais il s'agit bien, dans les différents cas, d'un recueil de même nature, pour une personne qui fait l'objet de soupçons, et qui pourtant est sanctionnée différemment. Une harmonisation serait la bienvenue !
En tout état de cause, des sanctions, bien que différentes, existent par principe, limitant la volonté. Mais qu'en est-il réellement dans le quotidien des tribunaux (§II) ?

§II - La réalité du terrain

86. L'étude réalisée en Meurthe-et-Moselle. En 2014, notre institut de sciences criminelles et de droit médical (ISCRIMED)[286] a répondu à un appel à projet scientifique de la Mission de recherche Droit et justice, libellé « l'utilisation des caractéristiques génétiques dans les procédures judiciaires ». Ce projet s'est clôturé en mars 2017, par la publication du rapport final dans lequel nous avons pu mettre en avant nos principaux résultats du travail de recherche effectué. Celui-ci recoupait des recherches théoriques par l'étude de 2 439 dossiers des différentes juridictions répressives de Meurthe-et-Moselle sur une période de dix années (2003 – 2013), ainsi qu'une recherche de terrain (entretien auprès de professionnels de la procédure pénale du département). Des contacts ont ainsi été pris auprès d'acteurs confrontés au recueil et au prélèvement de l'ADN, tels que des officiers de police judiciaire (Police nationale et Gendarmerie), des procureurs (République et général), des juges, avocats, biologistes, etc. *« Il en ressort que, si l'expertise des empreintes génétiques est dans certains cas déterminante pour le succès d'une procédure pénale, sa qualité de probatio probatissima est nettement exagérée »*[287]. Plus précisément, concernant le corps, nous avons notamment étudié différentes affaires en lien avec le prélèvement et les possibles refus de soumission des individus[288].

87. Variabilité de recueil et coût. Cette question fut mise en avant dans nos différents entretiens menés. Il nous paraissait important de savoir si les officiers de police judiciaire procédaient différemment pour le recueil de

---

[286] Ancienne équipe de recherche au sein de l'IFG (EA 7301).

[287] M. Martinelle, « L'utilisation des caractéristiques génétiques dans les procédures judiciaires », AJ Pénal 2018, p. 69.

[288] Les différents propos concernant les refus de prélèvement ont été notamment mis en avant en 2015, lors de notre communication orale (G. Vibrac) durant un premier colloque de restitution de nos données, reprise ensuite au sien du rapport final. Nous avons, par ailleurs, rédigé une partie de ce rapport. Pour un approfondissement sur l'ensemble de l'étude, *cf.* : B. Py (dir.), « L'utilisation des caractéristiques génétiques dans les procédures judiciaires - Etude de dix années de pratiques en Meurthe-et-Moselle (2003-2013) », précit.

traces ou les prélèvements qui seraient effectués entre d'une part le contentieux criminel et d'autre part le contentieux correctionnel. Cette interrogation renvoie directement à la notion de coût qui peut être prise en compte dans la recherche d'une preuve. *A priori*, les officiers n'utilisent pas les mêmes moyens pour un simple délit que pour un acte criminel. La preuve génétique est utilisée en matière criminelle sans une réelle référence au coût de l'analyse : dans nos divers entretiens, il a été mis en avant le fait que, concernant les affaires criminelles, les autorités de poursuites ne vont pas prendre en compte cette dimension pécuniaire de prime abord. Les enquêteurs recueillent et font procéder aux analyses génétiques afin de trouver l'auteur ou les auteurs des infractions considérées comme les plus graves. C'est ainsi que pour certaines affaires, des prélèvements de masse sont effectués, sans que la notion de coût ne soit directement abordée. À l'inverse, la notion de coût redevient importante pour les infractions délictuelles minimes (pour les plus graves, les enquêteurs mettent en œuvre plus de moyens financiers). Le coût est ainsi à prendre en compte dans la recherche probatoire corporelle, bien que dans l'ensemble des dossiers que nous avons étudiés, peu de références aux moyens financiers soient faites. Pour autant, la preuve corporelle peut avoir un coût assez élevé[289] qui va nécessairement s'impacter sur les budgets de la police, gendarmerie ou bien de la justice (en cas de demande d'un magistrat). Dans ce domaine, *« plus l'expertise est perfectionnée, plus son coût est élevé »*[290].
A contrario, les tarifs des kits de prélèvements FTA ne coûtent que quelques euros, ce qui conforte magistrats et enquêteurs dans leur volonté de prélèvement pour ficher mais également se prémunir d'erreur[291]. L'ADN restant dans l'esprit collectif considéré comme la reine des preuves, un dossier qui comporte des prélèvements venant étayer les autres moyens de preuves est un dossier solide[292].

---

[289] Plusieurs cas ont été retrouvés permettant de démontrer des variations dans les coûts selon le laboratoire d'analyse de l'échantillon prélevé, du temps de réponse (urgence ?) ainsi que la complexité de l'acte. Pour plus de précisions, *cf.* notre rapport de recherche p. 36 et également la grille tarifaire de 2014 des prestations de l'INPS :
www.interieur.gouv.fr/content/download/68789/.../tarification-tva-20-20140101.pdf

[290] M. Marx, *La preuve par le corps humain*, précit.

[291] Bien que leur volonté de prélèvement doit être limitée à ce qu'ils estiment utile en vue d'une exploitation future, notamment à cause des coûts engendrés. *Cf.* circulaire du 29 novembre 2013 relative à la lutte contre les cambriolages et autres vols : *« dans un souci partagé de bonne gestion des finances publiques, au regard du coût financier et de la charge de travail que représente l'analyse des prélèvements réalisés, les services enquêteurs devront être sensibilisés à la nécessité de ne prélever que les traces dont ils estiment qu'elles seront susceptibles d'une exploitation utile »*.

[292] *« L'ADN est ainsi une assurance dans le dossier pénal, malgré les coûts qu'il engendre »* : entretien mené avec Thomas Pison, Procureur de la République, TGI de Nancy.

Dans cette optique, il apparaît que les prélèvements ADN aux seules fins d'alimentation du FNAEG sont courantes. Dès qu'une personne rentre dans une des catégories précédemment énoncées (qui peuvent donner lieu à enregistrement) dans le cadre d'une affaire concernant une infraction faisant partie de la liste établie à l'article 706-55 du Code de procédure pénale, les officiers de police judiciaire procèdent systématiquement à un enregistrement du profil. Les prélèvements sur personne sont ainsi automatiques, pour autant, peu de poursuites pour refus ont été recensées durant cette recherche.

88. Le faible taux de poursuite. Une poursuite systématique des infractions de refus est mise en avant dans la circulaire de 2008, par la ministre de la justice : *« il m'apparaît nécessaire que soient systématiquement poursuivies les personnes qui s'opposent à leur prélèvement aux fins d'identification génétique »*[293]. Pourtant la réalité du terrain est tout autre : il apparaît en effet que peu d'affaires concernant les refus de prélèvement sont jugées par les tribunaux. Plus localement, notre étude n'a permis de mettre en évidence qu'une faible quantité d'affaires concernant ces refus de consentir. Ainsi, seule une dizaine de cas ont été jugés par le tribunal correctionnel de Nancy sur cette période, pour lesquels il apparaît qu'une des raisons du refus est de ne pas vouloir figurer dans un fichier de police[294].
Par ailleurs, le faible taux de poursuite s'explique simplement, par le fait que le système mis en place l'est dans l'objectif d'empêcher les refus. Outre l'infraction autonome encourue, la personne qui ne consent pas à l'acte encourt également un cumul des peines, *« sans possibilité de confusion, avec celles que la personne subissait ou celles prononcées pour l'infraction ayant fait l'objet de la procédure à l'occasion de laquelle les prélèvements devaient être effectués »*[295]. Ce même article prévoit également pour les personnes condamnées le retrait de plein droit de toutes les réductions de peine dont elles ont pu bénéficier ainsi que l'interdiction d'octroi de nouvelle[296].

---

[293] *Cf.* Circulaire du 9 juillet 2008 concernant les refus de prélèvement, précit.
[294] Par ailleurs, le refus peut totalement être justifié en cas de dépassement des délais de prélèvement légaux (*Cf.* C. proc. pén., art. R. 53-21) ou bien si l'infraction visée ne figure pas dans la liste prévue à l'article 706-55 du CPP.
[295] C. proc. pén., art. 706-56 précit.
[296] La Cour d'appel de Pau, le 31 mars 2011 avait refusé de prononcer le retrait des réductions de peine et justifiait ce refus par le biais d'un contrôle de conventionnalité. *Cf.* P. de Combles de Nayves, « Les faiblesses de la QPC et l'inconventionnalité de l'article 706-56, III du code de procédure pénale », AJ Pénal 2011, p. 250. Mais également E. Bonis-Garçon, « Un an de droit de la peine. - (Janvier - Décembre 2012) », droit pénal n°3, mars 2013, chron. n° 3 : *« elle estimait que l'article 706-56, III du Code de procédure pénale, parce qu'il prévoit un retrait de plein droit, est contraire à l'article 6 de la Convention de sauvegarde des droits de l'homme et des libertés fondamentales, plus précisément, au droit à un examen de la cause par le juge qui apprécie l'opportunité du retrait »*. Un pourvoi fut formé mais la Cour de

Par ailleurs, le Conseil constitutionnel a été saisi à de multiples reprises sur ces questions et considère que l'incrimination de refus de prélèvement n'est pas contraire au principe *non bis in idem*[297] ni à la Constitution et que les contraintes sur le corps sont proportionnées au but poursuivi[298]. Dès lors, il est facile de comprendre que les poursuites pour refus de prélèvement sont marginales, d'autant qu'ajouté à cela, une autre pression existe sur la volonté, par le fait que les enquêteurs peuvent saisir les éléments détachés du corps[299]. De plus, l'opposition à un tel prélèvement pourrait amener le juge à se méfier et à se convaincre de la culpabilité de la personne[300]. Le législateur a donc prévu un système qui permet facilement de contourner le refus de prélèvement.

89. Quelques peines prononcées. Dans le peu de cas traités lors de la phase de collecte de notre recherche collective, il peut être intéressant d'étudier les peines qui ont été prononcées par les juridictions meurthe-et-mosellanes : dans la majeure partie des dossiers, celles-ci sont très faibles, voire inexistantes. Sur l'ensemble des dix cas, quatre suspects ou condamnés ont fait l'objet d'une dispense de peine ou d'une relaxe, un autre a fait l'objet d'une simple amende avec sursis et les cinq autres ont bénéficié d'une peine faible, allant de quinze jours à cinq mois d'emprisonnement ferme.
Une précision est toutefois à apporter sur ces peines d'emprisonnement : dans les différents cas, les auteurs avaient de nombreuses condamnations à leur actif apparaissant au bulletin numéro 1 de leur casier judiciaire. Ainsi par exemple, s'agissant d'un dossier pour lequel la peine prononcée était de quatre mois d'emprisonnement ferme, l'auteur était poursuivi pour quatre infractions en concours : défaut de permis de conduire, défaut d'assurance, port d'arme de 6ème catégorie et refus de prélèvement. La lecture du jugement de l'affaire était particulièrement intéressante puisque l'on a pu remarquer un souci du détail des magistrats dans la rédaction de chacune des infractions du débat. Ainsi, il est clairement inscrit qu'il convient de rentrer en voie de condamnation pour toutes les infractions. Pour autant, dans les

---

cassation (Cass. crim., 18 janv. 2012, n° 11-84941) ne s'est pas prononcée sur la question de la conventionnalité. Elle reconnait au juge le pouvoir de ne pas prononcer ce retrait de réduction de peine, mais en se fondant sur l'article D. 117-4 du Code de procédure pénale, et ne s'interroge pas sur le caractère conventionnel ou non de ces dispositions.

[297] Cons. const., 16 septembre 2010, QPC n° 2010-25. *Cf.* J. Danet, « Le FNAEG au Conseil constitutionnel : deux réserves, une confortation générale », AJ Pénal 2010, p. 545. Pour l'inutilité de statuer sur la QPC, l'article ayant déjà été déclaré conforme à la Constitution, *cf.* Cons. const., 12 novembre 2010, QPC n° 2010-61.

[298] Cons. const., 13 mars 2003, DC n° 2003-467.

[299] Voir *infra* n° 139 et s.

[300] *Cf.* C. Ambroise-Casterot, « Le consentement en procédure pénale », *in Le droit pénal à l'aube du troisième millénaire. Mélanges offerts à Jean Pradel*, éditions Cujas, 2006, p. 29. Sur le sujet, voir aussi X. Pin, *Le consentement en matière pénale*, précit.

motifs du jugement, on ne retrouve que la mention de culpabilité pour les trois premières infractions, sans référence au refus de prélèvement. Il n'est pas possible de savoir s'il s'agit d'un oubli ou d'une volonté du magistrat de ne pas condamner sur ce chef d'accusation. Vraisemblablement, les quatre mois d'emprisonnement prononcés s'expliquent surtout par la condamnation pour les trois autres infractions.
Il en va de même pour la condamnation la plus lourde, à savoir cinq mois d'emprisonnement ferme. L'auteur était en l'espèce en situation de récidive de refus de prélèvement et purgeait une peine dans un centre de détention de Lorraine pour récidive de violences aggravées.
Ces chiffres sont très intéressants puisqu'ils démontrent que malgré une sévérité voulue par le législateur pour les refus de la personne, et malgré le doute théorique que le refus engendre dans l'esprit des magistrats, ceux-ci restent assez cléments dans ce domaine[301]. Dès lors, si le nombre d'affaires est faible et qu'un des motifs principaux de refus est celui de figurer dans un fichier de police, on peut supposer qu'une telle clémence pourrait s'appliquer pour les refus de relevés signalétiques.
Par ailleurs, dans ces hypothèses, la clémence pourrait conduire les individus concernés à refuser le prélèvement. Les durées de conservation au FNAEG étant particulièrement longues[302], on pourrait imaginer qu'une personne soupçonnée puisse préférer refuser le prélèvement aux fins d'alimentation, soit condamnée à une peine d'amende ou une faible peine d'emprisonnement avec sursis pour ce délit autonome, et ne soit pas fichée pendant de nombreuses années. *A contrario*, on s'aperçoit que cette apparente clémence suit le plus souvent un report d'audience afin de laisser à la personne le temps de la réflexion, de changer d'avis et de procéder à ce prélèvement. Dans cette situation, la clémence qui protège en apparence la volonté de l'individu et préserve l'intégrité corporelle, peut également apparaître comme une forme de contrainte psychologique exercée sur l'individu. Dans ce cas, il n'aura d'autre choix que d'accepter l'atteinte au corps ou subir la peine, ce qui restreint également la possibilité de consentement et redonne de l'efficacité au texte de loi.

***

90. Conclusion du Chapitre II et du Titre I. L'inviolabilité du corps humain : le grand principe perdant ? La volonté étant protectrice du corps, la limiter entraîne inévitablement des atteintes à l'intégrité corporelle. Dans ce domaine, la volonté est extorquée, l'individu n'ayant aucun autre choix que

---

301 Par ailleurs, les entretiens réalisés auprès des professionnels ont apporté les mêmes conclusions.
302 Voir *infra* n° 360 et s.

de subir la mesure ou être poursuivi pénalement. Pour autant, il est étonnant que ce principe protecteur ne soit pas mis en avant dans ces différents textes. Pas plus que le respect de la personne et de sa dignité. Une multitude de situations oblige ainsi la personne à subir et à être à la disposition de la justice, que ce soit par le biais du doute que le refus crée ou par l'infraction encourue.

Dès lors, la volonté ne se résume plus qu'à choisir entre une contrainte… ou une autre ! *« Refuser constitue un délit : c'est le prix de la liberté »*[303]. Pour autant, si cette liberté paraît bien fade, il existe des situations pour lesquelles elle s'efface complétement, le corps de l'individu étant entièrement à la disposition des enquêteurs (Titre II).

[303] C. Ambroise-Castérot, « La personne soupçonnée ou condamnée face aux soins ou vérifications sur sa personne », RDSS 2008, p. 66. Voir aussi sur ce sujet : C. Hardouin-le Goff, « Le consentement du délinquant ou l'entretien d'une illusion dans le procès pénal », *in Mélanges en l'honneur du professeur Jacques-Henri Robert*, LexisNexis, 2012, p. 343.

TITRE II - L'ABSENCE DE PRISE EN COMPTE DE LA VOLONTÉ

91. La volonté légalement supprimée. Alors qu'elle était précédemment limitée par le doute ou par l'infraction encourue en cas de refus de consentir, il est des situations pour lesquelles la volonté disparaît entièrement. Il s'agit de cas applicables au droit pénal, c'est-à-dire la branche du droit qui va déterminer les principes généraux applicables aux infractions et aux sanctions. Ce droit comporte une relation entre l'État de droit qui établit les règles et les délinquants qui vont les transgresser[304]. Il doit consister en un monopole de l'État, les particuliers ne pouvant se substituer aux juridictions françaises pour prononcer une peine et se faire justice eux-mêmes. Dans ses prérogatives de puissance publique, il va pouvoir créer des mesures qui seront attentatoires aux libertés individuelles, le droit répressif étant exercé au nom de la société dans l'objectif de protéger l'ordre public. Par ailleurs, c'est bien parce que ce droit est attentatoire aux libertés qu'un certain nombre de règles ont été mises en place pour protéger les individus : principe de légalité criminelle[305], présomption d'innocence[306] mais également le principe d'interprétation stricte des textes. Pour autant, la volonté individuelle de la personne peut être écartée par le législateur pour protéger plus largement la volonté collective. Ainsi, l'intérêt particulier est parfois supprimé dans la recherche de preuves par le corps de l'individu, via l'usage de la contrainte physique (Chapitre I). Néanmoins, ce recours à la force peut dans certains cas paraître inutile et disproportionné, d'autres moyens probatoires étant légalement possibles (Chapitre II).

---

[304] Néanmoins, il s'agit souvent d'une relation tripartite puisque ce droit régit également en grande partie des rapports entre personnes privées (infractions d'atteintes aux biens, infractions sexuelles, etc.).

[305] Le principe de légalité criminelle fut par ailleurs résumé par Feuerbach sous l'adage *« nullum crimen nulla poena sine lege »*, reposant sur l'idée d'une compétence exclusive du législateur, garant de la volonté générale, pour disposer du droit répressif.

[306] Voir *infra* n° 267 et s.

CHAPITRE I - LA CONTRAINTE PHYSIQUE

Je ne crois point,
au sens philosophique du terme,
à la liberté de l'homme.
Chacun agit non seulement
sous une contrainte extérieure,
mais aussi d'après une nécessité intérieure[307].

92. Ordre public et contrainte. C'est bien la protection de l'intérêt général qui va permettre de contraindre la personne à se soumettre à un acte particulier. En ce sens, la protection de l'intérêt collectif, de l'ordre public, va servir de base à l'absence de prise en compte de la volonté. Les justifications seront différentes – bien que le point commun soit toujours la protection de l'intérêt multiple/collectif – telles que la nécessité de protéger des victimes, des enquêteurs ou bien encore de mettre en lumière une infraction ou vouloir ficher une personne. Dès lors, suivant ces objectifs, des cas d'atteintes à l'intégrité physique forcées existent dans notre droit, concernant notamment des prélèvements (Section I), de même que des fouilles corporelles (Section II).

Section I - Les prélèvements forcés

93. Mort, condamné ou suspecté. Bien que les cas d'atteintes corporelles sans le consentement de la personne soient peu nombreuses en principe, elles recoupent des situations diverses telles que les enquêtes aux fins de recherches des causes de la mort[308] (§I) ou bien encore des prélèvements biologiques obligatoires sur personnes condamnées ou suspectes (§II).

---

[307] Albert Einstein, *Comment je vois le monde*, Editions Flammarion, 2009.

[308] Voir par exemple sur cette question : H. Vlamynck, « La théorie de l'apparence : enquêtes préliminaire, de flagrance et enquêtes spécifiques de mort suspecte et de disparition inquiétante », AJ Pénal 2005, p. 322.

§I - Enquête aux fins de recherche des causes de la mort

94. Mort naturelle/ mort suspecte ? L'article 74 du Code de procédure pénale, inclus dans un chapitre traitant des crimes et délits flagrants, prévoit un cadre précis des possibilités d'actions en cas de découverte d'un mort. Il s'agit de cas de découverte d'un cadavre, lorsque la mort est suspecte (intervention d'un tiers dans le décès envisagée) ou inconnue, peu importe que la mort soit violente ou non. L'OPJ ne connaissant pas les causes du décès, la piste criminelle n'est ainsi pas exclue. Celui-ci informe alors le procureur de la République et se transporte sur les lieux pour effectuer les premières constatations avec pour objectif principal de déterminer comment la personne est décédée. Le procureur peut décider par la suite de l'ouverture d'une enquête aux fins de recherche des causes de la mort dont les pouvoirs d'enquête seront identiques à ceux de l'OPJ en enquête de flagrance[309]. La durée est également de huit jours, à l'issue desquels l'enquête peut se poursuivre en préliminaire ou bien par l'ouverture d'une instruction. Parmi les pouvoirs importants, le procureur peut décider d'investigations et notamment d'une autopsie médico-légale (A) durant laquelle des prélèvements seront effectués (B).

A - Les autopsies médico-légales

95. Autopsie et levée de corps. L'article 74 du Code de procédure pénale prévoit que le procureur ou par délégation l'OPJ, peuvent se faire assister s'ils en jugent nécessaire, par toutes *« personnes capables d'apprécier la nature des circonstances du décès »*. C'est notamment dans ce cadre qu'ils peuvent requérir un médecin légiste aux fins de réalisation d'une levée de corps[310] *« afin de chercher les premiers éléments sur les causes de la mort*[311]*. Si cette levée de corps est utile pour leur permettre d'apprécier au mieux les lieux de la découverte du défunt, elle l'est aussi pour la future*

---

[309] Dans ce cadre, l'OPJ ne peut pas subdéléguer à un fonctionnaire qui ne possède pas la qualité d'officier de police judiciaire les prérogatives qui lui ont été spécialement attribuées par le procureur de la République. *Cf.* Cass. crim., 15 février 2006, n° 05-86773. Voir G. Roussel, « Les examens techniques et scientifiques peuvent être effectués par subdélégation à un OPJ », AJ Pénal 2006, p. 178.

[310] Sur la participation du médecin légiste à la recherche de la vérité judiciaire, *cf.* notamment C. Pernel, *Les libertés et droits fondamentaux dans la recherche de la preuve pénale en médecine légale*, thèse de doctorat, Université de Nancy 2, 1999.

[311] Dans ce domaine, *« le scientifique est aujourd'hui "juge" du fait de mort, car le médecin est devenu l'incontournable expert qui est chargé par la société de donner un avis technique sur l'état du corps »*. B. Py, *La mort et le droit*, PUF, collection « Que sais-je ? », tome 3339, 1997.

résolution de l'enquête. Elle amène l'expert à la scène de crime et non la scène de crime à l'expert. Son rôle est alors de procéder à un examen externe du corps, de chercher des traces de traumatismes ou bien encore de rechercher des éléments démontrant l'intervention d'un tiers. Néanmoins, en pratique la réalisation de la levée de corps s'avère très différente d'une région à l'autre[312]*. [...] Ces éléments sont également préjudiciables à l'enquête. Une scène de crime étant pluridisciplinaire, la présence d'un médecin légiste peut permettre de pointer des éléments qui, autrement, ne seraient pas recueillis ou perçus correctement par les enquêteurs et techniciens »*[313]. Ces constatations externes sont ainsi utiles pour comprendre les circonstances de la mort et pour éviter la perte de certaines traces qui pourraient disparaitre entre la scène de l'infraction et la réalisation de l'autopsie. À la suite de celles-ci, si la mort paraît suspecte[314], le médecin peut décider d'un *« obstacle médico-légal à l'inhumation »*[315], laissant au procureur le soin de décider de la réalisation d'une autopsie médico-légale. Celle-ci consistera en un véritable examen médical externe et interne, portant directement atteinte au corps.

96. La comparaison avec le droit privé : l'autopsie médicale. L'autopsie médicale va permettre de rechercher les causes scientifiques de la mort d'une personne. Il s'agit d'une atteinte à son corps dans un objectif probatoire qui ne peut se faire qu'avec le consentement de la personne. Les autopsies, qu'elles soient médicales ou judiciaires, sont des excellents exemples de l'utilisation du corps comme preuve. L'objectif poursuivi dans les deux cadres juridiques est différent mais la finalité reste la même : observer, disséquer et analyser l'intégralité du corps et ses morceaux pour obtenir une preuve répondant à des interrogations : médicales d'une part – établir ou confirmer un diagnostic – et judiciaires d'autre part – quelles sont les causes de la mort ?[316] –.

---

[312] En ce sens, O. Jardé, *Rapport au premier ministre sur la médecine légale*, http://www.ladocumentationfrancaise.fr/var/storage/rapports-publics/034000730.pdf.
[313] G. Vibrac et L. Martrille, « Le corps médico-légal : une nécessaire modification des pratiques de mise sous scellés », AJ Pénal 2017, p. 275.
[314] Ainsi par exemple *« le policier se transporte sur les lieux d'une découverte de cadavre, mais il ne trouve pas d'indices qui lui évoquent un meurtre, des violences ayant entraîné la mort sans intention de la donner ou encore un homicide par imprudence. Le médecin présent ne s'explique pas la cause de la mort et délivre un certificat médical avec « obstacle médico-légal »* : H. Vlamynck, « La théorie de l'apparence : enquêtes préliminaire, de flagrance et enquêtes spécifiques de mort suspecte et de disparition inquiétante », précit.
[315] P. Peton, « Le médecin et la mort », *in* B. Py (dir.), *La mort et le droit*, Presses universitaires de Nancy, collection « Santé, qualité de vie et handicap », 2010.
[316] C. proc. pén., art. 74, al. 4 : *« sur instructions du procureur de la République, une enquête aux fins de recherche des causes de la mort est ouverte ».* Par ailleurs, les actes d'instruction accomplis pour rechercher les causes de la mort, par application de l'art. 74, qui ont pour objet de vérifier si la victime n'est pas décédée à la suite d'un crime ou d'un délit et tendent à la

Dès lors, les autopsies médicales sont prévues à l'article L. 1211-2 du Code de la santé publique comme étant *« pratiquées, en dehors du cadre de mesures d'enquête ou d'instruction diligentées lors d'une procédure judiciaire, dans le but d'obtenir un diagnostic sur les causes du décès »*. Celle-ci, contrairement à l'autopsie judiciaire qui concerne les morts suspectes et est régie par le Code de procédure pénale, ne concerne que les morts naturelles, qui n'engendrent aucun soupçon quant à l'intervention d'un tiers dans le décès. Utile scientifiquement et pourtant peu utilisée[317], l'académie nationale de médecine a publié un rapport en 2015 mettant en avant son caractère *« pourtant incontestable pour la santé publique et l'épidémiologie : Il révèle un nombre non négligeable d'erreurs diagnostiques, parfois majeures et multiples ayant échappé aux techniques d'investigation les plus modernes ; il est nécessaire au diagnostic de certaines maladies et à certaines recherches... »*[318]. Ainsi ces autopsies ont de multiples finalités : d'une part, permettre aux proches, à la famille du défunt, de connaitre les causes scientifiques de la mort, d'autre part de permettre des avancées scientifiques tant dans l'examen des soins qui ont été prodigués par la personne qu'en termes de recherche médicale, et ce, en respectant le corps du défunt.

Les autopsies sont souvent pratiquées à la suite d'un décès hospitalier, à la demande d'un médecin pour contrôler la qualité de ses soins ou tout simplement connaître les causes du décès de son patient. La requête peut également provenir de la famille pour les mêmes raisons. Dans tous les cas, si une demande doit bien être faite, il n'en demeure pas moins que la volonté reste au cœur de la protection du corps de la personne. À ce titre, l'article L. 1211-2 du Code de la santé publique prévoit que les autopsies *« doivent être pratiquées conformément aux exigences de recherche du consentement ainsi qu'aux autres conditions prévues au chapitre II du titre III du présent livre »*. Le renvoi effectué concerne les prélèvements d'organes *post mortem*. Dès lors, la prise en compte du consentement se fera dans les mêmes conditions : consentement implicite, recherche de l'expression du refus de la personne de son vivant, prise en compte de la volonté des mineurs de plus de treize ans, etc. De la même manière que pour les dons, la personne pourra

---

poursuite éventuelle de l'auteur de l'infraction, interrompent la prescription de l'action publique. Voir Cass. crim., 6 juin 1991, n° 89-84617.

[317] L'académie nationale de médecine met en avant tout un tas de critères permettant d'expliquer cette raréfaction parmi lesquels se trouvent des raisons religieuses erronées, les tabous sociologiques mais également la *« croyance tant des médecins que des familles en l'infaillibilité des techniques modernes de diagnostic ante-mortem qui contraste, dans une société imprégnée de multiples cultures, avec la remise en question du pouvoir médical et la crainte de poursuites judiciaires »*. *Cf.* D. Lecomte et J.-J. Hauw (rapporteurs), Les autopsies médico-scientifiques sont indispensables au progrès médical, rapport de l'Académie nationale de médecine, 7 avril 2015.

[318] *Ibid.*

s'inscrire au registre national des refus qui prévoit, en plus du refus de tout ou partie de don d'organes[319], le refus de recherche des causes du décès[320]. De cette manière, en cas de demande d'autopsie du médecin, doit être consulté principalement le registre national et à défaut, il doit être demandé aux proches si le défunt a exprimé un refus de son vivant (notamment par la recherche d'un écrit). Ainsi, s'il obéit à la même logique que les prélèvements d'organes, c'est-à-dire un consentement implicite, le refus protège tout de même l'intégrité physique de la personne dans la recherche probatoire scientifique. La volonté reste par principe au cœur du processus et son absence entraine l'impossibilité de réalisation de l'acte.

97. L'autopsie médicale obligatoire ? Si l'absence de volonté crée un obstacle légal à la réalisation d'une autopsie médicale, il existe un cas qui permet de passer outre celle-ci. Prévu également à l'article L. 1211-2 du Code de la santé publique, qui dispose qu'à *« titre exceptionnel, elles peuvent être réalisées malgré l'opposition de la personne décédée, en cas de nécessité impérieuse pour la santé publique et en l'absence d'autres procédés permettant d'obtenir une certitude diagnostique sur les causes de la mort »*. Aucune précision n'étant donnée par l'article sur ce que représentent des nécessités impérieuses permettant de passer outre la volonté, celui-ci prévoit tout de même qu'un arrêté doit être pris permettant de préciser *« les pathologies et les situations justifiant la réalisation des autopsies médicales dans ces conditions »*. Un arrêté fut rendu en 2007[321] décidant que *« les autopsies et examens d'anatomie et cytologie pathologiques sur des patients ou animaux atteints par un agent biologique du groupe 4 sont réservées aux activités de recherches médicales et vétérinaires et sont strictement limitées aux cas présentant un grand intérêt pour la santé publique »*.
Pour autant, aucune liste claire ne fut donnée permettant de comprendre quel cas présente un grand intérêt pour la santé publique. *« Force est de constater qu'aucun arrêté ministériel n'a été publié à ce jour mettant à disposition une*

---

[319] Sur cette question, *cf.* notamment : J.-R. Binet, « Refus des prélèvements d'organes post mortem : comment l'exprimer ? », La semaine juridique - édition notariale et immobilière du 1er juillet 2016, n° 43-44, p. 35.

[320] CSP, art. R. 1232-6, al 1er : *« toute personne majeure ou mineure âgée de treize ans au moins peut s'inscrire sur le registre afin de faire connaître qu'elle refuse qu'un prélèvement d'organes soit opéré sur son corps après son décès soit à des fins thérapeutiques, soit pour rechercher les causes du décès, soit à d'autres fins scientifiques, soit dans plusieurs de ces trois cas »*.

[321] Arrêté du 16 juillet 2007 fixant les mesures techniques de prévention, notamment de confinement, à mettre en œuvre dans les laboratoires de recherche, d'enseignement, d'analyses, d'anatomie et cytologie pathologiques, les salles d'autopsie et les établissements industriels et agricoles où les travailleurs sont susceptibles d'être exposés à des agents biologiques pathogènes, JORF n°179 du 4 août 2007.

liste officielle, tant des maladies contagieuses que des pathologies justifiant la réalisation de ces autopsies »[322]. Dès lors, les médecins se référaient à d'autres listes de maladies, telles que celle interdisant certaines opérations funéraires. Finalement, un arrêté de 2017 expose *« la liste des infections transmissibles pour lesquelles, si elles sont suspectées, il peut être dérogé, [...], au délai maximum de transport de corps avant mise en bière, afin de permettre une autopsie médicale au sens de l'article L. 1211-2 du code de la santé publique »*[323]. Cet arrêté, dans son article 3, ne donne qu'une seule maladie : *« la maladie de Creutzfeldt-Jakob »*[324]. Un manque de visibilité de l'arrêté en question se fait ressentir, le document renvoyant majoritairement au Code général des collectivités territoriales en ce qui concerne les polices des funérailles et non pas, spécifiquement, aux autopsies médicales. Une harmonisation dans ce sens serait souhaitable, afin de permettre une meilleure lisibilité de la loi.

98. Autopsie médico-légale et volonté. Alors que l'autopsie médicale impose, pour être effectuée, la recherche du consentement *ante mortem*, l'autopsie médico-légale sera, au contraire, une hypothèse d'atteinte au corps sans prise en compte de la volonté[325]. Prévu dans le Code de procédure pénale aux articles 230-28 et suivants depuis peu[326], cet acte est particulièrement invasif pour le corps. Les dispositions pénales étant dérogatoires au droit commun de protection de l'intégrité physique et recherche de consentement, le médecin légiste requis va pouvoir disséquer le corps du mort, potentielle victime d'infraction. Cet acte peut, de ce fait, être mal vécu par les proches du défunt, devant déjà subir la perte de l'individu, mais devant également attendre que la justice ait fini de rechercher sur et dans le corps de celui-ci les preuves du passage d'un tiers. Bien que leur avis importe peu, la loi du 17 mai 2011 a tout de même prévu qu'une information sur l'acte leur soit délivrée.

---

[322] V. Scolan et F. Chiron, « Autopsie médicale et autopsie médico-judiciaire : deux cadres pour deux missions distinctes », https://www.macsf-exerciceprofessionnel.fr, consulté le 18 avril 2018.

[323] CGCT, art. R. 2213-2-1, c.

[324] Arrêté du 12 juillet 2017 fixant les listes des infections transmissibles prescrivant ou portant interdiction de certaines opérations funéraires mentionnées à l'article R. 2213-2-1 du code général des collectivités territoriales.

[325] Alors que l'article R. 1232-6 du CSP prévoit la prise en compte du consentement pour les autopsies médicales, l'alinéa deux expose également l'hypothèse des *« expertises, constatations et examens techniques ou scientifiques éventuellement diligentés dans le cadre d'une enquête judiciaire ou d'une mesure d'instruction »*, dont le consentement ne peut leur faire obstacle.

[326] Les autopsies ne font l'objet d'une réglementation spécifique que depuis la loi n° 2011-525 du 17 mai 2011 de simplification et d'amélioration de la qualité du droit.

99. La recherche de preuves. L'objectif de cet examen médical est de déterminer les causes de la mort, et notamment de mettre en lumière le caractère criminel ou non du décès[327]. Pour cela, l'acte se décompose en deux phases. La première consiste en un examen externe, qui est la suite directe de celui que le médecin réalise lors d'une levée de corps, à la différence que le contexte et le matériel à sa disposition sont plus adéquats. La seconde consiste en un examen interne approfondi et intégral. Dans ce cas, tous les organes sont extraits du corps, contrôlés et restitués. L'autopsie repose sur deux grands principes de rapidité et de totalité : le corps est entièrement et systématiquement examiné. Tout est ainsi recherché par le médecin pour découvrir les causes de la mort. Dans cette optique, les éléments composant le corps font l'objet de prélèvements *« nécessaires aux besoins de l'enquête ou de l'information judiciaire »*[328] (B).

B - Les prélèvements

100. Un double objectif. L'article L. 1241-6 du Code de la santé publique prévoit que *« le prélèvement de tissus et de cellules et la collecte de produits du corps humain sur une personne dont la mort a été dûment constatée ne peuvent être effectués qu'à des fins thérapeutiques ou scientifiques et dans les conditions prévues au chapitre II du titre III »*. Renvoyant ainsi à l'article L. 1232-1 du même code exigeant l'existence du consentement de l'individu de son vivant ainsi qu'une information des proches. Pour autant, lorsque l'ordre public est en jeu, l'autopsie peut être réalisée et des prélèvements seront effectués sans recherche de consentement dans un double but : permettre de réaliser des expertises complémentaires[329], toujours dans l'objectif de détermination du caractère criminel du décès, mais également aux fins d'identification de la personne[330].

101. La détermination du passage d'un tiers. Le médecin recherche sur et dans le corps toutes traces, ecchymoses, trace de strangulations, plaies, substances, etc. permettant de remplir cet objectif. Ainsi par exemple, il va

---

[327] Sur les conditions d'exercice historique de l'autopsie, *cf.* notamment S. Menenteau, *Dans les coulisses de l'autopsie judiciaire - cadres, contraintes et conditions de l'expertise cadavérique dans la France du XIXè siècle,* thèse de doctorat, Université de Poitiers, 2009.

[328] C. proc. pén., art. 230-28.

[329] *Cf.* par exemple sur les analyses des prélèvements effectués : C. Rougé-Maillart, A. Cariou, N. Jousset et *al.*, « La recherche scientifique sur les prélèvements biologiques réalisés dans le cadre des autopsies et objets de scellés judiciaires. Nécessité d'une adaptation législative », Médecine et Droit 2016, n° 136, p. 4.

[330] Voir sur ce sujet : A. Mansuet-Lupo, V. Van Huffel et P. Rouger, « Les empreintes génétiques : nouvel outil en médecine légale », Médecine et Droit 2008, n° 88, p. 24.

procéder à des prélèvements toxicologiques afin de savoir si la personne avait la pleine possession de ses capacités, notamment en vérifiant si elle n'a pas été droguée : certaines drogues permettant de contrôler l'esprit des victimes, ne laissant à celles-ci que peu de souvenir des faits. La présence de telles substances dans l'organisme peut déjà être un indice du caractère non naturel d'une mort. Par ailleurs, le médecin peut également rechercher des substances toxiques, notamment pour la détermination d'une mort par empoisonnement. Ces analyses se font grâce aux prélèvements de sang et d'urines.

Des recueils balistiques peuvent également avoir lieu[331]. Le professionnel de santé examinera le corps de l'individu, le trou d'entrée et éventuellement le trou de sortie du ou des projectiles. L'analyse du corps, de la trajectoire de la balle permet de donner des indices quant à l'utilisation de l'arme par la personne décédée (suicide ?) ou par une tierce personne (homicide ?).

Par ailleurs, afin de déterminer l'heure de la mort, des prélèvements *in corpore* d'insectes peuvent avoir lieu, qui serviront à une analyse entomologique ultérieure[332]. La datation du décès pourra s'avérer utile si le reste de l'autopsie conclut à une mort criminelle : les OPJ pourront, grâce aux indications du médecin, orienter leur enquête en conséquence.

102. Les prélèvements aux fins d'identification. L'article 16-11 du Code civil prévoit des situations pour lesquelles l'identification d'une personne par ses empreintes génétiques peut être recherchée. L'une d'entre elle étant *« aux fins d'établir, lorsqu'elle est inconnue, l'identité de personnes décédées »*. Pour répondre à cet objectif, des comparaisons doivent avoir lieu avec d'autres matériels biologiques. Dans le cas d'une personne disparue, d'une victime de catastrophe naturelle, etc., ce même article prévoit que *« des prélèvements destinés à recueillir les traces biologiques de cette personne peuvent être réalisés dans des lieux qu'elle est susceptible d'avoir habituellement fréquentés, avec l'accord du responsable des lieux ou, en cas de refus de celui-ci ou d'impossibilité de recueillir cet accord, avec l'autorisation du juge des libertés et de la détention du tribunal de grande instance »*.

Si le consentement de l'ancienne personne n'est pas recherché, il est nécessaire, concernant les différents membres de la famille qui peuvent être prélevés aux fins de comparaisons. Ainsi, *« des prélèvements aux mêmes fins sur les ascendants, descendants ou collatéraux supposés de cette personne peuvent être également réalisés. Le consentement exprès de chaque*

---

[331] Sur cette question, voir A. Galluser (dir.), *Traces d'armes à feu : Expertise des armes et des éléments de munition dans l'investigation criminelle*, Presses polytechniques et universitaires romandes, collection « Sciences forensiques », 2ème édition, 2014.

[332] Voir *infra* n° 229.

personne concernée est alors recueilli par écrit préalablement à la réalisation du prélèvement, après que celle-ci a été dûment informée de la nature de ce prélèvement, de sa finalité ainsi que du caractère à tout moment révocable de son consentement. Le consentement mentionne la finalité du prélèvement et de l'identification ». Une certaine protection de la personne existe ainsi dans ce domaine. Ne s'agissant pas de prime abord d'une affaire criminelle mais d'une identification, le consentement reste au centre de l'atteinte au corps, d'autant que la personne en question, n'est en rien concernée par la procédure d'enquête pour disparition inquiétante, elle est simplement un membre de la famille du disparu. Ce type d'individu n'étant pas suspecté, la nécessité d'un consentement renforcé (écrit) paraît nécessaire. Par ailleurs, l'article 706-54 du Code de procédure pénale prévoit que *« les empreintes génétiques des ascendants, descendants et collatéraux des personnes dont l'identification est recherchée ne peuvent être conservées dans le fichier que sous réserve du consentement éclairé, exprès et écrit des intéressés ».*

Outre l'empreinte génétique, des recueils d'empreintes digitales peuvent également avoir lieu aux fins d'identification. De la même manière, des analyses odontologiques peuvent être effectuées, les dents étant un bon moyen d'identification des personnes. Celles-ci sont particulièrement résistantes à la putréfaction cadavérique et au passage du temps. Ces analyses s'avèrent particulièrement utiles lors de la découverte d'un cadavre ancien dont la squelettisation a déjà eu lieu[333].

Ainsi, si le consentement peut être pris en compte pour l'atteinte au corps des vivants dans l'identification d'un individu, la volonté sera indifférente quant à la réalisation d'une autopsie et des prélèvements pour le cadavre. Dans tous les cas, rappelons que celui-ci doit être traité avec décence et que, comme pour l'autopsie médicale, *« le praticien ayant procédé à une autopsie judiciaire est tenu de s'assurer de la meilleure restauration possible du corps avant sa remise aux proches du défunt »*[334]. Dans d'autres circonstances, d'autres actes sans le consentement de l'individu peuvent avoir lieu, notamment des prélèvements biologiques (§II).

---

[333] La dentition permet de déterminer l'âge et le sexe de l'individu. La comparaison se fait entre des éléments fiables *ante mortem* recueillis par les proches et ceux *post mortem* recueillis sur le cadavre. *« Elle est souvent le meilleur moyen d'identifier des cadavres lorsqu'ils sont dans un état de décomposition avancé »* : B. Durupt, *La Police judiciaire. La scène de crime*, précit.

[334] C. proc. pén., art. 230-29. Le but est alors que le corps garde le moins de séquelles possibles de l'acte de dissection qu'il a subi, l'intégralité des organes étant sortis du corps, analysés et restitués après prélèvement partiel. Dès lors, une simple restauration, fut elle décente, ne suffit plus, les professionnels de santé ont obligation d'assurer au corps la meilleure restauration possible. Ainsi, ils devront mettre en oeuvre les moyens afin de replacer les organes observés dans le corps et qu'aucune trace apparente de l'acte ne soit visible pour la famille.

§II - Les prélèvements biologiques obligatoires

103. La protection de l'individu et des tiers. Alors que les prélèvements forcés sont autorisés dans certains pays voisins, la France connait un principe de non recours à la contrainte physique dans la recherche probatoire (A). Pour autant, ce principe dispose de quelques exceptions, dont les modalités de mise en œuvre interrogent (B).

A - Le principe de non recours à la contrainte physique

104. Un principe... Le non recours à la contrainte corporelle pour obtenir des preuves renvoie directement au respect du corps humain et de son intégrité, qui figure parmi les principes classiques de notre droit. Ainsi, *« le respect de l'intégrité corporelle de l'inculpé constitue une exigence traditionnelle de la procédure pénale : le droit qu'a la justice d'accéder à ce que la personne possède de plus intime a pour borne infranchissable l'intégrité physique de celle-ci »*[335]. Dès lors, la recherche probatoire est libre mais doit s'arrêter au corps de l'individu, tout du moins sans son consentement. Ce non recours à la contrainte physique et à la préservation du corps avait par ailleurs été mis en avant par d'autres auteurs il y a plusieurs décennies. Ainsi par exemple, le Professeur Merle exposait en 1955, que *« certes, sur les choses qui appartiennent à l'inculpé ou dont il s'est servi, la justice a tous les droits. [...] Mais sur la personne même de celui qu'elle soupçonne, elle n'a plus de prise. L'inculpé n'a pour ainsi dire aucune obligation vis-à-vis des enquêteurs ou des juges. Devant eux, il se présente intact, avec toute sa dignité d'homme, libre d'esprit et libre aussi dans une large mesure de corps ». [...] « La justice ne peut rien sur son corps. Elle ne peut le frapper ; elle ne peut pas davantage lui extraire par effraction les secrets que recèle sa constitution biologique »*[336]. Le principe reste celui de la protection du corps et de la recherche du consentement dans l'atteinte corporelle[337]. Néanmoins, comme beaucoup de principes juridiques, celui-ci n'est pas exempt d'exceptions mises en place dans notre droit.

---

[335] M. Delmas-Marty (Prési.), *La Mise en état des affaires pénales*, rapport de la Commission Justice pénale et Droits de l'homme au ministère de la justice, La documentation française, 1991.

[336] R. Merle, « Le corps humain, la justice pénale et les experts », JCP 1955, I. 1219, n° 4 et n° 6.

[337] Néanmoins celui-ci a fait l'objet de plusieurs débats et des propositions de suppression ont déjà été mises en avant, sans être retenues. Ainsi par exemple, un amendement du gouvernement avait été déposé en 1992, lors de la mise en place de l'article 16-11 du Code civil, pour que le principe soit *« en matière pénale, le consentement de l'intéressé n'est pas requis »*. *Cf.* H. Ancel, « La preuve biologique », *in* G. Giudicelli-Delage (dir.), *Les*

105. Exceptionnellement remis en question ! Cette possibilité a été donnée par le Conseil constitutionnel qui n'a pas consacré le principe du respect de l'intégrité physique comme un principe constitutionnel. Dès lors, une loi peut très bien intervenir dans ce domaine et exceptionnellement aménager ce droit[338]. Cette remise en question du principe n'intervient que pour des personnes soupçonnées de la commission d'une infraction particulière ou bien condamnées. En aucun cas, le recours à la force physique n'est possible pour un témoin ou pour un membre de la famille d'une personne disparue. La place qu'occupe la personne dans la procédure pénale est ainsi importante dans ce domaine : plus il y aura de soupçons, plus le législateur aura tendance à réduire les droits de la personne et être tenté par le recours à la force pour prélever. Heureusement, ces situations sont rares dans notre droit. On peut relever aujourd'hui deux cas pour lesquels le consentement n'est pas requis et dont un recours à la force est théoriquement possible.

106. Infractions sexuelles et acte médical. Le premier cas est donné par l'article 706-47-2 du Code de procédure pénale. Il permet de donner à l'OPJ la possibilité de faire procéder à un examen médical et à une prise de sang sur une personne *« contre laquelle il existe des indices graves ou concordants d'avoir commis un viol, une agression sexuelle ou une atteinte sexuelle »* tels que définis par le Code pénal. La prise de sang doit être effectuée par un professionnel de santé que requiert l'OPJ. Le texte prévoit que ce professionnel doit s'efforcer d'obtenir le consentement de l'intéressé à l'acte. Dès lors, on pourrait penser qu'il s'agit d'un acte médical classique : la personne doit exprimer son consentement et à défaut, rien ne peut être pratiqué. Pour autant, le troisième alinéa permet un prélèvement forcé *« à la demande de la victime ou lorsque son intérêt le justifie »*. L'objectif de cette disposition est de permettre d'informer la victime d'une infraction sexuelle, lorsqu'une personne est fortement soupçonnée d'en être l'auteur, des infections sexuellement transmissibles (IST) qu'elle pourrait avoir contractées pendant l'acte. Dans cette hypothèse, le droit supprime entièrement le consentement d'un probable auteur au profit d'une victime[339], dans le but de la rassurer sur son état de santé.

---

transformations de l'administration de la preuve pénale - Perspectives comparées, société de législation comparée, collection « Unité mixte de recherche de droit comparé de Paris (Université de Paris I / CNRS UMR 8103) », tome 12, 2006.

338 *Cf.* en ce sens, V. Lesclous, « Empreintes génétiques et procédures pénales », *in* C. Doutremepuich (dir.), *Les empreintes génétiques en pratique judiciaire*, la documentation française, collection « La sécurité aujourd'hui », 1998.

339 Dans le même sens, voir : C. Ambroise-Casterot, « Le consentement en procédure pénale », in *Le droit pénal à l'aube du troisième millénaire*, précit. : *« face aux droits et libertés des accusés, se dresse le droit à la santé de la victime ; et dans cet affrontement entre deux droits fondamentaux, c'est ici le droit à la santé de la victime qui l'emporte sur la protection de l'intégrité corporelle de la personne poursuivie »*.

Cette favorisation des intérêts d'une personne privée sur une autre ne se fait pas sans conditions : il est nécessaire que cela concerne une personne fortement soupçonnée d'avoir commis l'infraction, à l'encontre de laquelle il existe des *« indices graves ou concordants »*. Une personne simplement suspectée ne pourra pas faire l'objet d'un examen médical. De plus, il est nécessaire que l'acte soit effectué dans l'intérêt de la victime ou à sa demande, condition qui est facilement remplie en cas de viol sans protection, où il est de l'intérêt de la personne de connaitre les potentiels IST qu'elle pourrait subir. Enfin, la dernière condition tient à la personne capable de décider de l'atteinte au corps forcé : celle-ci ne peut être faite que *« sur instructions écrites du procureur de la République ou du juge d'instruction qui sont versées au dossier de la procédure »*. Un magistrat doit ainsi intervenir pour décider de l'acte, l'OPJ seul n'en a pas le pouvoir.
Cette disposition permet ainsi de protéger la victime au détriment de l'intégrité corporelle de l'individu, dans des conditions précises, bien que facilement remplies. Cette atteinte violente sur le corps du suspect est critiquable mais peut se justifier par la nécessité de protéger la santé immédiate de la victime. Par ailleurs, cette atteinte non consentie est rarement mise en œuvre en pratique. L'intérêt pour la victime de connaitre l'état de santé de l'auteur étant d'agir très rapidement, médicalement, pour éviter la contamination. Ainsi, *« en cas de rapport non ou mal protégé, il existe un traitement d'urgence pour se protéger du VIH/sida appelé traitement post-exposition. Il dure 4 semaines et réduit considérablement le risque de contamination. Pour en bénéficier, il faut se rendre dans les 4 heures et au plus tard dans les 48 heures au service des urgences le plus proche »*[340]. Les délais d'intervention sont extrêmement courts, ce qui suppose que l'auteur soupçonné soit interpellé immédiatement après l'acte, ou dans les quelques heures qui suivent, pour que le dépistage ait une réelle utilité. Dans tous les cas, la victime pourrait se faire prescrire le traitement d'urgence sans avoir à connaître les résultats de dépistage de l'auteur.
Notons que pour les hypothèses de prélèvement non forcé, l'article limite également le consentement par une infraction de refus de consentir à l'acte, punie d'un an d'emprisonnement et de 15 000 euros d'amende, dont les peines se cumulent, sans confusion avec celles *« susceptibles d'être prononcées pour le crime ou le délit ayant fait l'objet de la procédure »*.

107. Prélèvement génétique et condamné. Le second cas traite de la preuve génétique et notamment des possibilités de prélèvement prévus à l'article 706-56 I du Code de procédure pénale. Le dernier alinéa prévoit l'hypothèse de prélèvement forcé, *« lorsqu'il s'agit d'une personne condamnée pour crime ou déclarée coupable d'un délit puni de dix ans d'emprisonnement »*,

---

[340] http://www.info-ist.fr/tout-savoir-sur-les-ist/vih-sida.html

ou bien pour celles qui auraient fait l'objet d'une *« décision d'irresponsabilité pénale »*, également pour crime et délit puni de dix ans d'emprisonnement. Comme pour l'hypothèse précédente, le prélèvement sans le consentement ne relève pas du pouvoir de l'OPJ mais est effectué sur réquisitions écrites du procureur de la République, au plus tard dans le délai d'un an après l'exécution de la peine[341]. Ainsi, plus l'atteinte au consentement (et au corps) est forte, plus l'intervention d'un magistrat est importante. Pour autant, si l'on peut comprendre la notion d'urgence pour la victime dans la première hypothèse, ce second cas paraît moins justifié. La personne étant déjà condamnée pour l'infraction, il est surprenant qu'une telle atteinte au corps se fasse sans le consentement de celle-ci, au regard du principe d'inviolabilité du corps humain et au principe de respect de la dignité humaine[342], surtout sans intervention d'un magistrat du siège. Le législateur considérant que la préconstitution d'une preuve pour l'avenir doit être prioritaire face à la protection du corps humain, l'hypothèse mise en avant est la nécessité de prélever une personne déjà condamnée pour l'inscrire au FNAEG, dans une logique de fichage de masse. Néanmoins, l'atteinte au corps étant constituée, l'infraction de refus de prélèvement, comme pour les autres hypothèses semble suffisante. Cette possibilité nous paraît ainsi disproportionnée par rapport au but recherché. Si jamais, au vu de la dangerosité de la personne (puisque déjà condamnée), le législateur souhaite tout de même un prélèvement forcé, la saisine d'un magistrat impartial et indépendant décidant ou non de la nécessité du prélèvement s'avère fondamentale. En tout état de cause, les modalités de prélèvements forcés doivent être définies (B).

B - Les modalités de prélèvements

108. Un prélèvement externe. La France n'est pas le seul pays à autoriser cette hypothèse de prélèvement sous contrainte. Parmi nos pays voisins, la Belgique a également mis en place un tel procédé, prévoyant que le procureur du Roi ou le juge d'instruction puissent ordonner un prélèvement sous contrainte, devant préciser en quoi cette disposition est nécessaire. Par ailleurs, est prévue que *« si la mesure doit être exécutée sous la contrainte physique, celle-ci est exercée par des fonctionnaires de police sous l'ordre d'un officier de police judiciaire, auxiliaire du procureur du Roi. Dans ce cas, le prélèvement de sang est interdit »*[343].

---

[341] C. proc. pén., art. R. 53-21.

[342] *Cf.* E. Supiot, « Empreintes génétiques et droit pénal – Quelques aspects éthiques et juridiques », précit.

[343] Loi du 07 novembre 2011 publié le 30 novembre 2011 modifiant le Code d'instruction

Dans notre droit, hormis l'hypothèse de prélèvement sanguin pour dépistage efficace des IST, le prélèvement forcé génétique doit être externe.
Ces éléments ressortent de l'article 55-1 du Code de procédure pénale, issu de la loi du 18 mars 2003[344] qui fait clairement référence à la notion de prélèvement externe, sans plus de précision. Le conseil constitutionnel est intervenu pour éclaircir cette notion : il a ainsi décidé que l'externalité *« fait référence à un prélèvement n'impliquant aucune intervention corporelle interne ; qu'il ne comportera donc aucun procédé douloureux, intrusif ou attentatoire à la dignité des intéressés »*[345]. Le 31 juillet 2003, la direction des affaires criminelles et des grâces a également précisé ces éléments, considérant que le prélèvement ne peut pas consister en *« une prise de sang mais peut en revanche consister en un prélèvement d'empreintes digitales, ou en un prélèvement de matériel biologique grâce à l'utilisation d'un écouvillon buccal, en vue d'effectuer une analyse d'empreinte génétique »*[346]. Par ailleurs, le Conseil constitutionnel s'est également prononcé en 2010, concernant spécifiquement l'inviolabilité du corps humain, cette fois sur le fondement de l'article 706-56 du Code de procédure pénale, et a décidé que *« le prélèvement n'implique aucune intervention corporelle interne ; qu'il ne comporte aucun procédé douloureux, intrusif ou attentatoire à la dignité des personnes »*[347]. Dès lors, alors même que l'article ne précisait pas les modalités de prélèvements, le conseil a préservé le corps d'une atteinte trop importante et a décidé que seul un prélèvement externe est possible.
Ainsi, le procureur ne pourra pas décider de prélèvement forcé par prise de sang, mais uniquement par un prélèvement buccal[348], bien que nous puissions nous interroger sur ce prélèvement externe : comment insérer un bâtonnet à l'intérieur de la bouche peut-il être considéré comme une intervention externe au corps ? Matériellement, l'action de frottement à l'intérieur de la bouche est bien interne au corps. Pour autant, ce n'est pas le choix effectué dans notre droit. Dans tous les cas, il est important que le Conseil constitutionnel protège l'intégrité physique des individus et la dignité de ces derniers.

---

criminelle et la loi du 22 mars 1999 relative à la procédure d'identification par analyse ADN en matière pénale.

[344] Loi n° 2003-239 du 18 mars 2003 pour la sécurité intérieure.

[345] Cons. const., 13 mars 2003, DC n° 2003-467, précit., considérant 55.

[346] Circulaire de la direction des affaires criminelles et des grâces du 31 juillet 2003, CRIM 2003-12 E8/31-07-2003.

[347] Cons. const., 16 septembre 2010, QPC n° 2010-25, précit.

[348] Qui pourra être effectué par un simple OPJ, le Conseil d'état ayant décidé qu' *« aucune autre règle ni aucun principe ne réservent le recueil d'un échantillon de salive à une profession médicale ». Cf.* CE, 5 décembre 2016, requête n° 394178.

109. Une réelle atteinte au corps ? La situation de prélèvement génétique sans le consentement est ainsi assez rare : ce dernier doit être externe et ne provoquer aucune douleur pour l'individu. Ce qui peut nous conduire à nous interroger sur l'atteinte effective au corps et plus largement sur le principe d'inviolabilité du corps humain. Est-ce que l'on peut réellement considérer que forcer la personne à ouvrir la bouche et à frotter un petit bâtonnet pour recueillir de la muqueuse buccale est une atteinte à son corps ? Certains auteurs ont mis en avant le fait que c'est *« la recherche de la vérité et le caractère peu invasif du prélèvement [qui] ont pu être invoqués pour légitimer (...) le recours à la contrainte »*[349]. Certes, le prélèvement est peu invasif, pour autant, il n'en demeure pas moins qu'il s'agit d'une atteinte à l'intégrité physique du corps[350]. Alors qu'une partie de la doctrine ne voit aucune difficulté à cette contrainte, ne portant pas réellement atteinte au corps[351], nous avons un point de vue différent du principe d'inviolabilité du corps. Celui-ci s'applique, selon nous, sans aucune référence à la notion de puissance de l'atteinte. Aucun seuil n'existe quant à la protection de l'intégrité : toute atteinte, même minime, au corps est sanctionnée, c'est l'objet même de la simple contravention pour une atteinte au corps sans ITT. Dès lors, même s'il s'agit d'une atteinte légère, elle reste effectuée sans le consentement de l'individu. Bien que des hypothèses de prélèvement forcé puissent se justifier dans la pratique, lorsqu'existe une proportionnalité avec le but légitime poursuivi (ce qui peut être le cas pour les prélèvements sanguins de dépistage d'IST), cette pratique est plus contestable du point de vue de l'expertise génétique. La personne étant condamnée, les OPJ disposent d'autres moyens permettant d'obtenir les informations[352].

Dès lors, le recours à la contrainte physique, même s'il est rare et peu invasif, se justifie difficilement, pour le simple objectif de fichage de masse désiré par le législateur. Actuellement, et tant que notre droit n'évoluera pas,

---

349 C. Girault, « Identification et identité génétiques », AJ Pénal 2010, p. 224.

350 *Cf.* en ce sens : N.-J. Mazen, « Tests et empreintes génétiques : du flou juridique au pouvoir scientifique », Petites affiches 1994, n° 149, *« la réalisation d'un test ou d'une empreinte génétique nécessite le prélèvement d'un produit ou d'un élément du corps humain, que celui-ci soit un échantillon de sang, de sperme ou une simple racine de cheveu ; son obtention passe nécessairement par une atteinte effective, même si elle est minime, à l'intégrité physique »*.

351 Tout comme le Conseil constitutionnel qui a, en 2010, déclaré que le procédé non douloureux pouvait justifier le recours à la contrainte et ne portait pas atteinte au principe d'inviolabilité du corps.

352 Pour l'heure, ils peuvent avoir accès aux éléments naturellement détachés du corps mais ils sont également aidés par les infractions de refus de prélèvement. L'article 706-56 du Code de procédure pénale prévoit alors que *« les peines prononcées pour les délits prévus au présent article se cumulent, sans possibilité de confusion, avec celles que la personne subissait ou celles prononcées pour l'infraction ayant fait l'objet de la procédure à l'occasion de laquelle les prélèvements devaient être effectués »*. Cette dernière mention permet également d'obtenir le consentement de l'individu.

cette situation permet au procureur de la République de procéder au prélèvement jusqu'à un an après l'exécution de la peine.
Dans ce sens, aucune urgence n'existant, il est fondamental, pour nous, qu'*a minima*, un magistrat du siège, garant des libertés individuelles, soit saisi pour décider de la nécessité de réaliser le prélèvement sous contrainte. Seul ce juge pourrait permettre l'atteinte au corps et préserver l'inviolabilité de ce dernier, ainsi que la dignité de l'individu. Cette dernière, bien qu'étant une notion très large[353], permet de respecter l'être humain qu'est la personne mise en cause ou condamnée et entraîne une impossible atteinte violente sur ou dans son corps[354]. Pour autant, elle n'est pas toujours suffisante pour empêcher des atteintes forcées à son encontre, notamment dans les hypothèses de fouilles corporelles (Section II).

Section II - Les fouilles corporelles

110. La préservation de la sécurité. Alors que les hypothèses de prélèvements forcés s'expliquent par la préservation de la santé de la victime ou bien par une logique de fichage, le cas des fouilles corporelles renvoie directement aux notions d'ordre et de sécurité. L'objectif de tels procédés étant de rechercher sur ou dans le corps de l'individu des éléments dangereux, susceptibles de causer un trouble, que ce soit pour les personnes suspectées (§I) ou pour les détenus (§II).

---

[353] C. Lantero, « Vers la reconnaissance du défaut d'information comme chef de préjudice autonome ? », précit. : *« le principe de dignité est extrêmement difficile à manier juridiquement, du fait de son contenu subjectif variable, et a pu à ce titre être critiqué ».*
Sur ce point, *cf.* notamment B. Mathieu, « La dignité de la personne humaine : quel droit, quel titulaire ? », Recueil Dalloz 1996, p. 282 et V. Saint-James, « Réflexions sur la dignité de l'être humain en tant que concept juridique du droit français », Recueil Dalloz 1997, p. 61. Voir également N. Rayé, *L'appréhension de la dignité humaine par le droit pénal*, précit.
[354] Dans ce sens, l'atteinte à la dignité va être évoquée par la CEDH pour empêcher les violences sur le corps, notamment par le biais de l'article 3 de la Convention. Un bon exemple de cela eu lieu en 2015 où elle décida que *« tout recours à la force physique par les agents de l'État qui n'est pas rendu strictement nécessaire par le comportement de la personne qui y est soumise rabaisse la dignité humaine de celle-ci et, de ce fait, constitue une violation des droits garantis par l'article 3 de la Convention ».* CEDH, 28 septembre 2015, Bouyid c. Belgique, requête n° 23380/09. *Cf.* S. Lavric, « Violences policières : dernières leçons de Strasbourg », AJ pénal 2016, p. 222.

§I - Les fouilles de personnes gardées à vue

111. Garde à vue et protection de la personne. L'individu qui fait l'objet de soupçons de commission d'une infraction peut être placé en garde à vue[355], sur décision de l'OPJ ou sur instruction du procureur de la République. Ces dernières années, la personne suspectée a gagné divers droits, permettant théoriquement de la préserver durant l'application de cette contrainte moralement difficile. Ainsi, le législateur a institué l'article 63-1 du Code de procédure pénale obligeant l'OPJ à rappeler à la personne ses droits à : être informée de l'objet de son placement en garde à vue, faire prévenir un proche ou son employeur[356], être examinée par un médecin[357], assistée par un avocat[358], consulter certains documents, etc. Par ailleurs, la personne subissant cette disposition bénéficie toujours du respect de sa dignité, tel que le prévoit l'article 63-5 du Code. Cet article établit également que *« seules peuvent être imposées à la personne gardée à vue les mesures de sécurité strictement nécessaires »*. Cette dernière mention questionne quant à la possibilité des enquêteurs de réaliser des fouilles sur (A) ou dans le corps de la personne (B).

A - Mesures de sécurité et fouilles corporelles

112. Palpation de sécurité. L'objectif premier de ce type de mesure corporelle est la préservation de la sécurité, ce qui se traduit parfois par la recherche d'objets illicites ou dangereux que l'individu aurait sur lui. L'atteinte au corps et à l'intimité que réalise l'agent dans ces circonstances est minime : la personne est habillée, sa dignité est théoriquement préservée. L'officier recherche simplement la preuve d'une éventuelle dangerosité immédiate de la personne suspecte. Ces méthodes ne sont pas expressément nommées dans le Code de procédure pénale. Elles sont tout de même régies par l'article 63-6[359] qui dispose que *« les mesures de sécurité ayant pour*

---

[355] A condition que la mesure constitue *« l'unique moyen de parvenir à l'un au moins des objectifs »* prévus à l'article 62-2 du CPP, tels que la préservation des preuves.
[356] C. proc. pén., art. 63-2.
[357] C. proc. pén., art. 63-3.
[358] C. proc. pén., art. 63-3-1 à 63-4-3.
[359] Sur le sujet, voir : M. Herzog-Evans, « Fouilles corporelles », Rép. pén., décembre 2013. L'auteur expose notamment le cadre législatif : *« ces textes traitent de toutes les formes de fouilles : par palpation [...], intégrales et sous forme d'investigation corporelle interne. Ils mettent fin à des décennies de silence normatif en la matière. En effet, antérieurement, faute de texte législatif encadrant les fouilles corporelles réalisées par les policiers [...], la jurisprudence avait validé les fouilles corporelles en les qualifiant de perquisition »*.

objet de s'assurer que la personne gardée à vue ne détient aucun objet dangereux pour elle-même ou pour autrui sont définies par arrêté de l'autorité ministérielle compétente ». L'arrêté en question fut publié en 2011[360] et rappelle tout d'abord le double objectif de ces dispositions : s'assurer que la personne ne détient aucun objet dangereux mais également préserver sa dignité. Ainsi, l'article 2 du texte prévoit quatre mesures telles que l'utilisation de moyen de détection électronique, le retrait des objets dangereux, le retrait de vêtements *« effectué de façon non systématique et si les circonstances l'imposent »* et les palpations de sécurité. Celles-ci doivent être effectuées *« au travers des vêtements »*, par une personne du même sexe que le gardé à vue[361].
Dans cette situation, *quid* du consentement de l'intéressé ? Le texte n'en fait aucunement référence, ce qui laisse supposer, *a contrario*, qu'il n'est pas requis, surtout en enquête de flagrance. Cette disposition existe notamment pour protéger la personne qui effectue les recherches. Dès lors, l'absence de prise en compte de la volonté s'avère proportionnée au but recherché, au vu de la très faible atteinte à l'intimité. Pour autant, si la personne refuse de subir la mesure, l'article ne donne pas plus de précisions quant à une éventuelle sanction ou quant à la réaction que doivent avoir les officiers. Doivent-ils utiliser la force ? Abandonner la mesure ? Le droit pénal étant d'interprétation stricte, la seule qualification possible à envisager est celle de rébellion telle que prévue à l'article 433-6 du Code pénal, si la personne gardée à vue oppose *« une résistance violente »* à l'officier. Dans ce cas, les officiers pourraient faire usage de la force, proportionnée, pour se défendre. Aucune information supplémentaire n'est ainsi apportée quant à la réaction que doivent avoir les officiers face à un éventuel refus de la personne.
Par ailleurs, outre le cadre de la garde à vue, un autre texte permet des palpations de sécurité : l'article 60 du Code des douanes. Celui-ci permet aux douaniers *« pour l'application des dispositions du présent code et en vue de la recherche de la fraude, [...] (de) procéder à la visite des marchandises et des moyens de transport et à celle des personnes ».* Bien qu'aucune explication ne soit réellement apportée sur les modalités de visite des personnes, une jurisprudence de 2011 a précisé qu'une telle mesure de vérification pouvait être une fouille par palpation[362].

---

[360] Arrêté du 1er juin 2011, n° IOCC1114326A, relatif aux mesures de sécurité, pris en application de l'article 63-6 du code de procédure pénale.
[361] Par ailleurs, la disposition n'est pas seulement applicable à la personne gardée à vue mais également aux personnes faisant l'objet d'autres mesures de contraintes, prévues aux articles 141-4, 709-1-1, 716-5 et 803-3 du Code de procédure pénale (personne retenue dans le cadre d'un contrôle judiciaire, exécution des peines ou bien encore le déferrement de la personne à l'issue de sa garde à vue).
[362] Cass. crim. 31 mai 2011, n° 11-80034.

113. La fouille intégrale. L'article 63-6 du Code de procédure pénale permettant le recours aux palpations de sécurité expose un principe simple : les mesures de sécurité ne peuvent *« consister en une fouille intégrale »*. Cette disposition est logique et favorable à l'individu qui doit déjà subir un dispositif contraignant (la garde à vue), tant cette fouille intégrale est dégradante. La personne devant se déshabiller entièrement devant des officiers qui vont vérifier l'ensemble de ses vêtements mais également regarder tout son corps : les officiers peuvent ainsi scruter chaque recoin de son intimité, entraînant un possible sentiment de honte et d'arbitraire chez l'individu. On comprend ainsi pourquoi la prohibition de cette fouille à nu pour vérifier si la personne ne possède pas d'objet dangereux est saluable. Pour autant, un cadre particulier existe à l'article 63-7 du Code de procédure pénale, disposant que *« lorsqu'il est indispensable pour les nécessités de l'enquête de procéder à une fouille intégrale d'une personne gardée à vue, celle-ci doit être décidée par un officier de police judiciaire et réalisée dans un espace fermé par une personne de même sexe que la personne faisant l'objet de la fouille. La fouille intégrale n'est possible que si la fouille par palpation ou l'utilisation des moyens de détection électronique ne peuvent être réalisées »*. Dès lors, de multiples conditions de réalisation sont nécessaires.

Premièrement, il doit s'agir d'une mesure mise en œuvre lorsqu'elle est indispensable pour les nécessités de l'enquête. Ce qui signifie que cette fouille ne peut pas être réalisée simplement pour des motifs de sécurité, conformément à l'article 63-6 du Code de procédure pénale. De plus, l'article en question figure dans une partie du Code traitant des crimes et délits flagrants ; et les dispositions concernant les enquêtes préliminaires ne faisant pas de renvoi à celui-ci, il ne peut s'agir que de mesures mises en place pour les nécessités de l'enquête flagrante.

Ensuite, la réalisation se fait sur décision d'un OPJ – confirmant son grand pouvoir de recherche – dans un espace clos par une personne de même sexe. Si l'intention est louable, il n'en reste pas moins que subir une telle contrainte et devoir se dévêtir devant un officier reste une atteinte à la dignité, fut-il un homme, quand la personne gardée à vue est également un homme. Par ailleurs, ces pratiques restent imposées par la législation et ne relèvent pas du choix de l'individu. Si un homme préfère subir la contrainte aux yeux d'un officier de police judiciaire femme, il n'en aura pas la possibilité. Aucune référence à l'identité ou à l'orientation sexuelle n'est également prévue dans les textes, alors même qu'il est possible d'imaginer qu'une personne homosexuelle puisse se sentir plus à l'aise à l'idée de devoir se dévêtir face au sexe opposé[363], une appréciation *in concreto* n'aura pas lieu d'être.

---

[363] Par ailleurs, bien que non encore reconnu en France, le « troisième sexe » pourrait un jour

Enfin, cette fouille n'est envisageable que si la réalisation de la palpation de sécurité n'est pas possible.
A mesure exceptionnelle, texte exceptionnel : pour autant, bien qu'encadrées par cette disposition spécifique, les fouilles intégrales restent des atteintes aux libertés individuelles. Elles doivent par ailleurs être mentionnées dans le procès-verbal de justification de la garde à vue que dressera l'OPJ[364].
Quid du consentement de l'intéressé ? La réponse est identique à celle donnée pour les palpations de sécurité : aucune référence à la volonté n'est donnée, ni même à une possible sanction ou contrainte physique de l'individu en cas de refus. La personne gardée à vue bénéficiant de plus en plus de droits et de protections, la clarification de ces dispositions, précisant les modalités de prise en compte du consentement et de son refus semble nécessaire. La même problématique se pose pour les fouilles internes (B).

B - Les fouilles internes

114. Des fouilles graduées. Si la fouille intégrale, devant être limitée à de rares cas, porte déjà atteinte à la dignité et à la pudeur de la personne, les fouilles internes doivent être encore plus exceptionnelles ! Dès lors, une graduation des possibilités d'exercice des fouilles a été mise en place.
Les fouilles intégrales ne peuvent avoir lieu que si les palpations de sécurité ne peuvent être exécutées. Concernant les fouilles internes, au vu de leurs fortes atteintes au corps, leur réalisation ne peut avoir lieu sans que les palpations de sécurité ou fouilles intégrales ne soient impossibles à mettre en place. En cas d'inapplicabilité des deux premiers degrés d'atteinte, le troisième, le plus puissant, sera envisageable. Prévue à l'article 63-7, alinéa 2 du Code de procédure pénale, cette fouille consiste à franchir toute l'intimité de la personne : ce n'est plus seulement analyser l'extérieur du corps mais également l'intérieur de celui-ci, toujours dans l'objectif de recherche d'objets illicites.

115. Des fouilles nécessaires. De la même manière que les deux autres hypothèses de fouilles, cette troisième possibilité touche non seulement à l'intimité et à la dignité mais permet surtout la violation de l'intégrité du

---

devoir être pris en compte. Bénéfiant de plus en plus de reconnaissance dans nos pays voisins, (*cf.* par exemple : « Les Pays-Bas font un pas vers la reconnaissance d'un « troisième sexe » », Le Monde, 28 mai 2018) une problématique se poserait pour ces personnes qui ne sont légalement ni homme ni femme quant à la fouille par une personne du sexe opposé… Un changement législatif s'imposerait alors, prévoyant par exemple le choix du sexe de l'auteur de la fouille par la personne subissant la contrainte.
[364] C. proc. pén., art. 64.

corps : il s'agit d'une hypothèse de forte remise en cause de l'inviolabilité du corps humain. Partant de ce constat, il est nécessaire que des conditions strictes de mises en œuvre existent, le législateur ayant souhaité renforcer *« la protection de la dignité des personnes gardées à vue, notamment au vu de pratiques relativement courantes de recherche d'objets dans l'intimité de personnes soupçonnées de trafic de stupéfiants »*[365]. Celles-ci sont identiques à celles des fouilles intégrales : il faut que la fouille soit indispensable pour les nécessités de l'enquête, pour une personne placée en garde à vue. Le professeur Herzog-Evans précise alors que cela *« permet d'exiger que la réalisation de la fouille des cavités soit d'une nécessité pressante et présente un caractère inévitable. La présence d'un ou de plusieurs indices plausibles faisant présumer que la personne qui en fait l'objet a participé à un crime ou un délit devra être relevée, s'agissant d'un acte réalisé uniquement dans le cadre de la flagrance »*. Elle ajoute alors que ces fouilles internes *« ne sauraient, dans la très grande majorité des cas, être considérées comme indispensables aux nécessités de l'enquête qu'en matière de trafic de stupéfiants et ce uniquement dès lors que les autres fouilles s'avèrent insuffisantes »*[366]. Dès lors, bien que le texte ne donne pas plus de précision, on peut supposer que ce n'est que lorsque les officiers ont des soupçons de la présence d'une substance – stupéfiant – à l'intérieur du corps de l'individu qu'ils pourront réaliser l'acte. Si aucune raison plausible ne permet de penser que la personne cache dans son corps ces objets, la fouille ne pourra avoir lieu. C'est une condition de protection importante, l'officier ne pourra pas faire réaliser l'acte pour chaque personne placée en garde à vue afin de déterminer si elle a de tels objets dans son corps. C'est une situation extraordinaire, portant une violation très forte au corps : elle doit ainsi être exceptionnelle, tant l'atteinte est puissante. Par ailleurs, puisque l'acte est plus contraignant que les autres et va permettre de briser l'intimité de la personne, une mesure de protection supplémentaire est apportée par le législateur : la fouille ne peut être réalisée que par un médecin[367].
L'article 63-7 du Code de procédure pénale se situe également dans une partie du Code traitant des crimes et délits flagrants, et les dispositions législatives pour enquête préliminaire ou pour l'instruction, ne procèdent pas à des renvois à cette disposition : l'acte ne sera ainsi possible qu'en enquête de flagrance.

---

365 Circulaire de la direction des affaires criminelles et des grâces du 4 décembre 2000, CRIM-00-13/F1-04.12.00.
366 M. Herzog-Evans, « Fouilles corporelles », précit.
367 Prévu à l'article 63-7 mais également à 63-5 qui rappellent que les investigations corporelles internes *« ne peuvent être réalisées que par un médecin requis à cet effet »*.

116. Des fouilles non consenties. De la même manière que pour les autres hypothèses de fouilles, le consentement n'est pas requis. Au vu du caractère extrême et exceptionnel de cette procédure, on peut imaginer que le législateur ait désiré un recours à la contrainte physique en cas de refus de l'intéressé. Dans ce cas, bien qu'il puisse s'agir d'un touché rectal ou vaginal, la Cour de cassation a refusé de considérer qu'il puisse s'agir de faits rentrants dans les qualifications de viols[368] ou d'agressions sexuelles[369]. Dans ce domaine, il est également à prendre en compte la situation prévue à l'article 60 bis du Code des douanes. Pour rappel, cette disposition permet aux agents de soumettre la personne à des examens médicaux de dépistages[370] lorsqu'il existe des indices sérieux permettant de présumer qu'elle transporte des stupéfiants dans son corps. Le consentement dans cette hypothèse est pris en compte et fait partie des situations pour lesquelles il est forcé : si l'individu refuse, il encourt un délit et une sanction pénale. L'avantage d'une telle mesure réside dans sa clarté : le consentement est de principe, et la personne qui refuse ne subit pas d'examen par contrainte physique. Pour autant, le refus est doublement limité, réduisant à néant toute possibilité de prise en compte de la volonté, non seulement par l'infraction pénale encourue mais également par le fait qu'une telle personne, si des soupçons de commission d'infraction existent, puisse être placée en garde à vue, et ainsi subir les fouilles internes sans consentement ! Celle-ci n'a dans cette hypothèse aucun intérêt à refuser : elle subira l'acte ET subira les éventuelles poursuites pour refus de consentement.

Par ailleurs, rappelons également que ce n'est pas le fait de refuser de subir l'acte désiré par les agents qui est réprimé mais le fait de refuser celui décidé par un magistrat saisi. La présence de telles drogues dans l'organisme pouvant être fatales pour l'individu, la nécessité d'agir rapidement existe. Ainsi, si un magistrat de l'ordre judiciaire peut être saisi et rendre une décision urgente pour les agents des douanes, on voit difficilement en quoi une saisine identique serait impossible en garde à vue. L'atteinte au corps par la fouille interne est très importante et l'absence de référence à un consentement permet à l'OPJ de rechercher les preuves d'une infraction dans le corps de l'individu, lui donnant encore une fois un grand pouvoir

---

[368] Cass. crim., 29 janvier 1997, n° 96-81452.

[369] Cass. crim., 10 décembre 2008, n° 08-83148. *Cf.* M. Herzog-Evans, « Une fouille intégrale forcée ne constitue pas une agression sexuelle », AJ Pénal 2009, p. 188.

[370] M. Herzog-Evans, « Fouilles corporelles et dignité de l'homme », RSC 1998, p. 735 : *« l'on range dans cette catégorie toute une série d'examens, dont seulement certains constituent des fouilles. Ainsi, ne constituent pas des fouilles, les radiographies, actes médicaux, même s'ils ont ici un objet investigatoire. [...] Constituent en revanche des fouilles, même si seuls des personnels médicaux les pratiquent, en raison du contact corporel qu'ils induisent et surtout de leur fondement investigatoire, les examens rectaux et vaginaux que les Anglo-saxons appellent plus explicitement « fouilles des orifices » (cavity searches) ».*

d'investigation. Dès lors qu'une atteinte à l'inviolabilité du corps est prévue dans les textes, nous pensons que seul un magistrat indépendant et impartial, garant des libertés individuelles, devrait avoir le pouvoir de décider d'une telle mesure invasive. Pour autant, ce n'est pas le choix effectué par le législateur, ce dernier se bornant simplement à exposer qu'elles doivent être indispensables pour les nécessités de l'enquête, ce qui tend à favoriser la recherche probatoire sur la protection du corps.

117. Le contrôle européen. La Cour européenne des droits de l'Homme contrôle ces dispositions et notamment le fait que les droits fondamentaux des personnes soient respectés. Dès lors, il importe également dans ce domaine que règne une proportionnalité entre les nécessités de l'enquête et l'atteinte portée au corps de la personne. De même, la Cour veille à ce que des violences inutiles ne soient pas portées à l'individu, particulièrement par le biais de l'article 3 de la Convention : interdiction des traitements inhumains et dégradants. Ainsi par exemple, dans une affaire de 2006, un *« petit trafiquant, avait avalé un sachet de drogue avant son interpellation. Les policiers, avec le concours d'un médecin, avait contraint violemment le suspect à régurgiter ledit sachet, et ce de manière totalement disproportionnée*[371] *[...]. La cour, dans cette affaire, releva qu'il suffisait d'attendre que le temps fasse son œuvre : l'expulsion aurait finalement et nécessairement eue lieu par les voies naturelles. La violence employée était ici disproportionnée au regard de l'infraction et des nécessités de l'enquête »*[372]. La Cour n'autorise pas tout : les faits trop violents ne seront pas tolérés. Elle exerce une appréciation *in concreto* de l'affaire en prenant en compte : *« la nature et le degré de la coercition employée pour l'obtention des éléments de preuve ; le poids de l'intérêt public à la poursuite de l'infraction en question et à la sanction de son auteur ; l'existence de garanties appropriées dans la procédure et l'utilisation faite des éléments ainsi obtenus »*[373].

Cela signifie, pour les fouilles internes applicables à la recherche de stupéfiants, que la contrainte physique exercée en cas de refus doit être faible

---

[371] CEDH, 11 juillet 2006, Jalloh c. Allemagne, requête n° 54810/00 : *« quant à la nature et au degré de la coercition employée pour la collecte des éléments de preuve en l'espèce, la Cour rappelle que l'intervention ayant consisté à faire régurgiter de force les stupéfiants au requérant a considérablement porté atteinte à l'intégrité physique et mentale de celui-ci. L'intéressé a dû être immobilisé par quatre policiers, on lui a posé une sonde nasogastrique et administré des substances chimiques pour provoquer une réaction pathologique dans son organisme et ainsi l'obliger à livrer les preuves recherchées. Ce traitement a été jugé inhumain et dégradant et, par conséquent, contraire à l'article 3 ». Cf.* J.-F. Flauss, « Actualité de la Convention européenne des droits de l'homme », AJDA 2006, p. 1709.

[372] C. Ambroise-Castérot, « La personne soupçonnée ou condamnée face aux soins ou vérifications sur sa personne », précit.

[373] §117 de l'arrêt.

voire inexistante, encore plus si le temps peut jouer et permettre la sortie naturelle des substances du corps.
Dans tous les cas, ces fouilles internes sont pour nous inutiles et devraient être supprimées puisque les officiers peuvent justement attendre l'écoulement du temps pour obtenir les éléments recherchés. L'atteinte au corps non consentie ne nous semble pas être la solution la plus pertinente dans cette situation.
En tout état de cause, la proportionnalité des moyens employés est importante et permet une protection de l'individu, de sa dignité et de son corps par la Cour européenne. Celle-ci exerce la même protection à l'encontre des fouilles qui peuvent être réalisées sur les détenus (B).

§II - Les fouilles de personnes condamnées

118. Un cadre plus protecteur ? Ces dernières années, la Cour européenne des droits de l'Homme, tout comme le Conseil de l'Europe se sont efforcés de mettre en évidence les droits dont disposent les détenus. Rappelons que la commission d'une infraction peut entraîner une peine privative de liberté, dans un établissement pénitentiaire. Néanmoins, en théorie, ce n'est qu'une peine qui prive la personne de son droit d'aller et venir et nullement de ses autres droits fondamentaux. Dès lors, même en détention, le respect du corps, de son inviolabilité mais également la protection de la dignité de la personne doivent être respectés. Pour autant, ces droits sont souvent mis à mal par le principe de protection de l'ordre et le maintien de la sécurité en détention. Dans cette optique, le détenu peut également faire l'objet de fouilles corporelles, notamment prévues à l'article 57 de la loi pénitentiaire[374]. Cette disposition prévoit que les fouilles par palpations et fouilles intégrales sont possibles, avec la même graduation que celle prévue pour les personnes en garde à vue : la fouille intégrale n'est réalisable que si la fouille par palpation ou l'utilisation de moyens de détection électroniques ne sont pas suffisants[375].

---

[374] Loi n° 2009-1436 du 24 novembre 2009 pénitentiaire, modifiée par la loi n° 2016-731 du 3 juin 2016 renforçant la lutte contre le crime organisé, le terrorisme et leur financement, et améliorant l'efficacité et les garanties de la procédure pénale. Sur cette question, *cf.* A. Garraud, *La réforme pénitentiaire*, thèse de doctorat, Université de Nice, 2015.
[375] Par ailleurs, l'article prévoit le recours aux fouilles si elles sont *« justifiées par la présomption d'une infraction ou par les risques que leur comportement fait courir à la sécurité des personnes et au maintien du bon ordre dans l'établissement »*, ce qui entraîne de très larges possibilités.
Ces éléments ont d'ailleurs été récemment rappelés par le Conseil d'Etat : CE, 30 janvier 2019, requête n° 416999 : *« si les nécessités de l'ordre public et les contraintes du service*

A contrario, alors qu'elle est praticable si elle est *« indispensable pour les nécessités de l'enquête »*[376] en garde à vue, la fouille corporelle interne est par principe prohibée en détention. L'article 57 de la loi précitée prévoit un principe simple : *« les investigations corporelles internes sont proscrites »*. Néanmoins, elles sont autorisées s'il existe un impératif spécialement motivé. Dans ce cas, elles ne peuvent être réalisées que par un médecin. Par ailleurs, notons une différence textuelle importante par rapport au régime des suspects : le texte prévoit que le médecin – qui ne doit pas exercer au sein de l'établissement pénitentiaire – est requis par l'autorité judiciaire. La saisine d'un magistrat est très importante pour le respect des libertés individuelles, d'autant qu'il existe une sorte d'opacité sur ce qui s'exerce en détention pour « le monde extérieur ». La fouille interne est extrêmement préjudiciable pour le corps et la dignité de l'individu, le recours à un magistrat est louable et également souhaitable dans le cadre de la garde à vue. Cependant, le texte ne précise pas quel magistrat doit être saisi. Une circulaire de 2011[377] est venue préciser le régime des fouilles et expose que le chef d'établissement devra saisir le parquet territorialement compétent[378]. Précision somme toute dommageable pour le détenu, l'objectif des fouilles étant la garantie de la sécurité mais également la constatation d'infraction, la saisine du parquet, directeur des enquêtes, partial, ne nous paraît pas suffisante. Bien que celui-ci soit magistrat, la saisine d'un juge du siège[379], serait un plus dans la

---

public pénitentiaire peuvent légitimer l'application à un détenu de mesures de fouille, le cas échéant répétées, elles ne sauraient revêtir un caractère systématique et doivent être justifiées par l'un des motifs [que les textes sus-visés] prévoient, en tenant compte notamment du comportement de l'intéressé, de ses agissements antérieurs ou des contacts qu'il a pu avoir avec des tiers. Les fouilles intégrales revêtent un caractère subsidiaire par rapport aux fouilles par palpation ou à l'utilisation de moyens de détection électronique. Il appartient à l'administration pénitentiaire de veiller, d'une part, à ce que de telles fouilles soient, eu égard à leur caractère subsidiaire, nécessaires et proportionnées et, d'autre part, à ce que les conditions dans lesquelles elles sont effectuées ne soient pas, par elles-mêmes, attentatoires à la dignité de la personne ». *Cf.* C. Otero, « La fouille corporelle intégrale des détenus est (était ?) strictement limitée », AJ Pénal 2019, p. 221.

376 C. proc. pén., art. 63-7 précit.

377 Circulaire du 14 avril 2011 relative aux moyens de contrôle des personnes détenues, NOR JUSK1140022C, BOMJL n° 2011-04 du 29 avril 2011.

378 Précision également apportée par l'article R. 57-7-82 du Code de procédure pénale : *« lorsque la personne détenue est soupçonnée d'avoir ingéré des substances ou des objets ou de les avoir dissimulés dans sa personne, le chef d'établissement saisit le procureur de la République d'une demande aux fins de faire pratiquer une investigation corporelle interne par un médecin. Il joint à sa demande tout élément de nature à la justifier »*.

379 Notons que par ailleurs, de plus en plus de détenus font appel au juge administratif en référé, en cas d'urgence et d'atteinte grave et manifestement illégale à une liberté fondamentale, pouvant être saisie des questions de fouilles contraires à la Conv. EDH et à la dignité. *Cf.* M. Léna, « Fouilles corporelles intégrales : application de la loi pénitentiaire », Recueil Dalloz 2013, p. 1478. Pour autant, la CEDH a déjà décidé que ce recours n'était pas toujours effectif. Ainsi par exemple, *cf.* « Le référé-liberté n'est pas un « recours effectif »

préservation des droits. Dans tous les cas, la mention de la saisine de l'autorité judiciaire dans la loi pénitentiaire reste plus favorable à la personne que la possibilité de fouille sans réelle précision pour le suspect gardé à vue. La même circulaire rappelle le principe de protection de la dignité du détenu mais également précise chaque modalité de fouille. Ainsi par exemple, il est prévu pour la fouille intégrale que tout contact physique entre l'agent et le détenu doit être proscrit. S'agissant des fouilles internes, le personnel médical peut réaliser un examen buccal, anal ou vaginal mais également des radiographies. Par ailleurs, la circulaire précise quelque peu la notion d'impératif spécialement motivé en permettant les fouilles *« de manière exceptionnelle, lorsque la personne détenue est soupçonnée d'avoir ingéré ou introduit des objets ou substances prohibés ou dangereux »*.
Les droits du détenu sont rappelés, sa dignité doit être protégée mais la préservation de la sécurité reste une priorité de l'administration pénitentiaire.

119. Proportionnalité et préservation de la dignité du détenu. Toute comme chaque mesure de contrainte imposée à une personne, une proportionnalité entre les moyens employés et les objectifs poursuivis est nécessaire[380]. Cet élément ressort du texte même prévoyant le recours aux fouilles en détention, l'article 57 de la loi pénitentiaire, qui dispose que *« ces fouilles doivent être strictement nécessaires et proportionnées »*. Dès lors, deux cadres existent pour la mise en place des fouilles. Le premier prend en compte l'individu condamné et sa personnalité. Si pour ce dernier, il existe une présomption de commission d'infraction ou que son comportement fait courir un risque pour la sécurité des personnes et le maintien du bon ordre dans l'établissement, des fouilles intégrales sont possibles. Dans ce cas, *« leur nature et leur fréquence sont strictement adaptées à ces nécessités et à la personnalité des personnes détenues »*[381]. Par ailleurs l'article 57 de la loi pénitentiaire prévoit également que ces dernières peuvent être systématiques *« lorsque les nécessités de l'ordre public et les contraintes du service public pénitentiaire l'imposent. Dans ce cas, le chef d'établissement doit prendre une décision pour une durée maximale de trois mois renouvelable après un nouvel examen de la situation de la personne détenue »*. Dès lors, le

---

pour la Cour européenne des droits de l'homme », AJDA 2007, p. 940.

[380] Circulaire du 14 avril 2011, précit. : *« la nécessité de trouver un équilibre entre les impératifs de sécurité en établissement pénitentiaire et le respect de la dignité de la personne détenue constitue un objectif fort et permanent de l'administration pénitentiaire, en particulier s'agissant de la réalisation des divers contrôles et fouilles qui ponctuent la vie de la personne détenue en détention »*.

[381] Article 57 de la loi pénitentiaire, par ailleurs confirmé par l'article R. 57-7-79 du Code de procédure pénale : *« leur nature et leur fréquence sont décidées au vu de la personnalité des personnes intéressées, des circonstances de la vie en détention et de la spécificité de l'établissement »*.

législateur semble prendre en compte la situation de chaque individu pour ces atteintes corporelles.

Le second cadre, prévu également à l'article 57, permet des fouilles *« lorsqu'il existe des raisons sérieuses de soupçonner l'introduction au sein de l'établissement pénitentiaire d'objets ou de substances interdits ou constituant une menace pour la sécurité des personnes ou des biens »*. Dans ce cas, *« le chef d'établissement peut également ordonner des fouilles de personnes détenues dans des lieux et pour une période de temps déterminés, indépendamment de leur personnalité »*. Il ressort implicitement de cette disposition que les fouilles ne peuvent être systématiques et quotidiennes dans l'intégralité de l'établissement. Dans tous les cas, le recours à ces actes doit être spécialement motivé et les fouilles *« font l'objet d'un rapport circonstancié transmis au procureur de la République territorialement compétent et à la direction de l'administration pénitentiaire »*.

De la même manière que pour les suspects en garde à vue, la Cour européenne des droits de l'Homme va agir et protéger l'individu contre des décisions arbitraires de l'administration en agissant soit sur le terrain de l'article 3 concernant les traitements inhumains ou dégradants, soit sur le fondement de l'article 8 : respect de la vie privée et familiale[382]. Celle-ci est intervenue à de multiples reprises sur le sujet, que ce soit pour des décisions concernant des pays tiers ou pour l'administration française. Elle a eu l'occasion de rappeler que les fouilles ne sont pas interdites par principe mais que leurs modalités de réalisation pouvaient être contraires à la Convention. Elle examine ainsi la nécessaire proportionnalité entre les moyens mis en œuvre et les buts poursuivis et préserve le détenu dans sa dignité en n'hésitant pas à condamner lorsque celui-ci a subi des violences ou encore un sentiment d'angoisse.

Une des premières affaires majeures concernait la Lituanie pour laquelle l'individu avait subi une fouille intégrale en présence d'un agent du sexe opposé, durant laquelle un surveillant avait directement touché l'intéressé, sans gants de protection, puis avait servi à manger sans se laver les mains. Dans son arrêt, *« la Cour estime que, si des fouilles corporelles peuvent parfois se révéler nécessaires pour assurer la sécurité dans une prison, défendre l'ordre ou prévenir les infractions pénales, elles doivent être menées selon les modalités adéquates. Obliger le requérant à se dévêtir totalement en présence d'une femme puis toucher avec des mains nues ses organes génitaux[383] et la nourriture reçue démontre un manque évident de*

---

382 Voir J. Portier, « L'acquis jurisprudentiel de la CEDH en matière de fouilles à corps en milieu carcéral », AJDA 2019, p. 1738.

383 La prohibition de tout contact physique lors d'une fouille à nue avait par ailleurs été déjà mise en avant par la commission européenne des droits de l'homme en 1980, comme condition de validité des fouilles. *Cf.* Com. EDH, 15 mai 1980, T. Mac Feeley c. Royaume-Uni, requête n° 8317/78.

respect pour l'intéressé qui a subi une réelle atteinte à sa dignité. Il a dû éprouver des sentiments d'angoisse et d'infériorité, sources d'humiliation et de vexation »[384]. Par conséquent, la CEDH condamne la fouille réalisée au titre de l'article 3 comme traitement dégradant. Deux ans plus tard, la Cour fut à nouveau saisie d'une affaire pour laquelle elle fut *« frappée par le fait que le requérant était soumis à la fouille à corps chaque semaine, en plus de toutes les autres mesures de sécurité draconiennes en vigueur [...] (et) considère que la pratique des fouilles à corps hebdomadaires, qui fut imposée au requérant pendant une période d'environ trois ans et demi, alors qu'il n'y avait pour cela aucun impératif de sécurité convaincant, a porté atteinte à sa dignité humaine et a dû provoquer chez lui des sentiments d'angoisse et d'infériorité de nature à l'humilier et à le rabaisser »*[385]. La Cour en a conclu à une violation de l'article 3 en tant que traitement inhumain ou dégradant.

La France n'a également pas échappé à diverses condamnations de la CEDH sur ce point, notamment avant l'entrée en vigueur de la loi pénitentiaire. Ainsi, dans un arrêt de 2007[386], la Cour a estimé que même si en soi les fouilles ne sont pas contraires à la convention, leur caractère systématique, non justifié et non dicté par des impératifs de sécurité peut s'analyser en des traitements inhumains et dégradants. En premier lieu, elle avait rappelé l'importance de l'article 3 de la Convention et que pour sa caractérisation, *« un mauvais traitement doit atteindre un minimum de gravité. L'appréciation de ce minimum est relative par essence ; elle dépend de l'ensemble des données de l'espèce, notamment de la durée du traitement et de ses effets physiques ou mentaux, ainsi que, parfois, du sexe, de l'âge, de l'état de santé de la victime, etc. ».* Concernant les fouilles subies par le détenu, celui-ci avait fait l'objet de mesures différentes d'un établissement pénitentiaire à l'autre. Ce manque d'uniformité avait frappé la Cour. Elle a ensuite décidé que le *« sentiment d'arbitraire, celui d'infériorité et l'angoisse qui y sont souvent associés, et celui d'une profonde atteinte à la dignité que provoque indubitablement l'obligation de se déshabiller devant autrui et de se soumettre à une inspection anale visuelle, en sus des autres mesures intrusives dans l'intimité que comportent les fouilles intégrales, caractérisent*

---

384 CEDH, 24 juillet 2001, Valašinas c. Lituanie, requête n° 44558/98.

385 CEDH, 4 février 2003, Van Der Ven c. Pays-Bas, requête n° 50901/99. Elle a par ailleurs jugé dans le même sen une affaire similaire : CEDH, 4 février 2003, Lorsé et al. C. Pays-Bas, requête n° 52750/99. *Cf.* F. Massias, « Chronique internationale des droits de l'homme », RSC 2004, p. 441.

386 CEDH, 12 juin 2007, Frérot c. France, requête n° 70204/01. *Cf.* M. Herzog-Evans, « Fouilles intégrales et rétention de correspondance : la France condamnée sur les fondements des articles 3, 8, 13 et 6, § 1 », AJ Pénal 2007, p. 336 ; D. Roets, « Jurisprudence de la Cour européenne des droits de l'homme », RSC 2008, p. 140 et P. Poncela, « Chronique de l'exécution des peines », RSC 2008, p. 404.

un degré d'humiliation dépassant celui – tolérable parce qu'inéluctable – que comporte inévitablement la fouille corporelle des détenus. De surcroît, l'humiliation ressentie par le requérant a été accentuée par le fait que ses refus de se plier à ces mesures lui ont valu, à plusieurs reprises, d'être sanctionné par des placements en cellule disciplinaire ». Par ces différents éléments, elle va exclure la qualification de traitements inhumains mais condamne pour violation de l'article 3 au titre de traitements dégradants.
La France sera également condamnée en 2009[387] dans une affaire similaire pour laquelle la Cour dénonce à nouveau des fouilles répétées non justifiées par un impératif convaincant de sécurité. Elle reprendra la solution précédente et notamment le fait que ces fouilles répétées engendrent un sentiment d'angoisse contraire à la dignité humaine et condamne l'État français. Celui-ci a continué d'être sanctionné par la Cour sur le fondement de l'article 3, en 2011[388]. La France a alors pris acte de ces condamnations en encadrant les fouilles et empêchant par principe les fouilles systématiques, dégradantes ou humiliantes. Malgré tout, certains établissements pénitentiaires avaient tout de même, après la loi de 2009, instauré un régime de fouille systématique, ce qui leur a valu une censure du juge administratif[389].
Les fouilles sont ainsi possibles et valables dès lors qu'elles ne portent pas une atteinte disproportionnée aux droits de l'individu et notamment à sa dignité. *« Plus importante est l'intrusion dans l'intimité du détenu fouillé à corps (notamment lorsque ces modalités incluent l'obligation de se dévêtir devant autrui, plus encore lorsque l'intéressé doit en sus prendre des postures embarrassantes), plus grande est la vigilance qui s'impose »*[390].
Si de tels actes portent atteinte à ces différents droits, ils peuvent également engendrer un cercle vicieux pour l'individu. Le détenu considérant ces

---

[387] CEDH, 9 juillet 2009, Khider c. France, requête n° 39364/05. *Cf.* M. Herzog-Evans, « Transfèrements, isolement et fouilles corporelles des détenus : la France triplement condamnée », AJ Pénal 2009, p. 372 ; J.-P. Marguénaud, « Inscription au registre des « détenus particulièrement signalés » et droits de l'homme », RSC 2010, p. 225 et P. Poncela, « Quelques aspects du respect de la dignité en droit de l'exécution des peines », RSC 2010, p. 645.
[388] CEDH, 30 janvier 2011, El Shennawy c. France, requête n° 51246/08. *Cf.* M. Herzog-Evans, « Prisons : la France à nouveau condamnée par deux fois par la Cour européenne des droits de l'homme », AJ Pénal 2011, p. 88 et D. Roets, « Fouilles corporelles intégrales : l'article 57 de la loi pénitentiaire dans les clous européens », RSC 2011, p. 704.
[389] *Cf.* par exemple : CE, 26 septembre 2012, requête n° 359479. *Cf.* E. Péchillon, « Exécution des peines », Recueil Dalloz 2013, p. 1304. Mais également, CE, 6 juin 2013, requête n° 368816. *Cf.* M. Léna, « Fouilles corporelles intégrales : application de la loi pénitentiaire », précit. et E. Péchillon, « Fouilles systématiques des détenus : le Conseil d'État encadre le recours aux réglementations locales », AJ Pénal 2013, p. 497. Mais également pour une décision rendue par la cour administrative d'appel (CAA) de Douai le 7 décembre 2017, *cf.* D. Costa, « Désobéir légalement en prison au nom de la dignité », AJDA 2018, p. 1041.
[390] CEDH, 12 juin 2007, Frérot c. France, précit.

fouilles comme une contrainte physique et psychologique trop forte, due notamment au sentiment d'humiliation, peut décider de ne plus prendre soin de lui (absence de douche par exemple), de se renfermer sur lui-même et limiter au maximum ses mouvements au sein de l'établissement pour éviter les fouilles. La contrainte psychologique est alors très puissante et augmente le sentiment de mal-être et d'envies suicidaires accentuées chez les individus atteints de troubles psychiatriques.
« En conclusion, la CEDH censure les fouilles systématiques, répétées, non justifiées en termes de sécurité et d'ordre interne ou accompagnées d'actes ou manifestations humiliantes »[391].

120. *Quid* du refus de subir l'acte ? La référence à toute notion de consentement est également absente dans les textes. Pour autant, la circulaire de 2011, des notes de ministres mais également des décisions juridictionnelles se sont efforcées de préciser les cas de refus de fouilles. Qu'encourt le détenu s'il refuse la fouille ? Tout dépend du type de fouille concerné. La discipline en prison est encadrée par le Code de procédure pénale, dans sa partie réglementaire, prévoyant notamment des sanctions pouvant être prises en interne par l'établissement, pour les détenus qui ne respecteraient pas les règles. Les fautes sont classées par degrés (au nombre de trois), selon leur gravité[392]. À l'inverse, les sanctions ne sont pas ordonnées selon cette division et peuvent aller du simple avertissement, au placement en cellule disciplinaire, mais elles doivent être proportionnées à la faute commise[393]. En 2011, le Conseil d'État a rendu une décision dans laquelle il expose qu'en *« dehors de la seule hypothèse où l'injonction adressée à un détenu par un membre du personnel de l'établissement pénitentiaire serait manifestement de nature à porter une atteinte à la dignité de la personne humaine, tout ordre du personnel pénitentiaire doit être exécuté par les détenus ; que le refus d'obtempérer à une injonction d'un membre du personnel constitue une faute disciplinaire »*[394]. Par principe, le détenu est donc tenu de respecter les ordres formulés par les agents de l'administration pénitentiaire, sous l'importante réserve de l'ordre qui porterait manifestement atteinte à sa dignité. Concernant les fouilles, cette référence à la dignité est importante puisque la CEDH renvoie également à ce concept en exigeant que celle des détenus soit respectée. C'est pourquoi, l'individu ne peut refuser la fouille sauf si celle-ci est manifestement de nature à attenter à sa dignité. Cette notion sert ainsi, comme la volonté, de

---

[391] M. Herzog-Evans, « Fouilles corporelles », précit.
[392] C. proc. pén., art. R. 57-7 et s.
[393] C. proc. pén., art. R. 57-7-49 : *« le président de la commission de discipline prononce celles des sanctions qui lui paraissent proportionnées à la gravité des faits et adaptées à la personnalité de leur auteur »*.
[394] CE, 20 mai 2011, requête n° 326084.

rempart à la protection du corps. Or, si les fouilles par palpation n'y portent pas souvent atteintes, toute fouille à nue, intégrale, qui impose à l'individu de se déshabiller sous les regards d'agents, constitue une atteinte à la dignité de l'Homme. La seule possibilité, *a priori*, pour que la personne puisse tout de même subir la mesure est l'utilisation du terme « manifestement » par la haute juridiction administrative. Si la fouille intégrale porte en théorie atteinte à la dignité, le fait-elle indéniablement, et de façon indubitable ? On pourrait le penser, surtout lorsque ces fouilles revêtent un caractère systématique ou récurrent[395].

Pour autant, ce n'est pas le choix qui a été effectué par le gouvernement[396]. Dans sa note de 2013[397], la directrice de l'administration pénitentiaire, sous délégation du garde des sceaux, expose le fait que la fouille constitue une mesure de sécurité et que *« la personne détenue ne peut refuser de s'y soumettre sous peine de commettre une faute de nature à entraîner une sanction disciplinaire »*. Elle détaille ensuite chaque situation de refus en la renvoyant à la constitution d'une faute disciplinaire. Ainsi, si la personne refuse *« sans réelle résistance physique »*, le refus peut être qualifié d'une faute disciplinaire de deuxième degré selon l'article R. 57-7-2, 5° du Code de procédure pénale qui mentionne le fait *« de refuser de se soumettre à une mesure de sécurité définie par une disposition législative ou réglementaire, par le règlement intérieur de l'établissement pénitentiaire ou par toute autre instruction de service »*. *A contrario*, si l'individu émet des résistances physiques, son action sera constitutive d'une faute de premier degré[398].

Par ailleurs, la force physique peut être envisagée en *« cas de légitime défense, de tentative d'évasion, de résistance violente ou par inertie physique aux ordres donnés, sous réserve que cet usage soit proportionné et strictement nécessaire à la prévention des évasions ou au rétablissement de l'ordre »*[399]. Si la fouille est strictement nécessaire au rétablissement de l'ordre dans l'établissement, en cas de refus réitéré, les agents pourront avoir recours à la force. Dans ce cas, *« l'intéressée est maîtrisée dans un local*

---

[395] *Cf.* en ce sens : J. Falxa, « Atteinte à la vie privée : fouilles sur détenus et sanctions en cas de refus », Recueil Dalloz 2015, p. 2010, concernant les régimes des fouilles systématiques, *« en raison de l'atteinte qu'ils constituent à la dignité humaine et de leur illégalité, laisseraient cependant penser que le refus des personnes détenues de se soumettre à de telles mesures ne pourrait relever de la faute disciplinaire correspondante »*.

[396] A l'inverse, selon nous, la fouille *in corpore* est manifestement de nature à porter atteinte à la dignité, ce qui laisse à penser que l'individu pourrait refuser de la subir, sans conséquence disciplinaire.

[397] Note du 15 novembre 2013 relative aux moyens de contrôle des personnes détenues, NOR : JUSK1340043N, parue au BOMJ n°2013-12 du 31 décembre 2013.

[398] C. proc. pén., art. R. 57-7-1, 1° : constitue une faute le fait *« d'exercer ou de tenter d'exercer des violences physiques à l'encontre d'un membre du personnel ou d'une personne en mission ou en visite dans l'établissement »*.

[399] C. proc. pén., art R. 57-7-83.

approprié, préservant la dignité des personnes et garantissant des conditions d'hygiène et de propreté satisfaisantes, par un nombre d'agents nécessaire mais suffisant, pour la maintenir et procéder à la mesure de fouille. Il peut être opportun, compte tenu de la configuration des locaux destinés aux fouilles à proximité des parloirs, et de l'importance des mouvements qui y ont lieu, de mener l'intéressée dans un autre local permettant de faire usage de la force strictement nécessaire à la mesure de fouille »[400].
Tout est affaire d'appréciation mais les agents doivent avoir en tête que la fouille ne peut être que proportionnée, nécessaire et surtout, doit respecter la dignité des détenus. Pour autant, malgré ces dispositions, un long chemin reste encore à effectuer pour que la protection de la dignité, du consentement et bien évidemment du corps soit satisfaisante.

***

121. Conclusion du Chapitre I. Bien que la Cour européenne des droits de l'homme protège les individus et permette la mise en place de quelques barrières à la volonté de recherche probatoire corporelle des enquêteurs et agents, celle-ci n'intervient qu'après coup : une fois l'atteinte effectuée. Ainsi, il nous paraît encore nécessaire qu'un contrôle juridictionnel intervienne avant que l'atteinte au corps soit effectuée, que ce soit pour les prélèvements ou pour les fouilles. Cependant, au cours d'une enquête pénale, d'autres possibilités existent pour que les officiers de police judiciaire puissent obtenir des preuves par le corps de l'individu, sans avoir besoin d'un quelconque recours à la force (Chapitre II).

---

[400] Circulaire du 14 avril 2011, précit.

CHAPITRE II - L'IMPOSSIBLE ET L'INUTILE RECOURS A LA CONTRAINTE

Ce que cache mon langage, mon corps le dit.
Mon corps est un enfant entêté, mon langage est un adulte très civilisé...[401]

122. L'aide et la ruse. Alors que les situations précédentes permettaient aux enquêteurs de toucher directement à l'intégrité physique de la personne en se passant de son consentement, les hypothèses qui vont suivre vont également être effectuées sans référence à la volonté, mais cette fois sans atteintes directes au corps : le principe de loyauté dans la recherche probatoire mettant un frein à ces possibilités (Section I). Les officiers n'auront qu'à se contenter de l'aide apportée par les particuliers ou bien de saisir les éléments du corps naturellement détachés de la personne (Section II).

Section I - Le principe de loyauté dans la recherche probatoire

123. Légalité, liberté et loyauté. Les preuves doivent être apportées par les parties conformément à la loi selon le principe de légalité. Pour autant, la procédure pénale se caractérise surtout par le principe de liberté dans la recherche des preuves. Ainsi, alors qu'elle sera souvent préconstituée en droit civil, en droit pénal la preuve reste libre ! C'est un grand principe procédural qui est notamment mis en avant par l'article 427 du Code de procédure pénale : *« hors les cas où la loi en dispose autrement, les infractions peuvent être établies par tout mode de preuve et le juge décide d'après son intime conviction »*. Néanmoins, que la recherche de preuves soit libre ne signifie pas que la personne ait le droit de tout faire. Des barrières à cette liberté existent, tant par les droits fondamentaux de la personne (interdiction des tortures et actes de barbarie par exemple) que par le principe de loyauté. Paradoxalement, ce dernier ne figure pas dans les textes du Code, et notamment dans l'article préliminaire, et pourtant il est souvent

---

[401] R. Barthes, *Fragments d'un discours amoureux*, Seuil, collection « Tel quel », 1977.

utilisé par la jurisprudence pour démontrer au justiciable une bonne image de la justice[402]. Bien que sa définition ne soit pas aisée, certains auteurs se sont affairés à cette tâche. Ainsi, *« la loyauté peut se définir comme ce qui obéit aux lois de l'honneur, de la probité, de la droiture, soit à une certaine morale imposée au regard des droits de l'homme, entendus largement »*[403]. Pour d'autres, *« le sens commun du terme « loyauté » insiste sur la droiture et la fidélité dans les relations humaines et sociales mais l'origine latine « legalis » de l'adjectif « loyal » confirme aussi que la loyauté est le respect de la loi [...], (ce qui reviendrait) à considérer que le principe de loyauté n'est pas l'un des éléments de la légalité mais la légalité elle-même »*[404].

Toutefois, les juristes ont parfois des difficultés à cerner la notion et les conséquences que ce principe est susceptible d'engendrer. L'étude de la jurisprudence de la Cour de cassation et notamment de sa chambre criminelle démontre que la loyauté est utilisée pour limiter la recherche absolue de preuve, pour freiner les envies policières et judiciaires, s'appliquant à tous les stades de la procédure. Pour autant, des différences existent quant à l'appréciation du principe selon que la recherche probatoire s'effectue par une autorité publique (§I) ou par un particulier (§II).

§I - Loyauté et autorité publique

124. Loyauté et interdictions. Le principe de loyauté dans la recherche de preuves, comme la dignité, a été utilisé par la Cour de cassation pour interdire certains procédés de preuves[405] corporelles et ce, même si l'individu y consent (A). Par ailleurs, ce principe a notamment été mis en avant pour lutter contre les provocations policières (B).

---

402 En ce sens, *cf.* : B. De Lamy, « De la loyauté en procédure pénale. Brèves remarques sur l'application des règles de chevalerie à la procédure pénale », *in Le droit pénal à l'aube du troisième millénaire. Mélanges offerts à Jean Pradel*, éditions Cujas, 2006, p. 97.

403 M. Marx, *La preuve par le corps humain*, précit.

404 D. Garreau, « La loyauté dans la preuve. Un principe résiduel, voire inutile ? », Justice et Cassation 2014, p. 41.

405 Sur la comparaison internationale, voir : D. Giannoulopoulos, *L'exclusion de preuves pénales déloyales : une étude comparée des droits américain, anglais, français et hellénique*, thèse de doctorat, Université de Paris 1, 2009 ou bien encore S. Ali, *La loyauté de la preuve dans la recherche de la preuve pénale : Etude comparative : Des droits français, égyptien et syrien*, thèse de doctorat, Université d'Aix-Marseille 3, 2010.

A - Les moyens de preuves corporelles interdits

125. La prohibition de certains procédés de preuves. Si, outre la loyauté, la préservation du corps et de la dignité de la personne, additionnées à l'interdiction des traitements inhumains et dégradants de l'article 3 de la Conv. EDH, permettent d'empêcher toutes formes de violences policières inutiles, elles limitent parfois d'autres procédés probatoires. C'est spécifiquement le cas de certains procédés techniques ou scientifiques qui utilisent le corps à des fins de recherche de preuves. Ainsi par exemple, la Cour a eu à traiter de preuves dites irrationnelles dans des cas de recours à l'hypnose, auxquels une comparaison peut être effectuée avec le sérum de vérité.

126. L'inviolabilité de la pensée. La preuve étant libre par principe, certains moyens de preuves tels que le sérum de vérité ou l'hypnose ont pu être utilisés par les enquêteurs et magistrats français pour obtenir des aveux. Le problème de ces procédés réside dans le fait qu'ils annihilent tout contrôle de la parole de l'individu. De ce fait, la Cour de cassation a été saisie de plusieurs affaires concernant spécifiquement le recours à l'hypnose.
La première affaire date de 2000[406], pour laquelle un témoin qui avait donné son consentement pour l'expertise, avait été entendu, sous hypnose, par des officiers de police judiciaire ainsi que par un expert ayant prêté serment. Alors que la chambre d'accusation de la Cour d'appel de Rennes avait validé le procédé, le 18 mai 2000, mettant en avant le fait que ce dispositif est attentatoire à la personne uniquement s'il est réalisé sans son autorisation, la chambre criminelle de la Cour de cassation a cassé sa décision. Pour la Cour, le recours à l'hypnose portait atteinte aux droits de la défense. La seconde affaire a été rendue l'année suivante et va dans le même sens[407]. À ceci près qu'il s'agissait non plus d'un témoin consentant mais d'un suspect en garde à vue. La Cour de cassation rappelle sa solution de 2000 et décide que le recours à l'hypnose *« viole les dispositions légales relatives au mode d'administration des preuves et compromet l'exercice des droits de la défense »*. Ainsi, le respect de la dignité humaine doit s'opposer à toute utilisation de procédés scientifiques visant à obtenir des aveux.
Dès lors, la haute juridiction judiciaire française refuse le recours à un tel procédé de preuve. L'hypnose, tout comme le sérum de vérité, font perdre à

---

406 Cass. crim., 12 décembre 2000, n° 00-83852. *Cf.* A. Giudicelli, « Témoignage sous hypnose ou expertise hypnotique ? », RSC 2001, p. 610 ; D. Mayer et J.-F. Chassaing, « Y a-t-il une place pour l'hypnose en procédure pénale ? », Recueil Dalloz 2001, p. 1340 et J. Buisson, « L'audition sous hypnose est interdite. Est permis l'enregistrement, au parloir d'une maison d'arrêt, de propos tenus entre des mis en examen et leurs proches », Procédures mars 2001, n° 3, comm. n° 70.
407 Cass. crim., 28 novembre 2001, n° 01-86467.

la personne le contrôle de sa parole. Ce fait n'est pas compatible avec la nécessité pour le témoin qui prête serment de dire la vérité[408], ce qui signifie qu'il doit être conscient et certain de ses propos. Le manque de fiabilité du procédé est également à mettre en avant : le risque de fabrication de faux souvenirs est important dans ce domaine[409], ce qui porte effectivement atteinte aux droits de la défense. Puisque l'individu n'est plus maître de sa pensée, le procédé porte atteinte au respect de la loyauté dans la recherche probatoire et ne doit pas être utilisé. La Cour protège ainsi contre les procédés scientifiques non fiables et trop attentatoires aux droits de la personne et ce, même si la personne est consentante. La réponse sera identique si l'individu est à l'origine de la demande d'expertise au juge d'instruction. Peu importe sa volonté, le procédé est trop préjudiciable pour que la justice l'accepte.

A contrario, certains auteurs ont pourtant mis en avant le fait que refuser l'utilisation de l'hypnose, alors qu'elle serait demandée par la personne, porte également atteinte aux droits de la défense, et que ce moyen de preuve a parfois son utilité, notamment pour obtenir des informations que le témoin est incapable de donner en état de veille. Et finalement que *« l'hypnose, en ce qu'elle ne se présente pas comme un procédé certain, nous semble s'insérer parfaitement bien dans un système de preuve légale gouverné par le principe d'intime conviction du juge. En vertu de ce principe, il incombe en effet au juge de s'interroger sur la véracité de chaque élément de preuve et de se méfier des certitudes trompeuses »*[410]. S'il est vrai que le principe de liberté de la preuve pourrait permettre, en théorie, à la personne de demander le recours à ces procédés, il est également vrai qu'ils détruisent les remparts de la pensée. Dans cet état, il est souhaitable que le juge judiciaire protège les individus, même contre leur volonté, dans le recours à des moyens de preuve qui vont leur porter atteinte sans même qu'ils en aient forcément conscience. La surmédiatisation de ces pratiques à la télévision, dans les séries ou dans les films peut biaiser la perception réaliste de l'individu, pouvant le pousser à croire en leurs fiabilités et ainsi à les demander au juge. Pour autant, et c'est heureux, l'hypnose reste refusée en France.

Les mêmes arguments sont à apporter pour le recours à la narco-analyse, dite sérum de vérité. La simple ingestion du produit dans le corps de la personne est déjà une atteinte à son intégrité physique mais également, au vu de la

---

[408] C. proc. pén., art. 103 : *« les témoins prêtent serment de dire toute la vérité, rien que la vérité »*.

[409] *Cf.* C. Puigelier, « Observations sur le droit pénal scientifique à l'aube du troisième millénaire », *in Le droit pénal à l'aube du troisième millénaire. Mélanges offerts à Jean Pradel*, éditions Cujas, 2006, p. 473 mais également : S. Nicolas, « Comment l'homme conserve-t-il des souvenirs ? », *in* A. Weil-Barais (dir.), *L'homme cognitif*, PUF, 2011.

[410] D. Mayer et J.-F. Chassaing, « Y a-t-il une place pour l'hypnose en procédure pénale ? », précit.

finalité de l'opération (obtenir des informations que l'individu ne souhaite pas dévoiler), à sa dignité, pouvant être contraire à l'article 3 de la Conv. EDH. Par ailleurs, il n'existe pas de recette miracle, de potion magique, permettant de délier la parole de la personne pour qu'elle raconte, avec certitude, le déroulement des faits. L'aveu et le témoignage doivent être effectués par une personne consciente, saine d'esprit et non pas soumise à de telles contraintes. Une décision de la Cour d'appel d'Aix-en-Provence résume bien la situation dans ce domaine : c'est un procédé « *qui répugne(nt) à la conscience car il traite l'être humain en animal de laboratoire et ressuscite l'ancienne torture* »[411]. Ces dispositifs sont ainsi déloyaux et ne peuvent être autorisés.

127. Le détecteur de mensonges[412] : le rejet de la technique. Sérum de vérité, hypnose ou détecteur de mensonge ont une faiblesse commune : le manque de fiabilité scientifique ou technique. La science est en constante progression et permet de plus en plus de soutenir magistrats et enquêteurs dans leurs tâches probatoires. Pour autant, encore faut-il que le procédé scientifique ou technique utilisé soit scientifiquement fiable, c'est-à-dire qu'il ne présente pas un risque d'erreurs trop important, trop d'incertitudes quant au résultat. Ces éléments peuvent être mis en avant concernant l'utilisation du polygraphe ou détecteur de mensonges. Il s'agit d'un moyen qui permet, dans son principe, de déceler de faux propos, grâce à de petites modifications de la fréquence de la voix, du rythme cardiaque ou de la sudation de la personne quand celle-ci est soumise à une situation de stress. Ce dispositif suppose que le stress se déclenche par le fait que l'intéressé est en train de mentir. Pour cela, il est nécessaire d'enregistrer la fréquence normale de la voix de la personne et cet enregistrement servira de référence pour l'étude de ses propos. Les situations de mensonges sont censées créer des états de nervosité décelables par un logiciel, ce qui permettra de savoir quand la personne soupçonnée ne dit pas la vérité. Cette technique est également contraire aux droits de la défense et à la loyauté dans la recherche de preuves. Aucune étude ne permet de démontrer réellement l'efficacité du détecteur de mensonges. Par ailleurs, d'un point de vue scientifique, les différents procédés et notamment l'analyse de la voix, permettent uniquement de démontrer l'état de stress de la personne et non pas le mensonge[413] : celui-ci reste scientifiquement indécelable[414]. La fiabilité ne pouvant être alléguée, utiliser lors d'un interrogatoire, un tel procédé, fut-il

[411] CA Aix-en-Provence, 8 mars 1961. *Cf.* Revue Sûreté nationale, mars-mai 1961, p. 48.

[412] Sur la question du mensonge et du droit pénal, *cf.* notamment A. Comert, *Les infractions consommées par le mensonge*, thèse de doctorat, Université de Lorraine, 2015.

[413] M. Herzog-Evans, « Le détecteur de mensonges », Revue de droit du travail 2008, p. 484.

[414] Il en va de même pour celui qui serait suspect dans une procédure mais qui arriverait à maîtriser son corps et à ne pas laisser paraître son mensonge à l'outil.

avec le consentement de la personne, serait contraire au respect de ses droits. Ainsi, le droit français s'oppose à son utilisation, bien que celle-ci existe encore dans certains pays du monde tel que les États-Unis[415] mais également la Belgique[416] (pour laquelle la personne a totalement le droit de consentir ou non au test).

128. Les neurosciences et le droit[417]. L'imagerie cérébrale peut-elle être utilisée à des fins répressives ? Depuis 2011, les neurosciences ont fait l'objet d'une disposition du Code civil permettant son utilisation dans le cadre d'expertise judiciaire[418], uniquement si l'intéressé donne son consentement. Ces procédés qui permettent d'observer le cerveau et ses réactions pour pouvoir constater des anomalies *via* un IRM, pourraient-ils être utilisés pour permettre de démontrer la culpabilité de l'individu ? La tentation est alors d'obtenir par l'intérieur même de la personne une sorte d'aveu corporel[419]. Pour autant, ces techniques d'imagerie s'avèrent difficilement compatibles avec les droits fondamentaux de la personne[420]. Bien que la personne soit consciente, à l'inverse de l'hypnose, la recevabilité de tels procédés en droit nécessite également la démonstration de leur fiabilité. Or ces méthodes reposent sur des logiques probabilistes dont la fiabilité peut être contestée[421]. Toute prudence s'avère nécessaire quant à l'utilisation de la science dans la recherche de preuves sans limite.

---

[415] *« Ce sont près d'un million de tests qui sont, chaque année, réalisés aux Etats-Unis à partir du détecteur de mensonges »* : C. Puigelier, « Observations sur le droit pénal scientifique à l'aube du troisième millénaire », précit. Sur ce sujet, voir aussi : R. Encinas de Munagorri, « La recevabilité d'une expertise scientifique aux États-Unis », Revue internationale de droit comparé 1999, vol. 51, n° 3, p. 621.

[416] B. Renard, « Quand l'expression de la vérité est attribuée au corps – Etat des lieux et quelques questionnements sur la légitimité de l'utilisation du polygraphe en procédure pénale », *in* A. Leriche (dir.), *La Criminalistique, du mythe à la réalité quotidienne*, Kluwer, Bruxelles, décembre 2002, p. 363.

[417] *Cf.* M. Peltier-Henry, *Le droit pénal à l'épreuve des neurosciences*, L'Harmattan, collection « BibliothèqueS de droit », 2019. Voir aussi : C. Byk, « Les neurosciences : une contribution à l'identité individuelle ou au contrôle social ? », RDSS 2012, p. 800.

[418] C. civ., art. 16-14, créé par la loi n° 2011-814 du 7 juillet 2011 relative à la bioéthique. Voir S. Desmoulin-Canselier, « Usages et interprétations judiciaires des images cérébrales », RSC 2018, p. 343.

[419] Ces procédés sont ainsi semblables à des détecteurs de mensonges.

[420] Sur ce sujet, *cf.* F. Fezzani, *Les neurosciences en tant que moyen de preuve ou les implications juridiques de l'utilisation judiciaire des neurosciences*, thèse de doctorat, Université Paris 2, 2019. Voir également P. Larrieu, « La réception des neurosciences par le droit », AJ Pénal 2011, p. 231. Ainsi, Peggy Larrieu, après avoir rappelé que la personne a le droit de garder le silence, expose, pour ces différents procédés, que *« non seulement les droits fondamentaux de la personne apparaissent comme étant difficilement conciliables avec l'utilisation de ces techniques, mais d'autre part, aucune d'entre elles n'est absolument fiable. Elles permettent essentiellement de révéler l'émotivité d'un sujet, et non sa culpabilité ».*

[421] *Cf.* O. Oullier, « le cerveau et la loi : éthique et pratique du neurodroit », note d'analyse du

129. Le for intérieur protégé, le consentement bafoué. Ainsi, aucune technique ni procédé ne permet aujourd'hui de déterminer réellement les souvenirs, la pensée ou la culpabilité de la personne. Son intimité et son corps sont protégés par le respect des droits de la défense, la loyauté et la dignité dont bénéficie chaque justiciable. Ces éléments permettent de passer outre la volonté de la personne et son consentement à l'acte. Peu importe qu'un individu désire prouver ses dires par l'usage de ces moyens de preuve, ils ne seront pas recevables devant le juge judiciaire. Il s'agit ainsi d'une situation différente de celles que nous avons étudiées précédemment sur la remise en cause du consentement. Ce n'est pas une limite de volonté pour la protection de l'ordre ou de l'intérêt général mais une limite pour la protection de la personne elle-même. On supprime ainsi la liberté de consentir au profit d'autres droits considérés alors comme plus importants. Pour autant, si jamais la science et la technique évoluent et que des études démontrent une réelle fiabilité des procédés, qu'est ce qui pourrait empêcher l'utilisation d'un détecteur de mensonges si la personne en fait la demande ?
La liberté de la preuve, la fiabilité du procédé et l'absence d'atteinte importante au corps permettraient, en théorie, de l'utiliser. Par contre, ça ne pourrait pas être le cas de l'hypnose qui plonge toujours la personne dans un état qui ne lui permet pas de contrôler ses dires et pensées. Néanmoins, des limites à la volonté existeraient toujours par la préservation de la dignité de la personne : *« ainsi, l'article 3 de la Convention européenne des droits de l'homme est utilisé au soutien de la prohibition du détecteur de mensonges, qui porterait atteinte à la dignité, le consentement étant considéré comme inexistant »*[422].
En tout état de cause, les droits de la personne et la loyauté dans la recherche probatoire permettent de refuser l'utilisation de certains procédés de preuve. Le principe de loyauté va également permettre de protéger la personne dans les recherches que voudraient effectuer les autorités publiques (B).

B - Les provocations policières

130. Provocations à la preuve et provocation à l'infraction. Le principe de loyauté a tout d'abord été pris en compte par la Cour de cassation pour lutter contre les provocations policières abusives. La première affaire

---

Centre d'analyse stratégique n° 282, septembre 2012. Mais également C. Puigelier, « La recherche sur le cerveau : quel droit ? », *in Mélanges en l'honneur de Jean Michaud. Droit et bioéthique*, Les Études Hospitalières, 2012, p. 305

422 M.-C. Sordino, « Le procès pénal confronté aux neurosciences : science sans conscience…? », AJ Pénal 2014, p. 58.

importante date de 1888[423] pour laquelle la Cour décide de la déloyauté de la procédure dans le cas d'un juge d'instruction qui avait téléphoné à un suspect, sans mentionner sa qualité pour obtenir des preuves, en imitant la voix d'un comparse. Principe réaffirmé par la suite en 1952[424] avant d'être étendu, dans de nombreuses affaires, aux preuves obtenues dans d'autres cadres que les commissions rogatoires. Dans ce domaine, il faut distinguer la provocation à la preuve et la provocation à l'infraction. La jurisprudence décide que *« porte atteinte au principe de la loyauté des preuves et au droit à un procès équitable, la provocation à la commission d'une infraction par un agent de l'autorité publique ou par son intermédiaire ; que la déloyauté d'un tel procédé rend irrecevables en justice les éléments de preuve ainsi obtenus »*[425]. Ainsi, le Professeur Etienne Vergès rappelle que les autorités peuvent avoir la volonté de recourir à la ruse et que celle-ci n'est pas, par principe, illicite *« si elle est seulement destinée à recueillir la preuve d'une infraction. On parle alors de provocation à la preuve. À l'inverse, si la ruse détermine un non-délinquant à passer à l'acte, elle constitue l'élément déclencheur de l'infraction et entraîne la nullité des poursuites. On parle alors de provocation à l'infraction »*[426].
De son côté, la Cour EDH ne traite pas spécifiquement du principe de loyauté, qui ne figure pas dans les textes. Pour autant, bien que la Convention ne règlemente pas l'admissibilité des modes de preuves, qui relève au premier chef, du droit interne, elle considère qu'une condamnation peut avoir lieu lorsque la procédure dans son ensemble a été contraire à ce droit au procès équitable, tel que prévu à l'article 6§1 de la Convention[427]. Dans ce sens, de nombreux cas ont été traités par la Cour de cassation, agissant notamment sur ce fondement de l'article 6§1 de la Conv. EDH condamnant les stratagèmes mis en place par l'autorité publique.
Pour autant, la frontière entre provocation à l'infraction, qui est interdite, et provocation à la preuve de l'infraction, qui est tolérée, est mince.

---

[423] Cass. Ch. réunies, 31 janvier 1888, S. 1889, I, p. 241, affaire Wilson.
[424] Cass. crim., 12 juin 1952, S. 1954, I, p. 69, affaire Imbert.
[425] Cass. crim., 11 mai 2006, n° 05-84837. *Cf.* E. Vergès, « Provocation policière, loyauté de la preuve et étendue de la nullité procédurale », AJ Pénal 2006, p. 354 ; R. Finielz, « Loyauté de la preuve - Provocation à la commission de l'infraction », RSC 2006, p. 848 et J.-F. Renucci, « Le principe de loyauté des preuves », RSC 2006, p. 879. Mais également Cass. crim., 9 août 2006, n° 06-83219. *Cf.* G. Roujou de Boubée, « Droit pénal », Recueil Dalloz 2007, p. 399 et C. Saas, « Loyauté et provocation policière à l'infraction », AJ Pénal 2006, p. 510.
[426] E. Vergès, « Provocation policière, loyauté de la preuve et étendue de la nullité procédurale», précit.
[427] CEDH, 9 juin 1998, Teixeira De Castro c. Portugal, requête n° 25829/94 : *« l'intérêt public ne saurait justifier l'utilisation d'éléments recueillis à la suite d'une provocation policière ».* *Cf.* R. Koering-Joulin, « Chronique internationale des droits de l'homme », RSC 1999, p. 384.

L'appréciation de la Cour se fait par une étude *in concreto* des ruses employées par les agents pour obtenir la preuve.
Finalement, *« deux critères permettent principalement de distinguer la provocation à l'infraction de la provocation à la preuve : d'une part, la préexistence du délit ou un délit sur le point de se consommer ; d'autre part, le comportement actif ou inactif du service enquêteur »*[428].

131. Le comportement actif ou inactif de l'officier. Ainsi, la Cour de cassation a jugé que ne constitue pas un stratagème qui porte atteinte à la loyauté des preuves, l'intervention des gendarmes qui a eu pour seul effet de permettre la constatation d'un délit de trafic d'influence dont ils n'ont pas déterminé la commission[429]. À l'inverse, constitue un stratagème le fait, pour le procureur de la République, de donner à un officier de police judiciaire l'ordre de se substituer à la victime présumée d'un chantage dans les négociations avec les auteurs de celui-ci. En l'espèce, l'enquêteur *« avait entretenu plusieurs conversations téléphoniques, tant à son initiative qu'à celle de ces interlocuteurs »*[430]. L'officier ne s'était pas identifié autrement qu'en qualité de représentant de la prétendue victime et les conversations avaient, pour certaines, fait l'objet d'interceptions. Cela avait conduit à l'interpellation des mis en cause.
La provocation à la preuve est finalement une provocation à la flagrance de l'infraction qui existe ou qui est en cours de commission. Ainsi par exemple, en matière de lutte contre les stupéfiants, un officier qui irait dans un lieu où il sait que des substances sont vendues pourrait provoquer à la preuve si jamais on lui en propose à la vente[431]. *A contrario*, si c'est lui qui en fait la demande et qui insiste pour en avoir, ce sera une provocation à l'infraction. C'est bien par son comportement que l'auteur commet l'infraction. Dans ce sens, la Cour a condamné un comportement consistant à tromper la personne

---

[428] G. Pitti, « L'affaire de la sextape : on ne dribble pas le principe de loyauté des preuves ! », Gazette du palais 2017, n° 31, p. 18.
[429] Cass. crim., 16 janvier 2008, n° 07-87633. *Cf.* R. Finielz, « Loyauté de la preuve - Incitation ou provocation à la commission de l'infraction », RSC 2008, p. 367 et M.-E. Charbonnier, « Preuve d'un trafic d'influence : entre constatation et provocation », AJ Pénal 2008, p. 148.
[430] Cass. crim., 11 juillet 2017, n° 17-80313. *Cf.* W. Azoulay, « Déloyauté de la preuve et provocation à l'infraction », Dalloz actualité du 25 juillet 2017 ; J.-B. Perrier, « Le fair-play de la preuve pénale », AJ Pénal 2017, p. 436 et G. Pitti, « L'affaire de la sextape : on ne dribble pas le principe de loyauté des preuves ! », précit.
[431] *Cf.* Cass. crim., 2 mars 1971, n° 70-91810, concernant un fonctionnaire de police qui s'était fait passer pour un acheteur éventuel d'opium. La Cour constatait alors que l'intervention de cet agent n'avait pas eu d'impact sur le comportement délictueux de l'individu. Ses agissements n'avaient ainsi pas été déterminés par l'action de l'officier. Ce dernier avait simplement permis la constatation des infractions et d'arrêter la continuation de celles-ci.

pour l'amener *« à faire des déclarations qu'elle n'aurait pas faites dans d'autres circonstances »*[432].

132. Stratagème et soupçons. Le lien entre le stratagème mis en place, les antécédents et soupçons de l'infraction qui pèsent sur l'individu est important. C'est en ce sens que deux affaires comparables, ont été jugées concernant la mise en place d'un site internet destiné à servir d'appât, créé de toutes pièces par les enquêteurs américains, avec deux solutions différentes.

Dans le premier cas[433], la Cour conclut en invoquant la provocation à l'infraction, peu importe que le stratagème ait été mis en place à l'étranger, notamment parce que la personne n'était pas du tout connue des services de police française. C'est par la ruse américaine que l'individu s'est connecté sur le site et a commis l'infraction.

A contrario, dans la seconde affaire[434], l'individu avait, par sa simple connexion sur le site créé des soupçons sur les fraudes. L'accès au site ne pouvait se faire que si la personne possédait déjà des connaissances dans ce type d'infraction, et le seul fait de s'y connecter démontrait déjà en soi un intérêt pour ces éléments frauduleux. Alors que dans la première affaire, il s'agissait d'un site internet quelconque sur lequel tout le monde pouvait se connecter. La police française ne soupçonnait pas l'individu et la découverte de la commission de l'infraction de manière habituelle n'a été faite qu'après le stratagème du FBI.

---

[432] G. Pitti, « L'affaire de la sextape : on ne dribble pas le principe de loyauté des preuves ! », précit.

[433] Cass. crim., 7 février 2007, n° 06-87753. *Cf.* J.-R. Demarchi, « La loyauté de la preuve en procédure pénale, outil transnational de protection du justiciable », Recueil Dalloz 2007, p. 2012 ; J. Buisson, « Contrôle de l'éventuelle provocation policière : création d'un site pédo-pornographique un policier, même étranger », RSC 2008, p. 663 ; M.-E. Charbonnier, « Une procédure fondée sur une provocation à commettre une infraction, même commise à l'étranger, doit être annulée », AJ Pénal 2007, p. 233 ; R. Filniez, « Loyauté et liberté des preuves », RSC 2007, p. 331 et J. Francillon, « Provocation à la commission d'actes de pédophilie organisée par un service de police étranger utilisant le réseau internet », RSC 2007, p. 560.
Mais aussi Cass. crim., 4 juin 2008, n° 08-81045. *Cf.* S. Lavric, « Provocation policière et procès équitable », Recueil Dalloz 2008, p. 1766 ; J. Francillon, « Provocation à la commission d'actes de pédophilie organisée par un service de police étranger utilisant le réseau internet (suite) », RSC 2008, p. 621 et S. Lavric, « Provocation policière et procès équitable : quand la toile rime avec procédé déloyal », AJ Pénal 2008, p. 425.

[434] Cass. crim., 30 avril 2014, n° 13-88162. *Cf.* P. de Combles de Nayves, « Provocation à la preuve ou à l'infraction ? », AJ Pénal 2014, p. 374 ; J. Pradel, « Procédure pénale », Recueil Dalloz 2014, p. 1736 et J. Francillon, « Cyberdélinquance et provocations policières », RSC 2014, p. 577.

133. L'évolution de la loyauté. Bien qu'initialement utilisé dans les provocations policières, le principe de loyauté a par la suite été étendu à d'autres recherches probatoires : *« en réalité, le rayonnement du principe de loyauté a rapidement débordé le cadre des provocations policières »*[435].
Ainsi, dans un arrêt de 2014[436], la Cour de cassation a estimé qu'était déloyal, le stratagème consistant à placer deux suspects dans des cellules contiguës et à enregistrer leur propos. Dans cette décision, la chambre criminelle ne se prononce plus sur la loyauté en lien avec les provocations mais sur la loyauté de la preuve elle-même. Les autorités publiques ne peuvent pas mettre en place tous les stratagèmes qu'elles voudraient, des limites sont ainsi apportées. En l'espèce, il s'agissait de la réunion de trois éléments : le placement en garde à vue des suspects, les cellules côte à côte – alors qu'habituellement les officiers séparent les suspects – et la sonorisation des lieux. Cette solution est louable du point de vue du droit de ne pas s'auto-incriminer. La personne en garde à vue disposant du droit de garder le silence et surtout de ne pas participer à sa propre incrimination, ce stratagème porte atteinte au droit à un procès équitable et à la loyauté dans la recherche probatoire. *« Cette évolution jurisprudentielle traduit une progression du principe de loyauté, qui, n'étant plus restreint aux seules provocations policières, permet désormais un contrôle juridictionnel de l'ensemble des actes accomplis par les autorités publiques sous le prisme de la loyauté »*[437]. Ces éléments seront favorables à la protection du corps de la personne.
Par ailleurs, cette appréciation de la chambre criminelle sera confirmée par l'assemblée plénière de la Cour de cassation. En 2015[438], elle admettra pour la première fois que ce stratagème est déloyal, qu'il porte atteinte au droit au procès équitable mais également au droit de se taire et de ne pas participer à sa propre incrimination.

---

[435] E. Vergès, « Loyauté et licéité, deux apports majeurs à la théorie de la preuve pénale », Recueil Dalloz 2014, p. 407.
[436] Cass. crim., 7 janvier 2014, n° 13-85246. *Cf.* S. Fucini, « Loyauté de la preuve et sonorisation des locaux de garde à vue », Dalloz actualité du 27 janvier 2014 ; E. Vergès, « Loyauté et licéité, deux apports majeurs à la théorie de la preuve pénale », précit. ; H. Vlamynck, « Droit de ne pas s'auto-incriminer et loyauté de la preuve », AJ Pénal 2014, p. 194 et J. Danet, « Principe de loyauté des preuves et sonorisation de cellules de garde à vue », RSC 2014, p. 130.
[437] E. Vergès, *Procédure pénale*, LexisNexis, collection « Objectif droit », 5ème édition, 2017.
[438] Cass. Ass. plén., 6 mars 2015, n° 14-84339. *Cf.* S Fucini, « Confirmation de la déloyauté des sonorisations en garde à vue », Dalloz actualité du 10 mars 2015 ; J. Pradel, « La sonorisation d'un local de garde à vue est-elle licite ? », Recueil Dalloz 2015, p. 711 ; C. Girault, « Quand la loyauté dicte sa loi ! », AJ Pénal 2015, p. 362 ; P.-J. Delage, « Retour sur le principe de la loyauté des preuves », RSC 2015, p. 117 ; J.-F. Renucci, « Équité du procès, loyauté des preuves et droit au silence », RSC 2015, p. 971 et M. Touillier, « La volonté des enquêteurs de « tout voir et tout savoir » en garde à vue à l'épreuve des droits fondamentaux du suspect », La Revue des droits de l'homme, mis en ligne le 14 mai 2015.

Ainsi, les enquêteurs sont limités dans les investigations qu'ils voudraient effectuer par le principe de loyauté, dépassant le seul cadre des provocations policières[439]. Néanmoins, ce n'est pas forcément le cas des parties privées (§II).

§II - Loyauté et personne privée

134. Principe du contradictoire : le permis de déloyauté des particuliers. Alors que l'on pourrait penser, *a priori*, que la loyauté dans la recherche probatoire est un élément important de la procédure pénale, protégeant la présomption d'innocence du suspect, il n'en est rien lorsqu'il s'agit d'investigations menées par des particuliers[440]. Ces éléments ressortent tant d'une appréciation de la haute juridiction de l'ordre judiciaire français que de la Cour européenne des droits de l'Homme[441]. Ainsi, il apparaît que le principe du contradictoire permet de purger la preuve apportée par une partie privée qui aurait été obtenue par un procédé déloyal. *« Certains éléments de preuve obtenus déloyalement pourront se nettoyer de l'opprobre par un débat contradictoire. Le contradictoire nettoie tout ! Il suffirait de traiter la preuve dans un bain de contradiction pour la rendre admissible »*[442]. Cela renvoie notamment à l'article 427 alinéa 2 du Code de procédure pénale qui dispose que *« le juge ne peut fonder sa décision que sur des preuves qui lui sont apportées au cours des débats et contradictoirement discutées devant lui »*. Mais également à l'article préliminaire de ce Code : *« la procédure pénale doit être équitable et contradictoire et préserver l'équilibre des droits des parties »*. Ce principe signifie que *« chacune des parties à la procédure a été mise en mesure de discuter l'énoncé des faits et les moyens juridiques que ses adversaires lui ont opposés »*[443]. En droit pénal, le procédé déloyal sera souvent illicite, consistant en la commission d'une infraction (A), ce qui n'est pas toujours le cas en droit civil (B).

---

[439] Ainsi, certains auteurs propose *« un abandon de la distinction doctrinale entre « provocation à la preuve » et « provocation à l'infraction » pour recentrer la réflexion autour d'une seule et unique question : l'infraction aurait-elle été commise sans le concours de la police ? »*. *Cf.* G. Halard, « Réflexions sur la provocation policière », RSC 2018, p. 31.

[440] Sur le rôle de la victime dans le procès pénal, *cf.* notamment C. Ribeyre (dir.), *La victime de l'infraction pénale*, Dalloz, collection « Thèmes et commentaires », 2016.

[441] La Cour ne saurait exclure par principe et *in abstracto* l'admissibilité d'une preuve recueillie de manière illégale. CEDH, 12 juillet 1988, Schenk c. Suisse, précit.

[442] S. A. Mekki, « Les traditions probatoires en droit processuel (procès civil, pénal et administratif) », *in* M. Mekki, L. Cadiet et C. Grimaldi (dir.), *La preuve : regards croisés*, Dalloz, collection « Thèmes et commentaires », 2015, p. 124.

[443] A. Cammilleri-Subrenat, R. Prouvèze et I. Verdier-Büschel, *Nouvelles technologies et défis du droit en Europe. L'imagerie active au service de la sécurité globale*, Bruylant, collection « Travaux de droit international et européen », tome 26, 2012.

A - Loyauté et droit pénal

135. Déloyauté et corps. En droit pénal, la commission d'une infraction peut être justifiée dans la recherche des preuves si trois conditions sont réunies : il faut qu'elle soit effectuée par un particulier, sans l'aide des forces de l'ordre[444] et qu'elle soit discutée contradictoirement le jour de l'audience[445]. Cette constatation peut s'avérer être très préjudiciable pour l'individu soupçonné et pour la protection de son corps.
Concernant l'intégrité physique, la question est de savoir si la partie privée peut disposer de l'entièreté du corps de son adversaire à des fins probatoires. Celle-ci pourrait-elle violenter physiquement la personne pour obtenir des preuves de sa culpabilité ? Peut-on imaginer que la victime d'une infraction de viol puisse séquestrer et torturer son agresseur présumé, le forcer à avouer, filmer la scène et porter ses aveux en justice ?
Bien que la jurisprudence ait décidé que le procédé déloyal pouvait être recevable s'il est discuté contradictoirement à l'audience par les parties, la réponse à ces différentes questions s'avère, *a priori*, négative. La partie privée ne peut pas tout faire sur ou dans le corps de l'individu, le respect de certains droits fondamentaux de celui-ci doit être prioritaire sur la recherche probatoire. *A contrario*, qu'est ce qui empêche le particulier en quête de preuve de porter faiblement atteinte à l'intégrité d'autrui en lui coupant des cheveux, lui prélevant de force de la salive, etc. pour effectuer des tests

---

[444] Cass. crim., 20 septembre 2016, n° 16-80820. *Cf.* C. Ambroise-Castérot, « Vers une inflexion de jurisprudence en matière de preuves déloyalement obtenues ? », AJ Pénal 2016, p. 600 et F. Cordier, « L'autorité publique ne peut ni directement ni indirectement participer à l'obtention illicite de la preuve par une partie privée », RSC 2016, p. 797.
Pour autant, *« si la participation de l'autorité publique à l'administration d'une preuve obtenue de façon illicite ou déloyale par une partie privée peut être regardée comme attentatoire au droit au procès équitable et au principe de la loyauté de la preuve, encore faut-il qu'une telle participation, directe ou indirecte, soit établie »*. R. Mésa, « L'exigence de loyauté de la preuve en matière pénale à nouveau précisée par l'assemblée plénière », Gazette du Palais 2017, n° 44, p. 26, à propos de Cass. Ass. plén., 10 novembre 2017, n° 17-82028.
Sur ce dernier arrêt, voir aussi : C. Ribeyre, « Quand loyauté rime avec imprévisibilité ! », La Semaine Juridique -Edition Générale du 25 Décembre 2017, n° 52, p. 1376 ; O. Décima, « De la loyauté de la preuve pénale et de ses composantes », Recueil Dalloz 2018, p. 103 et P.-J. Delage, « Le « laisser faire » de l'autorité publique et le principe de la loyauté de la preuve », RSC 2018, p. 117.
[445] *« Aucune disposition légale ne permet aux juges répressifs d'écarter des moyens de preuve remis par un particulier aux services d'enquête, au seul motif qu'ils auraient été obtenus de façon illicite ou déloyale et il leur appartient seulement, en application de l'article 427 du Code de procédure pénale, d'en apprécier la valeur probante, après les avoir soumis à la discussion contradictoire »*. *Cf.* Cass. crim., 15 juin 1993, n° 92-82509. Voir C. Mascala, « Le juge répressif doit apprécier la valeur probante des moyens de preuve produits par les parties même obtenus de manière illicite ou déloyale », Recueil Dalloz 1994, p. 613. Mais également, Cass. crim., 12 juin 2003, n° 02-81122. *Cf.* J. Buisson, « Recevabilité des éléments de preuve produits par les parties privées », RSC 2004, p. 427.

génétiques de comparaison ? L'atteinte physique en ce sens est-elle possible ?
Dans les différents exemples jurisprudentiels, il y a toujours absence de contact physique entre les intéressés. Enregistrements sonore[446] ou bien testing[447], sont des procédés qui sont certes déloyaux et qui peuvent entrainer la constitution d'une infraction mais ce sont surtout des moyens de preuves qui se font sans porter atteinte à l'intégrité physique, violant notamment le respect de la vie privée. Dans ce sens, la barrière du corps peut-elle être franchie ?

136. Une atteinte proportionnée. La réponse à apporter dépend forcément de la situation en cause et de la dernière condition d'acceptation du procédé de preuve. Dans ce domaine, l'élément de preuve doit être obtenu proportionnellement au but recherché. Comme pour l'ensemble des atteintes au corps possible, la notion de proportionnalité est primordiale. Ainsi, elle doit exister entre le but poursuivi par la partie privée et les droits de l'autre partie qui seront bafoués. Pour que l'atteinte au corps éventuelle soit justifiée, il faut donc que celle-ci soit proportionnelle et nécessaire au but poursuivi. Dès lors, puisque l'article 3 de la Convention EDH interdit les traitements inhumains et dégradants, la torture n'aura pas sa place dans ce cadre. Même si les éléments que l'individu pourrait obtenir lui seraient utiles, aucune torture n'est proportionnée à la recherche de vérité. Par ailleurs, même si ces procédés étaient validés, des aveux obtenus sous la contrainte seraient inutiles au procès : le juge appréciant les preuves au regard de son intime conviction, n'accorderait pas une force probante importante à ces éléments.
Concernant les atteintes au corps plus faibles, il y aurait matière à discussions. Nous pouvons imaginer que si la gravité de l'atteinte au corps est quasiment nulle – violation de l'intégrité physique sans ITT par exemple – il pourrait éventuellement y avoir justification de celle-ci par le débat contradictoire. Dès lors, couper un cheveu ou un ongle d'une personne sans son consentement ou bien recueillir de sa salive, est déloyal car contraire au principe d'inviolabilité du corps et porte atteinte à son intégrité physique.

---

[446] Cass. crim., 13 juin 2001, n° 00-85580 ou bien encore Cass. crim., 31 janvier 2007. *Cf.* D. Caron et S. Ménotti, « Chronique de jurisprudence de la Cour de cassation - Chambre criminelle », Recueil Dalloz 2007, p. 1817.
[447] Cass. crim., 11 juin 2002, n° 01-85559. *Cf.* L. Collet-Askri, « La Chambre criminelle valide le testing comme mode de preuve, serait-il déloyal... », Recueil Dalloz 2003, p. 1309. Mais également Cass. crim., 4 février 2015, n° 14-90048. *Cf.* C. Fonteix, « La preuve par testing ne porte pas atteinte aux droits fondamentaux », Dalloz actualité du 25 févr. 2015 ; P.-J. Delage, « Retour sur le principe de la loyauté des preuves », précit. et J. Lasserre Capdeville, « L'article 225-3-1 du code pénal, régissant le testing, est conforme aux droits de la défense et au droit à un procès équitable », AJ Pénal 2015, p. 139.

Pour autant, l'atteinte très faible n'entraîne aucune douleur pour l'individu. Ce qui signifie que si une analyse ADN est réalisée par la partie privée à partir de ces éléments recueillis, le résultat de l'étude pourrait être recevable s'il est discuté contradictoirement à l'audience.
S'agissant de notre principale distinction d'étude entre le corps entier et le corps détaché, la solution est probablement plus simple pour le dernier cas puisque recueillir les éléments détachés du corps n'entraîne aucune atteinte au corps global. Tel est par exemple le cas des éléments corporels recueillis sans contact physique (éléments détachés du corps) par le biais, par exemple, d'une violation de domicile (cheveux à terre, salive sur brosse à dents, etc.) ou d'un vol, qui seraient par la suite analysés par le particulier. Dans ce domaine, *« la protection de l'ordre public conférerait à la manifestation de la vérité un intérêt supérieur justifiant que soit admise la recevabilité de tout moyen de preuve, fusse-t-il obtenu de manière illicite. La découverte de la vérité devrait primer en l'occurrence sur le respect des droits fondamentaux de la personne »*[448].
Néanmoins, si les atteintes à la vie privée peuvent être justifiées (enregistrements clandestins par exemple), certains éléments portant violences, même faibles, ont un risque de subir le refus du magistrat, protégeant l'inviolabilité du corps du suspect légalement prévu par le Code civil. *A contrario*, il en va différemment des analyses effectuées sans qu'aucune atteinte au corps ne soit faite, soit à partir de matériel biologique trouvé par la personne ou après un vol de vêtements contenant de telles matières. Si la première hypothèse est recevable, elle est assez intéressante pour les officiers qui ne pourront réaliser eux-mêmes de telles atteintes au corps pour obtenir des preuves mais qui pourront laisser les particuliers agir et recueillir le fruit de leurs analyses.
Par conséquent, un suspect qui refuse d'être prélevé pour analyse ADN et comparaison dans le fichier FNAEG ne pourra pas subir la force policière mais encourt seulement une infraction pénale pour refus de prélèvement. L'officier ne pourra pas toucher à l'intégrité physique de la personne. En revanche, le particulier pourrait se servir sur le corps de l'individu sans autre limite que la proportionnalité de l'atteinte avec l'analyse poursuivie et la nécessaire discussion avec celui-ci devant le juge.
Dans tous les cas, un équilibre entre les droits des personnes, la préservation du corps et le principe de contradictoire doit exister. Notons toutefois qu'il n'est pas certain que ces possibilités pour les particuliers de recueillir des éléments corporels soient fréquentes dans la pratique : les officiers ayant eux-mêmes la possibilité de contourner le refus de la personne en saisissant

---

[448] V. Perrocheau, « Les fluctuations du principe de loyauté dans la recherche des preuves », Petites affiches 2002, n° 99, p. 6.

les éléments détachés du corps[449]. Cette prise en compte d'éléments déloyaux est-elle possible en droit civil (B) ?

B - Loyauté et droit civil

137. Un refus de principe. Dans la recherche probatoire, il existe une différence importante entre la procédure civile et la procédure pénale. Alors que la chambre criminelle de la Cour de cassation applique le principe de loyauté avec légèreté, il en est différemment des juges civils : ces derniers reconnaissent le principe de loyauté dans la recherche probatoire comme principe limitant la liberté de la preuve et refusent régulièrement d'admettre la preuve obtenue illicitement ou déloyalement. À titre d'exemple, la deuxième chambre civile de la Cour de cassation a décidé en 2004 que *« l'enregistrement de conversations téléphoniques à l'insu d'une personne ne peut donc être admis, car il porte atteinte au secret des correspondances émises par la voie des télécommunications (par conséquent au principe du respect de la vie privée) et est susceptible d'être pénalement sanctionné (c. pén., art. 226-1 s.) »*[450]. Plus récemment, l'assemblée plénière elle-même a affirmé que la production d'un enregistrement d'une conversation à l'insu de son auteur est irrecevable devant les tribunaux[451].
Pour autant, il existe également un droit à la preuve[452] important en cette matière. Reconnu d'abord par la Cour européenne des droits de l'Homme en 2006[453], puis par la Cour de cassation en 2012[454], ce droit considéré comme fondamental peut-il permettre l'admission de preuves illicites ou déloyales ?

138. Les atteintes au corps. Dans son arrêt de 2012, la Cour va mettre en avant le fait que les juges du fond se devaient de *« rechercher si la production litigieuse n'était pas indispensable à l'exercice de son droit à la*

---

[449] Voir *infra* n° 139 et s.
[450] C. S. Enderlin, « Recevabilité d'une preuve illicite ou illégale en matière civile et pénale », AJ Pénal 2005, p. 30.
[451] Cass. Ass. plén., 7 janvier 2011, n° 09-14316. *Cf.* F. Fourment, « Du principe de loyauté de la preuve et de son application aux matières civile et pénale », Recueil Dalloz 2011, p. 562 ; V. Vigneau, « Chronique de jurisprudence de la Cour de cassation », Recueil Dalloz 2011, p. 618 et P. Delebecque, « Droit de la preuve », Recueil Dalloz 2011, p. 2891.
[452] Voir sur ce sujet : A. Bergeaud, *Le droit à la preuve*, thèse de doctorat, LGDJ, collection « Bibliothèque de droit privé », tome 525, 2010.
[453] CEDH, 10 octobre 2006, L. L. c. France, requête n° 7508/02. *Cf.* J. Hauser, « Admissibilité des preuves dans un divorce pour faute », RTD civ. 2007, p. 95.
[454] Cass. civ. 1ère, 5 avril 2012, n° 11-14177. *Cf.* J. Hauser, « Limites du droit au respect de la vie privée et familiale et droit à la preuve », RTD Civ. 2012, p. 506 ; G. Lardeux, « Du droit de la preuve au droit à la preuve », Recueil Dalloz 2012, p. 1596 ; P. Delebecque, « Droit de la preuve », Recueil Dalloz 2012, p. 2826 et N. Fricero, « Procédure civile », Recueil Dalloz 2013, p. 269.

preuve, et proportionnée aux intérêts antinomiques en présence »[455]. Il ressort de cette décision qu'une preuve apportée par une partie peut être recevable, même si elle est contraire à la vie privée de l'individu, à condition qu'elle soit indispensable pour l'exercice de ce droit à la preuve – c'est-à-dire qu'elle soit l'unique possibilité de prouver – mais également qu'elle soit proportionnée. Les conditions sont ainsi différentes de celles retenues par la chambre criminelle qui n'exige pas que l'admission de la preuve soit indispensable à l'apport de preuve de la personne. Concernant les affaires civiles, peut-on imaginer qu'une atteinte au corps soit justifiée par les nécessités de l'exercice du droit à la preuve ?
L'utilisation de la preuve génétique est importante en filiation, sous réserve du consentement quelque peu forcé de l'individu. Néanmoins, celle-ci reste impossible pour le défunt qui n'aurait pas exprimé sa volonté en ce sens de son vivant. *Quid* de la personne qui désire faire établir ce lien de filiation avec le défunt et qui pour cela recueillerait du matériel génétique sur le corps de celui-ci avant qu'il ne rejoigne son ultime demeure ? Ou bien de la violation de domicile en ce sens et du test illégal réalisé par la personne désireuse de prouver la filiation avec la personne décédée ? L'article 16-11 du Code civil interdit le recours à l'expertise sans le consentement du vivant, pour autant, la preuve génétique constitue un excellent moyen de démontrer la paternité d'une personne : *« en cette matière, la preuve scientifique, du fait de sa fiabilité, est légitimement présumée nécessaire au dénouement du litige »*[456]. Nous avions également mis en avant le fait que le droit français diffère quelque peu de la conception de la Cour EDH qui fait passer en priorité les intérêts de l'enfant à voir son lien de filiation établi sur la paix des morts. Dans ce sens, puisque la personne est décédée, le test réalisé à partir d'élément pris sur le corps de l'individu serait indispensable à l'exercice de son droit à la preuve. Par ailleurs, prendre un échantillon de salive ou quelques cheveux sur le cadavre reste un moyen proportionné au but probatoire recherché. Ainsi, bien que l'étude génétique du cadavre soit impossible à des fins de filiation, si elle est réalisée par une partie privée démontrant qu'il s'agissait du seul moyen de prouver la filiation, et que l'atteinte est proportionnée aux droits de la personne, un tel moyen de preuve pourrait, théoriquement, être recevable. Il en va de même de l'étude génétique réalisée par un laboratoire étranger d'un individu vivant qui refuserait de donner son consentement à l'expertise ordonnée par le juge.

---

[455] *Cf.* également Cass. civ. 1ère, 25 février 2016, n° 15-12403. Voir J.-C. Saint-Pau, « Droit à la preuve versus droit au respect de la vie privée », Recueil Dalloz 2016, p. 884 ; D. Aubert, « Autonomie des conditions d'exercice du droit à la preuve », AJ Pénal 2016, p. 326 ; J. Hauser, « Droit de la preuve et atteintes à la vie privée », RTD Civ. 2016, p. 320 et H. Barbier, « Quelques indications sur les critères du contrôle de proportionnalité de l'atteinte aux secrets », RTD Civ. 2016, p. 371.
[456] G. Lardeux, « Le droit à la preuve : tentative de systématisation », RTD civ. 2017, p. 1.

Ces éléments sont favorables à la partie privée mais portent nécessairement une atteinte, même minime, au corps et à la vie privée de l'individu. Pour autant, considérant le respect important que les juridictions civiles accordent au principe de loyauté, il n'est pas certain que celles-ci acceptent la violation d'un texte de volonté – l'article 16-11 du Code civil – le test génétique privé illégal et la violation de l'intégrité physique de la personne ou du cadavre concomitamment. Les affaires ayant couramment lieu devant les tribunaux sont majoritairement liées à la violation de la vie privée et non pas à celle de l'intégrité physique. Par contre, les éléments corporels détachés, recueillis sans contact et analysés auraient de meilleures chances d'être reçus par les magistrats. En tout état de cause, que ce soit au civil ou au pénal, des possibilités d'action pour les particuliers, touchant au corps d'autres personnes, sans leur consentement, sont possibles. Cependant, ce ne sont que des possibilités théoriques. Encore faut-il que les juges acceptent le procédé utilisé. Dans tous les cas, une nécessaire proportionnalité doit régner dans ce domaine. L'intégrité physique doit être préservée des atteintes trop fortes[457]. C'est d'ailleurs la même constatation pour l'ensemble des atteintes au corps à des fins probatoires. Chaque fois, l'argument mis en avant est la faible atteinte au corps et par la même, la proportionnalité qui existe entre l'atteinte et la nécessaire recherche de la vérité. Quoi qu'il en soit, le recours à la force pour les OPJ est ainsi inutile. Néanmoins, ces situations restent assez marginales, les officiers et magistrats ayant des possibilités d'action sans avoir forcément besoin que le particulier agisse sur le corps de l'individu. Au civil, sur le vivant, le magistrat pourra tirer les conséquences du refus de la personne. Au pénal, et notamment pour les analyses génétiques, les officiers pourront saisir les éléments détachés du corps (Section II).

Section II - La prise en compte des éléments détachés

139. La preuve corporelle sans limite ? Alors que les OPJ sont limités dans leurs recours à la force pour passer outre la volonté des individus et obtenir des preuves par leurs corps, le législateur leur a offert une possibilité légale de recueil et d'analyse de matériel biologique, sans aucun consentement ni aucun contact physique. Il s'agit des possibilités de saisie des éléments naturellement détachés (§I). Ils permettent la réalisation d'expertises génétiques sans réelle barrière protectrice pour la personne qui ne pourra même pas se prévaloir d'un éventuel droit au silence ou de ne pas participer à sa propre incrimination (§II).

---

[457] *Cf.* J. Pradel et A. Varinard, *Les grands arrêts de la procédure pénale*, Dalloz, collection « Grands arrêts », 9ème édition, 2015 : *« il faut que la violation commise par la personne privée ne soit pas trop grave »*.

§I - L'obtention des éléments

140. La lutte contre les refus de prélèvements. Cette possibilité de recueil des éléments corporels biologiques détachés permet effectivement de passer outre la barrière du refus de l'individu (A). Par ailleurs, ils sont très faciles à obtenir pour l'officier, pouvant même les saisir durant des perquisitions (B).

A - L'alternative aux prélèvements

141. La possibilité légale. Celle-ci est directement prévue par le texte permettant les prélèvements aux fins d'analyses ADN ou de fichages FNAEG et la prise en compte des refus de consentir : l'article 706-56 du Code de procédure pénale. Plus précisément, l'alinéa 4[458] prévoit que *« lorsqu'il n'est pas possible de procéder à un prélèvement biologique sur une personne mentionnée au premier alinéa, l'identification de son empreinte génétique peut être réalisée à partir de matériel biologique qui se serait naturellement détaché du corps de l'intéressé »*. Plusieurs conditions sont ainsi à caractériser.

Tout d'abord, cette disposition est en vigueur *« à l'égard des personnes mentionnées au premier, au deuxième ou au troisième alinéa de l'article 706-54 »*, soit celles déclarées coupables d'une infraction prévue à l'article 706-55 du Code de procédure pénale, celles poursuivies pour ces mêmes infractions et qui ont fait l'objet d'une décision d'irresponsabilité pénale ; mais également les personnes fortement soupçonnées et celles simplement suspectées. Aucun renvoi n'étant fait à l'article 55-1 du même Code, ces dispositions ne concernent donc pas les personnes susceptibles de fournir des renseignements tels que les témoins.

Ensuite, il doit s'agir de recueil d'éléments lorsqu'il n'est pas possible de procéder au prélèvement sur l'individu. Ce qui signifie que le prélèvement est de principe et c'est seulement si celui-ci n'est pas possible que les officiers pourront saisir ces éléments détachés. Ces constatations supposent donc que l'officier qui souhaite effectuer un prélèvement sur la personne lui demande son accord ; celui-ci ne pourra, théoriquement, pas directement saisir des éléments détachés du corps pour se passer du prélèvement. En cas de refus, la personne encourt des poursuites pénales prévues au II de cet article et de plus, il y a de fortes probabilités qu'une analyse contre sa volonté soit tout de même réalisée à partir de ces éléments. Cette hypothèse renforce le fait que le consentement est forcé : l'individu n'a aucun intérêt à

---

[458] Issu de la loi n° 2004-204 du 9 mars 2004 portant adaptation de la justice aux évolutions de la criminalité.

refuser le prélèvement, sauf à protéger son intégrité physique, si tant est qu'il considère qu'un bâtonnet placé dans sa bouche est une atteinte trop forte à son corps.
Enfin, il est nécessaire que le matériel biologique se soit naturellement détaché du corps de l'individu. Naturellement cela signifie sans aucune aide policière ! Aucune violence ne sera autorisée, à défaut d'être condamnée par la Cour EDH sur le fondement de l'article 3 de la Convention. L'officier ne peut pas arracher les cheveux, ni même les couper sur la tête de l'intéressé. Finalement, il ne devrait y avoir aucun contact physique avec le corps de la personne, mais simplement la saisie des éléments qui tomberaient de celui-ci. Par exemple, en garde à vue, un suspect peut faire l'objet d'un prélèvement urgent pour comparer son ADN avec les traces génétiques retrouvées dans le cadre d'un crime ou d'un délit. Les officiers vont lui expliquer le principe de l'analyse et lui proposer un prélèvement. Si celui-ci refuse, ils l'informeront de l'existence de l'infraction pénale de refus et attendront de pouvoir saisir le matériel biologique que l'individu perdrait pendant son temps de présence au commissariat ou à la gendarmerie, mais ne pourront pas se servir directement sur le corps de la personne.

142. La ruse légale ? Pour autant, cette disposition n'est-elle pas une possibilité légale de ruse, de stratagème pour l'officier ? Nous l'avons précisé précédemment, la Cour de cassation prend en compte le principe de loyauté dans la recherche de preuves, au-delà même du seul stratagème mis en place par les enquêteurs.
Si la personne faiblement suspectée refuse le prélèvement, l'absence de consentement peut élargir, dans l'esprit des enquêteurs, le faisceau d'indices pesant contre elle. Dans cette optique, elle pourrait être placée en garde à vue, si ça n'était pas le cas avant qu'on lui adresse cette demande. Pendant cette période, si les officiers lui apportent spécifiquement un verre d'eau dans l'objectif d'obtenir de sa salive, après l'avoir interrogée suffisamment longtemps pour que celle-ci ait besoin de boire, est-on face à un stratagème déloyal mis en place pour obtenir cet élément de preuve ? Dans l'affaire précitée de 2014[459], trois éléments avaient été nécessaires à la Cour pour considérer le procédé déloyal : le placement en garde à vue de deux suspects, dans des cellules contiguës et insonorisées. Dans notre cas de figure, la personne est également en garde à vue, et longtemps interrogée dans ce cadre, notamment à cause des soupçons portés par son refus, jusqu'au moment où l'enquêteur lui apporte de quoi lui permettre de procéder aux analyses pour lesquelles elle avait refusé de consentir. Cette disposition légale permet ainsi aux officiers de procéder par ruse afin de passer outre la volonté de la personne. Si l'officier n'obtenait pas naturellement d'éléments

[459] Voir *supra* n° 133.

détachés, il y aurait matière à la mise en place d'un stratagème qui pourrait, en théorie, être contré par la Cour de cassation au vu du principe de loyauté dans la recherche de preuves. Le seul placement en garde à vue ayant comme finalité, outre l'argument de façade concernant la progression de l'enquête, de pouvoir saisir les éléments naturellement détachés du corps du suspect, est déjà en soi un stratagème permettant de supprimer toute notion de volonté de l'individu. L'expression « matériel biologique » étant suffisamment large pour que les officiers puissent utiliser un grand nombre de ruses ; dans ce sens, il est regrettable que la législation ait permis ce recours à ces éléments, entraînant des pratiques parfois déloyales[460].
Le corps entier est protégé contre le recours à la force. Vous refusez le prélèvement ? *« Qu'à cela ne tienne, monsieur, je vous pardonne ! »*[461] Pour cela, il suffira d'attendre et de saisir ce qui s'en détache ! Pour autant, en théorie, ces situations restent somme toute assez marginales, l'individu n'ayant que peu d'intérêt à refuser le prélèvement, surtout s'il n'a rien à se reprocher. Concernant ces éléments détachés, les officiers pourraient-ils également les saisir dans le cadre d'une perquisition (B) ?

B - Les perquisitions et saisies

143. L'ultime lutte contre le refus ? Si la personne s'est vue proposer un prélèvement, qu'elle l'a refusé, et que les officiers n'ont pu obtenir, même par la ruse, d'éléments naturellement détachés de son corps : peuvent-ils, en dernier recours, perquisitionner et saisir du matériel biologique au domicile de la personne ? Le cadre juridique relatif aux visites domiciliaires, perquisitions et saisies est prévu, en enquête de flagrance aux articles 56 et suivants du Code de procédure pénale. Il s'agira de l'article 76 en enquête préliminaire et des articles 92 et suivants en instruction. De la même manière que pour le recueil d'éléments naturellement détachés du corps, plusieurs conditions sont nécessaires pour leur mise en place.
Tout d'abord, l'article 56 du Code de procédure pénale traite de cette possibilité pour les crimes flagrants uniquement. La référence aux délits est faite par l'article 67 du même code qui dispose que : *« les dispositions des articles 54 à 66, à l'exception de celles de l'article 64-1, sont applicables, au cas de délit flagrant, dans tous les cas où la loi prévoit une peine d'emprisonnement »*. Ainsi, il sera possible d'envisager une perquisition pour tout délit qui sera puni d'une peine d'emprisonnement en enquête de flagrance, sans référence à un quelconque consentement. En enquête

---

460 *Cf.* en ce sens, J.-R. Demarchi, *Les preuves scientifiques et le procès pénal*, précit.
461 G. Feydeau, *Œuvres*, lci-108, 2016.

préliminaire, l'article 76 prévoit que l'assentiment de la personne est nécessaire, sauf en cas de crime ou délit puni de trois années d'emprisonnement, si les nécessités de l'enquête l'exigent, sur décision du JLD.

Ensuite, il faut que ce soit un crime ou délit dont la preuve puisse être acquise par la saisie de *« papiers, documents, données informatiques ou autres objets en la possession des personnes qui paraissent avoir participé au crime ou détenir des pièces, informations ou objets relatifs aux faits incriminés »*[462]. Il s'agit ainsi d'une mesure d'investigation à des fins probatoires.

Enfin, la perquisition doit être faite en présence de la personne[463] ou, à défaut, de deux témoins, et tout objet saisi doit l'être par un OPJ qui mentionne la liste dans un procès-verbal et procède au placement sous scellés[464].

Les perquisitions et saisies touchent à des droits fondamentaux tels que le droit de propriété ou bien le respect de la vie privée. Dès lors, il est logique qu'un cadre précis existe et que les officiers ne puissent utiliser ces procédés pour toutes les situations.

Ainsi, la personne suspectée qui refuserait le prélèvement et dont il serait impossible de recueillir des éléments détachés du corps pourrait devoir subir une perquisition dans un lieu privé, sur le fondement de l'infraction pour laquelle elle est suspectée, et voir saisir du matériel biologique, par les officiers de police. Ce seront des éléments naturellement détachés du corps que peut saisir l'officier, tels que des cheveux dans un lit ou sur une brosse[465] ou bien encore un préservatif usagé. *« En effet aucun texte ne peut empêcher un magistrat ou un officier de police judiciaire de saisir un objet sur lequel l'opposant au prélèvement a laissé des traces et ce quelles que soient les conditions dans lesquelles il a été amené à laisser ces traces »*[466]. Pour autant, bien que la personne faisant l'objet de soupçons soit présente sur les lieux, il faudra apporter la preuve que le matériel biologique obtenu lui appartient effectivement.

---

[462] C. proc. pén., art. 56.

[463] Par ailleurs, celle-ci peut avoir lieu dans tout endroit privé qui serait susceptible de détenir des objets relatifs aux fins incriminées, et pas seulement au domicile de la personne suspectée. *Cf.* en ce sens Cass. crim., 27 janvier 1987, n° 86-93278.

[464] Il existe également d'autres conditions, telles que celles relatives aux horaires de perquisitions ou bien à la protection de certains lieux qui ne sont pas utiles à traiter pour cette partie.

[465] L'article 706-56 du Code de procédure pénale ne précisant absolument pas dans quels lieux doivent être trouvés les éléments détachés mais permet simplement aux OPJ de les saisir.

[466] J.-L. Croizier, « Le consentement aux analyses génétiques », *in* C. Doutremepuich (dir.), *Les empreintes génétiques en pratique judiciaire*, la documentation française, collection « La sécurité aujourd'hui », 1998.

144. La fiabilité de la preuve ? Comment être certain que le matériel biologique appartient à la personne soupçonnée ? La même question se pose concernant l'éventuelle ruse qui peut être mise en place dans le cadre de l'article 706-56 du Code de procédure pénale. Si la situation est tolérée, il sera plus compliqué d'apporter la preuve que les cheveux ou des traces de contacts recueillis en garde à vue appartiennent bien à la personne suspecte, surtout quand celle-ci a refusé le prélèvement ! Ces hypothèses étaient déjà envisagées dans une circulaire datant de 1998, avant la mise en place du FNAEG, prévoyant que l'analyse peut se faire sur les éléments naturellement détachés du corps humain, *« à la condition que les circonstances permettent de s'assurer que cet échantillon provient bien de l'intéressé »*[467]. La preuve génétique s'imposant dans l'esprit collectif comme une preuve extrêmement fiable, nouvelle reine des preuves pour certains, des conclusions souvent hâtives doivent être évitées. Ainsi, ce n'est pas parce que l'officier recueille chez la personne du sperme, de la salive sur une brosse à dents, etc. qu'ils appartiennent réellement à cette dernière. De la même manière que si une analyse est effectuée et que la comparaison apporte une forte probabilité que les deux matériels génétiques appartiennent au même individu, ce n'est pas pour autant que celui-ci sera l'auteur d'une infraction. La temporalité est importante, la personne pouvant déposer son ADN avant la commission de l'infraction ou bien même n'y avoir jamais mis les pieds (falsification de la scène pour orienter les enquêteurs). Une certaine méfiance doit ainsi exister concernant le recueil d'éléments génétiques dont les officiers ne connaissent nullement l'origine.

145. Perquisitions pour cause de refus. Certains auteurs ont émis l'hypothèse que le procureur de la République puisse, pour les personnes condamnées qui refusent le prélèvement, réaliser une perquisition dans la cellule du détenu aux fins d'obtenir du matériel biologique et de permettre le fichage, sur la base de l'infraction de refus[468]. Si la perquisition de la cellule ne pose pas de problème pour la recherche de preuves, peut-on l'ordonner lorsque la preuve de l'infraction en cause est déjà clairement établie ? L'infraction de refus n'appelle pas de preuves particulières si ce n'est la mention dans un procès-verbal du refus catégorique de la personne de se faire prélever. Or, l'article 56 du Code de procédure pénale prévoit bien que

---

[467] Circulaire du 14 décembre 1998 relative à la préparation du fonctionnement du fichier génétique, Crim. n° 98-12 F1.

[468] H. Ancel, « La preuve biologique », précit. : *« Il ne nous parait d'ailleurs pas exclu, dans l'hypothèse de refus d'un détenu condamné de se soumettre à un prélèvement ADN, que le parquet, agissant sur la base de l'infraction de refus de se soumettre au prélèvement, ordonne une perquisition en cellule et appréhende les effets personnels du détenu aux fins d'établissement de profil génétique »*.

« si la nature du crime est telle que la preuve en puisse être acquise par la saisie » des objets de la personne, une perquisition est possible.
Dans le cas d'une infraction de refus, la preuve n'a pas à être acquise par la perquisition et saisie de matériels biologiques. Cette saisie ne prouverait en rien le refus de consentir de la personne mais permettrait simplement de passer outre ce refus en recueillant du matériel biologique. Ce recueil et l'analyse qui suivra n'apporteront pas de preuve pour l'infraction de refus de consentement mais tout au plus une preuve pour l'infraction initiale pour laquelle la personne suspecte a émis un refus. Il s'agirait alors d'une ultime atteinte à la volonté de la personne qui nous paraît juridiquement injustifié. Néanmoins, si cette hypothèse de perquisition et saisie est tout de même validée, elle reste plus favorable au corps de l'individu que le prélèvement externe de force. Bien que dans le cas d'une perquisition, le consentement à la saisie n'aurait pas non plus sa place !
Dès lors, la prise en compte des éléments détachés par le législateur est réellement un excellent moyen pour les enquêteurs de contourner la volonté de la personne, réduisant celle-ci à néant. Pour autant, une autre réflexion doit être engagée : ces éléments ne portent-ils pas atteinte au droit de garder le silence et de ne pas participer à sa propre incrimination (§II) ?

§II - Le droit de se taire et de ne pas contribuer à sa propre incrimination

146. Le droit au silence ? Ce droit est expressément prévu par les textes répressifs, notamment à l'article 61-1 du Code de procédure pénale pour celui ou celle qui est entendu librement par les forces de l'ordre[469], et à l'article 63-1 du même code dans le cadre des droits de la personne placée en garde à vue[470].
Concernant le corps, existe-t-il un droit au silence corporel ? C'est-à-dire la possibilité que son corps ne donne aucune information, qu'il ne « parle pas ». Autrement dit, il s'agirait pour tout un chacun de la possibilité de refuser qu'un élément de son corps soit regardé, prélevé, utilisé ou bien encore analysé pour obtenir une preuve. Cette première partie a apporté des réponses à cette question : il n'existe pour l'individu aucun droit au silence corporel. Qu'il s'agisse de la génétique, des empreintes digitales, des fouilles, des prélèvements alcoolémies, etc. le corps parle sans que la personne puisse l'en empêcher. De la même manière, l'observation visuelle

---

[469] C. proc. pén., art. 61-1, 4° : *« du droit de faire des déclarations, de répondre aux questions qui lui sont posées ou de se taire ».*
[470] C. proc. pén., art. 63-1 : *« du droit, lors des auditions, après avoir décliné son identité, de faire des déclarations, de répondre aux questions qui lui sont posées ou de se taire ».*

du corps est importante et permet, à défaut d'être une preuve à part entière, d'être un indice à charge de la démonstration de l'état d'ébriété, de la consommation de stupéfiants, de situations de stress, de malaises, etc. Le corps est très bavard, ce qui le place parmi les champs d'investigations favoris des enquêteurs. Face à cela, la personne reste démunie. Elle ne peut empêcher les individus de tirer des conséquences sur le visuel de son propre corps, tout comme elle ne peut s'opposer aux recueils et analyses des éléments détachés de celui-ci.

147. Le corps : ennemi de la personne ? Cette question peut surprendre puisque le corps représente l'intimité même de la personne, c'est pour certains le support de son âme, le réceptacle de sa conscience. Pour autant, il n'en demeure pas moins qu'avec ce que nous venons d'exposer, il nous est possible d'envisager que celui-ci cause, dans une procédure pénale, plus de torts au suspect que de soutien. Si le consentement est bafoué et que le corps est utilisable, d'une manière ou d'une autre, par les enquêteurs, celui-ci ne participe-t-il pas inévitablement à l'auto-incrimination de l'individu[471] ? Le seul fait que le consentement soit extorqué par la menace d'une sanction pénale ou bien qu'il soit supprimé n'est-il pas en soi une atteinte au droit au silence et à celui de ne pas témoigner contre soi-même ? Si la personne a quelque chose à se reprocher, elle pourrait refuser l'atteinte au corps mais encourt alors une infraction pénale de refus et entraîne une suspicion plus forte à son égard. *A contrario*, si elle y consent, consciente que les officiers trouveront par l'analyse des éléments probatoires à charge, elle participera inévitablement à sa propre incrimination. Il ressort ainsi du Pacte des Nations Unies sur les droits civils et politiques de 1966 que toute personne accusée d'une infraction pénale a droit *« à ne pas être forcée de témoigner contre elle-même ou de s'avouer coupable »*[472]. Or, dans cette situation, le corps est forcé de témoigner contre la personne elle-même : les résultats concordants de l'analyse ne seront rien de plus que des aveux corporels scientifiques de la probable participation à l'infraction.

148. Cour EDH et droit au procès équitable. La réponse à la question précédemment posée, à savoir si cet aveu corporel entraîne violation du droit au silence et à celui de ne pas participer à sa propre incrimination, a été donnée à la Cour. Une réponse positive aurait permis une réelle protection de l'intimité de l'individu et une préservation des droits de la défense. Pour autant, tel ne fut pas la solution adoptée par la jurisprudence européenne.

---

[471] *Cf.* sur la question de l'auto-incrimination et notamment des lacunes de notre droit sur le sujet : M. Giorgi, *L'auto-incrimination*, thèse de doctorat, Université de Montpellier, 2019.

[472] Art. 14, 3, g du Pacte international relatif aux droits civils et politiques adopté le 16 décembre 1966.

En 1996, dans un arrêt concernant le Royaume-Uni, elle a mis en avant le fait que le droit de ne pas participer à sa propre incrimination ainsi que le droit de se taire sont internationalement reconnus et font partie intégrante du droit au procès équitable prévu à l'article 6 de la Convention EDH[473]. Ceux-ci sont notamment liés, dans la procédure pénale, avec le droit à la présomption d'innocence de l'accusé. Ils supposent que *« l'accusation cherche à fonder son argumentation sans recourir à des éléments de preuve obtenus par la contrainte ou les pressions, au mépris de la volonté de l'accusé »*[474]. Néanmoins, elle décida également que le droit au silence s'interprète *stricto sensu* comme le droit de renoncer à l'usage de la parole mais que cela ne s'entend pas dans le cadre d'une analyse probatoire corporelle : *« toutefois, le droit de ne pas s'incriminer soi-même concerne en premier lieu le respect de la détermination d'un accusé de garder le silence. Tel qu'il s'entend communément dans les systèmes juridiques des Parties contractantes à la Convention et ailleurs, il ne s'étend pas à l'usage, dans une procédure pénale, de données que l'on peut obtenir de l'accusé en recourant à des pouvoirs coercitifs mais qui existent indépendamment de la volonté du suspect, par exemple les documents recueillis en vertu d'un mandat, les prélèvements d'haleine, de sang et d'urine ainsi que de tissus corporels en vue d'une analyse de l'ADN »*[475]. Le recours aux pouvoirs coercitifs est alors validé, les analyses corporelles également, la participation à sa propre incrimination aussi. Ainsi, quand il s'agit de son corps, la personne n'a d'autre choix que de subir et de le rendre disponible aux enquêteurs pour obtenir la vérité, à minima scientifique, au mieux juridique[476].

Pour autant, D. Roets mentionne que *« dans un arrêt de Grande Chambre Jalloh c/ Allemagne du 11 juillet 2006*[477]*, elle opère cependant une distinction entre les « données qui existent indépendamment de la volonté du suspect », pour lesquelles « le prévenu doit endurer passivement une atteinte mineure à son intégrité physique » - « même si sa participation active est requise » [sic] - et celles qui sont recueillies « au mépris de [sa] volonté » à l'aide, comme en l'espèce, de moyens invasifs portant véritablement atteinte à l'intégrité physique et/ou psychique »*. L'auteur tire de cette distinction la conclusion suivante : *« il s'ensuit que le droit de ne pas contribuer à sa propre incrimination inclut le droit de ne pas se soumettre à des*

---

[473] CEDH, 8 février 1996, John Murray c. Royaume-Uni, requête n° 18731/91. Voir sur cet arrêt R. Koering-Joulin, « Droit de se taire et de ne pas s'incriminer soi-même », RSC 1997, p. 476 et R. Koering-Joulin, « Droit de se défendre soi-même ou... et garde à vue », RSC 1997, p. 481.

[474] CEDH, 3 mai 2001, J.B. c. Suisse, requête n° 31827/96.

[475] CEDH, 17 décembre 1996, Saunders c. Royaume-Uni, requête n° 19187/91.

[476] Sur la distinction entre les deux vérités, voir *infra* n° 257.

[477] CEDH, 11 juillet 2006, Jalloh c. Allemagne, précit.

interventions constitutives d'atteintes graves à l'intégrité physique et/ou psychique effectuées pour recueillir, dans une procédure pénale, des éléments de preuve »[478]. Dès lors, cette seconde décision est importante et mérite d'être saluée pour les limites que la Cour entraîne sur les atteintes aux corps. Les enquêteurs peuvent passer outre la volonté mais ne doivent pour cela pas porter d'atteintes graves au corps de la personne. Le corps est utilisable, dans la limite – non définie ! – des atteintes trop graves. Encore une fois, dans ce domaine, la notion de proportionnalité semble de mise. Ces éléments rejoignent les décisions du Conseil constitutionnel qui avait décidé que le prélèvement ne peut être qu'externe. La contrainte ne peut entraîner une atteinte trop forte au corps, ce qui signifie qu'un procédé douloureux est par principe contraire à cette jurisprudence. Le droit de ne pas participer à sa propre incrimination et le droit au silence permettent ainsi de lutter contre des possibles violences policières qui seraient constitutives, en plus de la violation de cet article 6, de traitements inhumains et/ou dégradants.
Concernant les éléments naturellement détachés du corps, ils restent entièrement à la disposition de la justice, sans que la personne n'ait son mot à dire, bien qu'ils contribuent tout de même à sa propre incrimination.

***

149. Conclusion du Chapitre II et du Titre II. Chaque atteinte forcée au corps, sans prise en compte de la volonté, entraîne une violation des droits de l'individu : vie privée, dignité, intimité, intégrité physique. Dans la majeure partie de ces cas, on remarque qu'une notion reste importante : la proportionnalité. Celle-ci repose sur la recherche constante d'un équilibre entre l'enquête et la nécessité d'obtention de la vérité judiciaire permettant de faire cesser le trouble que cause l'infraction et la nécessité de protéger la personne, son corps et ses libertés. Il est ainsi nécessaire que les moyens mis en œuvre soient adaptés au but recherché. La proportionnalité est le maître mot de la recherche probatoire corporelle. Dans ce sens, la place qu'occupe la personne dans la procédure est importante. Plus il y aura d'indices ou éléments permettant de démontrer la culpabilité, plus la contrainte et la violation de la volonté seront exercées. Ainsi, bien que l'hypothèse soit pour nous disproportionnée, concernant le condamné, on peut utiliser le recours à la force et violer son intimité pour un simple fichage FNAEG. Concernant le suspect, on peut avoir recours à des fouilles sans son consentement. Pour la victime ou le témoin, leur culpabilité n'étant pas mise en cause, une meilleure protection existe. Pour autant, l'ordre public reprend ses droits lorsque la personne n'existe plus : la mort suspecte peut entraîner une

---

[478] D. Roets, « Le droit de ne pas contribuer à sa propre incrimination dans la jurisprudence de la Cour européenne des droits de l'homme », AJ Pénal 2008, p. 119.

autopsie légale sans consentement. Ces éléments sont importants car ils démontrent, dans la recherche probatoire, que plus la démonstration de la participation à l'infraction de l'individu existe, plus son corps sera considéré comme disponible aux yeux de la justice.

150. Conclusion de la Partie I. La prise en compte de la volonté dans les atteintes au corps de l'individu n'est pas de principe dans la procédure pénale. Pourtant, elle reste affichée comme telle dans diverses hypothèses : le législateur a simplement érigé des cas d'infractions de refus et l'intime conviction permet parfois au magistrat de comprendre l'absence de consentement comme un indice à charge. Bien que ces infractions méritent une harmonisation, il n'en demeure pas moins que la volonté reste théoriquement prise en compte. Dans d'autres situations, lorsque le désir d'obtention de preuves corporelles est fort, il en ressort qu'une atteinte physique au corps est possible, détruisant entièrement la prise en compte de la volonté et l'inviolabilité du corps. Plus critiquables encore sont les situations qui permettent de se saisir de la preuve corporelle sans que la personne ne soit mise en situation de donner son consentement. La ruse a ainsi sa place en procédure pénale et permet également de saisir le corps à des fins probatoires. Néanmoins, si nous pouvons comprendre l'intérêt d'un droit à la preuve et des possibilités de recours au stratagème lorsqu'il s'agit d'écoutes téléphoniques ou de testing, il est plus contestable que d'éventuelles atteintes aux corps soient possibles par de simples particuliers sous couvert du principe du contradictoire. Pour l'heure, cette appréciation au cas par cas est loin d'être satisfaisante d'un point de vue des droits de l'individu. Rappelons également que pour ces différentes atteintes corporelles, il nous paraît nécessaire qu'un magistrat, indépendant et impartial, soit saisi et qu'il protège les droits et libertés de chacun. Ce n'est que dans ce sens qu'un réel régime uniforme des preuves par le corps verra le jour.

Il ressort de toute cette partie qu'une atteinte au corps dans la recherche de preuves est assez facile et est souvent de mise. Formidable champ d'investigations moderne, le corps est théoriquement protégé par la volonté mais souvent mis à mal par le législateur, surtout lorsqu'il s'agit d'un élément détaché. Les grands principes protecteurs de la personne s'effacent parfois au profit d'une recherche efficace, rapide et économique de preuve. La charge de l'atteinte à l'intégrité corporelle revient très régulièrement aux OPJ qui ont de trop grands pouvoirs dans ce domaine. Finalement, le corps est, par un biais ou par un autre, souvent à leur disposition, laissant peu de place aux libertés individuelles. La même situation se produit-elle, non plus dans la recherche de preuves, mais dans l'utilisation de celles-ci (Partie II) ?

SECONDE PARTIE

L'UTILISATION DES PREUVES CORPORELLES

151. L'utilisation du corps sans limite ? Alors que la première partie fut l'occasion de mettre en avant les pouvoirs ou possibilités des officiers de police judiciaire et des simples particuliers dans la recherche de la preuve, qu'en est-il de l'utilisation de celle-ci ? Ces différents acteurs des procédures – pénales et civiles – vont devoir utiliser l'élément corporel potentiellement probatoire obtenu. C'est la conséquence logique de la recherche d'indices sur ou par le corps.
Pour autant, ce qui fut recherché et trouvé ne constitue pas en soi une preuve à part entière, les éléments, une fois détachés du corps, ne pourront servir à des fins probatoires que s'ils sont réellement utilisés.
Dans cette optique, de nombreuses questions se posent : qui décide de cette utilisation et selon quelle finalité ? Comment et par qui le corps ou l'élément corporel est analysé ? Qui décide de la conservation ou de la destruction de ce corps ? Peut-on décider d'utiliser les résultats d'analyse pour une preuve à plus long terme, notamment par le biais d'un fichage ? etc. Plus largement, il sera également question du statut du corps et de sa place dans notre société. Ces différentes questions peuvent être traitées dans les deux temps d'une procédure judiciaire : l'utilisation immédiate de l'élément de preuve d'une part (Titre I) et son utilisation pour l'avenir d'autre part (Titre II).

TITRE I - L'UTILISATION IMMÉDIATE DE L'ÉLÉMENT DE PREUVE CORPOREL

152. Le corps, son statut et son analyse. Alors que la recherche corporelle est très facile, surtout dans la sphère répressive où elle est souvent de mise, le corps est tout autant malmené dans cette seconde phase de la procédure : l'utilisation des éléments recueillis. Ces derniers sont ainsi à la disposition de la justice, ce qui pose nécessairement une interrogation sur leurs statuts et sur le corps lui-même. En effet, lorsqu'un acteur va utiliser un morceau de corps d'un individu, qu'utilise-t-il réellement ? La personne juridique elle-même ou bien une simple chose ? Un bien juridique ? Ce questionnement sur le statut du corps est important pour comprendre les liens qui l'unissent à l'individu mais également à ces différents acteurs qui seront amenés à l'utiliser (Chapitre I). En outre, d'un point de vue plus pratique, ces éléments potentiellement probatoires recueillis par les OPJ ne sont que de simples faits et indices qui doivent, pour devenir une preuve à part entière, être transformés en données juridiques exploitables, ce qui se fait par l'analyse scientifique (Chapitre II).

CHAPITRE I - LE CORPS RÉIFIÉ

N'est-ce pas là une chose remarquable,
que plus un objet est simple,
moins on puisse le définir ? [479]

153. Le corps : un statut juridique particulier ? La recherche des preuves par et dans le corps est finalement très permissive. La prise en compte de la volonté de la personne qui lui concède la protection est la traduction du principe d'inviolabilité du corps humain. Pour autant, ce dernier est parfois malmené et laisse à penser que le corps est entièrement à la disposition de la justice sans aucun régime protecteur, surtout lorsqu'il s'agit de saisir les éléments naturellement détachés. Pour comprendre l'utilisation qui peut en être faite, il est nécessaire de s'intéresser au statut de celui-ci. Car il s'agit bien d'une interrogation de premier rang concernant ce sujet : le corps bénéficie-t-il d'un statut juridique particulier ? La réponse est relativement rapide et simple, il n'en n'existe aucun. Ainsi, il doit être soumis aux séparations juridiques classiques liées aux « personnes » ou aux « biens » dont la distinction figure notamment dans le Code civil. Savoir si le corps d'un être humain se rattache au statut de « personne » ou de « bien » peut, *a priori*, sembler aisé pourtant il n'en est rien : ce sujet d'étude éprouve quelques difficultés à bien s'intégrer dans cette distinction binaire (Section I). Par ailleurs, une autre interrogation, liée à la première et à l'absence de statut global du corps, doit être prise en compte, surtout pour ce qui concerne le domaine probatoire, relative aux liens entre la personne et le corps. Il est ainsi important de comprendre quels sont les liens entre l'individu et son corps : bénéficie-t-il d'un droit de propriété ou bien en est-il un simple détenteur sans en être totalement maître ? Dans ce dernier cas, l'individu bénéficie-t-il tout de même de droits sur son corps (Section II) ? Ces dernières problématiques sont importantes pour comprendre la place qu'un tiers va occuper s'agissant de la preuve une fois le corps en sa possession et finalement pour mettre en lumière la réification de celui-ci.

---

[479] A. de Rivarol, « Seconde lettre sur la morale » *in Œuvres complètes de Rivarol*, Slatkine Reprints, 2012.

Section I - Le corps personnifié et réifié

154. Une réflexion théorique. Nous avons déjà défini le corps d'un point de vue physique[480], comme étant la réalité matérielle d'un individu, mais qu'en est-il juridiquement ? La recherche des preuves corporelles est relativement aisée : ce constat fait-il de ce dernier un simple « bien » facilement utilisable ? Ou au contraire, obéit-il au régime des « personnes » ? Pour comprendre la place du corps humain dans la *summa divisio* du Code civil concernant les « personnes » et les « biens », il faut d'abord se référer à ces notions évolutives (§I) puis essayer de les appliquer aux corps (§II).

§I - La *summa divisio* des « personnes » et des « biens »

155. Une ancienne distinction. Cette division du Droit civil entre « personne » d'une part et « bien » d'autre part est ancienne et directement issue de notre héritage du droit romain. Aussi, Gaius distinguait déjà, concernant le droit privé, les « actions » (*actiones*), les « personnes » (*personae*) et les « choses » (*res*)[481]. Cette distinction perdure aujourd'hui et fut reprise dans le Code civil, tant napoléonien, – *« après avoir parcouru tout ce qui est relatif aux personnes, nous nous sommes préoccupés des biens »*[482] – que dans celui en vigueur actuellement[483] (A), bien que celle-ci fasse aujourd'hui l'objet de multiples critiques (B).

A - Une division traditionnelle

156. « Personnes » et « biens ». Ce sont les termes employés dans le Code civil pour distinguer les régimes juridiques privés. Pour autant, que comportent ces notions ? Il ne sera pas question au sein de ce chapitre de revenir sur l'ensemble de leur contenu, ce qui serait chronophage et hors propos. Simplement, il faut mettre en avant les éléments importants de celles-ci afin de comprendre dans quelle catégorie peut se situer le corps.

---

480 Voir *supra* n° 8.

481 Gaius, *Institutes*, Les Belles Lettres, collection « Budé », 2002.

482 J.-E.M. Portalis, *Discours préliminaire du premier projet de Code civil (1801)*, Éditions Confluences, collection « Voix de la Cité », 2004.

483 *« Le Code civil, à l'image du droit français, distingue dans deux différents livres les personnes et les biens. Cette distinction traditionnelle du droit permet de situer chaque individu ou objet au sein de catégorie et de déterminer le régime de protection envisageable».* N. Reboul-Maupin, *Droit des biens*, Dalloz, collection « Hypercours », 7ème édition, 2018.

Ainsi, la notion de « personne » est différente de ce que l'on peut imaginer de prime abord. Dans ce sens, il est nécessaire de traiter de « personne » juridique, ce qui ne recoupe pas forcément la notion de personne humaine (I). Par ailleurs, concernant la catégorie des « biens », est souvent employé le mot « chose » : ces deux termes renvoient-ils aux mêmes éléments (II) ?

I - La « personne » juridique

157. Qu'est-ce qu'une « personne » ? D'un point de vue terminologique, « personne » peut revêtir deux acceptions. Tout d'abord, la définition courante dans notre société, hors sciences juridiques, la « personne » est l'être humain, sans distinction de sexe : c'est un individu, une personne humaine. *A contrario*, si l'on s'intéresse à la notion juridique de « personne », quelques discordances lexicales existent avec cette acception courante du terme. Ainsi, les dictionnaires juridiques définissent celle-ci en la liant à la notion de sujet de droit. Dès lors, la « personne » juridique est celle *« titulaire de droits et d'obligations ayant, de ce fait, un rôle dans l'activité juridique. [...] Tous les êtres humains sont des personnes juridiques ; les personnes morales aussi »*[484]. Par ailleurs, cette aptitude *« à être titulaire de droits et d'obligations [...] est inhérente à la personne humaine, c'est-à-dire que toute personne physique en bénéficie de sa naissance à sa mort »*[485].

158. Des divergences. Dès lors, ces définitions semblent peu s'accorder sur deux éléments. Tout d'abord, la notion classique de « personne » s'entend comme l'être humain, ce qui exclut une quelconque personnalité morale. Or, le droit accorde bien la qualité de sujet de droit à des groupements organisés[486] et prévoit également leur responsabilité pénale[487].
D'autre part, une interrogation doit être posée sur la notion même d'être humain. *« Le C. civ. a de la personne, même physique, une conception désincarnée et abstraite : un être plus défini par le droit que par la nature ; elle n'est pas un individu fait d'une âme et d'un corps, mais le titulaire de droits et d'obligations qui peut exercer une activité juridique ; à cet égard,*

---

[484] S. Guinchard et T. Debard (dir.), *Lexique des termes juridiques 2019-2020*, Dalloz, 27ème édition, 2019.
[485] R. Cabrillac (dir.), *Dictionnaire du vocabulaire juridique 2020*, précit.
[486] Groupements composés de personnes physiques tel que des syndicats ou des associations par exemple.
[487] C. pén., art. 121-2 : *« les personnes morales, à l'exclusion de l'Etat, sont responsables pénalement, selon les distinctions des articles 121-4 à 121-7, des infractions commises, pour leur compte, par leurs organes ou représentants ».*

la définition est la même pour les personnes et les personnes morales. La personne est ainsi comprise de manière purement juridique »[488]. Dès lors, il semble qu'un décalage existe entre la personne physique elle-même, l'être humain, et la notion juridique de « personne ». Ces éléments ont été démontrés par certains auteurs. Ainsi par exemple, Aude Bertrand-Mirkovic met en avant le fait que cette notion de « personne » juridique s'est détachée, progressivement, du réel : *« à l'origine (en droit romain et sous l'ancien droit), la notion de personne est concrète, elle désigne l'individu. Elle va devenir de plus en plus abstraite, se dégager de l'individu concret, de la personne réelle qu'elle servait à désigner, jusqu'à acquérir une autonomie suffisante pour devenir une qualité que l'on peut considérer en elle-même, indépendamment de la personne concrète qui la reçoit »*. Elle termine sur cela en disant : *« c'est un détachement progressif jusqu'à l'abstraction ultime qui fait de la personnalité juridique une notion tellement bien détachée des individus qu'elle peut être attribuée à d'autres qu'eux (personnes morales). L'on est ainsi arrivé à la notion juridique de personne, abstraction pure, construction intellectuelle »*[489]. Cette abstraction permet justement la création de personnes morales mais entraîne également des difficultés quant à la qualification juridique du corps. Au-delà de ces questions, il est également nécessaire de définir le « bien » juridique (II) ?

II - Les « biens »

159. Des « choses » et des « biens ». Le Code civil organise, pour notre droit privé, une logique binaire entre « personne » et « bien ». Dès lors, tout ce qui n'est pas « personne » est un « bien ». Pour autant, un « bien » est-il une « chose » ? Dans le langage courant, il n'est pas rare d'utiliser « bien » comme synonyme de « chose » mais peut-on les différencier juridiquement ? La notion de « bien », outre le fait qu'elle représente l'antagoniste du mal, met en avant ce qui apporte un avantage, qui est profitable[490]. Il s'agit ainsi d'un élément que quelqu'un va posséder et qui lui apporte une certaine utilité. De son côté, le terme « chose » est polysémique[491] mais relève du

---

[488] P. Malaurie, *Les personnes - les incapacités*, Cujas, 5ème édition, 2000.

[489] A. Bertrand-Mirkovic, *La notion de personne (Étude visant à clarifier le statut juridique de l'enfant à naître)*, Presses universitaires d'Aix-Marseille, 2003.

[490] Voir sur ce sujet : G. Cornu, *Droit civil. Les biens*, Montchrestien, collection « Domat droit prive », 13ème édition, 2007 mais aussi W. Dross, *Droit des biens*, LGDJ, collection « Précis Domat », 4ème édition, 2019.

[491] *« Le vocabulaire dispose de peu de termes aussi équivoques que celui de « chose ». En effet, il possède une aptitude spéciale à être utilisé dans plusieurs sens. On parle de « la marche des choses » comme synonyme de l'évolution des affaires d'une personne, mais on peut parler aussi des « choses » pour faire référence à toute sorte d'objets matériels ou*

droit des « biens » et est susceptible d'être objet d'un droit. Les deux éléments sont alors liés : *« les choses deviennent des biens dès lors qu'elles sont susceptibles d'appropriation »*[492]. Dès lors, tout « bien » est une « chose » mais toute « chose » ne relève pas forcément du régime classique des « biens ». Le critère de l'appropriation a une importance dans ce domaine et aura un impact concernant le corps humain. Alors que l'interrogation porte justement sur son statut et la question de savoir s'il relève plutôt du régime des « personnes », des « biens » / « choses » ou s'il mériterait une place indépendante dans notre système juridique, l'appropriation ou non de celui-ci sera importante pour y répondre.

160. Les liens entre « personnes » et « biens ». Même si le droit civil distingue ces deux grandes notions comme étant au cœur des catégories juridiques, celles-ci ne sont pas hermétiques, des liens existent entre les deux. C'est ainsi que le « bien » est traditionnellement au service de la « personne » et cette dernière dispose de différents droits sur lui, découlant de son droit de propriété[493] : le droit d'en disposer (*abusus*), de l'utiliser (*usus*) et d'en percevoir les fruits (*fructus*) et la violation de ce droit de propriété et de ces trois prérogatives peut donner lieu à des poursuites judiciaires. C'est ainsi par le biais de ses droits sur le « bien » que peut agir la « personne » et le protéger. Pour autant, même si cette distinction entre « personne » et « biens » semble limpide, l'un étant au service de l'autre, il existe des éléments pour lesquelles cette division ne semble pas aller de soi et pose quelques difficultés (B).

B - Une division évolutive ?

161. Ni « personnes », ni « bien » ? Certains éléments existent au sein de notre société dont la qualification juridique questionne, soit parce que l'appartenance à la catégorie qu'on leur attribue fait débat, soit parce que l'on peine à les classer dans cette logique binaire. Tel est le cas notamment de la nature[494], des représentations des dieux[495], des animaux, des robots, du

---

d'abstractions. Il peut aussi se limiter à indiquer les objets inertes, par opposition aux êtres doués de vie. Il peut enfin, signifier toutes les réalités du monde, l'homme exclu ». Cf. R. Andorno, *La distinction juridique entre les personnes et les choses à l'épreuve des procréations artificielles,* thèse de doctorat, LGDJ, collection « Bibliothèque de droit privé », tome 263, 1996. Celui-ci met en avant au moins quatre significations du mot « chose ».

[492] N. Reboul-Maupin, *Droit des biens*, précit.

[493] C. civ., art. 544 : *« la propriété est le droit de jouir et disposer des choses de la manière la plus absolue, pourvu qu'on n'en fasse pas un usage prohibé par les lois ou par les règlements ».*

[494] *Cf.* notamment, M.-A. Hermitte, « Le concept de diversité biologique et la création d'un statut de la nature », *in* B. Edelman et M.-A. Hermitte (dir.), *L'homme, la nature et le droit,*

fœtus et de l'embryon, du cadavre et bien évidemment du corps humain lui-même. Alors que les dernières catégories ont trait au corps de l'être humain et seront abordées dans un second temps[496], arrêtons-nous quelques instants sur les animaux (I) et sur les robots (II).

I - Les animaux

162. Les animaux : ces « choses ». *« Le statut juridique de l'animal - sa place dans la classification des personnes et des choses - ne pose a priori aucune difficulté. L'animal n'est pas une personne et, par conséquent, il est une chose. C'est ainsi que les rédacteurs du code civil l'ont appréhendé en 1804 »*[497]. Dès lors, jusqu'en 2015, il ne semblait plus utile au législateur de s'intéresser outre mesure à ce statut[498], l'essentiel était que l'animal soit pris en compte par le droit et soit préservé. C'était le cas dans le Code le plus légitime à le recevoir : le Code rural. Ainsi, l'animal bénéficiait d'une protection aux articles L. 214-1 et suivants de ce Code, dans un chapitre entier le concernant[499], de même qu'une protection pénale assurée par le Code pénal[500].

163. Les animaux : ces « choses » particulières ? Alors que certains universitaires mettaient en avant le rapprochement de l'animal avec la notion de « personne »[501], il apparut de plus en plus inconcevable pour notre société que ce dernier ne soit qu'une simple « chose ». Ainsi, une pétition issue de la

---

Christian Bourgeois, 1988.

495 F. Rouvière, « Le robot-personne ou Frankenstein revisité », RTD Civ. 2018, p. 778 : *« la personnalité juridique d'une idole en Inde lui a permis d'agir en justice pour récupérer des biens considérés comme injustement aliénés [...]. La Cour d'appel de Londres a même accepté un appel formé au nom du dieu Shiva contre une société ayant acquis une statuette de la divinité »*.

496 Voir *infra* n° 168 et s.

497 F. Chénedé, « La personnification de l'animal : un débat inutile ? », AJ Famille 2012, p. 72.

498 Ce dernier était intervenu plusieurs fois pour préserver l'animal. Tel fut le cas par la célèbre loi Grammont du 2 juillet 1850 sur les mauvais traitements envers les animaux domestiques. *« La société française s'intéresse aussi à la souffrance animale conduisant, en 1845, à la création de la société protectrice des animaux et au vote de la loi du 2 juillet 1850, dite Grammont, sur les mauvais traitements envers les animaux domestiques »*. F. Doyez, « Spectacle vivant - Théâtralisation du droit de l'animal », Juris art etc. 2016, n° 31, p. 45.

499 Chapitre IV du livre II, titre I : *« la protection des animaux »*.

500 Chapitre concernant *« des sévices graves ou actes de cruauté envers les animaux »*, inséré dans le livre V, titre II.

501 J.-P. Marguénaud, « La personnalité juridique des animaux », Recueil Dalloz 1998, p. 205. Le professeur Marguénaud s'est beaucoup intéressé à la protection des animaux et à leur statut. Il a par ailleurs écrit de multiples articles sur le sujet, notamment dans la revue semestrielle de droit animalier qu'il dirige.

société civile, soutenue par l'association « 30 millions d'amis » fut mise en place afin de faire évoluer le régime juridique de l'animal, avec pour objectif affiché de créer *« une catégorie propre [...] dans le code civil entre les personnes et les biens »*[502], reconnaissant l'animal comme *« être sensible »*[503]. Dès lors, ce qui paraissait au départ purement symbolique – ne pas considérer l'animal comme une banale « chose » – était en réalité une véritable demande de modification de statut juridique : *« on réclame du droit civil qu'il institue un statut de l'animal, complet et cohérent, qui lui confère une certaine dignité tout en lui permettant de faire une entrée majestueuse sur la scène du droit »*[504].

Par la suite, une modification du Code civil eut lieu en 2015[505] créant l'article 515-14 : *« les animaux sont des êtres vivants doués de sensibilité »*. Cette reconnaissance, au sein de ce Code distinguant les « personnes » et les « biens » n'a que peu d'impact pratique, la suite de l'article exposant que *« sous réserve des lois qui les protègent, les animaux sont soumis au régime des biens »*. Par conséquent, même si, *« pour beaucoup, c'est une question de principe ; il s'agit de planter symboliquement un drapeau dans le code civil pour rapprocher autant que faire se peut l'animal de l'homme »*[506], l'animal reste soumis aux régimes des « biens » et donc par conséquent reste une « chose ». Simplement, il ne semble plus être une « chose » banale mais une « chose » particulière, proche de la notion de « personne », soumis aux régimes des « biens » : *« l'animal peut (doit) rester une chose juridique, l'important étant qu'il ne soit plus traité comme une chose pure »*[507].

164. Un changement de la *summa divisio* ? Avait-on réellement besoin de modifier le Code civil ? Bien que n'ayant entraîné aucun changement majeur[508], la mention de ce caractère d'être sensible de l'animal – déjà prévu dans le Code rural[509] – au sein même du Code civil reste du domaine du

---

[502] https://www.30millionsdamis.fr/fileadmin/user_upload/actu/10-2013/Manifeste.pdf

[503] G. Loiseau, « Pour un droit des choses », Recueil Dalloz 2006, p. 3015 : *« l'animal est, aux mains des hommes, un bien meuble corporel, chose dans le commerce et parfois consomptible ; il est aussi, avec les hommes, un être sensible qui suscite une certaine sollicitude du droit, engagé dans un élan de protection »*.

[504] R. Libchaber, « La souffrance et les droits », Recueil Dalloz 2014, p. 380.

[505] Loi n° 2015-177 du 16 février 2015 relative à la modernisation et à la simplification du droit et des procédures dans les domaines de la justice et des affaires intérieures.

[506] P. Malinvaud, « L'animal va-t-il s'égarer dans le code civil ? », Recueil Dalloz 2015, p. 87.

[507] P.-J. Delage, « L'animal, la chose juridique et la chose pure », Recueil Dalloz 2014, p. 1097.

[508] *« En France, la qualification « d'être vivant doué de sensibilité » (art. 515-14 c. civ.) n'y change rien puisque l'animal reste en dehors de la catégorie des personnes, contrairement à ce que prônent certains »*. *Cf.* L. Neyret et N. Reboul-Maupin, « Droit des biens », Recueil Dalloz 2018, p. 1772.

[509] C. rur., art. L. 214-1 : *« tout animal étant un être sensible doit être placé par son propriétaire dans des conditions compatibles avec les impératifs biologiques de son espèce »*.

symbole juridique qui permet tout de même de montrer que le droit essaie quelque peu de concilier les différents avis et opinions et permet une (très) légère évolution de sa *summa divisio* personne/bien[510]. Pour autant, aucune réelle transformation de cette division n'eut lieu avec cette question du statut de l'animal, bien que le débat ne semble pas totalement clos[511]. Par conséquent, pour l'heure, l'animal « être sensible » n'est pas une « personne », mais n'est plus vraiment une « chose » non plus[512]. Ce ne peut être alors qu'une chose particulière[513] relevant du régime des « biens » tout en se rapprochant de celui des « personnes ». La même problématique se pose concernant les robots (II).

II - Les robots

165. Des robots partout ? Cette question, digne d'un film de science-fiction prête à sourire. Pourtant, les robots sont des machines de plus en plus intelligentes et perfectionnées et, à mesure que la technique évolue, leurs rôles croissent et deviennent présents dans de nombreux domaines de la vie quotidienne. Ainsi, ils assistent les professionnels de santé dans l'acte de soin[514], participent à la vie boursière et financière[515], conduisent les individus via des véhicules autonomes[516], participent à la vie militaire[517], etc[518]. Si de

---

[510] *« Comme si le législateur avait voulu satisfaire les défenseurs de la cause animale tout en rassurant les gardiens de la summa divisio des personnes et des choses ». Cf.* L. Neyret et N. Reboul-Maupin, « Droit des biens », Recueil Dalloz 2015, p. 1863.

[511] Certaines associations militent encore pour l'obtention d'une personnalité juridique de l'animal : *« en France, la Fondation 30 Millions d'Amis – qui a obtenu que les animaux soient reconnus comme des êtres vivants et sensibles dans le Code civil – milite pour que soit créé dans notre Droit le statut de « personne animale » ». Cf.* le site internet de la fondation.

[512] *« pour l'instant, il n'est donc ni une personne, ni un bien », cf.* N. Reboul-Maupin, *Droit des biens*, précit.

[513] Concernant la mise en place d'un statut intermédiaire, voir notamment J.-P. Marguénaud, « Retour sur la proposition de réforme du statut de l'animal », RSDA 2013, n° 1, p. 179.

[514] M. Contis, « La télémédecine : nouveaux enjeux, nouvelles perspectives juridiques », RDSS 2010, p. 235 : *« l'exemple phare en est la téléchirurgie, grâce à laquelle un chirurgien situé parfois à des milliers de kilomètres d'un autre aide ce dernier à pratiquer une intervention, parfois à l'aide de robots spécialisés ».* Voir aussi sur ce sujet : M.-C. Renault, « En 2039, les robots auront révolutionné la médecine », Le figaro du 8 août 2019.

[515] P. Sirinelli et S. Prévost, « Robot banquier : le pouvoir de dire oui ? », Dalloz IP/IT 2016, p. 221.

[516] *Cf.* L. Andreu, « Des voitures autonomes - Une offre de loi, Recueil Dalloz 2018, p. 2080.

[517] *Cf.* R. Chatila, « Intelligence artificielle et robotique : un état des lieux en perspective avec le droit », Dalloz IP/IT 2016, p. 284 ou bien encore N. Nevejans, « La légalité des robots de guerre dans les conflits internationaux », Recueil Dalloz 2016, p. 1273.

[518] A. Mendoza-Caminade, « Le droit confronté à l'intelligence artificielle des robots : vers l'émergence de nouveaux concepts juridiques ? », Recueil Dalloz 2016, p. 445 : *« le robot a envahi les domaines les plus variés de la vie bien réelle des hommes, notamment les secteurs militaire, industriel, logistique, construction, médical, domestique, éducation, journalistique*

nombreuses questions se posent en matière de respect de la vie privée[519] et de responsabilité[520] – dont il n'est pas question dans notre propos – les juristes se demandent surtout si ces machines ne vont pas faire évoluer la *summa divisio* « personne » et « bien »[521].

166. Les robots : de futures « personnes » ? Nous savons que la personnalité juridique est réservée aux personnes physiques et aux personnes morales, ce que ne sont pas les robots. Dès lors, ils relèvent par défaut de la catégorie des « biens », tant matériellement – ils sont la création de l'Homme – que juridiquement – ils ne sont pas des « personnes » –. Pourtant, certains se demandent si une personnalité ne devrait pas leur être attribuée, notamment pour les robots intelligents. Ces arguments sont majoritairement mis en avant par Alain Bensoussan qui va jusqu'à traiter de *« robohumanité »*. Celui-ci prêche pour la mise en place d'une personne-robot qui *« sera dotée d'une personnalité juridique singulière, singulière quant au champ de la responsabilité, quant à sa traçabilité, quant à sa dignité »*[522]. Ces arguments ont par ailleurs été relayés par une résolution du Parlement européen vivement critiquée par certains auteurs[523]. Dans cette proposition, le Parlement *« demande à la Commission, lorsqu'elle procèdera à l'analyse d'impact de son futur instrument législatif, d'examiner, d'évaluer et de prendre en compte les conséquences de toutes les solutions juridiques envisageables, telles que : [...] la création, à terme, d'une personnalité juridique spécifique aux robots, pour qu'au moins les robots autonomes les*

---

ou encore juridique. C'est la généralisation des robots dans tous les secteurs d'activité qui est en marche ».

[519] Voir par exemple pour les drones : Parlement Européen, Direction générale des politiques internes, département thématique, *Les conséquences de l'usage civil des drones sur la protection de la vie privée et des données à caractère personnel*, 2015 ou bien encore D. David (coor.), *Les drones civils, enjeux et perspectives*, rapport n° 008816-01, octobre 2015.

[520] Notamment pour les voitures autonomes : M. Bénéjat-Guerlin, « Véhicule autonome et responsabilité pénale » Recueil Dalloz 2016, p. 1146 ou bien encore M. Monot-Fouletier et M. Clément, « Véhicule autonome : vers une autonomie du régime de responsabilité applicable ? » Recueil Dalloz 2018, p. 129.

[521] A. Bensoussan, « Droit des robots : science-fiction ou anticipation ? », Recueil Dalloz 2015, p. 1640.

[522] A. Bensoussan, « La personne robot », Recueil Dalloz 2017, p. 2044.

[523] G Loiseau, « La personnalité juridique des robots : une monstruosité juridique », La semaine juridique - édition générale du 28 mai 2018, n° 22, p. 1039. Celui-ci met en avant le fait que la proposition a fait réagir *« plus de 200 spécialistes en intelligence artificielle issus de différents États de l'Union européenne qui ont adressé au mois d'avril dernier une lettre ouverte à la Commission européenne afin de s'opposer à la création d'une personnalité juridique pour les robots. La réplique en dit long sur les craintes que soulève le projet et le sérieux avec lequel il faut l'envisager ».* Pour cet auteur, *« il faut dès lors se rendre à l'évidence : la personnification des robots dérèglerait le construit juridique en donnant vie à une chimère, mi-personne mi-chose, qui pervertirait la summa divisio des personnes et des choses et l'ordre de valeur qui lui correspond ».*

plus sophistiqués puissent être considérés comme des personnes électroniques responsables, tenues de réparer tout dommage causé à un tiers; il serait envisageable de conférer la personnalité électronique à tout robot qui prend des décisions autonomes ou qui interagit de manière indépendante avec des tiers »[524]. Ces arguments ont été repoussés par une autre partie de la doctrine qui tente de préserver la distinction personne/bien[525] et qui met en avant l'inutilité de l'attribution de la personnalité juridique et surtout des effets potentiellement délétères de celle-ci[526] et prônent la mise en place d'autres possibilités[527].
Pour autant la question est pendante et fait débat au sein de nos civilisations, d'autant plus lorsque l'on constate que certains pays ont déjà accordé la qualité de citoyen à ces machines[528].

167. Alors jusqu'où faut-il aller[529] ? Changer la *summa divisio* classique ? L'améliorer ? Faire de ces « choses » des « personnes » ? Cette dernière solution n'est probablement pas la bonne. Il faut certes prendre en compte les problématiques liées à ces robots telles que la responsabilité civile et/ou pénale ou bien encore leur protection mais nul besoin pour cela de faire d'eux des « personnes », notre droit permettant de protéger les « choses », comme il le fait avec les animaux. D'autant plus, si l'on prend en

---

524 Résolution du Parlement européen du 16 février 2017 contenant des recommandations à la Commission concernant des règles de droit civil sur la robotique (2015/2103(INL). *Cf.* notamment X. Delpech, « Vers un droit civil des robots », AJ contrat 2017, p.148.

525 M.-A. Frison-Roche, « La disparition de la distinction de jure entre la personne et les choses : gain fabuleux, gain catastrophique », Recueil Dalloz 2017, p. 2386 : *« la distinction entre la personne et les choses n'est pas naturelle, elle est juridique.* [contra. *cf.* F. Rouvière, « Robots et mères-porteuses : la confusion des personnes et des choses », RTD Civ. 2018, p. 261] *Elle est la base des systèmes juridiques occidentaux, leur summa divisio. Si cette distinction disparaît -et pour que l'argent se déverse il faut effectivement qu'elle disparaisse-, alors l'être humain faible deviendra la chose de l'être humain fort ».* *Cf.* également, G. Loiseau, « Des robots et des hommes », Recueil Dalloz 2015, p. 2369 : *« gardons le sens des catégories juridiques, celle des personnes comme celles des choses, qui ne sont pas modulables au gré des projections irrationnelles d'esprits prétendument avant-gardistes ».*

526 M. Bouteille-Brigant, « Intelligence artificielle et droit : entre tentation d'une personne juridique du troisième type et avènement d'un « transjuridisme » », Petites affiches 2018, n° 062, p. 7.

527 A. Mendoza-Caminade, « Le droit confronté à l'intelligence artificielle des robots : vers l'émergence de nouveaux concepts juridiques ? », précit. Mais également A. Bensamoun, « Des robots et du droit... », Dalloz IP/IT 2016, p. 281 : *« le droit en vigueur trouve naturellement à s'appliquer, sans doute complété de réponses nouvelles et spécifiques du législateur, soit par la création de règles idoines, soit par l'assouplissement, la modulation, des règles positives ».*

528 F. Rouvière, « Le robot-personne ou Frankenstein revisité », précit. : *« il y a bien entendu le robot « Sophia » qui a reçu récemment la nationalité saoudienne ».*

529 Aller jusqu'aux mariages entre humain et robots ? *Cf.* X. Labbée, « Épouser une femme robot », Gazette du palais 2014, n° 352, p. 5. Sur la question des limites, voir aussi J.-M. Truong, *Reproduction interdite*, Plon, 1999.

comparaison le fait que certains êtres humains, dotés d'un corps humain, ne sont pas reconnus comme « personne » juridique. Tel est le cas du fœtus et de l'embryon dont leurs statuts, comme celui du corps de la personne juridique doivent être étudiés (§II).

§II - La réification du corps

168. Entre les deux le corps balance ? Lorsque l'on s'intéresse à notre système juridique et plus particulièrement à cette distinction entre « personne » et « bien », on se rend compte que l'homme, dans toute sa composante, c'est-à-dire à la fois en tant qu'être doté de conscience mais également en tant que réalité matérielle[530] – un homme doté d'un corps –, n'est pas pris en compte par le droit. Certes le droit répressif protège l'individu et son corps contre les atteintes faites par les tiers et le droit privé énonce l'inviolabilité et l'indisponibilité du corps comme principes protecteurs. Mais au-delà de ces simples éléments de préservation, aucun statut ne lui est donné permettant de le considérer dans son ensemble. Dès lors, le corps va passer, selon les théories et les situations, d'un statut à l'autre, parfois « personne », parfois « chose », notamment pour le fœtus et le cadavre (A) mais aussi pour l'individu en vie (B).

A - Le corps aux seuils de la vie et de la mort : les choses *« métahumaines »*[531]

169. Des corps humains et des statuts ? Qu'il s'agisse du fœtus ou du cadavre, les deux appartiennent à l'espèce humaine[532]. Or, le statut juridique qui leur est attribué est discuté, tout comme celui de l'homme en vie et de son corps. Pour chacune de ces situations, les juristes s'interrogent quant à la possibilité de les considérer comme « personnes » ou bien simplement comme des « choses ». Si juridiquement la notion de « personne » permet d'être titulaire de droits et de devoirs, cette dernière est soumise à des

---

530 Des études ont été réalisées concernant certains éléments composant le corps humain. Ainsi par exemple, *cf.* T. Dailler, *La peau humaine en droit privé,* thèse de doctorat, Université de Limoges, 2015.

531 Expression empruntée à Grégoire Loiseau, qui construit ce néologisme à partir du préfixe grec *meta* qui exprime la succession, le changement, en l'occurrence celui du corps humain à différents états, avant la naissance et après la mort. *Cf.* G. Loiseau, « Pour un droit des choses », précit.

532 Sur la question de l'être humain et de son statut, *cf.* M. Reynier, *L'ambivalence juridique de l'humain. Entre sacralité et disponibilité*, Les études hospitalières, collection « Thèses », 2011.

critères d'attribution. Nous l'avons vu, les auteurs s'interrogent sur l'application de cette notion aux animaux et robots. Concernant l'être humain, la personnalité juridique s'acquiert par la naissance de l'individu et se perd à sa mort.
Dès lors, si l'on reste dans cette logique binaire de « personne » et de « bien » qui caractérise notre droit privé, le corps qui existe déjà ou qui existe encore avant et après la mise en route de ce régime ne peut relever que du régime des « biens ».
Cette problématique se pose ainsi pour l'embryon et le fœtus avant la naissance de l'enfant (I) mais également, on le verra, pour le cadavre, après la mort de l'individu (II).[533]

I - L'embryon et le fœtus

170. L'enfant à naître : une « chose ». *« L'embryon humain est le produit de la conception humaine. Il est également appelé fœtus au-delà des quatre premiers mois de vie utérine »*[534]. Conséquemment, le fœtus est l'embryon évolué, appelé à devenir un enfant par sa naissance. Néanmoins, qu'est-il juridiquement ? Le juriste est bien embarrassé par cette question du statut juridique de l'enfant à naître[535] tant il est difficile de donner une réponse tranchée.
D'une part, si l'on s'en tient à la logique binaire que nous venons d'énoncer, il est compliqué de lui attribuer la qualité de « personne ». Celle-ci s'acquiert par la naissance, à un enfant né vivant[536] et viable[537]. Or, que ce soit l'embryon ou le fœtus, aucun des deux ne remplit ces conditions. Par conséquent, si l'on respecte une interprétation stricte des concepts : ils ne peuvent entrer que dans l'autre catégorie, celle des « biens ».
D'autre part, il paraît inconcevable de considérer un futur enfant comme un « bien » ou une banale « chose »[538]. Ce serait lui retirer toute l'humanité dont

---

[533] Sur cette question, *cf.* notamment L. Carayon, *La catégorisation des corps : étude sur l'humain avant la naissance et après la mort*, thèse de doctorat, Université de Paris 1, 2016. Voir aussi : X. Labbée, *Condition juridique du corps humain avant la naissance et après la mort*, Presses universitaires de Lille, collection « Sciences juridiques et sociales », 1990.
[534] « Embryon », fiche d'orientation Dalloz, juillet 2019.
[535] Sur l'ambigüité du statut de l'embryon *cf.* notamment. G. Farjat, « Entre les personnes et les choses, les centres d'intérêts », RTD civ. 2002, p. 221. Voir également : D. Tsarapatanis, *Les fondements éthiques des discours juridiques sur le statut de la vie humaine*, Presses Universitaires de Paris Ouest, collection « Prix de thèse », 2010.
[536] Sur la question de l'enfant sans vie *cf.* J. Massip, « Actes d'enfants sans vie : les deux décrets du 20 août 2008 », Gazette du Palais 2008, n° 323, p. 2 et M. Pichard, « A propos de l'acte d'enfant sans vie », Petites affiches 2008, n° 236, p. 4.
[537] C. Philippe, « La viabilité de l'enfant nouveau-né », Recueil Dalloz 1996, p. 29.
[538] Le Conseil d'Etat lui-même a pu mettre en garde contre les dangers de considérer ce futur

il dispose. En effet, s'ils ne sont pas des « personnes » au sens juridique du terme, n'étant pas des enfants nés, ils n'en demeurent pas moins des êtres humains[539], disposant d'un corps qui se forme tout au long de la grossesse. Comment peut-on imaginer qu'un être humain ne soit qu'une « chose » ? Moralement, théologiquement, philosophiquement, c'est impossible, impensable. Et pourtant, par cette distinction binaire, juridiquement, l'embryon et le fœtus rentrent dans cette catégorie. Pour autant, ils ne peuvent être assimilés à des « choses » quelconques, à des objets standards : des « choses » oui, mais particulières de par leur rattachement à l'humanité.

171. Une « chose » proche de la « personne ». L'application au régime des « choses » reste contestable si l'on s'en tient au droit civil et à l'adage « *infans conceptus pro nato habetur quoties de commodis ejus agitur* »[540]. Ce précepte signifie que l'enfant conçu est réputé né à chaque fois qu'il en va de son intérêt. Ce qui veut dire qu'il pourra, s'il naît vivant et viable, participer à une succession normalement clôturée avant sa naissance[541]. Cette maxime constitue également une barrière à la qualification de cet être humain en tant que « bien » classique, c'est-à-dire une « chose » appropriable, susceptible de rentrer dans le commerce juridique. Cette protection du futur enfant aurait permis une appréciation plus souple de ces concepts, faisant sortir du régime des « choses » le fœtus et l'embryon[542]. Cette évolution du droit, favorable à l'humain, n'a pas toujours été choisie par la Cour de cassation qui a particulièrement refusé une protection pénale du fœtus en tant que « personne »[543].

---

enfant comme une simple « chose » : Conseil d'État, *Les lois de bioéthique : cinq ans après*, La Documentation française, collection « Études du Conseil d'État », 1999.

[539] B. Mathieu, « La recherche sur l'embryon au regard des droits fondamentaux constitutionnels », Recueil Dalloz 1999, p. 451 : *« il est difficile de contester, sauf à perdre le sens des mots, que l'embryon est un être humain : il existe et sa nature humaine est incontestable ».*

[540] Pour une étude de cette maxime, *cf.* R. Lalou, *Etude de la maxime Infans conceptus*, thèse de doctorat, Université de Paris, 1904 et A. Lefèbvre-Teillard , « Infans conceptus. Existence physique et existence juridique », Revue historique de droit français et étranger 1994, tome 72, p. 499.

[541] C. civ., art. 725, al. 1er : *« pour succéder, il faut exister à l'instant de l'ouverture de la succession ou, ayant déjà été conçu, naître viable ».*

[542] Ainsi, cela a permis à un auteur d'envisager, à l'égard du futur enfant, une théorie de la demi-personnalité. *Cf.* A. Philippot, *L'être humain au commencement de sa vie*, thèse de doctorat, Université Paris I, 2012.

[543] Sur la question de viabilité et notamment de la non-application de l'homicide involontaire à l'enfant à naître, du fait de sa non prise en compte dans le terme « autrui » que vise l'article, *cf.* Cass. crim., 30 juin 1999, Bull. crim., n° 174 (D. Vigneau, « L'atteinte involontaire, de la part d'un médecin, à la vie de l'enfant à naître n'entre pas dans les prévisions des articles 319 ancien et 221-6 du code pénal », Recueil Dalloz 1999, p. 710). Solution confirmée par Ass. plén., 29 juin 2001, n° 99-85973 (J. Pradel, « La seconde mort de l'enfant conçu », Recueil Dalloz 2001, p. 2907 ; J. Sainte-Rose, « Un fœtus peut-il être victime d'un homicide

Par ailleurs, si l'on revient sur nos deux grands axes d'analyses, à savoir le corps global et l'élément corporel détaché de ce dernier, le fœtus et son statut interroge encore plus selon qu'il soit rattaché ou non au corps de la femme. S'il est détaché de ce dernier, il ne pourra être qu'une chose[544] mais comment concevoir que lié *in corpore* à la « personne » juridique il ne puisse pas, à son tour, relever de ce régime ?[545] L'être humain lui-même, et non pas seulement son corps, est réifié dans cette hypothèse. Cette ambiguïté relative à la notion même de « personne » et au lien qu'elle entretient avec l'humanité laisse perplexe et ne nous satisfait pas entièrement[546]. D'autres auteurs ont ainsi proposé diverses alternatives, à mi-chemin entre la « personne » et la « chose », comme pour l'animal.

172. Fœtus et animal : ces « choses » sensibles ? Ainsi, comme pour l'animal qui est un être sensible, le fœtus n'est pas vraiment une « personne » mais pas vraiment une « chose » non plus. Est-il également un être sensible ? La comparaison entre les deux est assez frappante, surtout si l'on considère que, pour l'animal, la société est choquée de l'imaginer simplement comme un objet, ce qui a conduit le droit à mettre en avant sa sensibilité, tout en le gardant « chose ». Le même phénomène se produit pour le fœtus : les membres d'une société, en tant que « personnes » juridiques peuvent difficilement considérer cet être destiné à devenir leur

---

involontaire ? », Recueil Dalloz 2001, p. 2917 ; Y. Mayaud, « Ultime complainte après l'arrêt de l'Assemblée plénière de la Cour de cassation du 29 juin 2001 », Recueil Dalloz 2001, p. 2917). Mais également d'autres arrêts, tel que : Cass. crim., 25 juin 2002, n° 00-81359 (J. Pradel, « La Chambre criminelle continue d'ignorer l'enfant à naître », Recueil Dalloz 2002, p. 3099 ; M.-L. Rassat, « Un fœtus ne peut toujours pas être la victime d'un homicide par imprudence », La Semaine juridique - édition générale du 9 octobre 2002, n° 41, II 10155).
Voir pour plus de précisions J. Pradel, « La mort du fœtus, le délit d'homicide involontaire et les hésitations de la Cour de cassation », Recueil Dalloz 2004, p. 3097. *Cf.* également S. Sidoine, *Le meurtre du nouveau-né : aspects juridiques et criminologiques*, thèse de doctorat, Université de Nantes, 2013.
Par ailleurs, ce raisonnement français fut approuvé par la CEDH qui affirme la non violation du droit à la vie de l'article 2 de la Convention. *Cf.* CEDH, 8 juillet 2004, Vo c. France, requête n° 53924/00, J. Pradel, « La CEDH, l'enfant conçu et le délit d'homicide involontaire : entre prudence et embarras », Recueil Dalloz 2004, p. 2456.

[544] Sur la problématique de l'élément détaché, voir *supra* n° 139 et s.

[545] « *L'enfant in utero « sera considéré comme un élément de la personnalité de la mère, non pas tant en raison de l'affectation au service de la personne de la mère [...] mais en raison de son attache, de son intégration au corps de celle-ci. L'enfant conçu ne serait donc pas une personne autonome, mais une "pars mulieris", un élément du corps de la mère, et donc de sa personne »».* A. Bertrand-Mirkovic, *La notion de personne*, précit.

[546] Dans ce sens, un auteur a proposé de subdiviser la notion de personne à travers celle de personne humaine. *Cf.* A.-C. Arrighi, *La condition pénale de l'enfant avant sa naissance : de la non reconnaissance à la protection,* thèse de doctorat, Université de La Rochelle, 2015. Sur le même sujet, voir également F. Zenati-Castaing et T. Revet, *Manuel de droit des personnes*, PUF, collection « Droit fondamental », 2006.

égal comme une « chose ». Dès lors, la doctrine s'accorde pour dire que son statut est intermédiaire : entre « personne » et « chose » ; pas totalement l'un et pas totalement l'autre non plus. Certains parlent de « personne » en devenir[547], par destination[548], future[549], d'autres parlent d'un être possédant une personnalité potentielle[550]. Pour autant, le parallèle avec les animaux reste de mise : être sensible d'une part, personnalité potentielle ou personne en devenir d'autre part, quel en est intérêt ? Si ce n'est celui de reconnaître que dans les deux cas, ce ne sont pas de banales « choses », ils n'en demeurent pas moins soumis à ce régime. Simplement, ce dernier peut être aménagé et tous deux peuvent faire l'objet de mesures de protections[551] plus fortes que les choses classiques avec une gradation entre l'animal – considéré comme un « bien », et donc susceptible d'appropriation – et le fœtus qui lui est une « chose » mais ne peut être, théoriquement, un « bien »

---

[547] F. Rogue, « L'enfant du mineur à l'épreuve du droit de la santé », RDSS 2016, p. 722.

[548] A. Louis-Pecha, « Statut du fœtus et personnalité juridique », *in* P. Jouannet et C. Paley-Vincent (dir.), *L'embryon, le fœtus, l'enfant. Assistance médicale à la procréation (AMP) et lois de bioéthique*, Eska, 2009 et X. Labbée, « Respect et protection du corps humain, l'enfant in utero personne par destination », JurisClasseur Civil, Art. 16 à 16-12, fascicule 52, p. 255.

[549] X. Labbée, *Condition juridique du corps humain avant la naissance et après la mort*, précit.

[550] *« L'embryon ou le fœtus doit être reconnu comme une personne humaine potentielle qui est, ou a été vivante et dont le respect s'impose à tous ».* Avis sur les prélèvements de tissus d'embryons et de fœtus humains morts, à des fins thérapeutiques, diagnostiques et scientifiques du CCNE du 22 mai 1984. *Cf.* G. Mémeteau, « Le premier avis du Comité consultatif national d'éthique (prélèvements sur embryons et fœtus) », La Semaine juridique - édition générale du 15 mai 1985, n° 20, doctr. 3191.

[551] Pour un approfondissement sur la protection de l'embryon, *cf.* R. Andorno, *La distinction juridique entre les personnes et les choses à l'épreuve des procréations artificielles*, précit.
Celui-ci bénéficie d'éléments de protection par la stricte réglementation concernant la recherche scientifique et l'interruption volontaire de grossesse. Par ailleurs, la simple existence de ces éléments démontre également que le fœtus comme l'embryon ne sont que des « choses ». S'ils appartenaient au régime des « personnes », comment justifier la suppression de celle-ci au profit d'une autre « personne » pour l'interruption de grossesse et au profit de la science dans la recherche ? *A contrario*, si l'embryon ou le fœtus sont de simples « choses », il n'y aurait pas besoins non plus de règles spécifiques ou contraignantes qui empêchent les « personnes » (chercheurs ou mère) de disposer des « choses » et d'abuser d'elles. Cela rejoint la libre disposition de son corps pour la mère et la libre disposition et jouissance des « choses ». Inutile de limiter les recherches faites par des « personnes » juridiques pour protéger les « choses ». À l'inverse, si l'embryon ou le fœtus sont des « personnes », dans ce cas, la loi pourra prévoir toutes les précautions possibles en réglementant la recherche et l'IVG, cela reste une « personne » juridique sacrifiée. Aucune solution n'est totalement satisfaisante, de la même manière que de les considérer comme appartenant à un statut intermédiaire. Aujourd'hui, ils sont protégés en tant que choses sacrées, c'est-à-dire devant être respectés. *Cf.* en ce sens : X. Labbée, « Respect et protection du corps humain. L'enfant conçu *ex utero* chose sacrée ? », JCL. 2012, fasc. 52, spéc. n° 23. Voir également C. Neirinck, « L'encadrement juridique de la recherche sur l'embryon humain », *in* B. Le Mintier-Feuillet (dir.), *L'embryon humain, approche multidisciplinaire*, économica, 1996, p. 156.

appropriable, du moins financièrement, du seul fait de son appartenance à l'humanité.

173. Des incohérences ? Dans ce domaine, elles existent, du fait de l'ambiguïté du statut juridique, comme c'est parfois le cas dans la jurisprudence. Ainsi par exemple, Madame Reboul-Maupin traite d'une jurisprudence de la Grande chambre de la Cour européenne des droits de l'homme de 2015 : une personne mettait en avant *« son droit de propriété sur « ses » embryons ».* La Cour décida que *« le statut d'embryons humains surnuméraires conçus in vitro et cryogénisés ne sont pas des choses ».* N. Reboul-Maupin termine en exposant qu'*« enfermée dans la contradiction, reconnaissant que l'embryon humain n'est pas une chose, tout en étant autrui sans être une personne..., la Cour a tout de même contribué au respect de la vie humaine dès la conception »*[552].
Bien que le statut juridique de l'enfant à naître puisse être utile en droit civil, s'agissant du droit répressif, il ressort finalement que le plus important est bel et bien que l'humanité fasse l'objet d'une protection, peu importe en somme que le fœtus ou l'embryon appartiennent ou non au régime des « choses ». Néanmoins, cette ambivalence crée des incohérences juridiques et un certain malaise réside dans cette question, du fait de l'appartenance à l'humanité des personnes elles-mêmes qui doivent traiter de cette interrogation. Madame Reboul-Maupin met justement en avant cette contradiction, entre la volonté de ne pas affirmer que cet être ne soit qu'une « chose » et le refus d'affirmer haut et fort qu'il est une « personne ». Alors même que le débat sur le régime juridique des animaux et des robots n'est pas clos, il est encore plus important pour l'être humain et son corps. Finalement deux hypothèses principales peuvent être mises en avant : soit l'on recadre la notion de « personne » juridique à celle d'humain[553], soit l'on continue de considérer la réalité matérielle du fœtus et de l'embryon en tant que « chose » bénéficiant d'une protection forte et d'un caractère sacré. L'intermédiaire, s'ajoutant à quelques éléments de protection épars n'est pas satisfaisant. Il en va de même pour l'ensemble des stades de vie du corps, un régime à part devant lui être consacré, même pour le mort (II).

---

[552] CEDH, 27 août 2015, Parrillo c. Italie, requête n° 46470/ 11. *Cf.* N. Reboul-Maupin, *Droit des biens*, précit. mais également, A. Dionisi-Peyrusse, « Actualités de la bioéthique », AJ fam. 2015, p. 433 ; J.-P. Marguénaud, « Les embryons in vitro entre les balances de la justice européenne et les éprouvettes des chercheurs », RTD civ. 2015, p. 830 ; J. Hauser, « La nature juridique de l'embryon », RTD civ. 2016, p. 76.

[553] En ce sens *cf.* A. Bertrand-Mirkovic, *La notion de personne*, précit. : *« si l'on admet que la classe des personnes ne se réduit pas à celle des seules personnes juridiques, qu'en ce sens le terme de personne est devenu trop étroit et que, en soi et pour le droit, la qualité de personne est liée à l'humanité, la classe des personnes contient tous les êtres humains et la distinction personne-chose conserve toute sa pertinence ».*

II - Le corps mort

174. Le cadavre : une ancienne « personne » devenue « chose ». Une interrogation porte également sur le régime applicable au corps et au respect de l'intégrité corporelle dès lors que l'individu est passé de vie à trépas. Nous l'avons dit, la personnalité juridique s'acquiert à la naissance et se perd à la mort. Quand le décès survient, juridiquement, elle n'est plus une « personne » : *« les morts ne sont plus des personnes, ils ne sont plus rien »*[554]. Par conséquent, l'ancienne personne devient un cadavre, c'est-à-dire une dépouille humaine, et ce qui reste d'elle physiquement, son ancien corps, n'est plus régi par le droit des « personnes » mais par celui des « choses »[555]. Les mêmes arguments que ceux utilisés pour le fœtus peuvent être mis en avant, relatifs à la notion d'être humain. Le cadavre est un corps humain, c'est le résidu de l'ancienne « personne » et à ce titre, il ne peut être une « chose » quelconque[556]. Il conserve alors les conséquences de la volonté du vivant qui se produisent après sa mort[557]. Ainsi, le droit ne s'intéresse pas seulement à la protection du corps de la personne vivante mais est également intervenu pour protéger les restes humains, dans l'optique de favoriser le respect de la mémoire du défunt mais surtout la considération du chagrin et de la dignité de la famille. En protégeant l'honneur du cadavre, son souvenir[558], le droit protège également les membres de droits affiliés à ce défunt[559]. C'est dans cette optique que le corps sera protégé, notamment par le droit répressif[560]. Néanmoins, le statut juridique du corps mort est encore

---

554 M. Planiol, *Traité élémentaire de droit civil*, Pichon, 1904. Voir aussi P.-Y. Gautier, « Triomphe du matérialisme : le cadavre humain est un « meuble » à conserver », RTD Civ. 1992, p. 412.

555 J.-P. Baud, « Le corps, chose au milieu des choses », *in Le poids du corps*, Ecole régionale des Beaux-Arts du Mans, 1995, p. 15 : *« ... mort qui retient ici notre attention en ce qu'elle annonce, dans la plupart des cas, et pour l'essentiel du cadavre, le grand retour du corps parmi les choses ». A contrario*, soutenant une théorie de demi-personnalité pour le cadavre, *cf.* R. Demogue, « La notion de sujet de droit », RTD. civ. 1909, p. 639.

556 G. Loiseau, « Mortuorum corpus : une loi pour le respect », Recueil Dalloz 2009, p. 236 : *« si la dépouille mortelle et ce qu'il en advient, ossements ou cendres funéraires, sont donc des choses « dans l'ordre binaire du droit », ce sont néanmoins « des choses à part des autres choses, empruntes d'un sacré au sens où l'on exprime ce qui est inviolable et digne d'un respect absolu ».*

557 J.-P. Gridel, « L'individu juridiquement mort », Recueil Dalloz 2000, p. 266.

558 M. Cornu, « Le corps humain au musée, de la personne à la chose ? », Recueil Dalloz 2009, p. 1907 : *« une fois rompu le lien familial, le corps humain retourne à une condition plus ordinaire. Le basculement du statut du corps humain sur le terrain du droit des biens ne serait pas tant dans le passage de la vie à la mort que dans l'extinction du souvenir du défunt».*

559 Voir sur le sujet : Cass. civ. 1ère, 1 juillet 2010, n° 09-15479. *Cf.* G Loiseau, « La protection posthume de la personnalité », La semaine juridique - édition générale du 27 septembre 2010, n° 39, p. 1778.

560 *Cf.* C. pén., art. 225-17.

plus spécifique que celui du futur enfant. Ce dernier n'est pas une « personne » et n'en a jamais été une. Le cadavre, lui, n'est plus une « personne » mais en a été une, c'est pour cela que son souvenir et sa mémoire sont protégés par le droit. C'est une « chose » qui doit également faire l'objet d'un régime spécifique au sein des « biens ». *A contrario*, une fois que le lien avec les vivants est atténué voire rompu, la protection spécifique des anciennes personnes semble moins se justifier.
Dès lors, la protection de l'individu est liée à celle des vivants, que ce soit pour le fœtus dont la personnalité juridique est refusée du fait de son absence de naissance vivant et viable ou pour le mort qui fait l'objet d'une préservation pour le respect de la dignité et du chagrin de ses proches.

175. Encore des incohérences ? Si l'on a démontré que la jurisprudence pouvait parfois être incohérente sur le statut de « chose » ou de « personne » du fœtus, d'autres éléments peuvent être avancés concernant le cadavre. C'est ainsi que le chapitre V du Code pénal traitant *« des atteintes à la dignité de la personne »*, figurant dans un Livre II concernant les infractions et atteintes aux « personnes », comporte une section 4 sur les atteintes au respect dû aux morts qui punit toute atteinte à l'intégrité du cadavre, au corps mort. Cette structure du Code est assez frappante et interroge : pourquoi protéger le corps de l'ancienne personne dans une partie traitant des atteintes aux « personnes » s'il n'est qu'une « chose »[561] ? Son statut est également ambigu. Notre société refuse de considérer les corps et plus largement tous les êtres humains comme des « choses », que ce soit avant la naissance ou après la mort, mais ne parvient pas pour autant à en faire des « personnes ». Ces éléments créent des confusions dans la considération du régime applicable et pour redonner de la cohérence, il serait favorable de calquer la notion de « personne » juridique à celle de « personne » humaine ou bien de décider juridiquement que ce sont des « choses » et leur attribuer un régime commun de protection en tant que « chose » humaine. Dans tous les cas, il n'est pas nécessaire de considérer le cadavre comme une « personne » juridique pour le protéger, mais le faire dans une partie du Code réservée aux « personnes » n'est pas juridiquement satisfaisant[562] si l'on considère qu'il n'en est plus une. Notons également que, cette section protectrice ne donne pas de délai de protection. C'est pourquoi, porter atteinte au cadavre est constitutif d'une infraction pénale, peu importe combien de temps s'est écoulé depuis le décès.

---

[561] Les mêmes éléments se démontrent au sein du Code civil. Ainsi par exemple, l'article 16-1-1 de ce Code énonce que les restes des personnes décédées doivent être traités avec *« respect, dignité et décence »*. Or, cet article figure également dans le Livre Ier de ce Code traitant des personnes, et non dans une partie sur les choses.
[562] *A contrario*, certains auteurs y voient une certaine forme de continuité de l'être humain. *Cf.* en ce sens G. Loiseau, « Mortuorum corpus : une loi pour le respect », précit.

176. Fœtus et cadavre : une hiérarchie protectrice ? D'un autre côté, ce cadavre semble bénéficier d'une protection supérieure à celle de la « personne » en devenir. La jurisprudence refuse de protéger l'embryon et le fœtus par l'incrimination d'homicide involontaire, refusant de faire application du terme « autrui » à ces « choses »[563]. Néanmoins, cette même jurisprudence a déjà réprimé pour tentative d'homicide volontaire le fait pour l'auteur de l'infraction de tuer un mort, se basant sur la volonté de tuer de celui-ci qui prévaudrait sur l'impossibilité matérielle de réaliser l'infraction[564]. En ce sens, même si c'est la dangerosité de l'individu qui a la volonté de tuer[565] qui est sanctionnée, il n'en demeure pas moins que la « personne » victime (« autrui ») prise en compte est un cadavre. La jurisprudence a alors une interprétation parfois très stricte et parfois large de la notion de « personne » par l'emploi du mot « autrui ». Cette différence pourrait peut-être s'expliquer par la dangerosité de l'individu et notamment par le caractère volontaire ou non de l'atteinte à la personne. L'homicide volontaire suppose que l'individu veuille réellement tuer autrui alors que dans les différentes affaires qui ont été soumises à la Cour de cassation concernant le fœtus, il s'agissait à chaque fois d'un accident de la circulation qui a entraîné la perte de l'enfant à naître. Ce dernier n'était donc pas expressément visé par l'auteur des faits. Cette différence peut éventuellement justifier la divergente interprétation de la jurisprudence répressive quant à la notion de « personne » juridique. Pour autant, elle n'en demeure pas moins critiquable : l'auteur de l'infraction ayant tout intérêt à ce que le fœtus meure *in utero* plutôt qu'il naisse avec de graves préjudices devant être judiciairement réparés ou qu'il décède des suites de ses blessures peu de temps après l'accouchement. Dans tous les cas, il existe tout de même une certaine incohérence sur la protection de l'être humain et de son corps, ce qui est lié à la notion de « personne » elle-même.
S'agissant du corps, celui-ci ne dispose pas non plus d'un statut juridique uniforme (B).

---

[563] Voir *supra* n° 171.

[564] Cass. crim., 16 janvier 1986, n° 85-95461. Voir les observations de A. Vitu, « Droit pénal général » RSC 1986, p. 839 et G. Levasseur, « Infractions contre les personnes », RSC 1986, p. 849.
Cf. M.-L. Rassat, « La victime des infractions contre les personnes après l'arrêt de la chambre criminelle du 30 juin 1999 », Droit pénal 2000, n° 4, chron. 12 : *« dans cette affaire, [...] la Cour de cassation a jugé qu'on pouvait qualifier de tentative de meurtre (tentative pour se situer dans le cadre de la théorie de l'infraction impossible) les coups de nature délibérément mortelle portés à une personne déjà morte. Comment peut-on comprendre qu'un enfant qui n'est pas né ne soit pas une personne mais qu'un homme déjà mort en soit encore une ? ».*

[565] Sur la volonté de tuer et la caractérisation de l'infraction, *cf.* C. Gaden, *L'animus necandi*, thèse de doctorat, Université de Montpellier 1, 2006.

B - Le corps durant la vie

177. Le corps : entre « personne » et « chose ». Comme pour les animaux, il existe des éléments de protection pour l'ensemble des corps humains, peu importe leurs stades d'évolution : embryon, fœtus ou cadavre, sans que ceux-ci n'aient forcément la personnalité juridique. Cette dernière n'est ainsi pas vitale à l'obtention d'une nécessaire préservation de ces catégories. Pour autant, les questions qui planent sur le statut et les doutes quant à la qualification juridique entraînent effectivement des incohérences au sein des divisions du droit. Finalement, alors que d'un point de vue très philosophique et religieux, le corps est le reflet de l'âme[566], son support, et ne peut se concevoir sans la « personne » elle-même, d'un point de vue pratique, celui-ci ne se classe pas si facilement dans une catégorie juridique. Déjà au début du XXème siècle, des auteurs s'interrogeaient sur le statut du corps humain. Certains mettaient en avant le fait que *« le corps humain et ses produits ne sont pas des choses, des biens appropriables, ou du moins aliénables, sans quoi tous les actes de disposition seraient possibles en ce qui les concerne, et même le plus concret d'entre eux, la vente de soi-même comme esclave »*[567]. Pour autant, est-ce encore le cas aujourd'hui ? Est-ce que le corps n'est finalement pas réifié ? (II) Ou bien se rattache-t-il à la notion de « personne » ? (I)[568]

I - Le corps « personne »

178. La protection de la « personne ». Si l'on considère le corps comme appartenant au régime des « personnes », cela signifie que les deux sont liés : c'est bien parce que l'individu est une « personne » au sens juridique qu'il va pouvoir mettre en avant l'inviolabilité de son corps et sa volonté de protéger son intégrité physique. Le professeur Baud s'est beaucoup intéressé à cette question du statut juridique du corps et de son ambivalence. Pour lui, c'est la notion de « personne » qui est protégée et mise en avant par le droit[569], avant même son corps qui serait en quelque sorte protégé par

---

[566] Sur ce sujet, *cf.* notamment U. Galimberti, *Les raisons du corps*, Grasset, collection « Ethique esthétique politique », 1998.

[567] A. Jack, « Les conventions relatives à la personne physique », Revue critique de législation et de jurisprudence 1933, p. 370.

[568] Sur la difficile classification du corps dans la *summa divisio* classique, *cf.* B. Edelman, *Ni chose, ni personne, le corps humain en question*, Hermann, collection « Philosophie », 2009. Sur cette question, *cf.* également : M.-P. Mousny, *Le statut juridique du corps humain*, thèse de doctorat, Université de Nice, 1998.

[569] J.-P. Baud, *L'affaire de la main volée – une histoire juridique du corps*, Éditions du seuil, collection « Des travaux », 1993 : *« la répression des coups et blessures protège en fait le corps quoique, juridiquement, ce n'est pas lui qui est visé mais la personne »*.

ricochet. Cette théorie rejoint justement ce que nous avons exposé, s'agissant du fœtus et du mort : on les protège sans les considérer comme des « personnes » pour préserver les vivants. Ce sont bien les « personnes » vivantes que notre droit privilégie et préserve. Pour le corps, la problématique reste la même : on lui accorde une protection pour préserver cet individu[570]. Dès lors, c'est la « personne » qui est au centre et son corps que l'on protège pour lui être favorable, ces derniers étant indissociables.

179. L'indissociabilité de la « personne » et de son corps. D'un point de vue purement pratique, le corps étant la réalité matérielle de la « personne », il ne peut s'en éloigner et par conséquent, ne peut relever d'une autre réalité que celle de la notion de « personne » juridique : *« le corps c'est la personne »*[571]. C'est parce qu'il est indissociable, pour l'heure, de la « personne » qu'il est préservé et protégé par le droit, il constitue son intimité la plus totale ; c'est l'extérieur même de la « personne », sa partie visible[572], ce qui permet d'identifier l'être humain : c'est son substrat[573]. Dans ce sens, la notion de « personne » serait élargie et renverrait à deux parties distinctes mais complémentaires : d'une part l'individu en tant que sujet de droit, entité abstraite et désincarnée et d'autre part son corps, autre composante de ce concept, réalité concrète. Rappelons que notre droit distingue les « personnes » physiques des « personnes » morales. Or, une « personne » physique ne peut se concevoir sans, justement, la prise en compte du mot « physique ». Ce terme renvoyant à ce qui est palpable, qui se voit, peut se toucher, etc. : c'est bien le corps qui est concerné par cette terminologie et qui s'oppose au terme « morale » pour la distinction des « personnes ». Celles-ci, n'ayant pas de corps physiques, mais bénéficiant d'une personnalité juridique, représentent une somme d'individus physiques, démontrant, là encore, la protection de leurs intérêts collectifs par le biais des groupements.

180. L'impensable « corps-chose » ou la théorie de la « personne » par destination. Si l'on s'interroge sur le statut du fœtus et de l'embryon comme pouvant être des « personnes », alors qu'ils ne sont à ce stade que des êtres

---

570 Sur ce sujet, *cf.* C. Girault, « La protection de la personne en son corps en droit pénal », Droit de la famille 2018, n° 6, p. 12.

571 Conseil d'État, *Sciences de la vie – De l'éthique au droit,* La Documentation française, 1988. Voir également G. Cornu, *Droit civil, Introduction, les personnes, les biens,* Montchrestien, collection « Domat Droit privé », 12ème édition, 2005 : *« le corps humain n'est pas une chose ; c'est la personne même. Il s'agit de l'être et non de l'avoir ».*

572 T. Revet traite du corps comme étant le *« signal concret »* de la personne juridique. *Cf.* « Le corps humain est-il une chose appropriée ? », précit.

573 J.-P. Baud, *L'affaire de la main volée,* précit. : *« on dit ainsi communément que le corps est le substrat de la personne, alors que le substrat est une notion rétive à toute définition juridique ».*

humains en développement, comment peut-on imaginer que le corps formé d'une « personne » juridique soit régi autrement que par cette personnalité juridique ? Pour autant, d'un point de vue pratique, le corps est à la fois la « personne » visible mais également une « chose ». De plus, ce dernier n'a rien d'autonome pour prétendre avoir des droits et des devoirs, les exercer en justice et être, *in fine*, un sujet de droit. Il est seulement l'accessoire qui suit le sort du principal : la « personne ». En ce sens, s'il est une « personne », il ne peut l'être que par l'emprunt de personnalité de l'individu qu'il suit.

Pour le professeur Baud, le corps ne peut être que fictivement rattaché au statut de « personne » en étant une « personne » par destination[574], transposant le raisonnement concernant les meubles devenus immeubles par destination. Il expose que *« le corps n'est pas la personne, mais il doit être la personne pour garantir l'intégrité et la liberté de l'individu ».* Cette fiction a le mérite de faire entrer le corps dans la catégorie des « personnes » et de le préserver contre les atteintes des tiers. Pour autant, elle reste quelque peu contestable[575]. Tout d'abord, parce que considérer le corps comme une « personne » par destination, sur le même modèle que les meubles et immeubles, démontre bel et bien qu'il n'est qu'une « chose » et qu'il ne devient finalement « personne » que par mesure de faveur[576]. Cette théorie ne fait qu'accroître, selon nous, l'ambiguïté du corps et les doutes qui existent quant à son statut : une « chose » mais qui est tout de même, par sa destination et son lien avec l'individu, une « personne » ?

Le professeur Baud lui-même met bien en avant le fait que le corps est une « chose » mais qu'il doit être une « personne » pour assurer sa protection, son intégrité et la liberté de l'individu. Est-ce réellement nécessaire ? Nous l'avons mentionné à plusieurs reprises, notamment pour les animaux et robots, il n'est nul besoin d'attribuer une personnalité juridique à une « chose » pour qu'elle soit protégée. Pour autant, le rattachement de ce dernier à la « personne » lui permet de bénéficier du respect de la dignité humaine et du principe d'inviolabilité. Le corps global bénéficie ainsi de la

---

574 J.-P. Baud, « Le corps, personne par destination », *in Mélanges à la mémoire de Danièle Huet-Weiller, Droit des personnes et de la famille. Liber Amicorum*, Presses universitaires de Strasbourg et LGDJ, collection « Maison des sciences de l'homme de Strasbourg », 1994, p. 13 : *« le corps appartenant naturellement au domaine de la matière et la personne à celui des abstractions (les sujets de droits), l'assimilation du corps à la personne ne peut qu'être le résultat d'une fiction juridique : la personne par destination ».*

575 T. Revet, « Le corps humain est-il une chose appropriée ? », précit. : *« le corps n'est pas une « personne juridique par destination », non seulement parce qu'il est d'une toute autre nature que le sujet de droit, mais encore parce qu'il n'est aucunement en situation de remplir, fût-ce un tant soit peu, le rôle qui est celui de la personne juridique, à savoir un pôle d'imputation de droits et de dettes ; le corps n'est ni titulaire de droits ni destinataire de dettes, il est totalement inapte à une telle fonction ».*

576 Ce même raisonnement peut s'appliquer à la théorie de la personne par destination pour l'enfant à naître.

protection contre les tiers grâce au rattachement à la « personne » bien que matériellement il reste une « chose ». Ce sont donc les interactions avec autrui, les possibles dérives qu'elles peuvent entraîner et les évolutions scientifiques qui justifient que le corps soit assimilé à la « personne ». C'est dans ce sens que la mise en avant effective d'une réelle protection civile du corps, et une nomination de celui-ci en tant que tel ne date que de 1994, par la loi n° 94-653 du 29 juillet 1994 relative au respect du corps humain. Si l'on considère que l'existence du statut de « personne » remonte à l'ancien droit romain, la prise en compte de la protection du corps par notre droit, en 1994 seulement, démontre surtout que sa réalité propre ne se posait réellement pas avant la mise en œuvre de toutes les améliorations scientifiques touchant à l'intégrité corporelle[577]. C'est en partie par l'évolution de la science que se font ressentir les questions relatives à la protection et au statut du corps, notamment s'agissant du domaine probatoire.

En outre, cette dernière loi a également mis en lumière les ambiguïtés qui existent quant au statut du corps, puisque, alors même qu'il ne semble pas rentrer dans le standard actuel de la notion de « personne », le législateur a créé, par le biais de cette loi, un chapitre II *« du respect du corps humain »*, au sein du titre Ier du Livre Ier du Code civil... concernant les « personnes » !

Pour résumer, matériellement le corps est à la fois « chose » et « personne »[578]. *A contrario*, au regard de la définition actuelle de la « personne » juridique, il est difficile de soutenir que le corps puisse en être une, bien que sa protection soit régie par le droit des « personnes » et non des « choses ». La notion de « personne » juridique est finalement peu ou mal définie[579] et reste abstraite et déconnectée[580] – notamment pour le fœtus

[577] *« Du fait des progrès de la science, le corps humain vivant est d'ores et déjà devenu partiellement aliénable, partageable, puisqu'un tissu, un organe peuvent, dans certaines conditions bien déterminées, être transplantés avec succès d'un organisme à un autre [...]. Il s'ensuit que le corps humain devient chaque jour plus utilisable par autrui [...] ; il devient une réserve de tissus et d'organes ».* J. Rostand, cité *in* I. Arnoux, *Les droits de l'être humain sur son corps*, Presses universitaires de Bordeaux, 1994, p 17.

[578] L. Sève, *Pour une critique de la raison bioéthique*, Odile Jacob, 1994 : *« le corps est et n'est pas la personne à la fois ».* Sur le même sujet, *cf.* également T. Lahalle, *Qualification juridique du corps humain*, thèse de doctorat, Université de Paris 2, 2002.

[579] Tel est par exemple le cas de la CEDH qui, lorsqu'elle a été saisie sur le sujet, n'a pas donné de définition juridique à la notion de personne, notamment dans son arrêt Vo c. France. *Cf.* J. Pradel, « La CEDH, l'enfant conçu et le délit d'homicide involontaire : entre prudence et embarras », précit.

[580] A. Bertrand-Mirkovic, *La notion de personne*, précit. : *« à l'origine (en droit romain et sous l'ancien droit), la notion de personne est concrète, elle désigne l'individu. Elle va devenir de plus en plus abstraite, se dégager de l'individu concret, de la personne réelle qu'elle servait à désigner, jusqu'à acquérir une autonomie suffisante pour devenir une qualité que l'on peut considérer en elle-même, indépendamment de la personne concrète qui la*

et l'embryon –, de la réalité concrète qu'est l'être humain. Dans ce sens, le corps ne peut être qu'une « chose » et ne cesse de se réifier (II).

II - Le corps « chose »

181. Deux hypothèses. Le corps suit par principe la « personne » juridique et il est pris en compte en tant que réalité physique de celle-ci. Néanmoins, une dépersonnalisation du corps a lieu au sein de nos sociétés et c'est la réification qui prend de plus en plus le dessus. Dès lors, nous devons encore prendre en compte les deux réalités de notre étude : le corps dans son ensemble et le corps morcelé.

182. Le corps global. Dans cette première hypothèse le corps est entier : l'individu dispose de son corps, composé de chacun de ses organes, tissus, etc. Comme nous venons de l'exposer, c'est dans cette hypothèse qu'il est le plus difficile d'admettre que ce corps, ce « nous-même », ne soit qu'une simple « chose ». Ce dernier est ainsi souvent rattaché à la notion de « personne » pour assurer sa protection. Pour autant, il reste pour la « personne » elle-même une « chose ». Au-delà de la possibilité d'en disposer[581] et de le modifier[582], deux exemples concrets permettent de démontrer cette réification du corps pour l'individu. D'une part, ce phénomène qui existe dans nos civilisations modernes[583] – bien que rejeté dans certains pays – permettant d'offrir des services de son corps. C'est le cas concernant la liberté sexuelle et la suprématie de la volonté sur son corps pour les majeurs, particulièrement par le fait d'accepter des atteintes à son corps à des fins sexuelles[584]. Néanmoins, ce n'est pas la seule possibilité permettant d'offrir son corps qui existe, notamment à des fins pécuniaires. Tel est ainsi le cas de la prostitution qui est tolérée dans notre pays mais fait aujourd'hui l'objet de limites de plus en plus fortes[585] (répression du

---

reçoit».

[581] Voir *infra* n° 190.

[582] Voir *infra* n° 192.

[583] Les anciennes sociétés avaient également un corps qui était réifié pour une catégorie de population : les esclaves qui n'étaient que des choses appartenant à leur maître.

[584] Sur la question du sadomasochisme, *cf.* par exemple : J.-P. Marguénaud, « Sadomasochisme et autonomie personnelle », RTD civ. 2005, p. 341 ; D. Roman, « Le corps a-t-il des droits que le droit ne connaît pas ? », Recueil Dalloz 2005, p. 1508 ou encore H. Hurpy, « L'identité et le corps », La Revue des Droits de l'Homme, mis en ligne le 18 novembre 2015.

[585] Y. Mayaud, « Proxénétisme ou recours à la prostitution ? », RSC 2018, p. 690 : *« le recours à la prostitution est érigé en infraction depuis la loi n° 2016-444 du 13 avril 2016 visant à renforcer la lutte contre le système prostitutionnel et à accompagner les personnes prostituées ».* Bien que des limites pratiques soient mises en avant contre cette répression.

proxénétisme[586], du racolage passif[587] et, plus récemment, des clients de prostitués[588]). Mais également le cas de la gestation pour autrui, pratique interdite en France, qui permet à un couple ne pouvant concevoir, de devenir parents. Ces deux exemples, qu'ils soient autorisés ou non dans l'hexagone, mettent en avant le fait que le corps est une « chose » qui peut être mise à la disposition d'autrui, que ce soit à finalité sexuelle ou bien, pour la mère porteuse[589] qui offre son ventre pendant neuf mois, à finalité pécuniaire[590]. Ces illustrations démontrent ainsi qu'il existe des possibilités pour l'individu de se servir de son corps comme une « chose » tout en le protégeant grâce à la notion de « personne » (inviolabilité et volonté). Le corps global peut alors être réifié, ce qui paraît totalement paradoxal avec la volonté de

---

Cf. M. Léna, « Rapport annuel 2017 », AJ Pénal 2018, p. 384 : *« l'ensemble des parquets dresse sur ce point le constat du très faible nombre de procédures, en partie lié au déplacement de la prostitution de rue vers des hôtels ou appartements ».*

[586] C. pén., art. 225-5 et s. *Cf.* J.-F. Seuvic, « Nouvelle incrimination du proxénétisme », RSC 2003, p. 835.

[587] C. pén., art. 225-10-1 : *« le fait, par tout moyen, y compris par une attitude même passive, de procéder publiquement au racolage d'autrui en vue de l'inciter à des relations sexuelles en échange d'une rémunération ou d'une promesse de rémunération est puni de deux mois d'emprisonnement et de 3 750 euros d'amende ».* Notion non aisée à déterminer. Dans ce sens, *cf.* Y. Mayaud, « Un (bel) exemple de racolage passif », RSC 2007, p. 533.

[588] Loi n° 2016-444 du 13 avril 2016 visant à renforcer la lutte contre le système prostitutionnel et à accompagner les personnes prostituées comportant un chapitre V *« Interdiction de l'achat d'un acte sexuel »* créant ainsi l'art. 611-1 du Code pénal disposant que *« le fait de solliciter, d'accepter ou d'obtenir des relations de nature sexuelle d'une personne qui se livre à la prostitution, y compris de façon occasionnelle, en échange d'une rémunération, d'une promesse de rémunération, de la fourniture d'un avantage en nature ou de la promesse d'un tel avantage est puni de l'amende prévue pour les contraventions de la cinquième classe ». Cf.* R. Parizot, « La prostitution, infraction sans texte », RSC 2016, p. 373. Loi qui a fait l'objet d'une demande d'abrogation par le biais d'une QPC, refusée par le Conseil constitutionnel. Ce dernier prenant notamment en compte le fait, comme annoncé par le législateur, que les prostituées sont souvent victimes de proxénétismes et qu'il était nécessaire de protéger leur dignité. Que finalement le *« législateur a retenu un moyen qui n'est pas manifestement inapproprié à l'objectif de politique publique poursuivi ».* Cette pénalisation n'est donc pas contraire à la Constitution. *Cf.* Cons. const., 1er février 2019, QPC n° 2018-761. Voir P. Mistretta, « Loi pénalisant les clients des personnes prostituées : une constitutionnalité en trompe-l'œil », La semaine juridique - édition générale du 25 février 2019, p. 361 ; Y. Mayaud, « La pénalisation du recours à la prostitution validée par le Conseil constitutionnel », RSC 2019, p. 85 et A. Ponseille, « La pénalisation du recours à la prostitution soumise à l'examen du Conseil constitutionnel », Constitutions 2019, p. 83.

[589] Sur cette question, *cf.* notamment F. Terré, *L'enfant de l'esclave, génétique et droit*, Flammarion, 1987.

[590] C'est bien l'argent qui permet justement à la personne de disposer de la sorte de son corps. La dimension économique est forte et détruit quelque peu les frontières entre « personne » et « chose », accélérant la réification du corps. *Cf.* en ce sens M.-A. Frison-Roche, « La disparition de la distinction de jure entre la personne et les choses : gain fabuleux, gain catastrophique », précit. : *« la seule raison de tout ce qui arrive, c'est donc l'argent».*

certains auteurs de faire des animaux ou des machines des « personnes »[591], nous assistons ainsi à une certaine personnification des « choses » et une réification des « personnes ».
D'autre part, d'un point de vue probatoire, le corps dans son entier peut également être une « chose ». Ainsi par exemple, si l'on s'intéresse quelque peu à certaines pratiques, telles que les neurosciences, il est aisé de comprendre que le cerveau, mis à l'honneur dans ces procédés d'imagerie, devient le complice de l'enquêteur pour la démonstration de la culpabilité. Seulement ce cerveau, toujours rattaché à son corps d'origine et également à la « personne » juridique n'est-il pas dans ce cas pris comme un simple objet ? Une « chose » qu'il faudrait analyser pour obtenir une preuve ? Dans ce sens, ce n'est plus vraiment une « personne » qui est analysée dans cette hypothèse mais réellement un morceau d'elle, sa pensée qui se reflète par le biais du cerveau et qui devient une « chose » dans la « personne ». Bien évidemment, d'autres questions se posent, que nous avons déjà abordées, relatives à la volonté et recevabilité de la preuve, mais au-delà de ces éléments, concernant le statut du corps, le cerveau n'est considéré en l'espèce que comme une merveilleuse « chose » à exploiter. Dans ce sens, même rattaché à la « personne » et bénéficiant de sa protection, le corps dans sa globalité n'est qu'une « chose ».

183. L'élément détaché. Dans la seconde hypothèse, le corps est morcelé[592]. Le statut juridique de ces éléments est plus aisé à définir que le corps global. Si ce dernier est souvent rattaché à la notion de « personne », lorsqu'un morceau du corps est détaché du tout qui compose la « personne », il ne peut se concevoir autrement que comme une « chose »[593]. Tout d'abord parce que

---

[591] Il arrive par ailleurs que l'individu lui-même possède de la robotique en lui : tel est le cas de certaines prothèses corporelles. Dans ce cas, ce morceau de métal n'est qu'une « chose » qui, si l'on décide que le corps est la « personne », devient également « personne » par destination. *« Le rapprochement de la condition de l'individu de celle de sa voiture ne doit pas faire sourire. Car nous assistons aujourd'hui à un double phénomène : celui de la robotisation du corps humain et celui de l'humanisation du robot [...] qui est entré sur la scène juridique ; les personnes et les choses vont finir par se confondre. Et cette confusion sera mortelle pour l'humanité »* : X. Labbée, « La médecine prédictive et le contrat d'entretien du corps humain », Recueil Dalloz 2018, p. 2371. *Cf.* également *infra* n° 192 et s.

[592] Le Code civil traite notamment de « produits » ou « éléments » du corps dans les définitions qui sont notamment données par A.-B. Caire, « Le corps gratuit : réflexions sur le principe de gratuité en matière d'utilisation de produits et d'éléments du corps humain », RDSS 2015, p. 865 : *« si la notion d'élément du corps fait référence aux organes, aux tissus et aux cellules, celle de produit renvoie notamment aux gamètes, aux cheveux ou encore au sang. Ces deux catégories recouvrent donc des choses susceptibles d'être détachées du corps ou, en tout cas, d'être envisagées de manière indépendante du reste du corps ».* Voir aussi : C. Sailly, « Le prélèvement et l'utilisation des matériels biologiques humains à des fins scientifiques », Revue juridique de l'Ouest 2001, p. 51.

[593] *Cf.* sur ce sujet : C. Chatillon, *Les choses empreintes de subjectivité*, Éditions universitaires

ce morceau ne peut être titulaire de droits et de devoirs propres à la notion de « personne ». Mais ensuite, si l'on peut envisager que l'entièreté du corps est soumise au régime des « personnes », c'est bien parce qu'il est matériellement rattaché à celle-ci et qu'il bénéficie de sa protection par ricochet, parce qu'il la suit. Or, le morceau détaché n'est plus greffé à cette dernière et est par conséquent soumis au droit des « choses », et même au droit des « biens »[594]. Tel est le cas d'une partie du corps qui serait coupée par exemple[595] ou bien encore de ces fameux éléments corporels naturellement détachés du corps qui tentent tant les enquêteurs pour les analyses ADN[596]. Petits par la taille (cheveux, traces, etc.) mais si grands par l'information que l'on peut en obtenir, ils sont de plus en plus indispensables à la procédure pénale. Or, si la loi permet justement aux OPJ de recueillir et d'utiliser ces éléments et de supprimer toute notion de volonté et de consentement c'est justement parce que ce ne sont que de simples « choses », sans grand intérêt apparent.

184. Une gradation dans les « choses » ? Aucune « personne » ne fait réellement attention à l'endroit où elle perd ses cheveux, ceux-ci tombent sans qu'elle ne s'en rende compte. Ils font partie, de ce que nous nommons « choses » sans grand affect. Dès lors, puisque l'affection que la « personne » porte à ces éléments corporels est très faible, il n'est pas illogique que le législateur ait considéré que les enquêteurs pouvaient les recueillir et les utiliser sans en demander la permission à la « personne » concernée. Il paraît ainsi que ces « choses » sans affect sont des *res nullius*,

---

européennes, 2010 ; W. Dross, *Droit civil - Les choses*, LGDJ, 2012 ou bien encore J. Ghestin, G. Loiseau et Y.-M. Serinet, *La formation du contrat : l'objet et la cause, les nullités*, Tome 2, LGDJ, collection « Traités », 4ème édition, 2013.

594 *« Le corps réifié est un bien, dont la nature humaine conduit à le qualifier de bien humain et qui pourra donc se voir appliquer le droit pénal des biens ».* C. Kurek, *Le corps en droit pénal*, thèse de doctorat, Université de Lyon 3, 2017.

595 Le professeur Baud dans *L'affaire de la main volée* prend justement l'exemple d'une main coupée mais cite également l'exemple de l'affaire Janel Daoud. Ce dernier s'était coupé un doigt à la maison d'arrêt d'Avignon en 1985 et, après avoir reçu les soins qui s'imposaient, s'était vu confisqué par l'administration pénitentiaire ce doigt détaché de son corps. M. Baud exposait ensuite que *« Janel Daoud demanda alors au juge des référés du tribunal de grande instance d'Avignon la restitution de son doigt. L'avocat de Daoud estimait qu'un doigt ne pouvait être considéré comme l'un de ces objets dont la possession pouvait être retirée à un prisonnier pour lui être restituée à sa sortie de prison. [...] En substance, il estimait que la personne de son client pouvait être entièrement identifiée dans un doigt sectionné. Le juge des référés estima au contraire qu'un doigt coupé était autant une chose que le bocal et le liquide dans lesquels il était conservé : les règlements relatifs aux objets pouvant être confisqués lui étaient ainsi applicables ». Cf.* TGI d'Avignon (référés) du 24 septembre 1985. Voir : Ph. Bertin, « Un doigt de droit, deux doigts de bon sens... », Gazette du palais du 15 février 1986, p. 96.

596 Voir *supra* n° 139 et s.

c'est-à-dire des « choses » sans maître, appropriables par un tiers. Par conséquent, il semble exister une certaine gradation dans les « choses » avec d'une part le corps global qui, de par sa proximité avec la « personne », bénéficie d'une grande protection théorique par le biais de celle-ci – *noli me tangere* –, et ensuite les morceaux de corps qui en seraient séparés sans la volonté de l'individu – une main sectionnée par exemple (exemple du Professeur Baud) – pour lesquels la personne accorde une grande importance et va vouloir les préserver, surtout pendant la période où ceux-ci peuvent encore être rattachés au corps par la médecine – et enfin ces dernières « choses », sans réelle valeur pour la « personne » – cheveux, fluides corporels, etc. – qui en ont pourtant, au vu de leur potentiel informatif grandissant.

Il s'agit, là encore, d'une démonstration du fait qu'une fois détaché du corps, l'élément n'est plus rien, une simple « chose » qui, au vu de l'évolution de la science, et, d'un point de vue probatoire, peut être rapidement préjudiciable pour la personne.

	Corps global	Corps détaché
Statut juridique	Ambigu. Il s'agit d'une « chose » protégée par la « personne ». Assimilation courante à la « personne » pour le protéger face au tiers mais il reste une « chose » pour la « personne ».	Pas d'ambiguïté. Ce sont des éléments issus du corps mais ce ne sont plus que des « choses » juridiquement. Parfois *Res nullius*.
Intérêt pour la personne	Intérêt fort puisque le corps est son substrat. Toucher au corps c'est toucher à la « personne » et par conséquent cette dernière a une réelle volonté de le préserver.	Intérêt différent selon que l'élément détaché ait une importance ou non pour le corps global. Un membre sectionné aura une importance pour la « personne ». *A contrario*, des cheveux ou de la salive en auront beaucoup moins (« choses » sans grand affect – *res nullius*).
Importance probatoire	Importance certaine mais quelque peu limitée par le rattachement à la « personne » : respect de la dignité, principe d'inviolabilité, volonté de la « personne » ainsi que les principes fondamentaux de protection des individus.	Très importante. Les officiers peuvent saisir ces « choses » et les analyser pour obtenir des preuves corporelles sans réelle protection de l'individu.
Nuances	Nuance s'agissant du cadavre : le corps bénéficie d'une protection plus faible due à la disparition de la « personne » protectrice. Pour le vivant : possibilité tout de même de porter atteinte à l'intégrité physique de la « personne », sous contrainte, pour la recherche de preuve mais dans des hypothèses limitées[597].	La nuance portera sur la fiabilité de la preuve et sa recevabilité. Il faut porter une attention particulière sur le recueil et le contexte d'obtention de l'élément corporel : rattachement véritable à l'infraction ? Possible falsification ? etc. Paradoxe pour les *res nullius* entre la faible volonté de protection de la « personne » et l'importance probatoire de ces « choses ».
Conclusion	Préservation bien différente mais informations très importantes et parfois identiques dans les deux cas (ex : ADN) d'où l'importance d'avoir pour certaines situations une protection identique.	

Tableau n°1 : statut du corps global et détaché et intérêt probatoire.

[597] Voir *supra* n° 104 et s.

185. Une meilleure prise en charge juridique du corps ? Fœtus, embryon, corps global, corps morcelé et cadavre : dans toutes ces différentes situations, il s'agit d'un être humain et de son corps qui pourtant ne bénéficie pas de la même protection et dont le statut juridique est très ambigu. Dès lors, puisque les frontières entre la notion de « personne » et celle de « chose », voire même de « bien », sont très ténues concernant l'être humain et son corps, une meilleure prise en charge globale de notre droit devrait lui être attribuée.

Ainsi, serait-il nécessaire d'accorder la personnalité juridique au corps lui-même ? La réponse est de prime abord négative. À quoi bon ? Celui-ci ne va pas se détacher de la « personne » et se rendre devant les tribunaux pour faire valoir ses droits. Puisque c'est toute l'utilité de la notion de « personne », nous n'y voyons pas un grand intérêt pratique. Néanmoins, le rattachement fictif à la notion de « personne » est important pour que le corps bénéficie de la plus grande protection possible. Dès lors, le corps global a un statut ambigu, à tel point qu'il semble en avoir deux : un pour les contacts de la « personne » avec autrui pour lesquels on l'assimile à la « personne » et un pour l'individu lui-même qui a tendance à le/se considérer de plus en plus comme une « chose ». Simplement, pour ce dernier exemple, il ne doit pas faire l'objet d'une marchandisation et être traité avec respect.

Par conséquent, il est concrètement une « chose » mais il ne peut être juridiquement un « bien » et doit être sacré[598], c'est-à-dire une « chose » *« à qui l'on doit un respect absolu, qui s'impose par sa haute valeur »*[599].

À l'inverse, pour ce qui concerne le corps séparé ou même le fœtus et le cadavre, ces « choses » ne peuvent être rattachées au statut de « personne » et doivent être protégées par notre droit en tant que « chose » particulière. Dans ce sens, Camille Kurek dans sa thèse sur *le corps en droit pénal* prône la mise en place d'un régime particulier pour les « biens humains » : *« un droit pénal des biens humains a donc pu être proposé, ce qui permet au corps réifié d'être saisi par le droit pénal pour ce qu'il est et non plus par le truchement de la personne humaine »*[600]. Cette proposition a le mérite de centrer le droit répressif sur la réalité matérielle de ces corps en tant que « choses » protégées.

Dans tous les cas, aujourd'hui encore, le corps c'est l'humain, mais l'humain n'est pas forcément une « personne » et tant que cette dernière notion sera déconnectée de cette réalité[601], le corps ne pourra être rattaché à ce statut que fictivement, tout en restant en pratique une « chose ».

---

[598] Ainsi, on *« réifie le corps en même temps qu'on le sacralise »* : M. Gobert, « Réflexions sur les sources du droit et les "principes" d'indisponibilité du corps humain et de l'état des personnes », RTD civ. 1992, p. 514.

[599] Définition du dictionnaire Larousse.

[600] C. Kurek, *Le corps en droit pénal*, précit.

[601] *« C'est le terme de personne qui est confus, il faudrait supprimer la source de confusion*

186. Concernant la preuve corporelle ? Selon nous, l'ensemble devrait, tout du moins d'un point de vue probatoire, bénéficier de la même protection, comportant quelques dérogations.
Ainsi, le corps détaché dont le rattachement à l'individu ne fait aucun doute doit disposer de la même préservation que le corps entier[602]. Il n'est pas satisfaisant de ne pouvoir prélever à un individu de l'ADN sans son consentement, sous prétexte que son corps est inviolable et en parallèle d'avoir la possibilité d'agir par ruse et se contenter de saisir les éléments naturellement détachés du corps. Puisque l'information communiquée par le corps est de ce point de vue la même et que la finalité est également identique : rechercher la vérité et surtout mettre en cause un individu dans une procédure pénale, une protection équivalente doit exister. Dès lors, il nous paraît important de supprimer cette possibilité de recueil sans le consentement et de protéger l'élément détaché avec autant de force que le corps global : la ruse ne devrait pas avoir sa place dans une procédure pénale qui prône le respect des droits des individus.
A contrario, lorsque le lien entre l'individu et la « chose » corporelle n'est pas possible – exemple du recueil sur une scène de crime – dans ce cas les enquêteurs pourraient la saisir et l'utiliser. Dans cette hypothèse, il n'est pas possible de donner la même protection aux éléments corporels que celle qui doit exister lorsque le rattachement à l'individu est flagrant, sinon il serait difficile pour les OPJ de résoudre certaines infractions et protéger l'ordre public. Par ailleurs, la « personne » n'étant pas immédiatement rattachée à l'élément corporel, elle ne peut s'opposer au recueil de ce dernier et alléguer une violation de l'inviolabilité de son corps. Ce ne sera que par la suite de la procédure et de l'analyse scientifique qu'un rapprochement pourra être effectué entre la « personne » et cette « chose ». Finalement, la protection la plus importante du corps morcelé est celle qui permet d'empêcher de contourner l'inviolabilité et la préservation de ce dernier.
Pour résumer, les possibilités de recueils et d'utilisations devraient être, selon nous, les suivantes :

---

en réservant le terme de personne au monde juridique et en ne désignant les individus concrets que par le terme d'êtres humains. Personne humaine serait le synonyme de personne physique, c'est-à-dire l'être humain sujet de droit » : A. Bertrand-Mirkovic, La notion de personne, précit.
Voir également S. Joly, « Le passage de la personne, sujet de droit à la personne, être humain – A propos de l'arrêt rendu par l'Assemblée plénière, le 29 juin 2001 », Droit de la famille 2001, n° 10, chron. 22, qui différencie *« des personnes, êtres humains, sujets de droits et des personnes, êtres humains, non-sujets de droit »*.
[602] Il s'agit en l'espèce des hypothèses pour lesquelles les officiers savent parfaitement que l'élément corporel appartient à l'individu, tels que les cheveux tombés naturellement de ce dernier lors d'un interrogatoire, utilisés pour des analyses génétiques.

	Corps global	Corps détaché Cas 1	Corps détaché Cas 2
Lien avec la « personne » physique	Substrat, l'un ne va pas sans l'autre.	Lien immédiat. Contournement de la protection du corps.	Aucun lien immédiat.
Utilisation du corps	Possible mais limitée. Inviolabilité/dignité.	**Suppression**. Loyauté dans la procédure/ruse.	Possible. Nécessité de résoudre l'enquête.
Conclusion	Respect d'une certaine proportionnalité entre la protection de la vie privée (et de son corps, mais également la volonté et l'inviolabilité de ce dernier, en empêchant de contourner le refus d'une personne à la disposition des OPJ) et la nécessité de résoudre les enquêtes / préservation de l'ordre public.		

Tableau n°2 : représentant les possibilités d'utilisation probatoire du corps et les souhaits d'évolution.

De la même manière, la protection du cadavre est importante. Simplement, il doit exister un juste milieu entre la préservation du substrat de l'ancienne « personne » et la protection de l'ordre public. Dans ce sens, la dérogation permettant de réaliser des autopsies judiciaires doit être conservée. Pour nous, celles-ci, ont une finalité quelque peu différente du recueil d'éléments morcelés du corps. Leur collecte et utilisation sont effectuées dans le but de rechercher la vérité, mais aussi d'essayer de mettre en cause la culpabilité de l'individu et d'obtenir des preuves, tout comme l'ensemble des preuves corporelles acquises sans prendre en compte la volonté de la personne : ceci lui est préjudiciable, dans tous les cas[603]. Concernant l'autopsie, la situation n'est pas similaire, car on recherche les traces d'un éventuel homicide sur et dans le corps de l'individu, c'est la recherche de l'existence d'une infraction. Par conséquent, ce n'est pas le corps en tant que support à l'acte qui est mis en cause, et obtenir des informations sur le passage d'un tiers sur ou dans ce corps est favorable, tant pour les proches vivants – pour obtenir justice pour le défunt et pour eux-mêmes – que pour la mémoire du mort lui-même – exemple du meurtre camouflé en suicide –. Dans ce sens, l'atteinte au corps

---

[603] Certes la preuve de la non-culpabilité de celui-ci peut également être mise en avant par l'analyse. Néanmoins, à part quelques exemples de conviction personnelle, la personne n'a aucun intérêt à refuser le prélèvement et dans ce cas, le recueil d'éléments détachés n'a pas lieu d'être.

à finalité probatoire se justifie et l'acte semble proportionné à la nécessaire recherche de l'auteur de l'homicide.
Pour conclure, au vu de l'ensemble des éléments que nous avons mis en avant dans la recherche des preuves corporelles, la « personne » et son corps doivent selon nous bénéficier de protections dès lors qu'il leur est porté une atteinte directe ou contournée, ce qui n'est pas totalement dans la volonté actuelle du législateur et des enquêteurs : le corps reste une « chose » très utile et est donc, sous couvert de l'intérêt général, utilisable.
Néanmoins, afin de comprendre les liens qui vont unir la société ou bien la personne qui utilise le corps d'autrui, il est également nécessaire de s'interroger sur les relations qui existent entre l'individu lui-même et son corps (section II) ?

Section II - Le lien entre l'individu et son corps

187. Propriétaire ou simple détenteur ? Le corps en tant que réalité matérielle de la « personne » est ainsi une « chose » particulière. Pour autant, une fois que nous avons mis en exergue l'ambiguïté de son statut et la nécessaire protection des éléments détachés, une seconde question se pose : celle de son appropriation : peut-il être un « bien » ? Cette problématique renvoie à la question du lien qui existe entre la « personne » juridique et son corps[604] : l'individu auquel il est rattaché exerce-t-il sur lui une simple détention (§II) ou bien en est-il un vrai propriétaire (§I) ?

§I - Le corps, propriété de la personne ?

188. Mon corps : mon objet ? *« Sans doute j'ai pu voir moi-même sur un écran, pendant une radioscopie, l'image de mes vertèbres, mais j'étais précisément dehors, au milieu du monde ; je saisissais un objet entièrement constitué, comme un ceci parmi d'autres ceci, et c'est seulement par un raisonnement que je le ramenais à être mien : il était beaucoup plus ma propriété que mon être »*[605]. Si Sartre avançait, grâce à la radioscopie et au progrès de la science, que son corps était sa propriété, l'était-il

---

[604] Voir aussi sur ce sujet : I. Arnoux, *Les droits de l'être humain sur son corps*, PU de Bordeaux, 1995 ou bien encore C. Crignon-de oliveira et M. Gaille-Nikodimov, *À qui appartient le corps humain ? Médecine, politique et droit*, Les belles lettres, collection « Médecine & sciences humaines », 2004.
[605] J.-P. Sartre, *L'être et le Néant*, Gallimard, 1943.

juridiquement ? Alors que tout un chacun a tendance à considérer ce dernier comme lui appartenant, la réponse en droit n'est pas si catégorique. Nous l'avons constaté, concernant le rapport entre les « personnes » et les « biens » : ces derniers se retrouvent au service des premières et les individus exercent une pleine propriété sur ces « biens ». Ainsi, les « personnes » bénéficient du droit d'user de la chose, d'en disposer et d'en percevoir les fruits. D'un point de vue corporel, cela peut se traduire par l'affirmation du droit de disposer de soi (A) mais également par la mise en lumière de quelques éléments ayant trait au droit de propriété (B).

A- Le droit de disposer de soi ?

189. Dans le passé. Dans l'Antiquité, l'Homme pouvait faire l'objet d'un droit de propriété : il pouvait être ou devenir esclave. Dans ce sens, la « personne » elle-même et son corps étaient la propriété de leur maître qui en disposait comme bon lui semblait : *« il peut être acquis, originellement par capture, achat ou parturition, et aliéné, par vente, don ou abandon noxal entre vifs ou par héritage, legs ou donation à titre de mort ; il peut encore être mis en gage, donné en usufruit, placé en dépôt, prêté, loué ou abandonné ; il peut aussi faire l'objet d'un délit (vol) ou d'un dommage donnant lieu à compensation ; il peut enfin faire l'objet de modifications physiques, par mutilation [...], scarification, marquage et tatouage. En cela, l'esclave partage le sort de toutes les choses matérielles, voire de certaines choses immatérielles »*[606]. L'esclave était alors cette « chose » d'une grande valeur qui relevait du droit de propriété, le maître disposant bien du droit d'en disposer, de l'utiliser et d'en jouir. Cet exemple du corps-chose est une illustration de ce que l'humain a pu faire, dans l'histoire, du droit de propriété sur le corps. À ceci près que cette propriété était exercée par un tiers. Or ce qui nous intéresse également réside dans le lien entre l'individu lui-même, son corps et ses droits d'en disposer.

S'agissant des esclaves, une autre dimension importante doit être mentionnée : celle consistant pour la « personne » à se vendre comme esclave, à se porter elle-même caution d'elle-même. *« Aux temps primitifs des obligations, le débiteur garantissait l'exécution de sa promesse en offrant son corps en gage à son créancier, lequel pouvait, en cas d'inexécution de la promesse, utiliser ou vendre son débiteur comme esclave »*[607]. C'est ainsi que la « personne » pouvait, pour garantir sa dette, offrir ce qu'elle avait de plus personnel : elle-même et sa liberté. Ce sacrifice

[606] J.-J. Aubert, « L'esclave en droit romain ou l'impossible réification de l'homme », CRDF 2012, n° 10, p. 19.
[607] T. Revet, « Le corps humain est-il une chose appropriée ? », précit.

du Soi était justement acceptable parce qu'il existait une possible propriété sur les « personnes » physiques et surtout parce qu'existait une liberté de disposer de soi et de son corps dont la réduction en esclavage pouvait être un témoignage ultime de cette réalité. Bien évidemment, aujourd'hui cet exemple n'est pas envisageable, l'esclavagisme étant prohibé par principe en France. Néanmoins, reste-t-il des situations permettant de démontrer que l'Homme moderne bénéficie toujours d'un droit de disposer de lui-même ?

190. Quelques manifestations de cette libre disposition[608]. Les exemples qui démontrent que la « personne » bénéficie de prérogatives lui permettant de disposer d'elle-même sont finalement assez abondants[609] bien que tout de même limités[610]. L'objectif n'étant bien évidemment pas de donner une liste exhaustive de l'ensemble de ces exemples mais de traiter les plus marquants. Prenons par exemple une situation particulière : la liberté sexuelle. C'est dans ce domaine que la CEDH a mis en avant ce principe de libre disposition de son corps, démontrant que, s'agissant du plaisir, chacun est libre et par voie de conséquence, peut jouir de son corps comme il l'entend[611]. Il s'agit alors d'une démonstration d'une certaine prérogative du droit de propriété (*usus*) sur le corps objet par la personne : c'est bien parce qu'elle en a la possession, qu'elle peut agir librement.

Il existe également une autre illustration, ultime celle-ci, de la libre disposition du corps par l'individu : la non-prohibition du suicide en droit moderne. Alors que cet acte d'homicide sur soi était réprimé sous l'ancien droit, l'introduction de la notion d'« autrui » au sein des textes réprimant les atteintes à la vie[612] démontre justement la volonté étatique de ne pas réprimer les atteintes à sa propre vie. Cet exemple est central dans la libre disposition de soi et démontre la prééminence de la volonté et surtout la possibilité de choisir et maitriser son corps. La « personne » peut ainsi mettre un terme à sa vie et anéantir son corps. Certes, il s'agit avant tout de la suppression de la

---

[608] Pour une étude approfondie de cette notion de libre disposition de soi, *cf.* notamment S. Hennette-Vauchez, *Disposer de soi ? Une analyse du discours juridique sur les droits de la personne sur son corps*, L'Harmattan, collection « Logiques Juridiques », 2004. *Cf.* aussi sur le sujet : S. Prieur, *La disposition par l'individu de son corps*, Les études hospitalières, collection « Thèses », 1999 et J. Khalil, *Le corps humain à disposition*, thèse de doctorat, Université de Toulouse 1, 2008.

[609] A.-B. Caire, « Le corps gratuit : réflexions sur le principe de gratuité en matière d'utilisation de produits et d'éléments du corps humain », précit. : *« les manifestations du droit de disposer de son corps sont d'ailleurs si nombreuses qu'elles sont impossibles à recenser ».*

[610] Sur cette question, *cf.* D. Borrillo, *Disposer de son corps : un droit encore à conquérir*, Textuel, collection « Petite encyclopédie critique », 2019.

[611] *Cf.* par exemple : CEDH, 17 février 2005, K.A. et A.D. c. Belgique, requête n° 42758/98 et 45558/99.

[612] C. pén., art. 221-1 : *« le fait de donner volontairement la mort à autrui constitue un meurtre ».*

notion de « personne » elle-même mais cette dernière entraîne également la chute de cette « chose » qu'est le corps[613]. Peut-on trouver plus belle preuve du lien qui unit l'individu et son corps et surtout plus belle démonstration d'une des prérogatives du droit de propriété sur ce dernier au point de pouvoir l'anéantir ? Le droit de maîtriser et de détruire les « choses » (*abusus*) relève bien d'un droit de propriété des personnes sur ces dernières. Pour autant, l'ordre public doit être pris en compte et si l'État se montre tolérant face à l'atteinte à sa propre vie, il refuse toujours qu'elle soit accompagnée et aidée. Dès lors le suicide oui, mais seul. Ainsi, cet ultime acte de la personne, qui lui permet de se détruire, est personnel et doit être préservé de cette manière : c'est à moi de choisir pour moi, et donc pour mon corps.

D'autres exemples existent et peuvent être justifiés par la coutume qui existe dans notre société : tel est le cas du tatouage ou de la circoncision[614].

Ces possibilités sont également des atteintes souhaitées au corps qui sont tolérées car bénignes. Pour autant ce dernier critère n'est pas toujours fondamental concernant les atteintes au corps. C'est ainsi que la personne peut décider de s'automutiler, sans subir de répression pénale. Il s'agit encore de ce que nous avons démontré dans toute la première partie de cette étude : tant que l'ordre public ne rentre pas en jeu, la volonté est suprême[615] et le principe d'inviolabilité du corps en est la plus belle démonstration[616]. Celui-ci permet ainsi d'empêcher un tiers de disposer lui-même de notre corps sans en avoir eu la permission car c'est bien la « personne » qui bénéficie du droit de disposer de son corps. Ceci au point de pouvoir se blesser, se tuer ou même de changer de sexe[617] (lui-même limité par la non-

---

613 Plus encore, la mort passe nécessairement par la destruction ou l'atteinte au corps : la « personne » étant une notion juridique abstraite, c'est par l'intermédiaire de son substrat que s'arrête la vie.

614 Sur ces questions : B. Py, *Recherches sur les justifications pénales de l'activité médicale*, thèse de doctorat, Université de Nancy 2, 1993.

615 R. Martin, « Personne, corps et volonté », Recueil Dalloz 2000, p. 505 : *« le corps individualise la personne ; il la fixe dans l'espace et le temps. Mais le corps sans la volonté n'est qu'une machine incapable d'action spontanée. La volonté en est le conducteur ».*

616 *« Le principe de disposition de soi-même n'est pas expressément énoncé par la loi. Mais il est nécessairement impliqué par la longue série d'actes que le consentement d'une personne permet d'accomplir sur le corps de celle-ci, à certaines conditions. [...] chacun est libre et maître de son corps (de ses mouvements, de ses plaisirs et même de sa vie pour l'exposer ou à la limite la perdre) ».* G. Cornu, *Droit civil, Introduction, les personnes, les biens*, précit.

617 *« En droit français, il faut rappeler que les transsexuels opérés peuvent obtenir un changement à l'état civil (Ass. plén. 11 juill. 1992), et par conséquent se marier ensuite »* : F. Monéger, « Transsexualisme, mariage et filiation », RDSS 2003, p. 137. *Cf.* également sur ce sujet, par exemple, les nombreux articles de J. Hauser tel que « Transsexualisme : où en est-on des conditions du changement de sexe ? », RTD civ. 2014, p. 855 ou bien encore « Transsexualisme : changer à quelles conditions ? », RTD civ. 2008, p. 271. Voir également J.-P. Marguénaud, « Transsexualisme : la Cour européenne des droits de l'Homme fait le saut

reconnaissance actuelle de l'intersexualité[618]). Ces possibilités démontrent ainsi que le droit accorde à l'individu *a minima* une jouissance et maîtrise réelle de son corps, *a maxima* : un réel droit de propriété (B).

B - Le corps objet de propriété

191. *Usus, abusus* et *fructus* ? *« Que le corps soit le « substratum » de la personne protégé par un « noli me tangere », que l'homme soit « dominus membrorum suorum » et qu'il possède un « jus in se ipsum », tout cela révèle la censure liturgique qui empêche de dire tout crûment que l'homme est propriétaire de son corps »*[619]. Il est vrai que les quelques exemples que nous avons mis en avant concernant la maîtrise de son corps procèdent, à première vue, d'un droit de propriété. Dans ces différents cas, l'Homme peut utiliser son corps, en abuser et même parfois en percevoir les fruits[620]. Dans ce sens, il semble en effet que le lien qui existe entre l'individu et son corps-chose soit lié à la propriété. Tel est le cas également, non plus d'éléments qui ont forcément trait à la libre disposition du corps mais de situations particulières qui permettent de réfléchir sur l'existence éventuelle d'un droit de propriété sur son corps. Sont ainsi à prendre en compte, avec les évolutions de la science, l'aspect modelable et interchangeable du corps (I) mais également le constat de propriété qui peut s'exercer sur le cadavre (II).

I - Le corps, « chose » modelable et interchangeable

192. « Chose » modelable ? Le verbe « modeler » va renvoyer au fait de donner une forme particulière à quelque chose, en dessiner les contours, la nature, etc. Concernant le corps, cette notion va être proche de celle de robotique que nous avons déjà eu l'occasion de traiter. Les prothèses ou

---

de l'ange », RTD civ. 2002, p. 862 ; F. Vialla, « Transsexualisme : l'irréversibilité en question », Recueil Dalloz 2012, p. 1648 ou bien encore X. Labbée, « L'homme qui a accouché d'un enfant », Recueil Dalloz 2018, p. 1085. Ce dernier mettant par ailleurs en avant le fait qu'il *«suffit à la personne concernée de démontrer, par une réunion suffisante de faits, que « la mention relative à son sexe ne correspond pas à celui dans lequel elle se présente et dans lequel elle est connue » pour en obtenir la modification (art. 61-5 c. civ.) ».*

618 J. Hauser, « Intersexuation : pas de sexe neutre, pour l'instant... ! », RTD civ. 2016, p. 318 ; J.-P. Vauthier et F. Vialla, « Hermès ou Aphrodite : puisqu'il faut choisir », Recueil Dalloz 2017, p. 1399 ; F. Rouvière, « La difficulté d'exister du sexe neutre », RTD civ. 2017, p. 947 ou bien encore B. Moron-Puech, « Rejet du sexe neutre : une « mutilation juridique » ? », Recueil Dalloz 2017, p. 1404.

619 J.-P. Baud, *L'affaire de la main volée,* précit.

620 Tel est le cas de la vente de certains éléments issus du corps : voir *infra* n° 201.

implants corporels sont ainsi à considérer, mais également les possibilités de plus en plus nombreuses de modification de son corps. Ce changement du corps par la science – chirurgie esthétique – rejoint directement les « biens » prothétiques. De même que la chirurgie réparatrice va permettre de remplacer les éléments défaillants ou manquants du corps par de simples « choses » : le corps devient de plus en plus interchangeable et modifiable. À mesure que la société et la technologie évoluent, le corps suit le mouvement et finit par être lui-même en constante évolution. Or, l'ensemble de ces éléments placés dans le corps sont, à la base, des « biens » juridiques, c'est-à-dire des choses susceptibles d'appropriation, faisant partie du commerce. Que deviennent-ils lorsqu'ils sont intégrés au corps ? Des « choses » particulières qui doivent être respectées tel que l'est le corps dans son entier ou bien restent-ils des simples « biens » juridiques sur lesquels s'exerce une réelle propriété ?

Le professeur Baud distingue à ce titre deux éléments du corps : les « choses » corporelles (humaines) par nature que sont les organes, sang, matériel génétique qui ont une existence juridique autonome dès lors qu'elles sont séparées d'un corps, ce qu'elles perdent lorsqu'elles le réintègrent (greffe, transfusion) et les « choses » corporelles (humaines) par destination. Dans ce cas ce sont des marchandises (prothèses, appareils, etc.) qui sont affectées au corps et qui ne se distinguent pas de lui. Une fois que le lien avec le corps est rompu, contrairement à l'autre catégorie, elles redeviennent marchandises[621]. Dès lors, si l'on suit cette théorie, les prothèses et autres implants ne se distinguent plus du corps une fois intégrés à ce dernier. Cela signifie-t-il, par conséquent, qu'ils bénéficient de la même protection accordée à celui-ci ? C'est-à-dire la prééminence de la volonté de la « personne », le respect du principe d'inviolabilité du corps mais également l'application des infractions d'atteinte au corps ? Ou au contraire, restent-ils soumis au régime des « biens » ? Même *in corpore* ? Dans ce cas, ils bénéficieraient de la protection contre les atteintes aux « biens » et non aux « personnes ».

Cette seconde hypothèse semble être à privilégier, pour nous, lorsque l'acte n'a entraîné aucune atteinte, même minime au corps[622]. Pour le « bien »

[621] *Cf.* J.-P. Baud, « Le corps, personne par destination », précit.

[622] Cette hypothèse se justifie ainsi lorsque le « bien » n'est plus rattaché au corps. A l'inverse, lorsqu'un « bien » est atteint *in corpore*, il se peut que cela entraîne des conséquences graves sur la vie de l'individu. Tel peut être le cas du débranchement d'un pacemaker. Dans ce cas, ce n'est pas l'atteinte au « bien » qui sera prise en compte par le droit mais l'atteinte à la valeur sociale protégée la plus forte, à savoir la vie de la « personne ». On retrouve en somme la distinction qui irrigue l'ensemble de notre étude entre le corps global et le corps détaché. L'important n'est ainsi pas de savoir si l'objet en question est préservé sous l'angle des « biens » ou par ricochet par la protection de la « personne » mais bel et bien que cette dernière soit protégée en priorité.

détaché du corps, il serait en effet difficilement compréhensible d'imaginer un médecin légiste réaliser un examen médical pour évaluer l'ITT qu'aurait subi une prothèse corporelle. Par contre, en cas d'atteinte effectuée par un tiers, des dommages-intérêts civils peuvent être encourus ainsi que, le cas échéant, des infractions pénales de dégradation ou destruction volontaire de « biens ». Ainsi, même si cette « chose » a une très grande utilité pour la « personne » et remplace son corps défaillant, lui permet de continuer à vivre ou de vivre mieux, il n'en reste pas moins qu'elle ne relève que du régime des « biens » permettant le fonctionnement du corps et faisant l'objet d'un droit de propriété.
Finalement, l'être humain dispose de plus en plus de son corps comme il l'entend[623]. Quand il estime que ce dernier ne lui convient pas, il peut le modifier grâce à la chirurgie. S'il est blessé, il peut le réparer avec la médecine. Les avancées scientifiques permettent de faire tellement avec le corps que l'on peut finir par conclure que ce dernier n'est qu'une « chose » modelable, à notre façon. L'Homme peut abuser et utiliser son corps, ce qui relève des attributs du droit de propriété[624]. Que faire quand un objet est abîmé ? Qu'il devient obsolète ? On le jette et on en achète un autre ou alors on essaye de le réparer. Le corps fonctionne un peu de cette manière. Quand il est abîmé, nous collaborons avec un professionnel de santé qui permet, grâce à ses interventions ou aux médicaments, de le remettre en état. Nous pouvons également le transformer, avec des morceaux d'autres corps, d'autres « choses » : don d'organes, perruques faites de vrais cheveux, transplantations, etc. Il s'agit encore d'une démonstration que ce dernier n'est matériellement qu'une « chose » dont l'Homme est propriétaire[625].

193. « Choses » futures ? Ce régime particulier des prothèses *in corpore*, appartenant toujours au domaine juridique des « biens » mais bénéficiant de la protection des « personnes », est d'autant plus important si l'on se tourne vers le futur. Nous avons mis en avant que certains pays accordent une personnalité juridique aux robots de plus en plus sophistiqués. L'évolution des technologies conduira nécessairement à une société dans laquelle ces biens remplaçant des éléments corporels défaillants seront de plus en plus

---

623 *Cf.* sur cette problématique J. Mattiussi, « L'apparence de la personne physique. Pour la reconnaissance d'une liberté », Revue générale de droit médical 2019, n° 70, p. 129.

624 Sur cette question, *cf.* T. Lahalle, *Qualification juridique du corps humain*, précit.

625 Le professeur Baud prend ainsi l'exemple d'une main coupée pour démontrer que celle-ci *« est à l'évidence une chose, une chose qui va pourrir, qui va devenir une nuisance. Cette chose relève du droit de propriété. Le titulaire de ce droit peut décider de l'abandonner (par exemple en l'ensevelissant), de l'aliéner (par exemple en la donnant à un établissement hospitalier), ou enfin de demander sa réimplantation. Si celle-ci se révèle impossible, il ne restera à l'accidenté que la possibilité de faire l'acquisition d'une autre chose, d'une chose qui lui a toujours été étrangère : aujourd'hui une prothèse et, demain peut-être, une main ayant appartenu à un autre homme ». Cf. L'affaire de la main volée*, précit.

précis. Imaginons un instant que l'avenir accorde une personnalité juridique à ces robots dans notre pays et qu'un certain nombre d'entre eux soient incorporés dans le corps humain (remplacement d'un cerveau défaillant par un robot intelligent ?, etc.). Que se passera-t-il du point de vue du régime applicable ? Le corps est une « chose » protégée par son rattachement à la « personne » mais ne reste qu'une « chose » pour l'individu. Si jamais on injecte des éléments ayant le statut de « personne » en lui, bénéficierait-il d'un régime global de personnalité ? Ces « personnes » seraient-elles des « choses » protégés par exception en suivant le régime principal du corps ? Ou bien le statut du corps serait-il à la carte ? Pour ce qui reste d'humain : « chose » spécifique, proche de la « personne », bénéficiant d'un *noli me tangere* et pour ce qui est robotique intelligente, une personne juridique capable d'exercer un pouvoir sur d'autres « choses » et de voir sa responsabilité engagée ? Autant de questionnements qui devront trouver réponse dans l'avenir, surtout si l'on considère que le statut du corps et la propriété peuvent avoir une incidence en matière de preuve.

194. Les conséquences d'un droit de propriété sur la preuve corporelle. *« Si l'on admet que le corps est une chose et que l'individu est en quelque sorte propriétaire de son corps, on ne peut que difficilement lui imposer une preuve corporelle »*[626]. Dans son affaire de la main volée, le professeur Baud met justement en avant le fait que les éléments corporels font l'objet d'un droit de propriété, surtout lorsqu'ils sont détachés du corps. Ce dernier explique également que si l'on considère que le corps global est la « personne », dans ce cas il n'existe pas de « chose » avant le détachement de l'élément corporel. Ainsi, une fois séparé du corps, l'élément pourrait être un bien sans maître et pourrait être saisissable sans porter atteinte au droit de propriété (vol). À l'inverse, si l'on considère qu'une fois coupé, l'élément issu du corps n'est pas un *res nullius* mais une chose directement rattachée à la « personne » d'où il vient, il peut y avoir violation du droit de propriété.
Dès lors, suivant ces théories, revenons quelque peu sur ce que nous avons abordé dans la recherche des preuves, concernant les éléments détachés. Ainsi, pour l'heure, un officier de police judiciaire peut très bien, en cas de refus de consentir au prélèvement ADN aux fins d'identification, saisir les éléments naturellement détachés du corps de l'individu pour les analyser. De même que le particulier peut éventuellement prendre du matériel biologique d'autrui pour réaliser une analyse. Pour autant, la propriété a forcément une incidence sur la recherche probatoire et les questions sont différentes selon le lien que l'individu entretient avec la « chose » en question. Reprenons les deux hypothèses.

---

[626] M. Marx, *La preuve par le corps humain*, précit.

Dans la première, l'individu se trouve dans un commissariat, potentiellement en garde à vue, et refuse de consentir à un prélèvement biologique. Les OPJ se saisissent des éléments naturellement détachés de son corps tels que des cheveux qu'il perdrait et les envoient à un laboratoire d'analyses pour utilisation. Ou bien encore, les enquêteurs se trouvent dans le cadre des perquisitions et veulent saisir le matériel biologique trouvé chez l'individu. S'il s'agit d'un *res nullius*, l'OPJ peut les saisir sans grande difficulté. Seulement à l'inverse, si l'on part du principe que ces derniers relèvent d'un droit de propriété de la « personne », celui-ci étant constitutionnellement reconnu[627], les officiers violent, *a priori*, un droit fondamental pour tenter d'obtenir une preuve. Bien évidemment, cette possibilité prévue par la loi reste possible car le droit répressif permet justement des limites aux droits fondamentaux des individus dans la recherche probatoire (et notamment au droit de propriété par le biais des saisies). Néanmoins diverses questions périphériques se posent : qu'en est-il du respect du droit de propriété lorsque la personne a été écartée de la procédure ou bien lorsque l'analyse est terminée ? Celle-ci peut-elle, comme pour les saisies classiques, faire l'objet d'une restitution de l'élément corporel ? Dans la négative, est-ce la société qui en devient propriétaire ? Ces questions renvoient à l'utilisation sur le long terme de la preuve corporelle et feront l'objet d'un traitement à part, au sein d'un chapitre ultérieur sur la conservation et la destruction de l'élément corporel[628]. Pour autant, elles démontrent d'ores et déjà que le corps « chose » pose des interrogations quant à la preuve et aux conséquences en termes de propriété[629].

La seconde hypothèse concerne le particulier qui prend l'élément corporel : ce dernier viole-t-il l'éventuel droit de propriété sur l'élément corporel ? En procédure pénale, le procédé pourrait être accueilli favorablement s'il est discuté contradictoirement[630]. Pour autant, si l'on rattache la « chose » détachée directement à la « personne » juridique, l'individu pourrait être poursuivi, théoriquement, pour vol : la faible valeur affective ou pécuniaire du ou des éléments corporels volés étant inopérante sur la qualification pénale de soustraction frauduleuse. Pourtant, cette faible valeur affective est tout de même importante pour nous puisqu'elle pourrait permettre de

---

627 Art. 17 de la Déclaration des Droits de l'Homme et du Citoyen qui prévoit que *« la propriété étant un droit inviolable et sacré, nul ne peut en être privé, si ce n'est lorsque la nécessité publique, légalement constatée, l'exige évidemment, et sous la condition d'une juste et préalable indemnité »*. Par ailleurs la mention du fait que ce droit est inviolable est intéressante si l'on considère le corps comme faisant l'objet d'un droit de propriété. Il serait dans ce cas doublement inviolable, d'une part du fait de l'inviolabilité du corps humain prévu par le Code civil mais également par ce droit de propriété.

628 Voir *infra* n° 301.

629 Sur ce sujet, *cf.* B. Lemennicier, « Le corps humain, propriété de l'Etat ou propriété de soi ? », Revue française de théorique juridique 1991, n° 13, p. 114.

630 Voir *supra* n° 135 et s.

démontrer que l'individu n'accorde pas une grande importance à cet élément naturellement détaché de son corps et permet de justifier le fait que ce dernier se retrouve abandonné, sans maître – *res nullius* – et est, par conséquent, appropriable. Dans ce sens, il n'y aurait pas d'atteinte au droit de propriété et ce particulier deviendrait propriétaire d'un élément corporel ayant pour origine « autrui » et pourrait en abuser comme il le souhaite, notamment par sa destruction totale par l'analyse.
Le droit à la preuve permettrait ainsi qu'un individu, sous couvert de sa bonne défense, si les conditions sont respectées, de devenir propriétaire d'un élément corporel issu d'une autre personne.

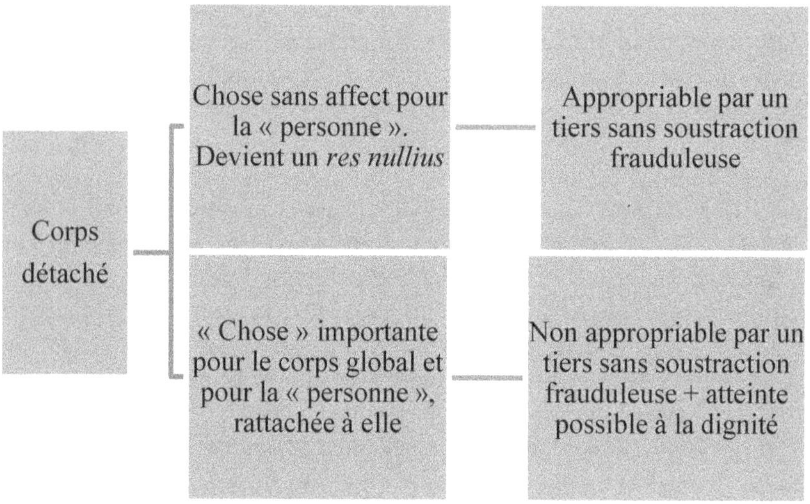

Figure 1 - Lien entre l'atteinte à la propriété et le corps détaché pour le particulier.

Cela confirme l'importance d'avoir une cohérence concernant le lien qui unit l'individu et son corps, entier ou non, et la potentielle propriété qui peut exister. Tel est également le cas concernant le cadavre (II).

II - Corps mort et propriété

195. Copropriété familiale et restes humains. La « personne », de son vivant, reste maîtresse de son corps et du devenir de sa dépouille une fois qu'elle aura rendu son dernier souffle. Pour autant, juridiquement, ce corps n'est plus rattaché à la notion de « personne », celle-ci étant détruite par le décès, dès lors, qu'advient-il de ce dernier en termes de propriété ? Devient-il appropriable par une tierce personne ? Peut-il être légué comme un simple

« bien » ? Une loi importante portant sur la liberté de funérailles a été mise en place en 1887, organisant la prise en compte de la volonté de l'individu dans les choix funéraires. En l'absence de telles dispositions, c'est la famille qui prend le relais et qui doit effectuer des choix concernant les restes humains. Ainsi, traditionnellement, les juristes considéraient que les membres de la famille pouvaient faire l'objet d'un droit de propriété[631] : *« Chevandier disait lors des travaux préliminaires à la loi de 1887 sur la liberté des funérailles, que « le cadavre de l'individu est le premier de ses biens ». Si tout individu a selon Aubry et Rau nécessairement un patrimoine, le cadavre de l'individu figurerait nécessairement dans le patrimoine successoral et constituerait son premier élément d'actif »*[632]. Il s'agissait dès lors d'un exemple de propriété exercée sur un corps humain[633]. Les héritiers disposaient de la destination de cette chose protégée, sacrée[634] et respectable. Et, en cas de conflit, il revenait au juge de trancher et de déterminer le devenir de ces restes. Tel est encore le cas concernant les cendres des individus[635]. Ainsi par exemple, le professeur Labbée avait mis en avant la décision d'un TGI qui avait considéré qu'une mère pouvait conserver les

---

631 X. Labbée mettant par exemple en avant une ordonnance du Tribunal de grande instance de Lille en date du 5 décembre 1996 par laquelle le président décide que *« la dépouille mortelle d'un l'individu fait l'objet d'un droit de copropriété familiale, inviolable et sacré ». Cf.* « La dépouille mortelle est une chose sacrée », Recueil Dalloz 1997, p. 376. Mais encore, plus ancien, une décision du siècle dernier : *« la famille a un droit de propriété sur la dépouille de ses membres décédés... (elle) appartient incontestablement à la famille du défunt ». Cf.* du même auteur, « La dévolution successorale des restes mortels », précit. Mais également F. Bellivier, L. Brunet et C. Labrusse-Riou, « La filiation, la génétique et le juge : où est passée la loi ? », précit. : *« il apparaît clairement que les restes humains, inhumés ou incinérés, sont traités comme une copropriété familiale et sont donc rattachés au statut des biens de famille, choses protégées mais choses quand même ».*

632 *Ibid* X. Labbée.

633 Celle-ci ne s'exerce d'ailleurs pas que par la famille. Tel est également le cas d'une institution publique lorsque le corps est légué par la personne elle-même à la science. Mais également s'agissant de la transmission de la propriété dans le temps. M. Cornu met justement en avant ces éléments : *« les inventeurs de « l'homme de glace » se sont vu reconnaître des droits de propriété sur leur découverte. A la copropriété familiale se substitue une autre forme de propriété, solution de continuité. L'article 16-1 du code civil ne s'oppose pas à la naissance d'une propriété ». Cf.* M. Cornu, « Le corps humain au musée, de la personne à la chose ? », précit.

634 H. Popu, *La dépouille mortelle, chose sacrée. A la redécouverte d'une catégorie juridique oubliée*, L'Harmattan, collection « Logiques Juridiques », 2009.

635 Sur cette question des cendres, *cf.* B. Py et M. Mayer (dir.), *La crémation et le Droit en Europe*, PUN Edulor, collection « Santé, qualité de vie et handicap », 2ème édition, 2011 mais également M. Mayer et B. Py (dir.), *Ethique et crémation – Réflexion sur une liberté éclairée*, PUN Edulor, collection « Santé, qualité de vie et handicap », 2014. Voir aussi M.Touzeil-Divina, M. Bouteille-Brigant et J.-F. Boudet (dir.), *Traité des nouveaux droits de la mort. La Mort, active(s) juridiques(s)*, Editions L'Epitoge, collection « L'Unité du Droit », Tome 1, Volume 11, 2014 ou bien encore D. Dutrieux, « Urnes, cendres et site cinéraire », AJ Collectivités Territoriales 2011, p. 445.

cendres de sa fille décédée, et ce, malgré l'opposition du père[636]. Pour autant, la loi du 19 décembre 2008[637] a modifié les règles dans ce domaine et a mis notamment en place l'article L. 2223-18-2 du Code général des collectivités territoriales limitant quelque peu les choix concernant la destination de ces restes humains[638]. Ce dernier leur prévoit trois destinations possibles (dans l'urne déposée dans un endroit spécialisé, dans un espace aménagé dans un cimetière ou site cinéraire ou bien encore dans la nature, hors voies publiques). Si ces cendres sont déposées en pleine nature, elles sont des restes humains et doivent être traitées avec dignité et respect[639]. Dans un tel cas, la famille peut toujours agir, en cas d'atteinte, devant le juge sur le fondement de l'article 16-2 du Code civil : *« le juge peut prescrire toutes mesures propres à empêcher ou faire cesser une atteinte illicite au corps humain ou des agissements illicites portant sur des éléments ou des produits de celui-ci, y compris après la mort »*.

Si l'on s'intéresse à la preuve en droit privé et notamment au droit de savoir d'où l'on vient, *quid* du particulier qui irait ramasser les cendres fraichement déposées de l'individu qu'il croit être son géniteur ? Longtemps considérées comme sans grand intérêt d'un point de vue de la preuve biologique, la tendance semble aujourd'hui s'inverser : *« un laboratoire d'analyse de Strasbourg aurait réussi à détecter des traces d'ADN du petit Martin dans les cendres recueillies en Dordogne »*[640]. Pour autant ce cas reste marginal puisque la crémation funéraire semble empêcher que soient retrouvées de telles traces dans ces restes[641] (la chaleur étant de plus l'un des ennemis de l'ADN). À l'inverse, en cas de crémation par l'auteur d'un meurtre, l'ADN pourrait être retrouvé et apporter des informations sur cet individu ou sur l'identité du cadavre. Bien que cela ne représente heureusement pas la majeure partie des infractions pénales, c'est justement dans ces cas extrêmes et spécifiques que l'on se rend compte que le corps est de plus en plus important en termes probatoires, peu importe sa forme.

---

636 X. Labbée, « Les dieux lares ou l'urne cinéraire à domicile », Recueil Dalloz 2001, p. 2545.

637 Loi n° 2008-1350 du 19 décembre 2008 relative à la législation funéraire. *Cf.* sur cette loi P. Bonfils, « Loi n° 2008-1350 du 19 décembre 2008 relative à la législation funéraire », RSC 2009, p. 425.

638 *« La loi du 19 décembre 2008 rend impossible l'appropriation privée des cendres des défunts et interdit leur partage en leur appliquant la protection juridique du respect dû au corps humain, y compris après la mort. Elle tire ainsi la conséquence logique de la reconnaissance d'un statut aux cendres en leur appliquant le principe d'indisponibilité du corps humain, lequel justifie l'indivisibilité des restes mortels »* : E. Aubin et I. Savarit-Bourgeois, « Du statut juridique des cendres à la nouvelle gestion communale en matière funéraire », AJDA 2009, p. 531.

639 C. civ., art. 16-1-1, précit.

640 M. Dejean, « Les cendres ont « parlé » », La Dépêche du Midi du 26 octobre 2000.

641 Voir B. Py et M. Mayer (dir.), *La crémation et le Droit en Europe*, précit.

196. Un réel droit de propriété ? Qu'il s'agisse du mort ou de la « personne » elle-même et de son lien avec son corps, le droit de propriété, s'il existe, reste quelque peu limité. La principale limite ayant trait à la notion de dignité humaine qui protège l'être humain dans le respect qui lui est dû. Bien qu'étant considérée comme une notion large, le respect de la dignité protège théoriquement l'individu. S'agissant du lien entre ce dernier et son corps, ce concept va limiter les actions qui pourraient être tentées, imposant le respect de l'intégrité corporelle et par conséquent mettant à mal l'existence d'un réel droit de propriété. C'est ainsi que le cadavre ne peut plus être divisé pour que chacun des héritiers décide librement du choix de la destination finale pour sa partie. De même, l'individu vivant ne peut se vendre comme esclave au nom du respect de la dignité humaine, quand bien même il s'agirait d'une volonté de sa part[642].

Une autre limite tient au fait que le droit de propriété s'exerce, par principe, sur un objet qui ne peut être qu'extérieur à l'individu lui-même. *« La maîtrise du corps est une maîtrise de soi, une maîtrise interne. Le droit peut faire de chacun un propriétaire, c'est-à-dire qu'il peut conférer un pouvoir juridique sur des choses extérieures au sujet de droit mais il ne peut faire que le sujet soit en même temps le support du droit exercé. Chacun de nous est son corps et n'a d'existence biologique et juridique que par lui. Entre la personne juridique et son support biologique il n'y a pas de place pour un droit subjectif car celui-ci implique nécessairement une extériorité, une prérogative exercée par un sujet sur un bien ou contre une autre personne »*[643]. Bien que la libre disposition de soi reste importante et qu'elle permette de penser que l'Homme est propriétaire de son corps, notamment parce que celui-ci est une « chose », le fait qu'il soit également la « personne » elle-même (ce qui porte toujours une ambiguïté quant à son statut), permet de douter que l'humain puisse être véritablement considéré propriétaire de son corps. Comme le faisait si bien remarquer le doyen Carbonnier : *« mon corps n'est pas à moi puisque c'est moi »*[644].

---

642 Ce dernier argument pouvant potentiellement être relativisé dans le domaine sexuel où l'individu peut se donner comme esclave sexuel à son partenaire, au nom de la suprématie de la volonté et de la libre disposition de soi. Mais là encore des limites tenant au bon déroulement de l'acte et de l'atteinte effective au corps sont à prendre en compte. Si des poursuites n'ont pas couramment lieu pour préserver la liberté sexuelle et l'autonomie des personnes, rien n'interdit ces dernières et surtout lorsque les sévices sont plus graves que ceux prévu initialement dans le « contrat » de soumission.

643 C. Neirinck, « Le corps humain » *in* D. Tomasin (dir.), *Qu'en est-il de la propriété ? – L'appropriation en débat*, Presses de l'Université Toulouse 1 Capitole, 2006.

644 J. Carbonnier cité par X. Labbée, « La dévolution successorale des restes mortels », Études sur la mort 2004/1, n° 125, p. 51. Sur cette question, *cf.* également : R. Barbaras, « De la phénoménologie du corps à l'ontologie de la chair », *in* J.-C. Goddard et M. Labrune (dir.), *Le corps*, Edition Vrin, collection « Bibliothèque d'Histoire de la Philosophie », 1992.

Par conséquent, le rapport entre la « personne » et son corps doit s'analyser plutôt comme une détention de ce dernier, sur lequel la personne a une certaine liberté qui est tolérée et accordée par la société. C'est ainsi que, quand bien même la volonté serait suprême, l'individu ne peut simplement pas disposer totalement de celui-ci. On peut y voir des limites à un droit de propriété entier et puissant, le droit de l'individu sur son corps n'est jamais absolu, ou bien encore, la consécration de l'absence d'un tel droit. Dans ce cas, l'Homme ne serait qu'un simple détenteur limité par la société, notamment quand celle-ci considère que le corps est indisponible et hors commerce juridique : le corps n'appartient plus vraiment à la personne qu'il suit (§II).

§II - Le corps, simple détention de la personne

197. L'homme : simple usufruitier de son corps ? *« À première vue, il semble que la personne n'a pas de droit absolu sur son corps. En termes imagés, nul n'est propriétaire de son corps, il en a seulement l'usufruit »*[645]. Ainsi, peut-on considérer que le droit de la personne sur son corps n'a trait qu'à un usufruit ? La législation concernant ce droit est prévue aux articles 578 et suivants du Code civil. Le premier d'entre eux en donne la définition comme étant *« le droit de jouir des choses dont un autre a la propriété, comme le propriétaire lui-même, mais à la charge d'en conserver la substance »*. Dès lors, plusieurs conditions sont nécessaires pour que la « personne » dispose de son corps en usufruit. La première d'entre elles est que ce droit porte sur un bien, meuble ou immeuble[646], ce qui implique encore que le corps ne soit qu'une « chose », ce qui est, matériellement le cas et, l'est aussi juridiquement, selon les cas.
Deuxièmement, puisque la « personne » est simple usufruitière, il est nécessaire que quelqu'un d'autre soit propriétaire de la « chose ». Dans ce cas, qui en est le véritable propriétaire ? Celui qui en donne les règles et limite la libre disposition de soi : la société ? Dieu ? Personne en particulier ? Dans ce cas il s'agirait d'une forme d'usufruit très particulière pour laquelle la « personne » dispose de prérogatives ressemblant parfois à un droit de propriété, tout en étant limitée dans ses actions[647], sans propriétaire officiel...

---

[645] M. Douchy-Oudot, *Droit civil 1ère année. Introduction Personnes Famille*, Dalloz, collection « HyperCours », 10ème édition, 2019.
[646] C. civ., art. 581.
[647] Sans en avoir non plus la totale disposition comme peut parfois en avoir l'usufruitier. *Cf.* l'article 595 du Code civil qui permet à l'usufruitier de *« donner à bail à un autre, même vendre ou céder son droit à titre gratuit »*. Or, les droits de la personne sur son corps ne sont, à ce jour, pas transmissibles. Personne ne bénéficie du principe d'inviolabilité du corps

L'étude de ces conditions n'est pas totalement satisfaisante quant à son application au corps. Pas réellement propriétaire, pas réellement usufruitier, il semble alors que l'individu ne soit qu'un simple détenteur précaire de ce corps qui le compose. C'est-à-dire qu'il en a la possession limitée, sans titre juridique particulier. Cette démonstration et surtout l'absence d'un réel droit de propriété se justifient notamment par l'interdiction de convention sur le corps, ce qui se traduit juridiquement par l'indisponibilité du corps humain (A), quelque peu dépassée aujourd'hui par l'émergence du principe de gratuité (B).

A - L'indisponibilité du corps dans le commerce

198. Une forte restriction au droit de propriété. Le principe d'indisponibilité du corps humain est exposé aux articles 16-1 et suivants du Code civil et entraîne une impossibilité pour le corps de rentrer dans le commerce et de faire l'objet de convention. La volonté de la personne de maîtriser son corps totalement en se vendant en tout ou partie est ainsi entravée (I) bien que ce principe soit de plus en plus limité (II).

I - Le principe d'indisponibilité

199. Un principe législatif. L'indisponibilité du corps humain est admise dans de nombreux pays[648] et est prévue au sein du Code civil français. Ce dernier empêche le corps de se retrouver au sein d'un patrimoine[649], ce qui en fait le principal ennemi aux possibilités d'obtention d'un droit de propriété sur le corps. *« Les termes de disponibilité et d'indisponibilité relèvent du droit des biens. La disponibilité est la « qualité juridique du bien (ou du droit) dont on peut librement disposer » tandis que l'indisponibilité s'entend comme la « qualité d'un bien (ou d'un droit) qui ne peut être l'objet d'aucun acte de disposition ». Autrement dit, l'indisponibilité soustrait le bien ou le droit en question à la volonté individuelle par interdiction du droit d'en disposer. Ainsi ne peut-on aliéner un bien indisponible »*[650]. Dès lors,

---

humain d'une autre personne, permettant des actions en justice contre toutes atteintes faites à ce corps.

648 B. Feuillet-Liger et S. Oktay-Özdemir (dir.), *La non-patrimonialité du corps humain : du principe à la réalité – Panorama international*, Bruylant, 2017.

649 Sur le sujet, voir : R. Domages, *Le corps humain dans le commerce juridique*, thèse de doctorat, Université de Paris, 1956 ou bien encore S.-A. Dubernat, *La non-patrimonialité du corps humain*, thèse de doctorat, Université de Bordeaux 4, 2000.

650 A.-B. Caire, « Le corps gratuit : réflexions sur le principe de gratuité en matière

l'article 16-1 du Code civil impose un respect du corps de chacun, le principe d'inviolabilité mais également que *« le corps humain, ses éléments et ses produits ne peuvent faire l'objet d'un droit patrimonial »*.
Même objectif concernant l'article 16-5 du même Code qui prévoit que *« les conventions ayant pour effet de conférer une valeur patrimoniale au corps humain, à ses éléments ou à ses produits sont nulles »*. Ensemble, ils protègent le corps et empêchent sa patrimonialité tout en limitant la liberté de disposer de soi.

200. Le corps : « chose » non marchande. Le corps détaché doit ainsi être une « chose » juridique qui correspond à sa vérité biologique mais ne doit pas pour autant entrer dans le commerce et faire l'objet de conventions : il doit être protégé et préservé en tant que « chose » non marchande. Dans ce sens, il n'est pas anodin que l'on ait traité depuis le début de ce chapitre du corps comme étant une « chose » et non pas un « bien » alors même que le second livre du Code civil traite des « biens » et non des « choses »[651]. Il permet de mettre en lumière la réalité du corps comme « chose », par principe, non appropriable financièrement. De même, l'idée que le corps humain en tant que « bien », puisse rentrer dans le commerce a poussé certains auteurs à refuser la qualification de « chose » au corps, et ce, de longue date : *« le corps humain et ses produits ne sont pas des choses, des biens appropriables, ou du moins aliénables, sans quoi tous les actes de disposition seraient possibles en ce qui les concerne, et même le plus concret d'entre eux, la vente de soi-même comme esclave »*[652]. Ces éléments participent peut-être également à l'ambiguïté qui règne quant au statut juridique du corps, le caractère marchand faisant barrière à la qualification de « chose » au corps. Pour autant, le corps doit être en adéquation avec sa réalité matérielle et le statut le plus logique le concernant est celui de « bien » juridique. Simplement, celui-ci ne peut être qu'une « chose » non marchande. Dès lors, *« le corps est tour à tour qualifié de bien extrapatrimonial, de chose hors commerce, de chose sacrée ou encore sous statut spécial »*[653]. Finalement, peu importe la dénomination qu'on lui donne, ce qui est certain, c'est que c'est l'argent qui pose un problème dans notre société concernant le corps et que la « personne » auquel il est rattaché doit

---

d'utilisation de produits et d'éléments du corps humain », précit.

[651] Ce livre s'intitule : « Des biens et des différentes modifications de la propriété ». Pour autant, il comporte également des mentions relatives aux choses. Ainsi par exemple, le titre II relatif à la propriété comporte deux chapitres qui font mentions aux choses : « Du droit d'accession sur ce qui est produit par la chose » et « Du droit d'accession sur ce qui s'unit et s'incorpore à la chose ».

[652] A. Jack, « Les conventions relatives à la personne physique », Revue critique de législation et de jurisprudence 1933, n° 5, p. 370.

[653] M. Cornu, « Le corps humain au musée, de la personne à la chose ? », précit.

pouvoir en disposer librement, dès lors qu'il ne s'agit pas du commerce juridique. Néanmoins, comme chaque principe, celui-ci n'est pas exempt d'exception et des conventions peuvent exister sur certains éléments détachés du corps (II).

II - Les limites à ce principe

201. Encore de l'affect ? Nous avons déjà mis en avant une certaine gradation affective qui existe entre l'individu et son corps, selon qu'il soit global ou détaché et dans ce dernier cas, selon qu'il soit considéré comme important ou non pour la personne. Notons concernant l'indisponibilité du corps que cette distinction se retrouve également. Le corps global ne peut théoriquement pas faire l'objet d'une marchandisation. Mais il en va différemment de ces éléments que nous avons nommés « choses » sans grand affect car celles-ci, contrairement au corps entier, peuvent faire l'objet, par exception, d'une marchandisation et de transactions financières et deviennent ainsi des « biens » au sens propres, susceptible d'appropriation. Bien que ce soit précisément ce que veulent éviter tant la doctrine que le texte de loi qui interdit toute patrimonialisation du corps, le corps peut tout de même devenir un « bien ». Rentre ainsi dans le commerce les cheveux, utiles pour la fabrication de perruques, les ongles[654] ou même encore des excréments[655] ! Dans ce cas, il s'agit d'une limite à ce principe de non-patrimonialité du corps et par conséquent la démonstration d'un droit de propriété. En tout état de cause, certaines « choses » corporelles peuvent être la propriété d'un individu et rentrer dans son patrimoine.

202. Le cadavre objet de convention. Dans ce domaine, c'est bien le rattachement aux « personnes » qui est central et qui place le corps comme une « chose » particulière, « chose » sacrée. Par conséquent, en l'absence de lien ou à la suppression de celui-ci, le corps semble encore changer de régime juridique et passer de cette « chose » particulière, hors du commerce, protégé par le droit pénal, à un « bien » juridique moins extraordinaire, plus classique, qui peut faire l'objet de transaction. Le souvenir du mort une fois effacé, les restes humains seraient appropriables par des tiers. Tel est ainsi le cas de très anciens restes humains : les momies, crânes, ossements, etc. retrouvés dans des fouilles archéologiques et qui vont devenir des « biens » susceptibles d'appropriation[656] par une collectivité ou un musée. Par contre,

---

[654] « Il collectionne ses ongles et les vend 100 euros sur Internet », rtl.be du 12/12/2011.

[655] « Paris : ils vous donnent 50 € pour… récupérer vos selles », Le parisien du 20/11/2018.

[656] En ce sens, *cf.* V. Varnerot, « Contribution de la Vénus Hottentote à l'édification du régime juridique des restes humains » *in* Chronique de droit médical n° II, Petites affiches 2004,

les résidus de « personnes » qu'ils sont leur permettent toujours, en dehors d'une quelconque prise en compte de l'oubli ou du souvenir, de bénéficier du respect dû aux morts, tel que considéré par le Code pénal. Néanmoins, est-ce réellement le souvenir, la mémoire et notamment leur degré d'affectivité qui déterminent la force de la protection associée au corps mort et à la mercantilisation qui peut surgir ? Le droit civil lorsqu'il prévoit que le corps est indisponible dans le commerce ne donne pas de délai. Il n'est pas prévu de durée de 100, 500 ou bien encore 1000 ans pour qu'ensuite les restes fassent l'objet de transactions. Les siècles qui passent permettent effectivement d'effectuer des fouilles archéologiques occasionnant l'émergence de précisions sur l'histoire de l'humanité. Pour autant, théoriquement, le droit protecteur s'applique toujours et l'entrée de ces restes corporels dans le commerce[657] n'est pas censée être possible ni faire l'objet de convention. En tout état de cause, même sans précision de délai, il n'en demeure pas moins que le cadavre n'est plus réellement protégé par le régime des « personnes » et qu'il fait son entrée dans le droit des « biens » marchands.
Au-delà de ces situations particulières qui limitent l'indisponibilité du corps et qui favorisent la maîtrise du corps, est également mis en avant par la doctrine, un affaiblissement de ce principe au profit de celui de gratuité (B).

B - Le corps gratuit

203. L'indisponibilité du corps humain assouplie. Le principe d'indisponibilité du corps entraîne l'impossibilité complète de conventions sur ce dernier, à titre onéreux ou non : *« lorsqu'une chose est indisponible, elle doit l'être complètement, que ce soit à titre onéreux ou à titre gratuit »*[658]. Dès lors, afin que soient tout de même possibles les transactions corporelles non marchandes, un nouveau principe est apparu, assouplissant quelque peu l'indisponibilité du corps : le principe de gratuité[659]. Ce dernier permet ainsi au corps de faire l'objet de convention, sans contrepartie financière, autrement dit, de faire l'objet de conventions sans rentrer dans le

---

n° 241, p. 5.

[657] *« La formulation très générale laisse penser que la prohibition d'un droit patrimonial pourrait être lue sous une perspective plus large, sans relation obligée avec l'attache familiale du défunt ». Cf.* M. Cornu, « Le corps humain au musée, de la personne à la chose ? », précit.

[658] A. Mirkovic, *Droit de la famille et des personnes*, collection « Panorama du droit », 4ème édition, 2014.

[659] *Cf.* également : S. Lavroff-Detrie, *De l'indisponibilité à la non-patrimonialité du corps humain*, thèse de doctorat, Université de Paris 1, 1997.

domaine marchand, le mercantile[660]. Ce principe est intéressant car il permet justement de placer le corps sous protection en le classant hors du patrimoine mais également de prôner une certaine liberté de soi. C'est grâce à lui que la personne est libre de donner son sang, qu'il existe une réglementation spécifique sur le don d'organes[661], etc. C'est par l'existence de ce principe que peut s'affirmer et se mettre en place une solidarité entre les individus d'une société, ce qui est théoriquement impossible avec l'indisponibilité du corps humain. La gratuité permet ainsi une certaine cohésion sociale. Par ailleurs, sa mise en avant supprime les doutes des juristes quant à la qualification du corps comme « chose », refrénée par la potentielle entrée dans le monde marchand de ce dernier. Grâce à ce principe, le corps est bel et bien une « chose » non marchande pour la « personne », dé-patrimonialisé mais pouvant faire l'objet de conventions. C'est ainsi une belle démonstration de l'équilibre qui doit être trouvé entre la volonté des individus de disposer de leur corps et la protection de ces derniers contre les personnes.

204. Quelques exemples de gratuité. Il existe de multiples textes qui ont trait à ce principe de gratuité, que ce soit dans le Code civil – à la suite des textes protégeant le corps humain – ou bien dans le Code de la santé publique. Il est ainsi prévu dans le Code civil, à l'article 16-6 qu'*« aucune rémunération ne peut être allouée à celui qui se prête à une expérimentation sur sa personne, au prélèvement d'éléments de son corps ou à la collecte de produits de celui-ci »*. Dès lors, l'utilisation du corps dans le monde de la recherche n'est pas prohibée mais doit faire l'objet d'une gratuité. En témoigne également l'article L. 1121-11 du Code de la santé publique : *« la recherche biomédicale ne donne lieu à aucune contrepartie financière directe ou indirecte pour les personnes qui s'y prêtent »*. L'individu peut ainsi être désireux de faire évoluer la science et la recherche par l'objet de son corps mais ne peut bénéficier d'une rémunération pour cela. La même solution existe concernant les dons d'éléments du corps, tel que le sang. Ainsi, l'article L. 1221-3 du même Code met en avant le nécessaire consentement de l'individu à l'acte, prônant encore la suprématie de la volonté, tout en ajoutant qu'*« aucune rémunération ne peut être allouée au donneur »*. La gratuité tolère ainsi des dérogations à l'indisponibilité totale du corps : l'argent est tabou lorsqu'il s'agit de la libre disposition de celui-ci. Néanmoins ce principe ne justifie pas tout et des limites existent, même lorsqu'il n'y a pas de rémunération.

---

[660] *« Le corps peut faire l'objet de conventions à titre gratuit mais pas à titre onéreux ».* C. Kurek, *Le corps en droit pénal*, précit.

[661] *Cf.* V. Gateau, « La gratuité dans le cadre du don d'organes », Revue du Mauss 2010/1, n° 35, p. 463.

205. Les limites d'ordre public. Même si l'individu peut disposer quelque peu de son corps, dans un souci de solidarité, par une totale gratuité de l'acte, certaines possibilités ne restent cependant pas autorisées. L'exemple le plus marquant est le cas de la gestation pour autrui. Interdite dans le Code civil[662], sans précision de rémunération, elle reste prohibée que la personne reçoive une compensation financière ou qu'elle face cela dans un pur élan de solidarité. Dans ce sens, l'individu n'est pas totalement libre de son corps mais n'est bien qu'un simple détenteur de ce dernier, pouvant tout au plus l'utiliser dans les limites fixées par le législateur. Cette prohibition freine ainsi l'utilisation ultime du corps et permet de démontrer que notre société refuse d'accepter que l'individu soit totalement propriétaire de lui-même. Ce frein interroge tout de même, au regard de certains autres pays, tels que les États-Unis ou bien encore la Grèce qui autorisent ces pratiques[663]. Si l'on se rallie sans aucune discussion à l'interdiction d'une gestation pour autrui à titre payant, afin de protéger l'individu en situation de faiblesse qui utiliserait son corps comme objet marchand, nous sommes plus réservés à l'idée d'empêcher une générosité citoyenne[664]. Notamment parce qu'il existe une forte connotation morale, et même religieuse, dans cette interdiction. Or, le droit ne doit-il pas être séparé de ces dernières ? En tant que régulateur de la vie commune, cet ensemble de règles se doit de respecter la liberté des individus. Certes, cette liberté est traditionnellement limitée comme s'arrêtant lorsque celle des autres commence : *« la liberté consiste à pouvoir faire tout ce qui ne nuit pas à autrui »*[665]. Dans ce sens, en quoi une personne voulant pallier l'absence de possibilité de procréer d'un individu,

---

[662] C. civ., art. 16-7 : *« toute convention portant sur la procréation ou la gestation pour le compte d'autrui est nulle ».*

[663] Ce qui rend l'accès à cette pratique facile aux couples désireux d'effectuer une GPA, limitant ainsi, de fait, l'interdiction faite par notre Etat. *Cf.* en ce sens : L. Brunet, « Le recul de l'ordre public face aux pratiques transfrontières de gestation pour autrui : trop... ou pas assez ? », AJ Famille 2018, p. 572.

Mais encore sur la retranscription des actes de naissance des enfants à l'état civil et la jurisprudence sur cette question, *cf.* notamment A. Karila-Danziger et F. Guillaume Joly, « Les gestations pour le compte d'autrui réalisées légalement à l'étranger », AJ Famille 2018, p. 578 ; A. Dionisi-Peyrusse, « Gestation pour autrui : premières confirmations par la cour d'appel de Paris d'adoptions plénières de l'enfant du conjoint ! », AJ Famille 2018, p. 616 ; C. Masson, « L'ordre public familial en péril ? », RTD Civ. 2018, p. 809 ou bien encore A.-M. Leroyer, « GPA et filiation », RTD Civ. 2019, p. 90. Voir aussi sur cette problématique : P. Salvage-Gerest, « Premier avis consultatif de la Cour européenne des droits de l'homme, premiers dilemmes pour les autorités françaises (à propos de la gestation pour autrui) », AJ Famille 2019, p. 289.

[664] A condition, bien évidemment, qu'elle soit totalement gratuite (au-delà du remboursement des frais engagés, comme pour les autres types de dons corporels), qu'elle ne fasse l'objet d'aucune rémunération directe ou indirecte et qu'elle soit réellement libre : sans aucune contrainte de quelque forme que ce soit pour la femme qui décide de rendre ce service. Ce qui dans ce domaine, imposerait des contrôles pour éviter les dérives.

[665] Art. 4 de la Déclaration des Droits de l'Homme et du Citoyens de 1789.

gratuitement, impacte une quelconque liberté d'autrui ? Cette question est bien plus large que de savoir si une « personne » peut réellement être propriétaire de son corps, mais elle touche l'ensemble de la société elle-même et la prise en compte de la volonté de chacun. Dès lors que des individus vivent ensemble, des divergences d'opinions existent forcément et le législateur, au milieu de cet ensemble, doit trouver les réponses les plus adaptées à la vie commune. Pour l'heure, il semble que notre population ne soit pas totalement prête à accepter cette entraide citoyenne, – bien que quelques évolutions encourageantes semblent apparaître[666] – alors même que le droit autorise déjà d'autres formes de soutien corporel : don du sang, de sperme ou encore d'ovocytes en sont de parfaites illustrations. Ces éléments semblent encore plus paradoxaux si l'on prend en compte l'évolution des sociétés actuelles et la présence de plus en plus forte des robots. L'humain s'interroge ainsi sur les possibilités de donner à des morceaux de métaux, certes intelligents, des droits et une personnalité mais refuse de permettre la création d'autres êtres humains, via la gestation pour autrui. Juridiquement, cela se traduit par un frein à la maîtrise du corps, sous couvert d'une certaine acceptation de la dignité humaine.

206. Dignité et respect. Ce qui est commun à l'ensemble de ces dispositions et limites sur le corps c'est justement la présence plus ou moins marquée d'un renvoi au respect de la dignité humaine. Le corps doit ainsi être traité avec respect : *« la loi assure la primauté de la personne, interdit toute atteinte à la dignité de celle-ci et garantit le respect de l'être humain dès le commencement de sa vie »*[667]. C'est par ces notions que l'on peut obtenir un cadre global : le corps est une « chose » qui, de par son lien ancien, actuel ou futur avec la « personne » doit être respectée. Par conséquent, la dignité est l'ultime rempart de protection (ou de limite) des personnes. Elle s'applique dans le domaine probatoire et a un rôle à jouer, notamment lorsqu'elle va défendre l'individu contre les atteintes abusives ou déloyales ou encore

---

[666] M. André, A. Milon et H. de Richemont, Rapport d'information « Contribution à la réflexion sur la maternité pour autrui », n° 421 (2007-2008), déposé au Sénat le 25 juin 2008. Les recommandations de ce groupe de travail étaient *« autoriser et encadrer la gestation pour autrui »* avec notamment interdiction de percevoir une quelconque rémunération.
Pour autant, le principe majoritairement défendu reste l'interdiction : *« dans son rapport [...], le Conseil d'État se montre catégoriquement opposé à sa légalisation, cette pratique étant incompatible avec les principes d'indisponibilité du corps humain et de l'état des personnes. Sur ce point, la position du CCNE n'a pas varié : dans son avis n° 129, il va même jusqu'à prôner une convention internationale l'interdisant. La Mission parlementaire ne remet pas en cause son interdiction mais estime qu'il faut permettre la transcription en France des actes de naissance des enfants nés d'une GPA à l'étranger sans distinction entre parents d'origine et parents « d'intention »*. J.-C. Galloux et H. Gaumont-Prat, « Droits et libertés corporels », Recueil Dalloz 2019, p. 725.
[667] C. civ., art. 16.

contre les violences policières à finalité probatoire. Elle renforce le principe d'inviolabilité et permet alors à l'individu de protéger son corps contre les agissements forcés des enquêteurs ou magistrats, sauf à quelques exceptions que nous avons mises en avant, notamment lorsque la sécurité publique est en jeu. Tel est le cas des autopsies ou bien encore des fouilles corporelles pratiquées pour maintenir l'ordre dans un centre pénitentiaire. Et encore, même dans ce dernier cas, nous avons exposé la nécessité de faire intervenir rapidement un juge judiciaire, indépendant et impartial, garant des libertés individuelles, pour freiner les envies probatoires portant fortement atteinte au corps sans consentement. L'homme est son corps, ils ne font qu'un et doivent ainsi être traités dignement. C'est dans ce sens que l'on interdit les traitements inhumains et dégradants, les violences sur le corps ou encore l'emploi de la torture. La dignité est ainsi la meilleure amie du mis en cause puisque c'est cette dernière qui englobe l'inviolabilité du corps. Par contre, si l'on s'éloigne du droit de la preuve et que l'on considère l'homme dans sa vie quotidienne, alors la dignité peut mettre un frein à la puissance de la volonté d'un individu en préservant l'humain dans l'acceptation faite de ce dernier au sein d'une société. *« Les hypothèses où le droit limite la libre disposition de soi sont nombreuses : mères porteuses, nain cascadeur, patients réfractaires, SDF en danger, malades réclamant un geste euthanasique... à toutes ces situations où l'individu invoque une autonomie lui permettant de « mener sa barque » comme il l'entend, fût-ce sur les eaux du Styx..., l'ordre juridique oppose le nécessaire respect de la dignité de la personne et un impératif kantien plus ou moins compris »*[668]. Alors parfois ami probatoire, parfois ennemi sociétal et politique, la dignité est un concept qui plaît autant qu'il dérange mais a tout de même le mérite de placer l'Homme dans une sphère de respect et de protection.

***

207. Conclusion du Chapitre I. « Personne » ou « chose » ? Propriété ou détention ? Les deux questions principales de ce présent chapitre trouvent ainsi difficilement réponse. Néanmoins, celles-ci sont liées et répondre à l'une peut fournir quelques éléments de réponse pour la résolution de l'autre. Ainsi, si l'on considère le corps comme une chose, il peut théoriquement faire l'objet d'un droit de propriété. Mais ce dernier se retrouve limité lorsque l'utilisation touche aux considérations morales ou religieuses que, volontairement ou non, le droit prend en compte. Tout dépend ainsi de la puissance des limites. Soit nous considérons qu'il s'agit d'un droit de propriété fortement atténué, soit qu'il ne s'agit que de quelques droits du détenteur qu'est la « personne », sur son corps. Dans ce cas, *« le droit de la*

---

[668] D. Roman, « Le corps a-t-il des droits que le droit ne connaît pas ? », précit.

personnalité offre en effet deux choix possibles mais irréconciliables : soit il s'agit d'un droit subjectif absolu, le sujet étant maître de sa personne physique comme il peut l'être de ses biens ; soit ce droit est une liberté opposable à tous mais qui trouve ses limites dans l'espace concurrentiel de la vie en société »[669]. Dans tous les cas, un manque de cohérence existe dans ce domaine, que cela concerne les libertés ou droits qu'a l'individu sur son corps, ou la protection de celui-ci.

Il nous paraît ainsi important de redonner une vision globale des droits de l'individu sur son corps : de le situer, de manière cohérente, au sein des « choses » et d'en faire une propriété pour la « personne », limitée dans son caractère marchand. Finalement, T. Lahalle, dans sa thèse sur la *Qualification juridique du corps humain,* résume simplement ces éléments : *« propriétaire de son corps, il en a l'usus (liberté sexuelle, droit à la chirurgie esthétique, droit à la contraception, droit à la stérilisation), le fructus (prostitution, cession d'éléments et produits corporels) et l'abusus (automutilation, suicide, refus de soins). Des considérations sanitaires, sécuritaires et filiales limitent néanmoins la plénitude de ce droit de propriété. L'intégrité corporelle n'est pas un droit illimité. Par la fiction juridique, et dans un souci de protection, le corps des tiers doit être assimilé à la personne. Chose pour soi, le corps est personne pour autrui ».* Cette dernière formule est particulièrement intéressante et met en lumière cette dualité qui existe entre le corps qui matériellement n'est qu'une « chose » dont nous avons de plus en plus la libre disposition et le contact avec autrui qui implique une réelle protection qui se matérialise par la volonté, l'inviolabilité et l'assimilation du corps à la « personne ».

Concernant la preuve, ces problématiques semblent quelque peu éloignées du pénaliste. Le régime particulier du droit répressif permet d'utiliser le corps de l'individu dans un certain nombre d'hypothèses si bien que les considérations civilistes ne paraissent pas, au premier abord, très utiles pour nos propos : que le corps soit la « personne » ou qu'il ne soit qu'une « chose » ne semble avoir que peu d'incidence sur l'administration de la preuve. Pour autant, ces questions sont tout de même importantes, compte tenu de notre principale division : le corps global et le corps détaché. Dans la première hypothèse, c'est le rattachement direct à la « personne » juridique qui entraîne une grande protection du corps. À l'inverse, une fois qu'il est détaché d'elle, l'élément issu du corps est simplement considéré comme une « chose » que l'on peut utiliser à des fins probatoires, par une personne ou l'autorité publique qui usera de certaines prérogatives du droit de propriété tel que *l'usus* et *l'abusus*.

---

[669] J.-M. Larralde, « Vie privée et pratiques sadomasochistes », Recueil Dalloz 1998, p. 97.

Finalement, à la question : jusqu'où peut-on aller dans l'atteinte au corps à des fins probatoires ? La réponse est : jusqu'à l'analyser et avoir le pouvoir de le détruire. C'est justement les analyses scientifiques qui permettent une utilisation immédiate du corps et qui entraînent des conséquences juridiques (Chapitre II).

CHAPITRE II - LE CORPS ANALYSÉ

Où les yeux nous découvrent un corps tendre à saisir,
la science nous peint un brouillard d'atomes.
L'univers immuable des amants vaut mieux que
l'univers instable des savants[670].

208. Le cycle de la preuve. La première partie de cette étude était consacrée à la place de la volonté dans la préservation du corps et les nécessités d'obtention d'une preuve. Dès lors, ce chapitre attribué aux analyses corporelles permet une continuité temporelle : l'exploitation de ces « choses » qui ont été recueillies ou prélevées. L'objectif premier des enquêteurs est de « faire parler le corps ». Or, une fois qu'ils ont saisi ces éléments corporels, dans la majeure partie des cas, ces derniers n'apportent aucune information concrète : ce ne sont pas des éléments probatoires mais de simples faits, des indices[671]. La mission qui incombe au scientifique sera justement de faire en sorte qu'ils deviennent, en les utilisant et les étudiant, des données exploitables pour les autorités judiciaires. Le but premier est ainsi de pouvoir renseigner la justice : tel est l'objet même de l'utilisation du corps par les *« blouses blanches »*[672].
Ainsi, schématiquement, les OPJ commencent l'enquête en recherchant les éléments corporels potentiellement probatoires. Ils vont ensuite les envoyer aux laboratoires d'analyses où les experts agiront dans l'ombre, effectuant une autre forme de recherche – non plus sur une scène de crime ou sur une personne, mais à l'intérieur même de ce qui compose l'élément corporel – et fourniront des données qui, à l'appréciation du magistrat, deviendront des preuves. Tel est ainsi le cycle qui doit être mis en place pour transformer cette « chose » corporelle en une véritable donnée probatoire, utilisable immédiatement – le jour du procès – et/ou pour l'avenir. Et, s'agissant de cette phase incontournable, plusieurs questions méritent une attention particulière : qui a recours à de telles analyses ? Selon quelles finalités ? À quel coût ? Quels types d'analyses ? Etc. Ces problématiques seront envisagées en deux temps, d'une part en avançant le cadre permettant le

---

[670] M. Chapelan, *Main courante*, Editions Bernard Grasset, 1957.
[671] Sur la distinction entre indice et preuve, voir *infra* n° 265.
[672] J.-R. Demarchi, *Les preuves scientifiques et le procès pénal*, précit.

recours à cette phase (Section I) et d'autre part en exposant les conséquences que peuvent avoir un tel recours aux scientifiques, tant à l'égard du juge (existe-t-il un risque de glissement des fonctions du juge, au bénéfice de l'expert ?) que sur les personnes elles-mêmes (Section II). Finalement, il s'agira simplement de démontrer comment Droit et Sciences peuvent coexister et collaborer[673].

Section I - Le recours aux analyses corporelles

209. De larges possibilités. Le corps humain est composé de nombreux éléments pouvant faire l'objet d'une analyse dont le nombre est grandissant, et va de paire avec l'évolution toujours plus importante de la science. Ce sont en effet les progrès scientifiques qui accompagnent les hypothèses d'actes toujours plus importants sur le corps (§II). Dans ce sens, de multiples choix devront être effectués, par les enquêteurs ou magistrats, pour décider du recours à de telles analyses (§I).

§I - La décision d'analyse

210. Une nécessité. Afin qu'une analyse corporelle soit effectuée, il est nécessaire qu'une décision soit prise tendant à cette réalisation, la personne procédant à l'acte ne pouvant pas s'auto saisir. Dans cette optique, différentes modalités sont à prendre en compte (A), en lien avec les choix qui seront effectués par les enquêteurs ou magistrats (B).

A - Les modalités de la décision

211. Recherche et analyse : deux cadres différents. Alors que dans cette première phase, les enquêteurs (au sens large : technicien de scène de crime, OPJ, procureur ou encore juge d'instruction) essaient de ne rien oublier et saisissent, notamment sur une scène de crime, tout ce qui, potentiellement,

---

673 Sur ces questions, *cf.* O. Leclerc, *Le juge et l'expert, Contribution à l'étude des rapports entre le droit et la science,* LGDJ, collection « Bibliothèque de droit privé », tome 443, 2005 mais également O. Beauvallet, *Le juge et l'expert : savoir et qualification,* thèse de doctorat, École des hautes études en sciences sociales, 2001.

peut leur être utile – grâce au faible coût du recueil et des prélèvements[674] –, il en va différemment dans la phase d'exploitation. Ces derniers vont effectuer un tri concernant les éléments en leur possession et décider, selon l'affaire en cause et le coût de l'acte (II) de faire procéder à l'analyse par le biais d'une expertise ou d'un recours à personne qualifiée (I).

I - Expert et personne qualifiée

212. Un encadrement différent. L'expertise a été souvent effleurée au sein de cette étude, de manière éparse, toujours sous l'angle de la prise en compte ou non de la volonté. Il est désormais temps de s'intéresser plus particulièrement à ces femmes et hommes agissant dans l'ombre de l'autorité judiciaire[675]. Mais au-delà de ce que chacun imagine comme « expert », notamment grâce à (ou à cause d') une médiatisation constante[676] – rendant cette qualification autant sensationnelle que mystérieuse – son statut doit être mis en lumière avec celui de « personne qualifiée ». Juridiquement, pour pouvoir procéder aux différentes analyses corporelles, l'enquêteur ou le magistrat doit faire appel à une personne qualifiée ou à un expert. Ainsi, en enquête de flagrance, l'article 60 du Code de procédure pénale permet aux OPJ de recourir à toute personne qualifiée ; en préliminaire, l'article 77-1 du même Code va permettre le même recours, cette fois avec l'autorisation du procureur de la République. Concernant l'expertise, une section entière lui est consacrée dans une partie du Code traitant des juges d'instruction aux articles 156 et suivants. Un cadre précis, plus explicite que pour le recours à personne qualifiée, est alors mis en place. Il s'avère ainsi que la dénomination de la personne diffère selon le demandeur à l'analyse. Dès lors, l'analyse corporelle aura un encadrement distinct selon le cadre d'enquête, mais « personne qualifiée » et « expert » sont-ils si différents ?

---

[674] Voir *supra* n° 87.

[675] Sur le sujet voir : M. Savart, « L'expertise scientifique en matière pénale », AJ Pénal 2006, p. 72.

[676] *Cf.* en ce sens la « CSI effects », c'est-à-dire, « crime scene investigation effects ». Il s'agit de l'influence, exercée sur le public et les praticiens de la justice, par les productions cinématographiques et télévisuelles montrant des actions de police technique et scientifique. *Cf.* pour des études américaines : K. R. Roane, « The CSI Effect: How TV is driving jury verdicts all across America », U.S. News & World Report du 25 avril 2005 ou bien encore N. J. Schweitzer et M. J. Saks, « The CSI Effect: Popular fiction about forensic science affects the public's expectations about real forensic science », Jurimetrics 2007, p. 357. Sur la question de l'influence de la télévision sur les jurys et l'opinion public, *cf.* F.-B. Huyghe, *ADN et enquêtes criminelles*, PUF, collection « Que sais-je ? », tome 3814, 2008.

213. Expert et personne qualifiée : deux personnes différentes ? Afin de pouvoir les distinguer, il est important de comprendre ce qu'est l'expertise. Le Code de procédure pénale, dans l'article 156 permet d'*« ordonner une expertise »*, sans la définir réellement. Pas plus d'ailleurs que le Code de procédure civile qui, bien qu'il consacre également une section à l'expertise[677], semble se satisfaire de l'absence de définition. Il est simplement indiqué que *« l''expertise n'a lieu d'être ordonnée que dans le cas où des constatations ou une consultation ne pourraient suffire à éclairer le juge ».*

Dès lors, différents auteurs ont tenté d'en donner une définition. Certains mettent en avant que, *« lors de l'analyse des faits sur laquelle sont jugement sera fondé, le juge peut rencontrer des difficultés dont la dimension technique ou scientifique rend le traitement difficile. Il a alors la possibilité de recourir à l'assistance d'un expert maîtrisant les connaissances requises pour faire face au problème. L'expertise se définit comme l'examen de questions d'ordre technique ou scientifique confié à un spécialiste par une autorité judiciaire »*[678]. De son côté, Laurence Leturmy avance une double définition reposant sur deux critères. Le premier *« est celui d'une interprétation nécessaire par l'expert des résultats de ses opérations. Ainsi, l'expertise « appelle non une simple constatation, mais une réponse reposant sur une interprétation », autrement dit « elle implique un choix, un avis », l'expert devant exprimer « son opinion sur un point controversé ou discutable »*. Le second, repose sur la finalité même de l'expertise. *« Celle-ci est alors présentée « comme le recours à un tiers spécialisé dans un domaine technique permettant d'établir la preuve de faits », tout examen n'ayant pas « pour but de fournir des éléments de preuve » ne pouvant être ainsi qualifié »*[679]. Bien que cette dernière avance ensuite l'insatisfaction totale de ces éléments au regard du Code de procédure pénale, il ressort tout de même de ces critères que le recours à l'expert reposerait sur l'utilité qu'il apporte ou serait susceptible d'apporter au magistrat, ayant des connaissances techniques et/ou scientifiques dans un domaine particulier. Ainsi, celui-ci donne son avis dans l'objectif d'aider l'institution judiciaire à apprécier les faits. Dès lors, si l'on s'en tient à cette définition, le recours à l'expert et le recours à la personne qualifiée sont-ils réellement différents ? Le recours à la personne qualifiée obéit à la même finalité. Dans les deux cas, il s'agira d'une personne compétente dans un domaine donné, qui sera nommée par une autorité judiciaire, pour éclairer ses lanternes. De ce point de vue,

---

[677] C. proc. civ., art. 263 et s.

[678] O. De Frouville (dir.), *la preuve pénale, internationalisation et nouvelles technologies*, La documentation française, collection « Perspectives sur la justice », 2007.

[679] L. Leturmy, « De l'enquête de police à la phase exécutoire du procès : quelques remarques générales sur l'expertise pénale », AJ pénal 2006, p. 58.

experts et personnes qualifiées sont identiques : l'expert étant la personne qualifiée du juge, et la personne qualifiée l'expert de l'OPJ ou du procureur.

214. Un rapprochement juridique entre les deux notions. Ce rapprochement factuel des deux concepts se retrouve également au sein du Code de procédure pénale et au sein de la jurisprudence[680]. En témoignent certaines mentions concernant les personnes qualifiées, procédant à des renvois sur les possibilités d'actions des experts[681]. Ainsi par exemple, l'alinéa 3 de l'article 60 dispose ainsi que ces personnes exercent leurs missions et doivent rendre un rapport, dans les règles établies au sein des articles concernant l'expertise. Dès lors, l'objectif étant de réaliser une uniformisation de la fin du recours à la personne comme à l'expert : le rapport étant établi selon les mêmes règles, il permet théoriquement une lecture plus aisée des conclusions de la mission. Ce même article, dans son second alinéa, procède également à un renvoi vers des dispositions concernant l'expert. Il est ainsi prévu que la personne qualifiée doit prêter serment, sauf si elle est inscrite en tant qu'expert. Ces mentions démontrent que la personne experte peut très bien être missionnée par l'OPJ ou le procureur de la République pour être une personne qualifiée et exercer, de fait, la même mission que si elle avait été confiée par un juge judiciaire.

215. Distinction s'agissant des garanties. C'est finalement l'autorité qui décide du recours à l'analyse corporelle qui est différente, pourtant il semble également que les garanties associées à l'expertise, décidée par un magistrat, ne sont pas identiques à celle du recours à une personne qualifiée. Tel est le cas du principe du contradictoire. Le dernier alinéa de l'article 60 du Code de procédure pénale fait seulement référence au fait de donner *« connaissance des résultats des examens techniques et scientifiques aux personnes à l'encontre desquelles il existe des indices faisant présumer*

---

[680] La jurisprudence mettait déjà en avant cette possibilité pour l'OPJ en 1988 : *« lorsqu'ils opèrent en cas de crime ou de délit flagrant, dès lors que le juge d'instruction n'est pas présent sur les lieux, et tant que l'ouverture d'une information n'a pas été requise, les officiers de police judiciaire tiennent de l'art. 60 le pouvoir de recourir à toutes personnes qualifiées s'il y a lieu de procéder à des constatations ou à des examens techniques ou scientifiques »*. *Cf.* cass. crim., 15 mars 1988, n° 88-80267.
Par ailleurs, cette dernière met également en avant que *« l'article 77-1 du code de procédure pénale confère au procureur de la République, agissant en enquête préliminaire, le pouvoir de charger toutes les personnes qualifiées de missions techniques ou scientifiques de même nature que celles qui peuvent être confiées aux experts par le juge d'instruction en application de l'article 156 du même code »*. *Cf.* cass. crim., 14 septembre 2005, n° 05-84021 (*cf.* J. Buisson, « Le pouvoir de requérir une personne qualifiée (article 77-1 du code de procédure pénale) », RSC 2006, p. 412), rappelé ensuite par un autre arrêt cass. crim., 15 mai 2007, n° 06-85715.

[681] Sur ces questions et une évolution de 2019, voir *infra* n° 298 et s.

qu'elles ont commis ou tenté de commettre une infraction, ainsi qu'aux victimes », sans plus de précision et sans renvoi aux articles concernant les expertises, alors même que l'expertise ordonnée par un juge est devenue contradictoire[682]. Ce qui signifie que le suspect dont le corps est mis en cause par un OPJ ou un procureur de la République par le biais d'une analyse, aura connaissance de cette dernière mais ne pourra en discuter contradictoirement que le jour de l'audience, devant le juge[683]. Ce procédé rappelle fortement le permis de déloyauté des particuliers dans la recherche de preuves, recevables dès lors que ces dernières sont discutées contradictoirement au jour de l'audience[684]. Le juge répressif exerce ainsi un rôle important pour qu'une discussion sur la recevabilité de la preuve soit mise en place, permettant une libre expression du mis en cause et ainsi, de préserver, *a postériori*, ses droits et libertés. Pour autant, bien que l'absence de contradictoire *ab initio* soit compréhensible s'agissant de la volonté de rapidité dans l'enquête, elle reste tout de même critiquable compte tenu du prisme des droits de la défense.

Dans tous les cas, peu importe sa dénomination, qu'il s'agisse d'un expert ou d'une personne qualifiée, la finalité de l'acte reste identique pour le corps et le recours à de telles personnes, pour la réalisation d'actes techniques ou d'expertises, se décide en prenant en compte le coût de ceux-ci (II).

II - Quel coût ?

216. Qui paye et combien ? En matière civile, le coût d'une expertise est à la charge des parties et par conséquent, d'une importance considérable au moment de requérir la réalisation d'analyses. Dans la pratique, le juge fixe une provision initiale[685] qui sera parfois différente – très insuffisante[686] – de

---

[682] C. Guéry, « La loi du 5 mars 2007 et l'instruction préparatoire », AJ Pénal 2007, p. 105 : *« la loi du 5 mars 2007 renforce de façon notable le caractère contradictoire de l'information. Elle permet aux parties de discuter le choix de l'expert, la nature des questions qui lui sont posées, de présenter des observations sur un rapport provisoire. Elle introduit de lourdes formalités pour la fin de la procédure »*.

[683] C. Miansoni, « L'expertise pénale en enquête préliminaire et de flagrance. Le procureur de la République, prescripteur d'expertise », AJ Pénal 2011, p. 564 : *« lorsque l'orientation de la procédure décidée consiste en la saisine d'une juridiction de jugement, l'expertise diligentée par le procureur de la République ou, sous son autorité, par l'officier de police judiciaire devient une pièce essentielle du débat contradictoire de l'audience. L'analyse et les conclusions de l'expertise contribuent aux discussions et aux positions soutenues par les parties. Elles éclairent la juridiction sur la réalité et la nature des faits reprochés au prévenu »*.

[684] Voir *supra* n° 134 et s.

[685] C. proc. civ., art. 269 : *« le juge qui ordonne l'expertise ou le juge chargé du contrôle fixe, lors de la nomination de l'expert ou dès qu'il est en mesure de le faire, le montant d'une*

ce que les parties auront à payer *in fine*. Ce qui traduit l'absence de connaissance effective du coût réel à payer à la fin de l'expertise par les parties lorsqu'elles devront, stratégiquement, se questionner sur l'utilité d'une telle demande. Ainsi, le coût est un des facteurs primordiaux et pourtant, force est de constater qu'il est mal encadré. À la fin de l'expertise, bien que l'expert expose ses frais et honoraires, l'acteur décidant du coût définitif reste le juge[687]. L'article 284 du Code de procédure civil prévoit ainsi que, *« dès le dépôt du rapport, le juge fixe la rémunération de l'expert en fonction notamment des diligences accomplies, du respect des délais impartis et de la qualité du travail fourni »*. Il faut ainsi prendre en compte le travail effectif de l'expert dans le calcul de sa rémunération ainsi que le temps que ce dernier passe pour réaliser sa mission. Le magistrat doit donc effectuer une appréciation subjective et souveraine[688] et se fonder sur le travail personnel de l'expert[689] mais aussi, éventuellement, sur la difficulté de réaliser l'acte ou pourquoi pas, sur l'importance du litige.
En matière pénale, les enjeux sont différents. Qu'il s'agisse de recours à personne qualifiée (enquête) ou bien de l'expertise (magistrat), le coût de telles analyses est à la charge de l'État. Il n'y a donc pas de problème, théoriquement, pour savoir qui va devoir les payer. Par contre, il peut y avoir, comme en civil, des difficultés sur le fait de chiffrer le coût de tels actes.

217. Un coût difficile à chiffrer ? Si l'on part du postulat que c'est le juge civil, en lien avec l'activité de l'expert qui fixe la rémunération de la prestation de ce dernier, il paraît difficile de la quantifier. Pourtant, plusieurs auteurs se sont attelés à cette tâche. Ainsi, il ressort d'une étude menée par

---

provision à valoir sur la rémunération de l'expert aussi proche que possible de sa rémunération définitive prévisible ».

686 CNCEJ, *La rémunération de l'expert – Etat des lieux*, 2010 : *« la provision initiale est, dans la plupart des cas, très insuffisante et donne aux parties une mauvaise indication sur le prix de l'expertise ».*

687 Bien que dans ce domaine, *« dans la quasi-totalité des cas observés, le montant accordé par le juge correspond à celui demandé par l'expert » :* S. Arnault et P. Krief, « Le coût des expertises judiciaires civiles », Bulletin d'information statistique du ministère de la Justice, Infostat justice n° 66, 2003.

688 Cass. civ. 2ème, 22 mars 2007, n° 06-11770 : *« c'est dans l'exercice de son pouvoir souverain d'appréciation et au vu des documents qui lui étaient fournis, que le premier président, motivant sa décision, a fixé la rémunération due à l'expert à la somme qu'il a retenue ».*

689 *Cf.* en ce sens, Cass. civ. 2ème, 14 septembre 2006, n° 05-12143 : *« mais attendu que c'est dans l'exercice de son pouvoir souverain que le premier président, qui ne s'en est pas remis à un barème arrêté par la cour d'appel mais a recherché les diligences accomplies par l'expert judiciaire et a apprécié personnellement l'importance et la qualité du travail réalisé, a fixé la rémunération de l'expert ».*

S. Arnault et P. Krief[690] qu'une *« expertise ordonnée par la justice civile s'élève en moyenne à 2 174 euros, mais ce montant moyen n'est pas représentatif du coût de la majorité des expertises, qui est nettement moins élevé : une expertise sur deux a un montant inférieur à 1 200 euros. En revanche, 7% des expertises civiles ont des coûts extrêmement élevés, supérieurs à 6 100 euros. Ces écarts traduisent une grande disparité de coûts : l'expertise la moins chère ne dépasse pas 30 euros tandis que la plus onéreuse de notre échantillon atteint plus de 150 000 Euros ».* Tout en mettant en avant que les expertises médicales sont relativement simples et standardisées en général, faisant de la description du préjudice corporel une opération peu onéreuse. Concernant le droit pénal, un groupe de travail[691] a également mis en avant quelques chiffres en énonçant que *« la rémunération des expertises tarifées apparaît insuffisante, au regard des charges et contraintes des experts (déplacement sur les lieux ou en milieu pénitentiaire, comparutions devant la cour d'assises, et ce en dépit du développement de la visioconférence) ».* Ce dernier expose certains tarifs pratiqués, tels que *«138 euros pour une autopsie », « 257,25 euros pour une expertise psychiatrique »* ou bien encore *« 172,80 euros pour une expertise psychologique »*[692].

Concernant l'étude que nous avons réalisée en Meurthe-et-Moselle, il est apparu dans les multiples dossiers que nous avons eu à étudier concernant la preuve génétique, que les coûts d'analyse sont très différents et disparates mais que surtout, peu de références à cette notion sont mises en avant dans les dossiers de procédure. Ce n'est que dans de rares cas que nous avons pu identifier des mentions relatives au budget de l'expertise alors que l'ensemble de nos entretiens avec les professionnels de la justice démontre son importance pour la prise de décision. Il ressort ainsi que le coût *« dépend du fait qu'il s'agisse d'un laboratoire public ou privé ainsi que du délai d'analyse demandé par le requérant aux experts. Le tarif varie également en fonction de la complexité de l'analyse demandée. [...] Le site internet du ministère de l'intérieur contient une grille tarifaire des prestations de l'INPS. Cette grille est divisée en trois tarifs différents selon que le délai*

---

[690] S. Arnault et P. Krief, « Le coût des expertises judiciaires civiles », précit.

[691] C. Bussiere et S. Autin, « Rapport de la commission de réflexion sur l'expertise », La documentation française, mars 2011.

[692] Voir également sur ce sujet : L. Benali, F. Abriat, C. Chevalier et S. Gromb, « Coût des opérations thanatologiques au centre hospitalo-universitaire de Bordeaux, France », Revue de Médecine légale 2011, vol. 2, n° 3, p. 125 : *« concernant les autopsies, le temps total consacré par les différents intervenants est de huit heures en moyenne pour un coût réel respectif de 426€ et 470€ (±200€) pour les corps frais et putréfiés. Pour les levées de corps, le temps passé moyen est de trois heures 45 pour un coût réel de 180€. La facturation au titre du CPP laisse apparaître respectivement un coût quatre fois inférieur pour les autopsies et les levées de corps. Notre projection et estimation sur une année montre un solde financier négatif pour le CHU de 50 % ».*

d'exploitation est normal, urgent, ou pendant une garde-à-vue[693]. *À titre d'exemple, la recherche tendant à l'établissement d'un profil individu à partir d'un prélèvement sur carton dit « FTA » est d'environ 35 euros en cas de traitement normal*[694]. *En urgence, le prix est de 50 euros. Enfin, en cas de réponse pendant une garde-à-vue, le prix est d'environ 70 euros. En outre, la recherche et l'analyse d'une trace biologique à exploitation simple d'ADN nucléaire s'élève à environ 120 euros en temps normal, 180 euros en urgence et 240 euros en garde-à-vue. S'il s'agit d'ADN mitochondrial, les tarifs grimpent respectivement à 200, 300 et 401 euros. Plus l'analyse est complexe, plus le coût sera élevé »* [695]. Bien que dans ce domaine, les prix aient bien diminué[696], une telle décision de recours à l'analyse reste subjective et doit se faire en tenant compte de l'affaire en cause.

218. Une prise en compte du coût selon la gravité de l'infraction ? Il ressort par ailleurs de cette même étude que de multiples facteurs ont un impact sur la décision de procéder à l'analyse de l'élément génétique obtenu. Il s'agit notamment :

- Du type d'enquête ;
- De la gravité des faits ;
- De la qualité du prélèvement ;
- Des circonstances du recueil ;
- De la temporalité du recueil ;
- Du coût de l'analyse ;
- De l'urgence de l'affaire ;
- De l'existence ou non d'autres moyens de preuve.

Le coût a une importance, au même titre que la gravité de l'infraction. Dans ce domaine, plus l'infraction est grave, moins la notion de coût semble conséquente et plus les enquêteurs et magistrats utilisent de moyens pour obtenir la vérité sans référence aux frais occasionnés. Il est ainsi raisonnable de penser que ce constat concernant la preuve génétique peut être transposé à toutes les autres analyses corporelles. Ainsi, dès lors qu'une infraction cause un faible trouble à l'ordre public, les moyens investis pour tenter de la résoudre ne seront pas aussi considérables que lorsqu'il s'agit d'une infraction portant un trouble grave. Les mêmes moyens ne sont pas mis à la disposition de la résolution d'affaires de faible importance que d'affaires

---

[693] Dans ce cas, l'urgence est un facteur d'aggravation du coût qui doit également être pris en considération quant à son impact sur le budget des services et juridictions.

[694] Dans le même sens, voir H. Ancel, « La preuve biologique », précit.

[695] B. Py (dir.), « L'utilisation des caractéristiques génétiques dans les procédures judiciaires - Etude de dix années de pratiques en Meurthe-et-Moselle (2003-2013) », précit.

[696] *Cf.* en ce sens, R. Coquoz, J. Comte, D. Hall et *al.*, *Preuve par l'ADN, la génétique au service de la justice*, précit.

d'importance majeure, tout s'articule en fonction de l'importance de celle-ci. Aussi, pour comprendre comment la personne qui décide du recours à l'analyse a orienté sa décision, il faut prendre en compte la notion de coût, la gravité de l'infraction (de l'affaire) et bien évidemment l'utilité de l'analyse en question. Ce sont ces trois points majeurs qui, combinés, permettront de déterminer si un enquêteur ou un magistrat vont demander une analyse corporelle.

219. Coût et utilité. L'autorité ayant la volonté du recours à des analyses corporelles doit ainsi se poser la question de l'utilité de celles-ci. Théoriquement, elles sont utiles dans le sens où elles font parler ce que la personne a de plus intime : elle-même. Les enquêteurs cherchent les moyens de preuve les plus utiles, ceux pour lesquels ils sont certains que les moyens investis seront rentabilisés par l'obtention de résultats probants. Ce que fait très bien le corps : il joue parfaitement son rôle de délateur, aidé par le scientifique. Pour autant, l'enquête pénale et par la suite l'audience répressive ne se jouent pas uniquement sur des éléments probatoires corporels. Certes le corps est un allié pour l'enquêteur et le magistrat mais cela signifie-t-il que des analyses corporelles doivent avoir constamment lieu ? L'apport de la preuve étant libre, elle ne peut fonctionner que sur un faisceau d'indices qui va emporter, ou non, la conviction du magistrat. Or, dans un certain nombre de dossiers, ce faisceau peut s'avérer suffisant, sans avoir besoin de réaliser de telles analyses qui, *in fine*, font perdre de l'argent à la société. Dès lors, si l'on en revient à l'analyse génétique, les échantillons recueillis n'ont pas besoin de faire l'objet d'une exploitation si les indices à charge sont suffisants pour inquiéter un individu. Néanmoins, dans la pratique, il apparaît justement que dans une volonté d'assurer un dossier solide, les analyses biologiques sont réalisées chaque fois que cela est possible. Quoi de plus logique ? Démontrer la présence d'un individu sur les lieux grâce à son propre corps, rien n'est d'apparence plus accablant. En tout état de cause, les budgets de la justice autant que ceux que des services de polices judiciaires n'étant pas illimités, il est nécessaire de se montrer raisonnable[697] sur les actes réalisés, tout en s'assurant que le faisceau d'indices est suffisant pour entraîner la conviction du magistrat. Et, lorsque l'acte s'avère utile pour la procédure, peu importe son coût, celui-ci se verra justifié par la nécessaire recherche de la vérité, car c'est bien la finalité première du recours à de tels actes. Ainsi, la gravité de l'infraction et l'utilité

---

[697] P. de Fontbressin, communication lors d'une journée d'étude sur « Le coût de l'expertise, l'utile et le vrai », le 22 mars 2013 : *« aujourd'hui, s'agissant de la notion de coût que nous avons examinée s'ouvre peut-être une réflexion sur la notion d'expertise raisonnable : raisonnable dans sa prescription par le juge, dans son choix par les avocats, mais aussi parce qu'elle prendra en compte tous les impératifs économiques qui, outre la compétence de l'expert et la qualité de son rapport, ne peuvent manquer d'y être intégrés ».*

de l'analyse font passer la question pécuniaire au second plan. Par contre, en cas de faible infraction ou de faible utilité de l'acte, cette notion reprend tout son sens et elle est prise en compte dans la décision de recours à analyse corporelle. Un calcul avantage/coût est ainsi nécessairement effectué par le magistrat ou l'enquêteur. Dans le même sens, ces autorités devront prendre d'autres décisions concernant le recours à ces actes (B).

B - Les choix d'analyses

220. De multiples possibilités. Alors que plusieurs facteurs influent sur la décision d'avoir recours à des analyses, la décision finale, ainsi que le choix du professionnel effectuant les actes, reviennent aux enquêteurs ou magistrats (I), fixant alors la mission de l'expert ou de la personne qualifiée et ses objectifs (II).

I - Le choix du missionné

221. Un choix libre ? Être expert ou personne qualifiée n'est pas une profession en tant que telle. Une personne ayant des compétences spécifiques dans un domaine peut être experte dans une affaire mais n'est pas exclusivement experte dans sa profession. Dans ce sens, cette personne réalisant l'analyse peut être missionnée une seule fois. Cette décision appartient, nous l'avons vu, aux enquêteurs ou magistrats selon le cadre en question. Néanmoins, mis à part certains domaines spécifiques comportant peu de personnes compétentes, il existe pour la majeure partie de ces analyses de multiples individus pouvant les réaliser. Comment se porte le choix de l'enquêteur ou du magistrat ? Sont-ils libres ou contraints ?
Concernant les experts, l'article 157 du Code de procédure pénale donne quelques précisions en disposant qu'ils *« sont choisis parmi les personnes physiques ou morales qui figurent sur la liste nationale dressée par la Cour de cassation ou sur une des listes dressées par les cours d'appel »*. Dès lors, il apparaît que deux listes différentes d'experts existent, une nationale et des listes locales plus spécifiques[698]. C'est au sein de ces listes que doivent être choisis les experts par le juge, le choix n'est donc *a priori* pas totalement

---

[698] En droit civil, il est également fait renvoi à ces différentes listes. *Cf.* C. proc. civ., art. 265. Néanmoins, le choix du juge s'avère encore plus libre que celui du juge répressif. En témoigne l'article 232 du même code : *« le juge peut commettre toute personne de son choix pour l'éclairer par des constatations, par une consultation ou par une expertise sur une question de fait qui requiert les lumières d'un technicien »*.

libre. Concernant le recours à personne qualifiée, le choix du missionné apparaît plus libre. En effet, l'article 60 dispose uniquement que l'enquêteur peut avoir recours à une telle personne et qu'elle doit prêter serment, sauf à être experte et être inscrite sur une des deux listes, l'objectif étant d'éviter les doublons de serment[699] (ou alors pour inciter à avoir recours aux personnes inscrites sur ces listes ?). En tout état de cause, le choix semble permis et laisse aux enquêteurs le soin de travailler avec la personne qu'ils sélectionnent.
En outre, un semblant de liberté peut finalement trouver une place pour l'expertise puisque le dernier alinéa de l'article 157 prévoit qu'à *« titre exceptionnel, les juridictions peuvent, par décision motivée, choisir des experts ne figurant sur aucune de ces listes »*. Cette mention permet aux magistrats de missionner un individu ne remplissant pas les critères classiques pour figurer sur les listes[700], ce qui démontre une volonté de la part du législateur de conserver une souveraineté des juges, quand bien même le système de liste est-il fait pour permettre une réelle efficacité des analyses. Pour autant, le choix de ce juge doit être motivé[701] et il doit prendre en compte les conditions de compétences et d'honorabilité nécessaires telles que demandées à la personne pour une inscription sur la liste[702]. Ce qui signifie que le magistrat va dès lors apprécier la compétence de cet expert, avant même toute analyse, démontrant ainsi qu'il reste le décideur des actes, et du déroulement du reste de la mission.

222. Le partenariat avec les mêmes personnes. Le juge garde une libre appréciation du recours à l'expert, tout comme l'enquêteur du recours à la personne qualifiée. Néanmoins, il s'avère que des dérives pratiques existent. Certaines études ont mis en avant que les magistrats ont tendance à

---

[699] Sur le fait de ne pas avoir à prêter serment plusieurs fois pour un expert, *cf.* cass. crim., 17 octobre 1967, n° 67-90053 ; cass. crim., 30 avril 1996, n° 96-80829 ou bien encore cass. crim., 3 novembre 1994, n° 84-83226, voir J. Pradel, « Le choix d'expert n'a pas à être motivé. Le serment prêté par un expert est valable quelle que soit la rubrique dans laquelle il est inscrit », Recueil Dalloz 1995, p. 146.

[700] Sur les modalités d'inscription sur les différentes listes, voir le décret n° 2004-1463 du 23 décembre 2004 relatif aux experts judiciaires, modifié. *Cf.* M. Olivier, « De quelques réflexions sur le nouveau statut des experts judiciaires », RDI 2005, p. 173 ou encore V. Perruchot-Triboulet, « Le nouveau statut des experts judiciaires », Recueil Dalloz 2005, p. 3045.

[701] Sur la motivation du juge, voir cass. crim., 25 octobre 1983, n° 83-93824 ; cass. crim., 3 septembre 1985, n° 85-93591 ou bien encore cass. crim., 13 novembre 2008, n° 08-81446. Pour ce dernier arrêt, *cf.* C. Girault, « La désignation d'un expert non inscrit doit être motivée », AJ Pénal 2009, p. 137.

[702] *Cf.* cass. crim., 4 décembre 1991, n° 91-82828 : *« si, à titre exceptionnel et par une décision motivée de la juridiction, un expert peut être choisi en dehors des listes, soit nationale, soit dressées par les cours d'appel, c'est à la condition qu'il réunisse les qualités de compétence et d'honorabilité exigées pour l'inscription sur ces listes ».*

constamment travailler avec les mêmes personnes, connaissant leur qualité et manière de fonctionner. En témoigne celle réalisée notamment par L. Dumoulin qui constate que, *« dans le ressort de la cour d'appel étudiée, nous avons pu établir – à partir de l'exploitation des statistiques produites par le service du contrôle des experts – que sur presque 6. 000 expertises effectuées en 1998, 3. 579 avaient été accomplies par 48 experts différents, toutes rubriques confondues, c'est-à-dire par moins de 8 % des inscrits sur la liste de la cour d'appel. Autant dire qu'une infime minorité prenait en charge presque les deux tiers (60 %) de l'ensemble des expertises diligentées, alors même que l'écrasante majorité des inscrits en réalisait moins de 25 par an »*[703]. Cette dernière mettant enfin en évidence que bien qu'être expert ne soit pas un métier, une certaine professionnalisation de fait voit le jour par ce recours important aux mêmes personnes. Ainsi, il ressort que la majeure partie des inscrits sur les listes ne réalise que peu d'expertises tandis qu'une poignée d'entre eux effectue la majorité des actes. Ce constat démontre que le magistrat ne sort pas beaucoup de sa zone de confort et à tendance à missionner les personnes qu'il connait. Dans ce sens, l'expert est un véritable compagnon[704] du juge, sa *« créature »*[705] et le tandem n'a pas vocation à changer dans la pratique. Ce même constat peut, sans aucun doute, être étendu aux enquêteurs et aux personnes qualifiées puisque le choix est encore plus libre que celui des magistrats. Le raisonnement est donc logiquement transposable, les enquêteurs travaillant dans l'urgence, il est fort probable qu'ils missionnent des personnes connues de leurs services.

223. Un choix différent selon les finalités de l'analyse et l'urgence. Il existe de multiples possibilités d'analyse du corps à des fins probatoires. Dans cette optique, les principaux objectifs étant d'obtenir la vérité et plus précisément en droit pénal, la démonstration d'une culpabilité. Mais au-delà de ces finalités typiques des procès, concernant la preuve scientifique corporelle (génétique et digitale notamment), deux finalités sont mises en exergue : soit l'identification d'une personne soit l'enregistrement de celle-ci.

---

[703] L. Dumoulin, « Les experts judiciaires : droit, science et enjeux professionnels », *in* E. Truilhé-Marengo (dir.), *Preuve scientifique, preuve juridique*, Larcier, collection « Droit des technologies », 2012, p. 299.

[704] « Compagnon du juge », expression empruntée à P. Loeper, prononcée lors du XVIIIème congrès des experts de justice des 10, 11 et 12 octobre 2008, organisé par la CNCEJ et ayant pour thème : « Justice et vérité : de l'autorité de l'expert ».

[705] E. Loquin, « Rapport de synthèse », *in* P. Sarrailhé (dir.), *Les experts : auxiliaires ou substituts du juge ?*, Société de législation comparée, collection « Centre français de droit comparé », tome 12, 2009.

Au sens large, l'identification recoupe plusieurs hypothèses. Ce peut être une trace découverte sur une scène d'infraction que l'on analyse, pour comparer avec d'autres traces découvertes précédemment ou des profils d'individus, mais ce peut être aussi déterminer le profil génétique d'un individu pour le comparer, dans une base de données, avec celui d'autres personnes. Ou bien encore, en droit civil, comparer ce profil avec un autre pour établir une filiation.
L'autre phase, l'enregistrement, a une finalité différente puisqu'elle permet de préconstituer une éventuelle preuve future en établissant le profil génétique d'un individu et ainsi de le ficher[706]. L'objectif est donc différent et le choix du missionné variera selon ce but. Ainsi, dans notre étude sur l'utilisation des caractéristiques génétiques en Meurthe-et-Moselle, nous avons mis en lumière que dans les affaires classiques, non urgentes, les enquêteurs ont tendance à se tourner vers les laboratoires publics qui n'impactent pas leur budget.
A contrario, lorsqu'une identification doit être effectuée rapidement, la demande est portée à un laboratoire privé qui va certes coûter mais qui procurera une réponse plus rapide. Pour un simple enregistrement du profil à partir d'un élément biologique prélevé sur un individu, aucune urgence n'existant, les officiers ont recours aux laboratoires publics. Ces choix concernent l'ADN et la preuve scientifique. Pour le reste, c'est surtout la notion de coût et les habitudes de travail des enquêteurs et magistrats qui permettent de déterminer qui missionner. Dans tous les cas, la nature de cette mission devra être précisée par ces derniers (II).

II - La mission

224. La direction de la mission. Elle est à la charge de l'autorité qui désigne la personne qui réalisera l'analyse, c'est-à-dire l'enquêteur ou le magistrat. Concernant les expertises, c'est bien le juge qui décidera des modalités et du temps imparti à l'expert pour réaliser cette mission[707]. Aucune précision similaire n'est apportée concernant le recours à personne qualifiée. Néanmoins, la mention, dans l'article 60 du Code de procédure pénale, du renvoi aux articles concernant l'expertise pour la rédaction du rapport, suppose également que le contrôle de la mission soit effectué par le procureur ou l'OPJ et que dans ce sens, ils décident également des modalités et du temps imparti pour effectuer l'acte. Par ailleurs, ces décideurs contrôlent également la mission de l'analyste et veillent au bon déroulement

---

[706] Sur la question des fichiers, voir *infra* n° 316 et s.
[707] *Cf.* C. proc. pén., art. 161 et C. pr. civ., art. 265.

de celle-ci. En témoigne l'article 161 du Code de procédure pénale qui dispose que *« les experts doivent remplir leur mission en liaison avec le juge d'instruction ou le magistrat délégué ; ils doivent le tenir au courant du développement de leurs opérations et le mettre à même de prendre à tout moment toutes mesures utiles ».* Le juge garde ainsi la maîtrise de l'acte : il peut à tout moment modifier ou suspendre la mission et l'expert ne peut pas aller au-delà de ce qui est décidé.

Pour autant, il apparaît dans la pratique que ce contrôle de la mission de l'expert pose des difficultés, notamment en premier lieu, lorsqu'il va s'agir de délimiter celle-ci. Car c'est en effet le magistrat qui va devoir la fixer lorsqu'il désigne son expert, ce qui oblige ce dernier à répondre[708]. Force est de constater que, dans la pratique, la majeure partie des réquisitions se font sur le même modèle, ce qui questionne vis-à-vis d'une individualisation qui devrait théoriquement avoir lieu pour chaque affaire mais qui s'explique par le recours même à ces analyses. Si l'enquêteur ou le magistrat requiert l'aide d'une personne qualifiée ou d'un expert, c'est justement pour obtenir une réponse dans un domaine qu'il ne connaît pas, or, comment peut-il, dans ce cas, définir précisément la mission à lui confier ? Comment effectuer une demande précise lorsque l'on n'a aucune compétence dans le domaine en question[709] ? Alors que théoriquement le décideur reste le maître de sa décision, il ne l'est pas réellement dans sa pratique, de par son incompétence en la matière. Néanmoins, enquêteurs et magistrats peuvent trouver du soutien pour les aider à prendre une décision.

225. Un nouveau maillon de la chaîne ? Si la relation qui lie normalement l'autorité judiciaire (juge, procureur ou OPJ) à la personne chargée de l'analyse (expert ou personne qualifiée) est traditionnellement binaire, elle peut être sujette à difficulté. En effet, qu'il soit OPJ ou magistrat, ce dernier peut se trouver dans une situation délicate lorsqu'il va devoir demander la réalisation d'analyses lorsqu'un choix multiple est possible. L'enquêteur/le magistrat est spécialiste du droit et de l'analyse des faits mais n'est pas un scientifique, un expert au sens large. Pour autant, devoir choisir une expertise technique[710] ou une analyse scientifique à effectuer plutôt qu'une

---

[708] *« Le médecin, tiraillé entre ses obligations déontologiques et les exigences de la justice - gourmande de ses compétences, mais prête à le sanctionner s'il ne défère pas aux ordres -, se demande quelle est exactement sa place, ses droits et ses devoirs au regard de ses patients, de la justice, de sa conscience même... »* : C. Ambroise-Castérot, « La personne soupçonnée ou condamnée face aux soins ou vérifications sur sa personne », précit.

[709] D. Bourcier et M. De Bonis, *Les paradoxes de l'expertise. Savoir ou juger ?*, Institut synthélabo pour le progrès de la connaissance, collection « Les empêcheurs de penser en rond », 1999 : *« le juge par définition ne connaît pas la portée de sa demande dans un champ dont il ne maîtrise pas le référentiel ».*

[710] C. proc. pén., art. 158 : *« la mission des experts, qui ne peut avoir pour objet que l'examen de questions d'ordre technique, est précisée dans la décision qui ordonne l'expertise ».*

autre peut être préjudiciable pour la suite de l'enquête ou de la procédure. Dans ce sens, pour pallier les carences, il fut mis en place dans certains pays ce que l'on nomme un conseiller forensique. C'est-à-dire un professionnel dont le rôle est d'aider à la recherche d'une preuve par le conseil porté à l'enquêteur ou au magistrat : choisir la bonne analyse, permettre d'optimiser les possibilités d'action sur les éléments recueillis. En somme, savoir quoi faire de ces indices, comment les transformer en preuve. Concernant le corps, il peut être utile par exemple pour le choix à effectuer sur l'analyse de certaines traces. Tel est l'exemple d'une trace de doigt retrouvée sur les lieux de commission de l'infraction. Doit-on l'envoyer pour analyse biométrique et la comparer avec le fichier dédié ou au contraire procéder à une analyse génétique et comparer avec un autre fichier ? Sachant que, selon la trace et le procédé utilisé (chimique), l'analyse entraînera souvent la destruction de l'échantillon et l'absence de possibilité d'en réaliser une autre. Un choix est alors à faire, et ce conseiller est utile pour diriger vers l'opération la plus pertinente.

En France, ce conseiller fut mis en place sous le nom de COCRIM (Coordinateur des Opérations de Criminalistique[711]). Son rôle est ainsi de se poser les bonnes questions quant à l'utilité des analyses, ce qu'il peut faire de par ses larges compétences, tant criminalistiques que judiciaires : il fait le lien entre magistrat/enquêteur et analyste et permet une traduction des rôles de chacun ainsi qu'une meilleure compréhension entre le scientifique et le juriste. Ainsi, son *« rôle est d'animer la réponse technique et scientifique au profit du directeur d'enquête »*[712].

Dans ce sens, deux chercheurs à l'INCC, en Belgique, ont mis en avant, lors de leur venue pour une journée d'étude à Nancy un exemple assez éloquent : pour une affaire de meurtre avec la présence d'un conseiller, seulement trois analyses ADN ont été effectuées contre 33 analyses dans une affaire similaire sans la présence de ce conseiller, entraînant au passage un coût supplémentaire de 15 000 euros[713]. Cet exemple démontre l'utilité multiple

---

[711] Fonction exercée par un agent de la gendarmerie nationale. *Cf.* J. Servettaz, « Le coordonnateur des opérations de criminalistique », Revue de la gendarmerie nationale 2005, n° 216, p. 31 ou bien encore Y. Schuliar, « Les morts judiciaires – le rôle de la Médecine Légale. Le cas particulier de l'identification des victimes de catastrophes », Études sur la mort 2012, n° 142, p. 193 : *« les coordinateurs des opérations de criminalistique (Cocrim) [...] sont des personnels locaux de la police technique et scientifique de la Gendarmerie [...] qui ont reçu une formation pour participer ci-besoin aux opérations d'identification (Des Cocrim formés sont aussi présents au sein des unités de la Gendarmerie des transports aériens et de la Gendarmerie Maritime) »*.

[712] C. Jalby, *La police technique et scientifique*, PUF, collection « Que sais-je ? », 4ème édition, tome 3537, 2017.

[713] Communication orale de B. Renard et P. Jeuniaux, « L'ADN en matière pénale : le coût de l'analyse génétique et ses modalités de traitement », colloque sur *l'utilisation de l'ADN dans les procédures judiciaires : étude empirique de 10 années de pratiques en Meurthe-et-*

de ce dernier : il est présent pour éviter les pertes d'argent public, pour faciliter le dialogue, veiller à la bonne utilité des analyses et servir de soutien dans la recherche de preuves. *« Le Cocrim a pour vocation d'être : le point de convergence technique des données criminalistiques d'une enquête, le relais entre le milieu des sciences forensiques et le monde des enquêteurs »*[714]. Concernant le corps, il permet de faire le tri et d'orienter l'analyse décidée par le juge, tant les possibilités sont variées (§II).

§II - Quels types d'analyses ?

226. Des analyses variées. Les différentes possibilités existantes dans ce domaine sont à la fois vastes et évolutives. L'étude et l'analyse du corps se faisant en même temps que l'évolution de la science et des techniques, il est évident que certaines possibilités existent aujourd'hui et n'existaient pas hier. À l'inverse, certaines n'existent pas encore à ce jour mais existeront demain. Dans ce sens, les hypothèses d'études du corps sont nombreuses (A), dont une en particulier interroge (B).

A - Des possibilités corporelles variées

227. Un magistrat contraint ? Il est des cas pour lesquels le législateur a prévu que le magistrat ou l'enquêteur soient quelque peu contraints et doivent procéder à une analyse corporelle. Il s'agit de cas spécifiques faisant l'objet de procédures particulières. Ainsi par exemple, le Code de procédure pénale prévoit, s'agissant de la procédure applicable aux infractions de nature sexuelle et de la protection des mineurs victimes, que pour certaines infractions limitativement énumérées[715], une expertise médicale doit avoir lieu, *« avant tout jugement au fond »*[716]. Bien que l'objectif premier ne soit pas l'apport d'une preuve mais plutôt de connaître l'état de santé de la

---

Moselle, Faculté de Droit de Nancy, le 23 mars 2016.

[714] Y. Schuliar, *La coordination scientifique dans les investigations criminelles. proposition d'organisation, aspects éthiques ou de la nécessite d'un nouveau métier*, précit.

[715] C. proc. pén., art. 706-67 : *« infractions de meurtre ou d'assassinat d'un mineur précédé ou accompagné d'un viol, de tortures ou d'actes de barbarie ou pour les infractions d'agression ou d'atteintes sexuelles ou de recours à la prostitution d'un mineur prévues par les articles 222-23 à 222-31, 225-12-1 et 227-22 à 227-27 du code pénal. Ces dispositions sont également applicables aux procédures concernant les crimes de meurtre ou assassinat commis avec tortures ou actes de barbarie, les crimes de tortures ou d'actes de barbarie et les meurtres ou assassinats commis en état de récidive légale ».*

[716] C. proc. pén., art. 706-47-1.

personne, notamment quant à *« l'opportunité d'une injonction de soins dans le cadre d'un suivi socio-judiciaire »*, il n'en demeure pas moins qu'il s'agit d'une expertise corporelle que devront réaliser les magistrats. Au-delà de certains éléments imposés au décideur, de nombreuses possibilités corporelles existent, qu'elles soient spécifiquement nommées par le Code de procédure pénale, telles que les analyses génétiques et biométriques ou non. L'idée n'est bien évidemment pas de reprendre de façon exhaustive l'ensemble des analyses corporelles existantes ou pouvant potentiellement exister, mais simplement de retracer les grandes lignes de quelques-unes d'entre elles qui paraissent intéressantes et qui démontrent encore que le corps est un formidable et complexe champ d'investigations, notamment pour identifier une personne.

228. L'odorologie ou l'analyse de l'odeur corporelle. Il s'agit d'une technique d'identification parmi d'autres mais avec un grand potentiel. Concrètement, la police technique et scientifique entraîne des chiens pour que ces derniers reconnaissent les odeurs des individus. Cette technique peut s'avérer très utile pour identifier un suspect, après la découverte d'une odeur sur une scène de crime ou bien encore pour rechercher une victime disparue dont l'odeur serait à la disposition de la police. Bien qu'il n'existe aucun standard international quant à l'entraînement des chiens, une étude a été réalisée en France démontrant *« qu'au terme d'un programme d'entrainement de 24 mois, les chiens parviennent à reconnaître l'odeur d'une même personne dans 80 à 90 % des cas, et ne commettent jamais d'erreur en la confondant avec des odeurs de personnes différentes. Ces résultats valident les procédures appliquées et devraient convaincre la communauté internationale de la fiabilité de cette méthode »*[717]. Ces résultats sont encourageants et montrent l'intéressante fiabilité du flair de ces animaux. L'absence d'erreur, de confusion entre l'odeur d'une personne et celle d'une autre est à souligner. Pour le reste, les 10 ou 20 % des cas ne donnant pas de réponses concluantes s'expliquent surtout, selon l'étude, par la *« qualité du prélèvement ou de l'odeur elle-même et non d'un déficit de reconnaissance »*. Il s'agit dès lors d'une bonne méthode d'analyse corporelle, n'entraînant pas d'atteinte physique à la personne, et dont on peut souhaiter l'élargissement futur. Néanmoins, le principal problème reste que *« l'emploi en est limité car actuellement, il est impossible techniquement de créer un fichier d'odeurs de suspects »*[718].

---

[717] B. Ferry et V. Etienne, « L'odorologie policière corroborée par la science », communiqué de presse national, Paris, le 10 février 2016, disponible sur le site internet du CNRS.

[718] Y. Desforges, « L'évolution de l'administration de la preuve pénale face aux défis scientifiques », AJ Pénal 2014, p. 56.

229. L'entomologie ou l'analyse de l'insecte *in corpore.* *« La datation du moment du décès est fondamentale dans une enquête judiciaire quelle que soit la cause de la mort, quand elle n'a pas eu de témoin direct et fiable. [...] La détermination de cet intervalle post mortem « IPM » pose les fondations de bien des enquêtes criminelles »*[719] . Cette datation de la mort peut se faire par une analyse du corps, c'est-à-dire par l'étude de la température de ce dernier, des rigidités et lividités cadavériques ou bien encore de l'état de putréfaction (thanatologie)[720]. Au-delà de ces possibilités, une autre analyse trouve également sa place : l'entomologie médico-légale, c'est-à-dire, l'étude des insectes nécrophages.

Les insectes trouvés dans l'environnement des cadavres forment une faune particulière. Ils disposent d'organes extrêmement développés et sont aptes à détecter des cadavres à plusieurs kilomètres de distance. Pendant un certain nombre d'années, les chercheurs se sont basés sur l'étude de différentes vagues d'insectes pour dater la mort. Appelées escouades[721], ces vagues concernaient de multiples insectes qui, estimait-on, intervenaient à différents moments de l'état de décomposition du corps pour le coloniser[722], jusqu'à ce que l'environnement ne leur convienne plus et que cette vague laisse la place à la suivante. Cette théorie a été quelque peu remise en cause quant à sa fiabilité au milieu du XXème siècle[723]. Concernant les prélèvements d'insectes, il est nécessaire, comme pour le reste des prélèvements corporels, qu'ils soient effectués rigoureusement et scrupuleusement. Dans ce domaine, ce sont eux qui déterminent la précision de l'analyse et donc de la datation. Ainsi, il est essentiel que ces derniers soient effectués sur les lieux de découverte du cadavre mais également, lors de l'autopsie, de manière exhaustive. Les officiers agissant sur les lieux n'étant pas experts en entomologie, il leur est parfois difficile de déterminer quels échantillons recueillir. D'autant plus que beaucoup d'insectes peuvent paraître identiques pour le profane. Seul l'entomologiste arrivera à les différencier. Ainsi, tous les insectes doivent être envoyés à l'analyse, avec mention de diverses informations qui doivent être prises en compte pour que la personne qui

---

719 R. Marlet, *Les experts : mode d'emploi. La police technique et scientifique enquête*, favre, 2007.

720 Voir aussi sur le sujet : E. Le Garff, *Taphonomie osseuse humaine au micro-scanner*, thèse de doctorat, Université de Lille 2, 2018.

721 J.-P. Mégnin, *La Faune des cadavres*, G Masson édition, collection « Encyclopédie scientifique des aide-mémoire », 1894. Ce dernier met en avant huit escouades de colonisation allant de la mort à la squelettisation du corps.

722 Notamment par les odeurs caractéristiques du cadavre en décomposition qui attirent les différentes vagues.

723 M. Leclerq, *Entomologie et médecine légale : datation de la mort*, Masson, collection « Médecine légale et de Toxicologie médicale », 1978. Ce dernier apporte quelques correctifs à la première théorie, mettant en avant la prise en compte des phases de développement des insectes plutôt que les vagues successives de colonisation.

réalise cette analyse entomologique parvienne à dater, le plus précisément possible, le moment de la mort. Tel est le cas, par exemple, de la température du lieu de découverte du cadavre, les conditions climatiques (influant sur les activités de vol ou de ponte des insectes), l'abondance de ces insectes mais également les détails sur le lieu de découverte du corps, sa position, etc. Chaque cas est nécessairement différent et pour apporter la scène à l'expert, il faut être exhaustif sur ces différents éléments et photographier les lieux. Pour autant, tous ces facteurs jouant sur l'analyse, il n'est pas réellement certain que celle-ci soit absolument fiable. Cette absence de fiabilité a toujours une importance du point de vue de la preuve et même si cette analyse corporelle scientifique ne se résout que par une réponse probabiliste, il est tout de même important de prendre en compte le doute qui est porté par cette technique.

230. La biométrie ou l'analyse des caractéristiques corporelles. Que l'on s'intéresse aux empreintes digitales, à la voix, l'iris ou bien encore à l'étude des oreilles – ou du visage lui-même –, ce qui frappe immédiatement c'est le fort potentiel d'identification de ces techniques. Alors que l'ADN peut être identique chez des jumeaux, dont les procédés de distinction sont complexes, il ressort au contraire que les lignes des doigts et mains des individus leur sont propres, uniques et identiques de la naissance à la mort, ce qui en fait un très bon champ de comparaison avec les traces trouvées sur une victime. *« En dépit des progrès réalisés par les analyses ADN, les empreintes digitales restent un apport indispensable dans une enquête criminelle. Deux empreintes digitales ne sont jamais identiques. [...] il n'y a aucune chance que deux personnes possèdent les mêmes empreintes, pas même deux vrais jumeaux »*[724]. Dès lors, il importe que ces analyses corporelles digitales soient effectuées dans les affaires criminelles, pour identifier plus facilement un suspect, notamment grâce à la comparaison des traces retrouvées avec le fichier national. Au-delà de cette technique classique et ancienne, il est également intéressant de se tourner, selon l'affaire en cause, vers une analyse de la voix[725], de l'iris[726] ou de la forme des oreilles[727]. Il apparaît en effet,

---

[724] S. A. Koehler, P. Moore et D. Owen, *La police scientifique mène l'enquête. 50 crimes élucidés par la science*, Dunod, 2010.

[725] Idem : *« chaque individu possède une façon d'écrire qui lui est propre – taille et forme des lettres, inclinaison des mots –, un style déposé en quelque sorte. Il en est de même de la voix, unique en termes de hauteur, de timbre, de débit et de dialecte. Les progrès de la police scientifique et l'analyse informatique ont accru la difficulté pour les criminels de masquer leur voix ». Cf.* aussi Y. Desforges, « L'évolution de l'administration de la preuve pénale face aux défis scientifiques », précit. : *« la voix est une caractéristique biométrique comme le sont l'empreinte digitale ou l'ADN. La parole est déterminée par des caractéristiques physiques : la bouche, la gorge, le nez, les dents, la taille et la forme des cordes vocales ainsi que les muscles de la mâchoire. Un enregistrement de 7 secondes seulement suffit à un phonéticien/linguiste aidé d'un programme informatique, pour identifier la voix d'un individu*

comme pour l'empreinte digitale, que ces dernières sont individuelles et ont un fort pouvoir discriminant. Sans s'attarder sur les techniques scientifiques permettant ces analyses, ce qui est juridiquement important pour la recevabilité de la preuve, c'est d'une part le respect des droits fondamentaux des individus et d'autre part la fiabilité de celle-ci.
Or, si le respect des droits ne semble pas réellement problématique, puisqu'il s'agit en l'espèce d'une recherche probatoire corporelle ne nécessitant pas de contact physique avec la personne, la fiabilité ne semble pas non plus poser de difficultés. Le fait que les empreintes soient propres à l'individu démontre une grande pertinence de l'analyse et ainsi une identification scientifique aisée. C'est dans ce sens que le corps doit être pris en compte : en respectant la dignité de la personne ainsi que, par principe, le respect de son consentement dans la recherche probatoire ; et pour le choix de l'analyse, en considérant la fiabilité scientifique qui conduira à une fiabilité juridique. Dès lors, les éléments corporels propres à chaque individu sont essentiels pour la recherche probatoire. Dans le même sens, une recherche singulière a été mise en avant il y a quelques années et mérite quelques développements spécifiques (B).

B - Le portrait-robot génétique

231. L'étude classique de l'apparence. L'élucidation d'un crime au sens large nécessite l'apport d'une preuve. Dans cette optique, les hommes se sont naturellement intéressés au physique de l'individu[728]. Bien évidemment,

---

connu (suspect ou victime). Un enregistrement de 40 secondes suffit pour déterminer le passeport vocal d'un individu anonyme : déduire son âge, son origine géographique, son statut social, son état psychologique et sa santé ».

[726] *« Chaque œil est unique. Si la couleur de l'iris peut varier, son motifs reste inchangé. L'iris est un motif très dense qui n'est aucunement dicté par les gènes. En effet, dans toute photographie de l'iris, on compte plus de 200 variables indépendantes, rendant ainsi très faible la possibilité de confondre deux individus. Au regard de ces éléments, on comprend aisément que la biométrie par l'iris assure un haut niveau de sécurité. En effet, l'iris procure une unicité très élevée et sa stabilité est étendue jusqu'à la mort des individus, d'où une importante fiabilité »* : J.-R. Demarchi, *Les preuves scientifiques et le procès pénal*, précit.

[727] H. De Valicourt de Séranvillers, *La preuve par l'ADN et l'erreur judiciaire*, précit. : *« les traces d'oreilles revêtent une grande importance en criminalistique, les caractéristiques signalétiques de l'oreille n'étant pas identiques d'un individu à l'autre et étant immuables dès le quatrième mois de la vie intra-utérine jusqu'à la putréfaction. [...] Son individualité résultant de la position aléatoire du fœtus, ses mouvements et du stress du développement ».*

[728] Le corps est constamment analysé : même sans experts au sens scientifique. Ce peut être par l'expert du visuel du corps qu'est le juge. Le jour de l'audience, selon que le mis en cause soit stressé ou complètement déconnecté. Selon qu'il transpire beaucoup, qu'il détourne le regard ou non, sa manière de répondre, etc. Ce sont tous les éléments du visuel du corps qui servent le juge et qui lui permettent également de fonder sa conviction, en plus des autres

nous venons de le traiter, il peut s'agir de caractéristiques particulières mais également des traits du visage, des oreilles, des yeux, etc. C'est également pour cette raison que fut naturellement et rapidement mis en place un portrait-robot de l'individu recherché, notamment en lien avec les témoins d'une infraction. *« Les techniques d'élaboration du portrait se sont développées ainsi que les modes de diffusion de celui-ci »*[729]. Dans ce sens, cet ancien portrait-robot classique, qu'il soit fait historiquement à la main ou aujourd'hui par ordinateur, se développe grâce à l'essor de l'analyse génétique, allant jusqu'à missionner une expertise de recherche des *« caractères morphologiques apparents »* d'une personne (I), ce qui interroge tant d'un point de vue juridique, que scientifique (II).

I - L'affaire du 25 juin 2014

232. Une demande d'expertise. La preuve est libre par principe en droit pénal, ce qui offre la possibilité, tant aux enquêteurs qu'au juge d'instruction, d'effectuer des actes spécifiquement régis par le Code de procédure pénale mais également d'innover. Dans l'affaire qui nous intéresse[730], deux viols avaient été commis et l'analyse des traces biologiques recueillies sur les victimes n'avaient pas permis un rapprochement et une identification d'un suspect. Le juge d'instruction, se fondant sur son pouvoir général issu de l'article 81 du Code de procédure pénale – *« le juge d'instruction procède, conformément à la loi, à tous les actes d'information qu'il juge utiles à la manifestation de la vérité »* –, a, d'après l'arrêt, *« ordonné une expertise tendant à l'analyse de ces traces afin que soient extraites les données essentielles à partir de l'ADN et fournis tous renseignements utiles relatifs au caractère morphologique apparent du suspect »*. Il s'agissait donc d'un acte jugé utile à la manifestation de la vérité pour ce juge, désireux d'obtenir ce que la doctrine a nommé un portrait-robot génétique de l'individu. L'expert devait alors extraire les informations qu'il pouvait de l'échantillon d'ADN retrouvé sur les victimes et aider le magistrat dans son enquête en lui donnant, ni plus ni moins, que le probable visage d'un suspect. Cette technique d'enquête a été validée par la chambre criminelle de la Cour de cassation.

---

indices du dossier. Le juge est ainsi expert du visuel du corps.

[729] M. Marx, *La preuve par le corps humain*, précit.

[730] Cass. crim., 25 juin 2014, n° 13-87.493. *Cf.* not. M. Véron, « Identification de l'auteur d'une infraction par ses empreintes génétiques », Droit pénal 2014, n°10, comm. n° 127. Sur cette question également, *cf.* S. Sontag Koenig, « ADN : vraie gêne et faux gènes, bilan et évolution des techniques », Droit pénal 2015, n° 4, étude n° 11.

233. La validation prétorienne. *« Attendu qu'en cet état, et dès lors que l'expertise ordonnée par le magistrat instructeur sur le fondement de l'article 81 du code de procédure pénale consistait exclusivement à révéler les caractères morphologiques apparents de l'auteur inconnu d'un crime à partir de l'ADN que celui-ci avait laissé sur les lieux, à seule fin de faciliter son identification, l'arrêt n'encourt pas la censure »*. La Cour de cassation admet ainsi le principe du recours au portrait-robot génétique[731]. Son attendu semble en donner les conditions. Il apparaît alors que l'expertise ne doit faire que (*« exclusivement »*) révéler les caractères morphologiques apparents de l'auteur.
Cela signifie ainsi, théoriquement, que l'analyse ne doit révéler que ce qui se verrait du corps de l'individu, si jamais ce dernier était face au juge. Dès lors, il ne peut s'agir que de ce qui est visible : le visage, les particularités physiques de ce dernier, etc. Dans ce sens, ce portrait ADN ne semble être qu'une technique permettant de faire comme si l'individu avait été vu par une personne et que cette dernière ait permis d'effectuer un portrait-robot classique. En d'autres termes, l'expert est le témoin du juge dans l'objectif d'orienter l'enquête. Apparaît également de cet attendu qu'il doit s'agir de l'ADN retrouvé sur les lieux, de l'auteur inconnu. Cela signifie qu'il ne peut s'agir de dresser le portrait-robot génétique d'un mis en cause connu, ce qui semble logique au vu de la raison d'être du portrait-robot – identifier un individu –. Cette identification doit par ailleurs être la finalité principale de l'analyse. En tout état de cause, ce portrait semble utile pour déterminer le physique d'un individu, son corps, alors que matériellement, aucun témoin n'a pu en dresser une description, ce qui interroge, tant scientifiquement que juridiquement (II).

II - Une technique... qui interroge

234. Une analyse *contra legem* ? Il est vrai que le juge d'instruction peut avoir recours à une expertise corporelle pour rechercher des preuves. Pour autant, cette liberté n'est pas absolue, l'article 427 du Code de procédure pénale disposant qu'elle est limitée au cas *« où la loi en dispose autrement »*. Le problème qui se pose est alors de savoir si ce qui a été demandé par ce

---

[731] M. Nicolas-Gréciano, « Présentation de la législation en matière génétique », AJ pénal 2018, p. 60 : *« saisie de la question de la régularité de la mesure, la Chambre criminelle s'est prononcée en faveur du procédé, au motif que l'analyse consistant exclusivement à révéler les caractères morphologiques apparents de l'auteur d'un crime à partir de l'ADN laissé sur les lieux pour faciliter son identification ne constituerait pas une atteinte à la protection du corps humain. Dès lors, cet arrêt ouvre la voie à de nouvelles utilisations de l'ADN dans la procédure pénale »*.

juge est conforme à la loi. Dans ce sens, il est nécessaire de revenir sur sa requête et sur ce qui est légalement interdit.
Le juge a ainsi demandé de *« relever les caractères morphologiques apparents de l'auteur »*. Cette formulation est pour le moins ambigüe si on la considère en lien avec la législation en vigueur. Ainsi, le Code civil consacre un chapitre entier à la question, ayant pour titre *« de l'examen des caractéristiques génétiques d'une personne et de l'identification d'une personne par ses empreintes génétiques »*. Il apparaît ainsi, qu'il existe deux finalités principales à l'analyse de l'ADN : identifier une personne par ses empreintes génétiques[732] et l'examiner par ses caractéristiques génétiques. La distinction est très importante puisque l'article 16-10 prévoit que l'hypothèse de l'examen ne peut intervenir *« qu'à des fins médicales ou de recherche scientifique »* alors même que l'article suivant prévoit un cadre plus large pour l'identification, avec, en premier lieu *« le cadre de mesures d'enquête ou d'instruction diligentées lors d'une procédure judiciaire »*. Il ressort ainsi de l'étude de ces articles que, dans le cadre judiciaire qui nous intéresse, il n'est pas possible d'examiner les caractéristiques génétiques d'une personne[733] mais qu'il est possible de l'identifier par le biais de son empreinte génétique[734]. Dès lors, ces articles doivent être comparés avec la formule employée par le juge d'instruction. Les caractères morphologiques sont-ils compris dans les caractéristiques génétiques de la personne ou bien simplement dans ses empreintes génétiques ? Il s'agit d'une importante question puisque dans un cas, la demande est contraire à la loi, dans l'autre, elle paraît recevable. Cette même interrogation semble avoir été posée par le juge d'instruction lui-même puisque dans cette affaire, c'est lui qui a saisi la chambre de l'instruction pour annulation de sa décision sur le fondement de l'article 16-11 du Code civil. Une certaine confusion semble ainsi exister dans cette demande, ne sachant pas réellement si elle relève d'un cadre ou de l'autre.

235. ADN codant/ ADN non codant[735]. Dans tous les cas, si l'analyse rentre dans le cadre de l'identification – et est donc légale –, cette dernière

---

[732] Voir *supra* n° 82 et s.
[733] Ce qui conduit à une infraction pénale : C. pén., art. 226-25.
[734] Le conseil constitutionnel s'était également basé sur cette distinction entre les deux et avait considéré que ne sont pas contraires à la constitution les dispositions concernant le fichier d'empreinte génétique puisqu'ils ne contiennent que des éléments d'identification et non pas l'étude des caractéristiques génétiques. *Cf.* Cons. const., 16 septembre 2010, QPC n° 2010-25, précit.
[735] E. Supiot, « Empreintes génétiques et droit pénal – Quelques aspects éthiques et juridiques », précit. : *« le législateur opère une distinction entre les empreintes génétiques et l'examen des caractéristiques génétiques. Alors que les premières se concentrent sur les parties dites non codantes de l'ADN et ont pour objet l'identification de la personne par comparaison, le second permet de déterminer l'origine génétique de certains traits physiques*

ne peut, juridiquement, se faire que sur le matériel non codant[736], à l'exception du marqueur concernant le sexe de la personne[737]. *« Les segments non codants ne délivrent aucune information sur les caractéristiques physiologiques, morphologiques et héréditaires d'une personne, seule sa signature génétique, comparable à une sorte de « code-barres », étant recherchée. En ce sens, l'identification génétique permet simplement de reconnaître une personne et non de la connaître. Bien que cela puisse être tentant, il est donc interdit d'exploiter la partie codante de l'ADN »*[738]. Il apparaît ainsi que l'étude judiciaire de l'ADN ne peut se faire que sur des éléments qui ne vont pas donner d'informations spécifiques sur l'intimité de la personne – état de santé par exemple – mais également des éléments liés à son apparence physique, hors sexe. Or, la décision du juge d'instruction concernait bien les caractères morphologiques apparents, ce qui laisse supposer des informations sur la taille, le poids, etc. L'apparence physique est concernée et fait partie des éléments codant de l'ADN. Ainsi, cette demande et la validation qui s'en est suivie par la chambre criminelle paraît donc *contra legem*. Cette constatation avait déjà été faite en 2011 par le garde des sceaux qui, dans une circulaire, avait mis en avant, à propos de cette question, que *« les méthodes proposées relèvent du domaine de l'examen des caractéristiques génétiques et non de celui de l'identification d'une personne »*[739].

236. Un retour en arrière ? La chambre criminelle autorise cette possibilité en prenant en compte la finalité d'identification d'un suspect désirée par le juge, quitte à effectuer un glissement de l'article 16-10 à l'article 16-11 du Code civil. Pour autant, Il est contestable qu'elle n'ait pas respecté cette législation. Cette dernière existe pour protéger les droits fondamentaux des

---

- couleur des cheveux, de la peau, des yeux, etc. - ou physiologiques ».

[736] Matériel disponible en forte quantité : *« 10% de l'ADN sont dites codantes et 90% non codantes »*, F. Bellivier, « Infractions sexuelles et empreintes génétiques », RTD Civ. 2000, p. 648. Sur cette question, la CNIL a toujours un avis à donner et notamment quant aux informations corporelles inscrites. *Cf.* par exemple son 20ème rapport d'activité de 1999, la Documentation française, 2000 : *« au-delà de l'important travail d'instruction et de précision des termes que la Commission a entrepris en liaison avec le ministère de la Justice sur le projet de décret dont elle était saisie, la CNIL s'est principalement attachée à exiger que le décret précise que les analyses destinées à l'identification par empreintes génétiques ne portent que sur des segments d'ADN ne permettant pas de déterminer les caractéristiques organiques, physiologiques ou morphologiques des personnes concernées, à l'exception du marqueur qui identifie le sexe ».*

[737] C. proc. pén., art. 706-54.

[738] C. Girault, « Identification et identité génétiques », précit.

[739] Circulaire de la direction des affaires criminelles et des grâces du 29 juin 2011, CRIM-PJ n°08-28.H5 relative aux « propositions de nouvelles méthodes visant à déterminer les caractères physiques ou l'origine ethno-géographique d'une personne à partir des résultats d'analyse d'identification par empreintes génétiques ».

individus et éviter les potentielles dérives liées aux analyses génétiques. Dans ce sens, la Cour de cassation favorise cette technique d'enquête au détriment du respect de la vie privée. Cette préservation est une démonstration d'une certaine sévérité désirée par la Cour, ce qui est d'autant plus incohérent avec le fait que le juge est constitutionnellement le garant de ces droits et libertés. Il est paradoxal de limiter, d'une part, les actes d'enquêtes en instaurant un principe de loyauté dans la recherche de preuves[740] et de permettre d'autre part la recevabilité de techniques *contra legem*. Une certaine cohérence devrait exister et pour cela, il est souhaitable que la Cour n'autorise pas de telles possibilités.
Ces arguments semblent être partagés tant par les magistrats[741] – rappelons que le juge d'instruction lui-même avait fait la demande d'annulation de l'acte –, que par le législateur[742] – les articles du Code civil semblent suffisamment précis pour qu'une telle analyse ne soit pas recevable –. À cela s'ajoute, l'absence d'une fiabilité scientifique avérée.

237. Une fiabilité scientifique ? Il s'agit de la seconde réserve à adopter face à ces nouvelles techniques. Il ressort notamment qu'un manque de fiabilité peut être évoqué. Et même au-delà de cela, les informations données par l'expert au juge, même si elles peuvent aider à la découverte d'un suspect, n'étaient pas d'une grande utilité. *« Quelles informations formidables le laboratoire a-t-il fourni au juge ? Rien que de très banal et assez limité en somme (ce qui paradoxalement a pu rassurer les magistrats de la chambre criminelle !). L'auteur serait de sexe masculin, ses yeux de « couleur marron foncée », sa peau « claire tendance mat » et les cheveux de couleur « châtain ou brun/noir tendance foncée » »*[743]. Ainsi, les informations produites à partir de l'élément d'ADN n'apportaient pas de renseignements déterminants pour l'orientation de la procédure. Pour autant, il ne faut pas oublier qu'un risque de dérive existe toujours, notamment la possibilité de *« stigmatiser une partie de la population sans apporter un*

---

[740] Voir *supra* n° 123 et s.

[741] Par ailleurs, certains auteurs se sont interrogés concernant une potentielle condamnation de la CEDH sur le sujet au visa de l'article 8 de la Convention mettant en avant que *« la simple conservation de ses données constitue une ingérence dans le droit au respect de la vie privée des individus. Par conséquent, cette ingérence doit être prévue par une loi qui présente les caractères de clarté et de prévisibilité. Or, l'établissement d'un profil morphologique à partir de l'ADN d'un individu ne bénéficie d'aucune prévision légale en droit français ». Cf.* E. Vergès, « Vers un portrait-robot génétique ? Le profil morphologique d'un suspect face aux droits fondamentaux », RDLF 2014, chron. n° 25.

[742] Par ailleurs, cette décision est souvent démontrée comme un appel à légiférer. Sur cette question, *cf.* C. Girault, « Faut-il légiférer sur le portrait-robot génétique ? », AJ pénal 2018, p. 63.

[743] J. Danet, « Poussée de fièvre scientiste à la chambre criminelle, le recours au « portrait-robot génétique » (mais approximatif) est validé », RSC 2014, p. 595.

résultat probant au niveau de l'enquête (les résultats obtenus sont moins probants que le portrait-robot dressé grâce aux déclarations d'un témoin oculaire car toute personne peut laisser du matériel biologique en n'importe quel endroit) »[744].

Dès lors, puisque la technique est validée par la Cour de cassation, d'autres analyses similaires pourraient théoriquement être mises en œuvre. Dans ce cas, il conviendra de rester « prudent », tant dans l'analyse et les résultats qui seront produits que dans la potentielle atteinte aux droits fondamentaux des individus. Remarquons tout de même que ces analyses sont de plus en plus fiables sur certains marqueurs et beaucoup moins sur d'autres[745]. Selon nous, ces techniques modernes d'analyses permettent de faire évoluer l'ancien portrait-robot en changeant de logique : auparavant les dires des individus permettaient d'établir le portrait d'un suspect. Aujourd'hui, la science permet de plus en plus, à partir d'un simple élément détaché du corps, d'identifier le corps entier. Bien évidemment, au vu de notre première partie et de la possibilité pour les enquêteurs d'utiliser les éléments détachés du corps, ces techniques ne portant aucune atteinte directe au corps global sont séduisantes. Pour autant, compte tenu de l'atteinte au droit au respect de la vie privée et au caractère *contra legem* de cette analyse, nous ne pouvons qu'espérer qu'une évolution intervienne : soit en modifiant la législation et en permettant, par exception, ce portrait-robot, soit par une nécessaire limitation de la Cour quant à ces possibilités. Pour l'heure, l'acceptation par la jurisprudence et l'absence de modification de la loi n'est pas satisfaisant.

Cette question fait également partie d'un débat plus large sur les conséquences des analyses, notamment sur l'individu concerné (Section II).

Section II - Les conséquences des analyses

238. Les conséquences pratiques. La science est ainsi fortement sollicitée dans nos pratiques judiciaires, tant civiles que répressives mais ce recours n'est pas sans conséquence, que ce soit du point de vue des droits des individus (§I) ou de celui du changement factuel du rôle du magistrat au profit de l'expert (§II).

---

744 C. Girault, « La tentation du portrait-robot génétique », AJ Pénal 2014, p. 487.

745 C. Riccardi et L. Richefeu, « Les nouvelles utilisations de la génétique dans le cadre de la procédure pénale », RSC 2018, p. 331 : *« l'analyse de certains marqueurs mène à des résultats satisfaisants (la couleur des yeux et des cheveux) alors que d'autres (la taille, l'âge, la corpulence) ne permettent pas de prédire ces caractères avec un degré de probabilité satisfaisant. Ces résultats ne constituent en effet aucunement une garantie que la personne ne présente pas le trait morphologique indiqué »*.

§I - Les conséquences sur les droits des individus

239. Une potentielle atteinte aux droits[746]. L'analyse corporelle à finalité probatoire paraît théoriquement très utile. Néanmoins l'est-elle réellement ? Les enquêteurs et magistrats ont-ils raison de faire confiance à la science ? Cette première question renvoie aux interrogations quant à la fiabilité scientifique et notamment aux risques d'erreurs (A) qui créeraient un doute au sein de la procédure (B).

A - Les erreurs scientifiques

240. La preuve corporelle : la preuve « parfaite » ? Les progrès scientifiques et techniques constants additionnés à l'excellent pouvoir discriminatoire du corps font de celle-ci une preuve de plus en plus parfaite, et ce, quelle que soit l'analyse utilisée : ADN, empreinte digitale, autopsie, odorologie, etc. Pour autant, la solidité de ces procédés n'est-elle qu'apparente ? Il est important de mettre en lumière l'absence de fiabilité absolue[747].

241. Aucune preuve n'est « parfaite ». Qu'il soit civil ou pénal, le procès a pour objectif de déterminer une vérité, ce qui ne peut se faire que par l'apport d'une preuve. Dès lors, comme nous l'avons précédemment exprimé, il existe une forte volonté d'obtenir la preuve « parfaite » : c'est-à-dire celle qui sera incontestable, qui sera certaine. Longtemps, les procédures judiciaires ont considéré l'aveu comme la preuve parfaite[748], accordant beaucoup de crédits aux dires d'une personne[749]. Aujourd'hui, les

---

[746] Sur la confrontation qui peut se produire entre expertise et droits fondamentaux, *cf.* A. Baile, *L'encadrement juridique de l'expertise pénale*, thèse de doctorat, Université de Nice, 2018.

[747] Voir par exemple P. Rouger, *Les empreintes génétiques*, PUF, collection « Que sais-je ? », tome 3569, 2000 : *« en matière de biologie, il faut se préserver d'un absolutisme dangereux et s'entourer de toutes les précautions possibles. Même si les « empreintes génétiques » ont été présentées comme une technique révolutionnaire permettant d'apporter la « preuve »..., il ne s'agit en fait que d'effets d'annonces et de publicité, par ailleurs dangereux tant pour les biologistes, les experts, les avocats et les magistrats. Comme pour tout test biologique, l'étude du polymorphisme de l'ADN doit être réalisée selon des procédures techniques et évaluées dans le contexte d'assurance qualité »*.

[748] *« L'aveu a toujours été considéré comme la reine des preuves »* : A. Derbey et S. Raoult, « Détention provisoire, aveu et théâtralité judiciaire : quelles leçons tirer du rapport de l'ORDCS ? », AJ Pénal 2019, p. 22. *Cf.* également E. Allain, « La reine des preuves », précit. Voir aussi *supra* n° 6 et s.

[749] Par ailleurs, le Code de procédure pénale prévoit, dans son article 428 que *« l'aveu, comme tout élément de preuve, est laissé à la libre appréciation des juges »*.

conceptions probatoires ont évolué et la preuve corporelle tend à se rapprocher de cette finalité, notamment par le biais de l'analyse génétique. Néanmoins, peu importe le procédé utilisé, le constat qu'aucune preuve corporelle n'est parfaite[750] doit être fait. Tout simplement parce qu'un risque d'erreur existe et doit être pris en compte, ce qui conduit à une fiabilité relative de certains procédés et à une contestation possible des parties : c'est la mission des avocats que de remettre en cause les éléments probatoires pour défendre leur client.

242. *Errare humanum est*[751]. Qu'il soit personne qualifiée ou expert, l'individu qui devra réaliser une analyse corporelle est un être humain et par conséquent, n'est pas exempt de commettre des erreurs. *« La vérité n'a qu'une figure, l'erreur en a mille »*[752]. Or, utiliser la science pour obtenir des éléments scientifiques dans un dossier de procédure, parce que cette dernière a une forte influence dans l'esprit collectif, n'a pas grande utilité, si ces éléments ne sont pas fiables. Dès lors, il convient de réduire au minimum les possibilités d'erreurs, pour obtenir un pourcentage proche du néant. Dans ce sens, les personnes doivent être formées aux nouvelles analyses existantes mais également respecter des consignes de sécurité. La sécurité va de pair avec la fiabilité. C'est dans cette optique que les laboratoires ont mis en place des protocoles, des certifications ou autres accréditations nécessaires pour garantir la sécurité de l'analyse[753]. Pour autant, le risque d'erreur existe toujours. En témoignent les analyses corporelles permettant l'identification d'un individu par comparaison avec d'autres traces issues du corps ou bien avec un fichier. De plus, pour une affaire spécifique, de nombreuses personnes peuvent intervenir sur les lieux de commission de l'infraction, pour les recueils d'éléments ou au moment de l'analyse, si bien que les résultats scientifiques pourront être erronés et entraîner des erreurs pour la bonne résolution de l'enquête : une fiabilité totale est impossible[754].

---

[750] Notamment la preuve génétique. Y. Schuliar, « La coordination scientifique des investigations criminelles. Une aide pour les magistrats », AJ pénal 2011, p. 555 : *« c'est ainsi que L'ADN, qui est un outil formidable pour la criminalistique, ne constitue pas la reine des preuves. C'est une trace matérielle qui doit être confrontée aux données d'enquête »*. Sur cette question, *cf.* également P. Reviron, « L'ADN : la preuve parfaite ? », AJ Pénal 2012, p. 590.

[751] Expression latine signifiant « l'erreur est humaine ».

[752] P.-F. Ceccaldi, *La criminalistique*, précit.

[753] Sur cette question des contrôles qualités et respect des normes pour les laboratoires d'analyses, *cf.* notamment H. De Valicourt de Séranvillers, *La preuve par l'ADN et l'erreur judiciaire*, précit.

[754] Par ailleurs, *« en génétique médicale, les échantillons biologiques analysés sont généralement riches en ADN et conservés dans des conditions de température et d'humidité optimales afin de garantir leur intégrité. Ce n'est évidemment pas le cas pour ceux issus des traces biologiques prélevées sur des scènes d'infraction, compte-tenu de leur diversité et de leur intégrité très souvent altérée (à cause de variations importantes de température et/ou d'humidité, ou de l'exposition prolongée aux rayons ultra-violets solaires). Le dépôt de traces*

Des erreurs célèbres peuvent illustrer de tels propos. Ainsi par exemple, peut-on citer l'affaire du « Fantôme de Heilbronn ». *« Il s'agit d'une série de crimes et délits perpétrés entre 1993 et 2008 et liés entre eux par des analyses ADN suggérant à chaque fois l'implication d'une même femme. Au total, cette mystérieuse femme, surnommée par les médias « la tueuse en série fantôme », était recherchée pour la commission de trente-deux crimes et délits en Europe en seize ans. L'existence de cette femme, suggérée par les rapports d'analyses ADN, a conduit les services de police français, allemands et autrichiens à investir d'importantes sommes pour la retrouver. En réalité, il a été identifié et prouvé que l'ADN litigieux provenait de la contamination du matériel de prélèvement au cours de leur fabrication par une employée »*[755]. Ces erreurs de contaminations très importantes avaient de fortes conséquences sur les enquêtes et sur le coût des procédures. Finalement, pour éviter cela, les techniciens réalisant les analyses ont vu leurs profils génétiques fichés au sein du fichier génétique, ce qui permet de comparer rapidement les résultats et se prémunir d'un maximum de faux pas. La même problématique concernant les contaminations et/ou erreurs peut être mise en avant s'agissant des autopsies judiciaires, empreintes digitales, entomologie, etc. Ce peut être également le cas de l'examen médical d'une victime après un viol. Des prélèvements seront effectués, notamment pour la réalisation d'analyses génétiques. Dans ce cas, il y aura forcément des profils mélangés entre celui de la victime et de son violeur. Il sera ainsi nécessaire de scinder les deux profils pour obtenir celui du suspect mais cette opération ne peut se faire sans un risque d'erreur[756]. Pour finir, il doit être mentionné qu'existent aussi des risques de coïncidences fortuites concernant les deux profils ou traces[757].

---

sur des supports non contrôlés (tissus et objets de la vie courante) peut également être contaminé par des produits (le calcium, le colorant indigo, le collagène, etc.) qui seront co-purifiés avec l'ADN et qui pourront interférer de façon partielle ou totale avec les analyses génétiques réalisées ». Cf. F.-X. Laurent, G. Vibrac, A. Rubio et *al.*, « Les nouvelles technologies d'analyses ADN au service des enquêtes judiciaires », précit.

755 *Cf.* B. Py (dir.), « L'utilisation des caractéristiques génétiques dans les procédures judiciaires - Etude de dix années de pratiques en Meurthe-et-Moselle (2003-2013) », précit.

756 Bien que le profil génétique de la victime sera dans ce cas à la disposition de l'expert qui aura moins de difficultés à diviser les deux, sauf si le suspect et la victime ont des allèles en commun, *« ce qui rend ces « soustractions » moins évidentes » :* R. Coquoz, J. Comte, D. Hall et al., *Preuve par l'ADN, la génétique au service de la justice*, précit. Sur la question des mélanges de profils, voir également F.-X. Laurent, G. Vibrac, A. Rubio et al., « Les nouvelles technologies d'analyses ADN au service des enquêtes judiciaires », précit.

757 E. Supiot, « Empreintes génétiques et droit pénal – Quelques aspects éthiques et juridiques », précit. : *« la probabilité est faible, mais non nulle que deux personnes présentent des segments d'ADN identiques pour les loci examinés. [...] Ce risque de coïncidence fortuite diminue avec le nombre de loci examinés. Par contre, il croît si l'ADN examiné est dégradé, en cas de mélange d'ADN et avec l'importance du fichier auquel l'empreinte est comparée ».*

En tout état de cause, la preuve corporelle scientifique est faillible et de possibles erreurs[758] doivent être prises en compte par la science et la justice. Dans la pratique, elles sont admises par les scientifiques dans le sens où ils n'annoncent jamais de vérité absolue, dans certains domaines, mais raisonnent en termes de probabilité.

243. Le raisonnement probabiliste[759]. Les résultats d'analyses scientifiques, pour ce qui concerne la preuve corporelle et notamment la preuve génétique, sont exprimés en probabilité. L'homme de science ne s'aventure raisonnablement pas à répondre que la trace retrouvée à tel endroit ou que celle prélevée sur un individu correspond totalement à une autre trace ou à un profil enregistré dans un fichier. Par contre, le scientifique va déterminer un pourcentage correspondant à la probabilité qu'il s'agisse bien de la même personne. Dans ce sens, il se montrera prudent quant à ses propres résultats et conclusions. Ce raisonnement est important car une analyse corporelle entraîne forcément une part de subjectivité. Une question est posée à l'expert ou à la personne qualifiée et ces derniers vont devoir y répondre en interprétant des résultats. Seulement, dès qu'il existe une étape d'interprétation des données, il y a forcément une part de subjectivité et une part d'erreur potentielle, ce qui peut entraîner la création d'un doute (B).

B - La création d'un doute

244. La conséquence des analyses. Alors que nous avons déjà évoqué, au sein d'un précédent chapitre[760], que le doute quant aux refus de la personne de subir un acte corporel peut lui être préjudiciable, cette même question se pose concernant les analyses. Il ne s'agit plus de la prise en compte de la volonté de la personne dans la recherche de la preuve mais des conséquences que peuvent avoir ces actes scientifiques et techniques.
En effet, dès lors qu'une part de subjectivité existe ainsi qu'un raisonnement probabiliste, une interrogation doit porter sur le doute[761] et ses

---

[758] De nombreuses autres difficultés pouvant entraîner des erreurs scientifiques existent. Tel est le cas d'une analyse génétique de jumeaux par exemple. Sur une étude globale des erreurs d'expertises, *cf.* J. Vergès, *les erreurs judiciaires*, PUF, collection « Que sais-je ? », 2ème édition, tome 3656, 2015.

[759] Pour des exemples du raisonnement probabiliste, *cf.* F.-B. Huyghe, *ADN et enquêtes criminelles*, précit. Voir aussi T. Fossier et F. Lévêque, « Le « presque vrai » et le « pas tout à fait faux » : probabilités et décision juridictionnelle », La semaine juridique, édition générale 2012, n° 14, doctr. n° 427.

[760] Voir *supra* n° 22 et s.

[761] *Cf.* notamment M.-C. Nagouas-Guérin, *Le doute en matière pénale*, précit.

conséquences : bénéficie-t-il à l'individu d'une part (I) et a-t-il une incidence sur la présomption d'innocence d'autre part (II) ?

I - Le bénéfice du doute

245. Le bénéfice du doute : un principe judiciaire protecteur. Théoriquement, aucune décision de justice n'est censée être rendue s'il existe un doute puisque la vérité judiciaire établie doit être totale et certaine. C'est d'autant plus vrai lorsqu'il est question d'une condamnation, cette dernière ne peut se faire que si le juge est certain de la faute/culpabilité de la personne. Pour autant, il peut être confronté à cette problématique du doute[762] dans diverses hypothèses.

Ce peut être le cas en droit privé : le juge peut avoir un doute sur l'interprétation d'un acte juridique. Dans ce sens, plusieurs articles relatifs à cette question existent et établissent à chaque fois des règles pour savoir à qui il est favorable. Rappelons par exemple, l'article 1190, que nous avons déjà cité et qui prévoit que *« dans le doute, le contrat de gré à gré s'interprète contre le créancier et en faveur du débiteur, et le contrat d'adhésion contre celui qui l'a proposé »*. De même, le Code de la consommation dispose, dans son article L. 133-2 que *« les clauses des contrats proposés par les professionnels aux consommateurs ou aux non-professionnels doivent être présentées et rédigées de façon claire et compréhensible. Elles s'interprètent en cas de doute dans le sens le plus favorable au consommateur ou au non-professionnel »*. Ainsi, le doute est une notion importante qui permet de protéger la personne qui est dans une situation de faiblesse par rapport à l'autre, la personne disposant de moins de pouvoirs au sein de ces contrats ou au sein des situations factuelles[763].

---

[762] P. Conte, « Préface » *in* M.-C. Nagouas-Guérin, *Le doute en matière pénale*, précit. : *« le doute est inhérent à la procédure pénale, dont il dicte le déroulement depuis les poursuites jusqu'au jugement, en passant par l'instruction. Il connaît donc à son tour plusieurs phases »*. Également, B. Louvel, Discours prononcé lors du colloque « La vérité... sans doute. Vérité scientifique, vérité judiciaire » commémorant le trentenaire de la Compagnie des experts agréés par la Cour de cassation, le 2 octobre 2015, disponible sur le site internet de la Cour. Ce dernier clôturant son discours par : *« alors pardonnez-moi, mais « la vérité sans le doute » n'existe pas... »*.

[763] La même finalité peut être mise en avant par la loi du 4 mars 2002, précit. Son article 102 prévoit qu'en *« cas de contestation relative à l'imputabilité d'une contamination par le virus de l'hépatite C antérieure à la date d'entrée en vigueur de la présente loi, le demandeur apporte des éléments qui permettent de présumer que cette contamination a pour origine une transfusion de produits sanguins labiles ou une injection de médicaments dérivés du sang. Au vu de ces éléments, il incombe à la partie défenderesse de prouver que cette transfusion ou cette injection n'est pas à l'origine de la contamination. Le juge forme sa conviction après avoir ordonné, en cas de besoin, toutes les mesures d'instruction qu'il estime utiles. Le doute*

En effet, que ce soit le consommateur ou le débiteur, les deux sont dans ces circonstances les parties les plus faibles du contrat, par rapport au professionnel ou au créancier.
Concernant le droit répressif, le doute existe également, pas dans la manière d'interpréter un acte juridique, mais sur les faits et finalement sur la vérité elle-même. Dans ce cas, la finalité est la même : le doute doit profiter à la personne qui se trouve dans la situation de vulnérabilité.

246. Le doute profite à l'accusé. En droit pénal, ce principe est très important puisque le droit répressif permet de porter atteinte à certains droits de l'individu et notamment sa liberté d'aller et venir. Dès lors, l'individu étant présumé innocent et l'atteinte potentielle à ses droits étant forte, les juristes expriment le principe selon lequel le doute profite à l'accusé. Celui-ci figure expressément dans les textes relatifs aux juridictions de crimes. En témoigne l'article 304 du Code de procédure pénale qui dispose que *« le président adresse aux jurés, debout et découverts, le discours suivant : "Vous jurez et promettez d'examiner avec l'attention la plus scrupuleuse les charges qui seront portées contre X..., de ne trahir ni les intérêts de l'accusé, ni ceux de la société qui l'accuse, ni ceux de la victime ; de ne communiquer avec personne jusqu'après votre déclaration ; de n'écouter ni la haine ou la méchanceté, ni la crainte ou l'affection ; de vous rappeler que l'accusé est présumé innocent et que le doute doit lui profiter ».*
Certaines décisions de justice y font également référence, se basant principalement sur les justifications de prises en compte du doute. Ainsi, la chambre criminelle de la Cour de cassation a pu décider que *« si les juges apprécient librement la valeur probante des éléments qui sont soumis à leur appréciation, et se décident d'après leur intime conviction, ils ne peuvent, sans se contredire, après avoir énuméré des éléments de preuve, apparemment décisifs, et qui caractérisent tous les éléments de l'infraction, se borner à affirmer, pour prononcer la relaxe, l'existence d'un doute dont ils ne donnent aucune justification »*[764]. Pour autant, la chambre criminelle ne fait pas référence à l'existence du bénéfice du doute[765]. Quoi qu'il en soit, la notion de doute est liée à celle d'intime conviction. Cette dernière est

---

profite au demandeur ».
[764] Cass. crim., 15 juin 1973, n° 72-92223.
[765] Cour de cassation, *La preuve dans la jurisprudence de la Cour de cassation*, Rapport annuel 2012, précit. : *« absent du vocabulaire de la législation criminelle, notamment de l'article 470 du code de procédure pénale, le « bénéfice du doute » ne saurait être une expression reprise d'arrêts publiés de la chambre criminelle de la Cour de cassation. Il n'en est usé, dans de faibles proportions (2,5 pour 100 des décisions de relaxe soumises à la chambre criminelle) que pour retranscrire des décisions de juges du fond, qui qualifient de la sorte un certain type de relaxes ou d'acquittements qui ne procéderaient pas d'une absence d'élément légal ou d'un défaut pur et simple d'implication ».*

particulièrement importante en droit pénal puisqu'elle permet justement, en principe, de chasser le doute. Le juge doit rendre sa décision selon son intime conviction[766], ce qui signifie que lorsque sa conviction est faite sur la culpabilité de l'individu, le doute n'est plus censé exister. *A contrario*, l'intime conviction du juge quant à la culpabilité d'un individu ne peut théoriquement exister si un doute subsiste. *« La cour est alors tenue de prononcer un acquittement aux assises ou une relaxe en correctionnelle. Cependant, au-delà de cette antinomie, l'étude du doute se révèle intéressante afin de préciser le degré de conviction suffisant ou nécessaire pour fonder juridiquement une condamnation pénale. Lorsque « le doute profite à l'accusé », le juge n'a pu acquérir une quelconque conviction, que cette dernière porte d'ailleurs sur la culpabilité ou l'innocence. Une incertitude demeure »*[767].

Il apparait alors que le doute existe dans les décisions de justice mais que celui-ci doit être raisonnable[768]. Finalement, dans ce domaine également, il semble qu'un juste milieu doit être trouvé entre la conviction du magistrat et le doute : si la conviction est suffisamment forte, la part de doute restante est insuffisante pour bénéficier à l'individu. Par contre, dans la situation inverse, le doute profite à l'accusé.

Dans ce cas, les juges du fond vont devoir justifier de l'existence d'un doute sur la culpabilité du mis en cause, c'est-à-dire qu'ils vont être obligés d'effectuer tous actes possibles pour rechercher la manifestation de la vérité. Et c'est seulement si ces éléments ne sont pas suffisants pour démontrer la culpabilité, que le doute bénéficiera à l'accusé. Dès lors, il importe que les éléments probatoires entraînent la conviction du magistrat et quand bien même ce dernier est libre d'apprécier les faits et les indices apportés devant lui, il reste dans l'obligation de motiver sa décision et que le doute est justifié. *« Au fond, qu'importe l'impression subjective que les éléments de preuve ont pu provoquer sur les magistrats. Il est sans importance qu'ils aient éprouvé un doute, qu'il soit d'ailleurs d'un degré particulier pouvant aller d'un léger doute à un doute sérieux ou plus généralement, procéder d'une suspicion à l'égard de preuves ne présentant pas de garanties absolues de véracité. En revanche, il est indispensable que le doute soit rationnel [...], c'est-à-dire convaincant »*[769].

---

[766] Pour une étude approfondie, *Cf.* C. Tournier, *L'intime conviction du juge*, Presses Universitaires d'Aix-Marseille - P.U.A.M., collection « Laboratoire de Théorie Juridique », 2003 mais également J. Richard, *L'intime conviction du juge en matière criminelle*, thèse de doctorat, Université de Montpellier, 2017.

[767] M.-C. Guérin, « Intime conviction et doute. Au-delà d'une antinomie apparente… Ce que révèle leur étude comparée », Annales médico-psychologiques 2015, n° 7, vol. n° 173, p. 610.

[768] Voir M. Bénézech, « Intime conviction : conclusions », Annales médico-psychologiques 2015, n° 7, vol. n° 173, p. 634.

[769] M.-C. Nagouas-Guérin, « Mythe et réalité du doute favorable en matière pénale », RSC

Dans tous les cas, la justification d'un tel principe ne peut se faire que par renvoi à l'article préliminaire du Code de procédure pénale qui met en avant le principe de présomption d'innocence (II).

II - La présomption d'innocence remise en cause ?

247. La présomption d'innocence : un principe fondamental[770]. L'article préliminaire prévoit ainsi que : *« toute personne suspectée ou poursuivie est présumée innocente tant que sa culpabilité n'a pas été établie »*. Ce même principe se retrouve, non plus seulement dans un texte de loi, mais dans des textes constitutionnels[771] ou supranationaux[772].

Dès lors, il prévoit qu'une personne ne peut être coupable de la commission d'une infraction si une juridiction ne l'a pas condamnée. Or, c'est dans cette optique que peut être prise en compte la notion de doute. Si ce dernier n'est pas suffisant, le magistrat, selon son intime conviction, pourra rendre une décision sur la culpabilité de l'individu. Si par contre le doute est important et que le magistrat ne parvient pas à se forger une intime conviction, l'individu ne peut être déclaré coupable, le doute lui bénéficie donc. Cela signifie alors qu'il est déclaré judiciairement innocent de l'infraction initialement reprochée. Le doute peut ainsi être lié à la culpabilité et à l'innocence d'un individu. Mais au-delà de ces éléments, la présomption d'innocence elle-même est liée au doute puisque c'est justement parce qu'il existe dans la majeure partie des cas un doute quant à la culpabilité de l'individu au moment de l'enquête que le suspect ne peut être considéré comme l'auteur de l'infraction mais simplement comme un possible auteur.

2002, p. 283.

770 Sur cette question, *cf.* P. Ballandier, *Pour une défense de la présomption d'innocence*, thèse de doctorat, Université d'Aix-Marseille 3, 1996 ; V. Massol, *La présomption d'innocence*, thèse de doctorat, Université de Toulouse 1, 1996 mais également P. Ferot, *La présomption d'innocence : essai d'interprétation historique*, thèse de doctorat, Université de Lille 2, 2007.

Pour une étude comparée, *cf.* H. Daoulas-Herve, *Présomption d'innocence et preuve pénale : étude comparée des droits français, anglais et canadien*, thèse de doctorat, Université de Poitiers, 1999.

771 Article 9 de la Déclaration des Droits de l'Homme et du Citoyen de 1789 : *« tout homme étant présumé innocent jusqu'à ce qu'il ait été déclaré coupable »*. Voir Cons. const., 20 janvier 1981, DC n° 80-127.

772 Article 11 de la Déclaration universelle des droits de l'homme de 1948 : *« toute personne accusée d'un acte délictueux est présumée innocente jusqu'à ce que sa culpabilité ait été légalement établie au cours d'un procès public où toutes les garanties nécessaires à sa défense lui auront été assurées »*. Ou bien encore l'article 6 (droit à un procès équitable) de la Convention de sauvegarde des Droits de l'Homme et des Libertés fondamentales de 1950.

Dès lors, seul le magistrat est apte à dissiper le doute, par son intime conviction.

248. Un principe atténué par l'utilisation du corps ? Il peut s'avérer délicat de trouver un juste milieu entre le degré de conviction du magistrat et le doute. Cela l'est d'autant plus lorsqu'il s'agit de déterminer le doute scientifique et son impact juridique : où placer la notion de doute scientifiquement ? Si le raisonnement s'effectue en termes de probabilité, existe-t-il un seuil au-dessus duquel on estime qu'il s'agit d'une preuve fiable ? Ainsi, si dans une procédure, il existe une probabilité forte de concordance avec un individu, est-il pour autant coupable ?
Un exemple concret peut être relaté, ressortant de l'étude que nous avons réalisée sur l'utilisation de l'ADN en Meurthe-et-Moselle. Dans une affaire, un cadavre non identifié fut découvert. L'autopsie avait permis de réaliser divers prélèvements qui avaient été envoyés pour identification et comparaison avec d'autres, effectués sur des personnes susceptibles d'être les parents proches de la victime. Le juge avait ainsi confié à l'expert plusieurs missions : déterminer le profil génétique des individus, procéder à la comparaison de ces profils, dire si la victime est apparentée à ces individus et faire toutes observations utiles à la manifestation de la vérité. L'expert remplissant sa mission, compara les différents allèles génétiques des individus, effectua un calcul statistique et détermina que le cadavre *« donne une probabilité de paternité de 99,96 % » et « une probabilité de maternité de 99,996 % »* avec les autres profils génétiques donnés. L'expert concluant en affirmant que *« cette étude en tenant compte des profils génétiques des deux parents putatifs, la probabilité de parenté biologique est alors de 99,99999 % [...]. À cette réserve près, on peut dire que »* les personnes étaient bien les parents biologiques du cadavre. Ce cas réel est extrêmement révélateur de ce raisonnement en termes de probabilité, l'expert n'avançant pas qu'il est certain à 100 % que l'individu est bien l'enfant de ces personnes. Pour autant, 99,99999 % n'est-il pas suffisant ? Bien qu'il n'existe pas de seuil officiel pour considérer que la preuve scientifique soit suffisante, on peut supposer que cette forte probabilité est susceptible de l'emporter dans l'esprit du juge et dans sa conviction.
Néanmoins, le problème réside justement dans le 0, 00001 % manquant. Ce dernier démontre qu'il n'est pas absolument certain que le résultat ne soit pas faux, ce qui est théoriquement contestable. Bien évidemment, une telle question ne se posera sûrement pas dans la pratique judiciaire, le juge accordant une grande confiance à la science, surtout envers une probabilité aussi forte, le possible doute étant faible et non convaincant. Pour autant, un questionnement doit se faire concernant cet infime doute possible, issu de l'absence totale de 100% des résultats d'analyses car *« l'erreur d'expert est*

humaine, l'erreur judiciaire est diabolique quand elle néglige le doute »[773]. Et cela est d'autant plus vrai lorsqu'il s'agit d'une analyse génétique qui va avoir une incidence sur la culpabilité d'une personne ; même si le taux d'erreur est extrêmement faible, il existe tout de même. Cela signifie qu'un doute est créé, qu'il pourrait théoriquement bénéficier à l'individu mais qu'en l'espèce il n'est pas suffisant pour surpasser l'intime conviction du magistrat. Alors faut-il décider de la mise en place d'un seuil de tolérance judiciaire ? La réponse est négative. Il ne faut pas oublier que le magistrat est libre de l'appréciation des preuves, c'est donc à lui de se forger sa propre opinion sur les éléments qui lui sont présentés pour déterminer s'il y a doute ou culpabilité et que s'il existe un doute suffisant, il doit être convaincant et justifié. Or le doute existant forcément dans chaque décision devant être raisonnable, il est certain qu'une probabilité aussi forte que celle de notre exemple ne serait pas favorable à l'individu en question.

249. La preuve corporelle et la présomption d'innocence au stade de l'enquête. La conviction collective que l'ADN est la nouvelle reine des preuves, et par extension, que le corps est source de preuves royales, n'entraîne-t-elle pas, *ab initio*, une atténuation de la présomption d'innocence ? Si justement la trace retrouvée sur les lieux concorde avec un individu fiché il y a quelques années pour les mêmes faits, celui-ci sera le principal suspect de l'affaire. Or, si ce dernier n'a aucun alibi dans l'affaire en cause, de forts soupçons vont se préciser sur lui : dans ce sens la preuve corporelle atténue très fortement la présomption d'innocence de cet individu car dans l'esprit des enquêteurs[774], il y a fort à parier qu'ils l'imagineront auteur. Ce qui entraîne une potentielle atteinte à d'autres droits tels que ceux de propriété (perquisition), d'aller et venir (garde-à-vue et ensuite détention provisoire), etc. Pour une personne présumée innocente, les atteintes possibles aux droits sont importantes. C'est dans ce sens que la science est utile à l'enquêteur, elle lui permet parfois de trouver des suspects qu'il aurait difficilement reliés à l'affaire. Et une fois que l'expert a établi une concordance, il entraîne aussi l'intime conviction de l'enquêteur. La même problématique se pose quant aux expertises de dangerosité : si des experts évaluent l'individu comme dangereux, comment prouver l'inverse[775] ?

---

[773] E. Daoud et C. Ghrenassia, « L'expertise à l'épreuve de la contradiction : errare expertum est », AJ Pénal 2011, p. 560.

[774] H. Ancel, « La preuve biologique », précit. : *« le choix de recourir ou non à l'expertise ADN, dès qu'il en a la possibilité, n'appartient cependant déjà plus ni aux enquêteurs, ni au magistrat, en raison du fort caractère discriminant de cette technique ».*

[775] J. Danet et C. Saas, « Le fou et sa « dangerosité », un risque spécifique pour la justice pénale », RSC 2007, p. 779 : *« bien souvent, le parquet veut, dès la garde à vue, avoir une première appréciation de la personnalité du mis en cause. Si cette appréciation retient des troubles psychiques, elle va incontestablement venir renforcer les soupçons dès lors que, d'un*

La preuve d'un fait scientifique est complexe, mais il ne faut pas oublier que la vérité scientifique n'est pas la vérité judiciaire. Pour autant, cette confiance accordée à la preuve scientifique a une incidence potentielle sur les droits de l'individu. Mais également, sur le rôle même du magistrat (§II).

§II - L'expert-juge

250. L'inversement factuel des rôles ? Il s'agit d'une dérive potentielle liée aux analyses corporelles[776]. Bien que nos procédures judiciaires, notamment répressives, soient régies par le principe d'intime conviction du juge, ce dernier se trouve limité par les conclusions de l'expert (A), créant une modification potentielle des rôles que joue chaque acteur de la procédure, ce qui peut avoir des effets délétères s'agissant des droits des individus (B).

A - Intime conviction et rapport d'analyse

251. Un principe difficile à exercer dans ce domaine ? Le principe d'intime conviction est important et il est lié à la manière dont est établie et reçue la preuve en droit français (I). Néanmoins, le magistrat peut avoir certaines difficultés à comprendre les conclusions qui lui sont fournies (II).

I - La liberté de la preuve

252. Liberté de la preuve[777] et liberté d'appréciation de la preuve. Ces deux principes procéduraux conditionnent l'apport et la recevabilité de la

---

point de vue statistique - mais critiquable -, il est tenu pour acquis que des comportements violents sont prévalents chez les malades mentaux. La défense va devoir se battre, parfois dès le début de l'enquête, contre cette fausse preuve d'une culpabilité car le profil de l'intéressé apparaîtrait compatible avec les faits ».

[776] *« Qu'il s'agisse de prouver une conduite sous l'influence d'alcool, de stupéfiant ou, plus généralement, une participation à une scène criminelle par le recours à la génétique, le praticien fait figure de messie dans l'administration de la preuve. C'est également lui qui oriente la teneur du procès pénal et la peine encourue en appréciant des concepts clés tels que l'incapacité totale de travail ou la vulnérabilité souvent suggérée par le médecin au vu d'un certain nombre d'éléments médicaux ».* P. Mistretta et T. W. Levi-Faict, « Pour un juge pénal décomplexé face au pouvoir médical », Gazette du Palais 2019, n° 5, p. 84. Voir aussi R. Encinas de Munagorri, « Le rôle de l'expert dans la formation de la décision de justice », AJDA 2014, p. 1377.

[777] *Cf.* sur ce sujet : E. Molina, *La liberté de la preuve des infractions en droit français*

preuve au sein d'un procès[778]. Il s'agit précisément de la liberté des modes de preuve, c'est-à-dire la liberté d'apporter tout type de preuve, ce qui permet justement la preuve corporelle, sous réserve de la licéité et la loyauté de la preuve mais également du respect des droits fondamentaux. Il s'agit aussi de la libre appréciation de la preuve. Dans ce sens, l'article 427 du Code de procédure pénale dispose que le *« juge décide d'après son intime conviction »*. Cette dernière doit être mise en lumière afin de comprendre comment est reçue la preuve corporelle scientifique au cours du procès. Elle est ainsi définie, dans les ouvrages juridiques comme une *« technique probatoire qui permet au juge, la liberté de la preuve étant la règle, de forger sa conviction à partir des éléments de preuve débattus contradictoirement devant lui. L'intime conviction ne dispense pas le juge de l'obligation de motiver sa décision »*[779]. Elle démontre alors que le juge dispose d'une marge de manœuvre quant aux éléments qui lui sont proposés. L'intime conviction du magistrat est ainsi le corollaire de la liberté de la preuve. Dans les faits, le dossier de procédure tel qu'il arrive devant le juge à l'audience contient nombre d'indices qui, mis bout à bout, forment un ensemble plus ou moins cohérent à vocation probatoire. Et c'est le rôle du magistrat que d'étudier ce faisceau d'indices et de déterminer s'il y a ou non culpabilité. Ces éléments ne peuvent se constituer que par son intime conviction et c'est par ce biais qu'il pourra exposer s'il existe un doute sérieux ou non et qu'il devra motiver sa décision. Comment pourrait-il satisfaire à l'exigence de motivation imposée tant par la loi[780] que par la

---

contemporain, thèse de doctorat, Université d'Aix-Marseille 3, 2000.

[778] J. Buisson, « Preuve », Rép. pén., octobre 2013 : *« cette liberté a nécessairement un double volet. C'est d'abord la liberté, pour toute personne qui en a la charge, de fournir tout élément de preuve, la liberté dans l'admissibilité de la preuve. Mais c'est aussi la liberté, pour le juge, d'admettre ou de refuser une preuve »*.

[779] S. Guinchard et T. Debard (dir.), *Lexique des termes juridiques 2019-2020*, précit.

[780] Ainsi par exemple, les arrêts d'assises doivent aujourd'hui être motivés. Alors que le législateur a entendu exiger une motivation tenant à la culpabilité des individus (C. proc. pén., art. 365-1, al. 2 : *« en cas de condamnation, la motivation consiste dans l'énoncé des principaux éléments à charge qui, pour chacun des faits reprochés à l'accusé, ont convaincu la cour d'assises »*) par la loi n° 2011-939 du 10 août 2011 sur la participation des citoyens au fonctionnement de la justice pénale et le jugement des mineurs, une QPC récente (Cons. const., 2 mars 2018, QPC n° 2017-694) a augmenté cette exigence. Le Conseil constitutionnel a en effet considéré que cet alinéa de l'article 365-1 été contraire à la constitution *« en n'imposant pas à la cour d'assises de motiver le choix de la peine »*. Décision démontrant une volonté forte de motivation existant actuellement. Pour une analyse de l'arrêt, *cf.* D. Goetz, « QPC : les cours d'assises devront motiver les peines qu'elles prononcent », Dalloz actualité du 6 mars 2018 ; A. Ponseille, « Le Conseil constitutionnel au secours de la Cour de cassation : exigence de motivation des peines par les cours d'assises », Constitutions 2018, p. 261 ou bien encore A. Dadoun, « L'obligation constitutionnelle de motivation des peines », RSC 2018, p. 805. Voir également sur la question D. Zerouki-Cottin, « Réflexions pluridisciplinaires sur la motivation des peines par la Cour d'assises », RSC 2018, p. 789.

jurisprudence[781] si ce dernier ne s'interroge pas, personnellement, sur les indices qui lui sont fournis ?
Par ailleurs, ce principe existe également au moment de l'enquête, par l'appréciation des différents indices à disposition des enquêteurs et du procureur de la République. Ainsi, *« la personne mise en cause dans un procès pénal affronte sans cesse « l'intime conviction » des personnels judiciaires. « Elle » habite les officiers de police pendant les enquêtes et le procureur de la République quand il apprécie la suite à donner ; puis, le juge d'instruction tout au long de l'information et, en particulier, au moment des étapes cruciales que sont la mise en examen, le placement en détention provisoire, le non-lieu ou le renvoi en jugement. Devant les tribunaux et les cours, « l'intime conviction » des juges ou des jurés provoque soit la condamnation, soit la relaxe (tribunal correctionnel et cour d'appel), soit l'acquittement (cour d'assises) »*[782]. Dès lors, l'autorité judiciaire au sens large recourt quotidiennement à son intime conviction pour apprécier les indices corporels. Pour autant, face aux rapports d'analyses, l'exerce-t-elle toujours, ou est-elle au contraire, emportée malgré elle, par les conclusions du scientifique ?

253. Une réelle liberté face au rapport d'analyse ? L'intime conviction associée à la liberté de la preuve fait qu'en théorie toutes les preuves sont appréciées sur un pied d'égalité. Or, est-ce réellement le cas avec les résultats d'analyses scientifiques ? Il est à rappeler que l'enquêteur comme le magistrat font appel à une personne qualifiée ou à un expert pour pallier l'impossibilité personnelle de réaliser l'acte, parce que ce dernier est trop technique ou scientifique pour eux. C'est ainsi qu'ils vont formuler des demandes, dans une matière qu'ils ne connaissent pas ou qu'ils connaissent mal ce qui implique forcément une confiance dans les résultats d'analyses. Comment pourrait-on faire appel à une personne qui maîtrise un domaine pour lequel nous n'avons aucune ou peu de compétences, sans nous fier ensuite à son avis ? C'est encore plus vrai dans des affaires sensibles comportant des victimes moralement affaiblies. Dans une affaire de viol, quel juge irait-il contre une forte probabilité de concordance de l'expertise génétique du profil du suspect avec un échantillon retrouvé *in corpore* de la

---

[781] La Cour de cassation exige également une motivation de plus en plus forte des juges, notamment lorsque les droits et libertés sont en jeu. Ainsi par exemple, concernant la motivation personnelle des JLD, *cf.* Cass. crim., 23 novembre 2016, n° 16-81904 et cass. crim., 23 novembre 2016, n° 15-83649. *Cf.* J.-B. Thierry, « De l'importance de la motivation : à propos des décisions du 23 novembre 2016 », AJ pénal 2017, p. 76 ; G. Guého, L. Ascensi, E. Pichon et *al.*, « Chronique de jurisprudence de la Cour de cassation », Recueil Dalloz 2017, p. 245 ; F. Fourment, « Halte aux ordonnances du JLD motivées par référence aux réquisitions du procureur de la République », Gazette du Palais 2017, n° 4, p. 60.
[782] D. Inchauspé, L'innocence judiciaire, PUF, collection « Questions judiciaires », 2012.

victime, alors même que le mis en cause nie tout acte sexuel ? De même, si l'autopsie démontre l'intervention d'un tiers dans la cause du décès, et par conséquent, une probable piste criminelle, quel procureur ne prendrait-il pas en compte cet examen du corps et classerait sans suite l'affaire, au motif de sa conviction personnelle qu'il s'agit d'un décès naturel ? L'acte scientifique va lier les acteurs judiciaires et ce, qu'ils s'en rendent compte ou non[783]. Car en effet, la science a tellement une puissante force probante dans l'esprit collectif que ces acteurs judiciaires ne voient pas forcément le renversement factuel des rôles qu'elle entraîne. Ils sont libres d'apprécier les éléments probatoires, certes, mais le font-ils vraiment avec la preuve scientifique ? La réponse est somme toute négative. Dès lors, l'expert tendrait à devenir en quelque sorte juge à la place du juge puisque ses propres conclusions seront suivies, et sa parole sera fortement prise en compte. Ce n'est pas pour rien que, dans l'ensemble des ordonnances de commission d'experts ou des réquisitions à personnes qualifiées, se retrouve, outre les questions relatives à l'acte, une dernière demande consistant à faire toutes observations utiles à la manifestation de la vérité. Cette formule, retrouvée dans la totalité des dossiers comportant des analyses, étudiés dans le cadre de notre recherche sur l'utilisation de l'ADN dans les procédures judiciaires, permet à l'expert de s'exprimer et de donner des informations pour aider le juge. Ce rôle est parfaitement rempli puisque celui-ci n'hésite pas à citer les travaux de l'expert et à lui accorder du crédit[784]. Ainsi, une inversion des rôles semble exister dans la pratique[785], ce qui est d'autant plus paradoxal que, par principe, les conclusions d'analyses ne lient pas le juge[786]. Officiellement, il reste maître des faits et décide de l'importance à donner aux éléments probatoires ; dans les faits, la science tend à l'emporter[787]. En cela, la preuve scientifique, qui plus est corporelle, est de plus en plus reine[788]. Pourtant,

---

[783] M. Marx, *La preuve par le corps humain,* précit, estimant que ce n'est pas *« une volonté consciente des juridictions mais d'un état de fait ».*

[784] En ce sens , *cf.* O. De Frouville (dir.), *la preuve pénale, internationalisation et nouvelles technologies*, précit.

[785] Sur l'influence exercée par l'expert sur le magistrat, *cf.* également : A. Cammilleri-Subrenat, R. Prouvèze et I. Verdier-Büschel, *Nouvelles technologies et défis du droit en Europe. L'imagerie active au service de la sécurité globale,* précit.

[786] C'est d'autant plus paradoxal que le juge, volontairement, a recours à l'analyse et contrôle la mission de l'expert en en fixant la teneur. Et pourtant, c'est ce dernier qui est affaibli dans sa tâche d'appréciation des faits par la technicité tant de l'acte que des résultats à lui apporter.

[787] Les mêmes constats peuvent être avancés en droit civil. *Cf.* J.-L. Halpérin, « La preuve judiciaire et la liberté du juge », Communications 2009, vol. 84, n° 1, p. 21 : *« il reste néanmoins, chez beaucoup de juristes, l'inquiétude d'une prédominance de la vérité biologique et, plus généralement (y compris dans d'autres matières civiles ou commerciales), d'une soumission du juge à l'expert, faisant disparaître la singularité de la preuve judiciaire ».*

[788] P. Bolze, *Le droit à la preuve contraire en procédure pénale*, thèse de doctorat, Université de Nancy 2, 2010 : *« le qualificatif de preuve parfaite, autrement dit infaillible, s'applique*

l'affirmation doit tout de même être nuancée, le juge n'étant pas un spécialiste scientifique mais reste maître du droit et *in fine*, devra mettre en perspective le faisceau d'indices en sa possession et juger selon son intime conviction[789]. Simplement, pour l'aider dans sa tâche, il doit être en mesure de comprendre les conclusions d'analyses (II).

II - La compréhension du rapport d'expertise

254. Les conclusions d'analyses. Il s'agit d'une étape indispensable à la mission de l'expert ou de la personne qualifiée. Le demandeur forme la mission et fixe un délai[790] au terme duquel doit être rendu un rapport répondant aux questions[791]. Ainsi, l'article 166 du Code de procédure pénale prévoit que *« lorsque les opérations d'expertise sont terminées, les experts rédigent un rapport qui doit contenir la description desdites opérations ainsi que leurs conclusions »*. Concernant le recours à personne qualifiée, l'article 60 du même Code procède à renvoi à ce même article. S'agissant du droit privé, l'article 282 du Code de procédure civile prévoit que l'expert peut déposer oralement ses conclusions à l'audience si elles n'appellent pas d'écrit. Par contre, *« dans les autres cas, l'expert doit déposer un rapport au greffe de la juridiction »*. Dès lors, ce rapport est une formalité obligatoire qui devra être versé aux dossiers de procédure et qui pourra être discuté contradictoirement le jour de l'audience, comme toutes autres preuves. Néanmoins, ce dernier peut être complexe à déchiffrer pour le magistrat.

255. La vulgarisation scientifique. Le raisonnement scientifique et technique échappe au juge, c'est bien pour cela qu'il fait appel à l'expert. Or, il est certains domaines où l'interprétation des résultats de l'expertise s'avère

---

généralement aux résultats d'expertises scientifiques, ou bien encore à l'utilisation de procédés techniques tels que l'usage du magnétophone, du polygraphe, des écoutes téléphoniques ou de narcotiques. Il apparaît alors que la vérité scientifique ne laisse que peut de place à l'intime conviction qui doit emporter la décision des magistrats ».

789 Le scientifique n'ayant pas de compétences juridiques nécessaires au raisonnement que doit effectuer le juge. Ce ne peut être que le connaisseur du droit qui peut réellement apprécier l'intégralité des preuves. Rappelons dans ce sens que la preuve scientifique n'est qu'un indice parmi d'autres et qu'elle ne dispense pas, au contraire, les enquêteurs de réaliser une enquête classique en sus.

790 C. proc. pén. art. 161, al.1 : *« toute décision commettant des experts doit leur impartir un délai pour remplir leur mission ».*

791 Concernant plus précisément la forme du rapport, des auteurs ont démontré que quelques habitudes existent quant à sa rédaction, notamment en droit civil. *Cf.* L. Dumoulin, « Les experts judiciaires : droit, science et enjeux professionnels », précit. Mais également M. Olivier, *De l'expertise civile et des experts*, Berger-Levrault, collection « Entreprises », tome 2, 1995.

réellement complexe pour le profane. Dans ce sens, il est nécessaire que le scientifique soit précis dans les termes qu'il utilise et qu'il réponde réellement à la mission du magistrat. Ainsi, les rapports d'expertises ne doivent pas être trop techniques afin d'être compréhensibles par le juriste de même qu'il s'avère nécessaire qu'ils soient précis. Pour illustrer cela, Charles Sauleau a mis en avant ces différents éléments et en a donné quelques exemples retrouvés au sein des procédures : *« certaines conclusions d'experts prêtent parfois à sourire, tant elles semblent confuses. Le comique touche cependant au tragique lorsqu'il s'avère que ces conclusions constituent de réelles conclusions de dossiers d'expertise intégrées dans une procédure judiciaire, d'affaires criminelles souvent [...].*
« Avec un degré suffisant de certitude, j'affirme que les quelques dissemblances examinées sont inconsistantes et s'expliquent facilement ».
« Aucune dissimilitude irréductible n'a été observée, des éléments significatifs sont mis en évidence mais sont insuffisants pour permettre l'authentification » »[792].
Ces illustrations sont importantes tant elles démontrent que le langage du juriste lui est propre, de même que celui du scientifique. Or, la justice a besoin de sécurité, de sûreté, surtout dans une matière telle que le droit pénal, régi par la légalité criminelle et l'importance des mots. De tels rapports d'expertise sont dangereux pour la compréhension du magistrat – pouvant occasionner également un sentiment d'infériorité de sa part, ne parvenant pas à comprendre les conclusions – et, *a fortiori*, pour le justiciable mis en cause.
Il s'avère alors nécessaire d'employer un langage commun entre ces deux acteurs judiciaires, ce qui passe également par un dialogue constant[793].

256. Un nécessaire dialogue entre les acteurs de la procédure. C'est une étape indispensable pour que chacun se comprenne. Il permet que l'enquêteur ou le magistrat soit conscient des possibilités et des moyens de contrôle des experts et personnes qualifiées mais aide également ces derniers à comprendre les enjeux juridiques reposant derrière de telles analyses[794]. L'individu réalisant l'analyse se doit d'informer dans son rapport sur la méthode qu'il utilise, de clarifier son raisonnement et de bannir les termes ambigus et trop techniques. D'un autre côté, la demande doit être précise et

---

792 C. Sauleau, « Améliorer la communication entre experts et magistrats », AJ pénal 2011, p. 568.
793 Sur la question du dialogue, *cf.* également : S. Stelzig-Caron, *La cour de cassation et le dialogue des juges*, thèse de doctorat, Université de Grenoble, 2011.
794 Sur l'information imprécise de la mission confiée aux experts, *cf.* D. Bourcier et M. De Bonis, *Les paradoxes de l'expertise. Savoir ou juger ?,* précit. Par ailleurs, les auteurs mettent en avant également que les experts ne sont pas informés des suites données aux affaires ce qui est déroutant pour eux, et ne leur permet pas d'évaluer la portée de leurs missions.

concrète par rapport aux faits d'espèce. Dans ce sens, l'article 161 du Code de procédure pénale concernant l'expertise prévoit que *« les experts doivent remplir leur mission en liaison avec le juge d'instruction ou le magistrat délégué ; ils doivent le tenir au courant du développement de leurs opérations et le mettre à même de prendre à tout moment toutes mesures utiles »*. Il s'agit de la démonstration du dialogue qui doit exister et cela démontre également que le contrôle revient bien au magistrat, qui peut, grâce à l'information continue de l'expert, intervenir pour prendre les mesures utiles, ce qui peut être un complément d'analyse par exemple. En tout état de cause, un dialogue commun doit être trouvé, pour que chacun puisse accomplir sa mission comme il le doit et également pour canaliser les effets délétères d'un renversement des rôles (B).

B - Les dangers d'un renversement des rôles

257. Vérité scientifique et vérité judiciaire[795]. *« L'expert est un spécialiste de l'analyse des faits, sollicité pour définir le certain, le possible, le probable. L'expert éclaire et propose une vision de l'enchaînement des causes et des conséquences. L'expert exprime la « vérité » scientifique sans jamais pouvoir affirmer la « vérité » judiciaire. Il appartient au seul Juge de définir le permis, l'interdit, le coupable et le non coupable »*[796]. C'est en effet l'un des problèmes qui peut survenir par l'éventuel inversement des rôles entre magistrat et expert : confondre vérité scientifique et vérité judiciaire. Or, nous l'avons déjà dit, l'expert ou la personne qualifiée est missionné pour répondre à différentes questions et réaliser de multiples actes, sous le contrôle du juge ou de l'enquêteur. Il est très important que le demandeur de l'analyse comprenne que les résultats de cette dernière ne sont que des résultats scientifiques et en rien des résultats juridiques. Cette problématique renvoie également à des points déjà abordés au sein de cette étude tels que la fiabilité de la preuve mais aussi la force probante de cette analyse scientifique. Ainsi, retrouver des éléments corporels dont une analyse établit la concordance avec un profil signifie bien que ces derniers sont issus de la personne, scientifiquement. Mais ils ne prouvent en rien,

---

[795] Sur cette question, *cf.* G. Dalbignat-Deharo, *Vérité scientifique et vérité judiciaire en droit privé*, Bibliothèque de l'Institut André Tunc, 2004 ; J.-L. Gillet, « La croisée des savoirs - Les juges face à des vérités croisées : Vérité scientifique, vérité juridique, vérité judiciaire », Les cahiers de la justice 2018, p. 317. Voir également sur le sujet : M. Van de Kerchove, « La vérité judiciaire: quelle vérité, rien que la vérité, toute la vérité ? », Déviance et société 2000, vol. 24, n° 1, p. 95.

[796] B. Py, « Expert : un métier, une fonction, une adulation », Médecine et Droit 2013, n° 120, p. 53.

juridiquement, que l'individu se trouvait réellement sur les lieux du recueil de l'élément corporel et encore moins qu'il est l'auteur d'une infraction. N'importe quel lieu de commission d'infraction peut être volontairement modifié par l'auteur lui-même (placement d'un mégot de cigarette contenant de l'ADN, etc.). Dès lors, il est nécessaire que le juriste, demandeur de l'analyse, prenne du recul sur la preuve scientifique et la considère, non pas comme une preuve ayant une valeur probante absolue, mais comme un indice, parmi d'autres[797], concordant ou non avec d'autres. Ainsi, à propos des atteintes au corps humain dans le but de rechercher des preuves, des vérités sont à étudier avec prudence : vérité scientifique ne rime pas avec vérité juridique[798]. À l'inverse, si l'on confond les deux vérités, on oublie les possibles erreurs de la science, ce qui a forcément des conséquences sur les droits des individus.

258. Le juge judiciaire : garant des libertés individuelles. Le magistrat peut perdre, dans les faits, son pouvoir d'interprétation. Pour autant se forme également une autre conséquence, s'agissant cette fois des libertés individuelles. Nous l'avons déjà abordé via la notion de doute qui doit être raisonnable au sein d'une procédure. Néanmoins, cette perte de pouvoir influe également sur d'autres droits : il n'est pas certain que le magistrat qui ne peut plus correctement apprécier les éléments probatoires protège encore les individus. Toutes les preuves corporelles sont potentiellement porteuses d'une atteinte aux droits et libertés : dans la phase de recherche de celles-ci, par la prise en compte limitée ou l'absence de prise en compte de la volonté et l'atteinte physique, mais également dans la phase d'utilisation du corps qui peut entraîner une atteinte à la vie privée de l'individu. Afin de les préserver, le magistrat, tout comme l'enquêteur, doivent comprendre la preuve scientifique et pour cela un langage commun avec ce dernier doit être trouvé mais ils doivent également bénéficier d'une évolution de leur formation.

259. L'évolution de la formation des juges ? L'idée est ainsi de rendre aux juges l'appréciation totale des faits et du droit. Mais plus encore, il faut leur donner la possibilité de contrôler l'apport de preuve, sa recevabilité et

---

[797] En ce sens, *cf.* A. Blanc, « La preuve aux assises : entre formalisme et oralité, la formation de l'intime conviction », AJ pénal 2005, p. 271 : *« il n'y a jamais de preuve de la culpabilité qui soit à elle seule absolue. Ni l'aveu de l'accusé, ni la déposition de la partie civile, ni l'ADN, ni les témoignages, ni les photos, ne suffisent isolément à établir avec certitude une culpabilité »*.

[798] M. Mekki, « Vérité et preuve. Rapport français », *in La preuve*, LB2V et Bruylant, collection « Travaux Henri Capitant », 2015 : *« la vérité scientifique participe de la vérité judiciaire sans pour autant se confondre avec elle. D'une certaine manière, la preuve scientifique propose et le juge dispose »*.

surtout son appréciation. L'analyse scientifique permet de donner des informations au juge quant à un élément corporel qui parfois, sans le scientifique, ne lui fournirait que peu d'éléments concrets. Pour autant, l'appréciation des faits et du droit doit toujours relever du rôle du juge. Dans ce sens, pour qu'il puisse contrôler l'expert, que ce soit dans la première phase de sa mission puisque c'est lui qui lui confie, que dans la phase de compréhension, lors de la réception du rapport, il est important de mieux le former aux évolutions scientifiques. Il doit pouvoir comprendre le scientifique qui parfois, loin d'être clair, ne lui laisse aucun autre choix que de suivre ses conclusions[799]. Une formation est également nécessaire concernant les enquêteurs car la base même des analyses concerne la recherche de la preuve et la qualité de ce qui sera prélevé. Les enquêteurs ne trouvent que ce qu'ils cherchent, ce qui signifie qu'en l'absence de formation scientifique et technique adéquate, ils ne pourront pas trouver des éléments pourtant discriminants et importants pour la procédure. Dans ce sens, ils se sont dotés de services spécifiques de police technique et scientifique, permettant justement d'avoir recours à des policiers formés aux procédés scientifiques et à même de pouvoir recueillir les bons éléments et procéder à des analyses utiles. Il est également nécessaire que les enquêteurs ne faisant pas partie de ces services soient tout de même au fait des avancées scientifiques. De même, le magistrat, bien qu'il dispose de l'aide éventuelle du Cocrim, doit être également formé scientifiquement. La solution semble évidente puisque le juge utilise la preuve scientifique (et doit la contrôler), dès lors, il doit connaître, *a minima*, ses grandes lignes, et au mieux, la comprendre et suivre ses évolutions. Ce n'est que s'il est formé dans ce domaine qu'il pourra discuter et apprécier la preuve apportée et par conséquent, préserver l'individu.

***

260. Conclusion du Chapitre II. Ainsi, reprenant toujours la problématique qui est la nôtre, à savoir, jusqu'où on peut aller dans la recherche probatoire, ce chapitre apporte un nouvel angle d'étude et de compréhension. Il semble que la preuve corporelle passe, majoritairement par l'analyse scientifique, or cette dernière peut avoir des conséquences néfastes par la forte influence de la science sur l'esprit collectif. Dès lors, le juge tend à s'allier de plus en plus avec cette dernière, atténuant en même temps sa libre appréciation des faits[800] et surtout la défense des droits fondamentaux[801]. La science au

---

[799] C. Sauleau, « Améliorer la communication entre experts et magistrats », précit. : *« l'ignorance qu'il entretient alors implicitement chez les profanes est un potentiel risque d'erreur judiciaire, car les acteurs du procès peuvent alors fonder une décision sur la base d'éléments articulés par un raisonnement erroné ».*

[800] Le juge démissionnant face à l'expert ? Voir sur ce sujet : J. Verin, « L'expertise dans le

service de la justice oui, la justice soumise à la science non[802]. Les experts ou personnes qualifiées, dont les rôles sont identiques dans les faits, doivent ainsi être précis dans leurs analyses et les juges et enquêteurs, mieux formés, doivent s'interroger sur les méthodes réelles utilisées par les scientifiques et sur leur conception personnelle de cet indice probatoire. Alors, la preuve parfaite n'existe pas, – bien que la preuve corporelle s'en rapproche de plus en plus – et la vérité scientifique n'est pas forcément la vérité judiciaire[803]. Le juge, juridiquement, doit apprécier les faits et force est de constater qu'aidé par le scientifique, sa mission semble plus aisée. La science est très utile pour la procédure pénale – mais également civile – si bien que l'on peut se demander si le renversement factuel des rôles ne satisfait pas les magistrats. Grâce à elle, ils ont des preuves, *a priori,* suffisamment fiables permettant de motiver leurs décisions et d'assurer une sécurité de la décision judiciaire. Dans ce sens, il ne faut jamais oublier que la preuve scientifique est faillible…

261. Conclusion du Titre I. D'un point de vue juridique, il apparaît qu'il s'avère compliqué de définir un statut juridique uniforme pour l'ensemble du corps humain, celui-ci étant parfois rattaché à la notion de « personne » et d'autre fois considéré uniquement comme une chose. Dans tous les cas, de telles distinctions théoriques ont des incidences en droit répressif bien que l'enquêteur et le particulier n'aient pas forcément conscience de ces questions relatives aux droits des biens et à la propriété lorsqu'ils saisissent un élément corporel pour analyse.
D'un point de vue pratique, ces analyses scientifiques ne doivent pas se faire au détriment d'atteintes disproportionnées aux droits fondamentaux. Le renversement des rôles entre le magistrat et l'expert inquiète autant qu'il interroge. Le corps étant un terrain offrant de multiples possibilités d'investigation doit être préservé, ce qui relève du rôle du juge. Or, il ne peut

---

procès pénal », RSC 1980, p. 1022.

[801] *Cf.* également : M. Benillouche, « Les expertises judiciaires : le point de vue du pénaliste, ou comment le juge se dégage de son pouvoir de décision au profit de l'expert… », Médecine et Droit 2013, n° 120, p. 83 : *« le juge pénal fait souvent appel aux experts afin de pouvoir être éclairé sur des questions techniques. Toutefois, l'expert va parfois au-delà de sa mission et empiète sur les pouvoirs du juge et ce, au détriment des droits de la défense ».*

[802] J. Moury, « Les limites de la quête en matière de preuve : expertise et jurisdictio », RTD Civ. 2009, p. 665 : *« c'est la science qui doit être au service du droit et non point l'inverse ».*

[803] G. Deharo, « L'articulation du savoir et du pouvoir dans le prétoire », Gazette du Palais 2005, n° 265, p. 3 : *« face aux conclusions techniques ou scientifiques, le juge est à la fois éclairé et embarrassé. Éclairé, car il maîtrise mieux le fondement factuel de la situation ; embarrassé, également, car la connaissance qu'il acquiert peut venir contrarier la solution qu'il déterminait instinctivement comme la plus juste. Dans ces conditions, la question se pose de savoir quelle liberté il conserve face aux conclusions techniques : reste-t-il maître de la construction de la solution du litige quand la science lui livre une connaissance qu'il ne peut réfuter et qui, pour cette raison, s'impose à lui comme une vérité ? ».*

pas totalement le faire s'il abandonne sa liberté d'appréciation des faits et indices au profit de la science. En tout état de cause, les avancées scientifiques doivent être au service de la justice mais toujours dans le respect des rôles de chacun et de la préservation du corps, tant dans la recherche, que dans l'utilisation, immédiate ou future de la preuve (Titre II).

TITRE II - L'UTILISATION POUR L'AVENIR DE L'ÉLÉMENT DE PREUVE CORPOREL

262. *Quid* du futur ? Jean Jaurès disait qu'*« il ne faut avoir aucun regret pour le passé, aucun remords pour le présent, et une confiance inébranlable pour l'avenir »*. Cette citation permet de faire le lien entre les différentes phases de la procédure pénale. L'officier de police judiciaire devant, dans le présent, mener une enquête pour découvrir ce qu'il s'est produit, à un endroit donné, dans le passé. C'est dans ce sens qu'il est aidé, tout comme les magistrats, par les scientifiques pour découvrir ou, *a minima,* tenter de découvrir des éléments probatoires. Cette recherche et utilisation du corps doit se faire en conciliant les intérêts des individus et la protection de leurs corps en considérant les enjeux sociétaux de résolution d'enquêtes. C'est le présent.

Une fois cette étape close, se posent des interrogations pour l'avenir : doit-on conserver ou détruire les éléments corporels prélevés ou saisis (Chapitre I) ? Par ailleurs, l'autorité qui a la charge de l'enquête, qu'elle soit en cours ou terminée, aura la volonté de protéger la société d'éventuelles autres actions futures de l'individu suspecté ou condamné ; dans ce sens, elle préservera des informations qui pourront, à l'avenir, servir de preuves : ce qui renvoie à la problématique du fichage (Chapitre II).

CHAPITRE I - LE CORPS CONSERVÉ

Dans ce monde où tout change, il est aisé d'acquérir ;
mais conserver est presque un miracle[804]

263. La prudence au cœur du processus probatoire. Les officiers de police judiciaire doivent faire preuve de prudence dans les conclusions à tirer lors de la recherche probatoire, surtout dans un domaine aussi vaste que le corps d'un individu. Cette prudence doit également prévaloir, s'agissant du devenir des éléments obtenus. Ainsi, après que l'officier ait récolté des éléments corporels sur une scène de crime ou bien qu'il ait prélevé ceux-ci directement sur la personne concernée, une question se pose quant à leur utilisation à plus ou moins long terme : que faire de ces différents fluides ou morceaux de corps ? La problématique concerne alors la conservation, la restitution ou au contraire la destruction de ces éléments. Dès lors, plusieurs hypothèses doivent être énoncées pour comprendre pour quelles raisons, l'autorité judiciaire va décider, à un moment donné d'une procédure, de conserver certains éléments corporels ou au contraire de s'en séparer (restitution/destruction). Il semble qu'existent deux temps distincts de la procédure pénale dans ce domaine : la phase d'enquête et la phase postérieure au procès. Au sein de ces deux temps, certains éléments issus du corps humain ou certaines choses contenant un élément d'origine corporel ont pu faire l'objet d'une analyse, d'une exploitation, et font ainsi partie intégrante du dossier de l'affaire. Ceux-ci peuvent avoir une importance primordiale pour la résolution du procès, obtenant ainsi une importante force probante. *A contrario*, certains de ces éléments n'ont pas fait l'objet d'une analyse (ou celle-ci n'est pas concluante) mais restent potentiellement des indices dont l'utilité est discutable. Dans chacun des cas, l'objectif est de déterminer quelle autorité décide de conserver, restituer ou détruire, pourquoi et comment elle le fait tant d'un point de vue juridique (Section I) que matériel (Section II).

---

804 V. Cherbuliez, *Le roman d'une honnête femme,* Hachette Livre BNF, collection « Littérature française », 8ème édition, 2017.

Section I - Conservation, restitution et destruction juridique

264. L'utilité de l'élément corporel ? Il s'agit de la première question à résoudre lorsqu'il est question de conservation ou de restitution/destruction d'un élément de l'enquête ou de la procédure : quelle est l'utilité de celui-ci ? C'est seulement lorsque cette problématique aura trouvé réponse que sera décidé de conserver – s'il est utile (§I) –, ou non (§II), l'élément.

§I - L'élément utile

265. Qu'est-ce qu'un indice utile ? Une différence doit être faite entre le véritable élément de preuve et le simple indice[805]. Les deux sont liés mais ne sont pas identiques. L'élément probatoire est celui qui entraîne la conviction du magistrat lors du procès. L'article 427 du Code de procédure pénale prône la liberté de la preuve mais également l'intime conviction de ce dernier et c'est justement l'indice qui guide sa conviction et qui, par son raisonnement intellectuel, devient une preuve. À l'origine, ce n'est qu'un simple indice. Mais la preuve fonctionne justement par un faisceau d'indices accablant qui permet d'obtenir la conviction d'une culpabilité et inversement. C'est dans ce cadre que doit être interprété l'indice utile : il sera celui qui apportera un fragment de vérité judiciaire ; celui qui, allié aux autres, formera cette vérité. Cet indice, puisqu'il est utile et destiné à devenir une preuve, sera conservé tant qu'il remplit cet objectif. Telle est la finalité de la conservation (A) dont les durées peuvent varier (B).

A - Les finalités de la conservation

266. Le procès répressif. Le principal objectif de la procédure pénale, du chemin criminel, démarrant de la phase d'enquête au procès pénal, est toujours de rechercher la vérité judiciaire (I).
Dans cette logique, et notamment grâce aux avancées scientifiques, des hypothèses précises de révision ou de réexamen de procès peuvent avoir lieu, pour lesquelles la conservation des preuves est importante (II).

---

[805] Sur la question des indices, de la preuve et de la présomption d'innocence, *cf.* notamment J. Buisson, « Preuve », précit. Voir également R. Merle et A. Vitu, *Traité de droit criminel. Procédure pénale*, précit. et J. Leroy, *Procédure pénale*, LGDJ, collection « Manuel », 6ème édition, 2019. Mais aussi V. Mermoz, *Les indices en procédure pénale*, thèse de doctorat, Université de Paris Saclay, 2019.

I - La recherche de la vérité

267. La finalité principale. Même si les phases de la procédure pénale sont différentes, l'on remarque effectivement que la principale finalité reste identique : rechercher la vérité[806] et également s'assurer de la culpabilité d'un individu[807]. C'est l'objectif même du droit répressif que de déterminer, pour une infraction donnée, les faits en cause : quand a-t-elle eu lieu ? Dans quelles circonstances ? Et bien évidemment : par qui elle été commise ? L'utilité de l'apport probatoire du ministère public et de l'éventuelle partie civile[808] répond justement à cette finalité : démontrer que tel individu est l'auteur de l'infraction, qu'elle peut lui être imputable[809]. Mais également qu'il avait bien la conscience et la volonté de réaliser cette infraction : soit l'élément moral[810] de cette dernière pour les infractions volontaires, ce qui renvoie à la notion de culpabilité[811]. Le jugement ou l'arrêt rendu par la juridiction déclarera ainsi l'individu coupable ou non coupable.

---

806 Voir par exemple : Y. Muller, « L'idéal de vérité dans le procès pénal », *in Mélanges en l'honneur du professeur Jacques-Henri Robert*, LexisNexis, 2012, p. 531.

807 Il s'agit en effet d'une finalité classique et principale des procès répressifs. Néanmoins, cette déclaration de culpabilité peut parfois être mise entre parenthèses dans certaines procédures pénales. En témoignent les finalités de certaines alternatives aux poursuites. *Cf.* par exemple : E. Vergès, « La procédure pénale hybride », RSC 2017, p. 579 : *« pour l'entreprise, l'intérêt de s'engager dans ce processus très coûteux consiste dans l'absence de reconnaissance et de déclaration de culpabilité. L'article 41-1-2 précise que l'ordonnance de validation de la convention n'emporte pas déclaration de culpabilité et n'a ni la nature ni les effets d'un jugement de condamnation. Dans cet esprit, la convention judiciaire d'intérêt public n'est pas inscrite au bulletin n° 1 du casier judiciaire ».*

808 M. Herzog-Evans et G. Roussel, *Procédure pénale*, Vuibert édition, collection « Vuibert Sup Droit », 9ème édition, 2018 : *« la partie chargée de la démonstration de la culpabilité est naturellement le ministère public. Cependant, en présence d'une victime, il est de fait aidé par celle-ci, qui va apporter ses propres éléments de preuve allant naturellement dans le sens de l'accusation. Pour autant, la charge de la preuve de la culpabilité ne pèse naturellement pas sur la partie civile ».*

809 Sur cette question, *cf.* E. Gomez, *L'imputabilité en droit pénal*, thèse de doctorat, Université de La Rochelle, 2017.

810 Sur l'élément moral de l'infraction *cf.* notamment : X. Pin, *Droit pénal général 2020*, Dalloz, 11ème édition, 2019 ; F. Fourment, *Droit pénal général*, Bruylant, collection « Paradigme – Manuels », 19ème édition, 2019 ; N. Blaise et N. Colette-Basecqz, *Manuel de droit pénal général*, Anthemis, 4ème édition, 2019 ; B. Bouloc, *Droit pénal général*, Dalloz, collection « Précis », 26ème édition, 2019 ; O. Décima, S. Detraz et E. Verny, *Droit pénal général*, L.G.D.J, collection « cours », 3ème édition, 2018. Voir aussi les différents ouvrages de P. Kolb et L. Leturmy, *L'essentiel du droit pénal général*, Gualino, collection « Carrés Rouge », 16ème édition, 2019 ; *Cours de droit pénal général*, Gualino, collection « Amphi LMD », 5ème édition, 2019 et *Droit pénal général*, Gualino, collection « Mémentos », 14ème édition, 2019.

811 Cette dernière est par ailleurs de plus en plus obtenue par l'expertise psychologique. *Cf.* L. Bellon et C. Guéry, « Juges et psy : la confusion des langues », RSC 1999, p. 783.

Cette finalité est importante et doit résulter d'une démonstration. Pour remplir cet objectif, les juridictions ont un devoir de motivation, même léger, puisque la culpabilité judiciairement prononcée entraîne la fin de la présomption d'innocence : *« toute personne suspectée ou poursuivie est présumée innocente tant que sa culpabilité n'a pas été établie »*[812]. Les hypothèses de conservation et de destruction, que ce soit dans la phase d'enquête ou après la clôture du procès, obéiront à cette logique : l'élément corporel sera théoriquement conservé tant qu'il est utile à la manifestation de la vérité et tant qu'il permet de fournir des indications sur la culpabilité.

268. Les illustrations jurisprudentielles. De nombreux arrêts de la Cour de cassation y font référence. Une simple recherche sur le site Légifrance reprenant les mots-clés « déclaration » et « culpabilité » entraîne, pour la seule Cour de cassation, plus de 6000 résultats. Dans l'ensemble des décisions, la Cour valide la déclaration de culpabilité[813] ou l'infirme[814], estimant la démonstration non fondée. Cette recherche permet également de mettre en avant l'importance de la preuve corporelle au sein d'un procès et notamment le lien entre cette preuve et la démonstration de la culpabilité de l'individu. Pour illustrer ces propos, une affaire particulière peut être exposée.

L'affaire en cause[815] avait permis de déclarer coupable de plusieurs vols aggravés, en récidive, à quatre ans d'emprisonnement le mis en cause. La Cour d'appel de Limoges avait considéré qu'à l'époque des faits, l'homme en question *« stationnait sur l'aire des gens du voyage »* de l'agglomération et que son ADN avait été retrouvé sur un outil présent dans le domicile ayant subi le vol, laissé par le ou les auteurs. La Cour déduisait de l'ADN décelé sur cet outil, la participation au cambriolage du suspect, notamment parce que seul son profil génétique y figurait, ce qui excluait, pour la juridiction, tout prêt ou vol. *A contrario*, le prévenu soutenait justement qu'il pouvait avoir prêté cet outil à d'autres personnes ou bien que les auteurs des faits avaient pu prendre *« cet outil à son insu »*. La défense avançait un possible complot contre l'individu : les auteurs auraient volontairement utilisé ce bien lui appartenant, laissant son empreinte génétique sur la scène et portant irrémédiablement les regards des officiers sur lui. Raisonnement non retenu par la juridiction du second degré, considérant que *« cet argument suppose*

---

[812] C. pr. pén., art. préliminaire précit.

[813] Cass. crim., 20 mars 2019, n° 17-84264 : *« la déclaration de culpabilité n'encourt pas la censure »*.

[814] Cass. crim., 30 janvier 2019, n° 18-83977 : *« casse et annule l'arrêt susvisé de la cour d'appel de Montpellier en date du 14 mai 2018, mais en ses seules dispositions relatives à la déclaration de culpabilité pour blanchiment douanier et aux peines, toutes autres dispositions étant expressément maintenues »*.

[815] Cass. crim., 18 septembre 2012, n° 11-85259.

que les auteurs des faits aient dérobé ce tournevis dans ses affaires en prenant soin de ne pas y déposer leur propre ADN, tout en prenant des précautions pour ne pas effacer celui de M. X... et qu'ils aient délicatement posé cet outil sur les lieux des faits pour l'accuser ; que cette argumentation ne tient pas, et en tous cas n'est corroborée par aucun élément objectif du dossier ». La réponse donnée par la Cour est intéressante en ce qu'elle démontre l'importance que peut avoir la preuve génétique dans certains dossiers, pour déterminer la culpabilité d'un individu. Nous l'avons répété à de multiples reprises : la preuve corporelle scientifique n'est qu'un indice parmi d'autres et doit être corroborée par d'autres indices, notamment parce qu'une falsification de la scène de l'infraction est possible, pouvant créer un doute sur la participation effective de l'individu à l'acte. Or en l'espèce, ce complot n'est pas retenu par la Cour, se basant sur la non-existence d'autre élément objectif dans le dossier permettant de l'étayer et sur le fait que l'individu avait refusé *« de donner le nom des personnes qui auraient voulu lui nuire "par peur de représailles" de sorte qu'aucune vérification de ses dires n'a pu être diligentée »*. La Cour de cassation, elle, accordera sa confiance aux juges du fond et à leur appréciation souveraine quant aux faits. Par conséquent, elle rejettera le pourvoi.
Dès lors, cette affaire est une belle illustration d'un indice corporel central dans un dossier de procédure ayant entraîné la condamnation de l'individu, démontrant encore l'importance de cette preuve et de la nécessité de conserver l'indice génétique. Il s'agit ainsi de la première hypothèse de conservation des indices utiles à la procédure : ils sont conservés, *a minima* jusqu'au procès, pour permettre de remplir la finalité principale de la procédure pénale : la déclaration de culpabilité. Dans le même sens, une autre hypothèse de conservation peut être mise en avant : la révision du procès (II).

II - La révision ou le réexamen du procès

269. Réparer les erreurs judiciaires[816]. L'objectif premier de toute juridiction est d'apporter une vérité judiciaire à des faits infractionnels. C'est pour cet apport et pour se prémunir du risque d'erreur qu'une série de

---

[816] F. Rinaldi, « Des demandes en révision et en réexamen d'une décision pénale définitive », Petites affiches 2001, n° 138, p. 4 : *« ainsi, par opposition au pourvoi en cassation qui permet de sanctionner une erreur de droit, la Cour de cassation saisie d'une demande en révision ne connaîtrait que du fait et ne contrôlerait en aucune manière l'application du droit : la décision définitive de condamnation serait annulée lorsque les juges du fond, ayant commis une erreur sur la réalité, ont condamné un innocent. Seule l'erreur judiciaire donnerait lieu à révision »*.

garanties existe au sein de notre procédure : le respect de la présomption d'innocence et la notion de doute favorable à l'accusé, le respect des droits de la défense, un double degré de juridiction mais également un pourvoi possible devant la Cour de cassation pour examen de l'affaire en droit, etc. Tous ces éléments favorisent l'établissement d'une vérité certaine et fiable, respectueuse des droits de chacun. Pour autant, malgré ces précautions, la justice n'est pas à l'abri d'erreurs possibles. Or, comment, dans une société démocratique, tolérer qu'un individu soit condamné, détenu, privé de sa liberté d'aller et venir (droit constitutionnel) s'il s'avère, *in fine*, qu'il est innocent ? Cette hypothèse renvoie aux possibles erreurs de fait qui entacheraient la ou les décision(s) juridictionnelle(s) rendue(s) au sujet d'une affaire. *« Si l'erreur de fait a entraîné l'acquittement d'un coupable, l'autorité de la chose jugée constitue un obstacle absolu à toute modification de la décision d'acquittement prononcée à tort. Mais si, au contraire, par suite d'une erreur de fait, un innocent a été injustement condamné, il est alors possible, malgré l'autorité de la chose jugée qui s'attache à la décision de condamnation, de faire réparer cette erreur judiciaire »*[817]. Cette réparation est expressément prévue par le Code de procédure pénale aux articles 622 et suivants. Le premier d'entre eux dispose que *« la révision d'une décision pénale définitive peut être demandée au bénéfice de toute personne reconnue coupable d'un crime ou d'un délit lorsque, après une condamnation, vient à se produire un fait nouveau ou à se révéler un élément inconnu de la juridiction au jour du procès de nature à établir l'innocence du condamné ou à faire naître un doute sur sa culpabilité »*. Par ailleurs, l'article suivant prévoit la possibilité d'un autre réexamen de l'affaire lorsqu'une condamnation de la CEDH est intervenue dans le dossier concerné.

Ces demandes de révision ou de réexamen[818], sont portées devant la Cour de révision et de réexamen[819]. Leur finalité est importante, elle démontre que notre société ne saurait tolérer la condamnation erronée d'un individu. Dès lors, cette commission examinera les faits nouveaux ayant conduit à sa saisine et ordonnera, si besoin, d'autres analyses et même l'ouverture d'une enquête[820]. C'est également dans cette optique de protection de l'individu que se trouvent largement interprétées les possibilités d'ouverture d'un tel

---

[817] B. Bouloc, *Procédure pénale*, Dalloz, collection « Précis », 26ème édition, 2017.

[818] Sur ces sujets, *cf.* notamment B. Bouloc, « Modification de la procédure de révision des procès répressifs », RSC 1990, p. 135 ; F. Defferrard, « Le doute, le suspect et l'innocence », Recueil Dalloz 2001, p. 2227 ; M.-H. Renaut, « Révision et réexamen : les condamnations pénales sont de moins en moins définitives », Petites affiches 2003, n° 55, p. 6 et J. Coste, « Précisions sur la procédure de réexamen d'une décision pénale », AJ pénal 2004, p. 452.

[819] C. proc. pén., art. 623.

[820] C. proc. pén., art. 624-2.

recours. Ainsi, sont pris en compte, dans la notion de faits nouveaux[821], des éléments qui n'auraient pas été portés devant la juridiction et qui sont de nature à entraîner un doute quant à la culpabilité de l'individu[822]. Dans ce sens, les preuves conservées après le procès peuvent avoir une grande utilité. Or ce cas particulier, dont l'objectif reste la démonstration de l'innocence d'une personne pour qui la déclaration de culpabilité est déjà actée, les indices corporels à finalité probatoire sont conservés dans l'espoir d'une évolution future.

270. L'espoir d'une évolution. La problématique concernant la conservation ou la restitution/destruction des éléments recueillis durant l'enquête, concerne des questions plus larges : les limites de la science, les avancées scientifiques et le lien entre ces dernières et le droit. C'est parce que la justice et la science sont de plus en plus liées, dans l'objectif probatoire, que la conservation de ces éléments a une grande utilité. Dès lors, l'espoir de l'évolution scientifique et par conséquent d'une évolution judiciaire se conjugue très bien avec la preuve corporelle puisque l'évolution de la science entraîne des conséquences sur ce type de preuve. Il est très important de considérer que des éléments conservés hier, s'ils sont bien préservés peuvent être analysés aujourd'hui et permettre de nouvelles avancées dans l'affaire. Il faut avoir à l'esprit que ce qui n'est pas compréhensible ou ne donne aucun résultat aujourd'hui pourrait être, avec cette évolution, analysable et concluant demain. Les deux hypothèses sont à prendre en compte, ce qui illustre l'intérêt de conserver les indices et preuves, que ce soit pendant la phase d'enquête/procès ou bien encore après le procès pour une éventuelle procédure de révision.
Plusieurs affaires célèbres permettent d'illustrer cette évolution scientifique et son lien avec la preuve[823].

---

821 Cette notion va également de pair avec la nécessaire motivation des décisions. *Cf.* M. Huyette, « Quelles réformes pour la cour d'assises ? », Recueil Dalloz 2009, p. 2437 : *« pour s'assurer que l'élément mis en avant par le condamné à l'appui de sa demande en révision est « nouveau » et était « inconnu » de la cour d'assises, encore faut-il que la commission soit en mesure de vérifier tout ce qui a été mis dans le débat par cette dernière, ce qui est particulièrement délicat en l'absence de compte-rendu des débats ».* Ou bien encore, C. Berlaud, « La motivation des arrêts de cour d'assises », Gazette du Palais 2013, n° 17.

822 *Cf.* en ce sens : Cour révis., 25 octobre 2018, n° 14RE1087 : *« il existe des faits nouveaux et éléments inconnus de la juridiction lors du procès de nature à créer un doute sur la culpabilité de X ».*

823 Entre autres, *cf.* révision pour un meurtre commis en 1997. Cass. crim., 15 mai 2013, n° 12-84818. *Cf.* J. Danet, « De la rumeur à la révision ou les leçons de l'erreur », RSC 2013, p. 601.

Prenons par exemple le cas de l'affaire du petit Grégory[824]. Affaire tristement célèbre en France et particulièrement en Lorraine. Celle-ci *« a débuté le 16 octobre 1984 avec la découverte du corps sans vie de l'enfant dans la rivière Vologne »*[825]. Sans revenir sur l'ensemble de l'affaire, ses rebondissements et ses nombreux questionnements[826], retenons simplement que les éléments issus de l'enquête ont été conservés depuis la date des faits et qu'ils ont permis plusieurs analyses ADN entraînant une évolution de la procédure. C'est dans ce sens que les indices corporels doivent être conservés tant qu'ils peuvent être utiles à la manifestation de la vérité. De même, concernant spécifiquement la procédure de révision ou d'examen, une autre affaire peut être mise en avant.

271. L'utilité de la conservation : l'exemple de l'affaire Omar Raddad. Il s'agit d'une autre affaire française célèbre. Les faits se déroulent en 1991 à Mougins, dans les Alpes-Maritimes. Le corps d'une personne comportant de nombreuses plaies, fut retrouvé sans vie, à son domicile, au mois de juin. Pendant l'étude des lieux, les enquêteurs découvrirent deux inscriptions, tracées avec du sang, désignant une personne comme étant le tueur, un certain Omar. Ce dernier, jardinier de la victime, principal suspect, fut condamné alors même qu'il a toujours clamé son innocence. M. Raddad demanda une révision de son procès, ce qui fut possible par la découverte, sur les supports des inscriptions, de l'empreinte génétique d'un autre individu. Dès lors, la commission de révision, le 25 juin 2001 considéra que *« s'il apparaît que les portes supportant les inscriptions ont pu être manipulées sans précaution, et examinées par de nombreuses personnes, enquêteurs, experts, journalistes, la présence d'un ADN masculin différent de celui d'Omar X... constitue néanmoins un élément nouveau de nature à faire naître un doute sur la culpabilité du condamné »*[827].
Par conséquent, c'est bien la conservation de ces éléments probatoires qui a permis de nouvelles analyses génétiques, créant un fait nouveau, susceptible de porter un doute sur la condamnation de l'individu. Notons toutefois que même si ces analyses constituent bien une nouveauté, la Cour de cassation a néanmoins refusé la révision[828], au motif qu'aucune précision n'existait sur

---

[824] Affaire *« qui a déchaîné la presse et passionné l'opinion publique pendant plusieurs mois »* : F. Bussy, « Justice et médias », Recueil Dalloz 2010, p. 2526.
[825] J. Lasserre Capdeville, « Précisions sur la mise en examen en cas de supplément d'information », AJ pénal 2018, p. 368.
[826] C. Berlaud, « L'interminable « affaire Grégory » : impartialité de l'instruction et nullité de la garde à vue d'une mineure », Gazette du palais 2019, n° 9, p. 44. Également, R. Mésa, « Affaire Grégory : impartialité de la juridiction d'instruction et inconstitutionnalité de l'ancien régime de garde à vue des mineurs », Gazette du palais 2019, n° 12, p. 19.
[827] Comm. révis., 25 juin 2001, n° 99REV012 qui décide de la saisine de la Cour de cassation.
[828] Cass. révis., 20 novembre 2002, n° 01-85386 : *« attendu que, si la découverte d'empreintes génétiques masculines sur les deux portes servant de support aux inscriptions accusatrices,*

le moment du dépôt d'une telle trace génétique. Fait assez intéressant puisque la Cour prend bien en compte le contexte de la scène de crime, l'absence de temporalité certaine du dépôt mais également l'absence de précautions suffisantes des nombreuses personnes ayant pu s'approcher de ces éléments. Elle semble ainsi faire preuve de prudence quant à l'appréciation de la preuve corporelle, ce que l'on peut saluer. Dans tous les cas, pour ce qui nous concerne, peu importe les suites de l'affaire, ce qu'il faut souligner c'est la conservation des indices et preuves au-delà du procès qui a permis une avancée de l'affaire. Dans de sens, il paraît nécessaire que les hypothèses de conservation soient suffisamment longues (B).

B - Les durées de conservation

272. Plusieurs hypothèses. La conservation des indices et éléments de preuve est ainsi faite pour aider à la manifestation de la vérité mais également pour permettre une éventuelle évolution de la décision, grâce à l'amélioration de la science. Dans ce cas, s'agissant des durées de conservation, l'hypothèse la plus pertinente serait, *a priori*, de conserver tous les éléments de preuves. Néanmoins, sur ce sujet, d'autres intérêts ou problèmes doivent être considérés : le lieu de stockage ou bien encore le coût important d'une conservation à long terme[829]. L'ensemble des preuves, de chaque affaire française ne peut pas être conservable *ad vitam aeternam*. Par ailleurs, nous venons de démontrer la nécessité des analyses scientifiques pour permettre d'éventuelles révisions d'affaires. La solution inverse ne semble pas louable non plus, consistant en ne rien conserver, notamment une fois l'affaire terminée (épuisement de toutes les voies de recours). Par conséquent, une hypothèse intermédiaire semble être de mise, pour permettre la conservation des éléments probatoires, tant qu'ils paraissent nécessaires à la manifestation de la vérité, au cas par cas. Si cette logique permet au mieux de concilier les différents intérêts, des interrogations subsistent : qui décide de ce qui peut être utile pour l'avenir ? La personne mise en cause ou condamnée peut-elle s'y opposer ? À défaut, une grande part de subjectivité pourrait exister entraînant un potentiel déséquilibre entre certaines affaires pour lesquelles les éléments auraient été conservés et d'autres pour lesquelles ce ne fut pas le cas.

---

ainsi que sur le chevron, constitue un élément nouveau, il est impossible, de déterminer à quel moment, antérieur, concomitant ou postérieur au meurtre, ces traces ont été laissées ». Cf. J.-P. Brouillaud, « Point de vue sur l'affaire « Omar Raddad » », Recueil Dalloz 2003, p. 627. Sur le sujet, voir également Y. Monnet, « Révision de procès, Cass. crim., 20 novembre 2002 », Gazette du palais 2003, n° 217, p. 26.

[829] Voir *infra* n° 302 et s.

Entre ces différentes possibilités, le législateur a choisi une solution intermédiaire et s'agissant des éléments probatoires, certaines règles précises ont été établies, prévoyant un premier délai de six mois (I) se combinant avec un autre délai en matière criminelle (II).

I - Le délai de six mois

273. L'article 41-4 du Code de procédure pénale. Créé en 1999, cet article traite de la conservation des preuves, réduisant le délai existant initialement pour favoriser le tri dans les locaux dans lesquels doivent être préservées les preuves[830]. Le délai était auparavant de trois ans[831]. À sa création, l'article 41-4 prévoyait que *« si la restitution n'a pas été demandée ou décidée dans un délai de six mois à compter de la décision de classement ou de la décision par laquelle la dernière juridiction saisie a épuisé sa compétence, les objets non restitués deviennent propriété de l'État, sous réserve des droits des tiers »*[832]. Dès lors, si l'État en était propriétaire, il pouvait en faire ce que bon lui semblait comme tout droit de propriété sur les choses : *usus, abusus et fructus*, allant jusqu'à l'anéantissement de la chose et donc la destruction des preuves. Le délai de conservation était ainsi fixé, dans les faits, à six mois[833]. *« Cependant, compte tenu des progrès réalisés ces dernières années en matière de police technique et scientifique, une aliénation ou une destruction systématique des objets placés sous scellés et non restitués, à l'issue d'un délai de six mois, peut être de nature à faire obstacle à la réouverture et la résolution d'affaires qui n'ont pu être élucidées jusqu'à présent. Il en va de même de la réouverture de procédures en révision ou en réexamen après des décisions de condamnation définitive. C'est la raison pour laquelle la direction des affaires criminelles et des grâces a diffusé le 16 mars 2011 une dépêche relative aux délais de conservation des scellés, afin de faire part aux magistrats du parquet des éléments qui semblent*

---

[830] Loi n° 99-515 du 23 juin 1999 renforçant l'efficacité de la procédure pénale. D'ailleurs, l'emploi d'un tel titre laisse perplexe. En quoi réduire les délais de conservation, handicapant les demandes de révision et par conséquent le bon fonctionnement de la justice, rentre-t-il dans le cadre d'une « efficacité de la procédure pénale » ?

[831] *Cf.* Rapport annuel 2007 de la Cour de cassation, « La santé dans la jurisprudence de la Cour de cassation », La Documentation française, 2008.

[832] Notons d'ailleurs que le même article donne compétence de décision concernant les durées de conservation au parquet, *« lorsqu'aucune juridiction n'a été saisie ou lorsque la juridiction saisie a épuisé sa compétence sans avoir statué sur la restitution des objets ».*

[833] Concernant le point de départ du délai, *cf.* Cass. crim., 9 décembre 2014, n° 13-86775 : il *« a commencé à courir au jour où le prévenu a eu connaissance de la décision sur l'action publique par laquelle le tribunal a épuisé sa compétence ». Cf.* S. Fucini, « Point de départ du délai pour demander la restitution d'objets saisis », Dalloz actualité du 19 janvier 2015.

devoir motiver une conservation de certains scellés au-delà des délais prévus par l'article 41-4 du code de procédure pénale »[834]. Il ressort de cette circulaire que rien n'empêchait le procureur d'ordonner la conservation plus longue de ces éléments probatoires. Cette solution était logique puisque l'État, en tant que propriétaire pouvait choisir de conserver la chose. Pour autant, rien n'était textuellement fixé, ce qui était critiquable tant du point de vue de l'interprétation stricte des textes criminels qu'au regard des enjeux importants pour les révisions d'affaires.

274. Aujourd'hui. Cet article a fait l'objet de nombreuses modifications dont la dernière en date résulte d'une autre loi, de 2019[835], comportant également des mesures de simplification de la procédure. Cependant, concernant la durée de conservation, aucun changement n'a eu lieu, la même mention existe toujours concernant le délai de six mois pour que l'objet devienne propriété de l'État. L'absence d'évolution textuelle peut s'avérer critiquable : chaque parquet pouvant organiser la destruction des preuves quand bon lui semble, après l'écoulement de ce délai de six mois, sans aucune uniformisation sur le territoire.
Néanmoins, en matière criminelle, un autre article a été créé, en 2014 par une loi portant justement sur une réforme des procédures de révision et réexamen[836] : l'article 41-6 du Code de procédure pénale, ajoutant un autre délai (II).

II - En matière criminelle

275. L'article 41-6 du Code de procédure pénale. Ce dernier prévoit que *« lorsqu'une procédure s'est achevée par une condamnation définitive prononcée par une cour d'assises, le procureur de la République ou le procureur général qui envisage d'ordonner la remise au service des domaines ou à l'Agence de gestion et de recouvrement des avoirs saisis et confisqués ou la destruction des objets placés sous main de justice dans le*

---

[834] Circulaire conjointe du garde des sceaux du 13 décembre 2011 relative à la gestion des scellés, NOR : JUSB1134112C.

[835] Loi n° 2019-222 du 23 mars 2019 de programmation 2018-2022 et de réforme pour la justice, JORF n° 0071 du 24 mars 2019. *Cf.* J.-B. Thierry, « Présentation des dispositions pénales de la loi du 23 mars 2019 de réforme pour la justice », https://sinelege.hypotheses.org du 25 mars 2019 et le dossier AJ Pénal d'avril 2019. Voir aussi D. Castel, « À la une - Réforme - La justice s'offre un lifting », Juris associations 2019, n° 597, p. 6 et S. Pellé, *Réforme de la justice pénale - Procédure pénale et droit de la peine,* Dalloz, collection « Les textes », 2019.

[836] Loi n° 2014-640 du 20 juin 2014 relative à la réforme des procédures de révision et de réexamen d'une condamnation pénale définitive.

cadre de cette procédure en avertit au préalable par écrit le condamné. Celui-ci dispose, à compter de la notification de cet avertissement, d'un délai de deux mois pour lui faire part de son opposition. En cas d'opposition, si le procureur de la République ou le procureur général n'entend pas renoncer à la remise ou à la destruction des objets placés sous main de justice, il saisit par voie de requête le président de la chambre de l'instruction ou la chambre de l'instruction, qui se prononce dans un délai d'un mois[837]*. Dans les cas mentionnés au présent article, le procureur de la République ou le procureur général réexamine tous les cinq ans, dans les mêmes formes, l'opportunité de procéder à la remise ou à la destruction des objets placés sous main de justice ».*

Cette possibilité est intéressante et appelle plusieurs remarques. Tout d'abord concernant l'autorité compétente en la matière. Il s'agit du procureur de la République ou du procureur général, c'est-à-dire un membre du parquet, directeur de l'enquête, ce qui semble harmoniser les rôles de ce dernier sur le devenir des preuves.

Ensuite, il faut remarquer que sa décision n'est pas absolue : s'il choisit de détruire l'objet, il doit informer le condamné de cette volonté et ce dernier pourra s'y opposer. Dans ce cas, il s'agit d'une réelle évolution dans les conservations des preuves et indices, notamment pour les révisions d'affaires : la personne a maintenant un avis à donner sur le sujet.

Troisième remarque : il ne s'agit que de la conservation des éléments de preuve issus des Cour d'assises, soit des procédures criminelles.

Enfin, le délai est considérablement allongé, puisque le réexamen de la nécessité de conserver ces éléments doit se faire tous les cinq ans, ce qui a une double signification : la conservation minimum, une fois que le procureur a souhaité une destruction et que cette dernière n'a pas eu lieu, sera de cinq ans, ce qui laisse un peu de temps au condamné pour intenter un éventuel procès en révision. D'autre part, puisqu'il est uniquement fait mention d'un réexamen tous les cinq ans, aucune limite ne semble être instaurée, ce qui démontre la volonté du législateur de conservation sans barrière temporelle figée : tant qu'il paraît opportun de conserver, la justice conserve.

---

[837] Par ailleurs, la demande de conservation des indices et preuves ne rend pas obligatoire pour le condamné de démontrer qu'il a en sa possession des éléments nouveaux nécessaires à la révision de son procès. Ces éléments doivent être mis en avant devant la Cour de révision mais pas devant la juridiction statuant sur la demande de conservation. *Cf.* en ce sens Cass. crim., 9 janvier 2019, n° 17-85524 : *« mais attendu qu'en se déterminant ainsi alors que la confiscation définitive des scellés ne met pas obstacle à la mise en œuvre de l'article 41-6 du code de procédure pénale qui ne suppose pas, par ailleurs, que la requête en révision ait été introduite par le condamné ni que celui-ci produise les éléments nouveaux pouvant la fonder, la chambre de l'instruction n'a pas justifié sa décision ».*

276. À l'avenir ? Cet article 41-6 est remarquable puisqu'il démontre que le législateur a choisi la solution intermédiaire : il prévoit la conservation des preuves, tant qu'elles sont utiles à la manifestation de la vérité. Seulement, afin d'éviter la dérive permettant au parquet de tout supprimer ou qu'existent des écarts d'appréciations géographiques, selon les ressorts des cours d'appel, sur la nécessité de conserver des éléments probatoires, le législateur a permis la prise en compte de la parole du condamné. L'apport est saluable. À l'inverse, on s'interroge de la mention d'un tel système uniquement réservé aux crimes. L'absence de conservation plus large pour les délits peut également paraître préjudiciable pour l'individu, surtout si l'on prend en compte la mise en place croissante des procédures de correctionnalisations judiciaires[838]. En tout état de cause, cette référence démontre la volonté du législateur de prendre en compte la nécessité de préserver les preuves pour les affaires les plus graves et importantes, tout en ne perdant pas de vue la nécessaire gestion des stocks et du budget. Dans ce sens, l'article tente de trouver un juste milieu[839] dans ce domaine où aucune réponse tranchée ne semble pouvoir être donnée.

Cela est d'autant plus important concernant la preuve corporelle, concernée directement par les progrès scientifiques constants et nécessitant dans ce sens une préservation plus longue[840]. Pour autant, si l'on considère que ce

---

[838] Un auteur salue la réforme (l'allongement des délais était demandé depuis longtemps par la Cour de révision) et prône notamment l'élargissement de cet article aux délits. *Cf.* D. Goetz, *La révision en matière pénale*, thèse de doctorat, Université de Strasbourg, 2015 : *« l'allongement du délai de conservation des scellés en matière délictuelle se justifie par deux considérations. Premièrement, des renseignements d'ordre statistique mettent en avant l'importance du nombre des délits jugés en France. C'est ainsi que la matière délictuelle se caractérise par son abondance devant la juridiction de révision. Deuxièmement, l'inflation des mesures de correctionnalisation aurait dû inciter le législateur à aligner le nouvel aménagement sur la matière délictuelle ».*

[839] *« La mesure présentée par le présent article est équilibrée : elle ne renverse pas le principe général de conservation des scellés durant six mois mais se borne à ajouter une dérogation supplémentaire à celles existantes, limitant ainsi les investissements à réaliser pour leur stockage » :* A Tourret, Rapport n° 1807, enregistré à la Présidence de l'Assemblée nationale le 19 février 2014, relatif à « la réforme des procédures de révision et de réexamen d'une condamnation pénale définitive ». Dans ce rapport, M. Tourret met également en avant que la destruction des scellés *« six mois après la condamnation définitive conduit à la disparition de preuves pourtant indispensables à l'instruction des demandes en révision ».* Il illustre ensuite ses propos par plusieurs affaires soumises à révision pour lesquelles *« la destruction des scellés a empêché, de manière irrémédiable, la conduite d'investigations ou la réalisation d'expertises complémentaires ».*

[840] Concernant les éléments corporels, des délais différents sont parfois textuellement prévus. Ainsi par exemple, concernant les prélèvements effectués après des accidents de la circulation, un arrêté de 2016 précise alors que les laboratoires réalisant les analyses *« doivent également disposer des installations, de l'appareillage, du matériel, des produits nécessaires à la conservation des échantillons à - 20 °C pendant au moins un an et se soumettre au contrôle de qualité exécuté par un organisme d'évaluation externe de la qualité ». Cf.* Arrêté du 13 décembre 2016 « fixant les modalités du dépistage des substances témoignant de l'usage

sont justement les progrès futurs qui justifient la préservation des preuves plus longtemps, le législateur aurait pu prévoir, en plus de ces mentions, un examen tous les cinq ans des indices et preuves corporels ou des choses contenant des éléments corporels. Cela permettrait de considérer l'hypothèse de la preuve scientifique et de supprimer la distinction des crimes et délits : dès lors que l'élément peut faire l'objet d'une future analyse scientifique, il est conservé avec information de la personne si jamais le parquet désire sa suppression. Un dernier élément est à mettre en avant s'agissant des propositions d'amélioration : *« la personne condamnée n'ayant pas toujours conscience de l'impact de la destruction des scellés, une information de son avocat sur cette destruction peut [...] sembler pertinente »*[841].

Pour conclure, l'indice utile ou l'élément de preuve doivent être conservés tant qu'ils sont utiles à la manifestation de la vérité, pendant toute la phase menant jusqu'au procès, et après, en prenant en compte ces différents délais et la nécessité de les adapter à la preuve scientifique. Qu'en est-il maintenant de l'indice inutile (§II) ?

§II - L'élément inutile

277. Conservation, destruction et restitution ? Si l'élément s'avère inutile à la procédure pénale, l'autorité judiciaire n'a pas vocation à le conserver. Ainsi, deux autres hypothèses s'ouvrent à elle : soit elle décide de détruire la chose (A), soit elle la restitue à son véritable propriétaire (B).

A - La destruction

278. Destruction et opposition. Il s'agit de la dernière étape du processus de vie des indices et preuves, lorsqu'ils ne sont plus utiles à la manifestation de la vérité, le parquet décide de procéder à leur destruction (I), ce qui est susceptible de recours (II).

---

de stupéfiants, et des analyses et examens prévus par le code de la route et abrogeant l'arrêté du 5 septembre 2001 modifié fixant les modalités du dépistage des substances témoignant de l'usage de stupéfiants, et des analyses et examens prévus par le code de la route », NOR: AFSP1636875A. De même, concernant la preuve génétique et les délais de conservations, voir *infra* n° 310 et s.. La spécificité du corps semble ainsi imposer des délais de conservation différents du droit commun.

[841] G. Fenech et A. Tourret, Rapport d'information n° 4302, Enregistré à la Présidence de l'Assemblée nationale le 14 décembre 2016, sur l'évaluation de la loi n° 2014-640 du 20 juin 2014 relative à la réforme des procédures de révision et de réexamen d'une condamnation pénale définitive.

I - L'autorité compétente

279. Le procureur de la République : directeur d'enquête décisionnaire. La phase d'enquête est procéduralement dirigée par un magistrat du parquet : le procureur de la République[842], lui-même soumis hiérarchiquement au procureur général près une Cour d'appel et au plus haut niveau par le garde des sceaux. Ce système hiérarchique permet d'orienter les politiques et réponses pénales qu'apporteront les parquets aux différentes affaires[843]. Partant de ce principe, il est compréhensible que ce soit lui, tout du moins pendant cette phase d'enquête qu'il dirige, qui soit compétent pour ordonner la destruction des éléments destinés à servir de preuves. *A contrario*, une fois la phase du jugement enclenchée, l'action publique mise en route, le procureur n'a théoriquement plus à intervenir. Les indices sont déposés avec le dossier d'enquête à la juridiction qui les utilise pour le procès. Dans ce cas, c'est elle qui décide du devenir de ces derniers, et qui a compétence pour ordonner une conservation ou une destruction.

Quid du devenir de ces éléments lorsque la juridiction ne se prononce pas ? Il se trouve dans cette situation que le procureur retrouve son rôle décisionnaire qu'il avait pendant l'enquête et redevient compétent pour effectuer les choix de conservation ou destruction, selon l'affaire. Ces éléments sont textuellement prévus pour certains objets à l'article 41-5 du Code de procédure pénale[844] : *« au cours de l'enquête ou lorsqu'aucune juridiction n'a été saisie ou que la juridiction saisie a épuisé sa compétence sans avoir statué sur le sort des scellés, le procureur de la République peut ordonner la destruction des biens meubles saisis dont la conservation n'est plus nécessaire à la manifestation de la vérité, s'il s'agit d'objets qualifiés par la loi de dangereux ou nuisibles, ou dont la détention est illicite »*. Cet article est intéressant en ce qu'il démontre l'importance que peut jouer le procureur de la République, en la matière, étant l'acteur majeur de décision, faisant également de lui une autorité de gestion par défaut après le procès, si la juridiction n'a pas tranché la question[845]. De surcroît, cette disposition ne semble traiter que d'objets dangereux, nuisibles ou ceux dont la détention est illicite puisque les principales hypothèses de destruction concernent ces

---

842 C. proc. pén., art. 12 précit.

843 Sur cette question, *cf.* O. Dufour, « La « drôle » d'indépendance du parquet », Petites affiches 1998, n° 49, p. 4 ; J.-C. Bouvier, « Indépendance du parquet : « l'inacceptable reforme » », Petites affiches 1998, n° 57, p. 3 ; D. Soulez-Larivière, « Quelle indépendance pour le Parquet ? », AJ pénal 2012, p. 508 ou bien encore E. Allain, « Indépendance du Parquet », AJ pénal 2013, p. 183.

844 Il est à noter qu'en cas d'information judiciaire, la compétence revient au juge d'instruction. *Cf.* C. proc. pén., art. 99-2.

845 Sur la compétence du parquet, *cf.* Cass. crim., 14 avril 1992, n° 91-81133 ou bien encore Cass. crim., 20 juin 2006, n° 05-86839. Pour ce dernier arrêt, voir P. R., « La cour d'appel est compétente uniquement si le procureur général a pris une décision », AJ pénal 2006, p. 458.

biens. La majeure partie des autres biens est conservée par l'État non plus pour servir de preuves mais pour qu'il jouisse de la propriété de la chose.
Qu'en est-il des autres indices ? Pour répondre à cette question, il est nécessaire de revenir sur la disposition plus générale qu'est l'article 41-4 du même Code[846]. Pour rappel, il expose qu'en cas de non restitution de la chose, *« dans un délai de six mois à compter de la décision de classement ou de la décision par laquelle la dernière juridiction saisie a épuisé sa compétence, les objets non restitués deviennent propriété de l'État »*. Dès lors, l'État en devenant propriétaire, peut les détruire et la compétence de gestion revient également au parquet. Encore faut-il que l'élément que cette autorité souhaite détruire ne soit plus utile, c'est-à-dire *« plus nécessaire à la manifestation de la vérité »*.

280. Un indice réellement inutile ? Cette hypothèse semble recouper deux situations : soit l'élément qui est retrouvé sur les lieux, et qui peut être un indice, de par sa nature, mais qui est inutile *ab initio*, soit l'élément qui était utile mais qui est devenu inutile pour la manifestation de la vérité, notamment après que l'affaire soit définitivement jugée ou après l'écoulement du temps[847].
On comprend aisément qu'une arme retrouvée dans le thorax d'une victime, recouverte de l'empreinte d'une personne condamnée pour ce meurtre soit un élément de preuve important. De même qu'un objet retrouvé sur les lieux de commission d'un vol, ayant servi à entrer par effraction et sur lequel une empreinte digitale fut obtenue appartenant à un individu suspecté dans la procédure. Ce dernier sera forcément un indice utile à la manifestation de la vérité et devra donc être conservé jusqu'au procès et ensuite, selon la gravité de l'infraction, pendant un laps de temps que nous venons d'énoncer. Mais d'autres éléments peuvent être prélevés ou recueillis par les services d'enquête, tout en étant finalement inutile, dès le début de l'investigation.
Sur les lieux de l'infraction, il est préférable de saisir tout ce qui paraît important pour la résolution de l'affaire, quand bien même, *in fine*, les objets en question ne l'étaient pas.
Seulement, l'évolution de la science est primordiale pour la preuve corporelle : ce que les scientifiques peuvent faire aujourd'hui est bien plus avancé qu'hier. C'est dans cette optique que l'on peut se demander, pour tout objet qui est susceptible d'une analyse scientifique, ce qu'est un indice inutile et si, de manière large, un élément recueilli ou prélevé par les enquêteurs peut d'une quelconque façon être réellement inutile *ab initio*. Dès lors que l'officier saisit un bien qui semble relié à une affaire et qui est susceptible d'une étude par la science, il ne peut être considéré comme

---

[846] Mais également de l'article 41-6 pour les crimes.
[847] Ou bien en cas d'autres causes d'extinction de l'action publique.

inutile[848], même s'il ne donne aucun résultat concluant. Une certaine prudence semble ainsi de mise sur l'appréciation à donner sur l'avenir de ces éléments : ce qui est inexploitable aujourd'hui pourrait l'être demain.
À l'inverse, l'indice utile peut, à terme, devenir inutile à la manifestation de la vérité judiciaire, ce qui ne pose pas, *a priori*, de problème concernant sa destruction, le parquet mettant en avant cette volonté et la personne propriétaire ou condamnée pouvant s'opposer à cette hypothèse, notamment en matière criminelle.
Dans tous les cas, l'autorité compétente est le procureur de la République qui devra déterminer ce qui n'est pas ou n'est plus utile à la manifestation de la vérité, ce qui peut induire une décision subjective. Dans ce sens, il est nécessaire que cette volonté de parquet soit susceptible de recours (II).

II - Un possible recours

281. Une décision motivée contestable. L'article 41-5 du Code de procédure pénale prévoit également que *« les décisions prises en application des quatre premiers alinéas sont motivées. Elles sont notifiées par tout moyen aux personnes ayant des droits sur le bien, si celles-ci sont connues, et aux personnes mises en cause. Ces personnes peuvent contester ces décisions devant la chambre de l'instruction afin de demander, le cas échéant, la restitution du bien saisi. Cette contestation doit intervenir dans les cinq jours qui suivent la notification de la décision, par déclaration au greffe du tribunal ou à l'autorité qui a procédé à cette notification ; en cas de notification orale d'une décision de destruction de produits stupéfiants prise en application du quatrième alinéa, le délai de contestation est de vingt-quatre heures. Ces délais et l'exercice du recours sont suspensifs »*. Ainsi, le procureur est compétent pour décider de l'avenir des indices et preuves mais l'individu propriétaire du bien peut également préserver ses droits par un possible recours devant la chambre de l'instruction. Possibilité importante puisqu'en 2014 le Conseil constitutionnel avait abrogé l'alinéa 41-4 du Code de procédure pénale qui disposait que « *le procureur de la République peut ordonner la destruction des biens meubles saisis dont la conservation n'est plus nécessaire à la manifestation de la vérité, lorsqu'il s'agit d'objets qualifiés par la loi de dangereux ou nuisibles, ou dont la détention est illicite* ». Le Conseil avait précisé qu'en *« permettant la*

---

[848] *« Dans un souci partagé de bonne gestion des finances publiques, au regard du coût financier et de la charge de travail que représente l'analyse des prélèvements réalisés, les services enquêteurs devront être sensibilisés à la nécessité de ne prélever que les traces dont ils estiment qu'elles seront susceptibles d'une exploitation utile »*, circulaire du 29 novembre 2013 relative à la « lutte contre les cambriolages et autres vols ».

destruction de biens saisis, sur décision du procureur de la République, sans que leur propriétaire ou les tiers ayant des droits sur ces biens et les personnes mises en cause dans la procédure en aient été préalablement avisés et qu'ils aient été mis à même de contester cette décision devant une juridiction afin de demander, le cas échéant, la restitution des biens saisis, les dispositions du quatrième alinéa de l'article 41-4 du code de procédure pénale ne sont assorties d'aucune garantie légale ; qu'elles méconnaissent les exigences découlant de l'article 16 de la Déclaration de 1789 »[849]. Par conséquent, s'en est suivie la modification législative de 2015, permettant l'information de l'individu et surtout sa possible opposition. Dès lors, le fait que la décision du procureur soit motivée et susceptible de recours permet de protéger le droit de propriété constitutionnellement reconnu, ce qui peut apparaître comme une évolution dans les droits de l'individu.

282. Une régression ? Cependant, il est à noter qu'historiquement, l'individu propriétaire d'une chose servant d'indice ou de preuve, semble avoir perdu un recours théoriquement plus protecteur. L'ancien article 41-5 prévoyait, jusqu'en 2015[850], que *« lorsqu'au cours de l'enquête la restitution des biens meubles saisis et dont la conservation n'est plus nécessaire à la manifestation de la vérité s'avère impossible, soit parce que le propriétaire ne peut être identifié, soit parce que le propriétaire ne réclame pas l'objet dans un délai de deux mois à compter d'une mise en demeure adressée à son dernier domicile connu, le juge des libertés et de la détention peut, sur requête du procureur de la République et sous réserve des droits des tiers, autoriser la destruction de ces biens ou leur remise à l'Agence de gestion et de recouvrement des avoirs saisis et confisqués aux fins d'aliénation ».*
Cette modification législative est théoriquement importante, le juge des libertés et de la détention étant un magistrat du siège, non soumis à hiérarchie et ne participant pas à l'instruction de l'affaire, permettait un

---

[849] Cons. const., 11 avril 2014, QPC n° 2014-390. *Cf.* S. Fucini, « Inconstitutionnalité de la destruction d'objets saisis sur décision du procureur », Dalloz actualité du 9 mai 2014 ; P. Belloir, « Nouvelle consécration du droit à un recours juridictionnel en matière d'actes d'enquête », AJ pénal 2014, p. 368 et L. Gay et A. Mangiavillano, « Droit constitutionnel », Recueil Dalloz 2015, p. 1457. Auparavant, la Cour de cassation avait refusé le renvoi de cette question au conseil, considérant qu'elle ne revêtait pas un caractère sérieux dès lors que cette procédure était justifiée par le principe de bonne administration de la justice : Cass. crim., 15 février 2011, n° 10-90124. Voir A. Jezequel, « Non-restitution des biens saisis : pas de renvoi de la QPC », Dalloz actualité du 7 mars 2011.

[850] Loi n° 2015-177 du 16 février 2015 relative à la modernisation et à la simplification du droit et des procédures dans les domaines de la justice et des affaires intérieures. *Cf.* également la circulaire du 31 mars 2015 de « présentation des dispositions de procédure pénale de la loi n° 2015-177 du 16 février 2015 relative à la modernisation et à la simplification du droit et des procédures dans les domaines de la justice et des affaires intérieures en matière de scellés », NOR : JUSD1508367C.

véritable examen de la nécessité de détruire, de conserver ou de restituer les éléments. La référence textuelle à ce juge permettait justement de limiter le parquet, son rôle et d'obtenir un avis motivé, extérieur au service qui effectue l'enquête. L'accroissement des pouvoirs du procureur doit s'accompagner d'une augmentation des prérogatives du juge indépendant afin de garantir la préservation des droits des individus. Bien que l'on puisse comprendre qu'il est plus rapide et moins couteux que le magistrat du parquet traite de l'ensemble de ces problématiques, libérant ainsi le JLD pour d'autres tâches ayant trait à d'autres libertés, comme celle d'aller et venir dans le cadre d'une garde à vue par exemple[851], on ne peut néanmoins que considérer comme nécessaire l'intervention d'un tel magistrat dès qu'un droit individuel est en cause[852]. Dans ce sens, l'évolution (aux fins de modernisation et de simplification selon l'intitulé de la loi de 2015) semble plutôt être une régression.
Dorénavant, juridiquement, le procureur est l'autorité standard pour décider du devenir des indices et preuves. L'hypothèse de la destruction est la plus extrême, à l'inverse, le parquet peut aussi décider de leur restitution (B).

B - La restitution

283. L'autre hypothèse[853]. C'est bien évidemment une autre destination possible des éléments probatoires et indices à la disposition du parquet : il peut les détruire ou les restituer à son propriétaire (I), bien qu'un régime particulier semble s'être mis en place pour la preuve corporelle (II).

---

[851] C. proc. pén., art. 706-88 : *« pour l'application des articles 63, 77 et 154, si les nécessités de l'enquête ou de l'instruction relatives à l'une des infractions entrant dans le champ d'application de l'article 706-73 l'exigent, la garde à vue d'une personne peut, à titre exceptionnel, faire l'objet de deux prolongations supplémentaires de vingt-quatre heures chacune. Ces prolongations sont autorisées, par décision écrite et motivée, soit, à la requête du procureur de la République, par le juge des libertés et de la détention, soit par le juge d'instruction ».* Par ailleurs, sur la place de ce juge et ses attributions, *cf.* C. Lacroix, « Juge des libertés et de la détention », Rép. pén., mars 2014.

[852] A. Haroune, « Justice en situation - Le juge des libertés et de détention : un magistrat qui sort de l'ombre », Les cahiers de la justice 2019, p. 169 : *« le juge des libertés et de la détention, créé par la loi n° 2000-516 du 15 juin 2000, a été conçu comme le garant du respect des droits et libertés mais également comme un contrepoids au juge d'instruction et au parquet ».*

[853] Sur la question de la restitution, *cf.* notamment. O. Violeau, « Restitution », Rép. pén., mars 2018. Voir également C. Cutajar, « Le nouveau droit des saisies pénales », AJ pénal 2012, p. 124 ; L. Ascensi, « État des saisies et confiscations immobilières », AJ pénal 2016, p. 66 ; G. Cotelle, « Consécration implicite de la procédure de confiscation sans condamnation préalable », AJ pénal 2016, p. 463.

I - Rendre la chose à son propriétaire

284. Une restitution de principe. Assurément, l'élément n'ayant plus aucune utilité pour la procédure peut faire l'objet d'une destruction. Mais celle-ci ne doit intervenir qu'en dernier recours. Avant cela, une interrogation doit se faire sur la remise de l'objet à son légitime propriétaire. C'est dans ce sens que l'article 41-4 du Code de procédure pénale prévoit un délai de six mois pour que l'État devienne propriétaire de la chose : si *« la restitution n'a pas été demandée ou décidée »*. Par ailleurs, il précise également que *« le procureur de la République ou le procureur général est compétent pour décider, d'office ou sur requête, de la restitution de ces objets lorsque la propriété n'en est pas sérieusement contestée »*. Il semble alors que la restitution soit l'étape principale, en la matière et ce n'est que si cette dernière n'a pas eu lieu ou ne peut avoir lieu que l'on s'interroge sur l'éventuelle destruction des indices et preuves. Ainsi, le procureur reste l'autorité compétente pour apprécier la restitution si aucune autre juridiction ou autorité ne s'est prononcée sur le sujet (favorisant l'harmonisation de son rôle dans le domaine) et celui-ci doit vérifier que la propriété de l'objet en cause n'est pas sérieusement contestée. C'est dans ce cadre que l'on peut imaginer la restitution d'objets contenant des indices ou preuves issus d'analyses scientifiques sur des éléments corporels. Néanmoins, un certain nombre de biens ne peut pas donner matière à restitution.

285. L'absence de restitution textuellement prévue. L'hypothèse est expressément prévue à l'alinéa 2 de l'article 41-4 du Code de procédure pénale. Ce dernier prévoit qu'il ne peut y avoir de restitution *« lorsque celle-ci est de nature à créer un danger pour les personnes ou les biens, lorsque le bien saisi est l'instrument ou le produit direct ou indirect de l'infraction ou lorsqu'une disposition particulière prévoit la destruction des objets placés sous main de justice »*. Par cette disposition, il est impossible de restituer à une personne, fut elle légitime propriétaire, une chose dangereuse ou illicite[854]. Tel est le cas des armes ou encore des produits stupéfiants. Dans ce dernier exemple, une précision est apportée par le Code de procédure

---

[854] Dans ce sens, la décision de la juridiction doit permettre de démontrer que l'objet ne peut pas être restitué car il rentre dans l'une de ces hypothèses. *Cf.* par exemple : Cass. crim., 20 avril 2017, n° 16-81679 *: « attendu que, selon ce texte, dans sa rédaction antérieure à la loi n° 2016-731 du 3 juin 2016, la restitution des objets placés sous main de justice et dont la propriété n'est pas sérieusement contestée, doit être ordonnée lorsqu'elle n'est pas de nature à créer un danger pour les personnes ou les biens et qu'aucune disposition particulière ne prévoit la destruction desdits objets ; [...] en prononçant ainsi, sans relever que les sommes saisies, qui n'étaient pas confisquées, étaient revendiquées par un tiers ou que leur restitution présentait un danger pour les personnes ou les biens, la cour d'appel n'a pas donné de base légale à sa décision »*. Voir W. Azoulay, « Saisies douanières : restitution de sommes non déclarées à leur détenteur », Dalloz actualité du 4 mai 2017.

pénale, pour le juge d'instruction : celui-ci est compétent en cas d'information judiciaire pour décider du sort des indices non nécessaires à la manifestation de la vérité. Dans ce sens, l'article 99-2 prévoit les mêmes hypothèses de destructions obligatoires que l'article 41-4 s'agissant du parquet.
Il est à noter qu'une obligation de conservation, est tout de même prévue à l'article 706-30-1. Celui-ci dispose que *« lorsqu'il est fait application des dispositions du quatrième alinéa de l'article 99-2 à des substances stupéfiantes saisies au cours de la procédure, le juge d'instruction doit conserver un échantillon de ces produits afin de permettre, le cas échéant, qu'ils fassent l'objet d'une expertise »*. Hypothèse intéressante puisqu'elle démontre une volonté du législateur de conserver certains éléments probatoires pour des analyses scientifiques. Celui-ci semble alors considérer cette possibilité comme importante pour la suite de la procédure, ce qui, dans l'esprit du texte, rejoint notre proposition de modification législative suggérant de conserver pour les différentes procédures, les éléments susceptibles d'analyses scientifiques ultérieures, ce qui permettrait une uniformisation des procédures concernant la conservation. Dans tous les cas, une simple portion de ces substances doit être conservée, le reste doit être détruit. Au-delà de ces cas particuliers dont la non restitution peut se comprendre au regard de la nature même de ces choses ou de leurs rôles, pour le reste, si l'autorité compétente refuse de restituer l'objet, la personne dispose également d'une voie de recours.

286. Une voie de recours également possible. De la même manière que la personne peut intervenir pour empêcher le procureur de détruire certains éléments probatoires, elle a également une possibilité d'actions concernant les refus de restitution. La suite du second alinéa de l'article 41-4 prévoit que *« la décision de non-restitution prise pour l'un de ces motifs ou pour tout autre motif, même d'office, par le procureur de la République ou le procureur général peut être déférée par l'intéressé au président de la chambre de l'instruction ou à la chambre de l'instruction, dans le délai d'un mois suivant sa notification, par déclaration au greffe du tribunal ou de la cour ou par lettre recommandée avec demande d'avis de réception ; ce recours est suspensif »*. Cette possibilité est à saluer puisqu'un magistrat judiciaire, indépendant et impartial, garant des libertés individuelles peut être saisi et protéger les droits fondamentaux des personnes. Le droit de propriété s'en trouve alors préservé par un contrôle motivé[855] effectué par la chambre

[855] Outre l'arrêt mentionné dans la note précédente, d'autres arrêts ont mentionné l'exigence pour la juridiction saisie de motiver sa décision. *Cf.* Cass. crim., 10 juillet 1996, n° 95-85629. Voir J.-P. Dintilhac, « RESTITUTION. Ministère public. Recours », RSC 1997, p. 152. Voir également Cass. crim., 5 décembre 2001, n° 01-80315 ; Cass. crim., 7 juin 2006, n° 05-84193 ou bien encore Cass. crim., 15 février 2005, n° 04-81060.

de l'instruction ou son président. Cette mention permet une double analyse de la situation de l'objet, une première fois par le parquet, une seconde par un magistrat du siège.
Ce cadre légal, bien qu'il ne prévoie pas *ipso facto* l'intervention d'un magistrat indépendant pour statuer sur ces questions reste tout de même, théoriquement, protecteur des droits de chacun, ce qui préserve forcément le droit de propriété sur des objets ayant été analysés. Par contre, concernant le corps lui-même, il semble qu'une interprétation plus restrictive soit mise en avant (II).

II - Le cas particulier du corps

287. La restitution des éléments corporels et leur statut avant 2011. C'est également pour cette question que travailler et définir un statut certain au corps est important. Les éléments détachés de celui-ci qui seront recueillis ou prélevés par l'officier de police judiciaire ou par un professionnel de santé requis pour le faire seront analysés. Mais la question de la restitution renvoie forcément à leur statut : sont-ils des choses juridiques ou sont-ils rattachés à la personne elle-même ? S'ils gardent le statut de personne juridique, bien que détachés d'elle, on voit difficilement comment pourrait être justifié le refus, une fois qu'ils ne sont plus nécessaires à la manifestation de la vérité, de restituer ces éléments corporels à la personne. Pourtant, nous avons mis en avant qu'une fois détachés du corps, ils ne sont plus que des choses, non disponibles, dont la problématique de la propriété de la personne elle-même ou d'un tiers se pose[856]. Pour autant, si cette fraction du corps est considérée juridiquement comme une chose, rien n'empêche non plus sa restitution. La seule limite envisageable serait que l'élément corporel rentre dans le cadre de l'article 41-4 al. 2 du Code de procédure pénale, dans sa rédaction de l'époque : c'est-à-dire si cet objet issu du corps est soit de nature à créer un danger pour les personnes ou les biens, soit si une disposition spécifique interdit sa restitution ou bien encore si la propriété est sérieusement contestée. La Cour de cassation exigeant une motivation des juridictions sur le sujet, il convient alors de reprendre chacune de ces hypothèses et de les appliquer à la preuve corporelle.
Prenons le cas des prélèvements issus des autopsies, l'article 230-28 du même code prévoyant aujourd'hui qu'au *« cours d'une autopsie judiciaire, le praticien désigné à cette fin procède aux prélèvements biologiques qui sont nécessaires aux besoins de l'enquête ou de l'information judiciaire »*. Cette possibilité existait également avant 2011.

---

[856] Voir *supra* n° 188 et s.

C'est dans cette hypothèse que peut survenir un risque sanitaire et par conséquent un danger pour les personnes. *A contrario*, on voit difficilement en quoi ce qui a été prélevé par le médecin légiste et fait l'objet d'une analyse complémentaire peut constituer un danger pour les personnes ou pour les biens si la restitution est demandée aux fins de sépulture. Dès lors pour cette finalité tout du moins, cette première hypothèse de refus peut être exclue. De plus, il ne semblait pas exister une disposition spécifique prévoyant la destruction obligatoire de ces éléments. Dès lors, la seule possibilité pour refuser de restituer les éléments corporels probatoires était de remettre en cause leur propriété.

288. La solution jurisprudentielle. Le premier arrêt qui intéresse le sujet date de 2002[857]. La Cour de cassation devait répondre à un moyen, fondé sur l'article 99 du Code de procédure pénale concernant le juge d'instruction (qui prévoyait également l'hypothèse du danger pour les personnes ou les biens mais aussi lorsque la restitution pouvait être de *« nature à faire obstacle à la manifestation de la vérité ou à la sauvegarde des droits des parties »*). Le demandeur avançait que la juridiction dont il contestait la décision avait rejeté sa demande de restitution d'éléments corporels *« aux motifs que le sang et la moelle épinière prélevés aux fins d'analyses dans le cadre d'une procédure judiciaire, que ce soit sur une personne vivante ou une personne décédée, ne sont pas des objets susceptibles de restitution »*. Ce dernier exposait que la cour d'appel n'avait donné aucune justification, aucune motivation et qu'elle s'était simplement bornée à dire que ces éléments ne sont pas susceptibles de restitution. Il exposait également que le sang est juridiquement protégé et qu'il peut faire l'objet d'un commerce, ce qui en fait *« des "objets" sur lesquels des droits moraux et patrimoniaux peuvent s'exercer et, comme tels, susceptibles de restitution »*.

Ces arguments sont-ils juridiquement fondés ? Le premier est important parce que, nous l'avons évoqué, la Cour a une exigence de motivation sur l'exclusion de la restitution, ce qui ne semble pas être réellement le cas en l'espèce. Deuxièmement, il est vrai que le sang peut faire l'objet d'un don juridique et par conséquent semble bien une chose susceptible d'appropriation. Pour autant, l'argument n'a pas convaincu la Cour de cassation qui se contente simplement de considérer que la chambre d'accusation a justifié sa décision, sans aucune autre précision. Cette absence d'argument mis en avant par la Cour, laissant l'appréciation souveraine de ces éléments aux juges du fond est toutefois critiquable. Il aurait été souhaitable qu'elle développe un argumentaire et mette réellement en avant les raisons pour lesquelles ces éléments ne sont pas susceptibles de

---

[857] Cass. crim., 3 avril 2002, n° 01-81592. *Cf.* D. Noëlle Commaret, « Prélèvements humains effectués à des fins médico-légales. Restitution (non) », RSC 2002, p. 842.

restitution, sans se contenter de l'affirmer. Concernant le statut des éléments corporels, on peut tout de même remarquer que la Cour n'infirme pas le fait que ces éléments soient des choses, sans toutefois le confirmer non plus. Cela peut démontrer l'indifférence de la Cour sur la question ou bien alors la difficulté de donner une réponse tranchée à cette problématique.

Une seconde affaire, en 2010[858], va permettre d'apporter une nouvelle réponse à ce questionnement. Cette fois, il s'agissait d'une décision d'un procureur de la République de ne pas restituer des scellés biologiques. La cour d'appel avait conclu que ces prélèvements humains ne *« peuvent pas être traités comme des objets ordinaires »*, se référant ensuite à cette décision de 2002. Cette cour énonçait différents éléments de fait et constatait que la loi actuelle ne permettait pas une conciliation entre la recherche de la vérité et le souhait de la famille de la victime d'organiser une sépulture décente. Cet élément est très important. Nous avons mis en avant la nécessaire proportionnalité qui doit exister concernant la preuve corporelle, et encore plus lorsqu'il s'agit du corps d'une victime, entre les droits des individus et la nécessité d'obtenir la vérité. Dès lors, le souhait de sépulture décente des proches de la personne est pris en compte par la cour mais cette dernière privilégie toutefois la recherche de la vérité. Cette même vision permet de justifier l'autopsie judiciaire : une atteinte extrêmement violente face à un corps innocent pour favoriser l'intérêt collectif, la recherche de vérité.

Dans cet arrêt, la Cour de cassation apporte une réponse un peu plus précise que dans sa précédente jurisprudence. Elle considère *que « la cour d'appel a justifié sa décision ; qu'en effet, les prélèvements effectués sur le corps humain à des fins de recherches médico-légales pour les nécessités d'une enquête ou d'une information, qui ne peuvent faire l'objet d'un droit patrimonial aux termes de l'article 16-1 du code civil, ne constituent pas des objets susceptibles de restitution au sens de l'article 41-4 du code de procédure pénale »*. Il s'agissait en l'espèce de demande de restitution *« d'organes et fragments d'organes »*, qui, comme pour le sang, sont susceptibles de dons juridiques et donc d'appropriation par le corps entier lui-même, et par conséquent, par la « personne » juridique. Même si l'article 16-1 du Code civil interdit, il est vrai, la patrimonialisation du corps, ce n'est pas pour autant que ce dernier ne puisse pas être appropriable, notamment à titre gratuit[859]. Dans ce sens, on imagine mal pourquoi la Cour refuse une

---

858 Cass. crim., 3 février 2010, n° 09-83468. *Cf.* notamment P. Chaumont, A. Leprieur et E. Degorce, « Chronique de jurisprudence de la Cour de cassation », Recueil Dalloz 2010, p.1653 ou bien encore T. Revet, « La chambre criminelle déduit de ce qu'en vertu de l'article 16-1 du code civil les prélèvements effectués sur le corps humain à des fins de recherches médico-légales ne peuvent faire l'objet d'un droit patrimonial, qu'ils ne sont pas des objets susceptibles de restitution à la fin de procédure », RTD Civ. 2010, p. 354.

859 *« Ainsi, dès lors qu'un élément du corps est détaché de la personne, celle-ci se l'approprie*

telle restitution à la famille pour l'organisation des funérailles, préférant la destruction des éléments, plutôt que de permettre à cette dernière de faire son deuil. La solution apparaissait contestable à ce niveau surtout si l'on prenait en compte le nécessaire équilibre qui doit être trouvé entre la préservation de la vie privée et la recherche de vérité. Dès lors, une intervention législative semblait de mise[860].

289. La loi du 17 mai 2011[861]. Cette loi a créé, au sein du Code de procédure pénale, un chapitre entier consacré aux autopsies judiciaires. Au sein de celui-ci, se trouve l'article 230-30 qui traite de cette question de restitution et destruction des éléments corporels issus de ces actes. L'article dispose alors que *« lorsque les prélèvements biologiques réalisés au cours d'une autopsie judiciaire ne sont plus nécessaires à la manifestation de la vérité, l'autorité judiciaire compétente peut ordonner leur destruction. [...] Toutefois, sous réserve des contraintes de santé publique et lorsque ces prélèvements constituent les seuls éléments ayant permis l'identification du défunt, l'autorité judiciaire compétente peut autoriser leur restitution en vue d'une inhumation ou d'une crémation »*. Le législateur a ainsi pris en compte la nécessaire proportionnalité qui doit exister entre la recherche sans limite de la vérité et la préservation des droits des individus. Cet apport est remarquable puisque les familles des victimes peuvent se voir restituer certains éléments corporels. Néanmoins, plusieurs remarques s'avèrent nécessaires.

Tout d'abord, le premier alinéa semble démontrer la volonté du législateur de confirmer que les éléments corporels, bien qu'ils soient des objets particuliers, peuvent faire l'objet d'une destruction. Dès lors qu'ils ne sont plus nécessaires à la manifestation de la vérité, c'est-à-dire, selon le même critère que le droit commun.

En second lieu, la disposition spécifique l'emportant sur la disposition générale en droit, il n'est pas certain que les possibles recours que nous avons mentionnés, contre les décisions du parquet notamment, puissent s'appliquer à ce domaine[862]. L'interprétation stricte de la loi permettrait à l'autorité judiciaire d'ordonner les destructions, sans avoir de compte à rendre aux proches de la victime. Par ailleurs, le rappel du fait que c'est l'autorité judiciaire qui est compétente pour prendre la décision, et non pas le

---

car elle peut choisir elle-même sa finalité dans les limites des dispositions légales », C. Kurek, *Le corps en droit pénal*, précit.

860 *Cf.* P. Chaumont, A. Leprieur et E. Degorce, « Chronique de jurisprudence de la Cour de cassation », précit.

861 loi n° 2011-525 précit.

862 Notamment sur le fondement de l'article 41-5 du Code de procédure pénale si l'on considère le risque sanitaire et donc la dangerosité que peuvent engendrer certains éléments corporels.

médecin lui-même, est notable et démontre que ce dernier reste sous le contrôle de la justice.
Concernant la restitution à la famille, celle-ci ne peut recevoir l'intégralité des prélèvements corporels effectués dans le cadre d'une autopsie dès lors qu'ils ne sont plus nécessaires à la manifestation de la vérité mais uniquement ceux qui constituent les seuls éléments ayant permis l'identification du défunt. C'est-à-dire, les simples éléments qui permettent à la famille d'organiser des funérailles et de faire leur deuil[863]. Ainsi, le principe ne semble pas avoir changé par rapport aux décisions prétoriennes : ces éléments ne sont pas susceptibles de restitution, sauf pour cette hypothèse exceptionnelle. À cela s'ajoute le fait qu'il n'est pas question d'une obligation pour l'autorité judiciaire mais simplement d'une possibilité : *« peut autoriser »*. Bien que, dans la pratique, les situations doivent être rares, dans lesquelles il ne subsiste que quelques éléments d'identification de la personne après l'infraction, il n'empêche que cet article ne prévoit qu'une simple possibilité. Une avancée serait d'obliger la restitution de ces éléments à la famille, aux fins de sépulture, lorsqu'ils ne sont plus utiles à la manifestation de la vérité, ce qui permettrait un réel respect de l'article 8 de la Conv. EDH[864]. *In fine,* cet article ne concerne que les autopsies judiciaires, ce qui signifie que le droit commun s'applique pour l'ensemble des preuves probatoires obtenues hors de ce cadre, et par conséquent, les jurisprudences précédemment citées concernant l'impossible restitution de ces éléments. Cette solution est toutefois logique au regard du potentiel risque sanitaire que peut occasionner le corps détaché.

---

[863] Cette solution concerne les prélèvements issus d'autopsie. Pour le corps lui-même, il est conservé tant qu'il n'est plus nécessaire à la manifestation de la vérité, comme les autres indices et preuves. *Cf.* C. proc. pén., art. 230-29 : *« lorsqu'une autopsie judiciaire a été réalisée dans le cadre d'une enquête ou d'une information judiciaire et que la conservation du corps du défunt n'est plus nécessaire à la manifestation de la vérité, l'autorité judiciaire compétente délivre dans les meilleurs délais l'autorisation de remise du corps et le permis d'inhumer »*. Dans tous les cas, les proches du défunt peuvent demander la restitution du corps un mois après l'autopsie. Le procureur ou le juge d'instruction, selon le cadre d'enquête dispose alors de quinze jours pour répondre, par écrit, à la demande (dernier alinéa du même article). Par ailleurs, un rapport de 2013 met en avant que *« le délai moyen de conservation du corps est inférieur à cinq jours dans 80% des cas »*. *Cf.* P. Beau, A. Bodon, J. Emmanuelli et *al.*, rapport sur « L'évaluation du nouveau schéma d'organisation de la médecine légale », décembre 2013. Pour les biens juridiques contenant des traces corporelles et ayant fait l'objet d'une analyse, ils sont conservés et restituables selon le droit commun.

[864] G. Royer, « Absence de restitution des organes aux proches après autopsie », AJ pénal 2010, p. 250. Ce dernier met en avant qu'*« un refus de restitution de scellés biologiques est toujours susceptible de constituer une violation de la Convention européenne des droits de l'homme, prise en son article 8 prohibant les atteintes à la vie privée et à la vie familiale. Tel fut notamment le cas dans l'affaire Pannullo c/ France donnant lieu à un arrêt de condamnation de la France en date du 30 octobre 2001 sur le fondement de cet article en raison du refus de restitution à la famille, après autopsie judiciaire, du corps d'une fillette de huit ans »*.

Dès lors, un régime juridique existe concernant la conservation et la destruction des indices et preuves. Il comporte pourtant des imprécisions sur certains points et laisse interrogatif sur d'autres. Qu'en est-il désormais des considérations pratiques de conservation et destruction (Section II) ?

Section II - Conservation et destruction matérielle

290. Les scellés judiciaires. Depuis le début de ce chapitre nous traitons de la preuve corporelle ou bien encore des indices amenés à servir de preuve. Ont été également traitées la restitution ou bien encore la destruction de ces éléments d'un point de vue purement juridique. D'un point de vue matériel, mais également juridique, ces éléments seront placés sous scellés (§I) dont les hypothèses de conservations interrogent (§II).

§I - Le placement des objets sous scellés

291. Droit commun et preuve corporelle. La principale question porte sur l'utilité du placement des objets sous scellés : pourquoi, dans la procédure répressive, place-t-on sous scellé ? La finalité première semble être la protection de ces éléments, tant matérielle que juridique (A). Il s'agit des hypothèses de placement sous scellé classique : une chose ou un bien dont le statut juridique ne pose aucun problème. *A contrario,* d'autres questions se posent concernant le corps (B).

A - La protection matérielle et juridique des choses sous main de justice

292. Le scellé : une notion juridique. Le scellé est incontestablement une notion juridique ayant un impact sur la conservation matérielle des preuves. Pour autant, aussi surprenant que cela puisse être, il ne fait l'objet d'aucune indication spécifique dans le Code de procédure pénale, pas plus que le Code de procédure civile[865], permettant de regrouper l'ensemble des règles à son

[865] Ce Code contient également des dispositions concernant les scellés mais sans plus de précision que le Code de procédure pénale. Exemple, C. pr. civ., art. 1304 : *« un huissier de justice peut accomplir les mesures conservatoires qui s'imposent après le décès d'une personne. Ces mesures conservatoires sont, selon la valeur des biens trouvés sur place, l'apposition des scellés ou l'état descriptif ».*

égard. Dans ce sens, ces mêmes codes n'en donnent aucune définition juridique. Même la loi du 23 mars 2019[866] modifiant certains traits procéduraux et tendant à simplifier la justice ne s'est pas attelée à cette tâche. Dès lors, seuls quelques articles font référence à cette notion, sans réelle précision. Ce sont, tout d'abord, des éléments relatifs à l'enquête puisque c'est dans cette première phase que le scellé à vocation à s'appliquer. Le principal article traitant du sujet concerne les perquisitions : il s'agit plus précisément de l'article 56 du Code de procédure pénale qui dispose, dans son quatrième alinéa, que *« tous objets et documents saisis sont immédiatement inventoriés et placés sous scellés. Cependant, si leur inventaire sur place présente des difficultés, ils font l'objet de scellés fermés provisoires jusqu'au moment de leur inventaire et de leur mise sous scellés définitifs et ce, en présence des personnes qui ont assisté à la perquisition suivant les modalités prévues à l'article 57 »*. Ainsi le principe est précis : ce qui est saisi pendant cet acte d'enquête doit être placé sous scellés. Si l'affirmation est relativement simple, elle ne donne par contre aucune autre précision sur les modalités pratiques du placement ou sur la notion même de scellé. Par ailleurs, les articles que nous avons déjà mentionnés concernant les hypothèses de conservation et de destruction ne font pas référence à cette notion mais traitent d'objets *« placés sous main de justice »*[867]. À l'inverse, l'article 97 du Code de procédure pénale concernant ces mêmes problématiques pour le juge d'instruction emploie les deux termes : *« tous les objets, documents ou données informatiques placés sous main de justice sont immédiatement inventoriés et placés sous scellés »*. Le scellé semble alors lié à la notion de chose sous main de justice : tout ce qui est saisi par l'autorité judiciaire est placé sous main de justice, ce qui se traduit matériellement par l'apposition d'un scellé. Ainsi, les deux appellations renvoient à la même notion[868].

Pour autant, le scellé ne fait toujours pas l'objet d'une définition. Certains auteurs se sont essayés à cette tâche : des lexiques juridiques l'apparentent ainsi à *« tout dispositif permettant au juge répressif d'avoir la certitude que l'objet ou document annexé à la procédure est bien celui qui a été saisi par un officier de police judiciaire ou un juge d'instruction. Les scellés sont dits « fermés » ou « ouverts » selon que l'examen de l'objet ou la consultation du*

---

866 Voir *supra* n° 274.

867 C. proc. pén., art. 41-4 et 41-6.

868 Cet élément est aussi mis en avant par C. Tasca dans son avis n° 162 « Justice judiciaire et accès au droit », enregistré à la Présidence du Sénat le 21 novembre 2013, concernant le projet de loi de finances pour 2014 : *« le code de procédure pénale ne donne aucune définition juridique des termes de « scellés », d'« objet placés sous scellés » ou d'« objets placés sous main de justice » et les emploie indistinctement. [...] Ces trois appellations correspondent à des évolutions historiques que la circulaire du 13 décembre 2011 relative à la gestion des scellés propose de regrouper sous le terme de « scellés judiciaires » »*.

document saisi peut être réalisé ou non sans porter atteinte au dispositif d'authentification »[869]. Par conséquent, deux éléments importants semblent ressortir de cette définition : la compétence de l'OPJ ou d'un magistrat et la certitude de la provenance de l'objet.

293. L'autorité compétente. Il semble alors que l'OPJ soit, par principe, compétent en la matière. L'article 56 du Code de procédure pénale en est une réelle illustration, concernant les perquisitions. Cette disposition permet à l'officier de se transporter sur les lieux et *in fine* de saisir et placer sous scellés les *« objets, documents et données informatiques utiles à la manifestation de la vérité »*. Cependant ce dernier n'est pas le seul compétent dans ce domaine[870]. En droit civil, l'apposition de scellé peut se faire par un huissier de justice par exemple.
Par ailleurs, il est également prévu dans le Code de procédure pénale, une compétence de l'APJ, à l'article D. 15-5-1, qui précise que *« les opérations prévues par les articles 55-1 et 706-56 peuvent être effectuées, sur instruction d'un officier de police judiciaire, par un agent de police judiciaire, ou par un agent spécialisé, technicien ou ingénieur de police technique et scientifique. Dans le cas prévu à l'alinéa précédent et celui prévu par l'article D. 7, lorsque les agents de police judiciaire, les agents spécialisés, techniciens ou ingénieurs de police technique et scientifique procèdent, conformément aux instructions d'un officier de police judiciaire, aux prélèvements et au placement sous scellés des échantillons biologiques, des objets et des traces et indices utiles à la manifestation de la vérité, aux fins d'examens techniques et scientifiques, ils en dressent inventaire et en font mention dans leur rapport »*. Il semble alors qu'une compétence pour former des scellés soit également reconnue à l'APJ concernant la preuve corporelle, puisque le renvoi aux articles 55-1 et 706-56 lui permettent les prélèvements ADN sur personne. L'APJ a ainsi une compétence, sous l'autorité toutefois de l'OPJ, confirmant le rôle important de celui-ci dans la confection des scellés et la préservation des preuves.

---

[869] S. Guinchard et T. Debard (dir.), *Lexique des termes juridiques 2019-2020*, précit.
[870] De plus, il ne s'agit que de la compétence de l'OPJ pour le placement sous scellé. En matière de gestion des scellés, de nombreux acteurs procéduraux ont un rôle à jouer. Outre le procureur de la République ou le juge d'instruction dont nous avons déjà exposé les compétences, le sont également les juridictions et magistrats du siège. Par ailleurs, *« la gestion des scellés nécessite, enfin, de nombreuses relations avec les partenaires institutionnels, soit en amont de la chaîne de traitement tels que les services enquêteurs, la caisse des dépôts (C.D.C), soit en aval comme France Domaine, la direction nationale d'interventions domaniales (D.N.I.D), le ministère de la défense et les services spécialisés de la police ou de la gendarmerie et la direction de la sécurité civile (D.S.C)... ». Cf.* Circulaire conjointe du 13 décembre 2011 relative à la gestion des scellés, précit.

294. Le placement sous scellés : une nécessité. Le premier objectif du placement des indices sous scellés par un OPJ est la conservation de ce qui est utile à la manifestation de la vérité. Cela permet aussi de démontrer une certaine volonté législative de préserver les droits de la défense de l'individu mis en cause, d'éviter les nullités d'actes de procédure pénale et d'assurer une forme de loyauté dans la recherche probatoire. Le scellé fermé par un officier de police judiciaire atteste ainsi que l'objet en question est entre les mains de la justice et en même temps protégé. Cela garantit une continuité de la procédure pour la personne suspecte puisque par cette apposition, l'autorité judiciaire se porte garante du respect du bien et de l'authenticité de celui-ci : si un morceau détaché du corps de l'individu est placé sous scellé, le scellé permet de s'assurer que c'est bien celui-ci qui fut prélevé ou recueilli. C'est dans ce sens, par exemple, que l'article 706-30-1 du Code de procédure pénale impose, pour la destruction de stupéfiants au cours d'une information judiciaire, le placement sous scellés et la présence de la personne qui les détenait ou deux témoins. Ce qui est important est de respecter le contradictoire et de s'assurer de préserver les preuves, d'où le nécessaire placement de ce qui sera conservé sous scellé[871]. Celui-ci permet également au juge de vérifier que les objets qu'il a entre les mains sont bien ceux saisis par l'autorité judiciaire ou de police. C'est en cela qu'il est une nécessité, pour la préservation de la procédure et de tous les droits et intérêts de la défense. Dans ce sens, un indispensable inventaire doit être effectué par les OPJ qui placent sous scellés. Chacun des articles relatifs à cette notion fait référence à un recensement qui permet justement une continuité de la procédure et une traçabilité des scellés, ce qui *in fine*, protège également les intérêts de la personne propriétaire de la chose.

Pour finir, le Code pénal participe à la protection de ces éléments par l'infraction de bris de scellés, prévue à l'article 434-22 qui dispose que *« le bris de scellés apposés par l'autorité publique est puni de deux ans d'emprisonnement et de 30 000 euros d'amende. La tentative de bris de scellés est punie des mêmes peines. Est puni des mêmes peines tout détournement d'objet placé sous scellés ou sous main de justice ».*

Ainsi, une réelle volonté législative de protection des objets saisis semble exister, l'article prévoyant tant l'ouverture non autorisée des scellés que le détournement de ceux-ci. Dans tous les cas, l'article ne protège que les scellés, ce qui démontre encore la nécessité de placer tous les objets saisis par les forces de l'ordre sous ce statut.

---

[871] L'article impose que le juge d'instruction décide de ces éléments et que l'OPJ ou lui-même effectue la pesée avant destruction *« en présence de la personne qui détenait les substances, ou, à défaut, en présence de deux témoins »*. La Cour de cassation ayant ainsi rappelé qu'un OPJ, seul, ne peut pas décider de détruire les produits stupéfiants. *Cf.* Cass. crim., 31 octobre 2017, n° 17-80872. Voir W. Azoulay, « Destruction de produits stupéfiants saisis par un OPJ seul : une nullité d'ordre public », Dalloz actualité du 16 novembre 2017.

295. Les modalités pratiques. Différents procédés peuvent être utilisés pour sceller un objet. Ce peut être une *« bande de papier ou d'étoffe fixée par un cachet de cire*[872] *marqué d'un sceau »*[873] ou bien encore des *« bandes de tresse ou de papier fixées par un magistrat, un fonctionnaire, un officier public, sur un meuble, une porte, un volet, pour en interdire l'ouverture, ne peuvent constituer des scellés au sens légal du mot, et comme tels, être garanties dans leur inviolabilité par les dispositions de l'article 434-22 du code pénal, qu'autant qu'elles portent l'empreinte d'un sceau, emblème de la puissance publique »*[874]. Il ressort alors que le scellé, peu importe sa forme, est un moyen de protection qui empêche l'accès au bien, et donc à la falsification éventuelle de preuve, et qui est garanti par l'apposition d'un sceau qui permet d'identifier un scellé.
Concernant le corps, bien qu'il soit également saisi par l'autorité publique, il ne fait pas l'objet d'un placement systématique sous scellé (B).

B - Le placement du corps sous scellé

296. Un constat pratique. Pour le bon déroulement de ce travail de recherche, il nous apparut opportun, en plus de l'étude sur l'utilisation de l'ADN dans les procédures judiciaires – qui permettait un échange avec des praticiens du droit –, de travailler en concertation avec le service de médecine légale de Nancy, aux fins de délivrance d'un master de criminalistique. Lors de plusieurs entrevues avec Laurent MARTRILLE, médecin légiste, et un membre de la gendarmerie nationale, un constat s'offrait à nous : le cadavre, dans sa globalité, n'est pas ou peu placé sous scellé dans la pratique. Cette vision nous paraissait problématique à plusieurs titres : pour la préservation des preuves, pour la tâche confiée à l'OPJ concernant l'autopsie et pour le statut même du médecin et de ses prérogatives, tout du moins avant 2019 (I). Après cette date, de nouveaux éléments devaient être pris en compte (II).

---

[872] Pour plus de précisions, *cf.* F. Boillot, « Il était une fois les cachets de cire », 2014, disponible sur le site internet du ministère de l'intérieur. Dans son article, l'auteur définit le cachet de cire comme *« l'empreinte digitale du service de police qui a constitué le scellé »* et énonce qu'il a vocation à disparaître au profit des bandes autocollantes. Ces éléments ont été mis en avant auparavant par E. Assassi, dans son avis n° 154 « Sécurité », enregistré à la Présidence du Sénat le 22 novembre 2012 : *« l'abandon, d'ici la fin de l'année 2012, de l'utilisation de la cire pour la confection des scellés judiciaires, peu aisée et source d'erreurs, au profit de pastilles et bandes adhésives présentant toutes les garanties exigées en ce domaine ».* Voir aussi dans ce sens : M. Houbron, Amendement n° 390, rejeté, à l'Assemblée Nationale le 14 novembre 2018.
[873] S. Guinchard et T. Debard (dir.), *Lexique des termes juridiques 2019-2020*, précit.
[874] P. Maistre du Chambon, « Scellés », Rép. pén., octobre 1997.

I - Avant 2019

297. La nécessaire présence de l'OPJ. Comme nous venons de l'exposer, cette opération ne peut se faire, par principe, que par l'autorité judiciaire et les forces de l'ordre et notamment par l'OPJ. Dans ce sens, si le corps n'était pas placé, dans sa globalité sous scellé, la présence de l'officier de police au moment de l'autopsie était obligatoire pour placer, sous scellé, l'ensemble des prélèvements que réalisaient les médecins légistes pendant l'acte, pour analyse future par d'autres scientifiques. La garantie de préservation des preuves passant par l'apposition d'un scellé, il n'était pas envisageable que l'acte se déroule sans sa présence[875].

298. Recours à personne qualifiée et expertise. L'article 230-28 du Code de procédure pénale prévoit qu'une *« autopsie judiciaire peut être ordonnée dans le cadre d'une enquête judiciaire en application des articles 60, 74 et 77-1 ou d'une information judiciaire en application des articles 156 et suivants »*. Cela signifie que le médecin légiste requis peut l'être sous le statut de personne qualifiée ou bien en tant qu'expert. Nous avons mis en avant le rapprochement des deux statuts qui existe de plus en plus dans la pratique[876].

Simplement, concernant les scellés, une différence de taille semblait exister. Jusqu'en 2019, l'article 60 du Code de procédure pénale relatif au recours à personne qualifiée précisait, dans son alinéa 3, que les personnes désignées par l'OPJ pouvaient procéder à l'ouverture des scellés. Elles devaient en dresser inventaire et en faire mention dans leur rapport, conformément aux dispositions des articles 163 et 166 du même code. « *L'article 163 précise la mission des experts en leur confiant non seulement le pouvoir d'ouvrir les scellés, mais également celui d'en créer de nouveaux, uniquement sur les éléments restants ou reconditionnés des scellés précédemment reçus. Une interprétation stricte de la loi pénale et notamment de l'article 60 ne permet[tait] donc pas aux personnes qualifiées requises de créer de nouveaux scellés, le renvoi à l'article 163 n'existant que pour l'inventaire qu'elles doivent effectuer. Néanmoins, au vu des rapprochements entre les deux statuts et de la ratio legis, une interprétation étendant le renvoi à l'article 163 à l'ensemble de ses dispositions s'est imposée dans la pratique judiciaire* ». Nous terminions ce constat en exposant que *« le principe de clarté de la loi rend néanmoins souhaitable une modification de l'article 60*

---

[875] Dans ce sens, *cf.* B. Durupt, *La Police judiciaire. La scène de crime*, précit. Ou bien encore P. Rogiez-Thubert, *La parole est au cadavre. Le quotidien d'un officier de police*, Les éditions demos, collection « Criminologie et société », 2008.

[876] Voir *supra* n° 212 et s.

du code de procédure pénale par le législateur afin d'aligner textuellement sa rédaction sur celle de l'article 163 »[877].

Le problème ne semblait se poser que pour les autopsies, le corps n'étant pas ou peu placé sous scellé, ce qui était différent des éléments du corps qui eux, étant bien des choses détachées de ce dernier, faisaient l'objet d'un placement sous scellé une fois saisis. Par contre, le corps entier posait visiblement plus de difficultés. Nous pensons que la complication est encore une fois liée à son absence de statut clair et précis. Si le cadavre est considéré comme une chose quelconque, il n'y a visiblement aucune difficulté pour qu'il soit placé sous scellé, comme n'importe quelle autre chose saisie par l'OPJ. Par contre, en l'absence de statut précis, il peut s'avérer délicat de sceller le cadavre, comme tout autre objet. C'est en ce sens qu'il est important également pour le droit pénal que le corps dispose d'un statut cohérent. Dans tous les cas, les différentes possibilités à la portée du médecin selon l'autorité qui le missionne lui posaient des soucis de compréhension, notamment sur l'appréciation de ses prérogatives.

Dès lors, soit le corps était placé sous scellé et dans ce cas il pouvait, en tant qu'expert, placer les prélèvements corporels sous scellé sans avoir besoin de l'OPJ[878], également, en interprétant à la lumière de statut de l'expert, en étant une personne qualifiée. Soit le corps ne l'était pas et dans ce cas le problème ne se posait pas : il avait besoin de la présence de l'OPJ pour l'acte. Jusqu'en 2019, le droit et la pratique judiciaire paraissaient ainsi parfois incohérents et méritaient une harmonisation. En tout état de cause, il semble que le législateur ait pris en compte ces éléments... (II)

II - L'évolution de 2019

299. La loi de réforme de la justice[879]. C'est cette dernière qui a entrepris de simplifier grands nombres d'articles de différents codes, dont l'article 60 du Code de procédure pénale. Celui-ci dispose désormais (al. 3) que : *« les personnes désignées pour procéder aux examens techniques ou scientifiques peuvent procéder à l'ouverture des scellés. Elles en dressent inventaire et en font mention dans un rapport établi conformément aux dispositions des articles 163 et 166. Ces personnes peuvent également, en le mentionnant*

---

[877] G. Vibrac et L. Martrille, « Le corps médico-légal : une nécessaire modification des pratiques de mise sous scellés », précit.

[878] Ce qui permettait également de le libérer de cette mission dont l'automatisation était contestée. *Cf. Ibid.*

[879] Loi n° 2019-222 du 23 mars 2019 précit. Pour une étude de l'impact de la loi sur le droit répressif, *cf.* le dossier spécial consacré à cette loi dans l'AJ Pénal d'avril 2019, p. 175 et s. précit.

dans leur rapport, replacer sous scellés les objets examinés et placer sous scellés les objets résultant de leur examen ; en particulier, les médecins requis pour pratiquer une autopsie ou un examen médical peuvent placer sous scellés les prélèvements effectués. Elles peuvent communiquer oralement leurs conclusions aux enquêteurs en cas d'urgence ».

300. Encore des incohérences ? Cette modification appelle à plusieurs remarques. Tout d'abord, il faut saluer la prise en compte de la problématique par le législateur. Il importe que le droit répressif et particulièrement la procédure pénale soient cohérents ; dans ce sens, la saisine du parlement sur la question est appréciable. Néanmoins, plusieurs interrogations et incohérences semblent exister.

La première concerne le renvoi spécifique aux médecins : pourquoi une telle précision ? L'objectif pour les OPJ est, à terme, de ne plus être contraint d'assister, systématiquement, aux autopsies[880]. Pour cela, il était nécessaire que le corps soit placé sous scellés, *« tant pour assurer la préservation des preuves que la possibilité pour les médecins de confectionner de nouveaux scellés à partir d'éléments issus de l'autopsie. Le législateur a contourné la difficulté, le médecin pouvant maintenant placer sous scellés sans que le cadavre lui-même n'y soit »*[881]. Ainsi, peu importe que le corps ait été placé sous protection judiciaire par les scellés, le médecin légiste pourra au cours de l'autopsie prélever un certain nombre d'éléments corporels et les placer lui-même sous scellés. Si ce fait permet de soulager les OPJ de leur charge de travail, puisqu'ils ne seront plus contraints d'être présents à chaque acte du médecin[882], cette mention semble contradictoire avec la nécessité de

---

[880] Voir également L. Avia et D. Paris, rapports n° 1396 et 1397 sur la loi « de programmation 2019-2022 et de réforme pour la justice (n° 1349) et relatifs au renforcement de l'organisation des juridictions (n° 1350) », enregistrés à la présidence de l'Assemblée nationale le 9 novembre 2018, tome 1 « Synthèse et commentaires d'articles » : *« la pratique montre qu'il serait utile et plus efficace que les personnes sollicitées par l'OPJ pour procéder à des examens techniques puissent placer des éléments sous scellés sans sa présence »*. Pour le rejet d'un amendement (CL93) qui critique cette évolution de 2019, voir le tome 2 « Comptes rendus des travaux de la commission ».

[881] G. Vibrac, « Recours à personne qualifiée, expert et placement sous scellés », AJ Pénal 2019, p. 203

[882] Cette mention interroge d'ailleurs d'autres auteurs qui se demandent, compte tenu de l'importance que peut avoir l'autopsie pour une enquête, dans quel cas l'OPJ sera présent : *« à ce titre, l'on peut imaginer que la présence de l'OPJ aux opérations d'autopsie sera principalement déterminée par la gravité de l'affaire et son caractère potentiellement criminel. Mais comment anticiper la gravité de l'affaire avant que l'autopsie n'ait eu lieu ? Quid de l'hypothèse, par exemple, de l'intervention d'un tiers dans un décès maquillé en suicide ? Ces enjeux invitent à une redéfinition de l'office du magistrat, et plus particulièrement du parquetier »*. Les auteurs ajoutent que *« passer de la présence systématique à l'absence de principe des OPJ doit conduire les magistrats du parquet à choisir les décès sur lesquels ils mettent l'accent. Le procureur de la République en charge de*

préserver intact les éléments probatoires. Nous aurions souhaité que le législateur se saisisse de la question des scellés et du cadavre. Tout au moins, l'exécutif, par voie de circulaire, pourrait prévoir la mise en place systématique de scellés lors de la découverte de cadavres destinés à être transportés par les pompes funèbres à l'IML. Une telle mention permettrait d'effacer les potentielles falsifications du corps et donc de préserver les indices et preuves. Pour autant, cette nouvelle rédaction de l'article ne va pas dans ce sens.

À l'inverse, le texte fait maintenant référence à l'examen médical, ce qui suppose un acte effectué sur une personne en vie. Cette possibilité concernant le vivant apparaît plus satisfaisante que pour le cadavre. Auparavant, le médecin requis pour pratiquer des prélèvements corporels dans la phase de recherche probatoire (par exemple sur les potentielles victimes de viols), était contraint de réaliser les prélèvements et devait attendre l'arrivée de l'officier pour le placement sous scellés[883]. Qu'il puisse désormais le faire seul réduit les potentielles atteintes à l'élément probatoire, ce qui est positif pour la procédure pénale.

Cette nouvelle rédaction nous interroge encore, s'agissant cette fois de l'article 163, concernant les experts, qui n'a pas été modifié. Le texte *« prévoit toujours que l'expert est habilité à conditionner de nouveaux scellés, ce qui suppose au préalable qu'il ait entre les mains des premiers scellés judiciaires. Or, ce ne semble toujours pas être systématiquement le cas du corps pour une autopsie, induisant la présence de l'OPJ lors de l'acte, pour le placement sous scellés des prélèvements corporels, lorsque le médecin est requis comme expert »*[884]. Sauf à inverser l'interprétation qui était parfois faite autrefois, en transposant maintenant les prérogatives de l'expert à la lumière de celles de la personne qualifiée… Cela reviendrait à la situation antérieure et au retour à notre constat : l'interprétation stricte de la loi pénale impose une modification législative permettant que le médecin requis, au vu du rapprochement des deux statuts, ait les mêmes prérogatives

---

l'affaire devra ainsi faire œuvre de casuistique pour apprécier l'opportunité d'une autopsie et le cas échéant, l'opportunité de sa présence ou de celle de l'OPJ aux opérations. Ce qui implique également de sa part, qu'il soit davantage présent pendant les levées de corps pour appréhender directement les circonstances du décès. A défaut de sa présence, il est essentiel que le procureur entretienne une communication privilégiée avec le médecin légiste ». *Cf.* L. Martrille, A. Perrin et B. Py, « Impact de la Loi n° 2019-222 du 23 mars 2019 de programmation 2018-2022 et de réforme pour la justice sur l'office du médecin légiste », Médecine et Droit 2019, n° 157, p. 77.

883 Dans ce sens, le rapport de mission de 2013 mettait justement en avant comme recommandation le fait de proscrire tout prélèvement non scellé et de confier au médecin légiste le pouvoir de réaliser des scellés sur les vivants. *Cf.* P. Beau, A. Bodon, J. Emmanuelli et *al.*, rapport sur « L'évaluation du nouveau schéma d'organisation de la médecine légale », précit.

884 G. Vibrac, « Recours à personne qualifiée, expert et placement sous scellés », précit.

concernant les scellés, peu importe qui le missionne[885]. Il est donc nécessaire d'envisager une écriture commune des deux textes et de placer systématiquement le cadavre sous scellés.

301. Un corps partagé entre individu et collectivité ? Nous l'avons vu, lorsque le corps est rattaché à la personne qu'il suit, son socle, l'individu dispose de quelques droits sur lui. Pourtant, il reste tout de même limité dans ses possibilités et ne dispose pas d'une liberté totale sur son corps. Toute action tentant à le marchander est prohibée par principe, freinant ainsi la toute-puissance de la volonté de la personne et la maîtrise de sa vie et de son intégrité. Les mêmes problématiques se posent concernant les éléments détachés du corps et l'éventuelle volonté de l'individu de conserver ces éléments, de les préserver, arguant qu'ils font partie de lui. Dès lors, il est possible de s'interroger sur l'existence ou non d'un droit de propriété sur le corps de l'individu, non plus par l'individu lui-même mais au contraire, s'agissant de la preuve, lorsque l'intérêt collectif rentre en jeu, par la société. L'ensemble de ces questionnements est lié et il semble que l'individu mais également la société elle-même seront limités. Les forces de l'ordre paraissent ainsi hésiter à placer le cadavre entier sous scellé. Par contre, ils y placent les éléments détachés, de sorte que les considérations tenant au statut juridique du corps semblent tout de même prises en compte dans la pratique, *a minima* de manière inconsciente par les acteurs judiciaires. Il n'empêche que ces derniers, lorsqu'ils saisissent le corps ou un élément de celui-ci au nom de l'État, à défaut pour lui d'être totalement propriétaire, il obtient tout de même certaines prérogatives liées au droit de propriété. Par la saisie, l'État peut utiliser la chose comme il le souhaite, dans une finalité purement probatoire et donc en considération de l'intérêt collectif, et même aller jusqu'à la destruction de celle-ci. C'est bien parce que la société va se comporter comme le propriétaire de cette chose particulière qu'est le corps qu'elle peut l'analyser et le détruire mais aussi en disposer pour l'avenir. C'est ainsi qu'elle peut décider de conserver l'élément du corps d'autrui ou le corps lui-même tant qu'elle l'estime utile, en refusant de le restituer. Mais également de le détruire s'il lui est inutile.
Par ailleurs, si l'autorité judiciaire décide d'une conservation, à finalité probatoire, encore faut-il qu'elle dispose de lieux pour les entreposer (§II).

---

[885] Par ailleurs, l'article 47 de ladite loi a également étendu la possibilité de missionner aux APJ, sous l'autorité de l'OPJ.

§II - La destination des scellés

302. Une destination particulière ? L'autorité judiciaire peut alors décider de conserver l'indice ou l'élément probatoire. Ainsi, il importe qu'une réflexion soit portée sur le lieu de ladite conservation. Celle-ci se fait, par principe, aux greffes des différentes juridictions (A). Concernant le corps, il semble que la question soit plus délicate, s'agissant forcément d'un objet plus fragile – notamment périssable – qu'un bien juridique classique. Dès lors, d'autres techniques de conservation et lieux seront à considérer (B).

A - Une conservation au greffe de principe

303. Une conservation perfectible. L'objectif premier de la conservation des indices et preuves est la réutilisation future de ces derniers. Pour cela, il importe qu'ils soient préservés et conservés intacts. Si une analyse ultérieure est demandée, l'objet sur lequel elle portera devra être dans le même état qu'à son arrivée dans les locaux des greffes des juridictions[886]. Ceux-ci doivent ainsi disposer d'espaces suffisants faisant l'objet d'entretiens réguliers pour accueillir les différents scellés dans les meilleures conditions[887]. Néanmoins, cela ne semble pas être toujours le cas dans la pratique judiciaire.

Le garde des sceaux lui-même, en 2011, soulignait *« les dysfonctionnements qui surgissent périodiquement dans les juridictions au niveau du dépôt, de la conservation, de la restitution et de la remise des scellés judiciaires. En effet, à de nombreuses reprises, l'inspection générale des services judiciaires a dénoncé les difficultés auxquelles les services des scellés sont confrontés notamment :*

• l'afflux croissant des dépôts impliquant la mise en place, dans certaines juridictions, de mode de gestion de masse ;

• la hausse des frais de justice ;

• la logique de chaîne dans le traitement des scellés dont le service est parfois insuffisamment organisé et contrôlé ;

---

886 Exemple pour l'expertise, C. proc. pén., art. 166, al. 3 : *« le rapport et les scellés, ou leurs résidus, sont déposés entre les mains du greffier de la juridiction qui a ordonné l'expertise ; ce dépôt est constaté par procès-verbal ».*

887 *« Les scellés sont déposés par les services enquêteurs au greffe du tribunal de grande instance destinataire de la procédure.[...] Les objets déposés au greffe doivent impérativement être conservés dans un local destiné à cet effet et répondant à des conditions d'ordre, de sécurité, d'hygiène et de sûreté ».* Circulaire du 19 avril 2018 relative à la gestion des scellés, NOR : JUSB1808638C

• *l'encombrement des locaux des scellés ;*
• *les risques en termes de sûreté, d'hygiène et de sécurité »*[888].
Concernant la conservation, ces problèmes récurrents semblent pouvoir être réunis en deux catégories : les problèmes de gestion et de stockage d'une part et les aspects financiers d'autre part.

304. Le problème de stockage et de gestion. Les scellés doivent ainsi être préservés intacts. Pourtant, à de nombreuses reprises, plusieurs autorités et personnalités politiques[889] mais également des universitaires[890] ont mis en avant la mauvaise gestion des scellés. Ainsi par exemple, les sénateurs se sont particulièrement intéressés à la question en 2013. L'un d'eux rappelle que *« la conservation des scellés réalisés à l'occasion de crimes, dont la nature peut être très diverse, est essentielle pour permettre l'élucidation de ces affaires mais la nature très hétérogène des scellés rend parfois extrêmement compliquée leur conservation. Il arrive ainsi que des scellés soient perdus ou introuvables, rendant très difficile la progression de l'enquête, ce qui engendre une très grande incompréhension des victimes ou de leurs ayants droit »*[891]. Compte tenu de l'importance des scellés, la perte de ces derniers est bien évidemment préjudiciable et ce, que ce soit pour la personne elle-même ou pour le bon fonctionnement de la justice[892]. Il est ainsi nécessaire qu'une gestion globale soit mise en place concernant le stockage au sein des greffes des juridictions. Celle-ci passe nécessairement par un local pouvant préserver matériellement les preuves juridiques mais également une bonne gestion du stock attribué à chacun des greffes.
Cette préservation plus efficiente des preuves peut par exemple se matérialiser par la mise en place d'un fichier regroupant les informations sur chaque pièce détenue par les juridictions. Ce fut en partie le cas, concernant non pas un fichier spécifique aux scellés mais le fichier CASSIOPEE

---

[888] Circulaire conjointe du 13 décembre 2011 relative à la gestion des scellés, précit.
[889] *Cf.* par exemple les rapports de 2007 et 2009 concernant « la gestion des véhicules en fourrière et des objets sous scellés judiciaires » et « la gestion des scellés » de l'inspection générale des services judiciaires. Également C. Tasca dans son avis n° 162 « Justice judiciaire et accès au droit », précit., qui reprend ces rapports exposant que de nombreux dysfonctionnements avaient été mis en avant et que l'inspection avait proposé plusieurs axes de réformes, notamment de *« rationaliser les flux d'entrée et de sortie des scellés, et de renforcer les moyens et le professionnalisme de la gestion des scellés »*. Elle constate ensuite une évolution : *« les progrès accomplis par rapport à la situation décrite par l'inspection générale en 2009, en particulier pour le suivi et la traçabilité des scellés »*. Tout en observant également que *« les locaux dévolus aux scellés ne répondaient pas toujours aux exigences requises »*.
[890] *Cf.* par exemple, D. Goetz, *La révision en matière pénale*, précit.
[891] J.-P. Courtois, question orale sur la « Gestion et conservation des scellés judiciaires », avec débat n° 0007A, publiée dans le JO Sénat du 17/10/2013, p. 2994.
[892] Pour un cas célèbre, *cf.* par exemple l'affaire Boulin, ancien ministre du travail mort en 1979 dont une partie des scellés avaient été perdus. Voir sur ce sujet le Figaro du 8 juin 2010.

(Chaine Applicative Supportant le Système d'Information Oriente Procédure pénale Et Enfants). Celui-ci *« a pour objet l'enregistrement d'informations et de données à caractère personnel relatives aux procédures judiciaires au sein des tribunaux de grande instance, afin de faciliter la gestion et le suivi de ces procédures par les magistrats, les greffiers et les personnes habilitées qui en ont la charge, de faciliter la connaissance réciproque des procédures entre ces juridictions et d'améliorer ainsi l'harmonisation, la qualité et le délai du traitement des procédures, ainsi que, dans les affaires pénales, l'information des victimes »*[893]. Il contient également un module de gestion des scellés. Longtemps contesté, notamment en raison de nombreuses erreurs, il semble que celui-ci soit de plus en plus fiable[894]. Pour autant, ce ne sont que les scellés à la disposition de la justice après la mise en place du logiciel qui font l'objet d'un enregistrement systématique. Pour les scellés plus anciens, des erreurs de suivi peuvent encore exister[895]. Dès lors, même si les progrès de gestion sont encourageants, ils ne démontrent en rien une totale traçabilité et visibilité de l'ensemble des scellés. Par ailleurs, cette problématique est fortement liée à celle du coût de conservation pour la justice.

305. Le coût de conservation. De nombreuses études ont ainsi été faites sur les problématiques liées aux conservations des scellés. Au cœur de ces éléments figure bien évidemment la notion de coût. Nous avions souligné, concernant les analyses, que cette notion peut avoir une importance, selon la gravité de l'affaire[896]. La conservation des indices et preuves n'échappe en rien à ce questionnement et à ce même constat : les gardiennages et stockages des scellés sont onéreux, et sont conservés majoritairement ceux issus des affaires les plus importantes. C'est en ce sens que le délai de préservation a été textuellement élargi concernant les crimes. Il s'agit alors d'une généralité : en cas d'infraction grave, la justice ne compte pas – ou peu

---

[893] C. proc. pén., art. R. 15-33-66-4.
[894] G. Thierry, « 2019, l'année Cassiopée », Dalloz actualité du 23 janvier 2019 : *« au fil des nombreuses mises à jour, Cassiopée a été fiabilisée. « Cela marche, c'est fonctionnel », ont ainsi assuré les deux responsables du nouveau projet de procédure pénale numérique, lors du second colloque Vendôme tech, à la fin novembre 2018. « Il y a eu des améliorations, note Vincent Charmoillaux. Mais ce logiciel, conçu sans accompagnement en juridiction, reste structurellement lourd, pas ergonomique et pas efficace » »*.
[895] C. Untermaier *in* A. Tourret et G. Fenech, rapport d'information n° 1598 sur « la révision des condamnations pénales », enregistré à la présidence de l'Assemblée nationale le 4 décembre 2013 : *« depuis 2011, l'enregistrement des scellés est informatisé. Si cela constitue un progrès, il convient de rester vigilant et d'appeler l'attention du ministère de la Justice sur les registres qui assurent encore la traçabilité des anciens scellés, dont certains sont sinon perdus, du moins égarés. Une gestion informatique des scellés anciens, avec possibilité de consultation, pourrait permettre de rassurer les familles qui s'inquiètent de leur éventuelle disparition »*.
[896] Voir *supra* n° 216 et s.

– mais cette notion reprend tous son sens dans les affaires de faible gravité. Ainsi, deux intérêts antagonistes doivent coexister dans ce domaine : la volonté de l'individu de conserver, aux fins d'évolution de sa situation pénale et l'impact sur le budget de la justice d'une telle conservation.
Dès lors, un juste milieu doit être trouvé et c'est en partie pour cette raison que la législation ne prévoit pas l'allongement des délais de conservation pour les délits.
Plusieurs mentions du coût de sauvegarde des scellés ont été mises en avant ces dernières années, dont le total se chiffre à plusieurs millions d'euros. Christiane Taubira en 2013, exposait tout le travail effectué concernant le stockage et la préservation des scellés tout en rappelant la nécessité de prendre en compte les questions budgétaires : *« nous ne sous-estimons pas leur importance, comme le prouvent les crédits consacrés à la conservation des scellés : s'élevant à 18 millions d'euros en 2012, ils ont déjà atteint 11 millions d'euros sur le premier semestre de l'année 2013. La conservation des scellés fait partie des frais de justice. En exécution, ces frais se sont élevés à 447 millions d'euros en 2012, et nous avons prévu 476 millions d'euros pour l'année suivante »*[897].
Le coût représenté par la conservation est indéniable et permet ainsi de comprendre les limites temporelles instaurées par le législateur en matière correctionnelle. Il en va de même concernant la conservation de la preuve corporelle (B).

B - Le cas spécifique de la preuve corporelle

306. Au greffe et ailleurs. Pour la preuve corporelle, deux situations distinctes doivent être exposées. Tout d'abord, l'objet – le bien juridique – qui fait partie intégrante d'un droit de propriété, non contesté, et qui contient des traces corporelles. Ce premier aspect peut par exemple concerner un vêtement contenant une odeur particulière qui aurait fait l'objet d'une analyse odorologique ou bien encore des analyses de traces digitales sur un bien quelconque. Il s'agit d'une hypothèse pour laquelle l'objet principal semble être considéré avant l'élément corporel lui-même et ce dernier sera, par principe, conservé au greffe avant une potentielle restitution. La nature première du bien juridique est ainsi prise en compte. A l'inverse, dans une seconde hypothèse, il n'existe plus d'objet sur lequel seraient recueillis des éléments issus du corps mais le corps lui-même ou des morceaux de celui-ci. Dans ce dernier cas, la fragilité de l'objet d'étude est prise en compte et il

[897] Intervention de C. Taubira, faisant suite à la question orale concernant la « Gestion et conservation des scellés judiciaires », séance du Sénat du 22 novembre 2013.

bénéficie d'un lieu de conservation différent (I). Par ailleurs, une évolution de la procédure pénale ces dernières années appelle à quelques remarques distinctes s'agissant de la preuve génétique (II).

I - La conservation et destruction du corps

307. L'absence de conservation au sein des juridictions. Le corps (ou ses morceaux) est un objet particulier qui, une fois détaché du tout qui le compose ou bien une fois mort, se dégrade rapidement. Pour obtenir une bonne conservation de ces éléments, il paraît nécessaire que la conservation se fasse via des procédés spécifiques qui n'obéissent pas au dépôt de scellés communs au greffe. Ce constat fut notamment mis en avant dans une récente circulaire de 2018 dans laquelle la garde des sceaux rappelle que *« certains objets placés sous scellés ne doivent pas être déposés au greffe et reçoivent une destination particulière en raison de :*
- leur nature : denrées alimentaires, denrées périssables, animaux, prélèvements biologiques ou restes humains, numéraires inutiles à la manifestation de la vérité [...] »[898]. Dès lors, dans quels lieux seront placés les indices et preuves corporels ?

308. La conservation par les laboratoires d'analyses. Il semble que les personnes les plus à même de s'occuper et de préserver les éléments corporels soient les personnes qui réalisent les analyses de ceux-ci. Ainsi, qui est le plus compétent pour conserver un cadavre encore utile pour la manifestation de la vérité que le service de médecine légale dans lequel a été réalisée l'autopsie ? Les professionnels de santé missionnés pour de tels examens disposent des techniques de conservation adéquates pour ce type de preuve[899]. Les éléments seront ainsi conservés dans les laboratoires d'analyses tant qu'ils seront utiles à la manifestation de la vérité. Cette notion est par ailleurs décidée par l'autorité judiciaire elle-même et non pas par le laboratoire qui n'a pas le pouvoir de détruire les scellés sans en avoir reçu la mission : « *lorsque les prélèvements biologiques réalisés au cours d'une autopsie judiciaire ne sont plus nécessaires à la manifestation de la vérité, l'autorité judiciaire compétente peut ordonner leur destruction »*[900].

---

[898] Circulaire du 19 avril 2018 relative à la gestion des scellés, précit.
[899] C. Taubira, précit. : *« mais il faut savoir que le ministère, n'étant pas en capacité de conserver lui-même certains objets placés sous scellés, est obligé de recourir à des prestataires extérieurs. C'est le cas, vous vous en doutez, pour les prélèvements biologiques. En l'occurrence, on fait appel soit à des laboratoires, soit à des établissements de santé. Ces prestations sont évidemment rémunérées ».*
[900] C. proc. pén., art. 230-30, al.1.

309. La destruction matérielle. L'article 230-30 du Code de procédure pénale dispose ensuite que *« la destruction s'effectue selon les modalités prévues par l'article R. 1335-11 du code de la santé publique »*. Ce dernier prévoit un principe simple pour la destruction des éléments corporels : l'incinération[901]. *« L'incinération a lieu dans un crématorium autorisé conformément à l'article L. 2223-40 du code général des collectivités territoriales et dont le gestionnaire est titulaire de l'habilitation prévue à l'article L. 2223-41 de ce code. Les dispositions des articles R. 2213-34 à R. 2213-39 du code général des collectivités territoriales ne leur sont pas applicables. L'incinération est effectuée en dehors des heures d'ouverture du crématorium au public. Les cendres issues de l'incinération des pièces anatomiques d'origine humaine peuvent être collectées et traitées par les communes et les groupements de communes dans les conditions définies à l'article L. 2224-14 du code général des collectivités territoriales »*. Cette disposition n'appelle pas de remarque particulière. La preuve corporelle ou l'indice qui ne sont plus nécessaires à la manifestation de la vérité sont bien d'origine humaine et destinés à l'abandon puisque non susceptibles de restitution, par conséquent leur destruction rentre dans le champ d'application de cet article. Ainsi, les éléments qui auraient été prélevés pendant une autopsie, et auraient fait l'objet d'une analyse scientifique complémentaire seront incinérés une fois l'ensemble des secrets de ces fragments de corps révélés.
Par contre, il semble exister un régime spécifique concernant la preuve génétique (II).

II - La preuve génétique

310. Le Service Central de Préservation des Prélèvements Biologiques (SCPPB). La spécificité de la preuve corporelle doit être mise en avant : le corps, n'étant pas un objet comme les autres, il se dégrade dans le temps. Dès lors, pour la preuve ADN, considérée comme une preuve fiable et importante dans les procédures judiciaires, a été mise en place, en 2000[902], un service spécifique destiné à recevoir certains scellés biologiques. Cette création semble être la démonstration de l'importance qu'accorde la société à cette preuve génétique. Les progrès de la science sont au premier plan des considérations de conservation. Ainsi, il importe que les éléments génétiques qui font partie intégrante d'une affaire judiciaire soient conservés d'une

---

[901] CSP, art. R. 1335-11 : *« les pièces anatomiques d'origine humaine destinées à l'abandon doivent être incinérées »*.

[902] Décret n° 2000-413 du 18 mai 2000 relatif au « fichier national automatisé des empreintes génétiques et au service central de préservation des prélèvements biologiques ».

manière optimale. Un premier constat semblait s'imposer à l'époque : les greffes des juridictions, dont nous avons exposé les problèmes de gestions et de stockages, n'étaient pas les lieux les plus adaptés pour conserver de telles preuves sur une longue période. C'est de ce constat que le SCPPB est né. Ce service est étroitement lié au fichier génétique avec qui il fait l'objet d'un titre commun au sein du Code de procédure pénale[903]. La principale disposition à prendre en compte est l'article R. 53-20 qui prévoit les modalités pratiques et juridiques de conservation des scellés. Celles-ci appellent à plusieurs remarques concernant les éléments préservés au service, le contrôle de celui-ci et les modalités pratiques de conservation.

311. La conservation juridique. *« Si le terme « préservation des prélèvements biologiques » laisse présupposer un champ d'application large, celui-ci est finalement assez restreint [...] Les scellés pouvant faire l'objet d'une conservation au SCPPB sont limitativement énoncés à l'article R. 53-20 du Code de procédure pénale. Celui-ci prévoit que la conservation ne concerne que les « scellés relatifs aux traces et échantillons mentionnés aux 1°, 3° et 4° de l'article R. 53-10 » du même Code énonçant les hypothèses de résultats d'analyses faisant l'objet d'un enregistrement au Fichier National Automatisé des Empreintes Génétiques (FNAEG). Trois possibilités de placement coexistent.*

Tout d'abord, « des traces biologiques issues de personnes inconnues [...] relatives à l'une des infractions mentionnées à l'article 706-55 »[904]. Il s'agit en l'espèce de traces recueillies pendant une enquête (préliminaire, flagrance, instruction) concernant une des infractions permettant un enregistrement au FNAEG.

Ensuite, « des échantillons biologiques prélevés sur des cadavres non identifiés et des traces biologiques issues de personnes inconnues »[905]. Ceci dans le cadre d'enquêtes pour recherche des causes de la mort ou d'une disparition inquiétante ou suspecte prévues par les articles 74, 74-1 ou 80-4 du Code.

Enfin, « des échantillons biologiques issus ou susceptibles d'être issus d'une personne disparue »[906], en cas d'enquêtes pour disparition inquiétante ou suspecte (art. 74-1 et 80-4 du Code de procédure pénale) »[907].

Ce sont ces différents scellés qui peuvent être préservés au SCPPB. Il ne s'agit en effet que d'une simple possibilité, l'article R. 53-20 précise que la

---

903 C. proc. pén., partie réglementaire, livre IV, titre XX.

904 C. proc. pén., art. R. 53-10, I, 1°.

905 C. proc. pén., art. R. 53-10, I, 3°.

906 C. proc. pén., art. R. 53-10, I, 4°.

907 G. Vibrac, « La conservation des scellés », *in* B. Py, J. Leonhard, M. Martinelle et C. Menabe (dir.), *ADN et Justice : L'utilisation de l'empreinte génétique dans les procédures judiciaires*, PUN–Éditions universitaires de Lorraine, 2020, p. 57.

compétence revient au procureur de la République, à l'OPJ ou bien au juge d'instruction et que ces derniers doivent décider d'un tel envoi.
Pourquoi une telle spécificité de conservation ? Il s'avère que cette préservation particulière dont fait l'objet ce type de preuve soit singulière et n'appelle pas à extension à d'autres preuves corporelles. Parce que les autres types de preuves ne supposent pas une conservation spécifique à long terme pour éviter qu'elles ne se dégradent et puissent faire l'objet d'une autre analyse. Les prélèvements issus des autopsies sont détruits après analyse, une fois qu'ils ne sont plus nécessaires à la manifestation de la vérité. Le corps lui-même est restitué aux proches du défunt pour l'organisation des funérailles. S'agissant de la preuve digitale, la trace de doigt, une fois identifiée est saisie sur un papier spécifique et fait l'objet d'un enregistrement dans un fichier. Elle n'appelle ainsi pas à des techniques de conservation poussées. Il s'avère alors que la preuve corporelle qui a réellement besoin d'être particulièrement préservée soit la preuve génétique.
Concernant le SCPPB, la première version de l'article prévoyait que *« les scellés contenant des échantillons de matériel biologique saisis dans le cadre d'une enquête préliminaire, d'une enquête pour crime ou délit flagrant, ou d'une instruction préparatoire suivie pour l'une des infractions mentionnées à l'article 706-47 et ayant fait l'objet d'un conditionnement normalisé, sont conservés »*. Cela signifiait qu'en plus des hypothèses actuelles de conservation, pouvaient également être préservés les prélèvements effectués sur les personnes identifiées, par les OPJ, notamment aux fins d'alimentation du FNAEG. Le rétrécissement du champ d'application de l'article interroge. Ce dernier semble permettre de limiter les échantillons scellés qui arrivent au service, ce qui est finalement assez logique si l'on prend en compte le coût de conservation et de gardiennage de ce type de scellé et sa faible utilité pour la manifestation ultérieure de la vérité (une fois le profil inscrit au FNAEG, l'échantillon prélevé à cette fin n'est plus réellement utile. De plus, ce dernier est dans de nombreux cas consommé entièrement par l'analyse).

312. Le contrôle du service. Puisqu'il a vocation à préserver des éléments probatoires qui pourront, à l'avenir, faire l'objet d'autres analyses scientifiques, il s'avère nécessaire que ce service fasse l'objet de divers contrôles. Ces derniers sont effectués par un magistrat spécifique, mentionné à l'article R. 53-16 du Code de procédure pénale[908] qui, selon les termes de l'article R. 53-20 *« contrôle les conditions dans lesquelles fonctionne le service central de préservation des prélèvements biologiques. Il peut*

[908] Il s'agit d'un *« magistrat du parquet hors hiérarchie, nommé pour trois ans par arrêté du garde des sceaux, ministre de la justice, et assisté par un comité composé de trois membres nommés dans les mêmes conditions »*.

procéder à toute vérification sur place ». Un premier contrôle est lié aux durées de conservation des scellés. L'article R. 53-20 prévoit à ce titre un délai beaucoup plus long que les conservations classiques en matière délictuelle ou criminelle. *« Ils sont conservés pendant le délai de quarante ans prévu par l'article R. 53-14. Il est procédé à leur destruction à l'expiration du délai ».* Cette période de quarante ans s'explique justement par la raison d'être de ce service : préserver les preuves en lien avec une éventuelle évolution de la science. L'article prévoit à l'issue de ce délai que le scellé doit être détruit, sans possibilité de renouvellement, ce qui laisse supposer que le délai maximal de conservation d'une telle preuve soit de quarante années. Par ailleurs, le fonctionnement de ce service est en lien avec le fichier génétique, ce qui signifie qu'une information enregistrée dans le FNAEG qui serait supprimée pourrait entraîner la destruction du scellé lié. Un second contrôle est lié à *« la possibilité de procéder à des vérifications sur place afin de constater dans quelles conditions fonctionne le service. Il peut ainsi se faire communiquer les fiches d'accompagnement des scellés ainsi que les documents justifiant la conservation des éléments. Il vérifie que les mentions prévues à l'article R. 53-11 du Code de procédure pénale sont bien présentes mais également qu'aucun « des résultats d'analyses d'identification par empreintes génétiques » ne figure dans le fichier »*[909].
Ce magistrat a un rôle important en pratique, il permet de vérifier que les dispositions légales sont bien respectées, que les scellés sont conservés de manière optimale et que le fichier est à jour et respecte les droits des individus. Le fait qu'il contrôle également le fichier génétique[910] permet une cohérence des vérifications compte tenu du lien qui existe entre ce service de préservation et le FNAEG.

313. Les modalités pratiques de conservation. Puisqu'il s'agit d'un service entièrement dédié à ce type de preuve, il dispose des installations adéquates à la préservation de l'ADN. Le SCPPB dispose d'une capacité de stockage d'environ 3 millions de scellés[911]. *« Ainsi, afin de minimiser les différents espaces de stockage, une standardisation des prélèvements et traces mis sous scellés s'est révélé être nécessaire. [...] Une fois reçus, les scellés sont enregistrés dans le fichier et stockés dans un emplacement spécifique. La taille du scellé est également au cœur du processus de standardisation avec un format maximum pour « les scellés ambiants au volume A3 et pour les scellés congelés au tube de 50 ml »*[912]. *Si le volume de l'élément à*

---

[909] G. Vibrac, « La conservation des scellés », précit.
[910] C. proc. pén., art. R. 53-16.
[911] M. Le Fur, « le fichier national automatisé des empreintes génétiques », rapport d'information n° 504 déposé par la commission des finances, de l'économie générale et du plan, enregistré à la Présidence de l'Assemblée Nationale le 18 décembre 2002.
[912] A. Tourret et G. Fenech, « la prescription en matière pénale », rapport d'information

transmettre au service est supérieur à ces formats, des choix peuvent s'opérer quant à un éventuel reconditionnement. Néanmoins, certains s'inquiètent d'un tel procédé, ne permettant pas de garantir que les éléments non conservés ne contiennent pas de matériel biologique exploitable ultérieurement[913]. *[...] À cette fin, le service est doté de plusieurs salles de stockage et conserve les scellés sous deux modalités distinctes : soit à température ambiante, soit par congélation (jusqu'à -80° C). Le stockage à température ambiante semble être privilégié, celui-ci présentant moins d'inconvénients que les techniques de congélation*[914]. *Dans tous les cas, des contrôles de la température et du taux d'humidité dans l'air sont rigoureusement effectués »*[915]. C'est grâce à ces contrôles que l'élément génétique est préservé et pourra être de nouveau analysé si besoin est.

314. L'avenir ? Ce service est unique en France, il *« s'agit d'un cas assez rare de mutualisation des moyens entre police et gendarmerie, la gendarmerie assurant la gestion de ces scellés également pour le compte de la police »*[916]. Dans ce sens, son développement était souhaitable aussi bien pour une bonne collaboration des services que la préservation des preuves. Ce fonctionnement pourrait tout de même être étendu à l'ensemble de la preuve corporelle et non plus seulement à la preuve biologique, notamment lorsque les prélèvements sont amenés à être conservés sur une longue période. Un local spécifiquement adapté à recevoir cette preuve par le corps qui est, nous l'avons dit, de plus en plus parfaite est souhaitable.
L'uniformisation nationale de ce service est également à mettre en avant. Les greffes des différentes juridictions ont des difficultés à gérer leurs stocks et parfois même à préserver les preuves dans des locaux adaptés. Pour pallier ces difficultés, il serait envisageable de continuer cette mutualisation de la conservation, *a minima* pour l'ensemble des tribunaux du ressort d'une Cour d'appel, dans des lieux spécifiquement adaptés à recevoir des scellés pour plusieurs années, avec une gestion rigoureuse du stock. Par ailleurs, une autre possibilité serait de confier cette gestion à un autre service que les greffes eux-mêmes. Lorsqu'un magistrat a besoin d'éclaircissements dans un domaine qu'il ne connaît pas, il fait appel à un expert. Il ne serait en rien contradictoire de prévoir, pour soulager les greffes, la transmission des

---

n°2778 déposé par la commission des lois constitutionnelles, de la législation et de l'administration générale de la république, enregistré à la Présidence de l'Assemblée Nationale le 20 mai 2015.

913 H. Ancel, « la preuve biologique », précit.

914 Messieurs Tourret et Fenech mentionnant notamment dans leur rapport des coûts de fonctionnement plus important ainsi que des difficultés de transport.

915 G. Vibrac, « La conservation des scellés », précit.

916 J.-P. Courtois, question orale sur la « Gestion et conservation des scellés judiciaires », précit.

scellés à des experts de la protection et préservation des objets[917]. Dans tous les cas, la mise en place du SCPPB, contrôlé par un magistrat indépendant, était souhaitable et reste saluable.

***

315. Conclusion du Chapitre I. La recherche de la vérité est ainsi au cœur du procès pénal. Pour remplir cet objectif, les indices et preuves sont juridiquement conservés tant qu'ils sont nécessaires à la manifestation de la vérité. Matériellement, leur préservation se fait par le placement sous scellé dont la problématique de conservation à long terme tente de concilier des intérêts parfois contradictoires : le respect des droits de la défense, le droit de propriété, l'intérêt collectif de la société dans l'obtention d'une vérité judiciaire et bien évidemment, des considérations financières. Dans ce sens, il est important que les preuves soient conservées lorsqu'elles sont susceptibles d'autres analyses scientifiques et ce, peu importe la gravité de l'infraction. Concernant plus précisément le corps, celui-ci doit être placé sous scellé lorsque la personne est morte ou lorsque la preuve ne concerne qu'un élément corporel. En ce sens, l'évolution de la loi justice de 2019, bien qu'elle se soit attelée à cette tâche pour simplifier la procédure pénale, ne répond pas totalement à la problématique. De même, concernant la destination des scellés, il semble que des difficultés de gestion subsistent encore et harmoniser les moyens et lieux d'actions des juridictions dans ce domaine semble pertinent. Pour la preuve génétique, la préservation dans un endroit spécifique, par la gendarmerie spécialisée est un point positif qui mérite d'être appuyé. Ce service est par ailleurs en lien direct avec le fichier ADN, ce qui renvoie à d'autres questionnements plus larges sur les fichiers de police et judiciaire (Chapitre II).

---

[917] D. Goetz, *La révision en matière pénale*, précit. souligne que la Commission Nationale Consultative des Droits de l'Homme *« suggère l'exploration d'une piste intéressante, à savoir que « les juridictions pourraient être déchargées de cette responsabilité au profit de l'Institut national de la police scientifique. La création d'un conservatoire national des scellés ou d'un institut national de la conservation des scellés pourrait également être envisagée ».*

CHAPITRE II - LE CORPS FICHÉ

Tout en police est affaire d'identification[918]

316. Une autre finalité[919] ? Depuis le commencement de cette étude, il semble que l'autorité judiciaire ou de police prélève/saisisse et fasse procéder à l'analyse de nombreux éléments corporels ou du corps lui-même, pour la résolution d'une affaire particulière. Concernant le fichage – c'est-à-dire l'inscription de diverses mentions dans une base de données[920] –, la principale problématique semble quelque peu différente. Quand l'OPJ cherche un élément de preuve ou bien lorsqu'est conservé un élément probatoire, c'est pour la bonne résolution de l'affaire en question : pour rechercher la vérité, apporter une preuve et se prémunir de risque d'erreur. À l'inverse, lorsque l'on s'intéresse à la finalité du fichage, l'objectif n'est plus tant la résolution de l'affaire que la volonté d'éviter ou de résoudre de futures affaires. Ficher une personne renvoie tout simplement au fait de stocker ses renseignements et pour ce qui concerne les enquêtes, cela permet de préconstituer des éléments de preuves à venir.

Pourquoi un OPJ prélève-t-il un indice corporel sur une scène de crime ? Pourquoi un médecin légiste fait-il de même sur la victime vivante ou bien sur le cadavre ? Le but même de l'analyse scientifique est d'obtenir une concordance avec un profil d'individu dans un fichier contenant des informations corporelles. C'est l'obtention d'une identification. Une trace ADN est retrouvée dans le corps d'une victime potentielle de viol ? Le profil génétique de l'individu sera analysé et comparé au fichier et si un profil semble correspondre, alors les soupçons se porteront sur cette personne, qui fera l'objet de toute l'attention des officiers de police. C'est en ce sens que la

918 A. Bertillon cité par D. Guillo, « Bertillon, l'anthropologie criminelle et l'histoire naturelle : des réponses au brouillage des identités », Crime, Histoire & Sociétés / Crime, History & Societies 2008, vol. 12, n° 1, p. 97.

919 *Cf.* également sur ces questions P.-Y. Marot, « Fonctions et mutations des fichiers de police », AJ Pénal 2007, p. 61.

920 R. Coquoz, J. Comte, D. Hall et al., *Preuve par l'ADN, la génétique au service de la justice*, précit. : *« le terme de base de données est le terme technique usuellement choisi pour décrire une collection organisée d'informations destinées à être facilement retrouvées. Dans le langage courant, c'est plutôt le terme de fichier qui est privilégié pour une telle collection ».*

finalité du fichage et principalement du fichage corporel est quelque peu différente du reste de notre étude : on enregistre les informations corporelles pour lutter contre les infractions futures que pourrait commettre l'individu en question, pour lutter contre la récidive. Il s'agit alors de la confrontation du corps actuel avec la donnée corporelle passée. *A contrario*, la finalité est tout de même identique si l'on considère la nécessaire identification de la personne : que ce soit pour l'affaire en cours ou pour l'avenir, le but premier est bien de déterminer à qui appartient la trace. Et cette problématique est d'autant plus importante quand on s'intéresse au nombre croissant de fichiers qui se sont développés dans notre société, traduisant un souhait toujours plus fort du législateur d'un fichage de masse (Section I) ce qui interroge d'autant plus sur la place de l'individu et surtout sur ses droits et possibilités face à cette volonté (Section II).

Section I - Le fichage de masse

317. Une volonté commune. Initialement, le fichage des personnes se concevait comme un moyen performant de lutter contre la récidive. S'agissant des fichiers corporels, il existait une logique probatoire affirmée, un désir de création de preuves pour l'avenir. Or, il semble que le législateur et les forces de l'ordre aient aujourd'hui, en plus de cette première finalité toujours d'actualité, une volonté de plus en plus forte de ficher un grand nombre de la population : un fichage de masse. La logique semble être ainsi de considérer que l'identification d'une personne ayant commis une infraction serait plus aisée si l'ensemble de la population – ou *a minima* un grand nombre de personnes –, était fichées. Par conséquent, plus le fichier contiendrait d'informations, plus il serait aisé de résoudre des enquêtes[921]. Dès lors, *« la logique probatoire semble progressivement s'effacer au bénéfice d'une volonté manifeste de ficher un nombre croissant d'individus. Cette tendance s'illustre clairement par l'extension permanente du nombre de comportements permettant d'inscrire une personne dans une base de données »*[922]. Il semble, de ce fait, qu'en plus de la lutte contre la récidive, le législateur ait une vision plus large en voulant simplement ficher pour lutter

[921] F.-B. Huyghe, *ADN et enquêtes criminelles*, précit. : *« beaucoup privilégient une logique des grands nombres. Plus un fichier est vaste, plus est forte la probabilité d'un match dans le jargon des spécialistes, c'est-à-dire d'un rapprochement entre trace inconnue et profil archivé. Donc une relation entre deux affaires parfois séparées géographiquement ou dans le temps. Des enquêtes ont été résolues grâce à des prélèvements â grande échelle (habitants de tout un village, par exemple). D'où la tentation de la politique de la masse : collecter et si possible stocker un maximum d'empreintes génétiques ».*

[922] J.-R. Demarchi, *Les preuves scientifiques et le procès pénal*, précit.

contre la commission d'infractions. Il ressort également de cette volonté de fichage complet, l'essor constant du nombre de fichiers (§I) contenant des informations corporelles, ainsi que la mise en place de fichiers spécifiques à ce type de preuve (§II).

§I - Un nombre croissant de fichiers

318. Une longue tradition de fichage. Il semble que la volonté première de l'instauration de fichiers de police et judiciaire soit la lutte contre la récidive. Pour autant, ces ensembles structurés de données qui existent dans notre société ne sont pas inédits. Auparavant, des systèmes semblables existaient, dans le but de remplir le même objectif. Sous l'Ancien régime, le corps de la personne était lui-même mis à contribution pour obtenir des d'informations permettant de lutter contre les nouvelles commissions d'infractions. Le corps pouvait ainsi être marqué de diverses mentions ou lettres au fer rouge[923], permettant la création indélébile d'un signe distinctif. Pour savoir si la personne en question avait déjà fait l'objet de poursuites, il suffisait de regarder à l'endroit donné, s'il existait ou non une telle marque. Ce fonctionnement est quelque peu comparable avec nos actuelles bases de données. La finalité est identique : savoir si l'individu en question a fait l'objet de poursuites pour d'autres infractions et lutter efficacement contre la récidive. Simplement, bien que théoriquement plus respectueuses du corps, nos procédures en matière de collecte et gestion de données vont plus loin dans le rattachement de la personne à l'infraction elle-même. Auparavant, les mentions corporelles ne permettaient que de connaître le passé du délinquant. Aujourd'hui, les mentions enregistrées permettent de le rattacher à d'autres affaires.

Dans ce sens, le fichage a une réelle utilité pour les enquêteurs, ce qui explique le constat d'un nombre grandissant de fichiers mis en place. *« En 2009, 58 fichiers de police et à usage de police avaient été recensés »*[924] dans un rapport d'information destiné à l'Assemblée nationale. En 2018, un autre rapport fait état *« de 106 fichiers mis à la disposition des forces de sécurité »*. Ce constat démontre *« que les fichiers mis à la disposition des forces de sécurité sont trop nombreux et forment un ensemble trop complexe »*[925]. Cette hausse interroge et s'explique simplement par la facilité

---

[923] Voir en ce sens C. Strugala, *L'identité physique de la personne humaine*, thèse de doctorat, Université d'Aix-Marseille III, 2009.

[924] D. Batho et J.-A. Bénisti, rapport d'information n° 4113 sur « la mise en œuvre des conclusions de la mission d'information sur les fichiers de police » enregistré à la présidence de l'Assemblée nationale le 21 décembre 2011.

[925] D. Paris et P. Morel-à-L'huissier, rapport d'information n° 1335 sur « les fichiers mis à la

de création de ces derniers (A), mais également par le large panel de personnes pouvant les alimenter et les consulter (B).

A - La création et le contenu des fichiers

319. Un champ d'étude vaste. Il existe ainsi un grand nombre de fichiers de police. En ce qui concerne notre étude, mis à part ceux contenant exclusivement des informations issues du corps, qui feront l'objet du second paragraphe de cette section, il convient de donner quelques précisions sur le processus de création d'un fichier (I) qui peut contenir des informations corporelles mais également de multiples autres mentions (II).

I - La création aisée des fichiers

320. Les modalités de création. Bien que les fichiers de police soient nombreux, il semble qu'il n'existe pas de régime juridique uniforme régissant leur création, leur alimentation et leur contenu. Concernant spécifiquement la création de ces bases de données, les formalités requises sont peu contraignantes et les fichiers sont créés tant par voie législative que réglementaire[926]. La principale mesure de contrôle à prendre en compte est énoncée par la loi informatique et libertés de 1978[927]. Celle-ci fut adoptée pour s'assurer que la montée en puissance de l'informatique ne porte pas *« atteinte ni à l'identité humaine, ni aux droits de l'homme, ni à la vie privée,*

---

disposition des forces de sécurité » enregistré à la présidence de l'Assemblée nationale le 17 octobre 2018.

[926] Ce constat a été également mis en avant par deux auteurs qui exposent que *« cette augmentation du nombre de fichiers s'explique en premier lieu par le fait que certains traitements de données sont créés en dehors de tout cadre juridique et sans aucune base normative. En second lieu, lorsque le gouvernement entend donner une base juridique aux fichiers, dont il envisage la création, il peut recourir à un large éventail d'instruments normatifs (lois, décrets, arrêtés, etc.). Ainsi, l'ambiguïté du cadre juridique actuel tient à l'absence de base juridique dans certains cas et à la diversité de bases normatives dans les autres, soulignant par là même la nécessité de clarifier les conditions de création des fichiers de police ». Cf.* D. Batho et J.-A. Bénisti, rapport d'information n° 1548 sur « les fichiers de police » enregistré à la présidence de l'Assemblée nationale le 24 mars 2009.

Sur cette question, *cf.* également : D. Larbre, « Les fichiers de police : une catégorie juridique incertaine ? », Terminal 2011, n° 108-109, p. 141.

[927] Loi n° 78-17 du 6 janvier 1978 relative à l'informatique, aux fichiers et aux libertés dont la dernière modification date de l'ordonnance n° 2018-1125 du 12 décembre 2018 prise en application de l'article 32 de la loi n° 2018-493 du 20 juin 2018 relative à la protection des données personnelles et portant modification de la loi n° 78-17 du 6 janvier 1978 relative à l'informatique, aux fichiers et aux libertés et diverses dispositions concernant la protection des données à caractère personnel.

ni aux libertés individuelles ou publiques ». Cette mention est issue du premier article de cette loi qui, précisait jusqu'alors que *« toute personne dispose du droit de décider et de contrôler les usages qui sont faits des données à caractère personnel la concernant, dans les conditions fixées par la présente loi »*[928].

Cette loi est ainsi importante tant d'un point de vue juridique puisqu'elle rappelle la nécessaire préservation des droits individuels que d'un point de vue pratique puisqu'elle permet une protection des données[929]. C'est en son sein qu'est prévue une procédure d'autorisation pour la mise en place des traitements de données désirée par le gouvernement[930]. Ainsi, l'article 31 prévoit que :

« I.-Sont autorisés par arrêté du ou des ministres compétents, pris après avis motivé et publié de la Commission nationale de l'informatique et des libertés, les traitements de données à caractère personnel mis en œuvre pour le compte de l'Etat et :

1° Qui intéressent la sûreté de l'Etat, la défense ou la sécurité publique ;

2° Ou qui ont pour objet la prévention, la recherche, la constatation ou la poursuite des infractions pénales ou l'exécution des condamnations pénales ou des mesures de sûreté.

L'avis de la commission est publié avec l'arrêté autorisant le traitement [...] ».

321. L'avis de la CNIL. La Commission nationale de l'informatique et des libertés (CNIL) a ainsi un rôle à jouer dans le processus de création des fichiers de police. Cet article 31 de la loi informatique et liberté concerne deux types de fichiers : ceux qui intéressent la sureté de l'État et ceux qui ont un lien avec les infractions commises sur le territoire. Pour ce qui concerne la preuve corporelle, les principaux fichiers à prendre en compte sont liés aux infractions. Nous l'avons mentionné à de multiples reprises, le corps est

---

928 Il s'agissait du second alinéa de ce premier article. Avec la modification de décembre 2018, le second alinéa dispose que *« les droits des personnes de décider et de contrôler les usages qui sont faits des données à caractère personnel les concernant et les obligations incombant aux personnes qui traitent ces données s'exercent dans le cadre du règlement (UE) 2016/679 du Parlement européen et du Conseil du 27 avril 2016, de la directive (UE) 2016/680 du Parlement européen et du Conseil du 27 avril 2016 et de la présente loi ».*

929 Sur la question des droits, voir *infra* n° 349 et s.

930 Concernant le parlement, l'article 8 de ladite loi prévoit que la CNIL *« est consultée sur tout projet de loi ou de décret ou toute disposition de projet de loi ou de décret relatifs à la protection des données à caractère personnel ou au traitement de telles données. Elle peut également être consultée par le président de l'Assemblée nationale, par le président du Sénat ou par les commissions compétentes de l'Assemblée nationale et du Sénat ainsi qu'à la demande d'un président de groupe parlementaire sur toute proposition de loi relative à la protection des données à caractère personnel ou au traitement de telles données. Outre les cas prévus aux articles 31 et 32, lorsqu'une loi prévoit qu'un décret ou un arrêté est pris après avis de la commission, cet avis est publié avec le décret ou l'arrêté ».*

un formidable champ d'investigation permettant notamment une identification et une confrontation de la personne à la commission d'une infraction. Dès lors, pour certains fichiers, l'article semble permettre leur création par un simple arrêté ministériel accompagné d'un avis de la commission[931]. Par ailleurs, l'article 32 de ladite loi permet spécifiquement les traitements de données *« à caractère personnel mis en œuvre pour le compte de l'Etat, agissant dans l'exercice de ses prérogatives de puissance publique, qui portent sur des données génétiques ou sur des données biométriques nécessaires à l'authentification ou au contrôle de l'identité des personnes »* qui doivent être autorisés *« par décret en Conseil d'Etat, pris après avis motivé et publié de la Commission nationale de l'informatique et des libertés »*.

Par conséquent, la CNIL est amenée à intervenir pour la création de ces fichiers. Son rôle est primordial puisque dans ses missions figurent l'information et la protection des droits des individus. Elle exerce ainsi un contrôle de proportionnalité entre la demande et sa finalité et les libertés individuelles. Néanmoins, ses délibérations ne constituent que de simples avis qui ne lient en rien le gouvernement, contrairement au rôle qu'elle avait avant 2004 : *« auparavant la CNIL délivrait de véritables autorisations pour la création de nouveaux fichiers[932]. Aujourd'hui, elle fournit des avis simplement motivés, qui sont cependant publiés au Journal officiel en même temps que le décret lui-même. En général, le gouvernement tient en partie compte des remarques de la CNIL »*[933]. Ces simples avis non contraignants peuvent s'analyser comme une perte de pouvoir pour la CNIL dans son rôle

---

[931] Pour que la Commission puisse exercer pleinement ses vérifications, l'article 35 de la loi prévoit que *« les actes autorisant la création d'un traitement en application des articles 31 et 32 précisent »* diverses mentions dont la finalité, les catégories de données, les destinataires des données, etc. Par ailleurs, concernant le délai pour donner son avis, il est prévu à l'article 34 *« un délai de huit semaines à compter de la réception de la demande. Toutefois, ce délai peut être renouvelé de six semaines sur décision motivée du président »*.

[932] Sur le pouvoir contraignant qu'exerçait auparavant la CNIL, *cf.* V. Gautron, « Fichiers de police », Rép. pén., avril 2015 : *« le pouvoir exécutif fut longtemps placé dans une situation de compétence liée. De 1978 à 2004, tout nouveau traitement était subordonné à un avis conforme de la CNIL, seul un décret pris sur avis conforme du Conseil d'État permettant de passer outre. Depuis la réforme de 2004, un avis simple, publié et motivé suffit, cette moindre contrainte accentuant le pouvoir discrétionnaire des ministères de l'Intérieur et de la Défense »*. Celle-ci met également en évidence l'absence d'une saisine automatique de cette commission alors même que les textes la prévoient.

[933] F. Giquel, « La CNIL exerce-t-elle un contrôle des fichiers de police suffisant ? », AJ pénal 2007, p. 69. *Contra* : V. Gautron, « Fichier de police », précit. : *« malgré une position nuancée, il n'est pas rare que le gouvernement ne suive pas les recommandations de la CNIL. À titre d'exemple, ce fut notamment le cas pour le FIJAISV, au sujet duquel le pouvoir réglementaire n'a pas suivi sa demande de précisions sur les personnes habilitées à consulter ce fichier dans le cadre des enquêtes administratives de moralité, et d'une information plus précise des personnes fichées sur les destinataires des données (Délib. n° 2007-326 du 8 nov. 2007) »*.

de préservation des droits des individus. Le gouvernement a ainsi plus de liberté quant à la mise en place de bases de données, ce qui explique également l'augmentation conséquente du nombre de fichiers, étant considéré qu'il est plus facile de les créer[934].

Par ailleurs, M. Giquel souligne que depuis 2004, *« de plus en plus, la création de fichiers relève du législateur. Or dans ces cas-là bien sûr, le législateur est souverain, et la CNIL n'est pas toujours consultée. La plupart du temps, non seulement la loi prévoit la création d'un fichier mais elle est tellement précise que les trois-quarts du texte réglementaire eux-mêmes sont écrits. Le décret a donc un champ d'action limité ; l'avis que doit rendre la CNIL ne pouvant porter que sur cette partie non prévue par la loi, il est lui aussi limité »*[935].

Dès lors, les prérogatives de la CNIL sont aujourd'hui affaiblies, ce qui laisse une grande possibilité de création de bases de données et interroge quant à la protection effective de la vie privée des personnes, surtout si l'on prend en compte les multiples informations fichées (II).

II - Des informations multiples

322. Dispositions générales. Il semble que recenser l'ensemble des fichiers de police soit complexe, de même que l'identification du fondement juridique de certains. Dès lors, mettre en avant un régime global pour l'ensemble de ces fichiers s'avère délicat. Pour autant, quelques mentions générales existent dans la loi informatique et libertés permettant de limiter les informations mentionnées au sein des traitements. Ainsi, l'article 6 (I) prévoit alors qu'il est *« interdit de traiter des données à caractère personnel*[936] *qui révèlent la prétendue origine raciale ou l'origine ethnique, les opinions politiques, les convictions religieuses ou philosophiques ou l'appartenance syndicale d'une personne physique ou de traiter des données*

---

[934] Cette facilité explique peut-être également pourquoi certains fichiers sont créés sans être utilisés. *Cf.* D. Batho et J.-A. Bénisti, rapport d'information n° 4113 sur « la mise en œuvre des conclusions de la mission d'information sur les fichiers de police », précit. : *« sur les 58 fichiers recensés en 2009, 48 étaient utilisés et 23 étaient dépourvus de base légale. Fin 2011, vos rapporteurs recensaient 80 fichiers dont 62 étaient effectivement utilisés »*.

[935] F. Giquel, « La CNIL exerce-t-elle un contrôle des fichiers de police suffisant ? », précit.

[936] Par ailleurs, la CNIL entend par données personnelles celles qui *« permettent d'identifier directement ou indirectement des personnes physiques (ex. : nom, n° d'immatriculation, n° de téléphone, photographie, éléments biométriques tels que l'empreinte digitale, ADN, informations permettant de discriminer une personne au sein d'une population telles que, par exemple, le lieu de résidence, la profession, le sexe, l'âge, etc.). Il peut en effet s'agir d'informations qui ne sont pas associées au nom d'une personne mais qui peuvent permettre de l'identifier et de connaître ses habitudes ou ses goûts ». Cf.* guide de la CNIL, « Informatique et libertés », édition 2010.

génétiques, des données biométriques aux fins d'identifier une personne physique de manière unique, des données concernant la santé ou des données concernant la vie sexuelle ou l'orientation sexuelle d'une personne physique ». Pour autant, le troisièmement de l'article prévoit que cette interdiction ne concerne pas les fichiers *« justifiés par l'intérêt public et autorisés suivant les modalités prévues au II de l'article 31 et à l'article 32 »*[937]. En somme, ces données peuvent tout de même être enregistrées dans certains fichiers de police[938]. Par conséquent, ces limites sont faibles et peuvent être rapidement contournées ce qui laisse à penser que les informations contenues dans les bases de données à destination de la police peuvent être quantitativement importantes : *« les forces de l'ordre ont ainsi accès à une masse d'informations »*[939] et pour les identifier, il faut se référer au cas par cas, pour chacun des fichiers.

323. Les informations corporelles. L'objectif n'est pas de recenser l'ensemble des informations corporelles figurant dans la centaine de fichiers à la disposition des forces de l'ordre, mais de rappeler les données qui concernent le corps que l'on peut trouver dans les fichiers d'antécédents judiciaires et d'identifications[940]. Pour rappel, il ne s'agit pas non plus des

---

[937] Concernant la création, l'article 31 II prévoit que les *« traitements qui portent sur des données mentionnées au I de l'article 6 sont autorisés par décret en Conseil d'Etat pris après avis motivé et publié de la commission. Cet avis est publié avec le décret autorisant le traitement »*.

[938] Ainsi par exemple, certains traitements de données prévoient la possibilité de contenir des informations sensibles telles que celles prévues à l'actuel article 6 (ancien article 8) de la loi informatique et liberté. *Cf.* en ce sens le décret n° 2014-187 du 20 février 2014 relatif à la mise en œuvre de traitements de diffusion de l'information opérationnelle au sein des services et unités de la police et de la gendarmerie nationales. L'article 1 prévoit que *« ces traitements ont pour finalité de faciliter la diffusion et le partage d'informations opérationnelles détenues par les différents services ou unités de la police et de la gendarmerie nationales investis de missions de police judiciaire, sur les enquêtes en cours ou les personnes qui en font l'objet ainsi que l'activité judiciaire de ces services ou unités. [...] Les traitements peuvent contenir des données à caractère personnel de la nature de celles mentionnées au I de l'article 8 de la loi du 6 janvier 1978 susvisée, dans les seuls cas où ces données résultent de la nature ou des circonstances de l'infraction ou se rapportent à des signes physiques particuliers, objectifs et permanents, en tant qu'éléments de signalement des personnes, dès lors que ces éléments sont nécessaires à la recherche et à l'identification des auteurs d'infractions ou des personnes recherchées mentionnées au présent article. Il est interdit de sélectionner dans le traitement une catégorie particulière de personnes à partir de ces seules données »*.

[939] J.-M. Cotteret, « Les fichiers de Police et de renseignement en France », Rapport de recherche n° 21, octobre 2017.

[940] Distinction entre catégories de fichiers donnée notamment par A. Bauer et C. Soullez, *Les fichiers de police et de gendarmerie*, PUF, collection « Que sais-je ? », 2ème édition, tome 3856, 2011. Sur la classification des fichiers de police, voir aussi : D. Batho et J.-A. Bénisti, rapport d'information n° 1548 sur « les fichiers de police », précit. Ces auteurs classent les fichiers en plusieurs catégories selon leurs finalités : fichiers administratifs, fichiers judiciaires et fichiers de renseignement et de rapprochement.

fichiers spécifiques à la preuve corporelle qui feront l'objet d'un traitement à part. Il s'agit alors de bases de données pouvant contenir des informations sur le corps sans que ce dernier n'en soit l'objet principal. Dans ce sens, il est intéressant de se tourner vers deux des principaux fichiers de police : le TAJ et le FIJAISV.

324. Le TAJ. Le premier fichier d'importance à mentionner est le fichier d'antécédents judiciaires. Auparavant, cette catégorie regroupait d'anciens fichiers comme le système d'information judiciaire de la gendarmerie nationale (JUDEX) et le système de traitement des infractions constatées (STIC), tous deux réunis en 2011[941] dans un fichier unique : le traitement des antécédents judiciaires (TAJ). Ce fichier TAJ a pour objet de *« faciliter la constatation des infractions à la loi pénale, le rassemblement des preuves de ces infractions et la recherche de leurs auteurs »*[942]. Pour remplir cet objectif, le fichier peut contenir des informations sensibles telles que celles prévues à l'article 6 de la loi informatique et libertés[943] *« dans les seuls cas où ces données résultent de la nature ou des circonstances de l'infraction ou se rapportent à des signes physiques particuliers, objectifs et permanents, en tant qu'éléments de signalement des personnes, dès lors que ces éléments sont nécessaires à la mise en œuvre des finalités mentionnées à l'article 230-6 »*. Cette précision peut paraître importante de prime abord puisqu'elle démontre la volonté du gouvernement de trouver un juste milieu entre la nécessité de ficher et les informations sensibles protégées par la loi informatique et liberté. Pour autant, ces possibilités d'inscriptions sont tout de même larges[944]. Dès lors, des informations sur le corps de la personne peuvent être enregistrées au TAJ si ces caractères physiques sont *« objectifs et permanents en tant qu'éléments de signalement des personnes »*, et qu'ils sont nécessaires au but poursuivi. Ainsi, des renseignements sur le corps peuvent être inscrits pour permettre de faciliter la constatation des infractions, la recherche des preuves et des auteurs. Dans ce sens, on peut imaginer qu'un tatouage puisse être un signe physique particulier, objectif et permanent, permettant de déterminer des convictions religieuses, politiques ou encore l'orientation sexuelle d'une personne et de l'identifier plus facilement. Bien qu'il s'agisse de données personnelles et sensibles, rien n'empêche théoriquement leurs mentions au sein du TAJ si elles permettent

---

[941] Loi n° 2011-267 du 14 mars 2011 d'orientation et de programmation pour la performance de la sécurité intérieure, JORF n° 0062 du 15 mars 2011 et décret n° 2012-652 du 4 mai 2012 relatif au traitement d'antécédents judiciaires.

[942] C. proc. pén., art. 230-6, al. 1.

[943] C. proc. pén., art. R. 40-24.

[944] Surtout lorsque l'on prend en compte le nombre de personnes fichées et les catégories d'individus susceptibles de faire l'objet d'un enregistrement. *Cf.* C. proc. pén., art. 230-7 et R. 40-25.

le signalement de la personne et donc la recherche facilitée des potentiels auteurs d'infractions. En ce sens, cette simple possibilité entraîne d'ores et déjà un panel potentiellement très large d'informations, relatives au corps et à la vie privée, à la disposition des enquêteurs pour la résolution des enquêtes.
De plus, l'article R. 40-26 du Code de procédure pénale prévoit la présence dans le dossier *de « photographie comportant des caractéristiques techniques permettant de recourir à un dispositif de reconnaissance faciale (photographie du visage de face) » :* c'est-à-dire l'image du visage de la personne qui permet de retrouver rapidement le profil de l'individu par comparaison[945].
L'ensemble de ces possibilités démontre encore que l'identité de la personne et ses informations corporelles peuvent être fichées dans cette base de données spécifique ce qui porte atteinte à sa vie privée[946].

325. Le FIJAISV. Il s'agit plus précisément du fichier judiciaire national automatisé des auteurs d'infractions sexuelles ou violentes. Il n'est pas considéré comme un fichier d'antécédent judiciaire mais comme un fichier d'identification, au même titre que ceux qui concernent le corps lui-même[947]. Ce dernier est régi par les articles 706-53-1 et s. du Code de procédure pénale. Selon ce premier article, l'objectif de ce fichier est de *« prévenir le renouvellement des infractions ».* Pour cela, la personne fichée est astreinte à diverses obligations telles que la justification de son adresse[948]. Ce fichier contient un certain nombre d'informations personnelles sur la nature de l'infraction ayant conduit au fichage, sur la décision d'enregistrement mais également des mentions sur la personne elle-même. Néanmoins, il ne s'agit que d'informations classiques sur l'identité de la personne. Dès lors, ce fichier ne concerne pas, *a priori,* la preuve corporelle. Cette absence n'est

---

[945] Par ailleurs, un certain nombre d'autres fichiers contiennent des photographies de la personne. Tel est ainsi le cas du registre des gardes à vue dématérialisé. *Cf.* C. proc. pén. art. R. 15-33-78. Voir aussi le tableau récapitulatif d'A. Cammilleri-Subrenat, R. Prouvèze et I. Verdier-Büschel, *Nouvelles technologies et défis du droit en Europe. L'imagerie active au service de la sécurité globale,* précit., p. 126/127.
De plus, cette comparaison du visage de l'individu avec cette photographie est un bon système d'identification qui pose moins de problèmes que les empreintes digitales elles-mêmes pour le recueil de l'élément corporel puisqu'il n'y a aucune atteinte directe au corps de l'individu. *« La photo faciale est une biométrie qui présente moins de contraintes dans sa capture et son traitement que l'empreinte digitale » :* D. Paris et P. Morel-à-L'huissier, rapport d'information n° 1335 sur « les fichiers mis à la disposition des forces de sécurité », précit.
Dès lors, ces techniques ont vocation à se développer de plus en plus dans ces fichiers pour permettre une identification rapide et aisée.
[946] Sur cette question et l'article 8 de la Conv. EDH voir *infra* n° 375 et s.
[947] Voir *infra* n° 331 et s.
[948] C. proc. pén., art. 706-53-5.

pas étonnante puisqu'il s'agit de ficher les auteurs d'infractions particulières et permettre de les localiser rapidement (justification d'adresse). La non-mention des informations d'identification du corps est appréciable, d'autant plus que la finalité du fichier, *« prévenir le renouvellement des infractions »* et la classification de celui-ci dans les fichiers d'identification aurait pu permettre l'inscription de certaines de ces mentions.
En tout état de cause, de nombreux renseignements sont à la disposition des enquêteurs par la simple lecture de ces deux bases de données. Encore faut-il que ces derniers y aient accès (B).

B - L'accès aux fichiers

326. Une importante prérogative. Il existe donc un grand nombre de fichiers contenant de multiples informations qui peuvent aider les enquêteurs dans la résolution des enquêtes. Ainsi, avoir accès à ces données est utile pour les services de police et de gendarmerie.
Dans ce sens, l'agent qui y a accès dispose d'un réel pouvoir pour s'immiscer dans la vie privée des individus que ce soit pour chacun des fichiers (I) ou plus encore pour les hypothèses d'interconnexions (II).

I - les autorités compétentes pour accéder aux données

327. Une restriction de principe. Au vu du nombre d'informations personnelles qui figurent dans ces différents fichiers, il importe de limiter au strict minimum les personnes qui peuvent avoir accès aux données[949]. Dans ce domaine, plus le panel d'individu ayant accès aux mentions croît, plus il y a un risque pour la préservation des libertés individuelles. Dès lors, pour que l'atteinte ne soit pas excessive, les personnes accédant aux mentions sont énumérées par la loi ou le décret organisant le fichier.

328. De nombreuses personnes en pratique. Même si les catégories d'individus sont énumérées, il s'avère que l'ensemble des personnes ayant *in fine* accès aux données est large.

---

[949] Concernant spécifiquement l'alimentation des fichiers, elle se fait selon des règles précises prévues à l'article 230-6 du Code de procédure pénale pour le TAJ. Au final, le fichier *« est constitué des données recueillies dans le cadre des procédures établies par les services de la police et les unités de la gendarmerie nationales, ou par des agents des douanes habilités à exercer des missions de police judiciaire »* (C. proc. pén., art. R. 40-24).

Ainsi par exemple, concernant le TAJ, l'article 230-10 du Code de procédure pénale prévoit que *« les personnels spécialement habilités des services de la police et de la gendarmerie nationales désignés à cet effet ainsi que les personnels spécialement habilités de l'Etat investis par la loi d'attributions de police judiciaire, notamment les agents des douanes et les agents des services fiscaux, peuvent accéder aux informations, y compris nominatives, figurant dans les traitements de données personnelles prévus par la présente section et détenus par chacun de ces services. L'habilitation précise la nature des données auxquelles elle autorise l'accès. L'accès, par tous moyens techniques mobiles, aux informations figurant dans les traitements de données personnelles prévus par la présente section est ouvert aux seuls personnels de la police et de la gendarmerie nationales, des douanes et des services fiscaux.*
L'accès aux informations mentionnées au premier alinéa est également ouvert :
1° Aux magistrats du parquet ;
2° Aux magistrats instructeurs, pour les recherches relatives aux infractions dont ils sont saisis ».
La simple lecture de cet article démontre le large panel d'individus pouvant accéder aux données. Ainsi, il peut s'agir d'agents exerçant une fonction de police judiciaire de la police ou gendarmerie, de douanes et même des agents de l'administration fiscale. À ces personnes s'ajoute l'ensemble des parquetiers et des juges d'instruction, c'est-à-dire une quantité importante de professionnels travaillant à résoudre des enquêtes. Pour limiter tout de même les accès, l'article prévoit qu'il est nécessaire que l'agent en question soit habilité à accéder aux informations et cette habilitation énumère limitativement les données qu'ils peuvent étudier. Cela démontre encore une tentative de préservation des données personnelles et de la vie privée des individus mais elle reste potentiellement faible au vu du nombre de personnes pouvant accéder au fichier[950], surtout si l'on considère que cette base de données porte en germe une puissante atteinte au respect de la vie privée en permettant l'enregistrement de personnes simplement soupçonnées[951].

---

[950] Doit également être considéré dans ce domaine une évolution des accès plus large souhaitée par deux députés en 2018, notamment afin de permettre l'accès à la partie victime du TAJ (dont l'examen est normalement limité) aux services de renseignement spécialisés. *Cf.* D. Paris et P. Morel-à-L'huissier, rapport d'information n° 1335 sur « les fichiers mis à la disposition des forces de sécurité », précit.

[951] C. proc. pén., art. 230-7 al. 1 : *« les traitements mentionnés à l'article 230-6 peuvent contenir des informations sur les personnes, sans limitation d'âge, à l'encontre desquelles il existe des indices graves ou concordants rendant vraisemblable qu'elles aient pu participer, comme auteurs ou complices, à la commission des infractions mentionnées au 1° du même article 230-6 ».*

Pour autant, l'ensemble de ces personnes ayant accès aux données individuelles ne s'arrête pas à ces simples hypothèses de tentative de résolution des enquêtes.
Ce fichier peut également être consulté par une multitude d'autres personnes pour d'autres finalités, notamment pour des enquêtes administratives[952]. Dans ce sens, les articles R. 40-29 et R. 40-29-1 du Code de procédure pénale en ouvrent l'accès à diverses autorités ou individus. C'est dans ce cadre que le TAJ peut être examiné pour certaines candidatures à des emplois publics ou privés concernant notamment la défense et la sécurité. Cela est préjudiciable pour la personne qui peut avoir un casier judiciaire vierge mais des mentions inscrites dans le fichier[953], d'autant plus lorsque les informations ne sont pas à jour et/ou erronées.
Dès lors, ce fichier, bien qu'il ne concerne pas principalement la preuve corporelle, peut contenir des mentions relatives au corps, à son image et être susceptible d'être consulté par un très grand nombre d'individus[954]. Pour garantir la protection des personnes et un réel droit à la vie privé, il serait louable que le nombre de personnes ayant accès à ces données soit considérablement réduit concernant les enquêtes administratives. Concernant les enquêtes judiciaires, les acteurs qui y ont accès sont également nombreux mais la consultation des données peut se justifier si l'on tient compte des nécessités de résolutions des affaires. Comme toujours dans ce domaine, un

---

[952] Sur le contrôle et l'accès potentiellement abusif, *cf.* B. Schmaltz, « Les consultations de fichiers de police pour enquête administrative », *in* E. Debaets, A. Duranthon et M. Sztulman (dir.), *Les fichiers de police*, Institut Universitaire Varenne, collection « Colloques et essais », 2019, p. 191.

[953] Voir dans ce sens le décret n° 2005-1124 du 6 septembre 2005 pris pour l'application de l'article 17-1 de la loi n° 95-73 du 21 janvier 1995 et fixant la liste des enquêtes administratives donnant lieu à la consultation des traitements automatisés de données personnelles mentionnés à l'article 230-6 du code de procédure pénale.

[954] Il en va de même pour le FIJAISV (C. proc. pén., art. 706-53-7) ou bien encore d'autres fichiers utiles pour la résolution des enquêtes tels que les fichiers d'analyse sérielle. Pour ces derniers, l'article 230-16 prévoit trois catégories de personnes pouvant accéder aux données : *« les personnels spécialement habilités et individuellement désignés de la police et de la gendarmerie nationales »*, *« les magistrats du parquet et les magistrats instructeurs, pour les recherches relatives aux infractions dont ils sont saisis »* ou bien encore *« les agents des douanes spécialement habilités et individuellement désignés, à l'occasion des enquêtes visées à l'article 28-1 »*. Un parallèle avec le TAJ est ainsi possible puisqu'il est nécessaire d'obtenir également une habilitation pour accéder aux mentions et cette dernière précise également les données consultables. Par ailleurs, bien qu'un régime commun n'existe pas, il semble que les autorités ayant accès aux données sont tout de même similaires. Étant des fichiers destinés à faciliter les enquêtes, il semble logique que les mêmes individus aient accès aux différentes données. Par contre, à l'inverse du TAJ, pour ces fichiers il n'est nullement prévu une utilisation à des fins administratives (C. proc. pén., art. 230-17). Dans ce sens, une harmonisation de la rédaction pour l'ensemble des fichiers de police, concernant les personnes habilitées à accéder aux données permettrait un meilleur respect de la clarté et intelligibilité de la loi.

juste milieu doit être trouvé entre la préservation des droits et le but recherché. En l'occurrence, l'individu semble être perdant face à la volonté étatique de fichage. À ces éléments s'ajoutent les données qui peuvent être transmises entre fichiers et entre États (II).

II - L'interconnexion des fichiers

329. L'interconnexion interne entre fichiers. L'interconnexion entre deux fichiers ne concerne pas le fait de consulter un premier fichier, puis un second, si l'individu en a l'autorisation. En réalité, il s'agit d'un système automatisé qui permet de connecter les fichiers en question et d'obtenir des informations concomitantes aux traitements[955].

Sur ce sujet, un récent rapport de mission écrit par D. Paris et P. Morel-à-L'huissier[956] est très intéressant. Ces auteurs font référence aux diverses interconnexions qui existent et surtout démontrent une volonté de plus en plus affirmée de connecter les principaux fichiers de police judiciaire qui nous intéressent. Il est ainsi question du rapprochement de plusieurs fichiers[957] et notamment du logiciel CASSIOPEE[958] et du TAJ, les députés considérant qu'il est *« aujourd'hui impératif et urgent de généraliser cette relation automatisée »* et proposent de *« généraliser dans de brefs délais l'interconnexion de CASSIOPEE vers TAJ, en remplacement des fiches-navettes, actuellement expérimentée dans sept juridictions ».*

Au-delà de cette première connexion de traitement de données et plus important encore pour ce qui nous concerne, la proposition n°10 inquiète

---

[955] D. Paris et P. Morel-à-L'huissier, rapport d'information n° 1335 sur « les fichiers mis à la disposition des forces de sécurité », précit. précisent que *« d'un point de vue juridique, la CNIL définit l'interconnexion comme la mise en relation automatisée de deux traitements de données à caractère personnel distincts et ayant des finalités différentes ».*

[956] *Ibid.*

[957] *« Pour aller plus loin, le rapport envisage une interface permettant l'interrogation simultanée de différents fichiers, qui fonctionnerait comme un moteur de recherche à partir de la saisie d'une identité. Déjà, pour les enquêtes administratives, deux services compétents utilisent ACCReD qui permet le criblage d'une personne par la consultation simultanée de plusieurs fichiers »* : P. Januel, « Fichiers de police partout », Dalloz actualité du 19 octobre 2018. Sur cette question et notamment sur l'interconnexion des enquêtes administratives et du TAJ, le site internet de la CNIL met en avant qu'une *« interconnexion avec les traitements de rédaction des procédures de la police et de la gendarmerie nationales (LRPPN et LRPGN), le logiciel de rédaction des procédures des douanes judiciaires (LRPDJ) et le traitement CASSIOPEE est prévue pour l'alimentation automatique du TAJ. En outre, des interconnexions sont prévues avec des traitements utilisés pour la réalisation d'enquêtes administratives, notamment le traitement ACCReD autorisé par le décret n° 2017-1224 du 3 août 2017 ».* Sur le sujet, *cf.* également W. Azoulay, « Du panoptique au technoptique : renforcement de l'arsenal de collecte de données », Dalloz actualité du 19 septembre 2017.

[958] Voir sur celle-ci *supra* n° 304.

particulièrement, s'agissant de : *« relier le TAJ, le FAED et le FNAEG par une base-pivot, ou créer un identifiant commun (lié à un numéro d'empreinte digitale) à ces différentes applications, afin de garantir la cohérence des informations entre les fichiers et de fiabiliser les identités des personnes mises en cause »*. Il s'agirait ainsi d'une interconnexion entre le fichier TAJ dont nous avons déjà mentionné les multiples informations sur les personnes qu'il contient et les fichiers corporels : le FAED pour les empreintes digitales et le FNAEG pour les empreintes génétiques. Dès lors, le risque premier est bien évidemment de voir émerger un gigantesque fichier de police judiciaire permettant une recherche encore plus aisée des informations individuelles et surtout une très forte atteinte à la vie privée des individus. Si la finalité de garantir la cohérence des informations et fiabiliser les données ne peut qu'être saluée, cette proposition d'interconnexion reste dangereuse pour les libertés et droits individuels. Encore une fois, il est nécessaire, dès lors que des droits sont en jeux, qu'un juste milieu soit trouvé entre l'atteinte et la finalité. Il est souhaitable qu'un contrôle de proportionnalité soit effectué pour préserver les individus. Or, il n'est pas certain qu'une interconnexion de ces trois fichiers importants, contenant déjà de multiples informations, accessible à un grand nombre d'individus et surtout contenant des données sensibles concernant le corps de la personne, soit proportionnée à la volonté de faciliter la résolution des enquêtes. Par conséquent, on ne peut qu'espérer, si cette interconnexion s'effectue, qu'elle soit strictement limitée (par exemple aux infractions les plus graves) et clairement encadrée. Dans ce sens, il sera forcément nécessaire de modifier la réglementation en vigueur concernant ces fichiers corporels puisque ces derniers interdisent des interconnexions, par principe, en raison des données particulièrement sensibles qu'ils contiennent sur le corps des individus.

Concernant le FAED, il est clairement précisé que *« le fichier prévu au présent décret ne peut faire l'objet d'aucune interconnexion, rapprochement ou d'aucune autre forme de mise en relation avec un autre traitement automatisé de données à caractère personnel, à l'exception du traitement visé à l'article 48-1 du code de procédure pénale*[959] *aux seules fins d'alimentation et de mise à jour du fichier prévu par le présent décret »*. S'agissant du FNAEG, il est question de l'article R. 53-19 du Code de procédure pénale qui prévoit qu'il *« ne peut faire l'objet d'aucune interconnexion ni de rapprochement ou de mise en relation avec un autre traitement automatisé d'informations nominatives, sous réserve des dispositions du troisième alinéa de l'article R. 53-20 »*[960]. Dans tous les cas, une évolution de ces fichiers sera forcément nécessaire pour obtenir un tel

[959] Article qui ne fait pas référence aux fichiers TAJ ou FNAEG.
[960] Voir *supra* n° 311.

changement et que soit prise en compte la qualité de la personne qui y aurait accès et la finalité d'un tel accès.

330. L'interconnexion européenne. Il est notamment question en l'espèce des textes européens et des échanges de données au sein de l'espace Schengen. Sans retracer tout l'historique de celui-ci et de l'ensemble de la législation, ce qui est important à prendre en compte concerne l'instauration par le traité de Prüm d'une volonté de coopération européenne plus poussée. *« Il s'agit d'un accord international de coopération autorisant pour la première fois les pays signataires à procéder à des échanges d'informations sur les profils ADN, les empreintes digitales ou encore les données relatives aux véhicules et à leurs détenteurs »*[961]. Dès lors, il existe une réelle volonté européenne de centraliser les données individuelles notamment celles qui concernent le corps de la personne : l'ADN et les données biométriques. Ce souhait commun des divers États européens confirme que ces informations corporelles sont réellement efficaces pour identifier les personnes mais inquiète quant à un échange sans limites des mentions.
Dans ce sens, doit notamment être mis en avant le SIS (Système d'Information Schengen). Ce fichier est né de cette volonté de coopération des divers États européens. Néanmoins, il a été, ces dernières années, remplacé par un autre fichier, le SIS II, afin de permettre une mise en place plus sécurisée d'échange de données[962]. Instauré en 2006 par un règlement européen[963], il a pour objet *« d'assurer un niveau élevé de sécurité dans l'espace de liberté, de sécurité et de justice de l'Union européenne, y compris la préservation de la sécurité publique et de l'ordre public et la sauvegarde de la sécurité sur les territoires des États membres, ainsi que*

---

[961] Dalloz actu étudiant du 22 mai 2015. *Cf.* également J.-L. Clergerie, A. Gruber, P. Rambaud, *L'Union européenne,* Dalloz, collection « Précis », 12ème édition, 2018.

[962] *« L'accord précise que les échanges ne se feraient que sur les empreintes elles-mêmes identifiées par une référence, et que ce n'est qu'en cas d'interrogation positive que pourraient être échangées des données permettant l'identification de la personne. Il ne peut être exclu que le SIS serve de plateforme à ces applications. Pour toutes ces raisons, le Conseil a décidé le développement d'un SIS de deuxième génération ». cf.* R. Yung, rapport n° 174 « sur l'établissement, le fonctionnement et l'utilisation du système d'information Schengen de deuxième génération (SIS II) (E 2897), la proposition de règlement du Parlement européen et du Conseil sur l'établissement, le fonctionnement et l'utilisation du système d'information Schengen de deuxième génération (SIS II) (E 2898) et la proposition de règlement du Parlement européen et du Conseil sur l'accès des services des États membres chargés de l'immatriculation des véhicules au système d'information Schengen de deuxième génération », annexe au procès-verbal de la séance du 25 janvier 2006.

[963] Règlement (CE) n° 1987/2006 du 20 décembre 2006 du Parlement européen, décision 2007/533/JAI. *Cf.* également la décision du Conseil de l'Europe du 12 juin 2007 « sur l'établissement, le fonctionnement et l'utilisation du système d'information Schengen de deuxième génération (SIS II) », décision 2007/533/JAI.

d'appliquer les dispositions du titre IV, chapitre 3, du traité relatives à la libre circulation des personnes sur les territoires des États membres, à l'aide des informations transmises par ce système »[964]. Ce dernier *« devrait permettre le traitement des données biométriques afin d'aider à l'identification correcte des personnes concernées »*[965]. Ainsi, dans ce cadre et pour ces finalités précises de préserver la sécurité dans l'espace commun, les données digitales peuvent être enregistrées[966]. Dans ce sens, le rapport de 2018 écrit par D. Paris et P. Morel-à-L'huissier, propose, dans une 13ème mention, de *« développer les interconnexions entre fichiers et étudier en particulier la possibilité d'interconnexions : entre les traitements SIS, FPR et FAED pour se conformer aux obligations du règlement Schengen »*. En effet, le fichier SIS II est déjà interconnecté avec – selon ces rapporteurs – douze applications nationales, mais n'est pas relié au FAED. Comme nous l'avons mentionné précédemment, ce fichier corporel est limité : les interconnexions sont interdites par principe. Pour autant, l'article 9-1 du décret de 1987 prévoit qu'une consultation des mentions est toutefois possible *« par les agents d'organismes de coopération internationale en matière de police judiciaire ou par les agents des services de police ou de justice d'États étrangers »*, notamment pour respecter les engagements du traité de Prüm[967].

Pour ainsi dire, même s'il n'existe pas d'interconnexion à proprement parler, il est toujours possible pour l'agent qui en a l'autorisation de consulter ce fichier et d'obtenir les informations[968].

Dans tous les cas, que les échanges se fassent par l'intermédiaire du SIS II ou d'un autre mode de transmission, si une interconnexion est souhaitée, notre pays devra modifier la réglementation de nos deux fichiers. Pour autant, ces informations sont précieuses et doivent être préservées,

---

964 Art. 1 du Règlement (CE) n° 1987/2006 du 20 décembre 2006, précit.

965 Règlement (CE) n° 1987/2006 du 20 décembre 2006, précit.

966 Par ailleurs, l'article 20 du règlement européen prévoit les catégories de données que l'on peut retrouver dans ce fichier. Sont ainsi référencés les empreintes digitales mais également des photographies et *« les signes physiques particuliers, objectifs et inaltérables »* de l'individu. Cette mention rappelle ainsi les éléments pouvant être mis en avant dans le TAJ. Il s'agit ainsi d'un fichier comportant de nombreux éléments corporels d'identification de l'individu.

967 M. Nicolas, « Le Traité de Prüm et l'échange de données génétiques », colloque sur « l'échange des données dans l'espace de liberté, de sécurité et de justice de l'union européenne », Grenoble, 17 et 18 novembre 2016 : *« en dépit de l'ambition affirmée par certains États de renforcer la coopération européenne pour lutter efficacement contre le terrorisme, l'échange des données génétiques rencontre plusieurs obstacles qui retardent sa mise en œuvre. Tant au niveau européen que national, certains États se sont révélés rétifs au partage d'informations qu'ils considèrent comme trop sensibles. Ainsi, la transposition des « engagements Prüm » et la création de fichiers consultables automatiquement ont pris beaucoup de retard auprès de certains États membres, fragilisant l'efficacité du système »*.

968 Concernant le FNAEG, *cf.* C. proc. pén., art. R. 53-19-1.

c'est-à-dire échangées seulement si les autres États assurent une réelle protection des droits des personnes. Cela doit se formaliser par un respect de la vie privée en limitant par exemple les autorités qui auront accès aux données[969]. Quoi qu'il en soit, la coopération européenne, si elle semble nécessaire pour lutter contre une criminalité de plus en plus transfrontalière, ne peut se faire sans assurer une préservation des intérêts de chaque individu[970]. Ces évolutions permettent un élargissement croissant des données à la disposition de multiples acteurs, dont les forces de l'ordre, pour faciliter leur travail quotidien et assurer la sécurité. Seulement, si cette finalité est louable, il ne faut surtout pas perdre de vue la nécessaire protection de la vie privée des individus et une interconnexion sans limite ne doit pas se faire au détriment des droits individuels.
Au-delà de ces fichiers classiques comportant des données corporelles ou bien encore des échanges qui existent et existeront à l'avenir sur ces informations, il paraît opportun de s'attarder sur les fichiers explicitement corporels (§II).

§II - Les fichiers corporels

331. Deux fichiers corporels. Outre l'interdiction des interconnexions avec d'autres fichiers, les traitements de données purement corporelles, c'est-à-dire des fichiers contenant pour principales informations des éléments

---

[969] Dans ce sens, un parallèle peut être effectué avec le Code de la sécurité intérieure qui prévoit, dans son article L. 235-1, que *« les données contenues dans les traitements automatisés de données à caractère personnel gérés par les services de police et de gendarmerie nationales peuvent être transmises, dans le cadre des engagements internationaux régulièrement introduits dans l'ordre juridique interne, à des organismes de coopération internationale en matière de police judiciaire ou à des services de police étrangers, qui représentent un niveau de protection suffisant de la vie privée, des libertés et des droits fondamentaux des personnes à l'égard du traitement dont ces données font l'objet ou peuvent faire l'objet. Le caractère suffisant du niveau de protection assuré par un Etat s'apprécie en fonction notamment des dispositions en vigueur dans cet Etat, des mesures de sécurité qui y sont appliquées, des caractéristiques propres du traitement, telles que ses fins et sa durée, ainsi que de la nature, de l'origine et de la destination des données traitées. Les services de police et de gendarmerie nationales peuvent recevoir des données contenues dans les traitements gérés par les organismes de coopération internationale en matière de police judiciaire ou les services de police étrangers dans le cadre des engagements prévus au présent article ».* Ainsi, il semble que les échanges ne peuvent se faire que s'il existe un niveau de protection suffisant des droits des individus. Même si la mention est intéressante, elle interroge tout de même sur l'absence de précision du caractère suffisant de la protection. Une appréciation subjective semble alors de mise.
[970] Dans ce cas, la CEDH peut avoir un rôle important à jouer dans la préservation des droits. Voir *infra* n° 375 et s.

d'identification issus du corps, interrogent sur d'autres sujets. Il est ainsi important de comprendre ce qui les rapproche, les éloigne et les évolutions futures qui pourraient s'opérer pour tenter d'obtenir un régime commun sur ces différents traitements. Pour cela une présentation du FAED et du FNAEG sera faite sous deux angles : les finalités d'inscription (A) ainsi que les personnes pouvant figurer dans les fichiers et les critères d'inscriptions (B).

A - Les finalités d'inscriptions

332. Un nécessaire rapprochement entre les fichiers. Les deux bases de données contiennent des informations principales *a priori* différentes : l'une s'attache aux données biométriques puisqu'elle reprend des informations concernant les empreintes digitales et l'autre concerne la preuve génétique avec les données ADN de l'individu. Pour autant, les deux ont trait à des informations corporelles et à la preuve de plus en plus parfaite que nous avons mise en avant tout au long de cette étude. Dès lors, qu'il s'agisse d'une trace recueillie sur les lieux d'une infraction ou bien de celle prélevée sur une personne, l'objectif final est d'identifier la personne en comparaison avec ces deux fichiers. Et cette comparaison ne saurait avoir lieu sans une alimentation préalable des fichiers. Sans revenir sur les questions d'inviolabilité du corps et du prélèvement de l'échantillon, relatives à la première partie de ce travail, il est intéressant de vérifier s'il existe un régime de fonctionnement commun entre ces deux fichiers. Tous deux étant de formidables outils d'identification relatifs à une même chose : le corps, il est important que ce régime existe[971]. Ainsi, avant de traiter des finalités à proprement parler et des similitudes entre les deux (II), il est nécessaire de succinctement rappeler l'évolution de ces fichiers (I).

I - Des fichiers en constante évolution

333. La mise en place du FAED et FNAEG. S'intéresser au fonctionnement et aux finalités d'inscription au FAED et au FNAEG suppose de s'attarder quelques instants sur l'évolution de ces traitements. Ainsi par exemple, S. Berthomet et P. Mauduit précisent, pour le FAED,

---

[971] Dans ce sens, « *l'un et l'autre fichier présentent de grandes similitudes* » : CNIL, délibération n° 2004-068 du 24 juin 2004 portant avis sur le projet de décret du ministre de l'intérieur modifiant le décret du 8 avril 1987 relatif au fichier automatisé des empreintes digitales (demande d'avis n° 104023).

qu'« *initialement, ce fichier était dénommé Fichier national anthropométrique des empreintes digitales (Fnaed). C'est un Français, Alphonse Bertillon qui, en 1882, administrateur et chef de service de l'Identité judiciaire à la préfecture de Police de Paris, découvre l'originalité des empreintes digitales. Bertillon devient dès lors le créateur de l'anthropométrie (ou bertillonage) et utilise sa méthode pour l'identification des criminels. Le fichier initié par Bertillon restera manuel et territorial jusqu'en 1992* ». Ces auteurs expliquent alors le fonctionnement qui s'appliquait avant cette date : il n'y avait pas de fichier national et les empreintes étaient gérées localement. « *Chaque région possédait son service d'Identité judiciaire, classant ses propres fiches de façon phonétique et non alphabétique. [...] Chaque fois qu'un spécialiste de l'Identité judiciaire relevait une empreinte, il devait la comparer manuellement à des centaines d'autres, à savoir qu'il piochait dans de grands bacs contenant des centaines de fiches comportant les empreintes décadactylaires d'individus identifiés. Quelquefois, il apparaissait que plusieurs fiches supportaient les mêmes empreintes, sous différents alias, dans les cas où un individu avait donné une identité différente (qui n'avait pu être vérifiée) à chacun de ses passages en commissariat...* »[972]. Ces différents éléments ont existé après la découverte de cette forme de preuve par le corps. Pour la bonne résolution des enquêtes, il paraissait effectivement inconcevable qu'un tel système local et dépassé perdure dans le temps[973]. Dans ce sens, le FAED est né par un décret de 1987[974]. Celui-ci est géré par le ministère de l'intérieur et a permis une uniformisation du territoire en entraînant forcément une réelle progression dans les enquêtes.

S'agissant du FNAEG, ce dernier a été créé une dizaine d'années après, par une loi de 1998[975] qui a instauré notamment l'article 706-54 du Code de procédure pénale. L'objectif dans cette première version était de ficher des personnes condamnées qui avaient un lien avec les infractions de nature sexuelle. Aujourd'hui le fichier a clairement évolué et s'est ouvert au plus grand nombre de cas. Les infractions visées à l'article 706-55 du Code de procédure pénale permettant l'inscription des mentions n'ont cessé de s'élargir et de se diversifier : on retrouve ainsi les infractions sexuelles mais

---

972 S. Berthomet et P. Mauduit, *Connaître l'enquête policière*, Victoires Editions, collection « Métier journaliste », tome 17, 2006.

973 Sur l'importance d'avoir un fichier national, *cf.* notamment. R. Marlet, *Les experts : mode d'emploi. La police technique et scientifique enquête*, précit.

974 Décret n° 87-249 du 8 avril 1987 relatif au fichier automatisé des empreintes digitales géré par le ministère de l'intérieur.

975 Loi n° 98-468 du 17 juin 1998 relative à la prévention et à la répression des infractions sexuelles ainsi qu'à la protection des mineurs. Voir sur ce sujet : C. Manaouil, A. Werbrouck, E. Traulle et *al.*, « Le fichier national automatisé des empreintes génétiques (FNAEG) : fonctionnement, intérêts et limites », Médecine et Droit 2008, n° 88, p. 17.

également des vols, extorsions, destructions, atteintes aux intérêts de la nation, etc. L'élargissement incessant du champ d'application est une belle illustration de la volonté de fichage collectif du législateur.

334. Un nombre croissant d'inscriptions. Ainsi, ces éléments s'accompagnent nécessairement d'une augmentation du nombre de personnes fichées. En 2007, F.-B. Huyghe constatait que le FNAEG contenait à l'époque cent fois plus de profils qu'il y a cinq ans : *« 485 136 profils exactement »*[976]. Alors qu'en 2018, P. Januel, retraçant les points importants du rapport de D. Paris et P. Morel-à-L'huissier donnait des chiffres beaucoup plus conséquents : *« 2,9 millions de profils génétiques »*. Dans le même ordre d'idées et toujours à cette date, le FAED *« contient 6,2 millions de personnes »*[977]. Dès lors, les bases de données corporelles n'échappent en rien à la constante volonté d'un fichage du plus grand nombre. Ce constat s'inscrit parfaitement dans le raisonnement du législateur : un nombre important d'individus doit être fiché pour que la preuve corporelle, déjà forte, soit la plus efficace possible[978]. C'est ainsi que plusieurs critères et finalités d'inscriptions ont été sélectionnés pour ces deux fichiers (II).

II - Des objectifs communs

335. Des différences textuelles. Bien évidemment, la finalité première de recherche aisée des auteurs d'infractions sexuelles pour le FNAEG n'est plus suffisante. Les évolutions législatives ayant augmenté les infractions permettant un fichage, l'article 706-54 du Code de procédure pénale figure désormais dans un titre spécifique au fichier lui-même (auparavant il se trouvait dans un titre relatif à la procédure applicable aux infractions de nature sexuelle et de la protection des mineurs victimes) et prévoit que l'objectif est de *« faciliter l'identification et la recherche des auteurs de ces infractions »*. S'agissant du FAED, le décret de 1987 modifié expose, dans son article 1er I, de multiples finalités. Ainsi, *« est autorisé, dans les conditions prévues au présent décret, le traitement automatisé de traces et empreintes digitales et palmaires :*

---

976 F.-B. Huyghe, *ADN et enquêtes criminelles*, précit

977 P. Januel, « Fichiers de police partout », précit.

978 Néanmoins, un fichier d'une taille importante n'est pas sans effets délétères. Dans ce domaine doit être pris en compte le risque de coïncidences fortuites qui est élevé. C'est ainsi qu'une étude doit être faite sur la pertinence de la trace analysée. *Cf.* dans ce sens R. Coquoz, J. Comte, D. Hall et *al.*, *Preuve par l'ADN, la génétique au service de la justice*, précit.

-en vue de faciliter la recherche et l'identification, par les services de la police nationale et les unités de la gendarmerie nationale ainsi que par le service national de la douane judiciaire, des auteurs de crimes et de délits et de faciliter la poursuite, l'instruction et le jugement des affaires criminelles et délictuelles dont l'autorité judiciaire est saisie ;
-en vue de faciliter la recherche et la découverte des mineurs et majeurs protégés disparus ainsi que celles des majeurs dont la disparition présente un caractère inquiétant ou suspect eu égard aux circonstances, à l'âge de l'intéressé ou à son état de santé ;
-en vue de faciliter l'identification dans un cadre judiciaire des personnes décédées ainsi que l'identification des personnes découvertes grièvement blessées dont l'identité n'a pu être établie ;
-en vue de faciliter l'identification dans un cadre extrajudiciaire des personnes décédées ».

336. Des finalités similaires. À la première lecture de l'article, on peut supposer que le FAED a des objectifs plus larges que le FNAEG. Le premier est relativement proche de la finalité énoncée par l'article 706-54 du Code de procédure pénale : l'objectif pour les deux semble être la recherche et l'identification aisée des auteurs d'infractions. Simplement, les possibilités d'inscription pour le FAED sont plus larges puisque ce dernier n'est en rien lié et limité à des infractions listées, contrairement au FNAEG. Pour autant, au vu de l'élargissement constant du nombre de ces infractions, cette différence fondamentale tend de plus en plus à s'estomper.
S'agissant des trois autres finalités, l'objectif est l'inscription des données corporelles pour retrouver ou identifier plus facilement une potentielle victime d'infraction (disparition, découverte de cadavre). Dans cette optique, le fichage a lieu dans un sens favorable à cette personne. Pour autant, le FNAEG, même si l'article 706-54 ne donne pas textuellement ces finalités, procède de la même manière. Il prévoit également, concernant les personnes fichées, la possibilité d'inscrire celles qui ont trait à des procédures de recherche des causes de la mort, d'identification de cadavre ou de disparition inquiétante. Ainsi, ces fichiers sont très proches de par leurs informations très discriminantes pour l'individu mais également dans leurs buts et existence. Dès lors, à source identique (le corps) et finalités identiques (aide à la recherche de la vérité/résolution des enquêtes) doit s'allier un régime de fonctionnement identique.

337. Le contrôle des fichiers. Bien que ces fichiers aient été élargis au fil des années, ils restent tout de même soumis au contrôle de l'autorité judiciaire. Dans ce sens, l'article 7 du décret de 1987 indique que le FAED *« est placé sous le contrôle du procureur général près la cour d'appel dans le ressort de laquelle est situé le service gestionnaire ».* Ce magistrat a un rôle important puisqu'il a des pouvoirs de contrôle et d'effacement des

données[979]. À ce titre, le service gestionnaire du FAED lui envoie chaque année un rapport *« d'activité mentionnant notamment les résultats des opérations de mise à jour et d'apurement du fichier »*.
S'agissant du FNAEG, le premier alinéa de l'article 706-54 du Code de procédure pénale prévoit que ce fichier est *« placé sous le contrôle d'un magistrat »*. Il s'agit plus précisément d'un *« magistrat du parquet hors hiérarchie, nommé pour trois ans par arrêté du garde des sceaux, ministre de la justice, et assisté par un comité composé de trois membres nommés dans les mêmes conditions »*[980]. Ce dernier a autant d'importance que celui prévu pour le FAED puisque l'article R. 53-17 du même Code dispose que l'autorité gestionnaire doit également lui adresser un rapport annuel d'activité et qu'il dispose aussi de possibilités de contrôles et d'effacements de données.
Il est toutefois à noter dans ce domaine une évolution des compétences par un transfert des pouvoirs du parquet à l'officier de police judiciaire. Lors de la mise en place du FNAEG et des premiers décrets d'application, l'article R. 53-10 du Code de procédure pénale prévoyait pour l'enregistrement des données d'une personne condamnée, la nécessaire autorisation du procureur de la République ou de son supérieur hiérarchique, le procureur général. Aujourd'hui, ce même article intègre toujours l'autorisation du parquet pour ces personnes, mais dispose également que l'officier de police judiciaire est habilité à exiger l'enregistrement des autres individus, d'initiative. L'élargissement des pouvoirs de l'OPJ n'est pas nouveau et, nous l'avons déjà mentionné, ce dernier a des prérogatives importantes concernant l'atteinte au corps de l'individu. Lui confier directement le choix de décider d'une inscription permet une rapidité dans la procédure pénale mais peut s'avérer dangereux pour les droits individuels, si l'on prend en compte la dimension subjective qui existe dans la décision de fichage.
De manière large, placer ces deux fichiers sous le contrôle d'un magistrat est louable mais même s'il est hors hiérarchie, il reste membre du parquet, habitué à diriger des enquêtes. Dans ce sens, on ne peut que souhaiter qu'un magistrat judiciaire, du siège, indépendant et impartial, tel qu'un JLD, soit chargé de la surveillance et du contrôle de ces fichiers, surtout si l'on prend en compte le nombre de personnes devant subir un enregistrement (B).

---

[979] Voir *infra* n° 365 et s.
[980] C. proc. pén., art. R. 53-16.

B - Les personnes fichées

338. Des personnes similaires ? Bien que les finalités semblent se recouper concernant ces deux fichiers, il existe des différences textuelles pouvant avoir des conséquences pratiques concernant les personnes fichées. Pour autant, le FNAEG (I) et le FAED (II) étant proches, ces modalités méritent d'être harmonisées.

I - Le FNAEG

339. Comparaison et enregistrement. Nous avons déjà mis en avant les individus susceptibles de faire l'objet d'un prélèvement aux fins d'alimentation dans le cadre des problématiques de refus de prélèvements et des sanctions associées. Ainsi, plusieurs catégories de personnes peuvent être prélevées pour comparaison de profil avec le FNAEG, selon l'article 706-54 du Code de procédure pénale. Il s'agit notamment des personnes simplement suspectes, des personnes fortement soupçonnées, d'éventuels témoins et enfin des personnes condamnées[981]. En ce qui concerne non plus la comparaison mais l'inscription au sein du fichier, les personnes devant subir une telle mention sont plus réduites[982].

340. Les personnes condamnées[983]. Ainsi, ce même article prévoit que le fichier centralise « *les empreintes génétiques issues des traces biologiques ainsi que les empreintes génétiques des personnes déclarées coupables de l'une des infractions mentionnées à l'article 706-55* ». Mais également que « *sont conservées dans les mêmes conditions les empreintes génétiques des personnes poursuivies pour l'une des infractions mentionnées à l'article 706-55 ayant fait l'objet d'une décision d'irresponsabilité pénale en application*

---

[981] Voir *supra* n° 83.

[982] Il s'agit en l'espèce de l'inscription du profil génétique d'une personne connue. Il est également possible d'inscrire les *« traces biologiques issues de personnes inconnues, recueillies dans le cadre d'une enquête préliminaire, d'une enquête pour crime ou délit flagrant, ou d'une instruction préparatoire, relatives à l'une des infractions mentionnées à l'article 706-55 ». Cf.* C. proc. pén., art. R. 53-10.

[983] La Cour de cassation a été amenée à se prononcer plusieurs fois sur cette catégorie de personnes en déterminant notamment ce qu'est une condamnation susceptible d'un enregistrement. Ainsi par exemple, il a été décidé que *« l'infraction de refus de se soumettre à un prélèvement biologique ne peut être reprochée qu'à une personne définitivement condamnée. Tel n'est pas le cas d'un mineur placé sous protection judiciaire, une telle mesure ne constituant pas une condamnation pénale ».* M. Léna, « La chambre criminelle refuse l'inscription au fichier national automatisé des empreintes génétiques des mineurs placés sous protection judiciaire », Dalloz actualité du 4 octobre 2007 à propos de l'arrêt Cass. crim., 12 septembre 2007, n° 06-85687.

des articles 706-120, 706-125, 706-129, 706-133 ou 706-134 ». Ce premier alinéa de l'article 706-54 expose ainsi deux catégories pouvant faire l'objet d'un enregistrement : les condamnés et les personnes poursuivies mais déclarées irresponsables pénalement. L'individu, qu'il soit condamné ou non, a, dans ces hypothèses, commis l'infraction mais cette dernière ne peut pas lui être imputable en raison de l'abolition de son discernement. La commission matérielle de l'infraction semble alors être suffisante pour permettre un enregistrement.

341. Les personnes fortement soupçonnées et suspectes. Le second alinéa renvoie aux personnes fortement soupçonnées : *« personnes à l'encontre desquelles il existe des indices graves ou concordants rendant vraisemblable qu'elles aient commis l'une des infractions mentionnées à l'article 706-55 »*. Ces dernières peuvent voir leurs empreintes génétiques également conservées dans ce fichier[984].
A contrario, s'agissant de la troisième catégorie, les personnes suspectes (*« personne à l'encontre de laquelle il existe une ou plusieurs raisons plausibles de soupçonner qu'elle a commis l'une des infractions mentionnées à l'article 706-55 »*), il est prévu un possible rapprochement des données de l'individu avec celles inscrites dans le fichier mais sans qu'une inscription ne soit possible.

342. Les causes de la mort et les disparitions. Ce même article précise également que d'autres personnes peuvent avoir leurs empreintes génétiques enregistrées dans le fichier : celles qui font l'objet de procédures de recherche des causes de la mort ou de disparition inquiétante, mais également les personnes décédées dont l'identité n'a pas pu être établie. Pour autant, ce dernier cas nous intéresse peu puisqu'il s'agit d'une mesure d'enregistrement spécifique dont les finalités d'enquêtes sont théoriquement favorables à l'individu.
S'agissant des proches – *« ascendants, descendants et collatéraux des personnes dont l'identification est recherchée »* –, l'article prévoit que l'inscription doit être distincte des autres mentions précédemment citées et que le consentement de ceux-ci est nécessaire et préservé (non contraint). Cette obligation est appréciable : il était en effet souhaitable que la personne qui n'est en rien actrice dans une procédure judiciaire et qui n'est inscrite au fichier que pour permettre l'identification d'un proche ne soit pas impactée,

---

[984] Il est à noter que la version initiale de l'article, issue de la loi du 17 juin 1998, prévoyait qu'il s'agissait de personnes *« à l'encontre desquelles il existe des indices graves et concordants »*. Il était ainsi nécessaire que les indices revêtent les deux qualités, ce qui n'est plus nécessaire aujourd'hui. De plus, ces personnes ne pouvaient faire l'objet d'un enregistrement mais seulement d'une comparaison. Ces éléments démontrent l'évolution désirée par le législateur s'agissant du fichage de masse.

dans sa vie privée, en étant longtemps mentionnée dans la base de données au même titre que celles des autres catégories. Le législateur respecte ici les droits de l'individu.

343. Une évolution législative. Concernant les autres cas, l'inscription du condamné n'est en rien contradictoire avec la finalité première du fichier, c'est-à-dire permettre de lutter efficacement contre la récidive. Par contre, il est contestable qu'y figurent également les données de personnes fortement soupçonnées[985]. Le fait que ces individus voient se diriger vers eux de forts soupçons de la part des enquêteurs ne devrait pas être pris en compte pour l'enregistrement des mentions dans un fichier aussi important que le FNAEG, ces derniers étant encore officiellement innocents. En ce sens, il s'agit encore d'une démonstration de l'importance de la preuve corporelle. Celle-ci permet la création d'une preuve considérée comme fiable, elle oriente les enquêteurs et impacte la présomption d'innocence de l'individu mais également le respect de sa vie privée du fait de son inscription. Dès lors, il serait opportun de supprimer cette possibilité et de ne garder que le fichage des personnes réellement condamnées par une juridiction impartiale. Néanmoins, cette volonté semble à contresens de celle du législateur et de son ambition d'un fichage du plus grand nombre, surtout si l'on considère la pratique qui tend à se développer de recherche en parentèle.

344. La recherche en parentèle. Un dernier élément concernant les personnes devant subir le fichage est à examiner. Cette fois il ne s'agit plus d'une personne fichée elle-même mais de la possibilité de la retrouver grâce au fichage d'une autre personne. Cette possibilité, issue d'une loi de 2016[986] est prévue à l'article 706-56-1-1 du Code de procédure pénale et permet *« lorsque les nécessités d'une enquête ou d'une information concernant l'un des crimes prévus à l'article 706-55 l'exigent »,* au procureur de la République ou au magistrat instructeur, après avis de ce dernier, de *« requérir le service gestionnaire du fichier afin qu'il procède à une comparaison entre l'empreinte génétique enregistrée au fichier établie à partir d'une trace biologique issue d'une personne inconnue et les empreintes génétiques des personnes mentionnées aux premier et deuxième alinéas de l'article 706-54 aux fins de recherche de personnes pouvant être apparentées en ligne directe à cette personne inconnue ».* La comparaison classique des profils génétiques au FNAEG se fait sur la base du prélèvement issu d'une personne connue ou bien d'une trace – par exemple

---

[985] Sur cette question et notamment des critiques qui ont eu lieu à l'instauration de ce fichier, *cf.* A. Tarby, *La bioéthique : ce qu'elle est, ce que dit le droit...*, Éditions du puits fleuri, collection « Le conseiller juridique pour tous », 2008.

[986] Loi n° 2016-731 du 3 juin 2016 renforçant la lutte contre le crime organisé, le terrorisme et leur financement, et améliorant l'efficacité et les garanties de la procédure pénale.

retrouvée sur les lieux de l'infraction – dont l'appartenance à une personne est inconnue. La comparaison effectuée permet de faire ressortir une concordance avec un profil individu déjà fiché, ce qui permet d'avoir une probabilité de l'identité de la personne qui a laissé cette trace génétique. Néanmoins, il arrive que la personne en question ne soit pas fichée et par conséquent qu'une comparaison ne donne aucun résultat. Dès lors, par cette nouvelle possibilité légale de 2016, il est possible d'effectuer une comparaison plus large, non pas avec le même profil génétique, mais avec un profil proche : la famille – en ligne directe – de l'individu. Ainsi, un individu X qui dépose une trace sur un objet servant à la commission d'une infraction mais qui n'est pas fiché ne donnera aucun résultat. Mais grâce à cette recherche en parentèle, un résultat pourra ressortir faisant apparaître les données des parents X-1 ou X+1 et permettant un rapprochement de l'identité de l'individu. Il ne restera plus qu'aux officiers à joindre ces personnes et à obtenir l'identité de l'individu recherché. Cette nouveauté permet ainsi, théoriquement, de grandes possibilités en termes de résolution d'enquête[987]. Elle démontre l'importance de l'ADN dans l'identification et toujours cette volonté de ficher le plus grand nombre. Néanmoins elle interroge également quant au juste équilibre qui doit être trouvé entre la recherche de preuve/auteurs et les droits individuels. Il est déjà contestable d'enregistrer une personne présumée innocente n'ayant pas été jugée dans un tel fichier mais il est d'autant plus critiquable de parvenir à ces informations par un autre profil apparenté. Dès lors, l'individu n'est pas fiché mais subit le fichage d'un membre de sa famille. Cela rentre dans la finalité première du fichier de recherche des auteurs et permet une bonne résolution des enquêtes, mais porte atteinte au droit à la vie privée de l'individu. Il serait alors souhaitable que cette possibilité soit supprimée ou à défaut clairement limitée. Actuellement, cette hypothèse est permise pour les crimes concernés par le FNAEG lorsque les nécessités de l'enquête l'exigent… autrement dit, à l'appréciation subjective du parquet ou du juge d'instruction ! Une précision législative serait la bienvenue pour délimiter précisément les critères à prendre en compte. En tout état de cause, un grand nombre de personnes peuvent être inscrites au FNAEG. Qu'en est-il du FAED ? (II).

---

[987] *« Elle a été mise en œuvre la première fois dans le cas de l'affaire Kulik dont le viol et le meurtre en 2002 ont défrayé la chronique. - Le 12 janvier 2002, le corps d'Elodie Kulik est retrouvé. Les constatations effectuées sur la scène de crime mettent en évidence la présence d'un ADN masculin inconnu du FNAEG. Une recherche en parentalité permet de cibler un individu dont le père avait été inscrit au FNAEG pour des faits de viol ».*
https://www.gendarmerie.interieur.gouv.fr/pjgn/IRCGN/Division-Criminalistique-Biologie-et-Genetique-DCBG/Le-Fichier-National-Automatise-des-Empreintes-Genetiques-FNAEG
Cf. également Cass. crim., 28 juin 2017, n° 17-80055. Voir S. Fucini, « Fichier des empreintes génétiques : recherche en parentalité à partir d'un ADN inconnu », Dalloz actualité du 17 juillet 2017 mais également D. Thomas-Taillandier, « Précisions sur l'utilisation des données contenues dans le FNAEG », AJ pénal 2017, p. 451.

II - Le FAED

345. Les personnes fortement soupçonnées et les personnes suspectes. Les personnes pouvant faire l'objet d'une inscription au sein de ce second fichier sont-elles les mêmes ? Pour répondre à une telle question, il faut s'intéresser à l'article 3 du décret de 1987. Ce dernier rappelle tout d'abord que les traces pouvant faire l'objet d'une inscription doivent émaner d'enquête pour crime ou délit flagrant (et assimilé), enquête préliminaire ou bien dans le cadre d'une instruction.

Il est premièrement prévu que les empreintes peuvent être enregistrées pour les *« personnes à l'encontre desquelles il existe des indices graves ou concordants rendant vraisemblable qu'elles aient pu participer, comme auteur ou comme complice, à la commission d'un crime ou d'un délit, ou des personnes mises en cause dans une procédure criminelle ou délictuelle, dont l'identification certaine s'avère nécessaire »*. Cette première catégorie est intéressante et permet une comparaison avec le FNAEG. Le début de la formulation utilisée par le législateur rappelle l'enregistrement possible des personnes fortement soupçonnées. Pour autant, pour le fichier génétique, l'enregistrement suppose des soupçons que la personne ait commis l'infraction, c'est-à-dire qu'elle soit auteure de celle-ci. Concernant le FAED, une simple participation semble suffire, que ce soit comme auteur ou complice. Dès lors, pour les personnes fortement soupçonnées, les possibilités d'enregistrement sont plus larges que pour l'ADN, ce qui est d'autant plus contestable que l'individu est toujours présumé innocent. La possible inscription d'un individu fortement soupçonné d'être le complice de la commission d'un simple délit est critiquable et démontre encore la forte volonté d'un fichage de masse du législateur. Par conséquent, le même souhait pour les deux fichiers peut être formulé : la suppression de ces possibilités d'inscription et l'enregistrement unique des personnes condamnées judiciairement.

Plus important encore, alors que les personnes simplement suspectes ne peuvent faire l'objet d'un enregistrement au FNAEG, il semble qu'il puisse exister une telle possibilité pour le FAED. En effet, la fin de cet alinéa permet l'enregistrement de mis en cause dont l'identification certaine s'avère nécessaire. Il est possible que ce cadre serve à la conservation des mentions des personnes suspectes si l'officier considère que l'identification certaine est nécessaire. Cette possibilité mériterait d'être reformulée pour être plus précise et moins large. Pour l'heure, un potentiel risque de fichage de simple suspect, présumé innocent, semble exister.

346. Cadavres et personnes grièvement blessées. L'article 3 du décret de 1987 prévoit également d'autres possibilités de fichage parmi lesquelles se retrouvent les *« cadavres non identifiés »* et *« les personnes découvertes grièvement blessées dont l'identité n'a pu être établie »*. C'est notamment dans ce cadre qu'est prise en compte l'enquête pour recherche des causes de la mort, dans les mêmes finalités que celle prévue pour le FNAEG. Cette possible inscription n'appelle pas plus de remarques que celles données pour le précédent fichier : l'enregistrement se fait pour identifier la personne potentiellement victime, c'est donc dans un sens favorable à l'individu.

347. Les personnes condamnées et détenues. Pour finir[988], peuvent également être enregistrées les empreintes digitales et palmaires *« relevées dans les établissements pénitentiaires, en vue de s'assurer de manière certaine de l'identité des détenus qui font l'objet d'une procédure pour crime ou délit et d'établir les cas de récidive ».* Ainsi, il ne s'agit pas simplement de personnes condamnées comme pour le FNAEG mais de détenus. Pour autant, la finalité reste la même et seule la formulation change puisque la première hypothèse permettant l'enregistrement des personnes fortement soupçonnées est suffisamment large pour que l'individu mis en cause soit fiché avant même sa condamnation et son arrivée en détention. Néanmoins, la mention de l'enregistrement des détenus et non pas des condamnés peut avoir une incidence si la personne est simplement suspecte (et n'a pas fait l'objet d'un fichage) et non pas fortement soupçonnée et est condamnée sans peine privative de liberté. Alors que dans la même situation, pour le FNAEG, l'individu pourra être fiché si la procédure concerne une des infractions mentionnées à l'article 706-55 du Code de procédure pénale. Cette hypothèse est pour autant probablement théorique puisqu'il suffit que l'officier procédant au relevé et à l'enregistrement des empreintes digitales estime que les indices retenus contre la personne sont graves et concordants pour qu'il puisse ficher.

348. Une nécessaire rédaction commune. Ainsi, le nombre d'individus pouvant faire l'objet d'un enregistrement est très large. S'agissant des personnes condamnées judiciairement, l'inscription est conforme à la volonté première de lutte contre la récidive et la recherche/l'identification facilitée des auteurs d'infractions. Dans ce sens, il est possible de déterminer une formulation commune entre les deux fichiers soit en prévoyant l'enregistrement de tous les condamnés (pour les infractions spécifiques pour le FNAEG) ou bien simplement l'enregistrement des détenus.

Pour ces finalités spécifiques d'aide à la résolution d'enquête, il est compréhensible que le législateur ait la volonté de ficher un grand nombre d'individus. Pour autant, le respect des droits individuels ne doit pas être

---

[988] Peuvent aussi faire l'objet d'un enregistrement les traces *« transmises par des organismes de coopération internationale en matière de police judiciaire ou des services de police étrangers en application d'engagements internationaux »* et d'autres traces permettant l'identification de personnes décédées pour des procédures extrajudiciaires. *Cf.* art. 3 du décret du 8 avril 1987.

négligé et il est important que la présomption d'innocence soit préservée. Or, ficher une personne contre laquelle existent des indices graves ou concordants qu'elle soit auteure (ou même complice !) d'une infraction peut conduire à la stigmatiser[989]. Dans ce sens, ces possibilités devraient être supprimées. Tout au moins, une rédaction commune, claire et précise, doit s'imposer concernant l'enregistrement des personnes fortement soupçonnées et des critères législatifs sans équivoque permettant d'apprécier ces éléments. Une évolution législative pour un meilleur respect du droit à la vie privée s'impose. Ces éléments concernent les possibilités d'inscriptions au sein des fichiers pour lesquels des atteintes peuvent exister. Pour autant, le respect de la vie privée qui doit exister en amont survit également tout au long de l'enregistrement de la donnée jusqu'à sa suppression, tout comme l'existence d'autres droits (Section II).

Section II - Les droits des individus

349. Tout au long de la procédure. S'agissant des droits, ces derniers s'étendent de la première phase de notre étude – la recherche de preuves – à la suppression des données. Les premiers questionnements concernent l'inviolabilité du corps et les prélèvements sur ou dans le corps de l'individu qui seront justement destinés à être analysés puis fichés. Concernant la phase pure de fichage, c'est-à-dire celle qui commence à partir de l'inscription, d'autres droits sont à mentionner (§I), protégés par différentes juridictions[990] (§II).

§I - Les différents droits des individus

350. Les fichiers d'antécédents et d'identifications. De la même manière que la première section traitait majoritairement de ces deux types de fichiers, la problématique des droits individuels se concentrera également sur ces bases de données ainsi que sur le TAJ. Tout d'abord parce que ce sont les principaux fichiers à la disposition des enquêteurs et ensuite parce que le corps est central pour les hypothèses d'identification et peut être présent dans le fichier d'antécédents judiciaires. C'est donc au sein de ces fichiers que se posent des questions quant aux droits à l'information, à l'accès et à la

---

989 Voir *infra* n° 376.

990 S'agissant de la problématique du contrôle des fichiers, *cf.* notamment : A. Bauer et C. Soullez, « Fichiers de police et de gendarmerie », La Documentation française, collection « Rapports officiels », 2007.

rectification des données (A) mais également quant à l'existence ou non d'un droit à l'oubli (B).

A - Droit à l'information, à l'accès et à rectification

351. La préservation des droits par la CNIL. Cette autorité administrative indépendante est importante dans ce domaine. Il ressort justement de ses missions d'informer les individus et de veiller à la préservation de leurs droits[991]. Ainsi, elle a toujours joué un rôle primordial sur les droits d'accès des individus à leurs données jusqu'en 2018, en plus des personnes elles-mêmes (I), date à laquelle une modification a quelque peu changé la législation en vigueur (II).

I - L'exercice de ces droits avant 2018

352. Le droit d'accéder aux informations. Concernant ces droits, doivent être prises en compte les dispositions des articles 39 et 40 de la loi informatique et libertés. Celles-ci permettaient à l'individu d'agir directement auprès du responsable du fichier pour obtenir un accès à diverses informations concernant les données. Ainsi par exemple, l'article 39 prévoyait que *« toute personne physique justifiant de son identité a le droit d'interroger le responsable d'un traitement de données à caractère personnel en vue d'obtenir :*
1° La confirmation que des données à caractère personnel la concernant font ou ne font pas l'objet de ce traitement ;
2° Des informations relatives aux finalités du traitement, aux catégories de données à caractère personnel traitées et aux destinataires ou aux catégories de destinataires auxquels les données sont communiquées ;
3° Le cas échéant, des informations relatives aux transferts de données à caractère personnel envisagés à destination d'un Etat non membre de la Communauté européenne ;
4° La communication, sous une forme accessible, des données à caractère personnel qui la concernent ainsi que de toute information disponible quant à l'origine de celles-ci ;
5° Les informations permettant de connaître et de contester la logique qui sous-tend le traitement automatisé en cas de décision prise sur le fondement de celui-ci et produisant des effets juridiques à l'égard de l'intéressé [...] ».

---

991 Il s'agit par ailleurs de la première mission mentionnée par la commission sur son site internet. *Cf* : https://www.cnil.fr/fr/les-missions-de-la-cnil

Quant à l'article 40, il donnait quelques possibilités d'effacements des données, notamment de rectification, à la personne.
Ces droits pouvaient ainsi être exercés directement par l'individu auprès du responsable du traitement. C'est dans ce cadre que la personne pouvait interroger cette autorité pour les fichiers corporels. Ainsi par exemple, pour le FAED, l'article 6 du décret de 1987 précisait que *« les droits d'accès et de rectification prévus par les articles 39 et 40 de la loi n° 78-17 du 6 janvier 1978 s'exercent auprès du chef du service central de la police technique et scientifique au ministère de l'intérieur, place Beauvau, Paris (8e) »*. De même, l'article R. 53-15 du Code de procédure pénale indiquait pour le FNAEG que le droit d'accès *« s'exerce auprès du chef du service central de la police technique et scientifique du ministère de l'intérieur »*. Par conséquent, l'individu, pour ces fichiers, disposait déjà d'une certaine autonomie mais ne bénéficiait d'aucune information automatique : ce n'était que lorsqu'il en faisait la demande qu'il en obtenait[992]. Ces mentions concernaient une grande quantité de fichiers mais certains, dont la finalité est spécifique, dérogeaient à ces possibilités.

353. Le droit d'accès indirect. Pour certains traitements particuliers, plus précisément ceux qui concernent *« la sûreté de l'Etat, la défense ou la sécurité publique »*, un droit d'accès indirect, par l'intermédiaire de la CNIL, était prévu par l'article 41 de la même loi. Ce dernier renforçait l'exercice des droits par cette autorité administrative, par une procédure particulière. Elle devait être saisie par l'individu et celle-ci désignait *« l'un de ses membres appartenant ou ayant appartenu au Conseil d'Etat, à la Cour de cassation ou à la Cour des comptes pour mener les investigations utiles et faire procéder aux modifications nécessaires »*. Cette possibilité était importante car la CNIL est une autorité reconnue et écoutée. Dans ce sens, elle procédait aux vérifications et constatait *« en accord avec le responsable du traitement »*, que la communication des données à la personne ne mettait *« pas en cause ses finalités, la sûreté de l'Etat, la défense ou la sécurité publique »*. Contrairement à l'accès direct qui était possible pour le FAED et le FNAEG, cette procédure était forcément plus longue puisqu'elle faisait intervenir un acteur intermédiaire. Pour autant, l'individu ne se retrouvait pas seul en effectuant ses demandes, confronté directement au responsable du traitement, et était appuyé par la CNIL. Concernant le corps, le fichier d'antécédent était soumis à cette modalité. Ainsi, l'article R. 40-33 I prévoyait que *« le droit d'accès s'exerce de manière indirecte, dans les conditions prévues à l'article 41 de la loi n° 78-17 du 6 janvier 1978, par*

---

992 *Cf.* F. Giquel, « La CNIL exerce-t-elle un contrôle des fichiers de police suffisant ? », précit.

demande portée préalablement devant la Commission nationale de l'informatique et des libertés, pour l'ensemble des données »[993].

Néanmoins, pour ce fichier comme pour d'autres, une modification législative est intervenue en 2018 pour tenter d'accorder à l'individu plus d'autonomie dans l'exercice de ses droits (II).

II - L'évolution des droits de 2018

354. L'apport de la loi du 20 juin 2018[994]. Cette loi apporte de multiples modifications à la loi informatique et libertés. Concernant l'exercice des droits d'information, d'accès et de rectification, il est à mentionner qu'elle a vocation à transposer une importante directive européenne[995] ainsi que le règlement général sur la protection des données (RGPD)[996] qui ne concerne pas notre sujet. Cette loi a ainsi créé un nouveau chapitre XIII entièrement consacré à la transposition de cette directive. Le nouvel article 70-1 dispose alors, concernant le champ d'application de ces nouveautés, que ce chapitre s'applique *« le cas échéant par dérogation aux autres dispositions de la présente loi, aux traitements de données à caractère personnel mis en œuvre, à des fins de prévention et de détection des infractions pénales, d'enquêtes et de poursuites en la matière ou d'exécution de sanctions pénales, y compris la protection contre les menaces pour la sécurité publique et la prévention de telles menaces, par toute autorité publique compétente ou tout autre organisme ou entité à qui a été confié, à ces mêmes fins, l'exercice de l'autorité publique et des prérogatives de puissance publique, ci-après dénommés autorité compétente »*. Ainsi, compte tenu des finalités des fichiers que nous avons précédemment évoqué, ces dispositions ont vocation à s'appliquer tant aux TAJ, qu'au FAED ou au FNAEG. Dès lors, les articles concernant ces droits sont classés dans une section 3 concernant les *« droits de la personne concernée par un traitement de données à caractère personnel »*, instaurant des possibilités en matière d'information, d'accès et de rectification.

---

[993] Ce même article prévoyait également une étape supplémentaire pour la communication des données lorsque la procédure judiciaire n'était pas close : le nécessaire accord du procureur de la République.

[994] Loi n° 2018-493 du 20 juin 2018 relative à la protection des données personnelles.

[995] Directive (UE) n° 2016/680 du parlement européen et du conseil du 27 avril 2016 relative à la protection des personnes physiques à l'égard du traitement des données à caractère personnel par les autorités compétentes à des fins de prévention et de détection des infractions pénales, d'enquêtes et de poursuites en la matière ou d'exécution de sanctions pénales, et à la libre circulation de ces données, et abrogeant la décision-cadre 2008/977/JAI du Conseil.

[996] Règlement (UE) 2016/679 du Parlement européen et du Conseil du 27 avril 2016. *Cf.* dossier sur l'adaptation de la loi Informatique et libertés au RGPD, Dalloz IP/IT 2018 p. 458.

355. Le nouveau droit à l'information. La loi informatique et liberté permettait certes la possible délivrance de quelques mentions grâce à l'article 39, pour certains fichiers mais ne prévoyait pas d'obligation générale d'information. L'article 32 disposait pourtant que *« la personne auprès de laquelle sont recueillies des données à caractère personnel la concernant est informée, sauf si elle l'a été au préalable, par le responsable du traitement ou son représentant »* de diverses informations. Néanmoins, la fin de cet article excluait du champ d'application les fichiers qui nous intéressent. Dès lors, il n'y avait pas de véritable obligation d'informations concernant ces fichiers.

Depuis la loi de 2018, l'article 70-18 précise que *« le responsable du traitement met à la disposition de la personne concernée »* diverses informations. Ce nouvel article est important puisqu'il permet à la personne d'être informée, par exemple, des *« finalités poursuivies par le traitement auquel les données sont destinées »* ou bien encore d'avoir *« le droit d'introduire une réclamation auprès de la Commission nationale de l'informatique et des libertés et les coordonnées de la commission »*. Cette disposition renforce ainsi les droits des individus et l'accès à l'information, importante dans ce domaine. *« Pour autant, l'article ne précise pas si une demande doit être formulée pour obtenir ces informations ou si le responsable du traitement les transmet, automatiquement, à chaque nouvelle inscription. Dans la première hypothèse, l'effectivité de ce droit est amoindrie, la personne devant au préalable s'interroger sur sa possible inscription au fichier avant d'en questionner le responsable*[997]*. [...] La seconde hypothèse est, en revanche, avantageuse pour la personne*[998] *et est d'autant plus importante que les différentes inscriptions au sein des fichiers peuvent s'avérer assez floues pour les individus. [...] la loi ne semble pas privilégier la seconde hypothèse »*[999]. L'article 70-23 précise, visiblement, qu'une demande sera nécessaire[1000].

356. Le droit d'accès direct. L'article 70-19 met en place un droit d'accès direct pour l'ensemble des fichiers répressifs concerné par la directive : *« la personne concernée a le droit d'obtenir du responsable de traitement la*

---

[997] Concernant l'absence d'un droit à l'information, voir V. Bianchi, « L'effacement des fichiers ou le nouveau mythe de Sisyphe », AJ pénal 2007, p. 420 et également D. Batho et J.-A. Bénisti, rapport d'information n° 4113 précit.

[998] Hypothèse également mise en avant par D. Paris et P. Morel-à-l'huissier qui prônent la *« communication systématique »* des informations dans le rapp. d'information n° 1335 sur « les fichiers mis à la disposition des forces de sécurité », précit.

[999] G. Vibrac, « Les fichiers à l'épreuve de nouveaux droits effectifs pour les personnes ? », AJ Pénal 2018, p. 564.

[1000] *« Les informations mentionnées aux articles 70-18 à 70-20 sont fournies par le responsable de traitement à la personne concernée par tout moyen approprié, y compris par voie électronique et, de manière générale, sous la même forme que la demande ».*

confirmation que des données à caractère personnel la concernant sont ou ne sont pas traitées et, lorsqu'elles le sont, le droit d'accéder auxdites données ». La suppression de l'intermédiaire CNIL permet théoriquement une avancée dans les droits individuels[1001]. L'individu n'est plus obligé de se tourner vers cette commission pour obtenir un accès à ses informations mais peut directement les demander au responsable du fichier. C'est ainsi que l'article R. 40-33 du Code de procédure pénale qui prévoyait l'exercice du droit d'accès indirect pour le fichier TAJ mentionne désormais que l'exercice du droit d'information, accès ou encore rectification s'exerce directement auprès du responsable du traitement. Par conséquent, les individus peuvent désormais agir directement auprès de ce responsable, et ce, que ce soit pour le TAJ, le FAED ou le FNAEG et avoir, de fait, des prérogatives plus importantes dans la préservation de leurs droits.

357. Le droit à rectification. Alors que l'article 40 indiquait déjà pour certains fichiers de possibles rectifications, notamment lorsque les informations étaient erronées, le nouvel article 70-20 I prévoit désormais que *« la personne concernée a le droit d'obtenir du responsable de traitement :*
1° Que soient rectifiées dans les meilleurs délais des données à caractère personnel la concernant qui sont inexactes ;
2° Que soient complétées des données à caractère personnel la concernant incomplètes, y compris en fournissant à cet effet une déclaration complémentaire ;
3° Que soient effacées dans les meilleurs délais des données à caractère personnel la concernant lorsque le traitement est réalisé en violation des dispositions de la présente loi ou lorsque ces données doivent être effacées pour respecter une obligation légale à laquelle est soumis le responsable de traitement ».
Ces dispositions sont intéressantes puisqu'elles démontrent la réelle volonté du législateur d'une relation directe entre le responsable et la personne[1002] et surtout, elles participent à une plus grande fiabilité des fichiers. L'individu

---

[1001] Pour autant, il n'est pas certain que la suppression de cet intermédiaire soit totalement favorable à l'individu. *Cf.* F. Giquel, « La CNIL exerce-t-elle un contrôle des fichiers de police suffisant ? », précit : *« il n'est pas sûr qu'un citoyen soit mieux à même d'exercer ce pouvoir qu'une autorité indépendante comme la CNIL. Celle-ci a une autorité naturelle, des pouvoirs d'enquête réels, ce qui lui permet de s'assurer que tous les éléments lui ont bien été donnés ».*

[1002] Dans ce sens, le même article prévoit que *« le responsable de traitement doit justifier qu'il a procédé aux opérations exigées ».* Ainsi, il sera obligé de répondre à l'individu soit pour préciser que les modifications ou suppressions ont été faites soit pour expliquer son refus. Il est à noter que l'article ne prévoit pas un droit à l'effacement total puisque le 3° du I prévoit que ce n'est que pour respecter une obligation légale ou si le fichage est en violation de la loi informatique et liberté qu'il est possible de supprimer les mentions. Pour le reste des suppressions, voir *infra* n° 365 et s.

ayant désormais plus facilement accès à ses mentions, peut plus facilement constater les erreurs et demander des rectifications[1003].

358. Une réelle avancée dans les droits ? Même s'il semble que ces éléments constituent une évolution des droits des individus, l'article 70-21 a tout de même prévu des restrictions possibles, par le responsable du traitement, et pour des motifs très larges, tels que protéger la sécurité publique ou nationale, éviter de gêner les enquêtes ou détecter des infractions…

Ces éléments sont loin d'être satisfaisants et protecteurs des droits des personnes puisque les fichiers qui nous intéressent ont justement des objectifs probatoires. La limitation doit être *« nécessaire et proportionnée dans une société démocratique en tenant compte des droits fondamentaux et des intérêts légitimes de la personne ». « Reste à définir ce que le législateur entend par « nécessaire et proportionnée ». Aucune précision n'étant donnée sur ce point, il s'agira dès lors d'une appréciation subjective, in concreto, du responsable du traitement*[1004]*»*[1005]. Le texte expose néanmoins une ultime protection en permettant à l'individu concerné par la restriction de saisir la CNIL… Il s'agit alors d'un retour à la situation précédente, avec une étape intermédiaire, qui peut alourdir le processus et l'efficacité de la protection des droits individuels[1006].

Par ailleurs, ces nouvelles mentions ont vocation à s'appliquer pour l'ensemble des fichiers ayant les finalités précitées, ce qui signifie que les possibilités existant aux articles 39 et 40 ne sont plus applicables aux fichiers corporels. Ces éléments interrogent et laissent craindre une régression dans les droits puisque ces anciens articles ne prévoyaient pas de limitation

---

[1003] P. Januel, « Fichiers de police partout », précit. : *« le TAJ est notamment consulté dans le cadre d'enquêtes administratives se rapprochant ainsi du rôle du casier judiciaire. Mais il contient de nombreuses informations inexactes, notamment parce que les suites judiciaires des affaires y sont rarement inscrites. Avec des conséquences parfois lourdes pour les personnes, qui ne découvrent cette inscription qu'au moment du refus d'un emploi ».*

[1004] Lui octroyant *« une grande liberté d'interprétation ».* C. Castets-Renard, « Réforme de la LIL et transposition de la directive à des fins de coopération policière et judiciaire pénale », Dalloz IP/IT 2018, p. 480.

[1005] G. Vibrac, « Les fichiers à l'épreuve de nouveaux droits effectifs pour les personnes ? », précit.

[1006] *« Il en résultera un allongement des délais de traitement des demandes d'exercice des droits, qui pourrait s'avérer dans certains cas préjudiciable aux personnes concernées, compte tenu des enjeux concrets, tels que l'accès à un emploi ».* Délibération de la CNIL n° 2018-284 du 21 juin 2018 portant avis sur un projet de décret pris pour l'application de la loi n° 78-17 du 6 janvier 1978 relative à l'informatique, aux fichiers et aux libertés, modifiée par la loi n° 2018-493 du 20 juin 2018 relative à la protection des données personnelles (saisine n° AV 18012134).

possible du responsable du traitement pour le respect des finalités du fichier, ce qui est le cas dorénavant[1007].

Finalement, cette nouvelle loi donne plus d'autonomie à l'individu mais permet tout de même de douter d'une réelle évolution dans ces possibles droits. Ce qui est d'autant plus préjudiciable que l'individu fiché a forcément la volonté de voir ses informations supprimées. Or, les possibilités de suppressions et l'existence d'un éventuel droit à l'oubli (B) ne peuvent se matérialiser qu'en étant accompagnés d'un réel droit d'information et d'accès aux données.

B - Vers un droit à l'oubli ?

359. L'effacement en deux temps. Au-delà de ces nouveaux droits à l'information et à l'accès direct aux données par l'individu fiché, l'article 70-20 de la loi informatique et libertés, issu de la rédaction de la nouvelle loi de 2018[1008] permet également au responsable du fichier d'effacer les données pour deux motifs : s'il en a l'obligation légale ou si une des dispositions de cette loi est violée par l'enregistrement. Il s'agit alors d'hypothèses quantitativement faibles, le responsable ne disposant pas d'un pouvoir de suppression absolu. Dans ce cas, l'individu peut-il obtenir la suppression de ses mentions ? Dans quel cadre ? Ces hypothèses d'oubli, c'est-à-dire d'effacement total des données, sont de deux ordres : après l'écoulement des durées de conservation (I) et parfois, selon certains critères, avant cette date butoir (II).

[1007] Par ailleurs, compte tenu des nombreuses modifications et incohérences qui pouvaient ressortir de la loi informatique et liberté de 78, il était nécessaire qu'elle soit reformée et plus accessibles aux citoyens par un travail de fond. Dans ce sens, l'ordonnance n° 2018-1125 du 12 décembre 2018 la réécrit en essayant de redonner de la cohérence au parcours du fichage, de sa création à la suppression des données. C'est alors que les droits à l'information prévus aux anciens articles 39 et 40 qui avaient vocation à s'appliquer à un grand nombre de traitement de données, privés ou publics, ont été supprimés. A la place, la loi se structure en plusieurs titres importants dont l'un concerne le RGPD et un autre la directive répressive qui nous concerne. Dès lors, les articles que nous venons d'exposer concernant les droits des personnes, institués par la loi de juin 2018 dans une section ont été reclassés dans cette nouvelle organisation et figurent désormais dans un chapitre entier, aux articles 104 et suivants.

[1008] Depuis l'ordonnance du 12 décembre 2018, il s'agit de l'article 106.

I - Les longues durées de conservation

360. Une fin de principe. Si l'on s'intéresse au chemin d'étude qui est le nôtre depuis le début de nos propos, il ressort que le recueil – qui doit être de qualité – est effectué par les enquêteurs ; ensuite ils font procéder à une analyse de l'élément corporel et à l'enregistrement de la donnée qui en ressortira. L'enregistrement des mentions au sein des fichiers est le dernier élément portant atteinte à l'individu, notamment à sa vie privée. Dès lors, il importe que cette ultime atteinte ne soit pas disproportionnée au but recherché et en l'occurrence, que la durée de conservation ne soit pas *ad vitam aeternam*. Néanmoins, si l'on prend en compte les trois principaux fichiers dont nous traitons dans ce chapitre (TAJ/FAED/FNAEG), un rapide constat doit être effectué : il n'existe pas de délai unique de conservation mais des délais qui divergent, selon le fichier et selon l'implication de l'individu dans la procédure (victime, suspect ou bien encore condamné).

361. La conservation au TAJ. Les délais de conservation au sein de ce fichier sont différents selon que l'individu concerné est majeur ou mineur. Par principe, l'article R. 40-27 du Code de procédure pénale fait état d'un délai de vingt ans pour la personne mise en cause majeure et de cinq ans pour celle qui est mineure. Néanmoins, la situation peut parfois être compliquée à comprendre pour l'individu, étant donné que ces délais standards sont susceptibles de dérogations, prévues par le même article. Ainsi, pour l'individu majeur, les délais peuvent être réduits à cinq ans pour une série d'infractions prévues par le Code de la route, le Code pénal ou encore le Code de la santé publique. Mais ces données peuvent également être conservées quarante ans pour d'autres infractions limitativement énumérées dans un tableau figurant en annexe de l'article. Concernant le mineur, les délais dérogatoires sont de dix et vingt ans pour les infractions également reprises en annexe de l'article, dans deux tableaux différents. L'article est de ce point de vue difficile à lire pour une personne mise en cause qui n'a pas les connaissances juridiques nécessaires. Pour rendre la loi plus intelligible, il serait plus efficace de supprimer toutes ces références à diverses infractions et d'envisager des délais différents, selon la gravité de l'infraction. Par ailleurs, ce même article prévoit pour la personne qui fait l'objet d'un enregistrement pour recherche de personne disparue ou recherche des causes de la mort que celle-ci voit ses mentions supprimées dès que la personne a été retrouvée ou que la suspicion d'infraction a été écartée. Concernant la victime, le délai maximum est de quinze ans.
Ainsi, pour le même fichier, selon la situation de l'individu, pas moins de sept délais différents sont mentionnés dans cet article.

362. La conservation au FNAEG. Pour ce fichier, les délais de conservation sont plus facilement accessibles à l'individu puisque seulement trois durées différentes sont prévues. Ainsi, l'article R. 53-14 du Code de procédure pénale souligne que *« les informations enregistrées ne peuvent être conservées au-delà d'une durée de quarante ans »*. Il s'agit d'un délai de principe qui s'applique à toutes les mentions sauf à celles qui ont trait aux personnes fortement soupçonnées. Pour ces individus, l'article fait mention d'une conservation de vingt-cinq ans. Par contre, dans ce dernier cas, un délai dérogatoire est également prévu *« si la personne a fait l'objet d'une décision de classement sans suite, de non-lieu, de relaxe ou d'acquittement exclusivement fondée sur l'existence d'un trouble mental en application des dispositions du premier alinéa de l'article 122-1 du code pénal »*. Dans ces circonstances, *« le procureur de la République en informe le gestionnaire du fichier et ces résultats sont conservés pendant quarante ans »*.

363. La conservation au FAED. Avant 2015, le FAED indiquait un délai standard de vingt-cinq ans. Néanmoins, le décret de 1987 a fait l'objet d'une modification le 2 décembre 2015[1009] et dorénavant différentes échéances sont à prendre en compte.
L'article 5 du décret de 1987 prévoit alors un nouveau délai de quinze ans pour les traces. *A priori*, la réduction du délai standard de dix années est favorable pour la personne qui pourrait faire l'objet d'un rapprochement avec la trace quelques années après son enregistrement : les données sont conservées moins longtemps et sont supprimées plus rapidement qu'auparavant, ce qui favorise l'oubli judiciaire des données. Pour autant, ce fichier dispose également de délais dérogatoires. Le premier d'entre eux est le plus contradictoire avec la réduction du temps de conservation : il s'agit de la possibilité pour le procureur de la République ou le juge d'instruction de réinstaurer l'ancien délai de conservation de vingt-cinq ans, sur simple décision, sans aucune autre précision. Seule une circulaire tente de justifier l'allongement en énonçant que cette possibilité de modulation du procureur de la République ou du juge d'instruction peut intervenir *« lorsque les nécessités de l'enquête ou de l'information l'exigent. [...] Cet allongement de la durée de conservation des données se révèlera particulièrement utile dans le cadre des affaires graves, lorsque le délai de conservation des données arrivera à son terme, alors même que leur maintien serait nécessaire pour parvenir à l'identification des auteurs d'infractions non encore prescrites »*[1010]. Il est critiquable que ce ne soit qu'une circulaire qui

---

[1009] Décret n° 2015-1580 du 2 décembre 2015 modifiant le décret n° 87-249 du 8 avril 1987 relatif au fichier automatisé des empreintes digitales géré par le ministère de l'intérieur.
[1010] Circulaire des affaires criminelles et des grâces, n° JUSD1622422C, du 5 août 2016 relative au fichier automatisé des empreintes digitales.

donne quelques éléments d'appréciation de cette possibilité et non le texte lui-même, toujours dans un souci de transparence.
Par ailleurs, il est également contestable que la direction des affaires criminelles et des grâces reste aussi vague dans ses propos : la formule *« lorsque les nécessités de l'enquête ou de l'information l'exigent »* engendre une appréciation subjective très large du magistrat et permet de douter que le délai réduit à quinze ans soit réellement applicable dans les faits, surtout si l'on prend en compte la volonté du fichage de masse du législateur. Il est probable que l'ancien délai de vingt-cinq ans soit souvent décidé par le procureur ou le juge d'instruction, dans la pratique, pour ces traces. Par ailleurs, en plus du choix de ces magistrats, ce délai dérogatoire s'applique également pour certaines traces issues de personnes inconnues, spécialement prévues par l'article.
Au-delà de ces traces, l'article prévoit encore plusieurs délais de conservation selon l'individu concerné et selon la gravité de l'infraction. Ainsi par exemple, pour les personnes fortement soupçonnées, la période est de quinze ans et dix ans si l'individu est mineur. De même, ces délais sont allongés en cas de crimes ou de certains délits à vingt-cinq ans pour le majeur et quinze ans pour le mineur. D'autres durées pour les autres situations de fichages sont mentionnées par l'article, allant de dix à vingt-cinq années.

364. Une nécessaire harmonisation. Plusieurs constats ressortent de ces éléments. Tout d'abord, les durées de conservation sont particulièrement longues, pouvant atteindre dans certains cas quarante années. Ces délais sont excessifs surtout si l'on prend en compte qu'une personne judiciairement innocente peut être fichée sur une période aussi importante. Par conséquent, il est important de les réduire. Dans le même sens, il est tout aussi important qu'ils soient harmonisés. Cela pourrait se faire en prévoyant des temps de conservation différents selon l'implication de l'individu dans la procédure, son âge mais également selon la gravité de l'infraction. Ces durées pourraient par ailleurs être identiques pour ces fichiers ; une harmonisation serait la bienvenue. Elle permettrait une meilleure transparence pour l'individu qui connaîtrait, lorsqu'il est enregistré dans deux fichiers simultanément, le temps nécessaire à subir avant que ses mentions soient supprimées. S'agissant de fichiers permettant de faciliter les résolutions d'enquêtes et la recherche des auteurs, il est logique qu'un régime commun soit établi entre les trois.
Ainsi, si l'on conserve le système actuel, pourrait être mis en place un fonctionnement commun basé sur le tableau suivant pour les personnes condamnées (lorsqu'elles font l'objet d'un enregistrement), les personnes mises en cause, suspectes ou soupçonnées (dans l'hypothèse actuelle où

l'individu innocent fait toujours l'objet d'un enregistrement) et les autres individus[1011]/victimes, selon la gravité de l'infraction. Ces hypothèses pourraient varier selon le fichier, selon des critères précis mais elles permettent de donner un aperçu du maximum qui nous paraît équilibré s'agissant des durées de conservation.

Catégories	**Majeur**		**Mineur**	
	Crime	**Délit**	**Crime**	**Délit**
Personne condamnée	20 ans	15 ans	10 ans (+ réexamen)	5 ans
Personne mise en cause	15 ans	10 ans	5 ans	
Autres individus/ victimes	Fin de la finalité et maximum 15 ans. Traitement séparé des personnes mises en cause et condamnées			

Tableau n°3 : représentant les souhaits d'évolutions des durées de conservation.

Il nous paraît ainsi souhaitable que les mineurs voient leurs mentions supprimées dans un délai maximum de dix années à compter du jour de la commission des faits pour les crimes et de cinq ans pour les autres hypothèses. Par ailleurs, concernant les crimes et pour être conforme aux principes éducatifs qui gouvernent le droit pénal des mineurs, il serait favorable qu'un magistrat réexamine l'opportunité de conservation de la donnée au bout de cinq ans (puis une fois par an). Cela pourrait se faire par un magistrat indépendant et impartial, non instructeur, en fonction de l'évolution du parcours du jeune et notamment de sa réinsertion et éventuelle récidive. Un effacement automatique pourrait d'ailleurs avoir lieu, selon la gravité de l'infraction, au bout de ces cinq années si l'individu ne faisait l'objet d'aucune nouvelle procédure judiciaire à son encontre.

Pour les majeurs, les délais sont forcément plus longs pour les personnes condamnées mais ne devraient pas dépasser, selon nous, vingt ans pour les crimes. Bien évidemment, nous souhaitons toujours que les mentions relatives aux personnes soupçonnées et déclarées judiciairement innocentes n'apparaissent plus dans ces fichiers. Néanmoins, si une telle conservation devait se poursuivre, il est important qu'elle soit de quinze années maximum pour les crimes.

[1011] Notamment ceux qui font l'objet d'un enregistrement pour recherche des causes de la mort ou disparition inquiétante.

Pour les autres catégories, un traitement à part est ainsi nécessaire et étant donné les finalités de recherche des causes de la mort ou de disparitions, soit des finalités favorables à l'individu, la conservation ne pose pas de problème et peut durer quinze années, tant qu'aucun rapprochement ne peut être effectué entre ce profil et une recherche d'auteur d'infraction. Dans tous les cas, pour l'heure, c'est à la fin des délais actuels que l'individu voit ses mentions supprimées et bénéficie d'un véritable oubli. Néanmoins, peut-il obtenir une suppression des mentions avant ces délais (II) ?

II - Les rares possibilités d'effacement

365. Les critères d'effacement. En ce qui concerne les possibilités d'effacement des données avant la fin des délais de conservation, les fichiers ont des critères qui divergent parfois d'un traitement de données à l'autre. Ainsi par exemple, l'article 230-8 du Code de procédure pénale prévoit pour le TAJ un effacement des mentions en fonction des *« raisons liées à la finalité du fichier au regard de la nature ou des circonstances de commission de l'infraction ou de la personnalité de l'intéressé »*. Pour le FAED, l'article 7-1 du décret de 1987 envisage un possible effacement pour *« des raisons liées à la finalité du fichier au regard de la nature ou des circonstances de commission de l'infraction ou de la personnalité de la personne concernée »*. Quant au FNAEG, l'article 706-54-1 du Code de procédure pénale mentionne simplement l'effacement si *« leur conservation n'apparaît plus nécessaire compte tenu de la finalité du fichier »*.
Dès lors, les formulations sont différentes mais il ressort de celles-ci qu'est majoritairement prise en compte la finalité du fichier, c'est-à-dire pour ces trois traitements, l'aide aux enquêtes par la recherche facilitée d'auteurs d'infractions. Pour le TAJ, l'autorité s'intéresse également aux évènements liés à l'infraction et la personnalité de l'individu, tout comme le FAED. Par conséquent, une rédaction commune serait la bienvenue en examinant, à chaque fois, non pas seulement la finalité mais également la situation personnelle de l'individu.
Par ailleurs, avec ce premier critère de finalité, il est probable que peu de décisions de suppression soient ordonnées par les autorités compétentes, étant donné la volonté forte de fichage de la population. D'autant plus qu'une information enregistrée dans ces fichiers de police, sur une personne, fut-elle seulement soupçonnée, est par nature une donnée utile pour la résolution des futures enquêtes ! Ainsi, si l'on s'en tient à cet unique critère, il ne serait pas possible de supprimer les données. Notons également que dans ce domaine encore, l'autorité à qui la demande est portée appréciera subjectivement la nécessité de conserver, par rapport à ces critères. Dans tous les cas, ce ne sont que des éléments généraux d'appréciation des

demandes d'effacement, encore faut-il que l'implication de la personne dans la procédure lui permette de bénéficier d'une suppression.

366. Les possibilités de suppression. *« Concernant le TAJ, l'article 230-8 du Code de procédure pénale dispose qu'« en cas de décision de relaxe ou d'acquittement devenue définitive, les données personnelles concernant les personnes mises en cause sont effacées ». Le principe est donc, dans cette situation, l'effacement des données. Mais il ne s'agit pas d'un droit à l'oubli, le même article permettant également au procureur de la République de maintenir la conservation des mentions, ceci pour « des raisons liées à la finalité du fichier au regard de la nature ou des circonstances de commission de l'infraction ou de la personnalité de l'intéressé ». Inversement, concernant les décisions de non-lieu et de classement sans suite, le principe est l'inscription au fichier, sauf si le procureur en décide autrement. [...] Dans tous les cas, il ne s'agit pas d'un véritable droit à l'oubli qui permettrait à la personne concernée de voir ses informations supprimées automatiquement mais uniquement d'une possibilité d'effacement, au bon vouloir du procureur de la République. [...] Comme pour le TAJ, les informations contenues dans le FAED sont supprimées « en cas de décision de relaxe ou d'acquittement devenue définitive, dès réception de l'avis en informant le service gestionnaire » [...] À la différence du fichier d'antécédents, il s'agit en l'espèce d'une suppression de plein droit, d'un véritable droit à l'oubli non soumis à appréciation d'un magistrat. S'agissant du FAED, les décisions de non-lieu et de classement sans suite permettent la suppression des données, sauf si le procureur en décide autrement. L'effacement au sein du FAED est inverse de celui du TAJ puisque dans cette dernière situation, la suppression des données au FAED est de principe, sauf décision contraire, alors que c'est la conservation qui est de principe pour le TAJ »*[1012]. Concernant le FNAEG, bien que les personnes fortement soupçonnées puissent faire l'objet d'un enregistrement, les mentions relatives au fichier ne traitent pas des suites judiciaires données à l'affaire, comme pour le TAJ et le FAED (classement sans suite, relaxe, etc.). L'article 706-54-1 du Code de procédure pénale indique simplement que les condamnés[1013] et les personnes soupçonnées peuvent obtenir l'effacement de leurs mentions si la conservation n'est plus nécessaire compte tenu de la finalité du fichier.

[1012] G. Vibrac, « Le droit à l'oubli dans les fichiers de police », *in* E. Debaets, A. Duranthon et M. Sztulman (dir.), *Les fichiers de police*, précit., p. 249.

[1013] Il est à noter pour les condamnés que ces derniers ne bénéficiaient pas de possibilités d'effacements jusqu'à la loi du 23 mars 2019, précit., qui a créé l'article 706-54-1 du CPP. Auparavant, seules les personnes soupçonnées pouvaient espérer une suppression. Voir *infra* n° 378.

Il semble alors que le magistrat chargé de la demande ait un réel pouvoir d'appréciation de la nécessité d'effacer les mentions. Il apparaît ainsi que l'individu ne dispose pas de réel droit à l'oubli pour ces fichiers. Dans les nombreux cas, ce ne sont que de simples possibilités, si l'on considère la finalité du fichier et des autres critères exposés précédemment. De la même manière que les délais de conservation, une harmonisation serait la bienvenue en bâtissant les mêmes critères d'appréciation des possibilités de suppression et un régime commun concernant les décisions de non-lieu et de classement sans suite qui font l'objet d'un traitement de principe différent selon ces fichiers.
Par contre, s'agissant des personnes qui ne sont pas suspectées ou condamnées, c'est-à-dire les personnes victimes ou bien celles fichées pour les enquêtes de recherches des causes de la mort ou disparition inquiétante, leurs situations est plus favorable. Dès lors, les victimes peuvent s'opposer à l'inscription de leurs mentions au TAJ dès que l'auteur de l'infraction a été définitivement condamné[1014]. Pour le reste, les autres personnes voient leurs données supprimées une fois l'enquête clôturée, c'est-à-dire une fois que cette finalité d'enregistrement spécifique n'a plus lieu d'être[1015]. Ainsi, il existe des possibilités d'oubli judiciaire des mentions, automatiques, pour certaines personnes, selon l'implication de celles-ci dans la procédure qui a conduit à l'enregistrement.

367. Les mineurs et l'absence de régime particulier. Ces derniers bénéficient de temps de conservation de leurs données réduites. Pour autant, ont-ils également plus de possibilités d'effacement durant l'écoulement des délais ? C'est ce qu'ont suggéré deux députés en 2009 en rendant un rapport d'information sur « les fichiers de police », proposant d'*« introduire, dans les fichiers de renseignement, un droit à l'oubli pour les mineurs de plus de treize ans avec effacement de l'élément enregistré le jour du troisième anniversaire de son enregistrement, à défaut de nouvel événement »*[1016]. Ces éléments ont été mis en place pour certains fichiers de renseignement[1017], accordant ainsi un véritable droit à l'oubli aux mineurs[1018]. *« Néanmoins, il n'est fait mention d'aucune possibilité identique dans les fichiers d'antécédents et d'identification. Ainsi, le TAJ peut contenir « des*

[1014] C. proc. pén., art. 230-7.

[1015] *Cf.* par exemple : C. proc. pén., art. 230-7 pour le TAJ, art. R. 53-14-2 pour le FNAEG et article 7-1 du décret de 87 pour le FAED.

[1016] D. Batho et J.-A. Bénisti, rapport d'information n° 1548 sur « les fichiers de police », précit., proposition n° 20.

[1017] Tel était le cas, par exemple, du PASP (fichier de prévention des atteintes à la sécurité publique) en 2013, *cf.* art. R. 236-15 du Code de la sécurité intérieure.

[1018] D. Batho et J.-A. Bénisti, rapport d'information n° 4113 sur « la mise en œuvre des conclusions de la mission d'information sur les fichiers de police », précit.

informations sur les personnes, sans limitation d'âge »[1019], mais aucun régime d'effacement particulier n'est mis en œuvre pour les mineurs. La seule exception notable concerne les délais de conservation réduits précédemment traités. Il en va de même pour les fichiers d'identification judiciaire. Si le mineur peut faire l'objet d'un enregistrement au FIJAISV, FNAEG ou FAED, aucun droit à l'oubli particulier n'a été mis en œuvre concernant ces fichiers. Néanmoins, celui-ci pourra demander l'effacement de ses données pendant le délai de conservation, dans les mêmes modalités que les majeurs mis en cause »[1020].

Par conséquent, il paraît important qu'un réel droit à l'oubli soit de mise pour les mineurs. Le fonctionnement mis en avant pour les fichiers de renseignements, c'est-à-dire l'effacement à 13 ans ainsi qu'un contrôle régulier d'un magistrat indépendant est primordial.

Pour le reste, une rédaction commune doit avoir lieu entre ces trois fichiers pour déterminer précisément les possibilités d'effacement des individus, selon leurs catégories (condamnés, suspects, etc.) et la gravité de l'infraction. Dans tous les cas, cet éventuel droit est également mis en avant et préservé par les juridictions (§II).

§II - Les contrôles juridictionnels

368. L'ultime rempart. Les individus ont ainsi, compte tenu de la finalité de ces fichiers, des difficultés à obtenir une suppression de leurs informations. Pour autant, il existe dans ce domaine un soutien des juridictions tant internes (A) qu'européennes (B).

A - Le contrôle interne

369. Juge judiciaire et juge administratif. L'article 66 de notre Constitution confie à l'autorité judiciaire la mission de protéger les libertés individuelles. Dès lors, au vu des larges possibilités de ficher un individu et les faibles probabilités d'effacement, il est logique que les juges aient un rôle à jouer dans le contrôle des fichiers et la préservation des données. Tel est le cas du juge judiciaire (I) mais également du juge administratif et constitutionnel (II).

[1019] C. proc. pén., art. 230-7.

[1020] G. Vibrac, « Le droit à l'oubli dans les fichiers de police », précit.

I - Le juge judiciaire

370. La procédure d'effacement. Nous venons d'exposer les critères permettant à un individu d'espérer obtenir la suppression des mentions qui le concernent. Pour autant, nous avons peu effleuré l'identité de l'autorité qui fait droit ou non à une telle demande. Tout d'abord, il faut préciser que certaines rares autorités ont un pouvoir d'effacement qui leur est propre. Tel est par exemple le cas pour le FAED. L'article 7 du décret de 87 prévoit que *« le présent traitement est placé sous le contrôle du procureur général près la cour d'appel dans le ressort de laquelle est situé le service gestionnaire. Il peut d'office [...] ordonner l'effacement des informations dont la conservation ne paraîtrait manifestement plus utile compte tenu de la finalité du traitement ».* Ainsi, ce procureur dispose des mêmes possibilités d'effacements que celles mentionnées précédemment et ce, toujours selon le même critère principal : la finalité du fichier. Cependant, il n'est pas lié aux autres critères mentionnés : les circonstances de la commission de l'infraction et la personnalité de l'individu.

Ces éléments s'expliquent notamment par le fait que ce procureur ne reçoit pas de demandes de suppression de la part des individus et se contente uniquement de supprimer les données lorsqu'elles ne sont plus nécessaires.

Pour le reste, la principale autorité compétente est le procureur de la République. Parfois, l'individu dispose également de recours contre ses décisions. Nous avons repris ces procédures dans le tableau suivant :

Fichiers	Autorité compétente	Délais de réponse et de recours	Autorité compétente pour le recours	Délais de réponse	Second recours
TAJ	→ Procureur de la République **Ou** →Magistrat spécifique	→ 2 mois → 1 mois pour effectuer le recours à compter de l'envoi de la décision de refus ou un mois après l'absence de réponse (décision implicite de rejet)	→ Président de la chambre de l'instruction (décision du procureur) **Ou** → Président de la chambre de l'instruction de la cour d'appel de Paris (décision du magistrat)	Statue par ordo. motivée, dans un délai de six mois	*Néant*
FAED et FNAEG	Procureur de la République	→ 3 mois → 10 jours pour effectuer le recours à compter de l'expiration du délai de 3 mois ou bien à compter de la réception de la décision du procureur	Juge des libertés et de la détention	Statue par ordo. motivée, dans un délai de deux mois	→ En cas de non réponse dans les deux mois du JLD ou bien en cas de refus, l'intéressé dispose de 10 jours à compter de la décision de refus (ou après écoulement du premier délai) pour saisir le président de la chambre de l'instruction (possibilité aussi pour le proc. en cas d'ordo. d'effacement du JLD) → Statue par une ordonnance motivée dans les 3 mois

Tableau n°4 : représentant les procédures de demande de suppressions des données.

371. Le contrôle d'un magistrat indépendant. Les mentions de ce tableau permettent de mettre en avant deux éléments.
Tout d'abord, il existe une double autorité compétente pour le TAJ : le procureur de la République et un magistrat spécifique. Ce doublon est assez critiquable du point de vue de la clarté de la loi. L'individu concerné par un fichage ne sait pas réellement vers quelle autorité se tourner. De plus, il est également contestable que les possibilités de suppression soient conjointement à la charge du procureur et d'un autre magistrat du parquet, hors hiérarchie. Pour autant, la mise en place d'un magistrat référent est théoriquement un point positif pour ce fichier.
Ensuite, on s'aperçoit également que le régime de compétence est identique pour le FAED et le FNAEG. Cet élément est à souligner. Depuis le début de ce chapitre, il existe des distinctions entre ces fichiers et nous avons mentionné à plusieurs reprises la nécessité d'un régime commun. Il est appréciable que cela soit le cas pour cette procédure. À l'inverse, la procédure applicable au TAJ est différente et l'individu bénéficie d'une possibilité de recours en moins. Dans ce sens, une évolution devrait avoir lieu, alignant le régime du TAJ à ceux du FAED et FNAEG.
Enfin, il n'est pas souhaitable que le procureur de la République continue à être compétent dans ce domaine et cela pour deux raisons. D'abord parce qu'il est directeur d'enquête en charge de la bonne résolution des infractions ; ensuite parce que la finalité même du fichier est de l'aider dans sa tâche. Dès lors, lui attribuer un tel rôle revient à lui demander de supprimer une aide précieuse pour sa fonction ce qui peut conduire à un grand nombre de refus[1021].
Selon nous, le législateur pourrait avoir deux possibilités de modification. Soit il supprime pour le TAJ la compétence du procureur et laisse l'unique compétence à un magistrat du siège spécifique, suivi d'un recours devant le président de la chambre de l'instruction, avec les mêmes modalités pour les deux autres fichiers, soit le législateur décide de confier la mission au JLD pour les trois fichiers, avec recours possible devant le président de la chambre de l'instruction.

[1021] Sur la légitimité du contrôle du parquet, *cf.* G. Bégranger, « Le contrôle des fichiers de police par les juges », AJ pénal 2014, p. 176 : *« le procureur de la République et le magistrat du parquet hors hiérarchie sont [...] pleinement légitimes pour contrôler la mise en œuvre de ces fichiers »*.

Cas	Autorité compétente en 1er ressort	Autorité compétente pour le recours
Cas 1	Magistrat spécifique (non membre du parquet)	Président de la chambre de l'instruction
Cas 2	Juge des libertés et de la détention	Président de la chambre de l'instruction

Tableau n°5 : représentant les propositions de modification de l'autorité compétente.

Peu importe la solution qui serait choisie, dans tous les cas la compétence reviendrait à un juge judiciaire indépendant et impartial et non plus au parquet, directeur d'enquête. Pour autant, au vu des critiques que certains juristes formulent à l'encontre du JLD[1022], le premier cas semble préférable.

372. Le faible contrôle de la Cour de cassation. En tant que juridiction suprême de l'ordre judiciaire et étant, comme tous juges internes, juge de conventionnalité, la Cour de cassation exerce un contrôle important sur les fichiers de police. Pourtant, celle-ci a pendant longtemps refusé d'exercer un réel contrôle de proportionnalité pour certains fichiers, réduisant théoriquement la protection de l'individu.

Ainsi par exemple, s'agissant du FNAEG *« la Cour de cassation a, de façon constante, toujours refusé de considérer que les dispositions de l'article 706-54 du code de procédure pénale pouvaient être critiquées au visa du droit au respect à la vie privée, tel que garanti par l'article 8 de la Convention européenne des droits de l'homme (Crim. 22 juin 2010 ; Crim. 28 sept. 2011 ; Crim. 19 mars 2013[1023]) »*[1024]. Finalement elle a accepté de réaliser un contrôle très sommaire s'agissant des durées de conservation et, à l'inverse du Conseil constitutionnel et de la CEDH[1025], elle

---

[1022] Voir par exemple : A.-L. Bergère, « Le juge des libertés et de la détention, entre indépendance statutaire et dépendances matérielles », AJ pénal 2019, p. 120.

[1023] Cass. crim., 19 mars 2013, n° 12-81533. Dans cette décision, la Cour décide que *« s'il s'analyse en une ingérence dans l'exercice du droit au respect de la vie privée, l'enregistrement des empreintes génétiques constitue une mesure, non manifestement disproportionnée, qui, dans une société démocratique, est nécessaire notamment, à la sûreté publique et à la prévention des infractions pénales et qui s'applique, sans discrimination, à toutes les personnes condamnées pour les infractions mentionnées à l'article 706-55 du code de procédure pénale »*. Ainsi, la Cour effectue bien le contrôle de proportionnalité prévu dans ce domaine mais en a une appréciation limitée considérant le fichage proportionné au but recherché dès lors que tous les condamnés font l'objet d'un enregistrement, sans discrimination.

[1024] P. Reviron, « Inscription au FNAEG et respect de la vie privée : fiché, forcément fiché », AJ pénal 2019, p. 163.

[1025] Voir *infra* n° 374 et s.

semble, en 2019[1026], se satisfaire, pour la personne fortement soupçonnée, des simples possibilités de demande d'effacement comme contrôle de *« proportionnalité a posteriori »*[1027]. Il apparaît alors que si l'individu dispose du droit de demander l'effacement, cela suffise pour la Cour à lui assurer une protection puisque l'atteinte effectuée à la vie privée sera proportionnelle au but recherché. Or, c'est bien *ab initio* que doit s'apprécier l'atteinte effective à la vie privée et sa nécessité avec le but recherché par le fichage, c'est-à-dire de prendre en compte l'enregistrement lui-même et ses modalités : personne concernée, durée de conservation, etc. et non pas seulement de valider le procédé parce que l'individu peut demander l'effacement de ses données.
Ces exemples démontrent que cette juridiction semble s'accommoder de grandes possibilités de fichage, en apportant un soutien faible aux individus concernés et en favorisant l'apport de preuves corporelles. En tout état de cause, l'effacement ou sa simple possibilité semblent satisfaire au critère de proportionnalité sur la contestation des longues durées de conservation. Cependant, la réponse semble être différente du point de vue du Conseil constitutionnel (II).

II- La jurisprudence administrative et constitutionnelle

373. L'intervention du Conseil d'État. La jurisprudence administrative a un rôle à jouer concernant les fichiers. Le Conseil d'État a ainsi rendu, en 2013, une décision concernant l'ancien STIC[1028]. Ce fut également le cas, en 2016, s'agissant du TAJ. Pour ce dernier, le juge administratif a considéré que l'article 230-8 du Code de procédure pénale ne *« prévoyant de règles particulières relatives au maintien ou à l'effacement des données du traitement des antécédents judiciaires qu'en cas de décisions de relaxe, d'acquittement, de non-lieu ou de classement sans suite, le législateur doit être regardé comme n'ayant entendu ouvrir la possibilité d'effacement que dans les cas où les poursuites pénales sont, pour quelque motif que ce soit, demeurées sans suite. Hors cette hypothèse, les données ne peuvent être*

[1026] Cass. crim., 15 janvier 2019, n° 17-87185. *Cf.* not. : J.-C. Galloux et H. Gaumont-Prat, « Droits et libertés corporels », Recueil Dalloz 2019, précit.
[1027] P. Reviron, « Inscription au FNAEG et respect de la vie privée : fiché, forcément fiché », précit.
[1028] CE, 17 juillet 2013, requête n° 359417 : *« les décisions en matière d'effacement ou de rectification, qui ont pour objet la tenue à jour de ce fichier et sont détachables d'une procédure judiciaire, constituent des actes de gestion administrative du fichier et peuvent faire l'objet d'un recours pour excès de pouvoir devant le juge administratif ».* *Cf.* D. Poupeau, « La demande d'effacement de données du fichier de police STIC relève du juge administratif », AJDA, 2013, p. 1543.

effacées qu'à l'issue de la durée de conservation fixée par voie réglementaire et le procureur de la République ne peut alors que refuser une demande d'effacement avant ce terme »[1029]. Le Conseil s'est ainsi intéressé aux fichiers d'antécédents et ces éléments mis en avant sont importants puisqu'ils démontrent que le texte de l'article 230-8 du Code de procédure pénale ne permettait que quelques possibilités d'effacement et qu'en dehors de ces cas, il était impossible d'obtenir la suppression des données. Par ailleurs, ce dernier avis est également intéressant en ce que le Conseil donne quelques éléments d'appréciation des critères permettant la suppression des mentions dans le TAJ. Ainsi, il a décidé que *« les magistrats compétents pour décider de l'effacement des données prennent en considération la nature et la gravité des faits constatés, les motifs de la relaxe, de l'acquittement, du non-lieu ou du classement sans suite, le temps écoulé depuis les faits et la durée légale de conservation restant à courir, au regard de la situation personnelle de l'intéressé, protégée par les stipulations de l'article 8 de la convention européenne de sauvegarde des droits de l'homme et des libertés fondamentales. Ils peuvent prendre ainsi en considération l'âge auquel l'intéressé a commis les faits, son comportement depuis et son attitude vis-à-vis des éventuelles victimes ou son insertion sociale »*. Dès lors, le rôle du juge est primordial en ce qu'il précise une disposition quelque peu obscure et participe ainsi à la protection des individus[1030]. Pour autant, ce dernier n'a pas de pouvoir d'effacement concernant les mentions. En effet, une récente décision du tribunal des conflits a rappelé que les prérogatives en ce qui concerne l'effacement des données appartiennent au juge judiciaire et non au juge administratif[1031].

374. L'importance du Conseil constitutionnel. Le Conseil a été saisi à de multiples reprises sur des questions de conformité des fichiers de police à la Constitution[1032]. Ce fut notamment le cas s'agissant du FNAEG. Pour rappel, la Cour de cassation en 2019 s'est satisfaite d'un contrôle *a posteriori* via les possibilités d'effacement pour valider le procédé. Concernant le Conseil

---

1029 CE, 30 mars 2016, requête n° 395119. *Cf.* J.-M. Pastor, « Effacement de données du traitement des antécédents judiciaires », AJDA, 2016, p. 633.

1030 *A contrario*, pour certains fichiers le Conseil ne rend pas des décisions favorables à l'individu. *Cf.* en ce sens, J.-P. Foegle, « Fichier TES : Le conseil d'Etat donne son feu vert au fichage biométrique de 67 millions de français », La Revue des droits de l'homme, mis en ligne le 2 novembre 2018.

1031 Tribunal des conflits, 10 septembre 2018, n° 4134. Le recours en effacement du fichier TAJ relève de la compétence du juge judiciaire. Celle-ci a été réaffirmée récemment par le Tribunal des conflits à l'occasion d'une affaire dans laquelle un juge judiciaire s'était déclaré incompétent, de même que le juge administratif, pour connaître de la demande d'effacement du TAJ et des données biométriques CANONGE.

1032 Sur cette question, *cf.* notamment G. Bégranger, « Le contrôle des fichiers de police par les juges », précit.

constitutionnel, bien qu'il valide la conformité du fichier à la Constitution, il considère toutefois qu'il est nécessaire *« de proportionner la durée de conservation de ces données personnelles, compte tenu de l'objet du fichier, à la nature ou à la gravité des infractions concernées tout en adaptant ces modalités aux spécificités de la délinquance des mineurs »*[1033]. Ainsi, le Conseil ne se satisfait pas de simples possibilités d'effacement après l'inscription mais exige que le législateur prévoie réellement des durées de conservation différentes en prenant notamment en compte la gravité de l'infraction. Cette décision est réellement importante puisque le système planifiait alors un délai de quarante ans de conservation pour les personnes condamnées et ce, peu importe la gravité de l'infraction. Pour autant, le gouvernement n'a toujours pas suivi l'avis des sages puisque pour l'heure, les textes n'ont pas été modifiés sur ce point. L'absence de décret modifiant ces dispositions est d'autant plus contestable que la CEDH est également intervenue sur le sujet en condamnant la France[1034] et que la réserve d'interprétation de Conseil est, dans la hiérarchie des normes, supérieure à ces décrets instaurant les délais de conservation.

Concernant le TAJ, le Conseil est également intervenu sur les possibilités d'oubli judiciaire et, comme pour le Conseil d'État le 30 mars 2016, les sages ont constaté que mis à part les cas précisés dans l'article 230-8, les autres situations ne permettaient pas de possibilité d'effacement des données avant l'écoulement des délais. Par conséquent, il a déclaré inconstitutionnel le premier alinéa de cet article au 1er mai 2018[1035], *« considérant que la privation de possibilité d'effacement pour ces autres situations était constitutive d'une atteinte disproportionnée au droit au respect de la vie privée ».*

« Par la suite, la loi du 20 juin 2018[1036] *relative à la protection des données personnelles a permis la réécriture de cet alinéa. Pour autant, l'article reprend exactement la même distinction qu'énoncée précédemment*

1033 Cons. const., 16 septembre 2010, QPC n° 2010-25, précit. *Cf.* J. Danet, « Le FNAEG au Conseil constitutionnel : deux réserves, une confortation générale », précit. mais également J.-C. Galloux et H. Gaumont-Prat, « Droits et libertés corporels », Recueil Dalloz 2012, p. 308.

1034 Voir *infra* n° 378.

1035 Cons. const., 27 octobre 2017, QPC n° 2017-670. *Cf.* P. Januel, « Le Conseil constitutionnel censure le traitement des antécédents judiciaires », Dalloz Actualité du 30 octobre 2017 ; A. Oudoul, « Fichier TAJ : inconstitutionnalité des règles relatives à l'effacement », AJ Pénal 2017, p. 546 ; B. de Lamy, « Encadrement constitutionnel des fichiers de police : pas de droit à l'oubli, mais un droit à demander l'effacement », RSC 2018, p. 993 ou bien encore É. Debaets et N. Jacquinot, « Droit constitutionnel », Recueil Dalloz 2018, p. 1344. Sur cette question auparavant, *cf.* S. Akorri et E. Daoud, « Fichiers d'antécédents judiciaires et atteinte à la vie privée : De l'inconstitutionnalité des fichiers STIC et JUDEX ? », AJ pénal 2014, p. 174.

1036 Loi n° 2018-493 du 20 juin 2018 relative à la protection des données personnelles, précit.

s'agissant des possibilités d'effacement. Est tout de même précisé que la personne concernée peut effectuer une telle demande « sans délai à la suite d'une décision devenue définitive de relaxe, d'acquittement, de condamnation avec dispense de peine ou dispense de mention au casier judiciaire, de non-lieu ou de classement sans suite. Dans les autres cas, la personne ne peut former sa demande, à peine d'irrecevabilité, que lorsque ne figure plus aucune mention de nature pénale dans le bulletin n° 2 de son casier judiciaire ». Le Conseil constitutionnel a considéré que ces mentions étaient suffisantes pour que ne soit pas méconnu le droit au respect de la vie privée[1037]. Pour autant, même si la possibilité de demander l'effacement des données a été étendue, théoriquement, à un plus grand nombre de situations, notamment aux personnes qui auraient fait l'objet d'une condamnation[1038], la pratique judiciaire permet de douter d'une quelconque évolution »[1039]. Particulièrement parce que ces hypothèses d'effacement ne pourront être envisagées qu'en prenant en compte la finalité du fichier, qui est toujours en lien avec le fait de faciliter les enquêtes. Dès lors, *« il est fort probable que les raisons liées à cette finalité poussent les magistrats à ne pas faire droit à des demandes de suppressions de données pour des personnes ayant fait l'objet d'une décision de culpabilité[1040].[...] Ainsi, de nouvelles demandes sont recevables, sans pour autant laisser supposer une réelle évolution dans les possibilités d'oubli judiciaire pour les personnes »* [1041].

Cette intervention du Conseil a tout de même permis un avancement textuel dans les possibilités de demande d'effacement ce qui est théoriquement favorable à l'individu. Dès lors, sa jurisprudence permet de limiter le

---

[1037] Cons. const., 12 juin 2018, n° 2018-765 DC. *Cf.* J.-M. Pastor, « Constitution, loi et règlement européen : mode d'emploi », AJDA 2018, p. 1191.

[1038] Dans l'ancienne version de l'article, aucune disposition ne permettait, pour les personnes qui avaient fait l'objet d'une condamnation, de bénéficier de la suppression de leurs données avant la fin du délai de conservation. Pour un approfondissement, voir : E. Crépey, « Comment faut-il lire les dispositions concernant les durées de conservation des données dans le fichier TAJ ? », AJDA 2016, p. 1696.

[1039] G. Vibrac, « Le droit à l'oubli dans les fichiers de police », précit

[1040] En ce sens, *cf.* la circulaire des affaires criminelles et des grâces, n° CRIM/2018-8/H2-22.06.2018, du 22 juin 2018, présentant les dispositions modifiées des articles 230-8 et 230-9 du code de procédure pénale relatifs aux fichiers d'antécédents judiciaires, résultant de la loi n° 2018-493 du 20 juin 2018 relative à la protection des données personnelles et déclarées conformes à la Constitution par le Conseil constitutionnel dans sa décision n° 2018-765 DC du 12 juin 2018. Elle expose que *« toutes ces hypothèses correspondent à des cas dans lesquels les faits inscrits au TAJ ont donné lieu à une décision définitive de culpabilité ou de condamnation, même si celle-ci n'a jamais figuré au bulletin n°2, ou qu'elle y a figuré mais en a ensuite été retirée (avec le cas échéant, l'ensemble des autres condamnations figurant au bulletin), ces demandes devront le plus souvent donner lieu à une décision ordonnant, non pas l'effacement des données ce qui contreviendrait à la finalité judiciaire du fichier, mais à l'ajout d'une mention interdisant leur utilisation à des fins administratives ».*

[1041] G. Vibrac, « Le droit à l'oubli dans les fichiers de police », précit.

législateur et les forces de l'ordre dans leurs volontés d'un fichage total. Néanmoins, un grand chemin reste à parcourir pour que l'individu bénéficie d'un réel droit à l'oubli. Pour cela, il serait d'abord nécessaire que le gouvernement respecte les décisions du Conseil et notamment la nécessité de proportionner les durées de conservation des fichiers en fonction de la gravité de l'infraction, comme nous avons pu le mentionner dans nos précédents propos. À ces contrôles s'ajoute le réel soutien de la CEDH pour la préservation des droits (B).

B - Le contrôle européen

375. Fichage et vie privée. De la même manière que nos juridictions internes, la CEDH a été amenée à se prononcer à de multiples reprises sur la problématique du fichage en lien notamment avec l'article 8 de la convention[1042]. Cet article dispose que :

« *1. Toute personne a droit au respect de sa vie privée et familiale, de son domicile et de sa correspondance.*

2. Il ne peut y avoir ingérence d'une autorité publique dans l'exercice de ce droit que pour autant que cette ingérence est prévue par la loi et qu'elle constitue une mesure qui, dans une société démocratique, est nécessaire à la sécurité nationale, à la sûreté publique, au bien-être économique du pays, à la défense de l'ordre et à la prévention des infractions pénales, à la protection de la santé ou de la morale, ou à la protection des droits et libertés d'autrui ».

De cet article il ressort que la protection de la vie privée des individus est de principe. En dépit de cela, des limites peuvent ainsi exister si elles sont prévues et proportionnées pour différents motifs, c'est-à-dire, pour ce qui nous concerne, nécessaires à la prévention des infractions pénales. Par conséquent la vie privée des individus ne doit pas subir d'ingérences sauf si elles sont prévues par les textes et qu'elles sont nécessaires à la résolution des enquêtes au sens large. Ainsi, le fichage est bien concerné par ces aspects de la vie privée et les contrôles que la Cour exerce rentrent bien dans le cadre de l'article 8 de la Convention. À chaque fois, celle-ci vérifiera s'il y a bien respect du critère de proportionnalité, c'est-à-dire si l'inscription, la

---

[1042] Sur cette question, *cf.* notamment N. Hervieu, « Le fichage policier sous les fourches caudines européennes », La Revue des droits de l'homme, mis en ligne le 19 septembre 2014 ou bien encore N. Deffains, « Fichiers informatiques et sécurité dans la jurisprudence de la Cour européenne des droits de l'homme », *in* B. Plessix et N. Deffains (dir.), *Fichiers informatiques et sécurité publique*, Presses universitaires de Nancy, collection « Droit, Politique, Société », 2014, p. 56.

durée de conservation, les possibilités d'effacement ou les conservations, etc. sont bien nécessaires compte tenu de cette finalité.

376. Les fichiers d'antécédents judiciaires. Avant l'instauration du TAJ, existaient en France les fichiers STIC et JUDEX gérés par la police et la gendarmerie. La Cour a déjà eu l'occasion de se prononcer sur ces fichiers. Tel fut le cas pour le STIC – particulièrement critiqué[1043] – en 2014[1044] pour lequel elle décide que ce fichier viole le droit à la vie privée notamment à cause du manque de possibilité d'effacement des données, de l'absence d'un réel droit à l'oubli. Pour résumer, *« la Cour sanctionne l'absence de contrôle effectif du parquet sur le fichier et l'inexistence d'une voie de recours après la décision du procureur de refuser l'effacement des données »*[1045]. La décision est ainsi importante puisque la Cour s'intéresse au contrôle effectué par le procureur et l'absence de recours contre sa décision, soit l'absence de possibilité effective d'effacement pour l'individu fiché. Ainsi pour ces juges, ce manque entraîne une ingérence injustifiée dans la vie privée et est contraire à l'article 8 de la Convention.
La Cour rappelle également un élément important puisqu'elle met en avant la possible stigmatisation envers les personnes non condamnées mais fichées dans son §37 : *« enfin, il appartient à la Cour d'être particulièrement attentive au risque de stigmatisation de personnes qui, à l'instar du requérant, n'ont été reconnues coupables d'aucune infraction et sont en droit de bénéficier de la présomption d'innocence. Si, de ce point de vue, la conservation de données privées n'équivaut pas à l'expression de soupçons, encore faut-il que les conditions de cette conservation ne leur donnent pas l'impression de ne pas être considérés comme innocents ».* Ces propos confirment les craintes que l'on peut avoir quant au fait de conserver les données de personnes innocentes, et ainsi, notre volonté d'une évolution du

---

[1043] G. Roussel, « Le fichier STIC viole le droit à une vie privée », AJ pénal 2014, p. 539 : *« les carences de l'encadrement des fichiers de police sont dénoncées depuis longtemps malgré le satisfecit orienté du groupe de contrôle des fichiers policiers : fichage indifférencié des auteurs, des suspects et des victimes, taux vertigineux d'erreurs, durée excessive de conservation, rectification ou effacement quasi impossibles, recours aléatoires. L'effectivité des garanties apportées à la protection de la vie privée des citoyens n'en devient alors que plus essentielle. Or, si le droit français connaît une augmentation exponentielle du nombre de fichiers, il reste beaucoup plus timoré pour mettre en place un contrôle effectif de ces derniers ».* Voir également sur le sujet un rapport de la CNIL « Conclusions du contrôle du système de traitement des infractions constatées (STIC) », en date du 20 janvier 2009 ou bien encore M. Léna, « Les attentes liées à l'entrée en vigueur du Traitement des antécédents judiciaires », AJ pénal 2013, p. 635.
[1044] CEDH, 18 septembre 2014, Brunet c. France, requête n° 21010/10. *Cf.* notamment D. Roets, « Après le « FAED », le « STIC » et le « TAJ » passés à la moulinette européenne », RSC, 2015, p. 165 ou bien encore M.-C. de Montecler, « Le fichier STIC portait atteinte à la vie privée », AJDA 2014, p. 1796.
[1045] G. Roussel, « Le fichier STIC viole le droit à une vie privée », précit.

régime de ces fichiers se traduisant par la suppression de leurs mentions. Dans tous les cas, cet arrêt illustre un réel contrôle des fichiers et des libertés individuelles par la CEDH et que, pour elle, de véritables possibilités d'effacements et de recours sont les corolaires indispensables à la mise en place de ces fichiers.

377. Les empreintes digitales. La première affaire importante dans ce domaine concernait le Royaume-Uni, en 2008[1046]. Dans cet arrêt, la Cour abordait *« le souci actuel de la protection de la vie privée, face aux mesures prises pour la nécessaire défense de l'ordre social. La Cour européenne condamne ainsi le Royaume-Uni en spécifiant que « le caractère général et indifférencié du pouvoir de conservation des empreintes digitales, échantillons biologiques et profils ADN des personnes soupçonnées d'avoir commis des infractions, mais non condamnées... outrepasse toute marge d'appréciation de l'État en la matière », car, en l'espèce, il s'agissait d'une personne acquittée »*[1047]. Ainsi, dans cet arrêt déjà, la CEDH dénonçait l'ingérence injustifiée qui peut exister dans l'enregistrement dans un fichier de personnes innocentes : *« au nom du respect de l'intimité de la vie privée, il prohibe l'inscription sans limite de temps sur un traitement automatisé des données à caractère personnel relatives aux personnes soupçonnées d'avoir commis une infraction puis innocentée »*[1048].

Dans la même optique, notre fichier d'empreintes digitales n'a pas été épargné par la Cour qui a été saisie de la question en 2013[1049] et a jugé dans le même sens, décidant que le régime de ce fichier ne revêtait pas les garanties suffisantes pour préserver le droit à la vie privée.

Tout comme elle l'avait fait pour l'arrêt Marper, elle *« rappelle que la conservation, dans un fichier des autorités nationales, des empreintes digitales d'un individu identifié ou identifiable constitue une ingérence dans le droit au respect de la vie privée »*[1050]. Ensuite, elle donne des critères

---

[1046] CEDH, 4 décembre 2008, S. et Marper c. Royaume, requêtes n° 30562/04 et n° 30566/04. *Cf.* G. Roussel, « Violation de l'article 8 de la Convention EDH par le fichage illimité des suspects », AJ pénal 2009, p. 81 ou bien encore J.-P. Marguénaud, « De la conservation des empreintes digitales, échantillons cellulaires et profils ADN des personnes innocentées », RSC 2009, p.182. Voir également sur ce sujet D. Forest, « Effacement des données personnelles du TAJ : une révolution de velours inachevée », Dalloz IP/IT 2017, p. 54.

[1047] J.-C. Galloux et H. Gaumont-Prat, « Droits et libertés corporels », Recueil Dalloz 2010, p. 604.

[1048] G. Roussel, « Violation de l'article 8 de la Convention EDH par le fichage illimité des suspects », précit.

[1049] CEDH, 18 avril 2013, M.K. c. France, requête n° 19522/09. *Cf.* M. Léna, « Conservation de données personnelles : condamnation de la France », Dalloz actualité du 14 mai 2013 ; D. Roets, « Fichier automatisé des empreintes digitales (FAED) : la France rattrapée par l'arrêt S. et Marper c/ Royaume-Uni », RSC 2013, p. 666 ; J.-C. Galloux et H. Gaumont-Prat, « Droits et libertés corporels », Recueil Dalloz 2014, p. 843.

[1050] §29.

d'appréciation de la nécessité de l'ingérence dans son §33 avant de les appliquer à notre fichier : *« il reste donc à déterminer si l'ingérence litigieuse peut être considérée comme « nécessaire dans une société démocratique », ce qui commande qu'elle réponde à un « besoin social impérieux » et, en particulier, qu'elle soit proportionnée au but légitime poursuivi et que les motifs invoqués par les autorités nationales pour la justifier apparaissent « pertinents et suffisants » ».* Elle mentionne la décision du JLD qui avait refusé l'effacement prenant en compte la volonté de plus en plus forte d'un fichage de masse : *« que le droit de présenter à tout moment une demande en ce sens au juge risque de se heurter, pour reprendre les termes de l'ordonnance du 25 août 2006, à l'intérêt des services d'enquêtes qui doivent disposer d'un fichier ayant le plus de références possibles »*[1051]. Elle en conclut ainsi que les possibilités d'effacement sont inexistantes et qu'il y a une violation de la vie privée, *« le régime de conservation dans le fichier litigieux des empreintes digitales de personnes soupçonnées d'avoir commis des infractions mais non condamnées, tel qu'il a été appliqué au requérant en l'espèce, ne traduisant pas un juste équilibre entre les intérêts publics et privés concurrents en jeu. Dès lors, la conservation litigieuse s'analyse en une atteinte disproportionnée au droit du requérant au respect de sa vie privée et ne peut passer pour nécessaire dans une société démocratique »*[1052]. Cet arrêt est ainsi très important pour la protection des individus et illustre encore clairement la volonté de la Cour : l'individu doit pouvoir bénéficier de possibilité de suppression de ses données, surtout lorsqu'il est judiciairement déclaré non coupable.

378. Les empreintes génétiques. S'agissant du FNAEG[1053], la Cour s'est prononcée plus récemment, en 2017[1054]. Suivant sa logique de départ, elle a *« estimé que le délai de quarante ans, applicable pour l'heure aux condamnés à tout type d'infraction sans distinction, n'est pas proportionné à l'infraction d'origine commise par le demandeur. À ce long délai, s'ajoute le manque d'un réel droit à l'oubli dû à l'absence de possibilité de demander*

[1051] §44.

[1052] §46.

[1053] Voir par exemple : F. R. Peinado, « Les fichiers d'empreintes génétiques : les systèmes français et espagnol à l'égard de la Convention européenne des Droits de l'Homme », La revue des droits de l'homme 2014, n° 6, mis en ligne le 2 décembre 2014.

[1054] CEDH, 22 juin 2017, Aycaguer c. France, requête n° 8806/12. *Cf.* V. Gautron, « FNAEG: l'inertie gouvernementale sanctionnée par la CEDH », AJ pénal 2017, p. 391 ; M.-C. de Montecler, « Le fichier des empreintes génétiques condamné par la Cour européenne des droits de l'homme », AJDA 2017, p. 1311 ou bien encore L. Burgorgue-Larsen, « Actualité de la convention européenne des droits de l'homme (janvier-juillet 2017) », AJDA 2017, p. 1768.

l'effacement des données enregistrées. Ces éléments combinés justifient une violation de l'article 8 »[1055].
Il semble alors que la Cour prenne en considération pour les fichiers l'innocence de l'individu et son nécessaire droit à l'oubli, mais également les longues durées de conservation pour préserver la vie privée. Finalement, si notre droit interne peine à protéger réellement ce droit, préférant ficher le plus d'individus possible, il semble que la CEDH soit une alliée de poids et l'ultime rempart pour la préservation des libertés. Pour autant, il est fort contestable que le législateur ou le gouvernement ne se saisissent pas de leur propre chef de cette question et attendent patiemment une condamnation de notre État pour modifier le régime de chacun des fichiers, au cas par cas. D'autant que, pour ce qui concerne le FNAEG, le législateur n'est pas réellement allé dans le sens de la Cour puisque celle-ci évoquait la nécessité de proportionner la durée de conservation à la gravité de l'infraction, comme nous avons pu le proposer précédemment. Or, l'actuel article 706-54-1 du Code de procédure pénale, même s'il a été créé en 2019 pour permettre textuellement d'obtenir le droit de demander l'effacement, jusque-là impossible, ne distingue en rien, pas plus que les autres articles concernant ce fichier, les durées de conservation selon la gravité de l'infraction. Ainsi, seul le point concernant la possibilité de demander l'effacement a été entendu par le législateur. En tout état de cause, un long chemin reste encore à parcourir pour obtenir une réelle prise en compte des droits et notamment d'un réel droit à l'oubli dans ces fichiers.

***

379. Conclusion du Chapitre II. Ce chapitre illustre les nombreuses problématiques rencontrées concernant les traitements de données personnelles. Au-delà de l'atteinte effective au corps qui peut être effectuée par les prélèvements sur les individus pour les ficher, le fichage en lui-même est un bon moyen d'obtenir une preuve future, bafouant en même temps le droit à la vie privée de la personne. Dans ce sens, nous avons dénombré plusieurs éléments importants qui devraient faire, selon nous, l'objet d'une modification. Tout d'abord, il est nécessaire d'harmoniser les régimes applicables à ces fichiers. Le législateur devrait se saisir de cette question et uniformiser réellement l'ensemble de ces traitements sans s'occuper, au cas par cas, de chacun des fichiers une fois que la jurisprudence européenne l'oblige à la tâche.
Parallèlement, pour respecter la nécessaire proportionnalité dans l'atteinte aux droits, il est important de limiter au maximum les personnes pouvant

[1055] G. Vibrac, « Le droit à l'oubli dans les fichiers de police », précit.

avoir accès à ces fichiers, ainsi que les interconnexions de ces données particulièrement sensibles.
Un troisième point devra porter sur la réduction des temps de conservation, trop longs actuellement pour préserver les droits des personnes.
Concernant ce point, les demandes d'effacement devraient être ouvertes à chacun des cas et portées devant un magistrat spécifique, indépendant et ne participant aucunement, de quelque manière que ce soit, à la résolution des enquêtes. Par ailleurs, si elles sont conservées dans le fichier, il serait également de mise que soient supprimées automatiquement les mentions des personnes suspectes lorsque celles-ci font l'objet d'une déclaration judiciaire d'innocence. Une purge systématique des fichiers doit être envisagée en ce sens.
Pour conclure, la preuve corporelle future doit être limitée et ce n'est qu'en se saisissant réellement de cette question, sur le fond, que pourra émerger un réel droit à l'effacement ainsi qu'une préservation des droits individuels et des données corporelles.

380. Conclusion du Titre II. La problématique liée aux deux chapitres, à savoir la conservation de la preuve corporelle à long terme, entraîne ainsi des questions quant à la préservation des droits des individus. Finalement, que cela concerne la conservation juridique ou matérielle du corps ou des autres objets pouvant contenir des traces corporelles ou bien le fichage sur de longues années de ces informations, il ressort que dans de nombreux cas la vie privée de l'individu ou des tiers est en jeu et qu'elle doit être préservée. Pour autant, si l'on considère l'intérêt des personnes, l'enjeu dans ces conservations à long terme est parfois différent[1056] puisque dans le premier cas, il est favorable pour l'individu que soient conservés les indices et preuves, que ce soit dans l'hypothèse du corps lui-même (cadavre) pour obtenir une vérité judiciaire pour les proches, ou pour les autres éléments corporels sujets à l'évolution scientifique. Plus le matériel biologique sera conservé sur le long terme, plus l'individu pourra obtenir des révisions de son procès et espérer une évolution de sa situation. Dès lors, la conservation matérielle du corps au sens large est favorable aux personnes. *A contrario*, concernant les fichages, excepté la situation particulière de l'enregistrement pour recherche des causes de la mort ou disparition inquiétante, les autres hypothèses étudiées ne sont en rien favorables à l'individu, qu'il s'agisse de l'enregistrement de suspects, de condamnés, des nombreuses personnes qui y ont accès ou bien encore le peu d'effectivité des droits. Dans ce sens, il est

---

[1056] Est également différent le lien qu'entretiennent la personne/le corps avec l'affaire concernée. Dans le chapitre précédent, il y avait une relation entre l'affaire et le fait de conserver l'indice ou la preuve corporelle. Dans la présente hypothèse, ce lien n'existe plus. L'autorité fiche pour ficher.

important que la juridiction européenne soit écoutée et que les personnes soient réellement protégées par la mise en place d'un système cohérent et global. Dans tous les cas, s'agissant de la preuve scientifique, notamment corporelle, une mise en place d'un contrôle judiciaire effectif s'avère nécessaire.

CONCLUSION GÉNÉRALE

381. Nécessité et proportionnalité. L'objectif d'une telle étude était ainsi de trouver un juste équilibre entre la protection de l'individu, son corps, sa volonté et la nécessité de rechercher des preuves de la commission d'une infraction. Il nous apparaît alors que les différentes atteintes qui peuvent exister dans ce domaine doivent être proportionnées au but recherché. Ce critère de proportionnalité est constamment employé en droit dès lors qu'il existe une atteinte aux personnes. L'article préliminaire du Code de procédure pénale lui-même traite de cette question dans les atteintes à la vie privée de l'individu au cours de la procédure pénale. Les juridictions utilisent également cette même notion. Ainsi, le Conseil constitutionnel, lors de l'examen de la loi du 23 mars 2019 a censuré certaines dispositions qui portaient une atteinte disproportionnée aux droits des individus[1057].

Dès lors, s'agissant de la dualité qui peut exister entre le corps, les droits de la personne juridique et la preuve, nous avons mis en avant, tout au long de cette thèse, la nécessité d'obtenir une protection théorique plus importante pour les individus. Le critère de proportionnalité entre preuve et corps ne peut s'apprécier que si l'on considère l'implication de l'individu au sein de la procédure et la gravité de l'infraction. Ainsi, il serait totalement excessif de violenter le corps d'une victime d'un délit pour obtenir des preuves de la commission de celui-ci, lorsqu'elle est toujours en vie et apte à exprimer sa volonté. *A contrario*, une telle violence peut se justifier pour la recherche probatoire d'infractions graves, portant atteinte à la vie, lorsque celle-ci est décédée (autopsie). S'agissant des individus qui n'ont aucune implication dans les procédures judiciaires, il est important qu'ils ne subissent aucune atteinte à leur intégrité physique ou encore à leur vie privée. Telle est la solution adoptée par le législateur concernant le fichage (recherche des causes de la mort ou disparition[1058]).

Au sujet du mis en cause, suspect, le législateur semble également prendre en compte l'implication de l'individu au sein de la procédure pour la preuve génétique puisqu'une gradation existe dans l'atteinte à la vie privée entre la

---

[1057] Cons. const., 21 mars 2019, DC n° 2019-778. Voir Y. Mayaud, « De la loi au Conseil constitutionnel, une réforme contrastée de la procédure pénale », AJ Pénal 2019, p. 176 ; V. Avena-Robardet, « Réforme de la justice », AJ Famille 2019, p. 172 et P. Bachschmidt, « Le contrôle des « cavaliers législatifs », entre exigence constitutionnelle et pratique politique », Constitutions 2019, p. 40.

[1058] Voir *supra* n° 342.

personne simplement suspectée et la personne fortement soupçonnée. Dans ces différentes hypothèses, l'individu bénéficie de la présomption d'innocence et sa volonté est par principe respectée, bien que dans de nombreux cas elle soit forcée, ainsi que son intégrité physique.
Enfin, pour le condamné, il apparaît que des atteintes fortes puissent être tolérées. Le législateur semble considérer que l'individu déclaré coupable d'une infraction puisse subir une violation plus forte de son intégrité lorsqu'il est question de rechercher d'autres preuves corporelles. Finalement, ces situations laissent à penser que la condamnation entraîne une baisse du niveau socialement tolérable de l'atteinte au corps de l'individu et à sa dignité : fouilles pénitentiaires ou bien encore prélèvement forcé aux simples fins d'alimentation du FNAEG en sont de bons exemples.
L'implication de la personne dans la procédure a ainsi un impact certain dans l'appréciation de la proportionnalité et sur la nécessité de porter atteinte au corps et à la vie privée. Pour autant, ce système ne nous satisfait pas totalement.

382. Volonté et protection du corps. La protection de l'inviolabilité du corps humain, liée à la volonté de l'individu existe théoriquement puisque le législateur a mis en place un système qui permet de préserver celui-ci, tout en forçant ou supprimant le consentement en pratique. Dès lors, il existe deux éléments principaux qui portent atteinte à la suprématie de la volonté de l'individu et à la protection du corps : les infractions de refus de prélèvement et la possibilité de saisir les éléments naturellement détachés du corps.
Or, nous avons justement démontré la nécessité de supprimer la seconde hypothèse lorsque l'objectif est de contourner la volonté de l'individu et la préservation de son intégrité physique, c'est-à-dire lorsque l'officier qui procède au recueil a eu la connaissance du refus de prélèvement et qu'il saisit un élément corporel dont il ne doute pas que la provenance soit bien la personne en question[1059]. Ce système repose sur une certaine hypocrisie qui ne devrait pas avoir sa place en procédure pénale et contourne tant la volonté que la protection du corps.
À première vue, les infractions de refus de prélèvement devraient également faire l'objet d'une suppression pour respecter la volonté des individus. Néanmoins, si une telle hypothèse se produit, un effet pervers pourrait se former au sein de notre procédure. Les infractions de refus sont faiblement sanctionnées tant dans les textes que dans la pratique judiciaire[1060] mais elles sont utiles pour donner l'impression que le prélèvement corporel est obligatoire. Elles permettent ainsi une résolution plus aisée des enquêtes et

---

[1059] Voir *supra* n° 186.
[1060] Voir *supra* n° 62 et s.

un fichage d'un grand nombre de personnes. Si l'on supprimait ces possibilités et qu'aucune contrainte ne pouvait être exercée sur le corps, en plus de l'impossibilité de saisir les éléments naturellement détachés du corps, le risque premier serait que seuls les individus innocents de la commission des infractions acceptent, pour prouver leurs dires, d'être prélevés. Ainsi, toute une possibilité probatoire serait réduite à néant pour les personnes auteures d'une infraction qui n'auraient qu'à refuser un prélèvement. Bien évidemment, un tel refus entraînerait la méfiance des enquêteurs et magistrats mais ne permettrait pas d'apporter une réelle preuve de l'implication de la personne. Dès lors, même si nous n'approuvons pas ce système d'infraction de refus qui force *ab initio* le consentement, la protection effective du corps (le consentement au prélèvement est forcé mais il existe toujours, l'atteinte au corps est tolérée par l'individu et en cas de refus l'analyse ne s'effectuera pas) permet le respect d'une certaine proportionnalité dans l'atteinte à la personne et les nécessités probatoires. Par ailleurs, il est nécessaire, pour que ce mécanisme fonctionne, que la peine encourue pour l'infraction de refus soit identique à celle qu'encourt l'individu[1061] soupçonné lorsqu'il s'agit d'une recherche probatoire immédiate. C'est le seul moyen pour éviter que l'auteur de l'infraction refuse par exemple un prélèvement ayant pour but de comparer son ADN à celui retrouvé dans l'enquête et choisisse d'être poursuivi pour l'infraction de refus plutôt que pour l'infraction principale. Le système n'est pas parfait mais puisqu'il serait impossible de saisir l'élément corporel détaché, il permettrait d'éviter que l'auteur d'une infraction effectue un shopping répressif et décide de l'infraction pour laquelle il désirait être poursuivi. Par contre, il est nécessaire pour l'individu suspecté ou soupçonné, qu'aucun enregistrement de ses données dans un fichier ne soit possible. Cela permettrait à l'individu innocent de consentir au prélèvement, que la comparaison soit effectuée et qu'aucun enregistrement ne soit mis en place afin de respecter sa vie privée. Pour l'auteur de l'infraction, cela préserve une proportionnalité entre la nécessaire résolution des enquêtes et la protection de la volonté et du corps.

Par ailleurs, il est important qu'un magistrat indépendant et impartial intervienne lorsque l'individu a déjà exprimé un premier refus auprès des forces de l'ordre. Et ce n'est qu'en cas d'un nouveau refus exprimé face au protecteur des libertés individuelles que l'absence de consentement pourrait être sanctionnée. Dans l'ensemble des atteintes effectuées au corps, ce magistrat doit pouvoir intervenir et peser les intérêts antagonistes en jeu afin de déterminer si l'atteinte à l'inviolabilité et à la vie privée peut être effective.

[1061] L'article 706-56 III permet aussi le retrait des réductions de peine, ce qui incitera l'individu à consentir.

Pour finir, les temps de conservation des données doivent être réduits afin que l'individu bénéficie réellement d'un droit à l'oubli de ses mentions[1062].
Finalement, le législateur a d'ores et déjà pris en compte la nécessité de préserver les personnes et leur corps dans la procédure pénale mais selon nous, ce système leur porte encore une atteinte trop forte : un juste équilibre passe nécessairement par l'intervention fréquente d'un magistrat lorsque le corps ou la volonté risquent d'être diminués ainsi que par la suppression de la ruse dans notre procédure.
Actuellement, l'évolution de la science et les nécessités de la recherche probatoire entraînent des conséquences importantes sur les individus qu'il ne faut pas négliger : le corps est de plus en plus réifié. Quoi qu'il en soit, la personne mise en cause est dans une situation pour laquelle elle devra subir de part et d'autre : soit elle refuse d'être prélevée et subira l'infraction de refus de prélèvement, dans ce cas, elle préservera son corps et sa volonté mais au prix d'une infraction pénale, soit elle consent au prélèvement et subira l'atteinte à sa volonté et à son corps. Cette situation est encore accentuée si l'on considère que l'analyse du corps va fournir des informations scientifiques qui vont avoir un impact sur la procédure, surtout si l'individu est coupable de l'infraction. Dès lors, son corps le trahira et fournira des indices pouvant lui être préjudiciable tant actuellement qu'ultérieurement. C'est ainsi que l'individu peut choisir d'être condamné pour avoir refusé et préserver son corps ou bien être condamné parce que son corps a parlé.
N'oublions jamais tout de même que la preuve corporelle est faillible et que son apparente fiabilité peut être remise en cause si elle n'est pas corroborée par une enquête classique. Dans tous les cas, il semble que les corps n'aient pas fini de subir.

[1062] Voir *supra* n° 364.

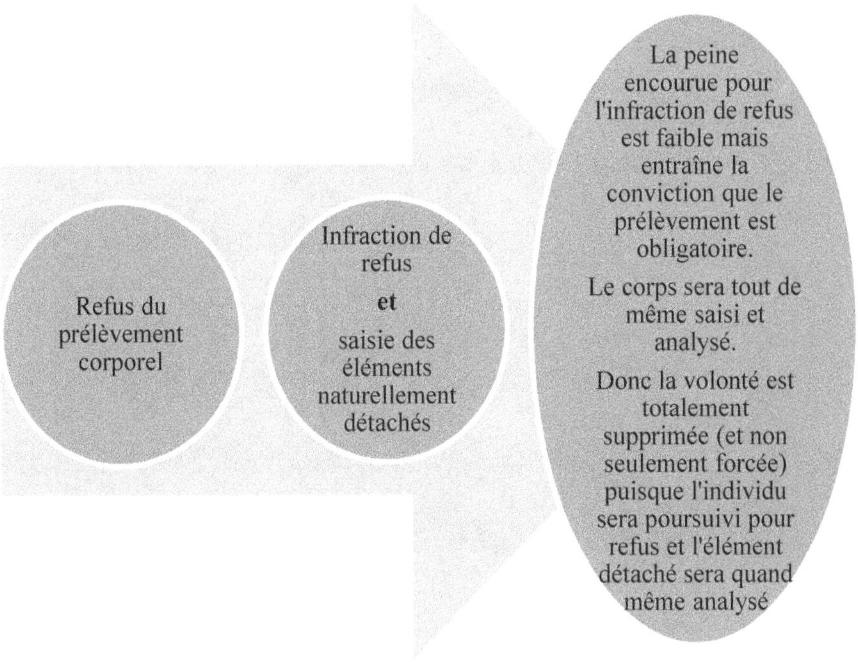

Figure 2- Système actuel : suppression de la volonté et analyse

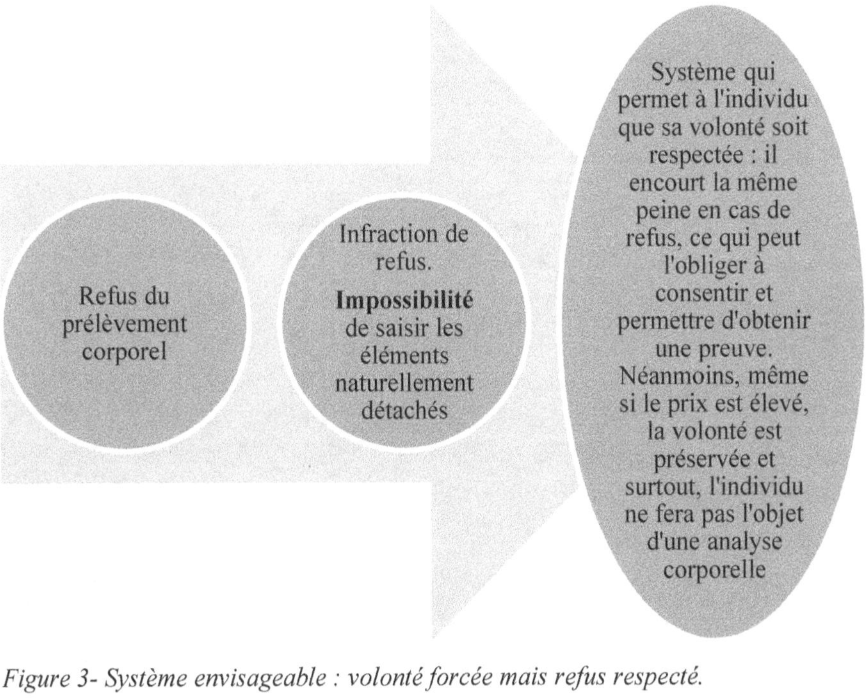

Figure 3- Système envisageable : volonté forcée mais refus respecté.

BIBLIOGRAPHIE

Ouvrages, manuels et traités

AMBROISE-CASTÉROT C. et BONFILS P.,
- *Procédure pénale*, Presses Universitaires de France, collection « Thémis », 2ème édition, 2018.

ARCHER F.,
- *Le consentement en droit pénal de la vie humaine*, L'Harmattan, collection « Sciences criminelles », 2003.

ARNOUX I.,
- *Les droits de l'être humain sur son corps*, PU de Bordeaux, 1995.

AUZERO G., BAUGARD D., et DOCKÈS E.,
- *Droit du travail*, Dalloz, collection « Précis », 33ème édition, 2019.

BAUER A. et SOULLEZ C.,
- *Les fichiers de police et de gendarmerie*, PUF, collection « Que sais-je ? », 2ème édition, tome 3856, 2011.

BAUD J.-P.,
- *L'affaire de la main volée – une histoire juridique du corps*, Éditions du seuil, collection « Des travaux », 1993.

BECCARIA C.,
- *Des délits et des peines,* 1764, réimpression Flammarion, collection « GF », 2006.

BERTHOMET S. et MAUDUIT P.,
- *Connaître l'enquête policière*, Victoires Editions, collection « Métier journaliste », tome 17, 2006.

BERTRAND-MIRKOVIC A.,
- *La notion de personne (Étude visant à clarifier le statut juridique de l'enfant à naître)*, Presses universitaires d'Aix-Marseille, 2003.

BLAISE N. et COLETTE-BASECQZ N.,
- *Manuel de droit pénal général*, Anthemis, 4ème édition, 2019.

BONNIER E.,
- *Traité des preuves en droit civil et en droit criminel*, Plon, 4ème édition, 1873.

BORRICAND J. et SIMON A.-M.,
- *Droit pénal - Procédure pénale*, Sirey, collection « Aide-mémoire », 9ème édition, 2016.

BORRILLO D.,
- *Disposer de son corps : un droit encore à conquérir*, Textuel, collection « Petite encyclopédie critique », 2019.

BOULOC B.,
- *Procédure pénale*, Dalloz, collection « Précis », 26ème édition, 2017.
- *Droit pénal général*, Dalloz, collection « Précis », 26ème édition, 2019.

BOURCIER D. et DE BONIS M.,
- *Les paradoxes de l'expertise. Savoir ou juger ?*, Institut synthélabo pour le progrès de la connaissance, collection « Les empêcheurs de penser en rond », 1999.

BUISSON J. et GUINCHARD S.,
- *Procédure pénale*, LexisNexis, collection « Manuels », 12ème édition, 2019.

CABRILLAC R. (dir.),
- *Dictionnaire du vocabulaire juridique 2020*, LexisNexis, 11ème édition, 2019.

CAMMILLERI-SUBRENAT A., PROUVÈZE R. et VERDIER-BÜSCHEL I.,
- *Nouvelles technologies et défis du droit en Europe. L'imagerie active au service de la sécurité globale*, Bruylant, collection « Travaux de droit international et européen », tome 26, 2012.

CARBASSE J.-M.,
- *Histoire du droit pénal et de la justice criminelle*, PUF, collection « Droit fondamental », 3ème édition, 2014.
- *Histoire du droit*, PUF, collection « Que sais-je ? », 4ème édition, tome 3828, 2017.

CECCALDI P.-F.,
- *La criminalistique*, PUF, collection « Que sais-je ? », 3ème édition, tome 370, 1976.

CHAPELAN M.,
- *Main courante*, Editions Bernard Grasset, 1957.

CHARLES R.,
- *Histoire du droit pénal*, PUF, collection « Que sais-je ? », 4ème édition, tome 690, 1976.

CHATILLON C.,
- *Les choses empreintes de subjectivité*, Éditions universitaires européennes, 2010.

CLERGERIE J.-L., GRUBER A. et RAMBAUD P.,
- *L'Union européenne*, Dalloz, collection « Précis », 12ème édition, 2018.

CONTE P.,
- *Droit pénal spécial*, LexisNexis, collection « Manuels », 6ème édition, 2019.

CONTE P. et LARGUIER J.,
- *Procédure pénale*, Dalloz, collection « Mémentos », 25ème édition, 2019.

COQUOZ R., COMTE J., HALL D. et *al.*,
- *Preuve par l'ADN, la génétique au service de la justice*, Presses polytechniques et universitaires romandes, collection « Sciences forensiques », 3ème édition, 2013.

CORNU G.,
- *Droit civil, Introduction, les personnes, les biens,* Montchrestien, collection « Domat Droit privé », 12ème édition, 2005.
- *Droit civil. Les biens*, Montchrestien, collection « Domat droit prive », 13ème édition, 2007.

CRIGNON-DE OLIVEIRA C. et GAILLE-NIKODIMOV M.,
- *À qui appartient le corps humain ? Médecine, politique et droit*, Les belles lettres, collection « Médecine & sciences humaines », 2004.

DALBIGNAT-DEHARO G.,
- *Vérité scientifique et vérité judiciaire en droit privé*, Bibliothèque de l'Institut André Tunc, 2004.

DÉCIMA O., DETRAZ S. ET VERNY E.,
- *Droit pénal général*, L.G.D.J, collection « cours », 3ème édition, 2018.

DE FROUVILLE O. (dir.),
- *La preuve pénale, internationalisation et nouvelles technologies,* La documentation française, collection « Perspectives sur la justice », 2007.

DE VALICOURT DE SERANVILLERS H.,
- *La preuve par l'ADN et l'erreur judiciaire*, l'Harmattan, collection « Questions contemporaines », 2009.

DEXANT DE BAILLIENCOURT O. et LAPEROU-SCHENEIDER B. (dir.),
- *Les responsabilités du dirigeant de société. Regards croisés de droit civil et de droit pénal*, Dalloz, collection « Thèmes & commentaires », 2018.

DIJON X.,
- *La raison du corps*, Bruylant, collection « Droit et religion », 2012.

DOUCHY-OUDOT M.,
- *Droit civil 1re année. Introduction Personnes Famille*, Dalloz, collection « HyperCours », 10ème édition, 2019.

DOUTREMEPUICH C. (dir.),
- *Les empreintes génétiques en pratique judiciaire,* La documentation française, collection « La sécurité aujourd'hui », 1998.

DREYER E.,
- *Droit pénal général*, LexisNexis, collection « Manuels », 5ème édition, 2019.

DREYER E. et MOUYSSET O.,
- *Procédure pénale*, L.G.D.J, « Cours », 2ème édition, 2019.

DROSS W.,
- *Droit civil - Les choses*, LGDJ, 2012.
- *Droit des biens*, LGDJ, collection « Précis Domat », 4ème édition, 2019.

DRUFFIN-BRICCA S. et HENRY L.-C.
- *Introduction générale au droit*, Gualino, collection « Mémentos », 13ème édition, 2019.

DURUPT B.,
- *La Police judiciaire. La scène de crime*, découvertes Gallimard, tome 403, 2000.

DUTRIEUX D.,
- *Le transport des corps et autres autorisations administratives post-mortem,* MB Edition, collection « Droit mode d'emploi », tome 18, 2003.

DUVAL-ARNOULD D.,
- *Droit de la santé. Prise en charge des patients et réparation des dommages liés aux soins*, Dalloz, collection « Référence », 2019.

EDELMAN B.,
- *Ni chose, ni personne, le corps humain en question*, Hermann, collection « Philosophie », 2009.

EVRARD S.,
- *Histoire du droit pénal – De l'antiquité au XIXè siècle*, auto-édition, 2018.

FEUILLET-LIGER B. et OKTAY-ÖZDEMIR S. (dir.),
- *La non-patrimonialité du corps humain : du principe à la réalité – Panorama international*, Bruylant, 2017.

FOMBONNE J.,
- *La criminalistique*, PUF, collection « Que sais-je ? », tome 370, 1996.

FOUCAULT M.,
- *Surveiller et punir : Naissance de la prison*, Gallimard, collection « Tel », 1993.

FOURMENT F.,
- *Droit pénal général*, Bruylant, collection « Paradigme – Manuels », 19ème édition, 2019.
- *Procédure pénale*, Bruylant, collection « Paradigme – Manuels », 15ème édition, 2020.

GALIMBERTI U.,
- *Les raisons du corps*, Grasset, collection « Ethique esthétique politique », 1998.

GALLUSER A. (dir.),
- *Traces d'armes à feu : Expertise des armes et des éléments de munition dans l'investigation criminelle,* Presses polytechniques et universitaires romandes, collection « Sciences forensiques », 2ème édition, 2014.

GARÉ T. et GINESTET C.,
- *Droit pénal - Procédure pénale 2020*, Dalloz, collection « HyperCours », 11ème édition, 2019.

GERVIER P.,
- *La Limitation des droits fondamentaux constitutionnel par l'ordre public*, LGDJ, collection « Bibliothèque constitutionnelle et de science politique », tome 143, 2014.

GHESTIN J., LOISEAU G. et SERINET Y.-M.,
- *La formation du contrat : l'objet et la cause, les nullités*, Tome 2, LGDJ, collection « Traités », 4ème édition, 2013.

GIROD A., CHAMPOD C. et RIBAUX O.,
- *Traces de souliers*, Presses polytechniques et universitaires romandes, collection « Sciences forensiques », 2008.

GIUDICELLI-DELAGE G. (dir.),
- *Les transformations de l'administration de la preuve pénale. Perspectives comparées,* Société de législation comparée, collection « Unité mixte de recherche de droit comparé de Paris (Université de Paris I / CNRS UMR 8103) », tome 12, 2006.

GOLFIER J.-B.,
- *Tactiques du diable et délivrances : Dieu fait-il concourir les démons au salut des hommes ?*, Arthège Lethielleux, collection « Sed contra », 2018.

GREULICH W.-W. et PYLE S.-I.,
- *Radiographic Atlas of skeletal development of the hand and the wrist*, Stanford University Press, 1959.

GUINCHARD S. et DEBARD T. (dir.),
- *Lexique des termes juridiques 2019-2020*, Dalloz, 27ème édition, 2019.

GUYON G. (dir.),
- *Justice de Dieu, justice des hommes – Christianisme et histoire du droit pénal*, Dominique Martin Morin, 2009.
- *La justice en questions. Recueil d'articles*, Presses universitaires de Limoges, collection « Cahiers de l'Institut d'anthropologie juridique », 2015.

HENNAU-HUBLET C.,
- *L'activité médicale et le droit pénal : les délits d'atteinte à la vie, l'intégrité physique et la santé des personnes*, LGDJ, collection « Bibliothèque de la Faculté de droit de l'Université catholique de Louvain », 1987.

HENNETTE-VAUCHEZ S.,
- *Disposer de soi ? Une analyse du discours juridique sur les droits de la personne sur son corps*, L'Harmattan, collection « Logiques Juridiques », 2004.

HERZOG-EVANS M. et ROUSSEL G.,
- *Procédure pénale*, Vuibert édition, collection « Vuibert Sup Droit », 9ème édition, 2018.

HOCQUET-BERG S. et PY B.,
- *La responsabilité du Médecin*, Heures de France, collection « Droit professionnel », 2006.

HUYGHE F.-B.,
- *ADN et enquêtes criminelles*, PUF, collection « Que sais-je ? », tome 3814, 2008.

IMBERT J. et LEVASSEUR G.,
- *Le pouvoir, les juges et les bourreaux, 25 siècles de répression*, Hachette, 1972.

INCHAUSPÉ D.,
- *L'innocence judiciaire*, PUF, collection « Questions judiciaires », 2012.

JALBY C.,
- *La police technique et scientifique*, PUF, collection « Que sais-je ? », 4ème édition, tome 3537, 2017.

JAQUET C.,
- *Le Corps,* PUF, collection « Philosopher », 2001.

JEANCLOS Y.,
- *La justice pénale en France. Dimension historique et européenne*, Dalloz, collection « Méthodes du droit », 2011.

KOEHLER S.-A., MOORE P. et OWEN D.,
- *La police scientifique mène l'enquête. 50 crimes élucidés par la science*, Dunod, 2010.

KOLB P. et LETURMY L.,
- *L'essentiel du droit pénal général*, Gualino, collection « Carrés Rouge », 16ème édition, 2019.
- *Cours de droit pénal général*, Gualino, collection « Amphi LMD », 5ème édition, 2019.
- *Droit pénal général*, Gualino, collection « Mémentos », 14ème édition, 2019.

LABBÉE X.,
- *Condition juridique du corps humain avant la naissance et après la mort*, Presses universitaires de Lille, collection « Sciences juridiques et sociales », 1990.

LEMESLE B. (dir.),
- *La Preuve en justice de l'Antiquité à nos jours,* Presses universitaires de Rennes, collection « Histoire », 2003.

LEROY J.,
- *Procédure pénale*, LGDJ, collection « Manuel », 6ème édition, 2019.

LECLERQ M.
- *Entomologie et médecine légale : datation de la mort*, Masson, collection « Médecine légale et de Toxicologie médicale », 1978.

MALAURIE P.,
- *Les personnes - les incapacités*, Cujas, 5ème édition, 2000.

MARLET R.,
- *Les experts : mode d'emploi. La police technique et scientifique enquête*, favre, 2007.

MARTIN J.-C., DELÉMONT O., ESSEIVA P. et *al.*,
- *Investigation de scène de crime. Fixation de l'état des lieux et traitement des traces d'objets,* Presses polytechniques et universitaires romandes, collection « Sciences forensiques », 2010.

MAYAUD Y.,
- *Violences involontaires et responsabilité pénale*, Dalloz, collection « Référence », 2003.

MÉGNIN J.-P.,
- *La Faune des cadavres*, G Masson édition, collection « Encyclopédie scientifique des aide-mémoire », 1894.

MEKKI M., CADIET L. et GRIMALDI C. (dir.),
- *La preuve : regards croisés,* Dalloz, collection « Thèmes et commentaires », 2015.

MERLE R. et VITU A.,
- *Traité de droit criminel. Problèmes généraux de la science criminelle*, droit pénal général, Cujas, 7ème édition, tome 1, 2000.
- *Traité de droit criminel.* Procédure pénale, Cujas, 5ème édition, tome 2, 2001.

MIRKOVIC A.,
- *Droit de la famille et des personnes*, collection « Panorama du droit », 4ème édition, 2014.

MISTRETTA P.,
- *Droit pénal médical*, Cujas, 2013.

MORANGE J.,
- *Droits de l'homme et libertés publiques*, PUF, collection « Droit fondamental », 5ème édition, 2000.
- *La Déclaration des droits de l'homme et du citoyen*, PUF, collection « Que sais-je ? », 4ème édition, tome 2408, 2002.

NANCY J.-L.,
- *Noli me tangere. Essai sur la levée du corps*, Bayard, collection « Le rayon des curiosités », 2003.

OLIVIER M.,
- *De l'expertise civile et des experts*, Berger-Levrault, collection « Entreprises », tome 2, 1995.

PELLÉ S.,
- *Réforme de la justice pénale - Procédure pénale et droit de la peine*, Dalloz, collection « Les textes », 2019.

PELTIER-HENRY M.,
- *Le droit pénal à l'épreuve des neurosciences*, L'Harmattan, collection « Bibliothèques de droit », 2019.

PIN X.,
- *Droit pénal général 2020*, Dalloz, 11ème édition, 2019.

PRADEL J.,
- *Procédure pénale*, Cujas, collection « Référence », 20ème édition, 2019.

PLANIOL M.,
- *Traité élémentaire de droit civil*, Pichon, 1904.

PLESSIX B. et DEFFAINS N. (dir.),
- *Fichiers informatiques et sécurité publique*, Presses universitaires de Nancy, collection « Droit, Politique, Société », 2014.

PRADEL J. et VARINARD A.,
- *Les grands arrêts de la procédure pénale*, Dalloz, collection « Grands arrêts », 9ème édition, 2015.

PRIEUR S.,
- *La disposition par l'individu de son corps*, Les études hospitalières, collection « Thèses », 1999.

PUIGELIER C.,
- *Dictionnaire juridique*, Bruylant, collection « Paradigme – vocabulaire », 2ème édition, 2017.

PY B.,
- *La mort et le droit*, PUF, collection « Que sais-je ? », tome 3339, 1997.

PY B. (dir.),
- *La mort et le droit,* Presses universitaires de Nancy, collection « Santé, qualité de vie et handicap », 2010.
- *La pudeur et le soin*, Presses Universitaires de Nancy, collection « Santé, qualité de vie et handicap », 2011.

RASSAT M.-L.,
- *Procédure pénale*, Ellipses, 3ème édition, 2017.

REBOUL-MAUPIN N.,
- *Droit des biens*, Dalloz, collection « Hypercours », 7ème édition, 2018.

RENAULT-BRAHINSKY C.,
- *Procédure pénale*, Gualino, « Mémentos », 20ème édition, 2019.

RIBAUX O.,
- *Police scientifique – Le renseignement par la trace*, Presses polytechniques et universitaires romandes, collection « Sciences forensiques », 2014.

RIBEYRE C.,
- *Procédure pénale*, Presses Universitaires de Grenoble, collection « Le droit en plus », 2ème édition, 2019.

RIBEYRE C. (dir.),
- *La victime de l'infraction pénale*, Dalloz, collection « Thèmes et commentaires », 2016.

ROGIEZ-THUBERT P.,
- *La parole est au cadavre – Le quotidien d'un officier de police*, Les éditions demos, collection « Criminologie et société », 2008.

ROUGER P.,
- *Les empreintes génétiques*, PUF, collection « Que sais-je ? », tome 3569, 2000.

ROUSSEL G.,
- *Procédure pénale 2019-2020*, Vuibert, collection « Vuibert droit », 10ème édition, 2019.

ROUSSEL G. et ROUX-DEMARE F.-X. (dir.),
- *Sur les routes de la drogue*, Institut Universitaire Varenne, collection « Colloques et essais », 2019.

RUDIN N. et INMAN K.,
- *An Introduction to Forensic DNA Analysis*, CRC Press, 2001.

SARRAILHÉ P. (dir.),
- *Les experts : auxiliaires ou substituts du juge ?,* Société de législation comparée, collection « Centre français de droit comparé », tome 12, 2009.

SÈVE L.,
- *Pour une critique de la raison bioéthique*, Odile Jacob, 1994.

SIEGEL J.-A. et SAUKKO P.-J.,
- *Encyclopedia of Forensic Sciences*, Elsevier, 2ème édition, 2013.

TARBY A.,
- *La bioéthique : ce qu'elle est, ce que dit le droit…*, Éditions du puits fleuri, collection « Le conseiller juridique pour tous », 2008.

TARHINI R.,
- *Le sort de la femme auteur ou victime en droit pénal comparé*, Alpha, 2012.

TERRÉ F.,
- *L'enfant de l'esclave, génétique et droit*, Flammarion, 1987.
- *Introduction générale au droit*, Dalloz, collection « Précis », 10ème édition, 2015.

TISSIER D.,
- *La protection du corps humain*, L'Harmattan, collection « Le droit aujourd'hui », 2013.

TOURNIER C.,
- *L'intime conviction du juge*, Presses Universitaires d'Aix-Marseille - P.U.A.M., collection « Laboratoire de Théorie Juridique », 2003.

TOUZEIL-DIVINA M., BOUTEILLE-BRIGANT M. et BOUDET J.-F. (dir.),
- *Traité des nouveaux droits de la mort. La Mort, active(s) juridiques(s)*, Editions L'Epitoge, collection « L'Unité du Droit », Tome 1, Volume 11, 2014.

TRUILHÉ-MARENGO E. (dir.),
- *Preuve scientifique, preuve juridique,* Larcier, collection « Droit des technologies », 2012.

TRUONG J.-M.,
- *Reproduction interdite*, Plon, 1999.

VERGÈS E.,
- *Procédure pénale*, LexisNexis, collection « Objectif droit », 5ème édition, 2017.

VERGÈS J.,
- *Les erreurs judiciaires*, PUF, collection « Que sais-je ? », 2ème édition, tome 3656, 2015.

VERNY E.,
- *Procédure pénale*, Dalloz, collection « Cours », 7ème édition, 2020.

WENZEL E.,
- *La torture judiciaire dans la France de l'Ancien Régime : Lumières sur la Question*, Editions Universitaires de Dijon - E.U.D., collection « Sociétés », 2011.

WOLMARK C. et PESKINE E.,
- *Droit du travail 2020*, Dalloz, collection « Hypercours », 13ème édition, 2019.

ZENATI-CASTAING F. et REVET T.,
- *Manuel de droit des personnes*, PUF, collection « Droit fondamental », 2006.

Thèses de doctorat

ABDELLAOUI A.,
- *L'expertise « mentale » dans le procès pénal*, Université de Montpellier 1, 2013.

ALI S.,
- *La loyauté de la preuve dans la recherche de la preuve pénale : Etude comparative : Des droits français, égyptien et syrien*, Université d'Aix-Marseille 3, 2010.

ALI-KOMAN M.,
- *La recherche de la preuve en matière pénale. Etude comparée du droit français et des droits des pays arabe du golfe*, Université de Poitiers, 1993.

ANDORNO R.,
- *La distinction juridique entre les personnes et les choses à l'épreuve des procréations artificielles*, LGDJ, collection « Bibliothèque de droit privé », tome 263, 1996.

ARCAUTE-DESCAZEAUX M.-J.,
- *L'aveu : essai d'une contribution à l'étude pénale de la justice négociée*, Université de Toulouse 1, 1998.

ARRIGHI A.-C.,
- *La condition pénale de l'enfant avant sa naissance : de la non-reconnaissance à la protection*, Université de La Rochelle, 2015.

AUBÉ B.-F.,
- *Les déclarations de la personne en procédure pénale : étude comparée des droits français et canadien*, Université de Poitiers, 1993.

BAILE A.,
- *L'encadrement juridique de l'expertise pénale*, Université de Nice, 2018.

BALLANDIER P.,
- *Pour une défense de la présomption d'innocence*, Université d'Aix-Marseille 3, 1996.

BARBERIS J.,
- *Le droit de la preuve pénale face à l'évolution technique et scientifique*, Université d'Aix-Marseille 3, 2000.

BEAUVALLET O.,
- *Le juge et l'expert : savoir et qualification*, École des hautes études en sciences sociales, 2001.

BERGEAUD A.,
- *Le droit à la preuve*, LGDJ, collection « Bibliothèque de droit privé », tome 525, 2010.

BOLZE P.,
- *Le droit à la preuve contraire en procédure pénale*, Université de Nancy 2, 2010.

BOUAZIZ M.,
- *Protection de la vie et droit pénal médical*, Université de Nice, 2005.

BOUSSINOT L.,
- *Le témoin et la justice répressive*, Université de Nice, 2012.

CABRILLAC F.,
- *Le droit civil et le corps humain*, Université de Montpellier, 1962.

CARAYON L.,
- *La catégorisation des corps : étude sur l'humain avant la naissance et après la mort*, Université de Paris 1, 2016.

CHIOCCARELLO A.,
- *Le matériel biologique humain : étude juridique sur l'utilisation à des fins scientifiques des éléments et produits du corps humain*, Université de Paris 5, 2014.

COLOMB C.,
- *La responsabilité pénale des professionnels de santé*, Université de Nice, 2004.

COMERT A.,
- *Les infractions consommées par le mensonge*, Université de Lorraine, 2015.

COTO G.,
- *L'influence des progrès scientifiques sur le droit de la preuve pénale*, Université de Rennes 1, 2006.

COUSIN C.,
- *Vers une redéfinition de l'acte médical*, Université de Rennes 1, 2016.

CRISPINO F.,
- *Le principe de Locard est-il scientifique ? Ou analyse de la scientificité des principes fondamentaux de la criminalistique*, Université de Lausanne, 2006.

CZUBA C.,
- *Consommations de substances psychoactives : à la confluence entre les droits à la santé et à la vie privée au travail*, Université de Lille 2, 2017.

DAILLER T.,
- *La peau humaine en droit privé*, Université de Limoges, 2015.

DAOULAS-HERVE H.,
- *Présomption d'innocence et preuve pénale : étude comparée des droits français, anglais et canadien*, Université de Poitiers, 1999.

DAOUST F.,
- *La criminalistique et le procès pénal*, Université de Paris 2, 2018.

DEMARCHI J.-R.,
- *Les preuves scientifiques et le procès pénal*, LGDJ, collection « Bibliothèque de sciences criminelles », tome 55, 2012.

DIBERT-DOLLET M.,
- *Témoignage et renseignements en matière pénale*, Université de Bordeaux 1, 1992.

DOMAGES R.,
- *Le corps humain dans le commerce juridique*, Université de Paris, 1956.

DUBERNAT S.-A.,
- *La non-patrimonialité du corps humain*, Université de Bordeaux 4, 2000.

FEROT P.,
- *La présomption d'innocence : essai d'interprétation historique*, Université de Lille 2, 2007.

FEZZANI F.,
- *Les neurosciences en tant que moyen de preuve ou les implications juridiques de l'utilisation judiciaire des neurosciences*, Université Paris 2, 2019.

FOMBONNE J.,
- *L'exercice de la police technique et scientifique par la gendarmerie nationale : une solution rationnelle apportée pour le traitement de l'indice matériel, à la question de la preuve en matière pénale*, Université Paris 2, 1994.

GADEN C.,
- *L'animus necandi*, Université de Montpellier 1, 2006.

GARRAUD A.,
- *La réforme pénitentiaire*, Université de Nice, 2015.

GASCON A.,
- *La responsabilité pénale des personnes morales dans le domaine médical*, Université de Poitiers, 2014.

GIANNOULOPOULOS D.,
- *L'exclusion de preuves pénales déloyales : une étude comparée des droits américain, anglais, français et hellénique*, Université de Paris 1, 2009.

GIORGI M.,
- *L'auto-incrimination*, Université de Montpellier, 2019.

GOETZ D.,
- *La révision en matière pénale*, Université de Strasbourg, 2015.

GOMEZ E.,
- *L'imputabilité en droit pénal*, Université de La Rochelle, 2017.

GRÉCOURT G.,
- *L'évolution de la notion de violence à l'aune du droit pénal*, Université de Poitiers, 2012.

HENNION-JACQUET P.,
- *Preuve pénale et droits de l'homme*, Université de Nice, 1999.

HOENIG W.,
- *L'infraction passive attentatoire à l'intégrité physique et à la vie des personnes*, Université de Nice, 2005.

IACUB M.,
- *Le Corps de la personne : enquête juridique*, Université de Paris EHESS, 1993.

KHALIL J.,
- *Le corps humain à disposition*, Université de Toulouse 1, 2008.

KUREK C.,
- *Le corps en droit pénal*, Université de Lyon 3, 2017.

LAHALLE T.,
- *Qualification juridique du corps humain*, Université de Paris 2, 2002.

LALOU R.,
- *Etude de la maxime Infans conceptus*, Université de Paris, 1904.

LAURENT N.,
- *La notion de suspect en matière pénale*, Université de Lyon 3, 2001.

LAVROFF-DETRIE S.,
- *De l'indisponibilité à la non-patrimonialité du corps humain*, Université de Paris 1, 1997.

LEBOEUF A.,
- *Analyse critique des violences volontaires*, Université de Lille 2, 2014.

LECLERC O.,
- *Le juge et l'expert, Contribution à l'étude des rapports entre le droit et la science*, LGDJ, collection « Bibliothèque de droit privé », tome 443, 2005.

LE-GARFF E.,
- *Taphonomie osseuse humaine au micro-scanner*, Université de Lille 2, 2018.

MACONE C.,
- *Nouveaux regards sur le témoignage en procédures civile et pénale*, Université d'Aix-Marseille 3, 2007.

MARRION B.,
- *Le mineur, son corps et le droit criminel*, Université de Nancy 2, 2010.

MARX M.,
- *La preuve par le corps humain*, Université de Poitiers, 1997.

MASSOL V.,
- *La présomption d'innocence*, Université de Toulouse 1, 1996.

MENENTEAU S.,
- *Dans les coulisses de l'autopsie judiciaire - cadres, contraintes et conditions de l'expertise cadavérique dans la France du XIXè siècle*, Université de Poitiers, 2009.

MERMOZ V.,
- *Les indices en procédure pénale*, Université de Paris Saclay, 2019.

METENIER J.,
- *La protection pénale de l'accusé*, Université d'Aix-Marseille, 2014.

MICHELETTI A.,
- *La protection pénale de la femme*, Université de Nice, 2004.

MICHTA C.,
- *L'administration de la preuve en droit pénal français : exemple et pratique judiciaire de la gendarmerie nationale*, Université de Strasbourg, 2017.

MOLINA E.,
- *La liberté de la preuve des infractions en droit français contemporain*, Université d'Aix-Marseille 3, 2000.

MORGENROTH T.,
- *La vie privée en droit du travail,* Université de Lille II, 2016.

MOUSNY M.-P.,
- *Le statut juridique du corps humain*, Université de Nice, 1998.

NAGOUAS-GUERIN M.-C.,
- *Le doute en matière pénale*, Dalloz, collection « Nouvelle Bibliothèque de Thèses », 2002.

NZASHI-LUHUSU T.,
- *L'obtention des preuves par la police judiciaire*, Université de Paris 10, 2013.

OLLIER J.,
- *La preuve par le sang en biologie légale*, Université de Montpellier 1, 1996.

PANDELON G.,
- *La question de l'aveu en matière pénale*, Université d'Aix-Marseille, 2012.

PERNEL C.,
- *Les libertés et droits fondamentaux dans la recherche de la preuve pénale en médecine légale*, Université de Nancy 2, 1999.

PERRIN J.,
- *Les agressions et atteintes sexuelles en droit pénal français : contribution à l'étude des incriminations et de leur régime*, Université de Montpellier, 2012.

PHILIPPOT A.,
- *L'être humain au commencement de sa vie*, Université Paris I, 2012.

PIN X.,
- *Le consentement en matière pénale*, LGDJ, collection « Bibliothèque de sciences criminelles », tome 36, 2002.

POPU H.,
- *La dépouille mortelle, chose sacrée. A la redécouverte d'une catégorie juridique oubliée*, L'Harmattan, collection « Logiques Juridiques », 2009.

PY B.,
- *Recherches sur les justifications pénales de l'activité médicale*, Université de Nancy 2, 1993.

RAGNOLO-RAULT S.,
- *Le traitement pénal de la dangerosité*, Université de Nice, 2016.

RAYE N.,
- *L'appréhension de la dignité humaine par le droit pénal*, Université de Nice, 2008.

REYNIER M.,
- *L'ambivalence juridique de l'humain. Entre sacralité et disponibilité*, Les études hospitalières, collection « Thèses », 2011.

RICHARD J.,
- *L'intime conviction du juge en matière criminelle*, Université de Montpellier, 2017.

SANCHEZ M.,
- *Contribution à l'étude de la preuve pénale*, Université de Toulouse 1, 2010.

SARVONAT G.,
- *Le Principe d'inviolabilité du corps humain en droit civil*, Université de Poitiers, 1951.

SATTA F.,
- *La génétique et le droit pénal*, Université de Poitiers, 2000.

SCHULIAR Y.,
- *La coordination scientifique dans les investigations criminelles. Proposition d'organisation, aspects éthiques ou de la nécessite d'un nouveau métier*, Université de Lausanne, 2009.

SIDOINE S.,
- *Le meurtre du nouveau-né : aspects juridiques et criminologiques*, Université de Nantes, 2013.

STELZIG-CARON S.,
- *La cour de cassation et le dialogue des juges*, Université de Grenoble, 2011.

STRUGALA C.,
- *L'identité physique de la personne humaine*, Université d'Aix-Marseille III, 2009.

TRASSARD C.,
- *Le corps absent du procès pénal : l'éclatement spatio-temporel de la parole et de l'image dans le procès pénal du XXIème siècle*, Université de Paris 10, 2011.

TSARAPATANIS D.,
- *Les fondements éthiques des discours juridiques sur le statut de la vie humaine*, Presses Universitaires de Paris Ouest, collection « Prix de thèse », 2010.

VERNET J.,
- *La modernisation des enquêtes policières et judiciaires*, Université de Toulouse 1, 2007.

Articles et chroniques

AKORRI S. et DAOUD E.,

- « Fichiers d'antécédents judiciaires et atteinte à la vie privée : De l'inconstitutionnalité des fichiers STIC et JUDEX ? », AJ pénal 2014, p. 174.

ALBERT J.-P.,

- « Incarnations, désincarnations ce que les religions disent et font du corps », Revue corps 2016, n° 1, p. 31.

ALLAIN E.,

- « Indépendance du Parquet », AJ pénal 2013, p. 183.
- « La reine des preuves », AJ pénal 2015, p. 57.

AMBROISE-CASTEROT C.,

- « Recherche et administration des preuves en procédure pénale : la quête du Graal de la Vérité », AJ Pénal 2005, p. 261.
- « Le consentement en procédure pénale », *in Le droit pénal à l'aube du troisième millénaire. Mélanges offerts à Jean Pradel*, éditions Cujas, 2006, p. 29.
- « La personne soupçonnée ou condamnée face aux soins ou vérifications sur sa personne », RDSS 2008, p. 66.

ANCEL H.,

- « La preuve biologique », *in* G. Giudicelli-Delage (dir.), *Les transformations de l'administration de la preuve pénale - Perspectives comparées*, société de législation comparée, collection « Unité mixte de recherche de droit comparé de Paris (Université de Paris I / CNRS UMR 8103) », tome 12, 2006.

ANDREU L.,

- « Des voitures autonomes - Une offre de loi », Recueil Dalloz 2018, p. 2080.

ARNAULT S. et KRIEF P.,

- « Le coût des expertises judiciaires civiles », Bulletin d'information statistique du ministère de la Justice 2003, Infostat justice n° 66.

ASCENSI L.,

- « État des saisies et confiscations immobilières », AJ pénal 2016, p. 66.

ASTAING A.,

- « *Durus carcer aut tortura* ? La mise au secret et la recherche de l'aveu dans la procédure pénale française (XVe-XIXe siècle) », *in* B. Durand et L. Otis-Cour (dir.), *La torture judiciaire. Approches historiques et juridiques*, Centre d'Histoire Judiciaire, 2002, p. 891.

AUBERT J.-J.,

- « L'esclave en droit romain ou l'impossible réification de l'homme », CRDF 2012, n° 10, p. 19.

AUBIN E. et SAVARIT-BOURGEOIS I.,

- « Du statut juridique des cendres à la nouvelle gestion communale en matière funéraire », AJDA 2009, p. 531.

AUVERGNON P.,

- « Drogues illicites et travail salarié : agir, sans surréagir », Droit social 2015, p. 449.

AZOULAY W.,

- « Du panoptique au technoptique : renforcement de l'arsenal de collecte de données », Dalloz actualité du 19 septembre 2017.

BARBARAS R.,
- « De la phénoménologie du corps à l'ontologie de la chair », *in* J.-C. Goddard et M. Labrune (dir.), *Le corps*, Edition Vrin, collection « Bibliothèque d'Histoire de la Philosophie », 1992.

BARIL D.,
- « Jean PROULX, Maurice CUSSON, Eric BEAURAGARD et Alexandre NICOLE (sous la dir.), Les meurtriers sexuels », RSC 2005, p. 708.

BAUD J.-P.,
- « Le corps, personne par destination », *in Mélanges à la mémoire de Danièle Huet-Weiller, Droit des personnes et de la famille. Liber Amicorum*, Presses universitaires de Strasbourg et LGDJ, collection « Maison des sciences de l'homme de Strasbourg », 1994, p. 13.
- « Le corps, chose au milieu des choses », *in Le poids du corps*, Ecole régionale des Beaux-Arts du Mans, 1995, p. 15.

BAUD M.-S.,
- « Juger ailleurs, juger autrement - La manifestation de la vérité dans le procès pénal : une étude comparée entre la France et les États-Unis », Les cahiers de la justice 2017, p. 707.

BEAUSSONIE G.,
- « Infraction », Rép. pén., mai 2018.

BÉGRANGER G.,
- « Le contrôle des fichiers de police par les juges », AJ pénal 2014, p. 176.

BEIGNIER B.,
- « Test génétique post mortem ou test sérologique : la juste mesure », Recueil Dalloz 2000, p. 875.

BELLIVIER F.,
- « Infractions sexuelles et empreintes génétiques », RTD Civ. 2000, p. 648.
- « Loi n° 2004-800 du 6 août 2004 relative à la bioéthique », RTD Civ. 2004, p. 787.

BELLIVIER F., BRUNET L. et LABRUSSE-RIOU C.,
- « La filiation, la génétique et le juge : où est passée la loi ? », RTD Civ. 1999, p. 529.

BELLON L. et GUERY C.,
- « Juges et psy : la confusion des langues », RSC 1999, p. 783.

BENALI L., ABRIAT F., CHEVALIER C. et GROMB S.,
- « Coût des opérations thanatologiques au centre hospitalo-universitaire de Bordeaux, France », Revue de Médecine légale 2011, vol. 2, n° 3, p. 125.

BÉNÉJAT M.,
- « Les relations du droit pénal et de la bioéthique », AJ Pénal 2012, p. 392.

BÉNÉJAT-GUERLIN M.,
- « Véhicule autonome et responsabilité pénale », Recueil Dalloz 2016, p. 1146.

BÉNÉZECH M.,
- « Intime conviction : conclusions », Annales médico-psychologiques 2015, n° 7, vol. n° 173, p. 634.

BENILLOUCHE M.,
- « Les expertises judiciaires : le point de vue du pénaliste, ou comment le juge se dégage de son pouvoir de décision au profit de l'expert… », Médecine et Droit 2013, n° 120, p. 83.

BENSAMOUN A.,
- « Des robots et du droit... », Dalloz IP/IT 2016, p. 281.

BENSOUSSAN A.,
- « Droit des robots : science-fiction ou anticipation ? », Recueil Dalloz 2015, p. 1640.
- « La personne robot », Recueil Dalloz 2017, p. 2044.

BERGÈRE A.-L.,
- « Le juge des libertés et de la détention, entre indépendance statutaire et dépendances matérielles », AJ pénal 2019, p. 120.

BERLAUD C.,
- « Jurisprudence – Travail », Gazette du Palais 2011, n° 181, p. 27.
- « La motivation des arrêts de cour d'assises », Gazette du Palais 2013, n° 17.
- « L'interminable « affaire Grégory » : impartialité de l'instruction et nullité de la garde à vue d'une mineure », Gazette du palais 2019, n° 9, p. 44.

BERNIER L.,
- « Le don d'organes au Québec : la nécessité de tendre vers une expression de volonté plus éclairée, inclusive et significative », RDSS 2018, p. 474.

BERNIGAUD S.,
- « Quel(s) droit(s) pour le mineur étranger isolé ? », RDSS 2006, p. 545.

BERTAUX H. et JEANNETEAU E.,
- « Le corps humain à l'épreuve de l'exposition », Petites affiches 2015, n° 207, p. 21.

BIANCHI V.,
- « L'effacement des fichiers ou le nouveau mythe de Sisyphe », AJ pénal 2007, p. 420.

BINET J.-R.,
- « Refus des prélèvements d'organes post mortem : comment l'exprimer ? », La semaine juridique - édition notariale et immobilière du 1er juillet 2016, n° 43-44, p. 35.
- « Bioéthique », JurisClasseur Civil synthèse 2017.

BIOY X.,
- « Les interventions non thérapeutiques sur le corps humain », Droit de la famille 2018, n° 6, p. 41.

BLANC A.,
- « La preuve aux assises : entre formalisme et oralité, la formation de l'intime conviction », AJ pénal 2005, p. 271.

BLANVILLAIN C.,
- « L'obligation de sécurité de résultat est morte ! Vive l'obligation de sécurité ! », Revue de droit du travail 2019, p. 173.

BOILLOT F.,
- « Il était une fois les cachets de cire », 2014, disponible sur le site internet du ministère de l'intérieur.

BONFILS P.,
- « Loi n° 2008-1350 du 19 décembre 2008 relative à la législation funéraire », RSC 2009, p. 425.

BOLLE P.-H.,
- « Origines et destin d'une institution menacée : la présomption d'innocence », *in Le droit pénal à l'aube du troisième millénaire. Mélanges offerts à Jean Pradel,* éditions Cujas, 2006, p. 43.

BORRICAND J.,
- « Progrès scientifique et droit de la preuve pénale », *in Problèmes actuels de science criminelle,* PUAM, volume XVII, 2004.

BOULOC B.,
- « Modification de la procédure de révision des procès répressifs », RSC 1990, p. 135.
- « PROCEDURE PENALE : la loi n° 2000-516 du 15 juin 2000 renforçant la protection de la présomption d'innocence et les droits des victimes », RSC 2001, p. 193.

BOURZAT N.,
- « P... comme - Pouvoir disciplinaire de l'employeur », parus dans la revue Jurisport - Jurisport 2015, n° 158, p. 48 ; Jurisport 2015, n° 159, p. 48 et Jurisport 2016, n° 160, p. 48.

BOUTEILLE-BRIGANT M.,
- « Intelligence artificielle et droit : entre tentation d'une personne juridique du troisième type et avènement d'un « transjuridisme » », Petites affiches 2018, n° 062, p. 7.

BOUVIER J.-C.,
- « Indépendance du parquet : « l'inacceptable reforme » », Petites affiches 1998, n° 57, p. 3.

BRUNET L.,
- « Le recul de l'ordre public face aux pratiques transfrontières de gestation pour autrui : trop... ou pas assez ? », AJ Famille 2018, p. 572.

BUISSON J.,
- « Preuve », Rép. pén., octobre 2013.

BURGAUD E.,
- « La loi du 23 janvier 1873. À la poursuite d'une répression directe efficace de l'ivresse publique manifeste », Revue générale de droit médical 2014, n° 52, p. 17.

BUSSY F.,
- « Justice et médias », Recueil Dalloz 2010, p. 2526.

BYK C.,
- « Les neurosciences : une contribution à l'identité individuelle ou au contrôle social ? », RDSS 2012, p. 800.
- « La bioéthique, le droit et la construction européenne », *in Mélanges en l'honneur de Jean Michaud. Droit et bioéthique,* Les Études Hospitalières, 2012, p. 425.

CAIRE A.-B.,
- « Le corps gratuit : réflexions sur le principe de gratuité en matière d'utilisation de produits et d'éléments du corps humain », RDSS 2015, p. 865.

CASTEL D.,
- « À la une - Réforme - La justice s'offre un lifting », Juris associations 2019, n° 597, p. 6.

CASTETS-RENARD C.,
- « Réforme de la LIL et transposition de la directive à des fins de coopération policière et judiciaire pénale », Dalloz IP/IT 2018, p. 480.

CERF-HOLLENDER A.,
- « Fait justificatif fondé sur les droits de la défense du salarié et concurrence déloyale », RSC 2011, p. 853.

CHARIOT P.,
- « Age osseux : données médicales récentes, réponses à finalité juridique », AJ Pénal 2008, p. 128.

CHARIOT P. et BOUROBKA N.,
- « La violence dans le couple : aspects médicaux », AJ famille 2003, p. 419.

CHARIOT P., TEDLAOUTI M. et DEBOUT M.,
- « L'incapacité totale de travail et la victime de violences », AJ Pénal 2006, p. 300.

CHATILA R.,
- « Intelligence artificielle et robotique : un état des lieux en perspective avec le droit », Dalloz IP/IT 2016, p. 284.

CHÉNEDÉ F.,
- « La personnification de l'animal : un débat inutile ? », AJ Famille 2012, p. 72.

CLÉMENT E.,
- « Le droit selon Beccaria », Revue juridique de l'Ouest 2014, n° 4, p. 41.

CORNU M.,
- « Le corps humain au musée, de la personne à la chose ? », Recueil Dalloz 2009, p. 1907.

COSTE J.,
- « Le policier ne doit pas frapper le délinquant... même multirécidiviste », AJ Pénal 2004, p. 206.
- « Précisions sur la procédure de réexamen d'une décision pénale », AJ pénal 2004, p. 452.

COTELLE G.,
- « Consécration implicite de la procédure de confiscation sans condamnation préalable », AJ pénal 2016, p. 463.

COULON J.-M.,
- « La justice à l'épreuve », Recueil Dalloz 2002, p. 2683.

COVIAUX A.,
- « La nomenclature Dintilhac, la belle aubaine ! », AJ Pénal 2017, p. 8.

CRÉPEY E.,
- « Comment faut-il lire les dispositions concernant les durées de conservation des données dans le fichier TAJ ? », AJDA 2016, p. 1696.

CROIZIER J.-L.,
- « Le consentement aux analyses génétiques », *in* C. Doutremepuich (dir.), *Les empreintes génétiques en pratique judiciaire,* la documentation française, collection « La sécurité aujourd'hui », 1998.

CUTAJAR C.,
- « Le nouveau droit des saisies pénales », AJ pénal 2012, p. 124.

CUVILLIER E.,
- « Le « corps » (*σῶμα*) entre « chair » (*σάρξ*) et « esprit » (*πνεῦμα*) », Cahiers d'études du religieux - Recherches interdisciplinaires 2013, n° 12, consulté le 11 juillet 2019.

DANET J.,
- « Poussée de fièvre scientiste à la chambre criminelle, le recours au « portrait-robot génétique » (mais approximatif) est validé », RSC 2014, p. 595.

DANET J. et SAAS C.,
- « Le fou et sa « dangerosité », un risque spécifique pour la justice pénale », RSC 2007, p. 779.

DANO Y.,
- « L'expertise du dommage corporel : interview du Dr. Yves Dano », AJ Pénal 2017, p. 24.

DAOUD E. et GHRENASSIA C.,
- « L'expertise à l'épreuve de la contradiction : *errare expertum est* », AJ Pénal 2011, p. 560.

DARSONVILLE A.,
- « Viol », Rép. pén., juin 2011.

DEFFERRARD F.,
- « Le doute, le suspect et l'innocence », Recueil Dalloz 2001, p. 2227.
- « L'impression tridimensionnelle et le corps humain », Recueil Dalloz 2014, p. 1400.

DE LAMY B.,
- « De la loyauté en procédure pénale. Brèves remarques sur l'application des règles de chevalerie à la procédure pénale », *in Le droit pénal à l'aube du troisième millénaire*. Mélanges offerts à Jean Pradel, éditions Cujas, 2006, p. 97.
- « Encadrement constitutionnel des fichiers de police : pas de droit à l'oubli, mais un droit à demander l'effacement », RSC 2018, p. 993.

DEBAETS É. ET JACQUINOT N.,
- « Droit constitutionnel », Recueil Dalloz 2018, p. 1344.

DEBARRE J.-M.,
- « Consentement à l'acte médical en droit. Un état des lieux », Médecine et Droit 2017, n° 144, p. 57.

DEHARO G.,
- « L'articulation du savoir et du pouvoir dans le prétoire », Gazette du Palais 2005, n° 265, p. 3.

DEJEAN M.,
- « Les cendres ont « parlé » », La Dépêche du Midi du 26 octobre 2000.

DELAGE P.-J.,
- « L'animal, la chose juridique et la chose pure », Recueil Dalloz 2014, p. 1097.

DELIANCOURT S.,
- « La question des tests salivaires imposés par l'employeur », RFDA 2016, p. 167.

DELPECH X.,
- « Vers un droit civil des robots », AJ contrat 2017, p.148.

DEMOGUE R.,
- « La notion de sujet de droit », RTD. civ. 1909, p. 639.

DERBEY A. et RAOULT S.,
- « Détention provisoire, aveu et théâtralité judiciaire : quelles leçons tirer du rapport de l'ORDCS ? », AJ Pénal 2019, p. 22.

DESFORGES Y.,
- « L'évolution de l'administration de la preuve pénale face aux défis scientifiques », AJ Pénal 2014, p. 56.

DESGORCES R.,
- « La loi n° 2016-87 du 2 février 2016 créant de nouveaux droits en faveur des malades et des personnes en fin de vie », Petites affiches 2016, n° 117, p. 12.

DESMOULIN-CANSELIER S.,
- « Usages et interprétations judiciaires des images cérébrales », RSC 2018, p. 343.

DESPREZ F.,
- « Vol de documents de l'entreprise par le salarié : sur le fait justificatif tiré de l'exercice des droits de la défense », Droit social 2009, p. 1182.

DIONISI-PEYRUSSE A.,
- « Gestation pour autrui : premières confirmations par la cour d'appel de Paris d'adoptions plénières de l'enfant du conjoint ! », AJ Famille 2018, p. 616.
- « Actualités de la bioéthique », AJ Famille 2019, p. 364.

DOUMENG V.,
- « « Ton corps nous appartient » : réflexion sur les atteintes légales au corps de la personne inapte à exprimer une volonté », *in Mélanges en l'honneur du Professeur Claire Neirinck*, LexisNexis, 2015.

DOYEZ F.,
- « Spectacle vivant - Théâtralisation du droit de l'animal », Juris art etc. 2016, n° 31, p. 45.

DREYER E.,
- « Pour une contraventionalisation des échanges illégaux de pair à pair », RSC 2007, p. 57.

DUBERNAT S.-A.,
- « Pour une application de la présomption d'innocence renforcée par la loi du 15 juin 2000 », Recueil Dalloz 2000, p. 737.

DUFOUR O.,
- « La « drôle » d'indépendance du parquet », Petites affiches 1998, n° 49, p. 4.

DUMOULIN L.,
- « Les experts judiciaires : droit, science et enjeux professionnels », *in* E. Truilhé-Marengo (dir.), *Preuve scientifique, preuve juridique*, Larcier, collection « Droit des technologies », 2012, p. 299.

DUTRIEUX D.,
- « Urnes, cendres et site cinéraire », AJ Collectivités Territoriales 2011, p. 445.

EDELMAN B.,
- « Entre le corps – objet profane – et le cadavre – objet sacré », Recueil Dalloz 2010, p. 2754.

ENCINAS DE MUNAGORRI R.,
- « La recevabilité d'une expertise scientifique aux États-Unis », Revue internationale de droit comparé 1999, vol. 51, n° 3, p. 621.
- « Le rôle de l'expert dans la formation de la décision de justice », AJDA 2014, p. 1377.

ENDERLIN C.-S.,
- « Recevabilité d'une preuve illicite ou illégale en matière civile et pénale », AJ Pénal 2005, p. 30.

FABBRI A. et GUÉRY C.,
- « La vérité dans le procès pénal ou l'air du catalogue », RSC 2009, p. 343.

FADEUILHE P.,
- « Social - Exécution du travail - La force obligatoire du règlement intérieur », Juris associations 2013, n° 474, p. 40.

FALXA J.,
- « Atteinte à la vie privée : fouilles sur détenus et sanctions en cas de refus », Recueil Dalloz 2015, p. 2010.

FARJAT G.,
- « Entre les personnes et les choses, les centres d'intérêts », RTD civ. 2002, p. 221.

FAVIER Y.,
- « Actes de l'état civil », Rép. civ., janvier 2016.

FEUILLET B.,
- « Intégrité physique (Droit au respect de l') », *in* D. Chagnollaud et G. Drago (dir.), *Dictionnaire des droits fondamentaux*, Dalloz, collection « Dictionnaires Dalloz », 2006, p. 497.

FLÜCKIGER A.,
- « La preuve juridique à l'épreuve du principe de précaution », Revue européenne des sciences sociales 2003, XLI-128, p. 107.

FOEGLE J.-P.,
- « Fichier TES : Le conseil d'Etat donne son feu vert au fichage biométrique de 67 millions de français », La Revue des droits de l'homme, mis en ligne le 2 novembre 2018.

FOMBONNE J.-C.,
- « Police technique et scientifique. La formation au sein de la gendarmerie nationale », Cahiers de la sécurité et de la justice 2016, n° 37, p. 42.

FOREST D.,
- « Effacement des données personnelles du TAJ : une révolution de velours inachevée », Dalloz IP/IT 2017, p. 54.

FOSSIER T. et LÉVÊQUE F.,
- « Le « presque vrai » et le « pas tout à fait faux » : probabilités et décision juridictionnelle », La semaine juridique, édition générale 2012, n° 14, doctr. n° 427.

FRANÇOIS L.,
- « Liberté d'expression : l'exhibitionnisme des Femen aux prises avec la fermeté de la chambre criminelle », Recueil Dalloz 2018, p. 1061.

FRISON-ROCHE M.-A.,
- « Remarques sur la distinction de la volonté et du consentement en droit des contrats », RTD civ. 1995, p. 573.
- « La disparition de la distinction de jure entre la personne et les choses : gain fabuleux, gain catastrophique », Recueil Dalloz 2017, p. 2386.

FURKEL F.,
- « L'identification par empreintes génétiques en matière civile en République fédérale d'Allemagne », Revue internationale de droit comparé 2004, vol. 56, n° 2, p. 389.

GALLOIS J.,
- « La justification par l'exercice des droits de la défense d'une infraction pénale », Revue de droit du travail 2011, p. 507.

GALLOUX J.-C.,
- « La loi n° 2004-800 du 6 août 2004 sur la bioéthique », Recueil Dalloz 2004, p. 2379.

GALLOUX J.-C. et GAUMONT-PRAT H.,
- « Droits et libertés corporels », Recueil Dalloz 2010, p. 604.
- « Droits et libertés corporels », Recueil Dalloz 2018, p. 765.
- « Droits et libertés corporels », Recueil Dalloz 2019, p. 725.

GAMET L.,
- « Le test salivaire », Droit social 2013, p. 51.

GARREAU D.,
- « La loyauté dans la preuve. Un principe résiduel, voire inutile ? », Justice et Cassation 2014, p. 41.

GATEAU V.,
- « La gratuité dans le cadre du don d'organes », Revue du Mauss 2010/1, n° 35, p. 463.

GAUMONT-PRAT H.,
- « Exhumation du père prétendu décédé aux fins de procéder à une analyse génétique de celui-ci », Recueil Dalloz 1998, p. 161.
- « L'expertise biologique en droit de la filiation », Recueil Dalloz 2001, p. 1427.
- « Neurosciences : bioéthique et droit ? Réflexions sur l'avis n° 116 du Comité consultatif national d'éthique relatif aux enjeux éthiques de la neuroimagerie fonctionnelle », *in Mélanges en l'honneur de Jean Michaud. Droit et bioéthique,* Les Études Hospitalières, 2012, p. 255.

GAUTIER P.-Y.,
- « Triomphe du matérialisme : le cadavre humain est un « meuble » à conserver », RTD Civ. 1992, p. 412.

GAUTRON V.,
- « Fichiers de police », Rép. pén., avril 2015.

GEBLER L.,
- « Dossier « Mineurs isolés étrangers » : La problématique du mineur isolé étranger pour le juge des enfants », AJ Famille 2014, p. 90.

GILLET J.-L.,
- « La croisée des savoirs - Les juges face à des vérités croisées : Vérité scientifique, vérité juridique, vérité judiciaire », Les cahiers de la justice 2018, p. 317.

GIQUEL F.,
- « La CNIL exerce-t-elle un contrôle des fichiers de police suffisant ? », AJ pénal 2007, p. 69.

GIRAULT C.,
- « Difficile preuve de la violence conjugale », AJ Pénal 2006, p. 264.
- « Identification et identité génétiques », AJ Pénal 2010, p. 224.

- « La tentation du portrait-robot génétique », AJ Pénal 2014, p. 487.
- « Faut-il légiférer sur le portrait-robot génétique ? », AJ pénal 2018, p. 63.
- « La protection de la personne en son corps en droit pénal », Droit de la famille 2018, n° 6, p. 12.

GOBERT M.,
- « Réflexions sur les sources du droit et les « principes » d'indisponibilité du corps humain et de l'état des personnes », RTD civ. 1992, p. 514.

GRANET-LAMBRECHTS F.,
- « Droit de la filiation », Recueil Dalloz 2016, p. 857.

GRIDEL J.-P.,
- « L'individu juridiquement mort », Recueil Dalloz 2000, p. 266.

GRODZYNSKI D.,
- « Tortures mortelles et catégories sociales. Les *Summa Supplicia* dans le droit romain aux IIIe et IVe siècles », *in Du châtiment dans la cité. Supplices corporels et peine de mort dans le monde antique*, publications de l'École française de Rome, tome 79, 1984, p. 361.

GRUNVALD S.,
- « Les violences sexuelles sous le feu des données chiffrées », AJ Pénal 2019, p. 344.

GUÉGAN A. et MINET-LELEU A.,
- « Le droit de la victime d'être accompagnée par son avocat à l'examen clinique lors d'une expertise médico-légale », Gazette du Palais 2019, n° 18, p. 72.

GUÉRIN M.-C.,
- « Intime conviction et doute. Au-delà d'une antinomie apparente... Ce que révèle leur étude comparée », Annales médico-psychologiques 2015, n° 7, vol. n° 173, p. 610.

GUÉRY C.,
- « La loi du 5 mars 2007 et l'instruction préparatoire », AJ Pénal 2007, p. 105.

GUILLO D.,
- « Bertillon, l'anthropologie criminelle et l'histoire naturelle : des réponses au brouillage des identités », Crime, Histoire & Sociétés / Crime, History & Societies 2008, vol. 12, n° 1, p. 97.

GUYON G.,
- « Utopie religieuse et procès pénal. L'héritage historique : V-XVe siècles », Archives de Philosophie du Droit 1994, p. 105.

HALARD G.,
- « Réflexions sur la provocation policière », RSC 2018, p. 31.

HALPERIN J.-L.,
- « La preuve judiciaire et la liberté du juge », Communications 2009, vol. 84, n° 1, p. 21.

HARDOUIN-LE GOFF C.,
- « Le consentement du délinquant ou l'entretien d'une illusion dans le procès pénal », *in Mélanges en l'honneur du professeur Jacques-Henri Robert,* LexisNexis, 2012, p. 343.

HAROUNE A.,
- « Justice en situation - Le juge des libertés et de détention : un magistrat qui sort de l'ombre », Les cahiers de la justice 2019, p. 169.

HAUSER J.,
- « Viol entre époux », RTD Civ. 1991, p. 301.
- « J'irai expertiser sur vos tombes : refus de se soumettre à l'examen, expertise génétique post mortem, suite », RTD Civ. 2000, p. 814.
- « De l'effet du refus par l'enfant d'une expertise biologique », RTD civ. 2010, p. 772.
- « Transsexualisme : où en est-on des conditions du changement de sexe ? », RTD civ. 2014, p. 855
- « Intersexuation : pas de sexe neutre, pour l'instant... ! », RTD civ. 2016, p. 318.

HÉDOUIN V.,
- « La médecine légale du XXIe siècle », Revue de Médecine légale 2019, vol. 10, n° 2, p. 41.

HENNETTE-VAUCHEZ S.,
- « La loi n° 2004-800 du 6 août 2004 : vers la fin de l'« exception bioéthique » ? », RDSS 2005, p. 185.

HERMITTE M.-A.,
- « Le concept de diversité biologique et la création d'un statut de la nature », *in* Edelman B. et Hermitte M.-A. (dir.), *L'homme, la nature et le droit*, Christian Bourgeois, 1988.

HERVIEU N.,
- « Le fichage policier sous les fourches caudines européennes », La Revue des droits de l'homme, mis en ligne le 19 septembre 2014.

HERZOG-EVANS M.,
- « Fouilles corporelles et dignité de l'homme », RSC 1998, p. 735.
- « Le détecteur de mensonges », Revue de droit du travail 2008, p. 484.
- « Fouilles corporelles », Rép. pén., décembre 2013.

HILT P.,
- « Pour une réécriture de l'article 16-11 du code civil », RTD Civ. 2017, p. 27.

HURPY H.,
- « L'identité et le corps », La Revue des Droits de l'Homme, mis en ligne le 18 novembre 2015.
- « La protection juridique du corps dans l'hypermodernité : les excès de la volonté individuelle en question », Connexions 2018/2, n° 110, p. 37.

HUYETTE M.,
- « Quelles réformes pour la cour d'assises ? », Recueil Dalloz 2009, p. 2437.

JACK A.,
- « Les conventions relatives à la personne physique », Revue critique de législation et de jurisprudence 1933, n° 5, p. 370.

JANUEL P.,
- « Fichiers de police partout », Dalloz actualité du 19 octobre 2018.

KARILA-DANZIGER A. ET GUILLAUME JOLY F.,
- « Les gestations pour le compte d'autrui réalisées légalement à l'étranger », AJ Famille 2018, p. 578.

LABBÉE X.,
- « La dépouille mortelle est une chose sacrée », Recueil Dalloz 1997, p. 376.
- « Les dieux lares ou l'urne cinéraire à domicile », Recueil Dalloz 2001, p. 2545.
- « La dévolution successorale des restes mortels », AJ Famille 2004, p.123.

- « La dévolution successorale des restes mortels », Études sur la mort 2004/1, n° 125, p. 51.
- « La valeur des choses sacrées ou le prix des restes mortels », Recueil Dalloz 2005, p. 930.
- « Respect et protection du corps humain. L'enfant conçu *ex utero* chose sacrée ? », JCL. 2012, fasc. 52, spéc. n° 23
- « Épouser une femme robot », Gazette du palais 2014, n° 352, p. 5.
- « L'homme qui a accouché d'un enfant », Recueil Dalloz 2018, p. 1085.
- « La médecine prédictive et le contrat d'entretien du corps humain », Recueil Dalloz 2018, p. 2371.
- « Respect et protection du corps humain, l'enfant *in utero* personne par destination », JurisClasseur Civil, Art. 16 à 16-12, fascicule 52, p. 255.

LACROIX C.,
- « Juge des libertés et de la détention », Rép. pén., mars 2014.
- « Sépulture », Rép. pén., mai 2019.

LAHALLE T.,
- « Le corps humain en droit du travail », Petites affiches 2018, n° 188, p. 7.

LANGER M.,
- « La portée des catégories accusatoire et inquisitoire », RSC 2014, p. 707.

LANNOY M.,
- « Corps à corps : la personne humaine en droit de la responsabilité hospitalière », RDSS 2015, p. 117.

LAPÉROU-SCHENEIDER B.,
- « Le jeune âge du délinquant - réflexions sur la responsabilité pénale des mineurs », *in* A. Guineret-Brobbel Dorsman (dir.), *Le Temps et le Droit*, Presses universitaires de Franche-Comté, 2003, p. 85.

LARBRE D.,
- « Les fichiers de police : une catégorie juridique incertaine ? », Terminal 2011, n° 108-109, p. 141.

LARDEUX G.,
- « Le droit à la preuve : tentative de systématisation », RTD civ. 2017, p. 1.

LARRALDE J.-M.,
- « Vie privée et pratiques sadomasochistes », Recueil Dalloz 1998, p. 97.

LARRIEU P.,
- « La réception des neurosciences par le droit », AJ Pénal 2011, p. 231.

LASSERRE CAPDEVILLE J.,
- « Précisions sur la mise en examen en cas de supplément d'information », AJ pénal 2018, p. 368.

LAURENT F.-X., VIBRAC G., RUBIO A. et *al.*,
- « Les nouvelles technologies d'analyses ADN au service des enquêtes judiciaires », Médecine/Sciences 2017, vol. 33, p. 971.

LEFÈBVRE-TEILLARD A.,
- « *Infans conceptus*. Existence physique et existence juridique », Revue historique de droit français et étranger 1994, tome 72, p. 499.

LEMENNICIER B.,
- « Le corps humain, propriété de l'Etat ou propriété de soi ? », Revue française de théorique juridique 1991, n° 13, p. 114.

LÉNA M.,
- « Les attentes liées à l'entrée en vigueur du Traitement des antécédents judiciaires », AJ pénal 2013, p. 635.
- « Contre les violences conjugales, éduquer... à la non-violence ! », AJ Pénal 2019, p. 409.
- « Rapport annuel 2017 », AJ Pénal 2018, p. 384.

LEROYER A.-M.,
- « GPA et filiation », RTD Civ. 2019, p. 90.

LESCLOUS V.,
- « Empreintes génétiques et procédures pénales », *in* C. Doutremepuich (dir.), *Les empreintes génétiques en pratique judiciaire*, la documentation française, collection « La sécurité aujourd'hui », 1998.

LETURMY L.,
- « De l'enquête de police à la phase exécutoire du procès : quelques remarques générales sur l'expertise pénale », AJ pénal 2006, p. 58.

LIBCHABER R.,
- « La souffrance et les droits », Recueil Dalloz 2014, p. 380.

LOISEAU G.,
- « Pour un droit des choses », Recueil Dalloz 2006, p. 3015.
- « *Mortuorum corpus* : une loi pour le respect », Recueil Dalloz 2009, p. 236.
- « Des robots et des hommes », Recueil Dalloz 2015, p. 2369.
- « Le corps, objet de création », Juris art etc. 2015, p. 30.
- « La personnalité juridique des robots : une monstruosité juridique », La semaine juridique - édition générale du 28 mai 2018, n° 22, p. 1039.

LOQUIN E.,
- « Rapport de synthèse », *in* P. Sarrailhé (dir.), *Les experts : auxiliaires ou substituts du juge ? Société de législation comparée*, collection « Centre français de droit comparé », tome 12, 2009.

LOUIS-PECHA A.,
- « Statut du fœtus et personnalité juridique », *in* P. Jouannet et C. Paley-Vincent (dir.), *L'embryon, le fœtus, l'enfant.* Assistance médicale à la procréation (AMP) et lois de bioéthique, Eska, 2009.

M. H.,
- « Contestation de paternité et expertise biologique », Dalloz actu étudiant du 29 mai 2013.

MAISTRE DU CHAMBON P.,
- « Scellés », Rép. pén., octobre 1997.

MALAURIE P.,
- « La preuve scientifique post mortem de la paternité et l'exhumation », Recueil Dalloz 1998, p. 122.

MALINVAUD P.,
- « L'animal va-t-il s'égarer dans le code civil ? », Recueil Dalloz 2015, p. 87.

MANANGA F.,
- « Alcool au travail : la prudence est de rigueur », Juris associations 2006, n° 347, p. 33.
- « Social - Santé au travail - Alcool et emploi : un subtil dosage », Juris associations 2013, n° 478, p. 43.

MANAOUIL C., WERBROUCK A., TRAULLE E. et *al.*,
- « Le fichier national automatisé des empreintes génétiques (FNAEG) : fonctionnement, intérêts et limites », Médecine et Droit 2008, n° 88, p. 17.

MANSUET-LUPO A., VAN HUFFEL V. et ROUGER P.,
- « Les empreintes génétiques : nouvel outil en médecine légale », Médecine et Droit 2008, n° 88, p. 24.

MARGUÉNAUD J.-P.,
- « La personnalité juridique des animaux », Recueil Dalloz 1998, p. 205.
- « Transsexualisme : la Cour européenne des droits de l'Homme fait le saut de l'ange », RTD civ. 2002, p. 862.
- « Retour sur la proposition de réforme du statut de l'animal », RSDA 2013, n° 1, p. 179.

MAROT P.-Y.,
- « Fonctions et mutations des fichiers de police », AJ Pénal 2007, p. 61.

MARTIN R.,
- « Personne, corps et volonté », Recueil Dalloz 2000, p. 505.

MARTINELLE M.,
- « L'utilisation des caractéristiques génétiques dans les procédures judiciaires », AJ Pénal 2018, p. 69.

MARTINI J.-F et PARROT K.,
- « Jeunes étrangers isolés : l'impossible preuve de la minorité », Recueil Dalloz 2016, p. 1545.

MARTRILLE L., PERRIN A. et PY B.,
- « Impact de la Loi n° 2019-222 du 23 mars 2019 de programmation 2018-2022 et de réforme pour la justice sur l'office du médecin légiste », Médecine et Droit 2019, n° 157, p. 77.

MASSIAS F.,
- « Chronique internationale des droits de l'homme », RSC 2004, p. 441.

MASSIP J.,
- « L'insertion dans le code civil de dispositions relatives au corps humain, à l'identification génétique et à la procréation médicalement assistée », Defrénois 1995, n° 2, p. 65.
- « Actes d'enfants sans vie : les deux décrets du 20 août 2008 », Gazette du Palais 2008, n° 323, p. 2

MASSON C.,
- « L'ordre public familial en péril ? », RTD Civ. 2018, p. 809.

MATHIEU B.,
- « La dignité de la personne humaine : quel droit, quel titulaire ? », Recueil Dalloz 1996, p. 282.
- « La recherche sur l'embryon au regard des droits fondamentaux constitutionnels », Recueil Dalloz 1999, p. 451.

MATTIUSSI J.,
- « L'apparence de la personne physique. Pour la reconnaissance d'une liberté », Revue générale de droit médical 2019, n° 70, p. 129.

MAYAUD Y.,
- « De la condition de publicité propre à l'exhibition sexuelle », RSC 2004, p. 879.
- « Pas d'exhibition sexuelle sans nudité ! », RSC 2006, p. 320.

- « Un (bel) exemple de racolage passif », RSC 2007, p. 533.
- « Le viol au sein du couple, une question de preuve », RSC 2017, p. 290.
- « Proxénétisme ou recours à la prostitution ? », RSC 2018, p. 690.
- « L'exhibition sexuelle, une « arme politique » non reconnue », RSC 2019, p. 91.

MAZEN N.-J.,
- « Tests et empreintes génétiques : du flou juridique au pouvoir scientifique », Petites affiches 1994, n° 149.

MEIER-BOURDEAU A.,
- « Dossier « Mineurs isolés étrangers » : La détermination de la minorité », AJ Famille 2014, p. 97.

MEKKI M.,
- « Vérité et preuve. Rapport français », *in La preuve*, LB2V et Bruylant, collection « Travaux Henri Capitant », 2015.

MEKKI S.-A.,
- « Les traditions probatoires en droit processuel (procès civil, pénal et administratif) », *in* M. Mekki, L. Cadiet et C. Grimaldi (dir.), *La preuve : regards croisés*, Dalloz, collection « Thèmes et commentaires », 2015, p. 124.

MÉMETEAU G.,
- CCNE du 22 mai 1984, « Le premier avis du Comité consultatif national d'éthique (prélèvements sur embryons et fœtus) », La Semaine juridique - édition générale du 15 mai 1985, n° 20, doctr. 3191.

MÉNABÉ C.,
- « Le mineur dans les autres contentieux », *in* B. Py et L. Martrille (dir.), *IM-AGE, l'imagerie médicale et l'estimation de l'âge du mineur*, PUN Edulor, collection « Santé, qualité de vie et handicap », 2017.

MENDOZA-CAMINADE A.,
- « Le droit confronté à l'intelligence artificielle des robots : vers l'émergence de nouveaux concepts juridiques ? », Recueil Dalloz 2016, p. 445.

MERLE R.,
- « Le corps humain, la justice pénale et les experts », JCP 1955, I. 1219, n° 4 et n° 6.

MÉSA R.,
- « Affaire Grégory : impartialité de la juridiction d'instruction et inconstitutionnalité de l'ancien régime de garde à vue des mineurs », Gazette du palais 2019, n° 12, p. 19.

MIANSONI C.,
- « L'expertise pénale en enquête préliminaire et de flagrance. Le procureur de la République, prescripteur d'expertise », AJ Pénal 2011, p. 564.

MINET-LETALLE C.,
- « Hommes & professions - Conditions de travail - La consommation d'alcool et de stupéfiants par les salariés », Juris tourisme 2017, n° 203, p. 38.

MIQUEL P.-A.,
- « Respect et inviolabilité du corps humain », Noesis, Corps et sacré 2007/12, p. 239.

MISTRETTA P. et LEVI-FAICT T.-W.,
- « Pour un juge pénal décomplexé face au pouvoir médical », Gazette du Palais 2019, n° 5, p. 84.

MONÉGER F.,
- « Transsexualisme, mariage et filiation », RDSS 2003, p. 137.

MONOT-FOULETIER M. et CLÉMENT M.,
- « Véhicule autonome : vers une autonomie du régime de responsabilité applicable ? » Recueil Dalloz 2018, p. 129.

MORON-PUECH B.,
- « Rejet du sexe neutre : une « mutilation juridique » ? », Recueil Dalloz 2017, p. 1404.

MOURY J.,
- « Les limites de la quête en matière de preuve : expertise et jurisdictio », RTD Civ. 2009, p. 665.

MULLER Y.,
- « L'idéal de vérité dans le procès pénal », *in Mélanges en l'honneur du professeur Jacques-Henri Robert,* LexisNexis, 2012, p. 531.

NAGOUAS-GUERIN M.-C.,
- « Mythe et réalité du doute favorable en matière pénale », RSC 2002, p. 283.

NEIRINCK C.,
- « L'encadrement juridique de la recherche sur l'embryon humain », *in* B. Le Mintier-Feuillet (dir.), *L'embryon humain, approche multidisciplinaire*, économica, 1996, p. 156.
- « Le corps humain » *in* D. Tomasin (dir.), *Qu'en est-il de la propriété ? – L'appropriation en débat*, Presses de l'Université Toulouse 1 Capitole, 2006.

NEVEJANS N.,
- « La légalité des robots de guerre dans les conflits internationaux », Recueil Dalloz 2016, p. 1273.

NEYRET L. et REBOUL-MAUPIN N.,
- « Droit des biens », Recueil Dalloz 2015, p. 1863.
- « Droit des biens », Recueil Dalloz 2018, p. 1772.

NICOLAS G.,
- « Les tests de dépistage : questions médicale, éthique et juridique », Gazette du palais 2015, n° 13, p. 10.

NICOLAS S.,
- « Comment l'homme conserve-t-il des souvenirs ? », *in* A. Weil-Barais (dir.), *L'homme cognitif*, PUF, 2011, p. 416

NICOLAS-GRÉCIANO M.,
- « Présentation de la législation en matière génétique », AJ pénal 2018, p. 60.

OLIVIER M.,
- « De quelques réflexions sur le nouveau statut des experts judiciaires », RDI 2005, p. 173.

ORIF V.,
- « Le pouvoir disciplinaire de l'employeur face aux exigences du procès équitable », Revue de droit du travail 2014, p. 58.

OUDOUL A.,
- « Fichier TAJ : inconstitutionnalité des règles relatives à l'effacement », AJ Pénal 2017, p. 546.

PALMATIER J. J.,
- « Systèmes d'analyse du stress dans la voix : vrais détecteurs de mensonges ? Un point de vue des États-Unis », AJ pénal 2008, p. 124.

PARIZOT R.,
- « La prostitution, infraction sans texte », RSC 2016, p. 373.

PASCAL O. et SCHLENK A.,
- « L'empreinte génétique : le spectre de la preuve absolue », AJ Pénal 2004, p. 24.

PEINADO F. R.,
- « Les fichiers d'empreintes génétiques : les systèmes français et espagnol à l'égard de la Convention européenne des Droits de l'Homme », La revue des droits de l'homme 2014, n° 6, mis en ligne le 2 décembre 2014.

PELLISSIER G.,
- « La vie privée entre volonté individuelle et ordre public : le paradigme des refus de soins », Recueil Dalloz 1999, p. 277.

PENNEAU J.,
- « Imposer des soins à un malade est une atteinte à une liberté fondamentale, sauf si sa vie est en danger », Recueil Dalloz 2004, p. 602.
- « Corps humain - Bioéthique », Rép. civ., 2012.

PERRIER J.-B.,
- « Le sondage en abîme », Recueil Dalloz 2019, p. 121.

PERROCHEAU V.,
- « Les fluctuations du principe de loyauté dans la recherche des preuves », Petites affiches 2002, n° 99, p. 6.

PERRUCHOT-TRIBOULET V.,
- « Le nouveau statut des experts judiciaires », Recueil Dalloz 2005, p. 3045.

PETON P.,
- « Le médecin et la mort », *in* B. Py (dir.), *La mort et le droit*, Presses universitaires de Nancy, collection « Santé, qualité de vie et handicap », 2010.

PHILIPPE C.,
- « La viabilité de l'enfant nouveau-né », Recueil Dalloz 1996, p. 29.

PICHARD M.,
- « A propos de l'acte d'enfant sans vie », Petites affiches 2008, n° 236, p. 4.

PORCHER R.,
- « Le consentement en droit médical », Médecine et Droit 2019, n° 154, p. 8.

PORTIER J.,
- « L'acquis jurisprudentiel de la CEDH en matière de fouilles à corps en milieu carcéral », AJDA 2019, p. 1738.

PRADEL J.,
- « La mort du fœtus, le délit d'homicide involontaire et les hésitations de la Cour de cassation », Recueil Dalloz 2004, p. 3097.

PUIGELIER C.,
- « Observations sur le droit pénal scientifique à l'aube du troisième millénaire », *in Le droit pénal à l'aube du troisième millénaire. Mélanges offerts à Jean Pradel*, éditions Cujas, 2006, p. 473.
- « La recherche sur le cerveau : quel droit ? », *in Mélanges en l'honneur de Jean Michaud. Droit et bioéthique*, Les Études Hospitalières, 2012, p. 305.

PY B.,
- « Expert : un métier, une fonction, une adulation », Médecine et Droit 2013, n° 120, p. 53.
- « Un médecin sentant la mort prochaine », *in* O. Cachard et X. Henry (dir.), *Mélanges en l'honneur du Professeur Gilles Goubeaux,* LGDJ, 2009.

QUINCY-LEFEBVRE P.,
- « Le droit pénal et les âges de la vie », Revue d'histoire de l'enfance « irrégulière » 2016, n° 18, p. 15.

RASSAT M.-L.,
- « La victime des infractions contre les personnes après l'arrêt de la chambre criminelle du 30 juin 1999 », Droit pénal 2000, n° 4, chron. 12.

RATEAU M.,
- « Les peines capitales et corporelles en France sous l'Ancien Régime (1670-1789) », Annales internationales de criminologie 1963, p. 276.

RENARD B.,
- « Quand l'expression de la vérité est attribuée au corps – Etat des lieux et quelques questionnements sur la légitimité de l'utilisation du polygraphe en procédure pénale », *in* A. Leriche (dir.), *La Criminalistique, du mythe à la réalité quotidienne,* Kluwer, Bruxelles, décembre 2002, p. 363.

RENAULT M.-C.,
- « En 2039, les robots auront révolutionné la médecine », Le figaro du 8 août 2019.

RENAUT M.-H.,
- « Révision et réexamen : les condamnations pénales sont de moins en moins définitives », Petites affiches 2003, n° 55, p. 6.

REVET T.,
- « Le corps humain est-il une chose appropriée ? », RTD civ. 2017, p. 587.

REVIRON P.,
- « L'ADN : la preuve parfaite ? », AJ Pénal 2012, p. 590.
- « Inscription au FNAEG et respect de la vie privée : fiché, forcément fiché », AJ pénal 2019, p. 163.

REY-SALMON C.,
- « Examen et prise en charge des victimes d'agression sexuelle », La revue du praticien 2012, vol. 62.

RICCARDI C. et RICHEFEU L.,
- « Les nouvelles utilisations de la génétique dans le cadre de la procédure pénale », RSC 2018, p. 331.

RINALDI F.,
- « Des demandes en révision et en réexamen d'une décision pénale définitive », Petites affiches 2001, n° 138, p. 4.

ROANE K.-R.,
- « The CSI Effect: How TV is driving jury verdicts all across America », U.S. News & World Report du 25 avril 2005.

ROBERT J.-H.,
- « La classification tripartite des infractions selon le Nouveau Code Pénal », Droit pénal 1995, n° 01, chron. 01.

ROETS D.,
- « Le droit de ne pas contribuer à sa propre incrimination dans la jurisprudence de la Cour européenne des droits de l'homme », AJ Pénal 2008, p. 119.
- « Classifications des infractions », JurisClasseur Pénal, Art. 111-1, fascicule 20, 2010.

ROUGÉ-MAILLART C., CARIOU A., JOUSSET N. et *al.*,
- « La recherche scientifique sur les prélèvements biologiques réalisés dans le cadre des autopsies et objets de scellés judiciaires. Nécessité d'une adaptation législative », Médecine et Droit 2016, n° 136, p. 4.

ROGUE F.,
- « L'enfant du mineur à l'épreuve du droit de la santé », RDSS 2016, p. 722.

ROMAN D.,
- « Le corps a-t-il des droits que le droit ne connaît pas ? », Recueil Dalloz 2005, p.1508.

RONGÉ J.-L.,
- « Assistance éducative », Journal du droit des jeunes 2014/5, n° 335, p. 59.

ROUJOU DE BOUBÉE G.,
- « La publicité dans l'exhibition sexuelle », Recueil Dalloz 2004, p. 2750.

ROUSSEL G.,
- « Le fichier STIC viole le droit à une vie privée », AJ pénal 2014, p. 539.

ROUVIÈRE F.,
- « La difficulté d'exister du sexe neutre », RTD civ. 2017, p. 947.
- « Le robot-personne ou Frankenstein revisité », RTD Civ. 2018, p. 778.
- « Robots et mères-porteuses : la confusion des personnes et des choses », RTD Civ. 2018, p. 261.

ROYER G.,
- « Absence de restitution des organes aux proches après autopsie », AJ pénal 2010, p. 250.

SAILLY C.,
- « Le prélèvement et l'utilisation des matériels biologiques humains à des fins scientifiques », Revue juridique de l'Ouest 2001, p. 51.

SAINT-JAMES V.,
- « Réflexions sur la dignité de l'être humain en tant que concept juridique du droit français », Recueil Dalloz 1997, p. 61.

SAINT-PIERRE F.,
- « Investigations privées en défense : questions de méthode et difficultés de pratique », AJ Pénal 2009, p. 433.

SALVAGE P.,
- « Le consentement en droit pénal », RSC 1991, p. 699.

SALVAGE-GEREST P.,
- « Premier avis consultatif de la Cour européenne des droits de l'homme, premiers dilemmes pour les autorités françaises (à propos de la gestation pour autrui) », AJ Famille 2019, p. 289.

SAULEAU C.,
- « Améliorer la communication entre experts et magistrats », AJ pénal 2011, p. 568.

SAVART M.,
- « L'expertise scientifique en matière pénale », AJ Pénal 2006, p. 72.

SCHMALTZ B.,
- « Les consultations de fichiers de police pour enquête administrative », *in* Debaets E., Duranthon A. et Sztulman M. (dir.), *Les fichiers de police*, Institut Universitaire Varenne, collection « Colloques et essais », 2019, p. 191.

SCHULIAR Y.,
- « La coordination scientifique des investigations criminelles. Une aide pour les magistrats », AJ pénal 2011, p. 555.
- « Les morts judiciaires – le rôle de la Médecine Légale. Le cas particulier de l'identification des victimes de catastrophes », Études sur la mort 2012, n° 142, p. 193.

SCHWEITZER N.-J. et SAKS M.-J.,
- « The CSI Effect: Popular fiction about forensic science affects the public's expectations about real forensic science », Jurimetrics 2007, p. 357.

SCOLAN V. et CHIRON F.,
- « Autopsie médicale et autopsie médico-judiciaire : deux cadres pour deux missions distinctes », https://www.macsf-exerciceprofessionnel.fr/Responsabilite/Actes-de-soins-technique-medicale/autopsie-medicale-et-judiciaire, consulté le 18 avril 2018.

SERVETTAZ J.,
- « Le coordonnateur des opérations de criminalistique », Revue de la gendarmerie nationale 2005, n° 216, p. 31.

SEUVIC J.-F.,
- « Nouvelle incrimination du proxénétisme », RSC 2003, p. 835.
- « Loi 2004-800 du 6 août 2004 relative à la bioéthique », RSC 2004, p. 922.

SIRINELLI P. et PRÉVOST S.,
- « Robot banquier : le pouvoir de dire oui ? », Dalloz IP/IT 2016, p. 221.

SONTAG KOENIG S.,
- « ADN : vraie gêne et faux gènes, bilan et évolution des techniques », Droit pénal 2015, n° 4, étude n° 11.

SORDINO M.-C,
- « Le procès pénal confronté aux neurosciences : science sans conscience… ? », AJ Pénal 2014, p. 58.

SOULEZ-LARIVIERE D.,
- « Quelle indépendance pour le Parquet ? », AJ pénal 2012, p. 508.

SUPIOT E.,
- « Empreintes génétiques et droit pénal – Quelques aspects éthiques et juridiques », RSC 2015, p. 827.

SUSINI J.,
- « Un siècle de police scientifique », RSC 1996, p. 489.

TARZIA G.,
- « Les pouvoirs d'office du juge civil en matière de preuve », *in Mélanges en l'honneur de Roger Perrot. Nouveaux juges, nouveaux pouvoirs ?,* Dalloz, collection « Etudes, mélanges, travaux », 1996.

TERRÉ F.,
- « De l'esprit des lois de bioéthique », *in Mélanges en l'honneur de Jean Michaud. Droit et bioéthique,* Les Études Hospitalières, 2012, p. 343.

THIERRY G.,
- « 2019, l'année Cassiopée », Dalloz actualité du 23 janvier 2019.

THIERRY J.-B,
- « Présentation des dispositions pénales de la loi du 23 mars 2019 de réforme pour la justice », https://sinelege.hypotheses.org du 25 mars 2019.

TOUTEE H.,
- « Diverses contestations relatives aux élections des représentants français au Parlement européen », AJDA 1995, p. 223.

VAN EIKEMA HOMMES G.-A. et TAK P.,
- « Le test ADN et la procédure pénale en Europe », RSC 1993, p. 679.

VAN DE KERCHOVE M.,
- « La preuve en matière pénale dans la jurisprudence de la Cour et de la Commission européennes des droits de l'homme », RSC 1992, p. 1.
- « La vérité judiciaire : quelle vérité, rien que la vérité, toute la vérité ? », Déviance et société 2000, vol. 24, n° 1, p. 95.

VARNEROT V.,
- « Contribution de la Vénus Hottentote à l'édification du régime juridique des restes humains » *in* Chronique de droit médical n° II, Petites affiches 2004, n° 241, p. 5.

VAUTHIER J.-P et VIALLA F.,
- « Hermès ou Aphrodite : puisqu'il faut choisir », Recueil Dalloz 2017, p. 1399.

VERGÈS E.,
- « Éléments pour un renouvellement de la théorie de la preuve en droit privé », *in Mélanges en l'honneur du professeur Jacques-Henri Robert,* LexisNexis, 2012, p. 853.
- « Loyauté et licéité, deux apports majeurs à la théorie de la preuve pénale », Recueil Dalloz 2014, p. 407.
- « La procédure pénale hybride », RSC 2017, p. 579.

VERIN J.,
- « L'expertise dans le procès pénal », RSC 1980, p. 1022.

VIALLA F.,
- « Bref retour sur le consentement éclairé », Recueil Dalloz 2011, p. 292.
- « Transsexualisme : l'irréversibilité en question », Recueil Dalloz 2012, p. 1648.

VIBRAC G.,
- « Les fichiers à l'épreuve de nouveaux droits effectifs pour les personnes? », AJ Pénal 2018, p. 564.
- « Recours à personne qualifiée, expert et placement sous scellés », AJ Pénal 2019, p. 203.
- « Le droit à l'oubli dans les fichiers de police », *in* Debaets E., Duranthon A. et Sztulman M. (dir.), *Les fichiers de police*, Institut Universitaire Varenne, collection « Colloques et essais », 2019, p. 249.
- « La conservation des scellés », *in* B. PY, J. LEONHARD, M. MARTINELLE et C. MENABE (dir.), *ADN et Justice : L'utilisation de l'empreinte génétique dans les procédures judiciaires,* PUN–Éditions universitaires de Lorraine, 2020, p. 57.

VIBRAC G. et MARTRILLE L.,
- « Le corps médico-légal : une nécessaire modification des pratiques de mise sous scellés », AJ Pénal 2017, p. 275.

VIOLEAU O.,
- « Restitution », Rép. pén., mars 2018.

VLAMYNCK H.,

- « La théorie de l'apparence : enquêtes préliminaires, de flagrance et enquêtes spécifiques de mort suspecte et de disparition inquiétante », AJ Pénal 2005, p. 322.

VUILLE J.,

- « Dans le doute, abstiens-toi ? Le rôle du défenseur dans l'appréciation de l'indice ADN - Étude comparative des pratiques suisses et américaines », RSC 2013, p. 777.

ZAFFARONI C. et MARTRILLE L.,

- « Traumatisme et expertise. De la réparation à la résilience », *in* C. de Tychey (dir.), *Violence subie et résilience*, ERES, collection « Poche - Santé mentale », 2015.

ZEROUKI-COTTIN D.,

- « Réflexions pluridisciplinaires sur la motivation des peines par la Cour d'assises », RSC 2018, p. 789.

Rapports publics, communications et avis

ANDRE M., MILON A. et DE RICHEMONT H.,

- Rapport d'information n° 421 sur la « Contribution à la réflexion sur la maternité pour autrui », déposé au Sénat le 25 juin 2008.

ASSASSI E.,

- Avis n° 154 « Sécurité », enregistré à la Présidence du Sénat le 22 novembre 2012.

AVIA L. et PARIS D.,

- Rapports n° 1396 et 1397 sur la loi « de programmation 2019-2022 et de réforme pour la justice (n° 1349) et relatif au renforcement de l'organisation des juridictions (n° 1350) », enregistré à la présidence de l'Assemblée nationale le 9 novembre 2018, tome 1 « Synthèse et commentaires d'articles ». Tome 2 « Comptes rendus des travaux de la commission ».

BATHO D. et BENISTI J.-A.,

- Rapport d'information n° 1548 sur « les fichiers de police » enregistré à la présidence de l'Assemblée nationale le 24 mars 2009.
- Rapport d'information n° 4113 sur « la mise en œuvre des conclusions de la mission d'information sur les fichiers de police » enregistré à la présidence de l'Assemblée nationale le 21 décembre 2011.

BAUER A. et SOULLEZ C.,

- « Fichiers de police et de gendarmerie », La Documentation Française, collection « Rapports officiels », 2007.

BEAU P., BODON A., EMMANUELLI J. et *al.*,

- Rapport sur « L'évaluation du nouveau schéma d'organisation de la médecine légale », décembre 2013.

BUSSIERE C. et AUTIN S.,

- « Rapport de la commission de réflexion sur l'expertise », La documentation française, mars 2011.

Conseil de l'Union Européenne,
- « L'échange des résultats des analyses ADN », résolution du 9 juin 1997, 97/C – 193/02.

Comité des ministres du Conseil de l'Europe,
- « L'utilisation des analyses de l'acide désoxyribonucléique (ADN) dans le cadre du système de justice pénale », recommandation adoptée le 10 février 1992, n° R (92).

COTTERET J.-M.,
- « Les fichiers de Police et de renseignement en France », Rapport de recherche n° 21, octobre 2017.

COURTOIS J.-P.,
- Question orale sur la « Gestion et conservation des scellés judiciaires », avec débat n° 0007A, publiée dans le JO Sénat du 17/10/2013, p. 2994.

DAVID D. (coor.),
- « Les drones civils, enjeux et perspectives », rapport n° 008816-01, octobre 2015.

DE FONTBRESSIN P.,
- Communication lors d'une journée d'étude sur « Le coût de l'expertise, l'utile et le vrai », le 22 mars 2013.

DELMAS-MARTY M. (prési.),
- « La Mise en état des affaires pénales », rapport de la Commission Justice pénale et Droits de l'homme au ministère de la justice, La documentation française, 1991.

DOUTREMEPUICH C.,
- « Les empreintes génétiques en pratique judiciaire », communication, Bulletin de l'académie nationale de médecine 2012, séance du 5 juin 2012, tome 196, n° 6, p. 1117.

FENECH G. et TOURRET A.,
- Rapport d'information n° 4302, sur « l'évaluation de la loi n° 2014-640 du 20 juin 2014 relative à la réforme des procédures de révision et de réexamen d'une condamnation pénale définitive », enregistré à la Présidence de l'Assemblée nationale le 14 décembre 2016.

FERRY B. et ETIENNE V.,
- « L'odorologie policière corroborée par la science », communiqué de presse national Paris, le 10 février 2016.

JARDE O.,
- Rapport au premier ministre sur la médecine légale,

http://www.ladocumentationfrancaise.fr/var/storage/rapports-publics/034000730.pdf

LAURENT F.-X. et THEVENOT M.-T.,
- « L'ADN, facteur d'identification directe et indirecte », communication, colloque *L'utilisation de l'ADN dans les procédures judiciaires : étude empirique de 10 années de pratiques en Meurthe-et-Moselle, premiers résultats, premières avancées,* Faculté de Droit, Nancy, le 23 mars 2016.

LECOMTE D. et HAUW J.-J. (rapporteurs),
- « Les autopsies médico-scientifiques sont indispensables au progrès médical », rapport de l'Académie nationale de médecine, 7 avril 2015.

LE FUR M.,
- Rapport d'information n°504 sur « Le fichier national automatisé des empreintes génétiques », enregistré à la Présidence de l'Assemblée Nationale le 18 décembre 2002.

NICOLAS M.,
- « Le Traité de Prüm et l'échange de données génétiques », colloque sur « l'échange des données dans l'espace de liberté, de sécurité et de justice de l'union européenne », Grenoble, 17 et 18 novembre 2016.

OULLIER O. et SAUNERON S.,
- « Le cerveau et la loi : éthique et pratique du neurodroit », note d'analyse du Centre d'analyse stratégique, septembre 2012, n° 282.

PARIS D. et MOREL-A-L'HUISSIER P.,
- Rapport d'information n° 1335 sur « les fichiers mis à la disposition des forces de sécurité » enregistré à la Présidence de l'Assemblée nationale le 17 octobre 2018.

PLACÉ J.-V.,
- « Police, gendarmerie : quelle stratégie d'investissement ? », rapport d'information du sénat (2013-2014) du 22 octobre 2013, n° 91, fait au nom de la commission des finances.

PORTALIS J.-E.-M.,
- Discours préliminaire du premier projet de Code civil (1801), Éditions Confluences, collection « Voix de la Cité », 2004.

PY B. (dir.),
- « L'utilisation des caractéristiques génétiques dans les procédures judiciaires - Etude de dix années de pratiques en Meurthe-et-Moselle (2003-2013) », rapport de synthèse, réalisé avec le soutien de la Mission de recherche Droit et Justice, mars 2017.

RENARD B. et JEUNIAUX P.,
- « L'ADN en matière pénale : le coût de l'analyse génétique et ses modalités de traitement », communication, colloque *L'utilisation de l'ADN dans les procédures judiciaires : étude empirique de 10 années de pratiques en Meurthe-et-Moselle, premiers résultats, premières avancées,* Faculté de Droit, Nancy, le 23 mars 2016.

TASCA C.
- Avis n° 162 « Justice judiciaire et accès au droit », enregistré à la Présidence du Sénat le 21 novembre 2013.

TOURRET A.,
- Rapport n° 1807, relatif à « la réforme des procédures de révision et de réexamen d'une condamnation pénale définitive », enregistré à la Présidence de l'Assemblée nationale le 19 février 2014.

TOURRET A. et FENECH G.,
- Rapport d'information n° 1598 sur « la révision des condamnations pénales », enregistré à la Présidence de l'Assemblée nationale le 4 décembre 2013.
- Rapport d'information n° 2778 sur « La prescription en matière pénale », enregistré à la Présidence de l'Assemblée Nationale le 20 mai 2015.

YUNG R.,
- Rapport n° 174 « sur l'établissement, le fonctionnement et l'utilisation du système d'information Schengen de deuxième génération (SIS II) (E 2897), la

proposition de règlement du Parlement européen et du Conseil sur l'établissement, le fonctionnement et l'utilisation du système d'information Schengen de deuxième génération (SIS II) (E 2898) et la proposition de règlement du Parlement européen et du Conseil sur l'accès des services des États membres chargés de l'immatriculation des véhicules au système d'information Schengen de deuxième génération », annexe au procès-verbal de la séance du 25 janvier 2006.

Notes de jurisprudence

TGI

TGI d'Avignon (référés) 24 septembre 1985,

- Bertin Ph., « Un doigt de droit, deux doigts de bon sens… », Gazette du palais du 15 février 1986, p. 96.

TGI Paris 21 avril 2009 n° 09/53100 et CA Paris 30 avril 2009 n° 09/09315,

- Douville T., « Où les cadavres ne peuvent s'exposer : du respect du corps des morts », EDFP 2009, n° 3, p. 2.

CA

CA Toulouse, 25 octobre 2010, n° 10/01705,

- Vialla F., « Explication de texte : qu'est-ce que le consentement éclairé ? », RDS 2011, n° 39, p. 33.

CA Pau 31 mars 2011, n° 10/00438,

- Lena M., « Refus de prélèvement biologique : retrait des réductions de peine », Recueil Dalloz 2011, p. 1142.
- De Combles De Nayves P., « Les faiblesses de la QPC et l'inconventionnalité de l'article 706-56, III du code de procédure pénale », AJ Pénal 2011, p. 250.
- Bonis-Garçon E., « Un an de droit de la peine (Janvier - Décembre 2012) », Droit pénal 2013, n° 3, chron. n° 3.

CA Paris, 18 octobre 2013, n° F13/0086,

- Martini J.-F., « Dossier « Mineurs isolés étrangers » : Le juge des enfants, piètre protecteur des mineurs isolés étrangers », AJ famille 2014, p. 100.

CA Lyon, 6 novembre 2013, n° 13/01698,

- Rongé J.-L., « Échec à l'expertise osseuse », Journal du droit des jeunes 2013/10, n° 330, p. 57.

CA Dijon, 26 décembre 2017, n° 17/01228,

- Saulier M., « Mineur isolé étranger : la valeur des actes d'état civil étrangers rappelée », AJ famille 2018, p. 175.

CAA

CAA Douai le 7 décembre 2017, n° 16DA00715,

- Costa D., « Désobéir légalement en prison au nom de la dignité », AJDA 2018, p. 1041.

CAA Nancy, 6 mars 2018, n° 16NC01005,

- Caron M., « Interdiction de consommation d'alcool inscrite dans le règlement intérieur », Bulletin Joly Travail 2018, n° 04, p. 242.

CE

CE, 2 juillet 1993, requête n° 124960,

- Kessler D., « L'euthanasie et l'expérimentation sur cadavres face à la déontologie médicale », RDSS 1994, p. 52.
- Lebreton G., « Le droit, la médecine et la mort », Recueil Dalloz 1994, p. 352.
- Peyrical J.-M., « Les principes déontologiques fondamentaux qui s'imposent au médecin dans ses rapports avec son patient ne cessent pas de s'appliquer avec la mort de celui-ci : prohibition des expérimentations sur un cadavre », Recueil Dalloz 1994, p. 74.

CE, 26 septembre 2012, requête n° 359479,

- Péchillon E., « Exécution des peines », Recueil Dalloz 2013, p. 1304.

CE, 6 juin 2013, requête n° 368816,

- Léna M., « Fouilles corporelles intégrales : application de la loi pénitentiaire », Recueil Dalloz 2013, p. 1478.
- Péchillon E., « Fouilles systématiques des détenus : le Conseil d'État encadre le recours aux réglementations locales », AJ Pénal 2013, p. 497.

CE, 17 juillet 2013, requête n° 359417,

- Poupeau D., « La demande d'effacement de données du fichier de police STIC relève du juge administratif », AJDA, 2013, p. 1543.

CE, 30 mars 2016, requête n° 395119,

- Pastor J.-M., « Effacement de données du traitement des antécédents judiciaires », AJDA, 2016, p. 633.

CE, 5 décembre 2016, requête n° 394178,

- Colonna J. et Renaux-Personnic V., « Test salivaire en entreprise : le recours à un professionnel de santé n'est pas requis », Gazette du Palais 2017, n° 10, p. 52.
- Mouly J., « Le dépistage des produits stupéfiants par l'employeur : le triomphe de la tentation sécuritaire ? », Droit social 2017, p. 244.

CE, 30 janvier 2019, requête n° 416999,

- Otero C., « La fouille corporelle intégrale des détenus est (était ?) strictement limitée », AJ Pénal 2019, p. 221.

Cour de cassation

Cass. crim., 16 janvier 1986, n° 85-95461,

- Vitu A., « Droit pénal général » RSC 1986, p. 839.
- Levasseur G., « Infractions contre les personnes », RSC 1986, p. 849.

Cass. crim., 10 juillet 1996, n° 95-85629,

- Dintilhac J.-P., « RESTITUTION. Ministère public. Recours », RSC 1997, p. 152.

Cass. crim., 15 juin 1993, n° 92-82509,
- Mascala C., « Le juge répressif doit apprécier la valeur probante des moyens de preuve produits par les parties même obtenus de manière illicite ou déloyale », Recueil Dalloz 1994, p. 613.

Cass. crim., 3 novembre 1994, n° 84-83226,
- Pradel J., « Le choix d'expert n'a pas à être motivé. Le serment prêté par un expert est valable quelle que soit la rubrique dans laquelle il est inscrit », Recueil Dalloz 1995, p. 146.

Cass. soc., 2 décembre 1998, n° 96-44258,
- Kobina Gaba H., « La licéité des moyens de preuve dans le contentieux prud'homal : le cas des documents de l'entreprise », Recueil Dalloz 1999, p. 431.
- Frossard S., « Utilisation des documents de l'entreprise », Recueil Dalloz 2000, p. 87.

Cass. crim., 8 décembre 1998, n° 97-83318,
- Bouloc B., « Vol. Eléments constitutifs. Elément matériel. Soustraction. Détention par le prévenu de documents. Reproduction par photocopie à l'insu et contre le gré du propriétaire », RTD Com. 1999, p. 772.
- Ottenhof R., « Vol. Soustraction frauduleuse. Photocopie de documents destinés à être produits en justice. Distinction de l'intention et du mobile. Notion de préjudice », RSC 1999, p. 822.
- Segonds M., « L'appropriation de documents par un salarié contre le gré de son employeur constitue un vol, quelle qu'en soit la destination », Recueil Dalloz 2000, p. 120.

Cass. crim. 30 mars 1999, n° 97-83464,
- Gare T., « L'admission de la preuve illégale : la Chambre criminelle persiste et signe », Recueil Dalloz 2000, p. 391.

Cass. crim., 30 juin 1999, Bull. crim., n° 174,
- Vigneau D., « L'atteinte involontaire, de la part d'un médecin, à la vie de l'enfant à naître n'entre pas dans les prévisions des articles 319 ancien et 221-6 du code pénal », Recueil Dalloz 1999, p. 710.

Cass. crim., 12 décembre 2000, n° 00-83852,
- Buisson J., « L'audition sous hypnose est interdite. Est permis l'enregistrement, au parloir d'une maison d'arrêt, de propos tenus entre des mis en examen et leurs proches », Procédures mars 2001, n° 3, comm. n° 70.
- Giudicelli A., « Témoignage sous hypnose ou expertise hypnotique ? », RSC 2001, p. 610.
- Mayer D. et Chassaing J.-F., « Y a-t-il une place pour l'hypnose en procédure pénale ? », Recueil Dalloz 2001, p.1340.

Cass. Ass. plén., 29 juin 2001, n° 99-85973,
- Joly S. « Le passage de la personne, sujet de droit à la personne, être humain », Droit de la famille 2001, n° 10, chron. 22.
- Mayaud Y., « Ultime complainte après l'arrêt de l'Assemblée plénière de la Cour de cassation du 29 juin 2001 », Recueil Dalloz 2001, p. 2917.
- Pradel J., « La seconde mort de l'enfant conçu », Recueil Dalloz 2001, p. 2907.
- Sainte-Rose J., « Un foetus peut-il être victime d'un homicide involontaire ? », Recueil Dalloz 2001, p. 2917.

Cass. crim., 3 avril 2002, n° 01-81592,
- Noëlle Commaret D., « Prélèvements humains effectués à des fins médico-légales. Restitution (non) », RSC 2002, p. 842.

Cass. soc., 22 mai 2002, n° 99-45878,
- Duquesne F., « Règlement intérieur. Éthylomètre. Contrôle d'alcoolémie. Modalités permettant la contestation (oui). État d'ébriété. Exposition des personnes et des biens à un danger (oui). Faute grave (oui) », Droit social 2002, p.781.

Cass. crim., 11 juin 2002, n° 01-85559,
- Collet-Askri L., « La Chambre criminelle valide le testing comme mode de preuve, serait-il déloyal... », Recueil Dalloz 2003, p. 1309.

Cass. crim., 25 juin 2002, n° 00-81359,
- Pradel J., « La Chambre criminelle continue d'ignorer l'enfant à naître », Recueil Dalloz 2002, p. 3099.
- Rassat M.-L., « Un fœtus ne peut toujours pas être la victime d'un homicide par imprudence », La Semaine juridique - édition générale du 9 octobre 2002, n° 41, II 10155.

Cass. révis., 20 novembre 2002, n° 01-85386,
- Brouillaud J.-P., « Point de vue sur l'affaire « Omar Raddad » », Recueil Dalloz 2003, p. 627.
- Monnet Y., « Révision de procès, Cass. crim., 20 novembre 2002 », Gazette du palais 2003, n° 217, p. 26.

Cass. crim., 12 juin 2003, n° 02-81122,
- Buisson J., « Recevabilité des éléments de preuve produits par les parties privées », RSC 2004, p. 427.

Cass. crim., 11 mai 2004, n° 03-80254,
- Fortis E., « Causes d'irresponsabilité pénale. Erreur sur le droit », RSC 2004, p. 635
- Kobina Gaba H., « La production en justice d'un document de l'entreprise par le salarié pour assurer sa défense », Recueil Dalloz 2004, p. 2326.
- Roujou de Boubée G., « Conséquences d'une divergence d'appréciation entre deux chambres de la Cour de cassation », Recueil Dalloz 2004, p. 2759.
- Vermelle G., « Appréhension de documents par un salarié (erreur de droit et droits de la défense) », RSC 2004, p. 866.

Cass. crim., 14 septembre 2005, n° 05-84021,
- Buisson J., « Le pouvoir de requérir une personne qualifiée (article 77-1 du code de procédure pénale) », RSC 2006, p. 412.

Cass. crim. 28 septembre 2005 n° 04-87295,
- Saas C., « Refus de prélèvement biologique et alimentation effective du FNAEG », AJ Pénal 2005, p. 457.

Cass. civ. 1ère, 31 janvier 2006, n° 05-12876,
- Massip J., « Chronique de jurisprudence civile générale », Defrénois 2006, n° 12, p. 1062.
- Hauser J., « Refus d'expertise biologique : du pouvoir des juges du fond », RTD Civ. 2006, p. 548.
- Granet-Lambrechts F., « Droit de la filiation », Recueil Dalloz 2006, p. 1139.

Cass. crim., 15 février 2006, n° 05-86773,
- Roussel G., « Les examens techniques et scientifiques peuvent être effectués par subdélégation à un OPJ », AJ Pénal 2006, p. 178.

Cass. crim., 11 mai 2006, n° 05-84837,
- Finielz R., « Loyauté de la preuve - Provocation à la commission de l'infraction », RSC 2006, p. 848.
- Renucci J.-F., « Le principe de loyauté des preuves », RSC 2006, p. 879.
- Vergès E., « Provocation policière, loyauté de la preuve et étendue de la nullité procédurale », AJ Pénal 2006, p. 354.

Cass. crim., 20 juin 2006, n° 05-86839,
- P. R., « La cour d'appel est compétente uniquement si le procureur général a pris une décision », AJ pénal 2006, p. 458.

Cass. crim., 9 août 2006, n° 06-83219,
- Roujou de Boubée G., « Droit pénal », Recueil Dalloz 2007, p. 399
- Saas C., « Loyauté et provocation policière à l'infraction », AJ Pénal 2006, p. 510.

Cass. civ. 1ère, 20 septembre 2006, n° 04-20614,
- Jacotot D., « La consécration jurisprudentielle du recel d'héritier », Recueil Dalloz 2006, p. 2969.

Cass. crim., 31 janvier 2007, n° 06-82383,
- Caron D. et Ménotti S., « Chronique de jurisprudence de la Cour de cassation - Chambre criminelle », Recueil Dalloz 2007, p. 1817.

Cass. crim. 7 février 2007, n° 06-84427,
- Girault C., « Autorité de la chose jugée en cas d'ajournement du prononcé de la peine », AJ Pénal 2007, p. 186.

Cass. crim., 7 février 2007, n° 06-87753,
- Buisson J., « Contrôle de l'éventuelle provocation policière : création d'un site pédo-pornographique un policier, même étranger », RSC 2008, p. 663.
- Charbonnier M.-E., « Une procédure fondée sur une provocation à commettre une infraction, même commise à l'étranger, doit être annulée », AJ Pénal 2007, p. 233.
- Demarchi J.-R., « La loyauté de la preuve en procédure pénale, outil transnational de protection du justiciable », Recueil Dalloz 2007, p. 2012.
- Filniez R., « Loyauté et liberté des preuves », RSC 2007, p. 331.
- Francillon J., « Provocation à la commission d'actes de pédophilie organisée par un service de police étranger utilisant le réseau internet », RSC 2007, p. 560.

Cass. crim. 12 septembre 2007, n° 06-85687,
- Finielz R., « Fichier automatisé des empreintes génétiques - Prélèvement sur des mineurs - Opposition à prélèvement », RSC 2007, p. 848.
- Detraz S., « Refus de se soumettre au prélèvement de ses empreintes génétiques », Recueil Dalloz 2007, p. 2981.
- Royer G., « Mineurs : le prononcé d'une mesure de protection judiciaire ne permet pas l'inscription au FNAEG », AJ Pénal 2007, p. 489.
- Lena M., « Empreintes génétiques : portée de l'inscription au fichier national », Recueil Dalloz 2007, p. 2981.
- Léna M., « La chambre criminelle refuse l'inscription au fichier national automatisé des empreintes génétiques des mineurs placés sous protection judiciaire », dalloz actualité du 4 octobre 2007.

Cass. crim., 16 janvier 2008, n° 07-87633,
- Charbonnier M.-E., « Preuve d'un trafic d'influence : entre constatation et provocation », AJ Pénal 2008, p. 148.
- Finielz R., « Loyauté de la preuve - Incitation ou provocation à la commission de l'infraction », RSC 2008, p. 367.

Cass. crim. 9 avril 2008, n° 07-85972,
- Maron A. Et Haas M., « Coupables mais pas condamnés », Droit pénal 2008, n° 9, comm. n° 118.
- Lasserre Capdeville J., « Un condamné pour vol aggravé est dispensé de peine et donc d'inscription au FNAEG », AJ Pénal 2008, p. 329.

Cass. crim., 4 juin 2008, n° 08-81045,
- Francillon J., « Provocation à la commission d'actes de pédophilie organisée par un service de police étranger utilisant le réseau internet (suite) », RSC 2008, p. 62.
- Lavric S., « Provocation policière et procès équitable », Recueil Dalloz 2008, p. 1766.
- Lavric S., « Provocation policière et procès équitable : quand la toile rime avec procédé déloyal », AJ Pénal 2008, p. 425.

Cass. soc., 1er juillet 2008, n° 07-40053 et 07-40054,
- Pansier F.-J., « Jurisprudence - Droit social », Les Cahiers Sociaux 2008, n° 205, p. 394.

Cass. crim., 13 novembre 2008, n° 08-81446,
- Girault C., « La désignation d'un expert non inscrit doit être motivée », AJ Pénal 2009, p. 137.

Cass. crim., 10 décembre 2008, n° 08-83148,
- Herzog-Evans M., « Une fouille intégrale forcée ne constitue pas une agression sexuelle », AJ Pénal 2009, p. 188.

Cass. crim., 3 février 2010, n° 09-83468,
- Chaumont P., Leprieur A. et Degorce E., « Chronique de jurisprudence de la Cour de cassation », Recueil Dalloz 2010, p.1653.
- Revet T., « La chambre criminelle déduit de ce qu'en vertu de l'article 16-1 du code civil les prélèvements effectués sur le corps humain à des fins de recherches médico-légales ne peuvent faire l'objet d'un droit patrimonial, qu'ils ne sont pas des objets susceptibles de restitution à la fin de procédure », RTD Civ. 2010, p. 354.

Cass. civ. 1ère, 1 juillet 2010, n° 09-15479,
- Loiseau G., « La protection posthume de la personnalité », La semaine juridique - édition générale du 27 septembre 2010, n° 39, p. 1778.

Cass. Crim. 14 septembre 2010, n° 10-90091,
- Priou-Alibert L., « Refus de prélèvement biologique et réduction de peine : renvoi de la QPC », Dalloz actualité 05 octobre 2010.

Cass. Ass. plén., 7 janvier 2011, n° 09-14316,
- Delebecque P., « Droit de la preuve », Recueil Dalloz 2011, p. 2891.
- Fourment F., « Du principe de loyauté de la preuve et de son application aux matières civile et pénale », Recueil Dalloz 2011, p. 562.
- Vigneau V., « Chronique de jurisprudence de la Cour de cassation », Recueil Dalloz 2011, p. 618.

Cass. crim., 15 février 2011, n° 10-90124,
- Jezequel A., « Non-restitution des biens saisis : pas de renvoi de la QPC », Dalloz actualité du 7 mars 2011.

Cass. soc., 27 mars 2012, n° 10-19915,
- Belot A., « Vie privée du salarié amateur de stupéfiant ou le steward peut être un adepte des lignes », Les Cahiers Sociaux 2012, n° 241, p. 165.
- Bineau L., « Coke en soute », Petites affiches 2012, n° 181, p. 12.
- Mouly J., « Contrat de travail. Licenciement. Vie personnelle. Usage de drogue. Escale. Commercial naviguant appartenant au « personnel critique pour la sécurité ». Faute grave », Droit social 2012, p. 525.

Cass. civ. 1ère, 5 avril 2012, n° 11-14177,
- Delebecque P., « Droit de la preuve », Recueil Dalloz 2012, p. 2826.
- Fricero N., « Procédure civile », Recueil Dalloz 2013, p. 269.
- Hauser J., « Limites du droit au respect de la vie privée et familiale et droit à la preuve », RTD Civ. 2012, p. 506.
- Lardeux G., « Du droit de la preuve au droit à la preuve », Recueil Dalloz 2012, p. 1596.

Cass. crim., 15 mai 2013, n° 12-84818,
- Danet J., « De la rumeur à la révision ou les leçons de l'erreur », RSC 2013, p. 601.

Cass. civ. 1ère, 15 mai 2013, n° 11-12569,
- Gallant E., « Détermination de la loi applicable à l'action en contestation de reconnaissance de paternité », Revue critique de droit international privé 2014, p. 92.
- Gatto C., « Absence de preuve biologique : présomption de non-paternité et fragilisation de la valeur probatoire de l'acte de reconnaissance ? », AJ Famille 2013, p. 379.
- Hauser J., « Action en réclamation d'état : motifs de refus d'expertise biologique », RTD Civ. 2013, p. 586.

Cass. crim., 7 janvier 2014, n° 13-85246,
- Danet J., « Principe de loyauté des preuves et sonorisation de cellules de garde à vue », RSC 2014, p. 130.
- Fucini S., « Loyauté de la preuve et sonorisation des locaux de garde à vue », Dalloz actualité du 27 janvier 2014.
- Vergès E., « Loyauté et licéité, deux apports majeurs à la théorie de la preuve pénale », Recueil Dalloz 2014, p. 407.
- Vlamynck H., « Droit de ne pas s'auto-incriminer et loyauté de la preuve », AJ Pénal 2014, p. 194.

Cass. crim., 30 avril 2014, n° 13-88162,
- De Combles de Nayves P., « Provocation à la preuve ou à l'infraction ? », AJ Pénal 2014, p. 374.
- Francillon J., « Cyberdélinquance et provocations policières », RSC 2014, p. 577.
- Pradel J., « Procédure pénale », Recueil Dalloz 2014, p. 1736.

Cass. Crim. 17 juin 2014, n° 13-80914,
- Lasserre Capdeville J., « Délai pour requérir un prélèvement génétique en cas de condamnation avec sursis », AJ Pénal 2014, p. 432.

Cass. crim. 25 juin 2014, n° 13-87493,
- Girault C., « La tentation du portrait-robot génétique », AJ Pénal 2014, p. 487.
- Vergès E., « Vers un portrait-robot génétique ? Le profil morphologique d'un suspect face aux droits fondamentaux », RDLF 2014, chron. n° 25.
- Danet J., « Poussée de fièvre scientiste à la chambre criminelle, le recours au « portrait robot génétique » (mais approximatif) est validé », RSC 2014, p. 595.
- Véron M., « Identification de l'auteur d'une infraction par ses empreintes génétiques », Droit pénal 2014, n°10, comm. n° 127.

Cass. soc., 2 juillet 2014, n° 13-13757,
- Colonna J. et Renaux-Personnic V., « Contrôle d'alcoolémie en entreprise : l'employeur doit respecter les modalités prévues par le règlement intérieur », Gazette du palais 2014, n° 308, p. 25.

Cass. crim., 9 décembre 2014, n° 13-86775,
- Fucini S., « Point de départ du délai pour demander la restitution d'objets saisis », Dalloz actualité du 19 janvier 2015.

Cass. crim., 4 février 2015, n° 14-90048,
- Delage P.-J., « Retour sur le principe de la loyauté des preuves », RSC 2015, p. 117.
- Fonteix C., « La preuve par testing ne porte pas atteinte aux droits fondamentaux », Dalloz actualité du 25 févr. 2015.
- Lasserre Capdeville J., « L'article 225-3-1 du code pénal, régissant le testing, est conforme aux droits de la défense et au droit à un procès équitable », AJ Pénal 2015, p. 139.

Cass. Ass. plén., 6 mars 2015, n° 14-84339,
- Delage P.-J, « Retour sur le principe de la loyauté des preuves », RSC 2015, p. 117.
- Fucini S., « Confirmation de la déloyauté des sonorisations en garde à vue », Dalloz actualité du 10 mars 2015.
- C. Girault, « Quand la loyauté dicte sa loi ! », AJ Pénal 2015, p. 362.
- Pradel J., « La sonorisation d'un local de garde à vue est-elle licite ? », Recueil Dalloz 2015, p. 711.
- Renucci J.-F, « Équité du procès, loyauté des preuves et droit au silence », RSC 2015, p. 971.
- Touillier M., « La volonté des enquêteurs de « tout voir et tout savoir » en garde à vue à l'épreuve des droits fondamentaux du suspect », La Revue des droits de l'homme, mis en ligne le 14 mai 2015.

Cass. soc., 31 mars 2015, n° 13-25436,
- Icard J., « Validité du contrôle d'alcoolémie en dehors de l'entreprise », Les Cahiers Sociaux 2015, n° 275, p. 322.
- Mouly J., « À propos du contrôle d'alcoolémie : articulation d'un règlement intérieur et d'une charte d'entreprise », Droit social 2015, p. 469.

Cass. civ. 1ère, 25 février 2016, n° 15-12403,
- Aubert D., « Autonomie des conditions d'exercice du droit à la preuve », AJ Pénal 2016, p. 326.
- Barbier H., « Quelques indications sur les critères du contrôle de proportionnalité de l'atteinte aux secrets », RTD Civ. 2016, p. 371.
- Hauser J., « Droit de la preuve et atteintes à la vie privée », RTD Civ. 2016, p. 320.

- Saint-Pau J.-C., « Droit à la preuve versus droit au respect de la vie privée », Recueil Dalloz 2016, p. 884.

Cass. crim., 20 septembre 2016, n° 16-80820,

- Ambroise-Castérot C., « Vers une inflexion de jurisprudence en matière de preuves déloyalement obtenues ? », AJ Pénal 2016, p. 600.
- Cordier F., « L'autorité publique ne peut ni directement ni indirectement participer à l'obtention illicite de la preuve par une partie privée », RSC 2016, p. 797.

Cass. crim., 23 novembre 2016, n° 15-83649 et n° 16-81904,

- Fourment F., « Halte aux ordonnances du JLD motivées par référence aux réquisitions du procureur de la République », Gazette du Palais 2017, n° 4, p. 60.
- Guého G., Ascensi L., Pichon E. et *al.*, « Chronique de jurisprudence de la Cour de cassation », Recueil Dalloz 2017, p. 245.
- Thierry J.-B., « De l'importance de la motivation : à propos des décisions du 23 novembre 2016 », AJ pénal 2017, p. 76.

Cass. crim., 20 avril 2017, n° 16-81679,

- Azoulay W., « Saisies douanières : restitution de sommes non déclarées à leur détenteur », Dalloz actualité du 4 mai 2017.

Cass. crim., 28 juin 2017, n° 17-80055,

- Fucini S., « Fichier des empreintes génétiques : recherche en parentalité à partir d'un ADN inconnu », Dalloz actualité du 17 juillet 2017.
- Thomas-Taillandier D., « Précisions sur l'utilisation des données contenues dans le FNAEG », AJ pénal 2017, p. 451.

Cass. crim., 11 juillet 2017, n° 17-80313,

- Azoulay W., « Déloyauté de la preuve et provocation à l'infraction », Dalloz actualité du 25 juillet 2017.
- Perrier J.-B., « Le fair-play de la preuve pénale », AJ Pénal 2017, p. 436.
- Pitti G., « L'affaire de la sextape : on ne dribble pas le principe de loyauté des preuves ! », Gazette du palais 2017, n° 31, p. 18.

Cass. crim., 31 octobre 2017, n° 17-80872,

- Azoulay W., « Destruction de produits stupéfiants saisis par un OPJ seul : une nullité d'ordre public », Dalloz actualité du 16 novembre 2017.

Cass. Ass. plén., 10 novembre 2017, n° 17-82028,

- Décima O., « De la loyauté de la preuve pénale et de ses composantes », Recueil Dalloz 2018, p. 103.
- Delage P.-J., « Le « laisser faire » de l'autorité publique et le principe de la loyauté de la preuve », RSC 2018, p. 117.
- Mésa R., « L'exigence de loyauté de la preuve en matière pénale à nouveau précisée par l'assemblée plénière », Gazette du Palais 2017, n° 44, p. 26.
- Ribeyre C., « Quand loyauté rime avec imprévisibilité ! », La Semaine Juridique-Edition Générale du 25 Décembre 2017, n° 52, p. 1376.

Cass. crim., 20 mars 2018, n° 17-81238,

- Diaz H., « Alcool au volant : pas de nullité pour absence d'examen de comportement », Dalloz actualité du 9 avril 2018.

Cass. civ. 1ère, 12 juin 2018, n° 17-16793,

- Houssier J., « Expertises sanguines et expertises génétiques *in futurum* : l'avènement d'un régime commun », AJ Famille 2018, p. 397.

- Leroyer A.-M., « La volonté de savoir : non à l'expertise sanguine *in futurum* », RTD Civ. 2018, p. 635.

Cass. crim., 15 janvier 2019, n° 17-87185,

- Galloux J.-C et Gaumont-Prat H., « Droits et libertés corporels », Recueil Dalloz 2019, p. 725.

Cass. civ. 1ère, 19 septembre 2019, n° 19-15976,

- Maupin E., « Quand le doute profite-t-il à un mineur isolé étranger ? », AJDA 2019, p. 1840.

CEDH

CEDH, 8 février 1996, John Murray c. Royaume-Uni, requête n° 18731/91.

- Koering-Joulin R., « Droit de se taire et de ne pas s'incriminer soi-même », RSC 1997, p. 476.
- Koering-Joulin R., « Droit de se défendre soi-même ou... et garde à vue », RSC 1997, p. 481.

CEDH, 9 juin 1998, Teixeira De Castro c. Portugal, requête n° 25829/94,

- Koering-Joulin R., « Chronique internationale des droits de l'homme », RSC 1999, p. 384.

CEDH, 28 octobre 1998, Osman c. Royaume-Uni, requête n° 23452/94,

- Koering-Joulin R., « Chronique internationale des droits de l'homme », RSC 1999, p. 384.
- Marguénaud J.-P., « La délimitation par la Cour de Strasbourg du domaine de « l'effet horizontal » de la CEDH », RTD Civ. 1999, p. 498.
- Sermet L., « Le droit à la vie, valeur fondamentale des sociétés démocratiques, et le réalisme jurisprudentiel », RFDA 1999, p. 988.

CEDH, 28 juillet 1999, Selmouni c. France, requête n° 25803/94,

- Massias F., « Condamnation de la France pour torture », RSC 1999, p. 891.

CEDH, 3 avril 2001, Keenan c. Royaume-Uni, requête n° 27229/95,

- Flauss J.-F., « Actualité de la Convention européenne des droits de l'homme », AJDA 2001, p. 1060.
- Tulkens F., « Les droits de l'homme en détention », RSC 2001, p. 881.

CEDH, 7 février 2002, Mikulić c. Croatie, requête n° 53176/99,

- Hauser J., « Le droit à accéder aux moyens de preuve biologique », RTD Civ. 2002, p. 795.
- Marguénaud J.-P., « Action en recherche de paternité naturelle, tests ADN et droit au respect de la vie privée », RTD Civ. 2002, p. 866.

CEDH, 29 avril 2002, Pretty c. Royaume-Uni, requête n° 2346/02,

- Marguénaud J.-P., « Hymnes à la vie et à l'autonomie personnelle », RTD Civ. 2002, p. 858.
- Massias F., « Arrêt Pretty c/ Royaume-Uni (29 avril 2002) relatif au suicide assisté et à l'euthanasie », RSC 2002, p. 645.
- Pettiti C., « Jurisprudence - Droits de l'homme », Gazette du Palais 2002, n° 278, p. 45.
- Rocher D., « La mort confisquée », Gazette du Palais 2002, n° 171, p. 37.

CEDH, 9 mars 2004, Wretlund c. Suède, requête n° 46210/99,

- Mouly J. et Marguénaud J.-P., « L'alcool et la drogue dans les éprouvettes de la CEDH : vie privée du salarié et principe de proportionnalité », Recueil Dalloz 2005, p. 36.

CEDH, 8 juillet 2004, Vo c. France, requête n° 53924/00,

- Pradel J., « La CEDH, l'enfant conçu et le délit d'homicide involontaire : entre prudence et embarras », Recueil Dalloz 2004, p. 2456.

CEDH, 11 juillet 2006, Jalloh c. Allemagne, requête n° 54810/00,

- Flauss J.-F., « Actualité de la Convention européenne des droits de l'homme », AJDA 2006, p. 1709.

CEDH, 10 octobre 2006, L. L. c. France, requête n° 7508/02,

- Hauser J., « Admissibilité des preuves dans un divorce pour faute », RTD civ. 2007, p. 95.

CEDH, 12 juin 2007, Frérot c. France, requête n° 70204/01,

- Herzog-Evans M., « Fouilles intégrales et rétention de correspondance : la France condamnée sur les fondements des articles 3, 8, 13 et 6, § 1 », AJ Pénal 2007, p. 336.
- Poncela P., « Chronique de l'exécution des peines », RSC 2008, p. 404.
- Roets D., « Jurisprudence de la Cour européenne des droits de l'homme », RSC 2008, p. 140.

CEDH, 4 décembre 2008, S. et Marper c. Royaume, requêtes n° 30562/04 et n° 30566/04,

- Marguénaud J.-P., « De la conservation des empreintes digitales, échantillons cellulaires et profils ADN des personnes innocentées », RSC 2009, p.182.
- Roussel G., « Violation de l'article 8 de la Convention EDH par le fichage illimité des suspects », AJ pénal 2009, p. 81.

CEDH, 9 juillet 2009, Khider c. France, requête n° 39364/05,

- Herzog-Evans M., « Transfèrements, isolement et fouilles corporelles des détenus : la France triplement condamnée », AJ Pénal 2009, p. 372.
- Marguénaud J.-P., « Inscription au registre des « détenus particulièrement signalés » et droits de l'homme », RSC 2010, p. 225.
- Poncela P., « Quelques aspects du respect de la dignité en droit de l'exécution des peines », RSC 2010, p. 645.

CEDH, 30 janvier 2011, El Shennawy c. France, requête n° 51246/08,

- Herzog-Evans M., « Prisons : la France à nouveau condamnée par deux fois par la Cour européenne des droits de l'homme », AJ Pénal 2011, p. 88.
- Roets D., « Fouilles corporelles intégrales : l'article 57 de la loi pénitentiaire dans les clous européens », RSC 2011, p. 704.

CEDH, 16 septembre 2011, Pascaud c. France, requête n° 19535/08,

- Chénedé F., « Les conditions de l'action en recherche de paternité écartées au nom du droit au respect de la vie privée et familiale », AJ Famille 2011, p. 429.
- Hauser J., « Le droit à l'expertise biologique et la Convention EDH : la vérité biologique à tout moment ? », RTD Civ. 2011, p. 526.

CEDH, 18 avril 2013, M.K. c. France, requête n° 19522/09,

- Galloux J.-C et Gaumont-Prat H., « Droits et libertés corporels », Recueil Dalloz 2014, p. 843.
- Léna M., « Conservation de données personnelles : condamnation de la France », Dalloz actualité du 14 mai 2013.
- Roets D., « Fichier automatisé des empreintes digitales (FAED) : la France rattrapée par l'arrêt S. et Marper c/ Royaume-Uni », RSC 2013, p. 666.

CEDH, 3 octobre 2013, I.B. c. Grèce, requête n° 552/10,
- Burgorgue-Larsen L., « Actualité de la Convention européenne des droits de l'homme », AJDA 2014, p. 147.

CEDH, 18 septembre 2014, Brunet c. France, requête n° 21010/10,
- De Montecler M.-C., « Le fichier STIC portait atteinte à la vie privée », AJDA 2014, p. 1796.
- Roets D., « Après le « FAED », le « STIC » et le « TAJ » passés à la moulinette européenne », RSC, 2015, p. 165.

CEDH 13 janvier 2015, Elberte c. Lettonie, requête n° 61243/08,
- Andriantsimbazovina J., « Le prélèvement de tissus sur le corps d'un défunt sans le consentement et à l'insu d'une proche de celui-ci constitue un traitement dégradant contraire à l'article 3 de la Convention », Gazette du Palais 2015, n° 115, p. 19.

CEDH, 25 juin 2015, Canonne c. France, requête n° 22037/13,
- Douchy-Oudot M., « Contentieux familial », Recueil Dalloz 2016 p. 674.
- Galloux J.-C. et Gaumont-Prat H., « Droits et libertés corporels », Recueil Dalloz 2016, p. 752.
- Hauser J., « Preuve de la filiation : refus d'expertise génétique, qui, comment et brevet de conventionnalité », RTD Civ. 2015 p. 596.

CEDH, 27 août 2015, Parrillo c. Italie, requête n° 46470/ 11,
- Dionisi-Peyrusse A., « Actualités de la bioéthique », AJ fam. 2015, p. 433.
- Hauser J., « La nature juridique de l'embryon », RTD civ. 2016, p. 76.
- Marguénaud J.-P., « Les embryons in vitro entre les balances de la justice européenne et les éprouvettes des chercheurs », RTD civ. 2015, p. 830.
- Reboul-Maupin N., *Droit des biens*, Dalloz, collection « Hypercours », 7ème édition, 2018.

CEDH, 28 septembre 2015, Bouyid c. Belgique, requête n° 23380/09,
- Lavric S., « Violences policières : dernières leçons de Strasbourg », AJ pénal 2016, p. 222.

CEDH, 22 juin 2017, Aycaguer c. France, requête n° 8806/12,
- Burgorgue-Larsen L., « Actualité de la convention européenne des droits de l'homme (janvier-juillet 2017) », AJDA 2017, p. 1768.
- de Montecler M.-C, « Le fichier des empreintes génétiques condamné par la Cour européenne des droits de l'homme », AJDA 2017, p. 1311.
- Gautron V., « FNAEG : l'inertie gouvernementale sanctionnée par la CEDH », AJ pénal 2017, p. 391.

CEDH, 29 janvier 2019, Mifsud c. Malte, requête n° 62257/15,
- O'neil H., « L'obligation de se soumettre à un test ADN dans le cadre d'une action en établissement de paternité ne viole pas le droit au respect de la vie privée », Gazette du Palais 2019, n° 24, p. 64.

CEDH, 28 février 2019, Khan c. France, requête n° 12267/16,
- Caire A.-B., « La carence française face à l'extrême vulnérabilité d'un mineur étranger isolé dans la lande de Calais », Recueil Dalloz 2019, p. 1092.
- Parrot K., « Un jeune Afghan dans la « jungle de Calais » : condamnation de la France », Recueil Dalloz 2019, p. 1096.

Conseil constitutionnel

Cons. const., 16 septembre 2010, QPC n° 2010-25,

- Danet J., « Le FNAEG au Conseil constitutionnel : deux réserves, une confortation générale », AJ Pénal 2010, p. 545.
- Galloux J.-C et Gaumont-Prat H., « Droits et libertés corporels », Recueil Dalloz 2012, p. 308.

Cons. const., 30 septembre 2011, QPC n° 2011-173,

- Bioy X., « Conditions de réalisation des expertises génétiques sur une personne décédée à des fins d'actions en matière de filiation », Constitutions 2012, p. 138.
- Hauser J., « Expertise génétique *post mortem* : les morts sont tous de braves types (G. Brassens) ! », RTD Civ. 2011, p. 743.
- Chénedé F., « Les conditions d'admission de l'expertise biologique post mortem ne sont pas contraires aux droits et libertés garantis par la Constitution », AJ Famille 2011, p. 549.

Cons. const., 10 mars 2011, DC n° 2011-625,

- Granger M.-A., « La distinction police administrative / police judiciaire au sein de la jurisprudence constitutionnelle », RSC 2011, p. 789.

Cons. const., 8 juin 2012, QPC n° 2012-253,

- Bioy X., « Boire ou choisir sa conduite », Constitutions 2012, p. 479.
- Detraz S., « Constitutionnalité de la mesure et du régime du placement en cellule de dégrisement », Gazette du Palais 2012, n° 187, p. 11.

Cons. const., 11 avril 2014, QPC n° 2014-390,

- Belloir P., « Nouvelle consécration du droit à un recours juridictionnel en matière d'actes d'enquête », AJ pénal 2014, p. 368.
- Fucini S., « Inconstitutionnalité de la destruction d'objets saisis sur décision du procureur », Dalloz actualité du 9 mai 2014.
- Gay L. et Mangiavillano A., « Droit constitutionnel », Recueil Dalloz 2015, p. 1457.

Cons. const., 27 octobre 2017, QPC n° 2017-670,

- Januel P., « Le Conseil constitutionnel censure le traitement des antécédents judiciaires », Dalloz Actualité du 30 octobre 2017.

Cons. const., 2 mars 2018, QPC n° 2017-694,

- Dadoun A., « L'obligation constitutionnelle de motivation des peines », RSC 2018, p. 805.
- Goetz D., « QPC : les cours d'assises devront motiver les peines qu'elles prononcent », Dalloz actualité du 6 mars 2018.
- Ponseille A., « Le Conseil constitutionnel au secours de la Cour de cassation : exigence de motivation des peines par les cours d'assises », Constitutions 2018, p. 261.

Cons. const., 12 juin 2018, DC n° 2018-765,

- Pastor J.-M., « Constitution, loi et règlement européen : mode d'emploi », AJDA 2018, p. 1191.

Cons. const., 1er février 2019, QPC n° 2018-761,

- Mistretta P., « Loi pénalisant les clients des personnes prostituées : une constitutionnalité en trompe-l'œil », La semaine juridique - édition générale du 25 février 2019, p. 361.

- Mayaud Y., « La pénalisation du recours à la prostitution validée par le Conseil constitutionnel », RSC 2019, p. 85.
- Ponseille A., « La pénalisation du recours à la prostitution soumise à l'examen du Conseil constitutionnel », Constitutions 2019, p. 83.

Cons. const., 21 mars 2019, QPC n° 2018-768,

- Escach-Dubourg T., « Les examens osseux des jeunes étrangers isolés », AJDA 2019, p. 1448.
- Caire A.-B., « L'examen radiologique osseux de l'article 388 du code civil, un simple indice dans la détermination de l'âge », RDSS 2019, p. 453.
- Parinet P., « La constitutionnalité des tests osseux : pas de printemps pour les mineurs non accompagnés ! », Recueil Dalloz 2019, p. 742.

Cons. const., 21 mars 2019, DC n° 2019-778,

- Mayaud Y., « De la loi au Conseil constitutionnel, une réforme contrastée de la procédure pénale », AJ Pénal 2019, p. 176.
- Avena-Robardet V., « Réforme de la justice », AJ Famille 2019, p. 172.
- Bachschmidt P., « Le contrôle des « cavaliers législatifs », entre exigence constitutionnelle et pratique politique », Constitutions 2019, p. 40.

INDEX THÉMATIQUE

Les chiffres renvoient aux numéros des paragraphes

TABLE DES MATIÈRES

Structures éditoriales du groupe L'Harmattan

L'Harmattan Italie
Via degli Artisti, 15
10124 Torino
harmattan.italia@gmail.com

L'Harmattan Hongrie
Kossuth l. u. 14-16.
1053 Budapest
harmattan@harmattan.hu

L'Harmattan Sénégal
10 VDN en face Mermoz
BP 45034 Dakar-Fann
senharmattan@gmail.com

L'Harmattan Cameroun
TSINGA/FECAFOOT
BP 11486 Yaoundé
inkoukam@gmail.com

L'Harmattan Burkina Faso
Achille Somé – tengnule@hotmail.fr

L'Harmattan Guinée
Almamya, rue KA 028 OKB Agency
BP 3470 Conakry
harmattanguinee@yahoo.fr

L'Harmattan RDC
185, avenue Nyangwe
Commune de Lingwala – Kinshasa
matangilamusadila@yahoo.fr

L'Harmattan Congo
67, boulevard Denis-Sassou-N'Guesso
BP 2874 Brazzaville
harmattan.congo@yahoo.fr

L'Harmattan Mali
ACI 2000 - Immeuble Mgr Jean Marie Cisse
Bureau 10
BP 145 Bamako-Mali
mali@harmattan.fr

L'Harmattan Togo
Djidjole – Lomé
Maison Amela
face EPP BATOME
ddamela@aol.com

L'Harmattan Côte d'Ivoire
Résidence Karl – Cité des Arts
Abidjan-Cocody
03 BP 1588 Abidjan
espace_harmattan.ci@hotmail.fr

Nos librairies en France

Librairie internationale
16, rue des Écoles
75005 Paris
librairie.internationale@harmattan.fr
01 40 46 79 11
www.librairieharmattan.com

Librairie des savoirs
21, rue des Écoles
75005 Paris
librairie.sh@harmattan.fr
01 46 34 13 71
www.librairieharmattansh.com

Librairie Le Lucernaire
53, rue Notre-Dame-des-Champs
75006 Paris
librairie@lucernaire.fr
01 42 22 67 13

www.ingramcontent.com/pod-product-compliance
Lightning Source LLC
LaVergne TN
LVHW021142061026
849535LV00002B/317
* 9 7 8 2 3 4 3 2 3 5 8 4 4 *